Biblioteca de

José Luis Sampedro

PLAZA JANÉS

José Luis Sampedro nació en Barcelona en 1917. Catedrático de estructura económica desde 1955, fue senador por designación real en la primera legislatura tras la restauración de la democracia en España. Es miembro de la Real Academia Española. Ha publicado, entre otras, las novelas, *El río que nos lleva*, adaptada al cine, *Congreso en Estocolmo*, *El caballo desnudo*, *Octubre, octubre* y *La sonrisa etrusca*. Como autor teatral ha estrenado *La paloma de cartón* (Premio Nacional de Teatro Calderón de la Barca) y *Un sitio para vivir*. Es uno de los escritores españoles de mayor prestigio y popularidad.

José Luis Sampedro

La vieja sirena

PLAZA & JANÉS EDITORES, S.A.

Diseño de la portada: Judit Commeleran
Ilustración de la portada: *La bañista de Valpinçon*, de Ingres; Museo del Louvre, París

Sexta edición: febrero, 1999

© 1990, José Luis Sampedro
© de la presente edición: 1999, Plaza & Janés Editores, S. A.
Travessera de Gràcia, 47-49. 08021 Barcelona

Queda rigurosamente prohibida, sin la autorización escrita de los titulares del «Copyright», bajo las sanciones establecidas en las leyes, la reproducción parcial o total de esta obra por cualquier medio o procedimiento, comprendidos la reprografía y el tratamiento informático, y la distribución de ejemplares de ella mediante alquiler o préstamo públicos.

Printed in Spain – Impreso en España

ISBN: 84-01-42717-7
Depósito legal: B. 1.564 - 1999

Fotocomposición: Alfonso Lozano

Impreso en Romanyà Valls, S. A.
Verdaguer, 1. Capellades (Barcelona)

L 427177

AGRADECIMIENTOS

A mis primeros lectores, por sus observaciones al manuscrito: Dai, Lourdes, Marla, Montse, Pepa y José Ricardo. Y sobre todo a Gloria, por la ayuda y los ánimos que me ha dado en los dos años finales de mi trabajo.

Finalmente, a mi *circunstancia*: cinco ambientes en A que se hicieron refugio. Alhama de Aragón, Alicante, Aranjuez, Aravaca y la principesca hospitalidad de Andorra.

J. L. S.

*A Glauka,
lucero de la tarde*

I. LA ESCLAVA

(257 d. J. C.)

La Eternidad está enamorada
de las obras del Tiempo.

W. Blake

1. LA TIERRA DE LOS DIOSES

Durante la tibia mañana de la primavera egipcia, ya próxima al verano, el mercado de los terceros días en Canope es una continua vibración de luz, color y vocerío. Acribillan el aire los más contrapuestos olores y los gritos de los mercaderes, que pregonan sus géneros sentados sobre esterillas de papiro trenzado. «Paso, paso», claman constantemente quienes intentan moverse en la aglomeración, más densa hoy porque muchos campesinos han levantado sus cosechas y distraen el ocio impuesto por la inundación anual, que no tardará en ser anunciada desde el gran nilómetro del sur, en la isla Elefantina. Algunos aprovechan para ponerse en manos del barbero sangrador, pasar el tiempo con el juego de la serpiente, o detenerse ante el charlatán de las hierbas mágicas para casos de amor o de dolencias. Incluso se permiten el lujo de pedir agua de cebada al aguador, que anuncia la bebida con el tintineo de sus cascabeles, porque están contentos: al fin salió de los campos la plaga de los escribas fiscales, que presenciaron la siega como cuervos expectantes, para evaluar a la vista de la mies los impuestos exigibles.

Hacia el mediodía hortelanos y mercaderes van recogiendo sus puestos. Los olores acres o dulces, fermentados o aromáticos, se avivan al remover los géneros: habas, lentejas, ahumados peces del delta, vísceras y carnes, pequeños higos de sicomoro junto a los más jugosos de la higuera, dátiles, pistachos, caracoles, miel de abejas salvajes cogida en los oasis nubios, sésamo, ajos y tantos otros artículos no comestibles: pelo cabrío, lino, cueros, herramientas, leña, carbón, aperos, sandalias y sombreros de papiro. La plaza se vacía pero en las callejuelas adyacentes permanecen abiertas tiendecillas con mercancías más selectas: desde las sedas y transparentes linos para plisar hasta la orfebrería, pasando por los amuletos y los perfumes, la plata y el lapislázuli del Sinaí, el ámbar importado y los cosméticos, las pelucas para hombre o mujer y los cinturones de última moda. Por una de esas vías, la que baja desde el otero coronado por el muy famoso templo de Serapis, desciende un jinete montado en un asno cuya alzada y lustroso pelo demuestran la calidad del personaje: un hombre maduro de tez clara, ojillos astutos y labios delgados que, de vez en cuando, comprueba la correcta colocación de su negra peluca. Un esclavo abre paso a la cabalgadura y otro camina al lado llevando el bastón y las sandalias de su señor; tres porteadores caminan detrás, con los fardos de géneros adquiridos en el mercado.

La sonrisa del jinete delata gratos pensamientos. Ciertamente, las palabras oídas en el templo no han podido ser más prometedoras, disipando sus temores de que el nuevo Padre de los Misterios no le dispensara la misma protección que el anterior, recientemente fallecido. La comunidad sacerdotal piensa a largo plazo y no ha alterado los planes previstos en defensa de los divinos intereses; ni tampoco ha olvidado los servicios prestados por el jinete desde que era un joven escriba en el santuario. «Ten paciencia, hijo mío –ha dicho el Padre–, el tiempo trabaja para el cielo. El sacrílego expolio de las tierras de Tanuris, perpetrado por el emperador Caracalla hace cuarenta y dos años, se corregirá con tu ayuda. Serapis recobrará esa propiedad y tú ya no serás tan sólo el mayordomo de tu impío patrón, sino el administrador vitalicio de esa hacienda en nombre del templo.» El jinete mandará en Tanuris y acabará construyéndose en la colina junto al canal una tumba digna de un escriba nacido en la casta sacerdotal, con un bello sarcófago donde seguir viviendo en el mundo de Osiris. Su mente se recrea acariciando los medios adecuados para abreviar el proceso de recuperación y no olvida las posibilidades de su hija Yazila que, apenas cumplidos los diez años, ya promete convertirse en una doncella de encantos muy codiciables. ¡Si logra que el joven amo se fije en ella…!

Entretanto el esclavo guía ha sacado a la comitiva del área del mercado, acercándola a las orillas del canal de Alejandría, donde se concentran las placenteras actividades que han hecho de Canope uno de los más lujosos balnearios y centros de diversión de todo Egipto. Desde los pabelloncitos ribereños y casas de placer y desde las embarcaciones de recreo pintorescamente decoradas, llega el tintineo de los címbalos, el ritmo de los tamboriles y la melodía de cítaras y flautas. Algunos bateles transportan a excursionistas alejandrinos, pero la mayoría pertenecen a los ricos financieros y a familias de la alta sociedad, cuyos nombres aparecen en los libelos callejeros o en los epigramas eróticos estampados nocturnamente sobre ciertos muros de la capital.

Como un servicio público más, en esa zona se encuentra una de las mejores cuadras de esclavos para la venta, especializada en jóvenes de ambos sexos educables para el placer. El dueño se levanta presuroso de su sombreado asiento en el pórtico al reconocer a un habitual comprador: el Gran Mayordomo de la Villa Tanuris, propiedad de Ahram el Navegante y habitada por su yerno Neferhotep. El jinete detiene su montura para escuchar condescendiente las zalemas del mercader, pero responde impaciente a los elogios del género disponible, pues no tiene intenciones adquisitivas. El vendedor insiste:

—Echa al menos una mirada, noble Amoptis. Tengo una auténtica rareza, lo nunca visto. ¿Cómo, si no, me hubiese atrevido a detenerte?

Ante un gesto del jinete su bastonero se apresura a arrodillarse para colocar las sandalias junto al asno y ayudar a su amo a desmontar y a calzárselas. Entregándole luego el bastón, le sigue por el pórtico hasta el patio, donde se queda esperando a que Amoptis vuelva a salir.

En una estancia aparte de los dormitorios comunes y sobre un poyo cubierto con estera de papiro reposa una mujer que se incorpora al ver entrar a un posible comprador y, con la indiferencia de la costumbre, deja caer a sus pies el manto que la cubre. Las oblicuas rayas de sol cernidas por una celosía doran en el acto la tersa blancura de una torneada cadera que, sin embargo, no llega a provocar el interés del visitante, pues Amoptis prefiere las formas andróginas a ese cuerpo esbelto con pechos erguidos y bien puestos, cuya arrogancia reside más en su adivinable densidad que en su volumen. Además no es una carne joven: ha rebasado ya los veinte años y por eso el mayordomo lamenta haber entrado y mira con reproche al viejo vendedor. Pero éste lo esperaba y, sin una palabra de excusa, sonríe pícaramente y arranca el velo que cubría la cabeza femenina.

De golpe, una cascada increíble se derrama hasta los desnudos hombros y enmarca el rostro con una dorada claridad próxima al fulgor del cobre recién cortado. No es una pelirroja de las mal vistas por la superstición egipcia: esa viva mata de seda, que serpentea a cada movimiento en largas ondas, como de mar tendida, tiene el rubio profundo, fuerte y dulce del ámbar antiguo, de la miel reciente. Amoptis, fascinado, se aproxima y acaricia el prodigio con mano estremecida, mientras la mujer permanece indiferente. Por primera vez contempla el rostro femenino: le asombran unos ojos entre verdes y grises, que le hacen sentirse culpable de atrevimiento aunque no le miran siquiera. No, no le están viendo; ajena todo como si estuviese sola, esa mujer ofrece a la contemplación masculina una figura que ahora resulta admirable: la plenitud discreta de los labios, la delicada nariz, el grácil cuello sobre los redondos hombros, el cárdeno color de unos pezones levemente apuntados, la lisura del vientre con la perfección del ombligo, la ternura del pubis, y las largas, llenas, estatuarias piernas de rodillas impecables. Amoptis desearía, como es natural en esos tratos comprobar por su propio dedo si la mujer es virgen pero, inexplicablemente intimidado, vuelve de pronto la espalda a la esclava y camina hacia la salida. Le sigue el asombrado vendedor, que cierra la puerta tras él.

—¿No le ha gustado a tu nobleza?

—Supongo que a su edad no será virgen.

El vendedor hace un gesto de impotencia:

—Si lo fuera, y además joven, lo tendría todo. Pero, señor, ¡esa cabellera…! ¡No he visto otra igual en mi vida!

Amoptis lo reconoce y, en ese instante, concibe una idea que puede granjearle más influencia sobre su señora y además –aunque no se lo confiese a sí mismo– librarle de su ridícula inhibición ante una mera esclava. ¡Absurdo sentimiento en el Gran Mayordomo de Neferhotep, yerno de Ahram el Navegante, gracias a cuya influencia es miembro del Consejo Municipal de Alejandría!

Amoptis inicia el trato desdeñosamente.

–No vale gran cosa. Sólo me sirve su cabellera; si me la vendieras suelta te dejaría el cuerpo.

Y como el vendedor le mira extrañado, concluye:

–Para ofrecer una peluca a mi señora. Le encantará deslumbrar con ella a las damas de Alejandría.

Convenido al fin el precio –no muy alto porque al vendedor le ha sido preciso reconocer que ella tiene ya veintitrés años y es una terrorista cristiana–, Amoptis vuelve a entrar en el cuarto, donde la mujer se pone en pie, adivinando el resultado.

–Alégrate: has tenido suerte con tu nuevo amo –comienza el vendedor–. Nada menos que el poderoso Ahram...

Amoptis le hace callar con un gesto y manda desnudarse a la mujer.

–Vuélvete y dóblate –ordena imperioso, descubriendo así la armonía de la espalda femenina, casi cubierta hasta la cintura por la cabellera.

La mujer obedece, inmovilizándose en ángulo recto, con las manos apoyadas en sus rodillas. Amoptis se acerca a las sugestivas nalgas y, con humilladora brutalidad, hurga entre las piernas obligándolas a separarse. Aparentemente se limita a cumplir con la costumbre pero en realidad ejerce una venganza por haberse sentido intimidado ante ella, aunque para eso haya de tocar impuros repliegues femeninos, poco atractivos para quien se inició en el sexo con viriles traseros adolescentes en la escolanía del templo. Ordena luego a la esclava que se vista y le prohíbe descubrir sus cabellos mientras él no lo disponga: quiere sorprender a la señora.

–¿De dónde eres? –pregunta en egipcio.

–De la isla de Psyra, señor –responde ella también en egipcio, aunque torpemente. La voz es seductora sin proponérselo.

—¿Tu nombre? —continúa Amoptis en griego, orgulloso de sus conocimientos.

—Ahora me llamaban Irenia —responde la esclava. Y una punzada no perceptible hiere su corazón al recordar que fue Domicia quien le impuso ese nombre de paz cuando ella se unió a los cristianos errantes.

Al abonar su compra, Amoptis manda traer para la esclava una sandalias de papiro. No quiere estropear, con la larga hora de camino hasta Tanuris, los delicados pies que avaloran la mercancía.

Para asegurarse la sorpresa y como se ha hecho tarde para exhibir su hallazgo, dispone al llegar a la Villa que la esclava sea llevada a su propia alcoba, donde han de tenderle una estera y servirle comida. Por eso cuando, terminadas otras obligaciones, sube a su aposento, encuentra allí a la mujer. Preferiría estar solo pero decide aprovechar esa presencia para que le descalce y lave los pies con agua de natrón detergente, ordenándole antes que descubra la sorprendente cabellera.

La deja hacer, abstraído, cuando de pronto nota que los gestos femeninos son singularmente suaves al acariciarle en la jofaina. Inclinándose contempla en torno a sus tobillos unas manos delicadas, sin las asperezas propias de quien ha recorrido tierras con una banda terrorista. En la inclinada cabeza la cabellera despliega ondulaciones a cada movimiento. Amoptis acaricia esa seda y siente latir en sus maduras venas un deseo ya casi olvidado. Entretanto ella ha acabado de secar los pies y retira la jofaina.

—Eres hábil. ¿Aprendiste las artes del masaje?

—Las he practicado, señor.

El hombre se levanta y la requiere para que le ayude a desnudarse. Luego se tiende de bruces sobre el lecho, mostrando la estrecha espalda de escriba con el espinazo algo desviado, las nalgas fláccidas, las piernas delgadas con rodillas nudosas. Señala un pomo de óleo en la repisa. Las manos femeninas comienzan a acariciar, presionar, estimular esas magras carnes. El hombre suspira, pensativo:

«Quién iba a imaginar... ¿Qué me ocurre, a mis años...? Si mi pequeña Yazila aprendiera estos masajes, seguro que el amo se encapricharía de su cuerpo flexible, de su piel de canela... Lo conseguiré, tendrá que ayudarme... ¡Ah, esta mujer, esta mujer...! ¡Tan fría y sabiendo tanto! Es un desollarme suavemente, un quitarme la piel para llegar más adentro... ¿Dónde habrá...?»

–¿Has trabajado en burdeles? ¡No mientas!

La mujer le mira estupefacta. ¿Por qué había de mentir?

–En Bizancio, señor.

«Bizancio... Dicen que allí los placeres... Seguro que...» Se vuelve de pronto boca arriba y, antes de pensarlo siquiera, su cuerpo ordena a su voz:

–¡Chúpame!

La esclava no replica. Arrodillada como está inclina su cabeza sobre el pubis masculino y su boca inicia sabiamente la caricia del miembro circunciso mientras los cabellos rozan los muslos entreabiertos... Lenta, lentamente... El hombre suspira, jadea, se agita, goza... Le queda el cuerpo descoyuntado, disperso, líquido: jamás conoció un diluirse tan febril... La mujer vuelve al rincón de la jofaina, regresa con ella, lava cuidadosamente el miembro empequeñecido.

–Apaga la lámpara –manda al fin el hombre–, pero deja encendida aquella lucerna.

Amoptis cierra los ojos, no tanto para dormirse como para hacer desaparecer a la causante de su desconcierto. ¡Él, tan seguro siempre! ¿Cómo le ha trastornado tanto esa mujer que parecía estar ignorándole...? Empieza a preguntarse si no habrá metido en la casa a un ser maligno. De pronto le aterra recordar que, según se dice, entre las gentes de mal vivir abundan las portadoras de esa extraña peste recrudecida últimamente... En cuanto se le corte el pelo, mañana mismo, la relegará a las cocinas. No, a los establos, donde ni él mismo la vea, donde no constituya un riesgo para nadie. Instintivamente lleva la mano a su sexo, como para protegerlo, y empieza a musitar la fórmula que apacigua a Sekhmet la poderosa, la destructora.

Así fue comprada la esclava Irenia para el Excelso Señor Neferhotep, de la Villa de Tanuris, en las calendas de mayo del año 1010 de la fundación de Roma, cuarto del reinado del césar Cayo Publio Licinio Valeriano, mes que los escribas egipcios llaman Mesore y el pueblo conoce como cuarto de la estación Chemu, antes de que las lágrimas de Isis, allá en el remoto sur, provocasen la crecida del Nilo y su desbordamiento sobre la milenaria tierra de los faraones.

¿Qué me ocurre, qué me trastorna? Ese pomposo personaje que me ha comprado y que no acaba de dormirse creerá quizás que él me ha quitado el sueño, o que me inquietan estos nuevos amos, pero no es eso, es todo desde que me trajeron, es esta tierra, Egipto... Apenas tres semanas que llegué y sólo de mirar por el camino, de escuchar en el patio, de comer diferente, de oler el aire y de sentir la noche, envuelta estoy en un mundo insospechado... ¡Egipto!, antes sólo era un nombre para mí, como Siria, Armenia, Sogdiana, Cirenaica, cuando íbamos con Uruk, Fakumit me ponderaba su grandeza, me hablaba de sus dioses, tuve que aprender algo su lengua para entenderla, según ella no había tierra mejor, imperio más grande, me parecían exageraciones de su nostalgia, pero eran verdades, esto es otro mundo, ¡qué catarata de vidas y misterios! No cesa mi estupor, aunque nada me importa ya en la vida, aunque no espero nada, me arrastra esa abundancia, así nacería el mundo, preñado, rebosando, pariendo a cada instante, aguas, seres, dioses, ayer mismo, al salir de la casa de esclavos, en el rincón del patio, aquel jacinto, anteayer no estaba, brotado en sólo una noche, con su tierna arrogancia, frágil y poderoso, su tallo, sus flores, sus hojas espigadas, lanzando su perfume como el canto de un gallo, anteayer aún no estaba, esta tierra no descansa, pariendo lotos, cocodrilos, papiros, ibis, pájaros, palmeras, sierpes, toros, hipopótamos, y el verdor ofuscante, incluso aquí en esta villa junto al mar, todo vibra caliente, los penachos de las palmas, el aire movedizo, este mundo me anega, me penetra, engendrador, multiplicador, derrochador de vidas, ¡qué contraste con Cirenaica!, no sólo aquella cárcel, sus adobes resudados, su bazofia y su mugre, incluso libre en los oasis era todo precario, palmeras asediadas por la arena, el agua en una charca o encerrada en un pozo, aquí amplios canales y los brazos del delta, allí apenas adelfas junto a la rambla seca, Egipto creando vidas, y además todas dioses, Sobek el cocodrilo sagrado, Bast la gata, Udjit la cobra, Hapi el Nilo, Nefertum el loto, Hathor madre de Osiris... No, su hija, me confundo, Seth que es malo y es bueno, todo divino, el agua, el trigo, la cerveza, porque todo da vida, «Vida» es la palabra clave, así tanta esperanza, así sonríe la gente aunque desnuda y sin bienes, hasta los muertos viven en sus tumbas, tan sólo yo sin alma, cómo seguir viviendo después de mi catástrofe, muerta en el circo aunque no me devorasen las morenas, me mató la muerte de Domicia, en todo silencio está su voz, ahora mismo, aquel susurro, su sabiduría en la serenidad, y su mano, su mano, nadie me acarició jamás así, ni Narso en la isla, ningún hombre en Bizancio, ni en el harem, no, ni siquiera Uruk, él era otra cosa, el fuego quemante pero agotable, la mano de Domicia era el calor oscuro, el roce interminable, ninguno así, ni recordado ni olvidado, ante mi éxtasis ella sonreía, me lo explicaba: «Ningún hombre comprende la carne de mujer sino otra mujer», sabía lo que yo sentía, sintiéndose conmigo al mismo tiempo, ¡cómo creaba el placer!, ¡cómo encendían sus dedos y su lengua!, era un mundo de mujeres aunque también siguieran hombres a la Madre, yo había oído hablar antes de Cristo, cuando Uruk me llevaba Orontes abajo por Antioquía, bien me acuerdo, pero ellas declaraban mujer al Mesías, su vestir masculino fue sólo un disfraz, el llamado Cristo nació niña, cuerpo de niña y alma de niña, creció mujer, esa nueva diosa me atrajo, y el amor de Domicia me retuvo, su absoluta certeza, vivía a salvo de todo, así me llevó a otra altura, diferente del hombre, no volveré a gozar tales instantes, revelación de la vida, el alma desprendiéndose, antes fueron pasiones, caricias o excitaciones, recovecos de la carne, pero Domicia era maestra de todo, incluso del espíritu, ¡cómo empezó a ilustrarme!, las letras, ¡el latín entre besos!, ¡qué geometría en la piel!, había estudiado en Siracusa, de una rica familia, por eso diaconisa de la Madre, ¡estoy muerta sin ella!, ¡lo fue todo!, devastador recuerdo, me atormenta el vacío, la falta de sus labios en mi sexo, en mis pezones, no la suplen mis manos imitando, no recordar, no recordar, pero imposible olvido, la llevo en mi piel, desde que me tocó su mano, posándola en mi brazo, en aquella mazmorra en tinieblas, su voz acariciante, «¿cuáles son tus penas, hermana?», yo gemía por Uruk, habían pasado meses y aún lloraba por él, fue la primera vez que me llamó hermana, a mí: la nacida sin nadie, la inexplicablemente aparecida en una playa, me acercó a la claridad del ventanuco, advertí en su mejilla el verdugón violáceo, un látigo cruzándole la cara, pero en sus ojos la serenidad, inmutable, su certeza en la fe, me confié, por primera vez pude hablar a alguien de Uruk asesinado ante mis ojos, le transferí mi desesperación, desde entonces ya no nos separamos, me infundió su sosiego, me mostró que el amor de mujer no está en los juegos de burdel y harem, sino en poner el alma en la carne, y la carne en el alma, me sacó de mi dolor, sin hacerme olvidar a Uruk porque ella lo abrazó también, había conocido antes el amor de hombre, podía comprenderme, ¿por qué recuerdo, si me duele tanto?, nuestros abrazos en la noche, el oasis, oscura isla de plata lunar de las arenas, nuestras andanzas cogidas de la mano, envidiadas pero también admiradas, y censuradas, por los hombres del grupo sobre todo, codiciadas las dos, sé que entristecí al diácono, enamorado de mí sin confesarlo, yo hubiera sido suya, ella lo hubiera comprendido, pero él se lo prohibía a sí mismo, me quería extrañamente, sólo para la fe, para la salvación en la otra vida, ¡qué rechazo de ésta!, imposible comprenderle, aunque quizás el secreto en su pasado, quizás como yo ahora indiferente a todo, muerta Domicia se me acabó el mundo, ella me cambió el nombre, otro nombre en mi vida, como reencarnaciones, pero esta vez la última, estoy acabada, hubiese querido cortarme el pelo allí mismo, ante su cuerpo asaeteado, el pelo que ella adoraba, tantas veces deslizándose sobre sus muslos, sus pechos, sus nalgas, un placer de escalofrío, pero me lo impidieron, me hace más valiosa, después de devorarme las morenas me hubiesen rapado ellos para venderlo, como el viejo éste, seguro, es lo que ha pensado, qué más da, nada me importa nada, y sin embargo, también se me hundió el mundo cuando mataron a Uruk, también antes cuando mi pobre hija, mi pequeña Nira, acuchillada por los piratas, destrozos de mi vida pero seguí viviendo, ¡cómo resiste la vida!, ¡cómo nos retiene ella!, y más en este Egipto, hormiguero de seres, fecundación del Nilo... Nada me importa nada, y sin embargo... ¡cómo nos droga la vida!, ya he sentido otras muertes como ahora, pero no me maté siendo tan fácil, ¡cuánto puede, contra el dolor, la sangre!,

¿se repetirá todo?, me parece imposible, entonces ¿por qué sigo respirando en el ahogo?, jadeo atormentada pero sigo, sin poder olvidar aquellas horas, aquella eternidad junto a Domicia, en la Iglesia de la Mujer Divina, entre las «femineras», como nos decían...

Antes que el de Irenia, la esclava llevó el nombre de Nur, recibido de Uruk y mantenido por los pescadores de coral que la recogieron en las costas sirias cuando ella huía, temerosa de los asesinos. Navegaban rumbo a poniente, hacia las Columnas de Hércules y el jardín donde las Hespérides guardan sus manzanas de oro, para vender su coral del Egeo en Puteoli y en Cartago Nova, donde cargarían en cambio el famoso *garu* codiciado por los sibaritas de todo el Mare Nostrum. Nur vivió con ellos a gusto, recobrando sus costumbres de Psyra, de su vida con Narso el pescador. Los vientos y las olas, las velas y la tablazón del falucho le eran familiares, y los pescadores estaban encantados de aquella compañera que, además, les ofrecía un cuerpo deleitoso en la concavidad del batel o en las nocturnas arenas, todavía tibias, de las calas donde sacaban a tierra la embarcación. De pronto ella les sorprendía con conocimientos inesperados o con relatos asombrosos, pues había corrido más tierras y tenía más experiencia de la vida. A cambio, el susurro de la brisa y el olor salino, la soledad entre aquellos hombres elementales, eran lo más que ella podía soportar del mundo tras haber perdido a Uruk. Ser gozada por ellos no la afectaba nada; formaba parte de sus tareas, como en Bizancio. Ya el médico de Astafernes le había asegurado que no volvería a ser madre, sin duda a consecuencia de las brutalidades infligidas por los piratas aunque ella, semiinconsciente, sólo recordara luego dolores y sangre.

La vida en la mar con los coraleros resultó así una

larga calma, un sedante paréntesis. La mala suerte fue aquella recalada en Leptis Magna, donde los hombres la aguardaron bebiendo en el puerto mientras ella subía al mercado para comprar vituallas. Sí, la mala suerte fue aquel disturbio callejero en cuyo torbellino se vio de pronto acorralada con un grupo de transeúntes por la caballería del prefecto y conducida con ellos a la cárcel. La buena suerte fue, en cambio, que en el seno de la mazmorra una mano se posara en su brazo y una voz acariciante pronunciase las palabras: «¿cuáles son tus penas, hermana?». Y que esa misma mano, cuando todas las mujeres capturadas fueron puestas en libertad, la guiase hasta el grupo de la Madre Porfiria; uno de los muchos que, predicando de diversos modos el mensaje galileo, recorrían la Cirenaica en esos tiempos de alumbramientos y desplomes. La enseñanza de Cristo, a base de múltiples evangelios, adoptaba formas contradictorias que los respectivos fieles defendían encarnizadamente, empezando por discutir la naturaleza misma del Mesías. Para unos era humana, con la divinidad injertada en la carne mortal; para otros al contrario: un dios revestido de figura corporal; mientras algunos armonizaban ambas esencias. Para Nur, la nueva Irenia, carecían de sentido tales discusiones y por eso se resistía al bautismo, sin que la apremiase su amiga Domicia porque aceptaba el natural fluir de las cosas y la lenta maduración de las decisiones dentro del corazón.

Los creyentes también discrepaban en su manera de vivir. Unos veían la virtud en aplicar su credo a la vida cotidiana, sometiéndose a las leyes del Imperio romano. Otros rechazaban esa organización y vivían en comunidad de bienes, con supresión de lujos e igualdad entre todos. Algunos pretendían extender estos principios a la sociedad entera, propugnando la distribución de las riquezas, la sustitución de toda autoridad y poder por la fraternal solidaridad y la supresión de armamentos y soldados a fin de instaurar una paz definitiva; no vacilando en perseguir tales objetivos –era el caso de los llamados «terroristas»– mediante la misma violencia utilizada por sus perseguidores, con tal de destruir el orden social del imperio. Por último, los menos, se refugiaban en desiertos o retiros para resolver individualmente la contradicción entre sus principios y el sistema establecido, fundando los primeros eremitorios donde imperaban el ascético silencio y las mortificaciones que, junto con el ardor espiritual, reducían el cuerpo de aquellos hombres al nivel de la más frágil subsistencia. Cada doctrina esgrimía frente a las demás sus argumentos teológicos, proclamando su verdad frente a las opuestas herejías, y los odios eran terribles: se aborrecía más al hermano discrepante que al romano, judío o egipcio todavía no tocado por la luz de algún evangelio.

Irenia no podía comprender esos odios fraternales, ni cómo la privación de alimentos, la flagelación cotidiana, los cilicios o la mugre podían agradar a ningún dios ni servirle de nada; como tampoco podía aprobar los incendios y saqueos de los terroristas. Sentía en cambio inclinación hacia la comunidad de Domicia, aunque tuviera pocos seguidores. Al frente del grupo estaba Porfiria de Sabratha, discípula del alejandrino Orígenes, muerto en Tiro pocos años antes, cuyas ideas había desarrollado ella hasta convencerse de la feminidad del llamado Cristo. Creía también –aunque no lo elevase a dogma– que fue Adán, con su orgullo masculino tan impropio de la mujer, quien realmente desafió a Dios en el paraíso terrenal e hizo pecar a Eva; aunque luego los varones redactores del Génesis impusieran una versión enmendada, muy conveniente para ellos al justificar la ulterior sumisión de la mujer en la vida social.

Porfiria abundaba en argumentos para defender su tesis. Ante todo, era imposible considerar justo a un dios que empezara por encarnarse varón, discriminando así en contra del otro sexo. Sólo sería aceptable que hubiera querido nacer andrógino o asexuado, pero, en ambos casos, su deformada humanización le hubiera impedido comprender a los seres que venía a salvar y hacerse comprender por ellos. Puesto, por tanto, a vivir con un determinado sexo, lo justo era asumir el femenino, más próximo a la creación de la vida en el proceso de generación. Cuando el contrincante rechazaba ese razonamiento, Porfiria alegaba la naturaleza misma del mensaje divino. Era imposible asomarse imparcialmente a la predicación del llamado «Jesús» sin reconocerla llena de un amor y una mansedumbre totalmente ajenas a la mentalidad de los barbudos patriarcas judíos y a sus hábitos predatorios, en sus guerras para arrebatar tierras a los cananeos invocando a su implacable Jehová. Sólo una mujer podía pensar y predicar ese mensaje de paz en una sociedad que ni siquiera le hubiera permitido predicarlo de no ser porque María, la madre milagrosa de la Niña Divina, la vistió varonilmente desde su nacimiento y la ayudó a representar ese papel hasta su muerte.

En esa esencia femenina creía sin duda el maestro Orígenes cuando llegó a castrarse a sí mismo: no para evitar sospechas acerca de sus relaciones con las catecúmenas a las que instruía (como pretendieron pacatos comentaristas) sino para identificarse con su Mesías hembra. Cristo fue mujer y el propio Orígenes, inspirado por Ella, había dejado un manuscrito –el *Tratado de la Mujer Divina*– que Porfiria logró salvar de la destrucción, cuando el obispo Demetrio condenó a la hoguera los escritos del filósofo, y que era la base de las creencias porfirianas junto con el conocido *Evangelio de Felipe*. Orígenes comentaba en su obra el mensaje divino a la luz de esa inspiración femenina y explicaba cómo ni en el pretorio ni durante la crucifixión reconoció nadie el verdadero sexo de Ella por milagrosa obcecación de todos los presentes. El texto revelaba también la verdadera relación amorosa entre la llamada «Jesús» y el hermoso apóstol Juan, que otros textos disimulaban refiriéndose tan sólo al «discípulo amado». Finalmente, profetizaba que Ella reaparecería un día sobre la tierra, ostentando su deslumbradora feminidad, y entonces prevalecería su enseñanza y reinarían en este mundo la mansedumbre, la paz y el amor.

Esas verdades, incansablemente repetidas a sus seguidores cuando Porfiria los congregaba sentándose adosada a una palmera o al brocal de un pozo, llenaban dulcemente el corazón de Irenia. La invadía entonces una paz diferente del olvido en que se sumergió navegando con los coraleros; una profunda serenidad de sus más íntimas fibras, encendiéndolas al mismo tiempo en ansias de vivir. Fue en una de esas ocasiones, mientras caía la tarde tras haber acampado en las gargantas de Millah, cuando Domicia, según le confesó después, percibió un resplandor diferente en los ojos de Irenia, aquellos ojos de tan suaves matices entre el gris y el verde malva. ¿O fue más bien la mirada de Domicia la que provocó el resplandor en Irenia, tras la ardiente exhortación de Porfiria a la vivencia del amor...? Domicia tomó de la mano a su compañera y, buscando un retiro, la condujo barranco arriba hasta un recodo de la pared rocosa donde se abría una pequeña gruta. Al entrar ya chocaron como sin querer sus cuerpos, que, sorprendiendo las voluntades, tomaron por sí mismos la iniciativa del abrazo y la unión de las bocas. No hablaron, no pensaron, fueron sólo encendida piel y, debajo, sangre fogosísima, y más al fondo aún, el imperio del sexo. Irenia, que conocía los amoríos femeninos al haberlos practicado, más bien por convención y aburrimiento, en el harem de Astafernes, vivió el abrazo con otra intensidad desconocida, creada por la transferencia a sus cuerpos del éxtasis espiritual. Desde entonces compartieron un fuego amoroso que sólo la muerte de Domicia haría impracticable. Sin por eso extinguirlo porque seguía ardiendo en la memoria de Irenia, persuadida de que también pervivía en el alma de la muerta, acogida sin duda en el paraíso de la Mujer Divina.

2. AHRAM EL NAVEGANTE

Como el correo Bashir anunció ayer tarde la llegada de Ahram desde Alejandría, para celebrar en familia el primero de los días epagómenos con que termina el año egipcio, la esclava anda asomándose desde el amanecer a la claraboya de su desván, oteando el mar a través de la celosía. Ha visto palidecer la oscuridad nocturna y asomar el sol: una incandescencia, un punto rojo, un arco, un círculo ardiente, una herida desangrándose por el mar abajo. Luego anaranjado al elevarse, dorado entre ampulosas nubes, fuego blanco volcando un cabrilleo de chispas sobre las aguas tranquilas... «¿Qué me importa el amo? –se pregunta–, será como todos.» Pero vuelve a su atalaya. ¡Dicen de él tantas cosas!: Siempre llega por mar, ya verás cómo manda, su barco lo planeó él mismo, adivina los vientos... Y no sólo dicen, sino que se les nota. El yerno ha suspendido su viaje a Alejandría, Amoptis está nervioso y da contraórdenes, han venido del santuario de la finca el sacerdote y su acólito, la vieja Tenuset se ha puesto faldellín plisado a uña aunque no espera ser llamada, han limpiado la casa de arriba abajo... Irenia vuelve y vuelve a su atalaya.

¡Por fin! Una embarcación dobla el promontorio occidental, inclina grácilmente sus dos mástiles, enfila su proa hacia el embarcadero de la playita. «¿Será el *Jemsu*?», piensa la esclava desconcertada porque no le parece un barco tan extraordinario.

Abajo contempla las palmeras sobre la playa dorada y el jardín de las mujeres, pero la celosía le impide asomarse a ver la terraza, desde donde le llegan ruidos y voces de los siervos poniendo el toldo. Al sacudir la cabeza hacia atrás para apartar sus cabellos recuerda que al día siguiente de su llegada se los cortaron al rape. Pero han vuelto a ordenarle que vaya cubierta, ahora que la trajeron a la casa de los amos. Pasaba menos calor en los establos abiertos que aquí bajo el tejado, pero eran penosos el olor de las vacas, el estiércol y el acoso de los tábanos. Aunque lo peor fueron las ocas, de la raza grande del delta, caprichosas y anárquicas, obligándola a ir y venir sin descanso para que no se le dispersaran. Y agresivas, pues sufrió dolorosos picotazos al retirar huevos de los nidales. Además le cogió antipatía el mozalbete que con ella las cuidaba; pero ésa fue su suerte porque, como la acusó de negligencia para que la castigaran, acudió a comprobarlo Tenuset, encargada de la servidumbre de cocinas abajo. Una anciana todavía ágil y de voz agradable, bajita, con ojos cansados y piernas bien hechas, que empezó regañándola pero se fue sorprendiendo a medida que la oía expresarse. Miró las manos y la cabeza de Irenia, le hizo varias preguntas inusuales y decidió llevársela a las cocinas, con lo que la esclava pasó a dormir en los desvanes de la casa grande.

Abajo suena un chillido estridente. Ella sabe que es Malki, el nieto de Ahram. Sólo lo ha visto de lejos, en el jardín, pero todos los esclavos se quejan de sus caprichos e impertinencias, sin haber cumplido aún los cinco años. Tampoco ha visto a la señora, a la que el padre llamó Sinnah pero que al casarse adoptó la forma egipcia de Sinuit; ni conoce tampoco a Neferhotep, considerado avaro y a veces cruel con los esclavos, aunque le vence la indolencia salvo en lo de ser muy exigente para el respeto debido a su cargo edilicio: es preciso dirigirse a él llamándole Excelso Señor. ¡Cómo le asombra a Irenia la meticulosa etiqueta egipcia! Domicia se habría extrañado menos, por su origen aristocrático. ¡Domicia! ¡Qué lejos le van pareciendo aquellos días! Cuando quiere recordarlos se interpone como una veladura que desdibuja la visión. A veces le es difícil evocar los ojos de Domicia, que un mes antes taladraban sus insomnios. No es por el tiempo transcurrido sino por la avalancha de seres, cosas y sucesos nuevos: esa exuberancia del país, cuyas gentes además hablan y hablan, se envuelven en historias y mitos, superponen al mundo tangible otro de fantasías y memorias. Hasta el propio Ahram le resulta mítico a Irenia visto a través de los siervos, que le temen pero le admiran; de los aparceros vinculados a la villa, que procuran engañarle pero apelan a él contra los escribas del fisco; del sacerdote de la diosa Neith, que censura su impiedad pero le agradece la restauración del culto a Nuestra Señora de las Aguas en el santuario arrasado por Caracalla. Y, sobre todo eso, basta oír pronunciar el nombre de Ahram a Tenuset y, más todavía, a Bashir.

¡Bashir! Desde que por primera vez le vio Irenia llegar de Alejandría, situada a ochenta estadios a poniente de Tanuris, y arrodillar a su camella en el patio para dirigirse a las cocinas con paso renqueante, se ha convertido para la esclava en el heraldo de Ahram, trayendo a diario las noticias y encargos de la Casa Grande, para volver allí con la información de Tanuris. Es el más antiguo compañero de Ahram, desde los difíciles comienzos aventureros en la juventud; por eso todos respetan como a un personaje, aunque oficialmente sea sólo correo, a ese viejo de cara curtida, negros ojillos chispeantes rodeados de arrugas, nariz porruda y espeso bigote cano colgando a los lados de la boca burlona. Es flaco y sarmentoso, no muy alto, y se atribuye su cojera a un lanzazo sufrido en una de sus andanzas con Ahram. Pero lo que intriga más a la esclava es la curiosidad de Bashir acerca de ella. Cuando Irenia le sirve su almuerzo en la cocina –siempre le corresponde hacerlo, por mandato de Tenuset– se siente examinada y sometida a preguntas, aunque no de manera maliciosa sino cordial y abierta. Además Bashir habla con ella casi tanto como con Tenuset y la ayuda mucho a ambientarse en Tanuris, para asombro de quienes tienen al viejo por un hombre reservado.

Ya está cerca la embarcación; ha sido veloz aunque no corra mucho viento. Irenia, que sabe de mar, aprecia ahora la finura del casco, más alargado que el de las embarcaciones de las islas, y la doble espuma levantada por la tajamar, así como la especial inclinación del mástil de mesana. La camareta central también es mucho más baja que la de las naves convencionales y empieza a comprender que el proyectista del velero no es un constructor rutinario.

La esclava reconoce una voz juvenil y estridente alternando en la terraza con la del niño. Es Yazila, nueva niñerita de Malki, más bien su compañera de juegos, porque sólo tiene diez años. Generalmente se mueve en el recinto de los señores, pero algún día ha bajado a las cocinas a deshora –evita mezclarse con el resto de la servidumbre– para reclamar bebida o alimento, pues presume de sus nuevas funciones y, sobre todo, de ser hija de Amoptis. Ahora la ve por el jardín tras el chiquillo y admira la tonalidad oscura de su cuerpo mestizo, con pechitos casi imperceptibles y las largas piernas moviendo el trasero, apenas velado por el blanco faldellín plisado propio de su nueva posición.

El velero, mientras tanto, ha fondeado ya y dos

marineros acaban de arriar la vela mayor, listada de púrpura y verde como todas en la flota de Ahram, disponiéndose luego a botar un chinchorro por estribor. Un hombre vestido con lisa túnica oscura, una faja y un estrecho turbante cuyo extremo cuelga a un lado de la cara, sale por la escotilla, pasa las piernas sobre la borda y desciende ágilmente al bote. Le sigue otro ricamente ataviado y portador de una gran bolsa, que reclama la ayuda de un marinero para bajar al chinchorro. El que le ha precedido empuña los remos y empieza a bogar vigorosamente hacia la playa, mientras el de la bolsa se instala temeroso en el banquillo de popa, sujetando sobre su cabeza la elaborada peluca egipcia. La esclava se siente hondamente decepcionada: ese personaje de la bolsa, obeso y torpe, ha desinflado el mito de Ahram. No vale la pena seguir mirándole.

Oye voces en el camino que baja a la playa a lo largo de las tapias del jardín y ve avanzar un grupo de hombres, con bullicioso acompañamiento de chiquillos, encabezados por Amoptis. Reconoce entre los primeros al capataz de los esclavos, al primer escriba y al plantador de las cosechas, todos apresurándose porque el chinchorro ha tocado ya en el pequeño embarcadero y el remero salta asiendo un cabo que diestramente amarra a uno de los pilotes, tendiendo luego la mano al pasajero para ayudarle a desembarcar. Ya en la arena se les acerca el grupo del camino y entonces la esclava queda atónita: el hombre ante quien todos se inclinan reverentes resulta ser el remero de la túnica oscura que, en ese momento, se calza las sandalias ofrecidas por el obeso pasajero. Uno de los siervos se acerca para ayudarle y otro para cubrirle con un parasol índigo –como exige siempre el Excelso Señor– pero un imperioso gesto les rechaza y les hace retroceder de espaldas e inclinándose.

¡De modo que el remero es Ahram el Navegante!

La esclava suspira con alivio y reconoce la verdad del mito. Ahora contempla los acontecimientos con avidez: el señor abreviando las zalemas, sacando de su manga golosinas que atraen a los chiquillos como a gorriones, emprendiendo la marcha cuesta arriba en cuanto acaba el reparto a los pequeños. Avanza con imperio, ni descuidado ni alerta, con moderado balanceo de los brazos y leves movimientos de cabeza observando el entorno. La esclava distingue ya la daga atravesada en la faja: es de verdad un arma y no el habitual complemento decorativo. A punto de desaparecer la comitiva tras el ángulo de la casa consigue percibir la barba en punta, espesa y cuidadosamente cortada; los finos labios bajo una nariz apenas aguileña; el crespo cabello de un gris incipiente que no cubre por arriba el turbante, simple lienzo azul y oro en torno a las sienes. La fina túnica permite apreciar la firmeza del cuerpo delgado, sólido y felino a la vez. «Ése sí es Ahram –se dice la esclava–; se ha servido a sí mismo con el remo por ansia de libertad, de independencia.» Queda pensativa y, de pronto, recuerda que ella debería ya estar abajo para ayudar al servicio de la terraza, como le ordenaron ayer. Presurosa cubre su pelo, se sujeta bien el lienzo que le sirve de falda y corre descalza hacia las escaleras de servicio con una rapidez que hace saltar levemente sus firmes pechos en el torso desnudo.

Abajo todo es movimiento. En el sotanillo bajo la terraza otras esclavas preparan refrescos y viandas, que luego sacarán al patio para subirlos hasta los señores por una escalerilla exterior. En ese patio está el brocal para sacar del aljibe agua siempre fresca y allí instalan a Irenia para esa tarea. No puede ver la terraza, solamente el toldo verde y púrpura, pero oye las cantarinas cuerdas del arpa, que la ejecutante está templando por si es requerida durante el almuerzo. Al fin se oye a los señores salir a la terraza. Una sierva baja desde allí y acude al pozo para obtener agua fresca, pues las bebidas se entibian pronto. Otras van y vienen; los cruces en la escalera son incesantes, y de vez en cuando Tenuset se asoma a la puerta del sotanillo o aparece arriba Nufria, la camarista principal de la señora, dando una orden. Las que acuden al pozo cotillean brevemente con Irenia los detalles de la reunión: el joven matrimonio sentado ante su pequeña mesita al estilo egipcio mientras Ahram, instalado sobre tapiz y almohadones al estilo de Asia, contempla el mar.

Arriba, la señora, vestida de transparente lino, entrega a su padre con aire misterioso una pequeña caja de cedro, anunciándole una sorpresa. Ahram levanta la tapa y admira, efectivamente sorprendido, unos sedosos vellones del más extraordinario color: ni naranja, ni rojo, ni dorado, sino algo de todo ello en cambiantes variaciones según el toque de la luz. Pero no le parece seda y mira intrigado a su hija.

–Pelo, padre. De mujer... No, no está teñido.

«¿De mujer? ¿Quién poseerá esta cabellera?» se pregunta Ahram sin delatar su asombro, mientras su hija prosigue:

–Me haré una peluca. ¡Será la admiración de toda Alejandría...! Es de una esclava que ha encontrado Amoptis. Pienso estrenarla en la ceremonia de vestir a Malki... ¿Te la llevarás mañana, padre? Krito podrá encargarla al peluquero; a Lisinio, por supuesto. Krito siempre acierta con lo que se va a llevar en la temporada. Mi Nefer, además, no tiene tiempo cuando va a la ciudad. ¡Trabaja tanto para el Consejo!

Mientras Neferhotep expresa su sentimiento por no resultar más útil, Ahram piensa que su yerno nunca tiene tiempo para hacer lo que no le interesa.

–Sí, ya va siendo hora de registrar al niño en la Casa de la Vida. Está muy crecido.

–Nefer lo ha gestionado ya en Canope. Le llevaremos pronto.

―¿Quién es la chiquilla que juega con él?

―La hija de Amoptis. Nos la ha propuesto para niñera.

―¿Te puedes fiar? La encuentro aún pequeña.

―Yo estaré atenta mientras ella le entretiene. Es muy lista. ¡Si la vieras! Tiene ojos de monito, siempre mirando a todas partes. Me descansa mucho.

―Pero hay que ir educando a Malki. Es caprichoso y poco obediente.

―¡Ya habrá tiempo, padre! ¡Está tan gracioso!

Ahram calla: la discusión de siempre. Mimó demasiado a su hija, pronto huérfana de madre, y siempre elige ella la cómoda táctica de dejar correr las cosas. Sinuit mientras tanto alaba el *garu*, o salsa de pescado de Cartago Nova, que envió el padre días pasados con Bashir, y pregunta por las novedades llegadas al emporio del puerto, donde se puede comprar cualquier producto de todo el mundo. «¡Ay! ―exclama―, estoy deseando que empiece la inundación y nos marchemos a la Gran Casa, en Alejandría. Tengo que ponerme al día en todo. Estoy hecha una provinciana.»

Entra Narbises, contable mayor de Ahram, llegado con él a bordo del velero. Tras una reverencia instala su obesidad entre almohadones, cerca de Ahram, y extrae de su bolsa los papiros de cuentas que ha estado compulsando con Amoptis a lo largo de la mañana. Neferhotep se une a ellos y analizan los resultados de la cosecha, este año bastante buena y excepcionalmente rentable porque el nuevo jefe de los escribas fiscales ha aceptado regalos y ha sido comprensivo al fijar los impuestos. Narbises, no obstante, hace algunas sugerencias para mejorar la explotación y luego pasan los tres a comentar los acontecimientos en el Consejo Municipal de Alejandría, donde se enfrentan como siempre los intereses de los grupos principales: judíos contra griegos luchando por el dinero; romanos contra el clero egipcio, por el poder.

Llega corriendo Malki con su graciosa trencita colgando al lado derecho de su mejilla, como un principito faraónico, y corta la conversación mostrando orgulloso a su abuelo el amuleto pendiente de su cinturón: un *udjat*, un ojo de Horus; «muy poderoso contra las mordeduras; hay alacranes por aquí», comenta la madre. Con la misma rapidez vuelve a su juego y entonces Neferhotep ofrece al suegro vino de Imit y beben ambos, previa una libación a Renutet, la diosa cobra protectora de las cosechas. El matrimonio empieza a saborear las golosinas de su mesita mientras Ahram mordisquea unos pistachos. La señora se lamenta:

–¿No puedes quedarte un día más, padre?

–He de regresar mañana mismo. Como sabes, Bashir trajo hoy un mensaje urgente enviado desde el sur con una de mis palomas y descifrado por Soferis.

–¿Algo desagradable? –inquiere cortésmente Neferhotep.

–Ahora lo es para mí, pero yo haré que lo sea para los causantes. Nadie atajará mis proyectos en el mar Oriental.

Sinuit se lamenta, comprensiva. También ella tiene sus problemas. Ayer fue un mal día. Se lo pasó sin salir de su cuarto porque era una fecha nefasta. Pero no ocurrió nada, gracias a la diosa del santuario.

Tampoco ahora pasa nada. En la terraza empiezan a servir el almuerzo y la señora desea música. La arpista, una mujer de cara redonda y voluminosos pechos, silenciosa hasta entonces en su rincón, modula unos arpegios y comienza una tonada menfita de moda, más lánguida que las tebanas. Terminado el almuerzo el matrimonio propone jugar al *senet* y una esclava les trae el tablero de las treinta casillas, mientras otra renueva las bebidas.

Abajo, junto al aljibe, Irenia empieza a disfrutar un descanso a la sombra, gozando del aire húmedo que sale por el brocal. El niño aparece en el patio y se acerca al estanque, tendiendo la manita hacia los peces rojos. Como no hay peligro, la tierna silueta añade encanto a la paz calmosa de la tarde. Pero, ¿dónde está Yazila?, se empieza a preguntar la esclava cuando, súbitamente, la situación da un vuelco. La amenaza desgarra el sosiego al irrumpir salvajemente un enorme perro. Es *Tijón*, mastín traído hace poco por Ahram para soltarlo de noche en el jardín; uno de esos feroces canes llamados «perros navegantes» porque se adaptan a la vida a bordo. De algún modo ha logrado romper su cadena o arrancarla y corre tras un gato, ladrando horriblemente. El niño chilla asustado mientras el felino se pone a salvo trepando a un sicomoro.

El perro, defraudado, se vuelve hacia Malki mostrando los colmillos. La esclava no piensa, corre con el niño a un rincón del muro y lo cubre con su propio cuerpo frente al mastín enfurecido. Se siente indefensa, de nuevo en el circo, frente a esa fiera que va a destrozarla, pero Malki es la hijita que no pudo salvar. Ahora tiembla ante los colmillos amenazantes y los ojos asesinos, mientras se mantiene firme, resuelta, clavando su mirada en la del perro.

Otro grito, como un latigazo, clava en su sitio al animal. Ahram, alarmado por el chillido y los feroces ladridos ha aparecido en lo alto de la escalerilla.

—¡Quieto *Tijón*! ¡Quieto!

La voz de Ahram restaura el orden. Sus pasos se precipitan escaleras abajo y su mano aferra el trozo de cadena arrastrada por el perro, entregándolo a un siervo salido del sotanillo. Se acerca a Irenia, que baja los ojos al suelo mientras escucha:

—¿Ha mordido al niño?

—No, señor. Sólo está asustado.

—¿Y tú no?

Ahora es cuando la esclava se rinde a su miedo sin poderlo evitar y es incapaz de hablar.

—¿Tú no? —repite el hombre. Más que impaciente, curioso—. Ya veo que sí. Pero le hiciste frente.

Sin alzar los ojos, la esclava siente la mirada viril posarse en sus pechos. Un calor ruboroso, que ella misma no se explica, sustituye al miedo. Luego lo atribuirá a la voz metálica y vibrante, tocada de emoción por el nieto, con que le habla el amo, mientras acaricia el pomo de su daga.

Entretanto el niño se aferra ya a las piernas del abuelo, que le coge en brazos. La esclava mira al fin de frente: al chiquillo y al hombre. Descubre la intensidad de la mirada y el pliegue de los labios entre la barba, ahora curvados en una sonrisa reveladora de dientes blanquísimos. «Los colmillos del perro», piensa en un relámpago.

—Vaya, al fin me miras.

Hay una pausa. Ella ha vuelto a bajar los ojos y él concluye suavemente.

—Gracias, mujer.

«¿Por qué se me saltan las lágrimas?», se pregunta irritada la esclava, procurando disimularlas. No sabe si lo ha logrado, pero en cambio siente los dedos del hombre rozar su sien, donde el velo anudado a su cabeza no llega a tapar el color de su renaciente pelo. Los dedos se detienen un instante, pero Ahram no lo comenta. Algo nuevo se alumbra en sus ojos.

—Ven. Sube —ordena.

Irenia sigue al hombre escaleras arriba, avergonzada por su tosco faldellín de fregona. ¡Cuánto daría por alguno de los vestidos que llevó en Bizancio o en el harem, ahora que contempla el lujo de la terraza! Los tapices, los almohadones, las mesitas y los taburetes de cedro, los servicios de plata y de cristal fenicio, los hisopos con agua perfumada y la túnica finísima de la señora, que se precipita a coger al niño con extremados besuqueos. Suenan pasos rápidos en la escalera y los sollozos de Yazila, que sube asustada. Ahram ruge al verla:

—¿Así cuidas de Malki…? ¡Nufria, llévate a esa estúpida! Mañana recibirá nueve azotes en el patio, delante de todos.

«¡Ahora, qué voz tan peligrosa!», se estremece Irenia, mientras se llevan a una Yazila que implora perdón a gritos. Ahram pregunta a la esclava:

—¿Cómo te llamas?
—Irenia.
—No te va —murmura mirándola. Pero de golpe recuerda y su voz se hace risueña—. ¡Ah, conque eres tú! —La hija se asombra de que él tuviera noticia—. De Psyra, creo, pescadora.

—Así es, señor.
—Conozco la isla, frente a Quíos… Pero no pareces jonia.

—Ignoro dónde nací —responde turbada.

Ahram la mira con extrañeza, pero sigue sonriendo:

—De todos modos serás más responsable que esa cría. Desde mañana cuidarás tú al niño.

La hija protesta escandalizada:

—Apenas la conocemos, padre. Y me dijo Amoptis que había sido enviada al mercado desde la cárcel.

—Para suerte de todos. Y yo también he pasado por la cárcel, ya lo sabes.

—Pero es que ella estaba por ser de una de esas sectas. ¡Es una terrorista! ¡Quién sabe lo que habrá hecho!

—Ya he visto lo que ha hecho… y sé lo que me ha contado Bashir —añade para asombro de la esclava, que ahora comprende tantas cosas y, a su vez, quiere explicarse:

—Me cogieron con cristianos, es cierto, pero yo no lo soy.

—Te creo. Has sido valerosa y ellos son blandos.

—Ellos saben morir, señor —replica con orgullo, recordando a sus amigos. Ahram no se enfada, para sorpresa de los presentes.

−Morir es fácil; matar es lo importante... ¿Matarías tú? ¿Ni siquiera para salvar a un niño?

Ella recuerda a su hija y baja la cabeza, asintiendo.

−Toma, por tu valor −concluye Ahram sacando de la faja una bolsa y tendiéndola a la esclava que, en vez de tomarla, implora arriesgándose:

−¿Puedo pedir otra cosa, señor? −Y continúa, pese al ceño fruncido de Ahram y al general silencio reprobatorio−. ¡Sé clemente y perdona a la muchacha! Es todavía una niña. Me ayudará a cuidar al pequeño.

Ahram vacila un instante, asombrado como todos.

−Sea. Pero tú me respondes de Malki. ¡Con tu vida! Tú puedes hacerle hombre.

La despide con un gesto poniendo en su mano la bolsa que ella acepta inclinándose. Saluda también a la señora, a la que nota satisfecha por su petición en favor de Yazila, y se retira.

No nací en Psyra, ni sé dónde, ni nadie podrá saberlo nunca, imposible, lo primero que vieron mis ojos no fue cuna ni madre, sino aquellas tres figuras contemplándome, desnuda sobre la arena, ésa es toda mi memoria, así entré en el mundo, luego sabría que eran mujeres y que hablaban entre sí, pero al principio sólo un canturreo con altibajos, un caqueteo saliendo de las tres bocas, después fui capaz de imaginar sus comentarios:

(«¡Mirad, abre los ojos! ¿Quién eres? ¿De dónde vienes? Parece muda. No comprende. Una bárbara. Persa. No, del norte. Mirad su cabellera: es de los godos. Y de buena cuna, ved su piel delicada. Y sus manos sin roces. ¿Naufragio? ¡Tontería!, ¡con las calmas de esta semana! Abandonada desde un bote, una venganza, hija de rey, se cuentan historias. ¡Imposible, anoche mi marido pescó hasta el alba, hubiera visto algo! Entonces... ¿Por qué se toca las piernas?»)

Sí, me las tocaba porque descubría mi cuerpo, sobre todo mis piernas, tenía la vaga idea de haberlas usado antes, pero mi mente un vacío, sólo había eso: sentirme todo el cuerpo, la suavidad del muslo en mis dedos resbalando sobre él, cosquilleo de mis rizos en el pubis, ¡qué susto sorpresa cuando allí noté algo y derramó mi entrepierna un chorrito ambarino que la arena se tragó! Temí derretirme y la sangre se retiró de mi cara, las tres figuras rieron palmoteando, creyeron que me había dado vergüenza, ¡me lo contaron luego tantas veces! Y como se acercaban hombres una de ellas se quitó el manto para taparme, fue la que luego llamé Madre, la primera que tuve y verdadera, mucho antes que Porfiria, pero tampoco ella pudo decirme dónde nací, ¿cómo iba a saberlo?, aunque en nuestros cuatro años juntas siempre le preocupó mi origen, quiso desentrañarlo, adivinarlo por mis primeros gestos, aquel mi primer día me cubrió con su manto y me llevó consigo.

Yo toda sensaciones, ¿por qué recuerdo ahora?, ¿quiero saber también lo que hubo antes? Sólo sensaciones, no todas agradables, áspera sequedad en la boca, necesidad de aliviarla, me levanté y sin saber por qué acudí a la orilla, donde rompían las olas, mojé mi mano y la llevé a la boca, sentí desabrimiento y miré al grupo desconcertada, la más joven se alejó y volvió pronto, con una concha llena de algo cuyo nombre repetía al ofrecérmela, «¡agua, agua!», la primera palabra que aprendí a decir, me llevé el cuenco a la boca, ¡qué líquido placer llenándome las fauces!, ¡qué activa mi garganta al tragar! Bajaba el agua a mis adentros revelándomelos, ahora bebo sin darme cuenta, pero entonces era un milagro, ofrecí a la muchacha la mueca de mi sonrisa imitando la suya, agradecí a mi boca reseca el haberme llevado a tanto placer.

¡Aquellos tiempos como de recién nacida, viviéndolo todo por primera vez pero con capacidad para recibirlo! Sorpresas a cada instante, descubrimiento de un mundo que me revelaba a mí misma, beber era un prodigio, por desgracia todo se vuelve costumbre, ellas también me descubrían, la Madre me habló, caqueteó con las otras en vista de mi silencio asombrado, me miró intensamente, ¡ah, sus miradas!, sus ojos de un gris claro, pocos así encontré luego en mujeres, menos en hombres, me tomó por la cintura mientras su boca emitía sonidos atrayentes, modulaciones persuasivas, así me condujo a lo que luego aprendí a llamar «casa».

¡Generosa, inolvidable Madre!, pero su primer don acabó en desengaño, me dolió que me llevara para luego negarse, así lo entendí entonces, no comprendí hasta más tarde, empezó dándome de comer, se repitió mi placer de la bebida, más intenso aún, del cuerpo llenándose me subía una sensación de beatitud, pero me angustiaba una carencia, vacío inexplicable, algo necesario faltándome, intuí lo que era cuando ella me llevó hasta una yacija y yo, en vez de tenderme, respondiendo a su abrazo que envolvía mis hombros, la estreché contra mí y caímos en el lecho, yo encima, abrazándola más fuerte, agitándome sobre ella como para penetrarnos mutuamente, así como los manjares y el agua habían entrado en mí, buscando oscuramente lo mismo, sus ojos me miraron extrañados mientras su cuerpo se negaba, pero sin violencia, clavados hondamente en los míos, porque ella nunca se asustó, siempre quería saber, cuando al fin me levanté confusa ella me abrazó, de otro modo, acarició mis cabellos, besó mi frente, fue sosegándome poco a poco, llenó en parte aquel vacío pero no todo, no era eso, me tranquilizó con la caricia, como a un potrillo inquieto, con la palabra suave que no entiende.

Así empiezan mis recuerdos, sin otra memoria, y ahora por qué vuelven, estaban olvidados, mi memoria era Domicia, así abrí los ojos en la playa, quizás por eso el mar siempre me fascina, ¡qué difícil comienzo!, aprendiendo lo que los demás olvidan haber aprendido sin darse cuenta, progresando con cautela, usos, costumbres, rituales, me llamaron Kilia porque aquel año fue el del milenario de Roma, ¿le gustaría a Ahram ese nombre más que Irenia?, ¿o el Falkis de Astafernes?, ¿o el Nur de Uruk? Todos tienen sólo un nombre pero yo sin raíces, por eso tantos, cualquiera, ¿qué me espera ahora?, me supusieron doce o trece años porque aunque me veían niña en seguida sangré como mujer, ¡qué susto aquel día...! Mis años anteriores ¿donde están? Mutilada de niñez, por eso viví tanto la de mi hija, fue gozar con ella la mía, por eso me conmueve ese muñeco de Malki, con él voy a vivir de nuevo, renaceré, ¡adorable Bashir, a ti te lo debo! ¿Cómo te fijaste en mí?, ¿también mi pelo? No, me conociste rapada, no fue eso, conozco bien a los hombres, fue otra cosa pero a ti te lo debo, el niño, mañana ofreceré papiro tierno a tu camella, su nombre *Al-Lat* me lo explicaste, el de una diosa entronizada en un pozo de tu país, la trajiste de tus desiertos, allí es la vida del hombre, como el niño es ya la mía, ¿y tú de dónde eres, Ahram?, ¿cómo iba a figurarme que tu anunciador Bashir también te me anunciaba a ti?, eres como dicen, ¡qué sorpresa tu llegada!, pero eres como dicen, si hasta en Bizancio, ahora que recuerdo, te nombraban algunos, el Navegante, el poderoso de los mares, pero lo había olvidado, qué secretas corrientes la memoria, llevan y traen el pasado, ¡ay, menos el mío!, eres como decían, mis ojos vieron hoy tus pies, uñas fuertes, bien formados como los de Narso, firmes, prensores, de pisar libres tablas flotantes o arenas, seguro que en la planta una piel recia, como ellos, los pescadores, gracias por tus palabras mientras los miraba, gracias por el niño, ¡qué hermoso todo!, ahora pasado el miedo veo al perro magnífico, fuerte en su libertad, mañana empiezo con Malki, ¡oh Malki en mis brazos!, pensarlo me quita el sueño, la alegría me levanta el pecho, sudoroso, a ver si acaba por fin esta pesadez del aire, este olor a marjales medio desecados, a hierbajos pudriéndose, a ver si revienta el Nilo, se alivia la hinchazón del mundo, cuándo asomará esa estrella, Sopdit, justo antes del sol amaneciendo, cuenta Tenuset que entonces la tierra quedará bajo las aguas, todo Egipto a lo largo del río, una mar entre desiertos, aquí en seco sólo la villa y la aldea, y el santuario porque están construidos en alto, el diluvio decían los cristianos, pero aquí cada año, en los Montes Divinos Isis llora a su Osiris, el mar de Alejandría se vuelve amarillo por el limo, el Nilo arrastra la tierra y la repone nueva, más fértil, renacida, ya todos esperándolo, ¿renaceré yo?, este niño me salva, ¿arribaré a otra playa como en Psyra? Desde hace horas lo pienso, ese perro enviado del destino, y ahora mismo otro signo, este silencio súbito por dentro, me sobrecoge, lo conozco, no es corazonada sino anuncio, no sé de qué, todo puede pasar en este Egipto, gracias Ahram por tu regalo, tu nieto, la vida.

3. EL *UDJAT*

Asomó por fin en el horizonte antes que el sol la estrella Sopdit y comenzó el año con el mes de Toth: la crecida no puede ya tardar. Ahram lo sabrá el primero en Alejandría gracias a sus palomas mensajeras. Bashir asegura que pronto en el gran nilómetro se conocerá si la próxima cosecha será buena o mala. El calor se hace cada día más exasperante; el aire se estanca sobre las tierras del Menhit, ese vasto abanico de las siete bocas del delta por cuyos canales y marismas no circulan ya en sus barcas de papiro los pescadores y los cazadores de aves.

En la terraza la señora es constantemente abanicada por una sierva, se queja de jaqueca y quiere aliviarla con refrescos, perfumes y masajes en las sienes, mientras compadece a su pobre esposo, que está a punto de regresar de la ciudad. «¡Cómo sudará en ese horno, pobrecito mío!»

En la playa, bajo la oscilante sombra de las palmeras, la brisa ofrece algún alivio a Irenia que, con el niño y Yazila, baja a diario a la arena desde que la señora empezó a confiar en ella, gracias al hallazgo del amuleto. Malki lo había perdido en el estanque y la madre lo consideró un mal agüero. Por fortuna Irenia encontró el *udjat* en el agua, bajo los lotos, y eso demostró su buena suerte; por eso le permiten llevar el niño al mar. Apenas pisa la arena la esclava se quita las sandalias a que ahora tiene derecho, como guardiana del Pequeño Amo. Entra en el agua con el niño mientras Yazila, tras mojarse los pies y la cara con mucho aspaviento, retorna a sentarse a la sombra, observando con ojos suspicaces a la mujer que le ha quitado el puesto. Malki juega con la espuma de las mansas olas y no llora ni cuando alguna le salpica la cara. Le encanta tirar de la túnica que ahora viste Irenia, a diferencia de las otras siervas, para derribarla. Ella se deja caer advirtiendo, complacida, que Malki se tiende a su lado y empieza a manotear intentando nadar solo. ¡Qué sorpresa se llevará Ahram cuando encuentre tan marinero a su nieto!

Así pasan la mañana, construyendo pirámides de arena, cauces que se inundan como el Nilo, murallas que la espuma derriba poco a poco. Al ver una caña flotante Irenia decide encargar un barquito de juguete al carpintero de la aldea. Mejor aún a alguno de los artesanos funerarios venidos de Canope para adornar la tumba en construcción de Neferhotep, que inspecciona frecuentemente los trabajos en la colina del santuario y se complace admirando las pinturas y relieves de su última morada, los vasos canópicos para sus vísceras, los pertrechos para seguir viviendo el largo viaje de su alma. El tallista del mobiliario labrará fácilmente una perfecta miniatura del *Jemsu* de Ahram, con su afilado casco, sus velas verde-púrpura y hasta unos diminutos tripulantes.

Con el sol en lo alto regresan a la casa. El niño se demora persiguiendo a las gallinas, a pesar de su miedo a las ocas; pero al fin es entregado con Yazila a la señora, a quien le gusta ufanarse de vigilar el almuerzo de su hijo. Irenia aprovecha para bajar al sombrajo de cañas junto a la cocina, donde encuentra a Bashir con Tenuset, que acaricia su gata mientras el hombre mordisquea entre frase y frase un tallo de papiro, ya que se le acabó la provisión de *quem* de su país, renovada de vez en cuando por algún piloto de Ahram.

—Bienvenida, Irenia —la recibe el viejo mirándola con sus ojos semicerrados—. Mi amiga acaba de contarme cómo encontraste el amuleto.

—Te lo digo, Bashir, esta muchacha es mágica. A través de las aguas, de las hojas de loto y hasta del fango consiguió ver el *udjat* de mi pequeño.

Tenuset fue niñera de Sinuit y trata a Malki como si fuese suyo. La esclava protesta, risueña:

—¡Nada de magia! Fue que las siervas no buscaron bien. El estanque no es tan hondo.

—Pero tú no buscaste. Fuiste derecha a meter la mano bajo los lotos.

—Como no estaba a la vista y había caído al estanque, tenía que aparecer allí. ¿Dónde está la magia?

A la esclava no le gusta que le atribuyan esos poderes pues provocan recelos y bastantes despiertan ya su procedencia. Pero no se sorprende: ya le ocurrió entre los cristianos, y Uruk la llamaba «maga» porque a veces anunciaba una tormenta que ella sentía en el aire cuando aún nadie la preveía. Ahora prefiere desviar la conversación preguntando a Bashir si había hablado al amo de ella.

—¿Al amo? ¿Cuándo? —responde fingiendo ignorancia.

—Antes de que él me viese aquí.

—Bueno, podría ser... Por culpa de esta vieja charlatana. Me dijo que tú eras distinta. Además, me sorprendió tu pelo.

—¡Pues ahora está en Alejandría, en casa del peluquero! —ríe Tenuset con su desdentada boca.

—No importa; le crece de prisa.

Bashir señala la cabeza ya cubierta como por un casco de luciente cobre y añade, sorprendiendo a la esclava:

—¿Te ha dado penas o goces, tu pelo?

—Es una larga historia... —suspira la esclava.

—No es cabellera griega. Ni de terrorista cristiana.

—No soy cristiana.

—Pues te condenaron a las fieras por serlo. ¿Cómo te salvaste?

—¿Lo ves? ¡Su magia! —insiste Tenuset.

—Por favor, no digas eso, van a tenerme miedo y a quitarme el niño.

—Tú no puedes inspirar miedo —afirma Bashir gravemente.

La esclava calla, pensativa. ¿Cómo sabe Bashir lo del circo? El vendedor de esclavos lo ignoraba y no pudo decírselo a Amoptis. Investigan su vida. ¿Acaso saben también que no la quisieron devorar las hambrientas morenas? Inquiere con cautela y Bashir le responde:

—Me lo dijo Ahram. Los del circo... Ahram sabe todo lo que pasa, hasta en Cirenaica o en Roma. Y lo que él no sabe lo averigua Krito.

—¿Quién es Krito?

—Un amigo de Ahram. Vive en la Casa Grande... Bueno, en una cabaña del parque.

El ambiguo tono de voz sorprende a Irenia. Tenuset reacciona:

—A ti no te gusta Krito, pero es buen amigo del amo.

—No, no me gusta, aunque lo sea. Va con hombres y no con mujeres.

—¡Ni que fuera el único!

—Que le gusten los muchachos es natural, pero no sirviendo él de hembra a veces... Hace de todo y además ¡se viste de mujer...! Puaf.

Pero en el acto se arrepiente y continúa con respeto.

—Pero es verdad, sirve bien al amo. Y le quiere... Ha de estar un poco loco... Quizás por eso habla como nadie. Y tiene talento... Pero ¡vestirse de mujer en público! —concluye volviendo a su tono despectivo.

Irrumpe Malki seguido por Yazila y se echa en los brazos de Bashir. «El niño se da cuenta de que ese hombre es como su abuelo», piensa Irenia. El viejo saca de su bolsa de correo un rechoncho hipopótamo de madera de sicomoro cuya mandíbula inferior articulada permite abrirle y cerrarle la bocaza mediante un hilo metido entre las orejas. Malki tiende las manos al juguete chillando de alegría, pero Tenuset se anticipa y lo arrebata. Vuelve boca arriba la figura y coge un cuchillo. Malki la golpea furioso en los muslos, protestando a gritos.

—¿Qué pretendes? —pregunta asombrado Bashir.

—Hacerlo hembra —responde ella mientras practica una incisión entre las patas traseras—. El macho sirve a Seth, el destructor; en cambio la hembra es Thueris, la diosa fecunda.

—¡Tonterías! —ríe Bashir, mientras Irenia añade otro animal egipcio divinizado a su catálogo—. Además nuestro Malki ya va siendo un hombre. Le conviene la fuerza.

—Tonto tú, que eres un bárbaro de esas tierras ignorantes. —Las palabras son ofensivas pero la voz está henchida de cariño.

Malki recupera su juguete y se lo lleva para manejarlo a gusto. Bashir se levanta para marcharse, se despide de Irenia y besa en la nariz a Tenuset, al viejo estilo egipcio que él remeda en una broma cariñosa.

En la terraza la señora celebra la llegada de su marido. Neferhotep acomoda en una silla su obesidad, retira su peluca y, mientras una sierva le abanica el cráneo afeitado, lee un papiro con ojillos maliciosos. La señora respeta esa tarea mientras piensa con gusto en la inmediata siesta, pues el Excelso es sensual y olvida en la cama sus indolencias.

Otra sirvienta desplaza silenciosamente por la estancia su dorado cuerpo y retira los platos, las copas y el aguamanil que han utilizado los esposos.

—¿Cómo va tu cabeza, querida? —pregunta meloso el señor.

—Mejor, mejor —se apresura Sinuit, deseosa de retirarse a la alcoba.

Pero a Neferhotep le encanta hacerla esperar y propone una partida de *senet*. Nufria aporta el tablero y las varillas utilizadas en Tanuris para contar los puntos, en vez de los dados griegos. El Excelso, que en Alejandría se comporta a lo helenístico y progresista, en el campo impone el respeto a las tradiciones egipcias, para hacerse grato al clero de Canope.

Mientras juegan hablan de su traslado a la casa alejandrina de Ahram en cuanto lleguen las aguas, pues con las tierras anegadas cesa toda labor. Según Bashir, Ahram ya tiene dispuesta la embarcación que les llevará a la ciudad con toda la servidumbre e impedimenta y, aunque el Excelso no ha intervenido para nada en esos preparativos, su esposa le atribuye el mérito. De repente estalla en el jardín el llanto desesperado de Malki.

—¡Hathor, señora de las turquesas, salva a mi hijo! —grita la señora llevándose las manos a las sienes—. ¡Se habrá caído, se habrá roto algo...! ¡Corre, Nefer mío, corre a evitar la desdicha!

El Excelso se levanta con dificultades y recomienda calma a su histérica esposa. Antes de que dé un paso los chillidos se acercan por la escalerilla y aparece Amoptis llevando de la mano al niño. Detrás camina Irenia con la cabeza alta y los ojos desafiantes. La madre arrebata a Malki, que lanza a la esclava miradas oblicuas.

—Me duele decirlo, señor —explica Amoptis—, pero esta esclava ha pegado al niño.

La señora se horroriza, como si oyese una blasfemia.

—¡Pegar a este inocente! ¡No es posible!

—Se empeñaba en levantar las piedras donde se ocultan del sol los alacranes —explica Irenia.

—Pues sujétale, pero ¡pegarle! ¡A tu amo!

—Tiene que aprender a no hacerlo —responde Irenia, serena.

—¿Aprender? —chilla la madre, mientras Neferhotep vuelve a instalarse en la sillita, dejando el asunto en otras manos—. ¿Y para qué estás tú entonces? ¡Seis azotes, mereces! ¡Y sólo seis porque soy la bondad misma!

—Hubiera hecho igual con mi propio hijo.

El mayordomo alza los brazos al cielo, tomándolo por testigo de tamaña irreverencia.

—¿Cómo te atreves a llamar «hijo» a tu amo? ¿Quién te crees que eres? ¡Todo porque aquel perro salvaje te dio tanto miedo que fuiste incapaz de huir! No seis, sino nueve azotes. Ya has oído, Amoptis. Mañana mismo y en el patio grande. En cuanto al niño...

Va a decir que dejará de cuidarlo Irenia, pero recuerda a tiempo que esa decisión la tomó su padre. Como necesitará consultarle concluye su frase haciendo acercarse a Yazila, que contempla la escena desde la escalera con disimulada sonrisa.

El castigo es ejecutado al siguiente día, desnudando el torso de la esclava y atando sus manos a un caballete de herrar a los asnos. Como ya no hay tareas en el campo acuden casi todos los de la Villa, pues la nueva esclava es muy discutida por su rara cabellera, su fama de terrorista y su suerte al alcanzar tan pronto la gracia del Amo. El escriba mayor dirige el castigo y cuenta puntualmente los golpes, dados por el capataz de los siervos con un recio látigo de cuero de hipopótamo que, para asombro general, no logra desgarrar la delicada piel, trazando sólo unos largos verdugones amoratados.

Al menos la esclava gritó de dolor a partir del cuarto golpe, para satisfacción del capataz, que ya temía quedar desprestigiado.

Pero no es ese dolor lo más angustioso para la esclava. Mientras Tenuset alivia luego con agua y vinagre su espalda lacerada, su mayor pena es el temor de verse separada del niño. No se arrepiente: Malki ya sabe ahora que no puede hacer cuanto se le antoje. Pero si se lo confían a otra empezarán a maleducarle, pues le consentirán todo por temor a los azotes. La idea le quita el sueño.

Sin embargo no pierde a Malki. A la mañana siguiente Bashir manda llamar a la esclava y la recibe a solas, en su camaranchón junto a las cocinas, donde algunas noches pernocta. La escucha atentamente y luego se hace mostrar la espalda, tocando uno de los verdugones con suavidad no esperable en sus dedos rugosos.

Si le asombra el escaso efecto de un látigo de hipopótamo en esa suave piel no lo comenta. Al ver que eso es todo y que termina la entrevista la esclava cae de rodillas, se abraza a las del viejo y las moja con sus lágrimas.

—¡No me importan los azotes, pero que no me quiten al niño! ¡Le pegué para educarle, explícaselo al Señor! ¡Él me mandó que le hiciese hombre y yo sé lo que es un hombre! ¡Dile, por favor, que...!

Bashir no la deja seguir. La toma de los brazos, la hace levantarse y, con extraña luz en sus ojos, la acompaña hasta la puerta.

—Vete en paz, mujer; no sufras. Te lo digo yo, Bashir.

A la mañana siguiente le devuelven a la esclava sus sandalias y su túnica, confiándole de nuevo el niño. La portadora de la orden es Yazila, que la transmite con muchos extremos de compasión y solidaridad.

Caminando por Cirenaica entre los fieles de la Mujer Divina, Irenia se inclinaba poco a poco a bautizarse, impulsada por el amor a Domicia y el deseo de vivir tan serenamente como ella. Además en la femenina Mesías de la teología porfiriana veía otra advocación de la eterna Diosa Madre, reverenciada siempre por Irenia no tanto como divinidad ginecomórfica, sino por encarnar lo único que estimaba digno de adoración y entrega total: la Vida en sí. Irenia había sacrificado ya blanquísimas palomas a esa Madre en el harem de Astafernes, llamándola Ishtar, y, con Uruk, había invocado a la diosa subterránea que hace brotar los pastos para los caballos de quienes habitan en las redondas tiendas. La había oído llamar también Astarté, Baalat, Isis, Venus y, sobre todo, con el nombre de Afrodita, que resonaba en lo más hondo de su corazón.

Por su parte Porfiria, fascinada por la inteligencia, la energía y la sensibilidad de Irenia, quería instruirla para ordenarla diaconisa de Domicia cuando ella faltara. Aquella matrona infatigable, de largo cabello blanquecino, hundidos ojos oscuros, nariz audaz y apasionada voz enronquecida, arrastraba a los oyentes cuando predicaba, siempre vistiendo manto viril como lo llevó Ella en Palestina hasta su crucifixión. En Irenia había apreciado valiosas dotes; además de su misterioso origen en la playa de Psyra, susceptible de ser interpretado como muestra del favor divino hacia la congregación. Por eso platicaba largamente, con ella y con Domicia, bajo las palpitantes estrellas de la noche cirenaica, hasta el punto de provocar esa preferencia maliciosas interpretaciones, aunque la Madre jamás hiciera el menor gesto sospechoso.

Pero mientras Irenia vacilaba ante el bautismo, que Porfiria administraba por inmersión total para purificar el cuerpo en aguas regeneradoras, la vida de las femineras quedó perturbada por la intromisión de otro grupo cristiano que, si bien las salvó en un principio del hambre, acabó luego con la paz de la congregación y acarreó su patético final. Dirigía ese grupo Roteph, defensor acérrimo de una iglesia africana independiente del obispo de Roma y partidario de quebrantar el orden imperial por los medios más violentos a su alcance; sobre todo asaltando en sus ricas villas a los latifundistas concesionarios del gobierno, atacando pequeños destacamentos de legionarios o practicando secuestros para conseguir rescates que sostuvieran la lucha. Era, en suma, uno de los que atrajeron el calificativo de «terroristas» para los cristianos y, aunque su cabeza había sido puesta a precio, lograba escapar siempre de los legionarios, dejando todo lo más entre sus garras algún rezagado del grupo. Con su habilidad guerrillera, su conocimiento del terreno y su connivencia con los campesinos pobres, para quienes era una especie de bandido generoso, Roteph conseguía salvar siempre a su gente, entre la que abundaban los esclavos fugitivos y los huidos de sus aldeas por no poder pagar los onerosos impuestos.

Roteph apareció con los suyos, cierto atardecer primaveral, en el desmedrado oasis al que habían llegado por la mañana las femineras. Su idea era compartir aquella noche el agua del pozo y el lugar de acampada pero, al acercarse a Porfiria, quedó deslumbrado por Irenia, que se alarmó ante la lasciva mirada del recién llegado. Con su experiencia de los hombres sabía que iba a ser acosada por aquel cuerpo vigoroso, en la plenitud de unos cuarenta años vividos en constante ejercicio al aire libre. Las negras melenas y la barba espesa, ambas bien cuidadas a diferencia de la mayoría errante, enmarcaban la nariz aquilina, la boca fácil a la carcajada y el grito, bajo unos ojos negros donde relampagueaban la arrogancia y la ausencia de escrúpulos.

Roteph disimuló al principio sus sentimientos y habló a Porfiria del abastecimiento y de otros problemas propios de la vida errante. En cuanto a su dogma, difería del de la Madre pues creía en un Cristo andrógino, afirmando que la pareja era, en el cielo como en la tierra, el origen de la humanidad y fundamento de su vivir. Por eso en su grupo los sacerdotes no eran célibes y las mujeres administraban sacramentos y dirigían oficios, lo que le acercaba a las ideas de Porfiria mucho más que el machismo excluyente de los cristianos convencionales. Por eso la Madre aceptó la propuesta de unir sus dos grupos, al menos durante los duros tiempos de la persecución; quizás porque, agotada tras largos meses de lucha, atravesaba una etapa de debilidad. Tan pronto como ambos jefes comunicaron el acuerdo, tras las oraciones de la tarde, empezó una entusiasmada confraternización, pues las femineras veían en ella el fin de la penuria y la gente de Roteph se regodeaba de antemano con la mayoría femenina en la Iglesia de la Mujer Divina.

 Los primeros días, sin embargo, fueron apacibles, quizás porque estaba próxima la conmemoración de la Pasión de Cristo, vivida con espíritu de penitencia incluso por gentes tan libres y violentas como las de Roteph. Pero no tardó mucho éste en declarar su pasión a Irenia y proponerle el emparejamiento, para encarnar mejor la doble naturaleza de su Cristo andrógino e incluso constituir una trinidad en la que Porfiria representaría a la Madre. Irenia, de acuerdo con Porfiria, iba demorando la respuesta negativa porque temía una reacción violenta, pero el acoso de Roteph crecía y hubiera llegado a estallar de no ser porque, cuando ya celebraban la Pascua, dos centurias, que hacía tiempo les perseguían, cayeron sobre ellos inesperadamente. La sorpresa y la superioridad militar destrozaron a los grupos cristianos, muriendo allí mismo la mayoría, incluidas Porfiria y Domicia que, juntas, cayeron traspasadas de flechas. Los cristianos supervivientes fueron capturados para su venta como esclavos o para ser echados a las fieras, separando a hombres de mujeres en la conducción hasta Cirene.

Fue días después, en las prisiones subterráneas del circo al que habían sido condenados, cuando Irenia volvió a encontrar a Roteph, reconociéndole en la oscuridad al oír un inconfundible bramido de cólera. Aunque no le hubiese inspirado amor, ella reconocía las cualidades del hombre y por eso avanzó hacia él casi arrastrándose sobre cuerpos que protestaban o que, consumidos por la fiebre, se limitaban a quejarse. Roteph, encadenado al muro, la recibió con el mismo júbilo que si hubiera estado libre en el desierto y se expresó con igual apasionamiento. Irenia le interrumpió para recordarle a Dios en el trance que les esperaba.

—Me tiene sin cuidado. ¿No sabes que mi dios eres tú?

Ella le reprochó la blasfemia. Roteph se echó a reír.

—Yo sólo creo en esta vida. Me hice cristiano para gozarla a mi gusto, libre contra los romanos. En mi grupo queríamos amargarles la vida a los gordos ricachos que nacen ya teniéndolo todo. Acabará cayendo un rayo y destruyendo a esa gente; lo sé, pero yo quería apresurarlo. Roteph el Bautista, como decís los cristianos: el Bautista del rayo. Lo de la pareja encarnadora de Cristo lo pensé porque para eso estamos hechos como estamos, y lo defendí ante Porfiria con más calor porque acababa de verte. ¡Me enamoraste en el acto, y eso que llevabas el pelo siempre cubierto! ¡Pensar que ahora, aquí, es cuando puedo acariciarlo…! Verte y olvidar la guerra, mi terrorismo como dicen ellos, fue todo uno… Quizás por eso me descuidé y nos sorprendieron…

Calló un momento, mientras sus manos rozaban el cabello y se posaban en los hombros femeninos.

—¿Qué poder tienes, de dónde vienes? —continuó—. Te vi y fue como si vaciaras mi sangre de guerrero y pusieras en mis venas otra de amante. Me olvidé de que, al acercarnos al oasis y saber qué grupo erais, yo había prometido a mis hombres mujeres para todos. Me olvidé de gozarte en el acto, como hice siempre; hice esperar a los míos y yo acepté esperar, porque era tu voluntad.

Volvió a reír suavemente:

—Y mi mayor penitencia, escuchar aquellas teologías de Porfiria e inventar, para asombro mío, cosas que yo no había pensado antes, nuevas teologías... ¡Qué importaba una más! Pero viéndote, pensaba que Porfiria tenía razón. Dios es mujer porque tú eres mi dios.

Irenia tapó la barbada boca con la mano y recibió en ella un beso tan apasionado que se sintió abrazada aunque las cadenas no lo permitiesen. Oyó al hombre jadear, calmando poco a poco su emoción.

—Déjame solo. No soy digno.

Fue tan inesperada la humildad tras su soberbia que a Irenia se le saltaron las lágrimas.

—Yo soy —continuó el hombre— como el buen ladrón y ahora, a tu lado, estoy en el paraíso. Confieso en ti mi fe, Cristo mío. Ven a mí.

Fascinada, Irenia acercó su rostro y, al, sentir en sus labios el fuego de Roteph, no pudo dejar de abrazarle. Así pasaron juntos la noche, Irenia consolada por el hombre pues, aunque a ella, sin Domicia, no le importaba mucho morir en aquellos instantes, tenía miedo de sufrir si las fieras no la mataban pronto. Roteph le aseguró que moriría mucho antes que él, porque estaba destinado a ser crucificado con cuerdas para que los zarpazos tardaran más en alcanzarle y no pudiera defenderse.

Por eso, a la tarde siguiente, cuando se abrieron puertas, penetró alguna luz y les llegó el griterío del público en las gradas, Roteph fue llamado el primero, para ser previamente atado. Después salieron los demás, cegados por el sol, ensordecidos por los aullidos de la gente. Irenia vio la cruz clavada en la arena y Roteph amarrado a ella de modo que las fieras sólo pudieran saltar y desgarrarle, dificultando la dentellada mortal. Y entonces, cuando sonaron los clarines, se hizo un silencio y hasta vieron saltar un leopardo a la arena; alguien penetró en el grupo de cristianos detenidos al borde del coso y, asiendo por el brazo a Irenia, la hizo retroceder: ésta aún tuvo tiempo de ver cómo Roteph había logrado soltarse un brazo, se estaba desatando y, con un grito bárbaro, se disponía a rechazar a un león con las manos desnudas. Irenia se sintió arrastrada hacia atrás, volvió a repasar el portillo por donde había salido a la arena, la envolvió de nuevo la oscuridad, fue llevada por corredores y escaleras hasta que el clamoreo del público se convirtió en un rumor lejano.

La introdujeron en una estancia pequeña de bajo techo y la mandaron acercarse a un romano obeso y calvo, con toga orlada de rojo, sentado en una silla. De pie a su lado, un jefe de esclavos aguardaba con aire sumiso. Cerraron tras ella la puerta, el gordo hizo un gesto sin decir palabra y el otro tiró violentamente del manto de Irenia y la dejó desnuda, con sólo la tira que sujetaba sus pechos. Se la quitaron también y el gordo habló:

—¡Estúpidos sin ojos! No distinguís calidades... Mirad qué piel, qué cabello, qué caderas... Tú, vuélvete.

Ella obedeció. Sintió la mano fofa contornear sus nalgas.

—Me di cuenta apenas salió... ¡Imbéciles! El prefecto disfrutará ofreciendo a sus morenas hambrientas esta delicada carne... Envíasela.

Irenia tembló. En Psyra los pescadores temían a las morenas más que a las medusas urticantes y a los marrajos, porque no se las veía entre las rocas y atacaban ferozmente. Siguieron otros tres días de encierro solitario, asombrada de no intentar quitarse la vida y, con ella, el miedo al dolor y la pesadumbre de haber perdido a Domicia, hasta que la condujeron a una lujosa villa con un jardín espléndido. La desnudaron y la dejaron sola junto a un rosal. Las abejas zumbaban, una mariposa se posó en su pecho izquierdo. Atardecía dulcemente; perfumes florales llenaban el aire. Irenia se extrañaba, en su situación, de poder percibir tanta suavidad.

Alguien habló, se sintió empujada, la hicieron rodear unos mirtos y se vio ante el estanque donde nadaban oscuras formas serpenteantes. Cerró los ojos y oyó unas risas. Cerca, reclinados en divanes y servidos por muchachas que les ofrecían frutas y vino, vio a cuatro viejos coronados de flores. La miraron bondadosamente.

—Es una lástima desperdiciarla —dijo uno.

—¿Acaso eres capaz de aprovecharla? —estallaron risas—... Vamos, vamos, que nos ofrezca el único placer que ya puede darnos. Anda, muchacha; date un bañito para nosotros. No temas. Mojarse no duele.

Alguien empujó su espalda y cayó al agua. No la cubría, pero ella se sumergió, abrió la boca y tragó cuanta pudo intentando ahogarse. El instinto, sin embargo, la hizo emerger tosiendo violentamente. Entonces sintió un suave resbalar contra su pierna, pero ningún mordisco. Atónita, miró abajo. Las morenas —eran tres— jugaban inofensivas entre sus piernas y en torno a sus caderas. Una asomó un instante la cabeza fuera del agua, junto a los pechos de Irenia, mostrando a un tiempo los agudísimos dientes y dos ojos de animal juguetón, tranquilo, satisfecho.

Un asombrado triunfo estalló, como un clamor silencioso, en el pecho de Irenia, mientras los viejos la miraban estupefactos. Uno de ellos se puso en pie y se dirigió al hombre que la había empujado:

—¿Qué es eso, Divisio? ¿Es que no las tenéis hambrientas?

—Señor, juro...
—No jures que tienen hambre, bellaco. Demuéstralo.
El viejo se levantó y avanzó hacia el estanque.
—¿Cómo, señor?... ¡No!
Comprendió tarde. El viejo ya le había dado un empujón para hacerle caer al agua. Quiso salir pero ya las morenas, velocísimas, le habían mordido un muslo y en la cintura. Salió con dos de ellas enganchadas, dando aullidos de dolor y espanto. Los animales se desprendieron, resbalaron por el borde, volvieron al agua y de nuevo jugaron en torno a Irenia, que veía diluirse la sangre formando un lindo color rosa. Entonces otro viejo lanzó un grito de espanto:
—¡Es una bruja, una bruja!
—¡Sí, los cristianos tienen brujas! —confirmó otro.
El amo palideció, gritó unas órdenes y acudieron esclavos, ayudando a salir a Irenia del agua. Los viejos huyeron a la carrera y a ella la llevaron a una estancia mientras el herido, tendido junto al estanque, seguía con sus alaridos.

Ahora lo sé, esto es mi advenimiento, lo he pagado con esos azotes, vale la pena, he llegado a este mundo para eso, para esperar la venida a mí de Malki, al principio una cruz como decían los cristianos, insufrible, antipático, nadie se ha cuidado de educarle, Yazila nada más jugar con él, darle cuanto quiere, la madre consintiéndole con tal de quedarse tranquila, con sus jaquecas y su esperar al marido, el chiquillo un salvaje, ¡qué pataletas y chillidos al negarle algo!, ¡y cómo espían todos mi comportamiento!, Amoptis especialmente, ¿qué le he hecho yo?, ¿por qué me calumnia?, yo no le obligué a comprarme, fue mi pelo, claro, tampoco le forcé a poner su miembro en mi boca, luego le dio asco, me di cuenta, le gustan más los muchachitos, aquí me lo han confirmado, ha llegado a decir delante de un escriba que habrá que domarme porque se me han subido mucho los humos, por eso dio lugar a que me azotaran, dice que como soy una terrorista acabaré secuestrando o envenenando al niño, ¡qué canalla!, el escriba se lo oyó decir, me juró por Ma'at que habló así, comprendo que piense en su hija, desea que yo fracase con el niño, no lo logrará, ha estado a punto pero no me lo han quitado, la madre no se atreve a desobedecer a Ahram, gracias a Bashir, ¡bendito Bashir!, pero ¿sabrá también lo de las morenas?, ¿habrán tenido medios de informarse en Cirene?, entonces es cosa de Ahram, querrá saber a quién confía su nieto, «Ahram quiere que enseñes a Malki a ser hombre», me dice Bashir, pero ¿es necesario averiguar toda mi vida?, ¡ojalá me revelara él mi pasado antes de Psyra!, ¿qué importa?, lo que me salva no es aquello sino Malki, mi Mesías, tenía razón Domicia, ¡inolvidable Domicia!, envidié a Porfiria que murió en tus brazos, ahora comprendo, tú me has mandado este amor verdadero, lo que me esperaba en este nuevo mundo que es Egipto, la tierra exuberante, para mí ya ha llegado la crecida del Nilo, no he de esperar más, me llena los brazos esta maternidad, cuando ya me era imposible, durará lo que dure pero Malki es mío, la señora ha transigido, a pesar de Amoptis, a pesar de todos, ¿por qué me atacan?, ayer en la terraza con su amiga, la señora de la villa de enfrente, al otro lado del canal de Canope, las dos comiendo pistachos con miel, esas golosinas, se le quita la jaqueca en cuanto la entretiene alguien, la otra hablaba para que yo las oyese mientras cuidaba al niño, preguntaba por qué no estoy marcada con un hierro, como los esclavos deben estar, aquí en Egipto no porque hay pocos, pero en Cirenaica todos, especialmente los terroristas, ¡qué amenaza del orden, de la seguridad ciudadana!, mi señora le hizo señal de que callase, tiene miedo de mi supuesta magia, no me gusta pero por otro lado me conviene, además encontré el amuleto, ¡pero si lo podía haber encontrado cualquiera!, pues si supiese que ya fui marcada, al entrar en el harem, pero se me fue borrando la quemadura, seguro que aplicaron mal el hierro, o el marcador se apiadó de mí, si ella lo supiera me creería maga de verdad, y lo curioso es que los azotes casi no se me notan, mi cuerpo tan intacto como el del niño, ¡con todo lo que ha sido usado y más que usado!, intacto un cuerpo que ha conocido el látigo, las ataduras, las cadenas, los grilletes, y tantas manos, y lenguas y dientes y patadas, y penes, brutalidad y vicio, también caricias y éxtasis, penetrado por todas partes, arañado, acariciado, con todo eso intacto, piel como la del niño, de jazmín y de rosa, Uruk me lo decía, «una joya para un emperador», intacta como si no hubiese conocido ni hierro ni látigo, ni mujer ni hombre, como la del niño, ¡delicioso muñeco cuando corretea desnudo!, parece de barro, como todo en Egipto menos los templos, ese color de miel reciente, solo con su cordón a la cintura y su amuleto, mi amuleto, el ojo de Horus, mi niño, me quiere, aunque le regañe, no sabe aún que es por su bien, pero lo acepta porque sabe otra cosa, lo más importante, que yo le quiero, que es mi vida, se lo digo con palabras, sobre todo con mis manos, con mi cuerpo, como nos decíamos nuestro amor Domicia y yo, el amor se bebe por la piel, me mira de otro modo, me busca más que a nadie, se ríe conmigo, hasta con el cepillo que es ahora mi pelo, le divierte pasar la manita, y me besa luego, como si comprendiera que así me veo fea, al principio sólo sabía besar con la nariz, las cosas de Yazila criada en las cocinas, el viejo estilo egipcio, va aprendiendo conmigo, al principio su boquita chupaba mi mejilla, su lengua la lamía, ahora ya me besa, al señor no le ha parecido mal, aunque es muy antiguo también juega a moderno, la señora lo ve como una moda, así me besaría mi niña, ya tendría doble edad que Malki, pronto le pondrán su primer vestido, en el templo de Canope, para eso vendrá Ahram, estará contento, voy a hacer un hombre de su nieto, pero ¿le gustará mi idea de hombre?, ¡es un amo tan diferente!, pregunto a Bashir pero es muy reservado, conoce a Ahram de toda la vida y como si no supiera nada, qué le vamos a hacer, lo importante es que me apoye, ¡qué modo de mirarme cuando fui a pedirle, recién azotada, que me dejasen al niño!, con ojos de padre, pero doloridos, ¿de padre?, ayer en la playa volvió a acariciar mis cabellos cortados, su mano temblaba y no sé si eran los años, ¡cuántas manos fueron temblorosas otras veces para llevarme a una cama!, me removió su caricia, casi esperé su orden, casi empecé a desnudarme, pero guardó silencio, levanté los ojos, su rostro era sonrisa, ¿de padre?, ¿de hombre?, era pura sonrisa, y yo le di la mía y fue como un vértigo, bueno, su sombra, el vértigo en otro cielo, yo me comprendo, ¿qué hacer?, besé su mano, la retiró despacio negando con la cabeza, pero sonreía, fue una paz estremecida, entendernos sin palabras, abrazarnos sin manos, como la noche con Roteph en las prisiones del circo, aunque distinto, por eso Malki es mío, por ese comprendernos, ¡qué hombre tan extraordinario!, la misma raza de Ahram, la de Uruk, dicen de Ahram acusándole que quiere ser emperador, no puede ser tan tonto, ahora puede serlo cualquier soldadote, Ahram es mucho más, sangre de águila, de guepardo, tan importante en Roma como en Ctesifonte, tenías razón, Domicia, cuando me llamabas diferente, cuando me prometías algo después de darme tus éxtasis, ¡Domicia, mi amor!, ¡no haber podido morir a tu lado!, ahora lo comprendo, éste era mi destino, me necesitaba el niño, ¿acaso lo has dispuesto desde arriba?, ¿sabes ya si tu Cristo es mujer como nosotras?, tiene que serlo para darme tanto, tan generosamente, ahora estarás en su cielo, no es que hubiera de llegar algo a mí, como la inundación al delta, es que yo había de llegar a este niño, estaba marcada para él más que con hierro candente, por eso Ahram no me lo quitará, pero me preocupa acertar, ¿qué dirá Ahram cuando llegue?, hombre desconcertante, tiene los pies de Narso, la voz de Uruk, ese hombre que rema en su propia barquilla aunque manda a más marineros que nadie sobre la tierra, ese hombre habrá de comprenderme, sabrá lo que de verdad importa, se pondrá de mi parte, y Malki crecerá como él desea.

4. A BORDO DEL *JEMSU*

Dos días después el *Jemsu* dobla el promontorio occidental viniendo de Alejandría y fondea en la caleta, arriando las velas y desprendiendo de sí el chinchorro como una ballena dejaría alejarse a su cría. De él desembarca Ahram, esta vez solo, y recibe la bienvenida de otro numeroso grupo, en el que tiene la alegría de encontrar a su nieto. Soltándose de la mano de la esclava, Malki corre hacia su abuelo, empeñado en hacerle admirar inmediatamente un maravilloso objeto que alza en sus manitas.

Ahram abrevia cuanto puede la recepción de Amoptis y sus gentes y se adentra en el jardín, por la puerta pequeña, con la esclava y el niño. Se sienta a la sombra de un oloroso sicomoro y admira como es debido al rechoncho hipopótamo que abre y cierra la boca cuando Malki se lo ordena.

–¡Magnífico! ¿Quién te lo ha dado? ¿Tu madre?
–¡Bashir! ¡Bashir!
–Ah, ¿juegas con él? ¿Le quieres?
–Mucho. Sabe jugar.
–Me alegro –se dirige a la esclava, de pie a poca dis-

tancia–. Sí, llévale a Bashir con frecuencia. Es un buen maestro. Y recurre a él, como si fuera yo mismo, si tienes un apuro.

–Ya lo hice, señor. Y me salvó.

–¿De qué? No fue de aquellos azotes.

–Fueron soportables. Lo que me importaba era que no me quitaran al niño... Mi corazón te da las gracias, señor.

–¿Está bien tu espalda?

Ella adivina que el hombre siente deseo de pedirle que se la muestre. ¿Por qué no lo hace, siendo el amo? Un hombre sorprendente, piensa, mientras contesta que ya está curada.

–¿Y a ella, la quieres? –pregunta Ahram al niño.

–Sí. Encontró mi amuleto... ¡Pero me pega! –añade enfurruñado.

–Porque te quiere. Yo también te pegaré si te veo buscando alacranes que pueden matarte.

–¿Qué es «matarme»?

–Que te duermes para siempre y ya no comes, ni te mueves, ni oyes, ni nada.

–¿Ni puego jugar?

–Tampoco. Por eso yo te hubiese pegado lo mismo... Hiciste bien –concluye, mirando a la esclava–. Ya sabes que quiero un hombre, no un... niño consentido.

¿Piensa en Neferhotep?, se le ocurre a la esclava. Pero él corta sus pensamientos.

–¿Te llamas, me dijiste?

–Irenia. El niño me llama Nenia –sonríe ella.

–No me gusta. Te buscaré otro nombre.

Habla todavía un rato con Malki antes de dirigirse a la entrada de la casa para despachar los asuntos presentados por Amoptis; luego almuerza con su hija que, después, se retira a un aposento interior refrescado por el surtidor de un patinillo adyacente. Un depósito, en lo alto de la casa, es alimentado con agua del pozo por una máquina movida por un asno dando vueltas, instalada para Ahram por su ingeniero Filópator. Ahram prefiere quedarse en la terraza frente al mar, de un gris plateado a su llegada y ahora de un azul intenso, animado por ondulaciones que a veces se encrespan en un latigazo de espuma. El mar… En un impulso, el hombre se calza sus sandalias, baja al patio y sale al jardín por un postigo. Sus pisadas sobre la grava hacen volver la mirada a la esclava, que ahora juega a las tabas con Malki, enfadado cuando no gana.

–¿Quieres pasear en mi barco un rato? –pregunta Ahram.

No se le escapa al hombre la mirada interrogativa que Malki dirige a la esclava antes de contestar afirmativamente. Ahram mira a la mujer:

–¿Te mareas?

–Nunca en mi vida. –La idea la hace sonreír.

–¿Ni aunque aumente el viento?

–No aumentará –afirma ella tras una rápida mirada al mar.

¡Qué segura lo dice! El hombre alza sus cejas sorprendido. Ya Bashir le ha contado que ella anunció días atrás un aguacero. ¿Qué viento ha llevado esa mujer hasta su casa? ¿De buen o de mal cuadrante?

Les deja en el jardín mientras él va a dar órdenes a sus marineros. Mientras tanto anuncia el paseo a su hija, a la que disgusta que su padre embarque al niño, pero no es capaz de oponerse: hace demasiado calor. ¡Qué suerte tiene ella al haberse casado con un hombre tan poco navegante como su Neferhotep! «Es como su madre, Damira –piensa entretanto Ahram–. Odiaba mis navíos: ¡mi fuerza!» Y se siente orgulloso de su poder en los mares de Chipre, de Fenicia, de Creta, de Egipto.

No tardan en instalarse los tres a popa del velero, mientras los dos marineros y el grumete cobran el ancla e izan la mayor. Ahram, aferrando los remos timoneros, observa cómo se hincha la vela y cómo empieza a deslizarse el agua por los costados. A su lado la esclava sujeta al niño, que palmotea entusiasmado. Tomado el rumbo, con el viento de través, Ahram orza ligeramente para desviarse del promontorio. A poco lo han rebasado y se deslizan mar adentro por la ancha libertad azul.

La esclava mira furtivamente al hombre que les gobierna. Aferrado al remo, con el viento que mueve la punta del turbante afilándole aún más el rostro, sus pies de recias uñas y firmes tobillos parecen adheridos a la cubierta. La mujer le ve transformado. La curva de los labios, sin llegar a sonrisa, ha olvidado ser imperiosa y expresa esa beatitud frecuente en los niños absorbidos por un juego apasionante. Hay otra luz en sus ojos que, furtivamente, dirigen miradas a la cabeza femenina, donde el pañuelo anudado no logra impedir a los dedos del viento acariciar el casco de oro cobrizo.

Salvo la voz infantil, que ensaya ruidos nuevos con sus labios o chilla como una gaviota, nadie habla. Impera el lenguaje del mar y el aire, los susurros del agua tableteando contra el casco y estallando en alguna salpicadura, los chasquidos de las drizas, algún golpetazo de la vela contra el mástil al variar el rumbo... El hombre y la mujer son arrastrados por esas voces, se desentienden de su alrededor y cada uno del otro, se dejan llevar por el universo marino, confiándole su pequeña dimensión humana y su tenacidad para existir. Como el viento resbalando sobre la vela, como el agua contra el casco, así el tiempo pasa sobre ellos, puliéndolos, llevándose algo pero afirmándoles a la vez en su permanencia. Los momentos sin nada, sin sucesos ni gestos, son sentidos como inmensidades...

El niño se cansa, quiere asomarse demasiado a la borda. Ella le retiene y, como el hombre a los timones, vuelve a ser consciente de la hora. El sol ha descendido sensiblemente, el viento rachea más fuerte, sobre el azul se multiplican las crestas espumosas. Ahram da unas órdenes y vela y timón son manejados acordemente para virar. El casco se inclina y el niño alarga la mano al mar como si pudiera tocarlo; el sol les alcanza desde otro lado y a lo lejos se divisa la línea baja de la costa del delta. Las puntas del pañuelo de la esclava se agitan ahora rebeldes amenazando descubrir el prohibido tesoro del cabello, por lo que alza su mano para asegurar su tocado. Viendo cómo la mira el hombre se avergüenza: no porque pueda parecerle un gesto de coquetería sino aún peor, una resistencia a las fuerzas del cosmos. Se levanta, siempre con el niño en brazos, buscando un sitio donde el viento no le llegue tan de espaldas.

Y es en ese instante, en esos pasos de un costado a otro –el hombre admira la seguridad con que ella se mueve sobre la tablazón balanceante–, cuando ve algo a proa en la mar y, antes de pensarlo, apoya de golpe su mano libre sobre los timones, forzando una desviación del rumbo contra la voluntad de Ahram que, sorprendido, no ha podido impedirlo. Lleno de cólera va a increpar a la esclava, separando del remo, con violencia, la mano femenina, cuando siente contra el casco una alarmante rozadura y comprende que el velero podría haber chocado contra algo sumergido. Suelta entonces a la mujer, mirándola asombrado, mientras ella se sienta de nuevo con la cabeza baja.

–¿Cómo viste ese escollo? –pregunta el hombre, que creía conocer palmo a palmo esta bahía.

–No lo vi, señor... Algo diferente en las olas a proa, o el color del agua, no sé... No tuve tiempo de avisar, por eso empujé el remo... Perdonadme.

–Hiciste bien; no daba tiempo.

Un largo silencio. La playa va estando cada vez más cerca. Al cabo:

—¿Sabes mucho de mar?
—Viví entre pescadores en Psyra. Mis primeros recuerdos son todos de la mar.

Continúa, sin poder reprimirse:

—Y he estado embarcada. Con piratas, poco tiempo. Con los godos, tampoco mucho y, sobre todo, con unos pescadores de coral. Después en tierra. Por Siria, por Cirenaica...

«Con Uruk, con Domicia —piensa ella callándolo—. Lo más luminoso de mi vida, aun en medio del hambre y la persecución.»

—Hablarás otras lenguas, entonces.
—La que aprendí es el griego de Psyra.
—¿Y antes?
—Ya dije; no recuerdo nada.
—Aquí te oigo hablar demótico.
—Por Siria anduve en un grupo con una muchacha egipcia, Fakumit, que me lo enseñaba, y ahora lo voy mejorando.
—¿Latín?
—Lo hablaban algunos cristianos de Cirenaica... También me entendía en arameo, cuando andaba por Asia. Y algo de la lengua de Uruk —concluye, viéndole dispuesto a seguir preguntando mientras continúa llevando el timón—. No sé qué lengua, de desiertos de Asia. Un pueblo de jinetes.
—¿Bactria, Sogdiana?
—No lo sé.
—¿Ese Uruk era tu amo, tu marido?
—Era nuestro jefe. Éramos seis divirtiendo a la gente. Fuerza, juegos de manos, danza, contar historias...

Están a la altura del promontorio y Ahram enmienda el rumbo. Al fin fondean, arrían el chinchorro; rema el marinero para llevarles al embarcadero, donde nadie les espera. Sólo en la terraza Sinuit les da la bienvenida agitando un pañuelo. Irenia aguarda, con el niño a su lado, a que el amo emprenda la marcha, pero Ahram se vuelve, la mira con dureza, habla incisivamente.

–Has de saber una cosa. Por cuatro veces metieron espías en mi casa. En el servicio, entre los correos y los escribas. Descubrí a los cuatro y murieron horriblemente. ¿Me has oído? Horriblemente.

No hay respuesta. Sólo un extrañado –más bien dolorido– asombro en los ojos femeninos.

–La última vez fue una mujer. Como tú. Adivinó que había sido descubierta y entonces casi consiguió apuñalarme. Llevo la cicatriz. La drogaban, ¿sabes lo que es eso?; era una fanática. También la llamaban terrorista, aunque no era cristiana. La dejé sin droga dos semanas; sufrió increíblemente, nunca vi a nadie padecer tanto. Acabó dándome lástima y la hice desollar.

Ahora es ella quien le mira casi con desprecio –no, con pena– desde una indescriptible altanería, pero el gesto no resulta ofensivo aunque el hombre se repliega interiormente. Luego se irrita consigo mismo, pues no tiene por qué reprocharse nada. No es más que una mujer y, además, esclava.

–Quería que lo supieses –lanza bruscamente–. Ya está.

Y emprende el camino hacia la casa, seguido de Irenia, que casi arrastra de la mano a Malki, que ya va teniendo sueño.

¿Cómo lo vio? ¡Era imposible! ¡Ni el hombre a proa, ni yo mismo! ¿Cómo lo sintió, lo adivinó? Cuando yo miro a alguien como a ella después, no pueden engañarme. Penetro en los corazones por los ojos. Los suyos son cambiantes, como la mar. Ella dice la mar, como yo. Los vi limpios, sin escollos en su fondo. Pero, ¿cómo adivinó? ¡Esa mujer, esa mujer! Tiene razón Bashir, no es como todas... Y le he confiado mi nieto, ¡cuidado!

Asia, Cirenaica, hablando tantas lenguas, piratas, godos, juglares, cristianos... ¡Y todo eso siendo aún joven! No recordar su origen, ¡imposible! Eso es lo más grave: ¿por qué lo oculta? Pero yo lo sabré. Mis agentes seguirán investigando; cuando vuelva el de Quíos podrá decirme algo. Que indague también Krito; en los bajos fondos se sabe todo. He de estar en guardia. Aunque mi instinto no me alarma; siento más asombro que peligro. Malki la quiere, ¡qué gracioso está ahí, jugando con la chica esa! Irenia habrá bajado a las cocinas. ¿Quién le pondría ese nombre equivocado? Algún cristiano pacífico, claro. A mi Sinuit todavía le inquieta que haya vivido con terroristas. A mí no me preocupan; si acaso serán un riesgo para Roma. Resultan mis aliados sin saberlo. ¿Sería posible utilizarles mejor? Adiestrarles para luchar. Son organizados y muy leales entre sí; dentro de cada grupo no se traicionan. Son débiles, pero no tanto; esta mujer no lo es. ¿Qué dijo esta mañana, antes de embarcarnos? ¡Ah, sí: del perro, de *Tijón*! Que tuvo miedo, pero que el perro estaba hermoso, lleno de fuerza porque se había hecho libre. Algo así dijo. ¡Extraña idea para una esclava!, pero, ¡qué verdad! La fuerza nos da la libertad y la libertad nos hace fuertes. Eso no es cristiano, ¿qué será ella? ¿Sería posible movilizarles? ¡Qué fuente de información, además! Sus sacerdotes viajan mucho, se escriben, están en todas partes. Tendré que estudiarlo con mi gente y hablar con Odenato. Mi agente en Palmira insiste en el poder de ese príncipe, y en el de Zenobia, su mujer, más aún. Ya le han hecho cónsul los romanos, podría aspirar a emperador. No sería el primer árabe en serlo. ¡Cuánto valía Filipo! ¡Qué bien me entendí con él en Roma! Asesinado como todos, la púrpura de Roma es venenosa, mejor el poder sin signos. Odenato me gusta; he de volver a Palmira, cuidar ese frente. Los tiempos van desmoronando a Roma; ya no es tan poderosa. Reforzaré mis acuerdos con Odenato, realizaré el sueño de toda mi vida. Acabaré con Roma y sus odiosas legiones. No dominarán el mundo ni el persa ni el césar, sino Palmira y Alejandría: la tierra y la mar.

Esta mujer no es espía romana, seguro, no es ese estilo. Claro que podrían haberla comprado, pero no la veo vendiéndose. Su mirada arrogante cuando le hablé de traidores. No me alarma, pero no la comprendo. ¿Qué raza es la suya, qué estirpe? No parece cristiana; ¡no con esos cabellos, creciéndole tan de prisa! ¿Cómo serán cuando le lleguen a los hombros? Comprendo que mi hija los cortase. Son rubios muchos bárbaros, pero no de ese matiz suyo. ¿Naufragaría de una nave goda? Cada vez llegan más al sur desde el Ponto Euxino. También podría entenderme con ellos, otra fuerza frente a Roma. Sus ojos ¿entre verde y gris? ¿O azul y gris? El cuerpo tan esbelto. Debí mandarle que me mostrara su espalda, ¿por qué no lo hice? ¡Me ocurren unas cosas! Sus pechos hermosos cuando se enfrentó a *Tijón*, tan erguidos. Es de esas falsas delgadas que desnudas sorprenden. Buen bocado, seguro, pero no se trata de eso. Por ahora. Es justamente el arma de las espías: deslumbrarnos para que bajemos la guardia. No funciona conmigo. Bashir le vio la espalda, sorprendido de los verdugones tan pronto curados. Parecía mágico, en una piel de marfil, dijo, de seda, diferente de todas. Por lo visto ella además anuncia el tiempo. Se salvó de las fieras, la llevaron a la villa del prefecto, de donde ya no salen, según el informe. Para una orgía, claro. ¿Por qué la soltaron luego y la vendieron? Y ahora, ese escollo adivinado... Mi hija la cree maga por haber hallado el amuleto. Eso sería peor que una espía; contra esos poderes no valen los míos. Es preciso observarla; cuidar de Malki. Bashir me tranquiliza y Tenuset está muy atenta. Otra especie de mujer, ¡qué fidelidad! Me siguió queriendo aun después de dejarla por su hermana. Tengo suerte, me rodean leales de por vida. Y sin hechicerías. Hablaré con Assurgal, que consulte los astros, siempre servirá de algo y para eso le tengo. Podemos someterla a pruebas sin que esa mujer se dé cuenta. Amoptis empeñado en que usa de malas artes, pero yo también tengo las mías. No me fío de él, podría acusarla para disimular. ¿Y si es mentira que la haya comprado y me ha metido en casa una espía de los sacerdotes? Amoptis es de ellos. Bashir lo aclarará en Canope. A ella no la veo entre esa gente; en cambio ese mayordomo trapacero se crió en un templo y lo lleva en la sangre. El clero de Canope me odia y quisiera Tanuris. Al menos Amoptis es eficaz y sólo roba lo normal en un administrador. ¿Pretende algo con su hija Yazila? Conozco esas tácticas, no me sorprenderán. En cambio me intriga esa Irenia, me resisto a llamarla así. Mi hija preocupada por el niño en la playa, pero Malki ya empieza a nadar y esa mujer no es imprudente. Al contrario, ¡qué sensación de aplomo! Que Malki navegue como yo, aunque nací en el desierto. Viene a ser lo mismo, nómadas como en la mar, olas de arena como las de agua. Y la libertad, ¡sobre todo la libertad! Depender de uno mismo y no de nadie. ¡Qué bien navegaba el *Jemsu* esta tarde! Filópator es un genio. Me acuerdo de mi primer barco, también *Jemsu*. No era como éste, un casco corriente, pero único: mi barco ya, mi primera libertad. Soñaba con él cuando me encadenaron en la trirreme los romanos. Galeote con Bashir al mismo remo, nuestras manos emparejadas, bogando sin descanso. Un barco es tan hermoso como un camello. Barcos anchos para llenarse de ánforas o fardos; barcos finos, largos, de guerra, de viajes. ¡Qué fiesta verlos entrar en la mar botándolos desde las arenas! O en las esclusas de Rodas, donde el agua va subiendo poco a poco alrededor y los pone a flote. Viene a buscar el casco, a llevárselo en brazos, como la madre al niño, para que el barco nos lleve en los suyos. Como ahora ella, que entra en la terraza para coger a Malki, feliz en cuanto la ha visto.

Y Sinuit lamentándose, todos hablando del calor. No es para tanto, en el desierto se siente más sobre la piedra requemada, bajo la piel de camello de las tiendas. Aquello es calor; aquí lo molesto es el aire del sur, trae toda la putrefacción del lago y el canal. Menos mal que soplan rachas desde la mar. Fue en la isla donde me hice amante de la mar, ¡qué desesperado llegué! Un muchacho sin aliento, escapando de la muerte, ya me alcanzaban. Aquel bote varado, dispuesto para la diosa, la de Ittara, la mujer que mi estrella me tenía preparada en la isla. ¡Qué extraño! Hace tiempo que no la recordaba, ¿por qué ahora? Estar muy atento a estos signos, son avisos. Ittara sola en la isla, el bote en la playa como esperándome. No pudieron seguirme, no podían pisar el islote sagrado. Ella me tuvo a salvo, ella y su diosa en la caverna. Viví entre las olas y sus brazos, su amor le costó la vida. Antes de mi llegada vivía sola: triste porque se acababan las consagradas a la diosa, pero con el orgullo de servir a la más antigua y alta divinidad. A la madre de todos los dioses y del universo. ¡Ittara, Ittara! Nos sentábamos juntos frente a la mar. ¡Qué doradas auroras, qué ocasos encendidos! Solos la mar y el sol, la mar yacente absorbiéndolo, el sol penetrándola, como entre Ittara y yo amándonos en la arena. El amor sacrílego que le costó la vida... ¿Por qué lo recuerdo ahora?

¿Lo vi o lo sentí? ¿Me lo dijo una sombra en la mar o la gaviota encabritándose y virando de un aletazo? Algo pasó en mí sin yo saberlo, entre mi cambio de sitio por el viento y mi empujón a los remos, en medio *eso*: lo de otras veces, un hueco muy adentro, no es corazonada ni angustia, sino de pronto sentir en ese hueco que algo me falta, o quizás saber lo que nadie sabe. ¿Habré vivido antes otra vida?, los egipcios creen en ella, porque aquí toda vida es posible, Fakumit me lo explicaba, los cristianos también, pero no es vida sino su paraíso y eso no me dice nada, en el país de Uruk creían en sucesivas, inacabables vidas; ¡cómo se reía él de esas creencias! ¿Habré sido antes otra, quizás otro, acaso un animal? ¿La gaviota que seguía al *Jemsu*? ¡Qué velero! ¡Comprendo a Ahram amándole, porque el barco también le ama, como la mar! Al timón, abiertas las piernas sobre las tablas, esa mirada abarcante que de pronto se clava, como la del águila descubriendo su presa, más que hombre de mar es de fuego, fuego inextinguible, es la libertad, atento a la vela y a las olas, feliz jugando con ellas. Cuando el viento racheó indeciso unos momentos y él se anticipó a la ráfaga, ¡qué risa triunfante!, así reía Uruk, otro Ahram de no tener las piernas rotas, la misma condensación de hombría.

No era escollo, sino mástil de naufragio, barco hundido: ignoro cómo lo sé, Ahram tenía razón incrédulo ante un escollo, le parece imposible, delante de Alejandría los hay, como la isla de Faro y otros islotes visibles, pero no aquí, este fondo es de arena, en Canope empieza el delta, la boca más occidental del Nilo, no insistí en lo de la nave hundida, ni le dije lo otro, que su carga fue de aceite, ánforas bien estibadas, siguen allí abajo, selladas de origen... ¿Cómo lo sé? Me asusto de mí misma... ¿Cómo decírselo?, bastante impresionado quedó, al oír el roce contra el casco se llevó la mano al pecho, tocó algo bajo su túnica, sin duda un amuleto, he visto en su cuello el cordón, supersticioso como Uruk, como todos pero más los débiles, Astafernes y sus miedos, ¿cuáles serán los dioses de Ahram?, y sin embargo un hombre tan entero, tan de roca, violento su arrebato, su mirada de cólera, ¡qué garra su mano quitando la mía del timón!, menos mal que sintió la rozadura, igual me hubiese tirado a la mar, ¡qué peligroso!

¿Y ahora qué pensará? Los dos marineros lo vieron todo, no dejaban de mirarme, volviendo la cabeza cuando creían que yo no les veía, incluso Malki percibió algo, al retorno estuvo más quieto, algo atónito, o acaso cansado de ver tanta mar, todos desconcertados, no me gusta resultar misteriosa, Ahram desconfiará de mí, por eso me ha advertido sobre los espías, ¡pero si no tengo ningún secreto!, he entrado en tu casa porque me has comprado, ansío continuar por el chiquillo, cada día más a mi lado, más mío, ¡de él sí que soy esclava!, y dueña por su bien, ¡es tan sencillo!, pero nadie comprende lo sencillo: mi amor al niño, lo que me salva, regalo de Domicia, a lo mejor es cierto lo de otras vidas, o acaso mi hija, mi niña reencarnada, es igual, ese chiquillo me resucita, hasta él yo no tenía sentidos para nada, volvía a ser de corcho, como después de otros dolores, de otros golpes, pero el corcho flota, la vida no se cansa de reflotarnos, viene otra ola y nos levanta, es misericordiosa, las penas dan realce a las delicias, éstas no lo serían sin aquéllas, y la mano del niño llevándome a otros goces, ¡qué hermosísima la mar, qué poderosa!, siempre agitada y siempre inalterable, ni se seca ni mengua ni se cambia, distinta de la tierra, por fin la inunda el Nilo, acaba de llegar Bashir al galope, *Al-Lat* echaba espuma por la boca, se posó en la Casa Grande la paloma, es la estación de *akhit* ya comenzada, pronto llegarán las aguas al delta.

Ahora todo es sosiego, Malki dormita en su tapiz y los señores juegan tras la cena, sin mandarme acostarle, todo ya se relaja, el arpa suena muy suavemente, como brisa en el oído, abajo el susurro de las palmas, las siervas descalzas pisando sobre el mármol, y el rojo del poniente allá hacia Alejandría, exactamente aquel color que me quemó las manos, ¡qué vivo el recuerdo!, yo estaba con la Madre, acababa de llevarme a su cabaña, yo aún confusa por mi abrazo inexplicable, por el impulso que me llevó a derribarla sobre la yacija, no podía expresarme, todo era novísimo, mundo recién creado, y en el rincón del suelo se posaron mis ojos, ¡qué bellísimas piedras, ardientemente rojas!, resplandecientes, ¡cuánta luz interior transparentada!... Salté a ellas, cogí una, la más grande, antes de que la Madre pudiera prevenirme... ¡Qué dolor, aunque la solté en el acto, dejándola caer en el hogar, aquella brasa!... Qué atónita la Madre, más que cuando la derribé, mi ignorancia del fuego, mientras yo contemplaba mi mano dolorida, la carne enrojecía y una ampolla empezaba a levantarse... Fue la primera vez que me mostró su arte curativa, las hierbas que me aplicó en seguida; también mi primer llanto, y mi asombro por aquellas gotas naciendo en mis ojos, resbalando por mis mejillas, estrangulando un raro sonido en mi garganta... Ese cielo al poniente me devuelve a aquella hora, otro de mis primeros pasos, sin infancia ninguna, la Madre me abrazó, no con torpe violencia como acababa de ser la mía derribándola, sino suavemente, con sonidos tranquilos en su boca, música para mí pues aún no eran palabras... Sentí en su cuerpo segura firmeza, todavía hermoso, la única vez que lo vi desnudo, cuando la lavé con mis propias manos y la ungí de aceite perfumado con sus hierbas antes de llevarla ante la caverna de la diosa, incineramos su cuerpo las mujeres solas, como ella había mandado, esparcimos luego sus cenizas sobre aquella tierra, tantas veces habíamos danzado allí para la diosa, la diosa también Madre.

Y ahora el cielo ya es otro, más violeta, pero también me habla, violeta era, casi nocturno, cuando a poco llegó el otro cuerpo, el que me poseería antes que nadie, el que se hizo mío haciéndome suya, su hijo Narso, me miró y volví a sentir la confusión de cuando yo había derribado a su madre, cambiaron sonidos de sus bocas y me di cuenta de que me quedaba en aquella casa, luego supe que ella deseó siempre una hija, y él estaba contento, la mar me había traído aquella mañana y además a él le habían hecho otro regalo, una moneda de plata, la enseñaba orgulloso a su madre, su barca en la mar requerida por una trirreme imperial, le habían comprado su pesca, además de pagarle le regalaron la moneda, efigie nunca vista, de Filipo Augusto, recuerdo del año, el de mi aparición, milenario de Roma, los pescadores no lo sabían, les sirvió para ponerme nombre, puesto que yo ignoraba el mío, todo eso lo supe después, por de pronto aprendí a llamarme Kilia, él fue quien primero me lo llamó, acudí a él, me enseñaron a sentarme, a comer, su cuerpo me atraía, tocó mi mano sana, contempló la otra bizmada por la Madre, pero algo me hizo más daño, el pez que traía en una cesta aún coleaba, tardé mucho tiempo en acostumbrarme a ver morir los peces, esas boqueadas que ya no aspiran nada, impotentes para evitar el derrame de la vida, perdiéndola a golpes, como en la eyaculación pero sin goce, y la evaporación de su belleza, turbiedad en los ojos, opacidad de escamas, los colores perdidos, irisaciones apagadas, ¿cómo podían contemplarlo?, pero a todo se hace la mujer, el hombre, todo sigue adelante paralelo a la muerte..

Narso era diferente de los isleños: había heredado, con la sangre frigia de su madre, un carácter secreto y fuerte. Aquella misma noche, cuando regresó todavía deslumbrado por el extraordinario encuentro con la nave imperial que proclamaba milenarios, descubrió que también era de otra raza la muchacha alojada en su casa. La Madre le explicó lo sucedido mientras aprestaba un pez para la cena, en tanto que la desconocida permanecía sentada, palma arriba sobre sus rodillas la mano quemada. ¡Claro que era diferente! Bastaba para demostrarlo aquella cabellera que el pescador admiraba sin poder apartar sus ojos. Y además el misterio: aquella ignorancia total de su pasado, ni siquiera un idioma incomprensible. ¿Qué edad tendría? Formas ya de mujer, pero ¡tan jóvenes! Mientras él pensaba, con la lenta seguridad de su carácter y el hábito reflexivo de las soledades en la mar, la muchacha contemplaba el torso desnudo del hombre cubierto sólo por un corto calzón, todavía un filamento de alga enredado en los rizos negrísimos del pecho.

Algo dijo la Madre y el hombre soltó una carcajada brotada del vientre, como la ola de fondo que vuelca las barcas. La Madre le miró sorprendida. Él asintió con la cabeza y se dirigió a la desconocida, poniendo las manos sobre sus hombros mientras decía, señalándola con el dedo:

—Kilia, Kilia.

Bajo aquellas manos, solamente posadas un instante, la muchacha sintió en su vientre un dulce calor, una humedad secreta; mientras la Madre notaba un nudo también en su vientre al ver a su hijo abriéndose a otra mujer; pero a la vez se alegraba pensando que esa vez su Narso tendría más suerte. La hermosa isleña que desposó cuatro años antes no había podido darle hijos. Además estaba demasiado pagada de su belleza. Había aceptado a Narso pensando que, por ser la Madre de otras tierras, acabaría sacándola de la isla, donde no podía realizar sus sueños. Cuando comprendió que no sería así desapareció. Luego se supo que había cruzado la isla para embarcarse con un comprador de esponjas que días antes había recalado ante la aldea. Desde entonces el hijo no se había interesado por ninguna otra mujer, hasta que ahora...

Así comenzó la extraña adolescencia infantil de

Kilia, así empezaban las memorias de Irenia creciendo bajo las alas de la Madre, gracias a la cual fue balbuceando la lengua, aprendiendo las costumbres y hasta artes que en la aldea se ignoraban: el cultivo del huertecillo de hierbas con virtudes secretas, la capacidad de atraerse a los animales, para lo cual la Madre la encontró sorprendentemente apta, así como para barruntar el tiempo observando las nubes, el viento, el cariz de la mar, el halo de la luna. La aldea se enriqueció así con otro ser más diferente aún que la Madre y el hijo: las ignorancias de Kilia sorprendían, pero su docilidad y su encanto la integraron fácilmente en la comunidad, no sin envidia de las muchachas por aquella cabellera incomparable. Al paso del tiempo las cábalas sobre su origen fueron poco a poco disipándose, ante lo imposible de comprobarlas. Además, como le decía la Madre:

—Eres de otra raza; lo sé. Pero no me importa.

En la cabaña la vida era plácidamente rutinaria en la superficie, pero cargada de intensidad. Para la Madre, por su constante observación de los jóvenes; para el hombre, por aquel lujo increíble de encontrar a Kilia cada atardecer, al regresar de la mar; para ella porque Narso era el más decisivo descubrimiento de cuantos poco a poco iban enriqueciendo su vida. La mera presencia del hombre, el sonido de su voz, el de sus pasos acercándose eran acontecimientos indecibles. Ya aquella primera noche, después de su desnortado abrazo a la Madre, el hecho de oírle respirar en la oscuridad, tendido en el suelo, se sumaba a la embriaguez por el olor viril de la yacija que ella había pasado a ocupar, envolviéndola en emociones arrebatadoras.

Una mañana, cuando todavía la barca de Narso no había desaparecido del todo en el horizonte y las dos mujeres volvían hacia la cabaña, Kilia sintió una humedad viscosa entre las piernas. Se levantó la falda, ya dentro de la casa, y vio un reguero rojizo en sus muslos.

Sabía ya lo que era la sangre, sabía que con ella se perdía la vida, y el miedo la paralizó. Pero la Madre suspiró aliviada: llevaba ya la muchacha varios meses en su casa sin menstruación y esa primera vez disipaba sus inquietudes. La explicación tranquilizó a Kilia, pero dejándole una vivencia inolvidable, entre religiosa y maligna; un hecho más de los que mostraban el poderío de la vida sobre los cuerpos, de la luna sobre la sangre: la mujer también con pleamares.

Semanas después, súbitamente, mientras las dos remendaban una red, Kilia se dio cuenta de que ya actuaba como las demás muchachas, con la ingenua astucia deseosa del hombre, pues se descubrió interrogando a la Madre acerca de su hijo, queriendo saber del extraño pasado que a medias había captado en las insinuaciones aldeanas, tratando de averiguar por qué un hombre tan bien plantado no había vuelto a tomar mujer para dar nietos a la Madre. Ésta le miró intensamente y Kilia enrojeció: fue en ese instante cuando se dio cuenta de su candorosa astucia, al verla desenmascarada. La Madre sonrió y, tras un silencio, pronunció suavemente:

—No te preocupes. Todavía va a corretear y a reír por esta casa un nietecillo mío.

Kilia se estremeció gozosamente, al saber que ya estaba todo decidido. Y la Madre añadió:

—Soy muy feliz, hija mía, porque tú no te irás. Al contrario, tú estás siempre llegando, abrazando. No sé de dónde vienes, pero es de lejos, buscando aquí tu destino: por eso no te irás.

Desde aquel instante la vida de Kilia dejó de ser rutina. Una boda era cuestión trascendental en la aldea y el anuncio de la suya despertó la alegre curiosidad general ante un enlace entre dos seres venidos de fuera. Aquello resultaba extraordinario, como si el mundo tuviera otra meta, otro destino.

Y fue Narso, con su especial carácter, dispuesto sin

duda a no repetir de ningún modo su anterior experiencia, quien hizo tan diferente la boda que llegó a ser duramente criticado, sin que ello le desviara de su decisión. Por supuesto se plegó a los ritos y participó en las tradicionales ofrendas a la tierra y al mar, danzó con Kilia al son de la flauta del viejo Kataris, ya de noche en torno a la hoguera. Pero cuando entraron solos en la cabaña y todos, incluso la Madre, permanecieron fuera, él no se acercó a tocarla ni encendió la lámpara. Kilia, a quien la Madre había por supuesto aleccionado, además de haber oído maliciosas anticipaciones de sus amigas, se sentó en su yacija, incapaz de comprender, sintiéndose humillada. Pero su pesar no duró mucho. De pronto, en la oscuridad y en silencio, Narso se acercó, desnudo como ella también lo estaba, y la tomó en sus brazos. Por primera vez la mejilla de Kilia se apoyó contra el vello viril y su carne delicada sintió el brío de los músculos ocultos bajo la piel del hombre. Ya no le importaba nada, y menos todavía ir hacia lo desconocido en aquellos brazos.

En la playa la hilera de casas estaba tan dormida como las barcas recostadas en la arena y sólo un rodal escarlata señalaba aún las brasas moribundas de la hoguera. Narso llevó a Kilia hasta su barca, la depositó en ella como en una cuna e izó la vela.

La embarcación encaró la bocana de la rada. Al doblar el cabo cambió el viento. ¡Qué intensa su caricia! Todo el cuerpo de Kilia lo bebía a la vez, con su humedad marina ungida de sal. El agua dividida por la proa susurraba como una seda en los costados de tabla, las estrellas brillaban aún en lo alto con más fulgor que nunca y en la oscuridad, a la fosforescencia de las olas, destacaban los blancos cuerpos que pronto la primera luz del alba empezó a tornar blancos y rosados. Al fondo emergía, como un león marino gigantesco, la enriscada mole de la isla de Quíos y por su cima del monte Provation asomó al fin el sol y las carnes se hicieron de oro.

Kilia, tendida, ofrecida así a los ojos del hombre que empuñaba el remo timón y de vez en cuando orientaba la vela, sólo percibía, en lo alto, la blancura del cóncavo lienzo inflado por el viento y el azul entre las cambiantes formas de las nubes. El tiempo no existía para ella, el deseo esperaba gozoso en aquella beatitud, y sólo cuando la proa encalló suavemente en una playa inició un movimiento para incorporarse. Narso empujó el bote arena adentro y enganchó el anclote al tronco de una pinocha oscuramente verde. La arena todavía fresca se hizo toda tibia con el ardor de la pareja, ofreció lecho para ritmos, sacudidas, escalofríos y ardores. Kilia halló su destino tanteando en la oscuridad de ninguna memoria, de ningún proyecto: vivió su sangre, sus latidos, sus cavernas y ríos interiores, su carne, sus sentidos. Vivió el gemido jadeante y victorioso, el abrazo del hombre y su galope en llamas, ardió con él en una misma hoguera. Y el ave que aparece en ese instante se puso a cantar; el huracán que la poseía resquebrajó el orden cotidiano bajo unas nubes largas como pinceladas de oro sobre el pálido azul de la mañana.

Después, tendidos ambos paralelamente, se limitaban a respirar, a sentirse, recobrándose del seísmo mediante tiernas caricias sin precedentes, gestos casi infantiles, candideces que les volvían a la tierra, allí donde se sabe que existen otras gentes, ciertos usos… Ella pensó entonces en el retorno y echó de menos un lienzo para cubrirse al llegar a la aldea. Él la tranquilizó:

—No necesitas nada. Volveremos de noche.

Y se levantó para traer del falucho un bulto que ella había advertido y que contenía provisiones y agua. Pasaron así el día, solos en el universo, bajo el sol, entre las olas, sobre la arena, a la sombra de los pinos. El ave volvió a cantar en aquellas horas, convocando el momento eterno, el arrebato, convirtiéndolo todo en materia vibrante, los cuerpos y las rocas, haciéndole vivir lo que ella desde entonces llamaría el vértigo: asomarse a un abismo insondable subiendo al mismo tiempo a las alturas. Sin palabras para expresarlo, ella balbuceó algunas para que él supiera —aunque sabía y ella lo sabía—, envolviéndole en besos.

—Para que no te vayas —dijo Narso. Y añadió ferozmente, incorporándose sobre el codo y dominando con los ojos el tendido cuerpo femenino—. ¡No te irás!

Kilia se asombró: ¿Por qué había de irse? ¿Qué más podía existir en el mundo?

Lo que no podía adivinar entonces, y menos en su éxtasis, era que la vida lo decidiría al revés: se irían ellos, no ella. Ambos: la Madre primero, y él, y hasta Nira, la hija aún no nacida pero ya emergiendo en su vientre a la vida.

5. CRECEN LAS AGUAS

Ya no son las palomas mensajeras sino los pescadores del canal quienes anuncian la inundación. Las aguas han llegado a Memphis con verdes acarreos de vegetación y, en seguida, fangos rojizos. Óptimas noticias: en el nilómetro se calcula una crecida de dieciséis codos. Se podrá sembrar la máxima superficie compatible con la buena conservación de las acequias, que una crecida desmesurada obligaría luego a reparar. La gente de Tanuris está contenta y ya no se exaspera ante los campos aún resecos ni bajo una atmósfera tan pesada que casi rechaza la brisa marina. De noche las celosías parecen atascadas, no entra un soplo y las siervas duermen como perros fatigados. Por las tardes el cielo es un vapor plomizo y sólo a veces una colérica racha sacude el toldo en la terraza. Hay quien teme plagas o epidemias desatadas por el ojo cruel de Sekhmet, como cuando el año de la peste de los sicomoros. «Ya falta poco para romper aguas aquí, como las mujeres en el parto –tranquiliza Tenuset a Irenia–. Entonces acabarán nuestros dolores.»

Dada la buena expectativa de la cosecha y a fin de

evitar que los obreros ociosos conciban nuevas pretensiones durante su inactividad, Neferhotep ha organizado una ofrenda de agradecimiento a la Señora de las Aguas, la diosa Neith venerada en el santuario de Tanuris. Él mismo, en su excelsitud, condesciende a ser llevado en la litera hasta el templete donde, en el tabernáculo de diorita, reside la imagen divina con un delfín a sus pies y, al lado, la barca ceremonial donde se la transporta en las procesiones. Acompaña al señor un largo cortejo de servidores, presididos por Amoptis y seguidos por los campesinos de la aldea y los siervos de la villa. A pesar del calor, el señor viste hasta los pies una blanquísima túnica cuidadosamente plisada a uña y con un delantal en punta, a la última moda. De su ancho cinturón con placas de oro pende una escarcela recamada y un espantamoscas de crin de cebra con mango de ébano. Las mangas hasta el codo descubren sus brazos blancuchos cargados de brazaletes. Varios anillos con gemas y camafeos adornan sus dedos y un hermoso pectoral de malaquita, con jeroglíficos incisos, completa sus adornos. La recompuesta peluca negra enmarca su redondo rostro, donde la nariz achatada y los gruesos labios sensuales contrastan con los ojillos maliciosos. Junto a la litera camina el portabastón llevando las sandalias doradas del señor.

Las siervas han acudido también para presenciar la ceremonia, pero Irenia se ha quedado con Tenuset, cuyas piernas baldadas le impiden la caminata. Sentado también bajo el sombrajo de las cocinas se encuentra Bashir, que ya puede volver a masticar el *quem*, gracias a una nueva provisión. Irenia descansa, pues Neferhotep se ha llevado a su hijo en la procesión para irle iniciando en la vida de los adultos, ya que no tardará en recibir su primer vestido. Sólo Nufria y las doncellas de la señora han permanecido en la casa para atenderla en una de sus jaquecas, aunque se le quitará –asegura Nufría en un viaje a las cocinas– en cuanto lleguen dos damas amigas que residen en otra villa cercana y han anunciado su visita. Durante la mañana, la jaqueca no ha impedido a Sinuit contribuir con sus propias manos a preparar los panes que, con la cerveza, una hermosa pareja de ocas y unas percas recién pescadas en el canal –el pez predilecto de Neith– constituyen la ofrenda a la diosa.

–¿También ofrecéis sacrificios los cristianos? –pregunta Tenuset.

–Yo no soy cristiana –responde Irenia.

–Pues vivías con ellos.

–Sí –suspira–, viví.

–¿Y también matabas? –se extraña Tenuset.

Irenia no contesta. Es inútil; la vieja está imbuida de las ideas comunes acerca de los llamados «terroristas». Algunos llegan a creer, tras haber oído algo acerca de la crucifixión de Cristo, que fueron los propios cristianos los asesinos de su dios puesto que, según ellos mismos dicen, siguen comiendo su carne y su sangre.

–¿Y ahora, en el santuario, qué hacen? –pregunta, para cambiar de tema, mientras maquinalmente se lleva la mano a su cabello en un gesto habitual, olvidando que le ha sido cortado.

–Como te lo has perdido por venir a acompañar con Bashir a una vieja baldada, te lo voy a contar.

La anciana, aclarándose la voz de vez en cuando con un traguito de cerveza –otro de los privilegios que le ha otorgado Ahram–, habla de los dioses egipcios, aunque de Neith no sabe mucho por ser una de las divinidades más antiguas, postergada por otras más modernas. Explica el ritual común, observado también en el santuario de Tanuris, que comienza cada mañana cuando el sacerdote rompe el sello de arcilla puesto la víspera en la puerta de acceso al recinto interior, se prosterna luego ante la imagen y le muestra el ojo de Horus así como una pequeña figura de la diosa Ma'at, con su pluma de avestruz en el pelo: la Verdad, la Justicia, el orden del universo.

–Así la diosa puede empezar a vivir –prosigue la anciana–. Hasta ese momento las imágenes de los templos no son más que trozos de madera o piedra. Cuando el sacerdote le muestra la Verdad y el Ojo Sagrado, entonces la diosa se hace también Verdad Divina. Es como adquiere vida, ¿me comprendes?, y por eso el sacerdote se pone a cuidarla como si atendiera al despertar de una reina. Lava la imagen, que ya es diosa, la viste, la perfuma, le ofrece incienso y luego pone a sus pies la ofrenda que, luego, será devorada por el fuego.

–¡Ya pasarán las ocas a la tripa del sacerdote! –interrumpe Bashir burlonamente.

–¡Calla, descreído nabateo! Cierto que parte de las ofrendas son para los templos, pero nosotros las damos a los dioses.

–¿Y luego? –pregunta Irenia.

–Depende de la solemnidad. Hoy seguro que pondrán a Neith en su barca (los dioses navegan siempre, con Osiris) y la sacarán en procesión, con todos los que han ido a la fiesta. ¡Ah, qué procesiones se celebran en los grandes templos! Al final, cuando ella vuelva a su santuario, el sacerdote la desnudará, se retirará de espaldas y volverá a sellar la puerta, cuidando de borrar bien las huellas de sus pasos: el acceso a los dioses ha de ser misterioso.

A media tarde, finalizada ya la ceremonia, la señora, a pesar del calor y de su dolencia, sale a la terraza a despedir a su esposo. Neferhotep aparece vestido para viaje, prescindiendo de la peluca –que llevará en la caja especial su bastonero– y sustituyendo la túnica plisada por otra lisa, además de calzar unos borceguíes de estilo romano en lugar de las sandalias. Hasta las escaleras de la puerta, ante la cual espera la litera con cortinillas, a lomo de dos asnos, le acompaña su esposa.

—¿Es indispensable que te vayas, querido mío, con este calor?

—El mensaje era perentorio, hermanita. Hay reunión oficiosa del Consejo. La inundación plantea siempre problemas, con tanta gente concentrándose en la ciudad desde los campos anegados. Además —añade bajando la voz— hay un asunto feo con los permisos dados por otro edil para construir en el barrio de Rhakotis. Habré de quedarme allí esta noche.

—¡Cuánto lo van a sentir mis amigas! ¡Les gusta tanto escucharte!

—Yo también lo lamento porque son encantadoras —comenta el señor, aunque sabe que el interés de las damas es más bien para contar a sus esposos las noticias que puedan sacarle a él acerca de los debates municipales—. ¡Oye, no se te ocurra contarles nada de esas licencias, por Ma'at!

—Descuida, hermanito, no soy tonta. Pero el caso es que te vas a la ciudad y yo aquí meses y meses... si no fuera por las cartas de Pompilia, que me tienen al día, estaría hecha una provinciana y te cansarías de mí.

—¿Cómo puedes decir eso? Hemos de vigilar esta propiedad, y el campo es lo que mejor sienta a nuestro Malki. Por vosotros dos me sacrifico... y por sus futuros hermanitos.

—No corras. No pienso ser una de esas vacas paridoras que tanto os gustan a vosotros; no me aviejaré de ese modo. Imita a tus amigos, ya que los prefieres griegos y romanos, por mucho que presumas de egipcio, y ten los hijos que quieras con tus otras mujeres.

—Tengo esos amigos porque son los que mandan. Para que nos dejen vivir en paz, esos bárbaros.

—En fin, no olvides mi encargo. A ver si ya está terminada mi peluca, para probármela antes de que nos vayamos.

—Bien. La mandaré a buscar donde siempre.

—¡No, donde siempre no! ¿Ves como no me atiendes cuando te hablo? ¡Sólo piensas en salir corriendo hacia tu comisión municipal! Esta peluca la llevó Bashir a Lisinio, el mejor peluquero de todo Oriente.

—Antes decías que lo era Teopompo.

—El año pasado, cuando se llevaban las pelucas muy rígidas, con gomorresina. Ahora el pelo va muy suelto; por eso el de la terrorista me quedará precioso... Fíjate bien en las señoras que veas y me cuentas cómo visten... Por cierto, ¿no crees que le está creciendo el pelo muy de prisa a esa Irenia? ¿Tendrá poderes mágicos?

—Yo no voy a la ciudad a mirar a las mujeres, cariño —concluye el señor besándola a la griega y acelerando su partida al oír en el jardín las voces chillonas de las visitantes.

Hasta Yazila sabe, y se lo ha chismorreado a Irenia, que las tareas del señor en Alejandría, sobre todo cuando le exigen pernoctar, incluyen algo más placentero que los debates del Consejo. Aunque él justifica sus cenas como relaciones públicas, para cultivar el trato con el navarca, los jefes de los gremios, los poderosos banqueros o incluso a veces el prefecto mismo, lo cierto es que en tales banquetes participan siempre hermosas muchachas del lupanar de Dofinia o de cualquier otro igualmente famoso en el barrio alegre; así como muchachitos no menos agraciados, preferidos por algunos comensales. Es lo normal, después de todo, entre la buena sociedad y ni siquiera las esposas lo ignoran, por lo que el Excelso sube a su litera pensando, sin el menor escrúpulo, en la noche de placer que le aguarda.

Me hubiese gustado ver a la «Dama del Delfín», como ha llamado Tenuset a esa diosa Neith, ¡cuántos delfines en Psyra!, se acercaban en bandadas hasta la misma playa, y qué culto tan extraño, el sacerdote dando

vida al dios, otra sorpresa de Egipto, para la vieja lo
más lógico, «pues claro, así como Râ da el alma al faraón, que nos sustenta a todos nosotros, así hemos de
dar vida a los dioses», ¿no debería ser al revés, los dioses quienes mantuvieran a los hombres?, pero Egipto
es Egipto, cada humano tres almas, *akh*, *ba*, *ka*, los
cristianos sólo una, pero también divinizaban cosas
ahora que caigo, en los ágapes Porfiria hacía carne de
Dios el pan, con sus palabras la harina se volvía cuerpo del Cristo-Mujer, otro argumento que ella repetía,
a la hembra le corresponde consagrar, más que al varón, digan lo que digan obispos machos la mujer es
quien nos da la vida, según eso los dioses necesitan a
los hombres, ¿necesitarán también a ese pavo hinchado del Excelso?, ¿a esas frívolas que visitan a la señora?, en comparación Tenuset es la sabiduría misma,
feliz con estar viva a pesar de sus achaques, ellas aburridas teniéndolo todo, pero es que no están vivas, han
parido hijos y no los viven, los entregan a las esclavas,
al preceptor, al gimnasio, ni se enteran, su sangre está
fría, sus ojos no ven, sólo sirven para llevar cosméticos
en los párpados, tampoco mi señora ve a su marido tal
como es, ¿qué tiene ese tipo para atraer nada menos
que a la hija de Ahram?, y además hermosa, una hermosura extraña, nada egipcia, me recuerda a Shingia, la
de los ojos oblicuos, quiso envenenar a Astafernes,
¡qué desesperada había de estar!, ¡qué muerte más
horrible!, desollada lentamente, un palmo de piel cada
día, nos obligaban a verla, reclinada en cojines, atendida con manjares y bebidas, pero cada día más en carne viva, quiso matarse pero se lo impedían, tenía una
cara parecida, seguro que Sinuit la ha heredado de su
madre, ¿cómo sería esa esposa de Ahram?, me han
dicho que murió de sobreparto, ¿cómo serán ahora sus
mujeres?, según Tenuset no tiene muchas, sólo las que
exige su posición, como las mujeres de Astafernes,

meras prisioneras, no las visitaba nunca, tenía otro gineceo, claro que Ahram es lo contrario, lo más hombre, las llevará a su lecho, pero tampoco perderá mucho tiempo con hembras, lo suyo es la acción, lo dicen todos, ¿tendrá alguna favorita? Tenuset lo sabe seguro, por Bashir se entera, son uña y carne, comparten los secretos, se intercambian los del amo y de la villa, pero qué me importa su favorita, no pienso en hombres, sólo mi Malki, Domicia me lo ha enviado, qué me importan sus mujeres, Tenuset no sabe cuántas son, no muchas, estos gineceos no son los de Asia, aquello era otro mundo, ¡cómo cambió mi vida desde mi isla al harem de Astafernes!, un salto indescriptible, más todavía: empezar de nuevo, hasta con otro nombre, Falkis, renacer en aquella canasta, enrollada como feto en un vientre, ¡cómo la recuerdo!, mis rodillas contra el pecho, mi cabeza casi entre ellas, puntitos de luz en los entrecruzamientos de los mimbres, dolor en los músculos inmóviles, el calambre amagando, sudor en arroyuelos por mis pechos, el acre olor del camello, las implacables sacudidas a cada paso de la bestia, todo lo revivo ahora, también allí renací, sin olvidar la muerte, la de mi pobre niña y de mi Narso, Falkis, otra reencarnación, como ahora, desde el desierto cirenaico a esta abundancia egipcia, desde las femineras a la casa de Ahram, también piensa llamarme de otro modo, ¿se acordará de buscarme un nombre?, ¡con todo lo que dirige!, sólo me falta el nombre para que sea reencarnación, no me gustaba el de Irenia aunque lo usara Domicia, ¡y qué poco me lo llamaba, prefería palabras de amor!... Astafernes, ¡qué diferente de Ahram!, era todo lo contrario, pero también grandeza en sus proyectos, también riquezas, empresas, poder, a su lado fui Falkis, el extraño acompañante...

La caravana había recogido su carga del navío arribado al puerto de Trapezus, había remontado hacia Armenia el curso del río Hyssus, había cruzado los valles del Acampsis y el Glaucus y descendía ahora a lo largo del Araxes hacia el palacio en Artaxata. Era una caravana reducida: apenas tres docenas de camellos con los jinetes y servidores acompañantes, procurando no llamar la atención, porque su carga, aparte las provisiones y el agua, podía despertar codicias criminales. Su objeto era llevar al poderoso Astafernes unos cuantos muchachitos, casi niños, todos de la más delicada belleza ofrecida en el gran mercado y todavía intactos, además de una esclava muy especial. El jefe de la caravana, mientras la dirigía, se preguntaba si habría acertado en esta última compra, que fue idea suya al visitar el burdel. Igual podía valerle un magnífico regalo o un ascenso en la jerarquía del palacio que una paliza o mutilación y la pérdida de su empleo. En todo caso, la vigilaba personalmente, ocultándola celosamente con manto y velo, y haciéndola dormir a su lado, encadenada por el tobillo a su propia pierna.

Los esclavos iban encerrados en las grandes canastas que, de dos en dos, transportaban a lomo los camellos. En una de ellas se acurrucaba penosamente la llamada Kilia, brevemente conocida por otro nombre en Bizancio, donde había servido en un burdel. Para su sorpresa aquel penoso viaje, con horas en su incómodo encierro, le devolvía poco a poco una sensación de identidad, de estar viviendo, después de haberla perdido traumáticamente en su isla de Psyra, ante el brutal asesinato de su marido y su hija por unos piratas que, además, se la llevaron en su barco. En aquella playa perdió aquel día la noción de sí misma, sin poder recordar –afortunadamente para ella– ninguna de las vejaciones y sevicias sufridas a bordo. Sólo en un rasgo de lucidez, ya cerca de Bizancio, fue capaz de arrojarse a la mar para ser devorada por un marrajo que, sin embargo, se limitó a nadar en torno suyo, casi jugando, lo que infundió un supersticioso respeto a los piratas y la liberó de nuevos padecimientos hasta que la vendieron en tierra. Pero todavía en el burdel bizantino los acontecimientos pasaban sobre ella como sin tocarla: las enseñanzas del ama adiestrándola en el oficio, las relaciones eróticas o simplemente sociales con las compañeras y su ulterior sometimiento a los clientes, que duraron bien poco porque la compra fue casi inmediata. En el bamboleo penoso de la canasta, reducida la mujer a inmovilidad y pensamiento, iba rumiando aquel penoso pasado reciente y lo iba arrancando de su cuerpo en la más difusa forma de recuerdos, al mismo tiempo que su carne se reconstruía contra la concavidad de mimbre y se constituía poco a poco en tensiones y magulladuras: estos dolores apagaban los otros; se sobreponían a ellos y devolvían a la mujer la conciencia de un cuerpo vivo.

Al fin, una tarde, la mujer percibió que por sus ojos volvía a entrar el mundo: un jardín entre altos muros, un cielo malva con el sol muriente arrebolando nubes, un surtidor... Los muchachitos de la caravana estaban alineados y ella era la última de la fila, un poco apartada; todos bajo la mirada del jefe de la caravana, que aguardaba con ellos.

Entonces apareció Astafernes, el nuevo amo, y cambió unas palabras con el caravanero, que se inclinó profundamente. Era un hombre de mediana estatura, cuya incipiente obesidad no le impedía manifestar energía en sus movimientos. Vestía un largo ropón amarillo sobre calzones persas y calzaba ricas sandalias de piel de leopardo. En vez de tiara llevaba una diadema en torno a los cabellos artificiosamente rizados, lo mismo que la barbita recortada. De la oreja derecha pendía una perla en forma de pera y de su cuello una pátera de oro con esmaltes; los dedos ostentaban anillos. Los labios sensuales y los ojos alerta contrastaban con lo refinado de su atuendo y sugerían más fortaleza interior que la aparentada. Le acompañaban dos muchachitos cuyas cortas vestiduras, maquillados ojos y amanerados gestos delataban la clase de servicios que prestaban a su señor. Una cierta crueldad se traslucía en su satisfecha sonrisa al examinar la fila de recién llegados.

Atajó al jefe de la expedición, que preguntaba si hacía desnudarse a los cautivos:

—No; me gusta adivinar... Con la prisa se pierde lo mejor —añadió, mirando a uno de sus mancebillos, que rió como si la frase tuviera un significado especial para él.

El señor caminó despacio a lo largo de la fila e hizo salir de ella a un atractivo muchacho, cuyas facciones se descompusieron por el miedo, hasta que el amo le hizo una caricia en la barbilla. Cuando llegó a Kilia adivinó inmediatamente sus formas bajo el manto y se volvió acusador hacia el caravanero:

—¿Una mujer? ¿Por qué?

Los dos muchachitos soltaron una risa escandalizada. El interpelado se limitó a arrancar de un tirón el lienzo que, durante todo el viaje, había cubierto celosamente la cabellera femenina. Los cabellos de un rubio indescriptible, entre el cobre y el ámbar, cayeron hasta los hombros, causando en Astafernes una impresión evidente. Miró atentamente los ojos de la mujer:

—¡Falkis! —murmuró—. Falkis...

El jefe de la caravana sonrió al comprender que había acertado. La mujer retuvo esa palabra, aunque sólo más tarde supo que era el nombre de otra mujer, rubia y de ojos claros como ella, de la que nunca llegó a saber la historia. A un gesto del amo fue conducida a unas ricas estancias en el harem, para ser atendida por las esclavas. Pero permaneció poco tiempo en el recinto de las mujeres, que Astafernes sólo mantenía por su rango y para obsequiar a sus frecuentes y poderosos invitados. Kilia, desde entonces Falkis, pasó a residir en un apartamento privado, próximo a las habitaciones de su señor y también al recinto del verdadero harem de Astafernes, habitado por los muchachitos que le complacían. Allí convivían todos, vestidos unos de mujer y otros de muchacho según el capricho de su dueño, y allí pudo observar Falkis, puesto que tenía acceso a ambos serrallos, cómo se desarrollaban los mismos amores, las mismas envidias y las mismas intrigas que en el burdel bizantino. Pero Falkis no pertenecía a ninguno de esos dos mundos: vestida constantemente de hombre, acompañaba a Astafernes, incluso en sus conversaciones de negocios o política, y también estaba presente en sus orgías. Porque, como él le dijo pronto, hablándole en griego:

—Te quiero a mi lado, porque eres mi destino. Mi astrólogo me había anunciado tus cabellos y tus ojos hace tiempo. Te esperaba.

Jamás el amo le hizo una insinuación erótica; siempre fue tratada espléndidamente y hasta la consultó más de una vez, como si la considerase un oráculo. Falkis se asomaba así a un mundo para ella insospechado, viniendo de su pequeña isla. Astafernes no era un simple potentado, dedicado a gozar de los medios que le había regalado la vida. Hijo de un armenio y una persa, a la que debía su nombre, había sido educado por el padre en el desprecio a las mujeres —había hecho matar a la madre por adulterio— y también en la ambición política, pues eran descendientes de la dinastía reinante en el país cuando lo conquistó Trajano, y parientes de Tirádates, el aspirante a recobrar el trono de los ocupantes persas. Astafernes le ayudaba a buscar alianzas externas con el propósito oculto de sucederle luego y eso significaba una amplia red de intrigas e intentos de alianzas, enfrentando al emperador Valeriano con el sasánida Shapur y procurando entenderse con las naves piratas de los godos, aparecidas no hacía mucho en el Ponto Euxino y en el Egeo en busca de botín y de nuevas tierras para su expansión a costa de una Roma siempre en dificultades a causa de la anarquía militar.

Falkis, sentada habitualmente a los pies de Astafernes mientras éste negociaba, se daba cuenta de la amplitud de los proyectos a medida que iba comprendiendo mejor la lengua. Aparte de su gran talento para la intriga y de la riqueza de sus posesiones, Astafernes contaba con medios financieros verdaderamente extraordinarios, derivados de poseer las minas de lapislázuli que abastecían a todo el mundo conocido desde las remotas montañas de Sogdiana. Eso suponía enormes ingresos y, además, unos contactos y enlaces con los que, en una futura Armenia independiente, se proponía nada menos que desplazar y atraer hacia los puertos del Ponto Euxino las caravanas que traían la seda y ciertas especias de Oriente por las rutas del sur centradas en Palmira. Astafernes confiaba esos sueños a Falkis mientras acariciaba el cuerpo desnudo de uno de sus muchachitos y la miraba como si la presencia femenina le asegurase que se realizarían o, a veces, melancólicamente, como si reconociese en ella a la otra Falkis de su juventud. En estas ocasiones le hablaba con frecuencia de la Ciudad de la Luna, cuna de su madre y donde él había pasado la infancia, allá en la confluencia del río Kokcha con el Oxus; una ciudad destruida por los nómadas más de una vez y luego reconstruida, porque la proximidad de las minas únicas estimulaba su repoblación. Cerca de allí se extraía el lapislázuli y allí había conocido a la misteriosa Falkis.

Ella, por su parte, no cesaba de asombrarse ante la tranquila seguridad con que Astafernes vivía al margen de las costumbres establecidas, consiguiendo sin embargo el respeto y la aceptación de cuantos le trataban. Kilia le acompañaba cuando se retiraba a su harem de muchachitos, que se desvivían por complacerle. Todos encantadores, todos impúberes, de cuerpos alargados, sonrientes, pero ya con una mirada huidiza y viciosa. ¿Acaso no crecían?, se preguntaba Kilia ante tan persistente juventud; pero una vez vio a Astafernes rechazar con asco al jovencito al que estaba acariciando, reprochándole que empezase a aflorarle el vello púbico: no se volvió a ver al muchacho en el harem. Las mujeres decían que los mandaba matar; Kilia quería creer que simplemente los revendía o los despedía, pues no veía la necesidad del crimen. En ocasiones, él se hacía acompañar a su harem por algunas de las mujeres del recinto femenino, para humillarlas e incluso permitir a algún muchacho que ejercitara su erección en la carne femenina. Kilia, por supuesto, estaba a salvo de tales asaltos y la única vez que, mientras esperaban a Astafernes, uno de los más antiguos quiso propasarse con ella el señor lo castró con sus propias manos y, como lo hiciese defectuosamente, el muchacho murió entre grandes dolores porque la infección le impidió orinar.

De ese modo Kilia, que en la bamboleante canasta del viaje había recobrado la vivencia de su cuerpo, se asomaba a la variedad del mundo y descubría, en contraste con la predeterminada existencia en la isla, las transformadoras posibilidades de la voluntad, pasando a diario desde la alta intriga política y la emoción del riesgo financiero al cosquilleo ventral de las orgías prohibidas, vividas con desafiante exaltación. A veces también se asomaba a los abismos de la crueldad, como cuando hubo de presenciar, con todos los cautivos muchachos y mujeres, el lento desollamiento de la hermosa Shinghia, secuestrada allá lejos, en la Ciudad de la Luna, y cuyo odio a Astafernes la impulsó a tratar de envenenarle.

Instalada en esas esferas poco la herían las envidias, las calumnias y los alfilerazos malignos de mujeres, muchachos y servidores, celosos de su ascendiente sobre el señor. En cambio la enriquecía interiormente el trato con mercaderes y artistas, políticos y sabios, que acudían a comerciar o a intrigar con el potentado. Ese roce humano la iba puliendo y refinando cada día.

Pasadas varias semanas, Astafernes la distinguió hasta el extremo de llevarla consigo de viaje, siempre vestida de muchacho como un paje especial, distinto de los meninos favoritos que le acompañaban. Fue un periplo suntuoso, lleno de comodidades, más apreciadas aún por contraste con la ida en el encierro sobre el camello. La tienda espléndida, la litera cómoda, las viandas y bebidas exquisitas, así como el reposo a las horas de mayor calor, hicieron de la ruta una delicia, con el júbilo final de volver al mar. ¡El mar!: cuando asomó a sus ojos el horizonte azul por encima de una última colina cerca de Trapezus, Kilia comprendió que su verdadera patria estaba junto a las olas. En una playa vivió el único nacimiento que conocía y por eso se explicaba que su alejamiento del mar fuese su mayor privación en el palacio armenio. No se cansaba de pasear a su orilla ni de contemplarlo desde la terraza de la suntuosa villa poseída por Astafernes en las afueras de la ciudad, con su pequeño puertecillo propio. Y sólo por ser hombre de mar le interesó el pirata godo convocado allí por Astafernes para intentar un acuerdo sobre estrategias capaces de sorprender a Roma.

Por su parte, Vesterico quedó más que interesado por Kilia. Sólo con verla se sintió fascinado, porque la vestimenta masculina no engañó ni por un momento ni a sus ojos ni a su codiciosa virilidad. Separándose de su flota, para no llamar la atención, había llegado a Trapezus en un bajel ligero, y Astafernes le recibió en el acto bajo el toldo púrpura de la terraza. Kilia asistió a toda la conversación, que el godo mantenía en un griego bárbaro y gutural, admirando la concepción de una estrategia planeada en dos tiempos. En el primero se aprovecharía una coyuntura desfavorable para el persa y, con la cooperación romana y sin intervención visible de los godos, se arrebataría a Shapur la Armenia Mayor. En el segundo actuarían a fondo los godos como aliados, para independizar de Roma la Armenia antes reconquistada, donde, al principio, Tirádates sería el rey y Astafernes su ministro y virrey, con Vesterico al frente de la armada. Dada la edad de Tirádates, sin embargo, pronto Astafernes lograría la corona y la Armenia independiente ofrecería una segura base a las naves piratas que descendían al Egeo.

Vesterico era un hombre alto y recio, cuya rudeza guerrera incluía cierto atractivo viril. Sus largos cabellos claros caían a los lados de un rostro curtido con una boca felina. Vestía calzones semejantes a los persas y abarcas de correas cruzadas por la pierna hasta la rodilla, protegiendo su torso con una cota de cuero claveteado. En uno de los desnudos y musculosos brazos llevaba una muñequera de cuero, de la que colgaba un amuleto de estaño. Después de mirar a Kilia con insistencia acabó por preguntar quién era.

–Mi talismán –respondió Astafernes–. Puedes hablar tranquilo. Conoce todos mis secretos.

–¿Es brujo?

–¿Por qué lo dices? ¿No te has dado cuenta? Es una mujer.

–Precisamente. Entre nosotros los mejores adivinos para interrogar a los dioses visten de mujer.

–Ella es al contrario: viste de hombre –declaró sonriente Astafernes.

El godo pasó a otro asunto, pero siguió lanzando miradas hacia Kilia. Aquella misma noche, tras un banquete en el que Astafernes desplegó todo su fasto para obsequiar a Vesterico y a sus acompañantes, el godo consiguió hablar a Kilia en un aparte.

—Me hago mañana a la vela y quiero llevarte conmigo.

Ella se dio cuenta de que estaba ebrio, pero también de que bajo su hablar pastoso ardía una voluntad irrefrenable. Se alarmó.

—¿Cómo puedes decir eso? No soy libre y tú eres aliado de Astafernes.

—¿Qué me importa su Armenia? Tienes que ser mía.

Kilia trató de tomarlo como una galantería, pero él concluyó:

—Ya lo verás. En mi próximo viaje te llevaré.

Al día siguiente Kilia informó a Astafernes, que la sorprendió echándose a reír y frotándose las manos satisfecho.

—¡Excelente! Así le tengo más sujeto.

Tras retornar al palacio supo Kilia que los tratos continuaban con el godo mediante correos secretos y mensajes cifrados. Pasado algún tiempo viajó de nuevo a Trapezus con Astafernes y allí vio desde la terraza cinco naves de dos puentes: el godo había llegado la víspera. A diferencia de las adornadas naves griegas, con sus ojos pintados a ambos lados de la proa, eran unos navíos negros, ligeros, con grandes velas arriadas y remeros que, por ser guerreros libres, eran la clave de la velocidad pirata. El corazón le dijo que aquella flotilla era para Kilia y se llenó de congoja ante las flotantes siluetas oscuras, como de peligrosos cetáceos.

Le tocó recibir en la antecámara a Vesterico y sus dos acompañantes. Mientras la seguía hasta el armenio, el godo retuvo su mano antes de abrirse la puerta y pronunció a su oído, con energía:

—Esta vez te llevaré.

Los dos piratas acompañantes sonrieron. Kilia comprendió que tenían ya un plan trazado y empezó a pensar cómo burlarlo, pero cortó sus pensamientos al oír a

Astafernes que, apenas sentado el visitante y tras la bienvenida de rigor, se expresó así:

—Deseas mi talismán, ¿verdad?

El godo se levantó y afianzando sus pies en el suelo soltó un desafiante:

—Sí. Y lo tendré.

El armenio sonrió y respondió tranquilamente:

—Siéntate, siéntate y hablemos de lo nuestro. Todo es negociable.

¿Cómo se compaginaba esa actitud con su clara predilección por ella? Kilia se lo estuvo preguntando durante toda la entrevista mientras oía hablar de armas, de navíos, de otros jefes godos dispuestos a sumarse a la acción, de tribus levantiscas en Tracia y Mesia capaces de crear problemas secundarios a Roma y de la situación en Persia. Algunos momentos se ausentaba de la sala pero, si tardaba en volver, la inconfundible campanilla de plata de Astafernes sonaba requiriéndola con insistencia. Sólo después de retirarse los godos pudo el Astafernes de siempre tranquilizarla. ¿Cómo había podido ella imaginar que iba a cederla a nadie, si era su estrella y su destino? Procuraba tan sólo asegurarse los servicios de Vesterico mientras incitaba a otro caudillo godo más cuerdo —uno de los dos acompañantes en la entrevista— a matar y sustituir en el mando a su jefe, cosa que ya estaba inicialmente planeada.

El banquete nocturno fue animado, con más invitados, bailarinas y músicos. Los godos no apreciaban a los muchachitos y, en cambio, se lanzaron ellos mismos a unas danzas guerreras, que acabaron apoderándose de las mujeres para empezar la orgía. Kilia entonces pidió permiso para retirarse y, pese a la tranquilidad de Astafernes, se acostó inquieta. Un pesado y extraño sueño la invadió de pronto y tuvo una pesadilla, soñando que volaba. Se despertó efectivamente en el aire, en brazos del godo, que la había levantado de la cama. Se revolvió tan súbitamente que sorprendió al raptor y pudo zafarse, huyendo hacia la cámara de Astafernes por el corredor alumbrado con velones, seguida de cerca por el godo, menos ágil.

Cerca de la puerta de la cámara sus gritos de auxilio alertaron al adormilado guardia y al propio Astafernes, que apareció en la puerta espada en mano. Kilia se deslizó bajo el brazo armado y entró en la alcoba. El godo, sin mediar palabra, desenvainó del cinto su inseparable daga y la lanzó contra Astafernes, enfrentándose luego con el guardia, al que asió del cuello para impedirle gritar.

Kilia oyó un gemido estrangulado y el tintineo de un acero al caer sobre las losas de mármol. Vio a Astafernes de pie, vuelto hacia ella, mirándola con incrédulo asombro. Se mantuvo erguido un instante, inmóvil, más alto y poderoso que nunca, pero vacilando levemente como una torre en un temblor de tierra. El pomo de la bárbara daga sobresalía de su pecho sin que su túnica de noche enrojeciera.

Sus ojos, que se iban velando, le dijeron a Kilia mil palabras inolvidables. La boca sólo pudo pronunciar, tristemente, como disculpándose:

—Se me adelantó…

Entonces sí, la sangre. Torrencialmente brotó de su boca, ahogando su palabra, llevándose su vida, acabando con todo lo que fue: grandeza y depravación.

Chocó en el suelo sordamente el cuerpo del guardia estrangulado. El godo pasó sobre el cadáver, se apoderó de Kilia pese a su llorosa resistencia, tapó su boca para impedir el grito y se unió a sus compañeros ya dispuestos. Antes de que la guardia pudiera reaccionar, se abrieron paso hasta las naves y levaron anclas.

Fue otro golpe de timón en el destino de Kilia aunque a su raptor no se le ocurrió darle otro nombre. En vez de contemplar entre montañas la lejana cima del

Ararat, pasó a vivir el mar como no lo había vivido antes. Nada de playa: el mar y sólo el mar alrededor. Las lunas y las auroras, las brisas y los huracanes, las tibiezas del Egeo y los fríos del Ponto, la tablazón, los cordajes, el velamen, el ritmo de las paladas remeras... Era lo único que la confortaba en medio del dolorido recuerdo de un Astafernes a quien nunca llegó a amar pero que, al menos, no la sometía, como el godo, a abrazos violentos y rápidos, ejecutados brutalmente, sin el menor interés por el cuerpo que penetraban. Hasta en sus pocas semanas de servicio en el burdel los clientes de aquel establecimiento de categoría se comportaban con aparentes sentimientos de consideración. Vesterico sólo mostraba su interés en disponer que estuviese atendida lo mejor posible a bordo y en atajar ferozmente, incluso apuñalando cierto día a un timonel, cualquier gesto de deseo hacia Kilia. Ésta se preguntaba qué clase de pasión era esa que seguramente hubiera podido satisfacerse con cualquier otra mujer apetecible. ¿Qué había visto en ella? ¿Quizás el haber arrebatado su talismán al famoso Astafernes, cuyo nombre era símbolo de poder para los piratas? El caso es que cuando, pasiva y sin respuesta ninguna de su cuerpo, Kilia soportaba en el lecho las embestidas de su gozador, el odio se le subía a la garganta.

Aunque, por otra parte, viéndole mandar sobre cubierta, especialmente en el mal tiempo de aquel duro invierno, el hombre le producía indeseada admiración. Bajo unos vendavales que obligaban a arriar las velas, entre un oleaje que hacía entrechocar los remos y golpeaba a los remeros, sobre un mar desatado que sacudía la nave y cuando tres hombres no podían con el largo remo timón para mantenerse de popa a las olas, Vesterico permanecía impávido como un dios de las tormentas y conseguía infundir confianza a todos. Y, aunque Kilia no había podido verle en los abordajes a las naves que encontraban, porque la aseguraban encerrada en la cámara, bien se imaginaba la violencia cuando con sangre propia y ajena en sus arreos, venía a descargar sobre ella su ardor de macho, para completar así los placeres del bárbaro desenfreno.

También era admirable su desprecio por quienes cada vez se mostraban más claramente sus enemigos. La muerte de Astafernes había disgustado a la generalidad de los piratas, porque era un aliado indispensable para disponer en el Ponto de bases seguras, más cercanas a los ricos emporios romanos que las del Danubio. Que esa muerte se debiera al capricho por una mujer agravaba, además, la saña contra el jefe, porque las hembras no eran para los piratas más que objetos de placer carnal cuando eran jóvenes, y de comodidad doméstica, en sus lejanas aldeas de origen, cuando se convertían en madres de familia.

El aspirante a sucesor de Vesterico, al ver además frustrados sus planes con Astafernes, se erigió en jefe secreto de una rebelión, que al estallar cierto día le permitió hacerse con el mando de todas las naves, salvo la de Vesterico. Desde entonces éste estuvo navegando solitario por el Helesponto y el mar Tracio, demasiado débil para atreverse más al sur y amenazado además por la previsible sublevación a bordo de su propio barco. El respeto que inspiraba su coraje les retenía pero al fin, una noche, Vesterico despertó a Kilia cuando el navío bordeaba las costas de Misia.

—No podré defenderte mucho tiempo. Te culpan de todo y no quiero que te maten. Te voy a bajar a un bote donde encontrarás lo necesario para algún tiempo. Desátalo y rema hacia la costa. ¿La ves? Está muy próxima. Distingo incluso una luz allí; los pastores o campesinos te ayudarán: toma.

Puso en manos de la mujer una bolsa con monedas, exhalando por toda despedida un rugido de rabia animal. Kilia obedeció, empuñó los remos y, en un mar tranquilo, llegó hasta la orilla, guiada por la luz de una hoguera ardiendo cerca de la playa. Pero, extrañamente, nadie se calentaba en ella. Ardía solitaria en la arena como si un dios favorable hubiese encendido el fuego para ella.

6. BASHIR EL CAMELLERO

Sólo ante el mar siente la esclava apaciguarse su desazón. En la casa la exaspera el calor, las impertinencias de la señora con sus jaquecas –eludidas por el esposo, que multiplica sus ausencias alejandrinas–, las horas alargadas en estos días estivales, cuando ha de ajustarse el goteo de la clepsidra para que sigan siendo doce justas desde el alba al ocaso. En el jardín le pesa el cielo plomizo, la pestilencia del aire estancado, el acoso de los mosquitos y los mugidos, relinchos o cacareos de los animales, respondiendo inquietos a la hinchazón de las aguas, pues la riada, ya colma incluso la boca occidental del Nilo. En el canal las barcas de los excursionistas a Canope más bien parecen arrastrarse, porque el cauce lleva casi más limo que líquido y semeja un camino donde emergen raíces, ramajes y tallos de papiro arrancados tal vez de las lejanas riberas de la Nubia. Hasta el pequeño Malki acusa tanto agobio, recayendo en sus anteriores intemperancias, como si adivinara la comezón secreta de la esclava y quisiera aprovecharse para imponerle sus caprichos. Y en la sofocante noche, acostada en su yacija junto a la de Yazila, el perforante ritmo de los grillos y la machacona insistencia de las ranas acribillan la frente insomne de la esclava, que vuelve y revuelve su cuerpo desnudo sobre el jergón pegajoso, envidiando el sueño de la muchacha a su lado... «¿Por qué no caigo rendida yo también? –se pregunta–, ¿qué me ocurre...? ¡Cuándo nos iremos a Alejandría, a otro lugar, a donde sea...!» Menos mal que la luna, cernida por la celosía, esparce piadosa su plata sobre el suelo como un puñado de monedas: para Irenia un consuelo porque siempre se sintió más criatura de la luna que del sol.

Sólo ante el mar se calma; la playa matutina es su refugio. Se entrega al arrullo de las espumas quebrándose en la orilla, a la quieta infinitud azul y verde, al horizonte blanquecino, a la contemplación de Yazila y Malki, dos gráciles terracotas jugando con la hipopótama de madera en un templo de arena. Se instala en un presente inmóvil, se adormila a la sombra de una palmera, se despierta con la risa del niño que, plantado frente a ella con las piernecitas abiertas, en actitud ya de hombre, acaricia el amuleto colgado del cordón de su cintura. Yazila llama a Malki para seguir el juego y golpea la arena con talón impaciente, delatando así su deseo de volver a mandar en el niño como antes. Y la esclava sonríe pensando que Malki es suyo, que entonces toda su desazón es desdeñable...

Crujidos en la arena, a su espalda, aumentan su goce al reconocer los pasos sincopados de Bashir, a quien nunca gustó el mar pero que ahora, para general extrañeza, baja con frecuencia a la caleta después de haber presentado sus informes a la señora; haciéndola sonreír cuando trae alguna carta de Dama Pompilia, que provoca la inmediata llamada al escriba para oírle leer las últimas noticias de la ciudad. Todavía suele charlar Bashir un momento con Tenuset mientras se sienta a tomar frugal almuerzo y, al fin, se levanta.

–¿Otra vez a la playa? ¿Estás enamorado de Irenia,

a tus años, viejo pellejo? –bromea cariñosamente Tenuset–. ¡A vigilaros tendría yo que bajar, si me llevaran mis pobres piernas!

Bashir frunce los labios como un perro gruñón: es su manera de sonreír, aunque sólo consigue mostrar una mella entre sus dientes. Los ojos son los que brillan risueños, y continúan alegres cuando se sienta en la playa junto a Irenia, que le interroga ávidamente acerca de Alejandría, para adaptarse mejor cuando llegue el día del traslado.

—¿La Casa de Ahram? –explica Bashir–. Grande, mayor que el palacio del prefecto, situado enfrente, al otro lado del Gran Puerto. Esta villa es una cabaña, comparada con aquello. Ocupa buena parte de la isla de Faros. ¡Ya verás qué hormiguero, en el ala de las oficinas! Gente que entra y que sale, comerciantes, pilotos, agentes, mensajeros, clientes, pretendientes... Claro que al parque no les dejan pasar. Y mucho menos al promontorio de la torre, que es donde vive Ahram.

—Tú sí que podrás pasar.

—¡Claro! –se ufana Bashir–. Yo soy antes que ninguno.

—¿Conoces a Ahram desde hace mucho?

—¡Uf, ni se pueden contar los años...! Desde el día en que recibí esto en vez de llevárselo él.

Muestra la larga cicatriz que blanquea bajo el vello en su moreno antebrazo izquierdo. Se aviva la curiosidad de Irenia, pero Bashir calla bruscamente y ella toca otro tema.

—¿Y el gineceo de las mujeres?

—En el ala norte, entre los almacenes y la residencia oficial.

—¿No vive con ellas?

—Vive en su torre, ya te lo he dicho. Allí le sirve Ushait, hermana de Tenuset, algo más joven. Claro que a veces Ahram va a su gineceo.

—O se lleva alguna mujer a la torre... —provoca Irenia.
—¿Allí? Nunca. Jamás se ha visto... Las mujeres son aparte.

La tajante respuesta deja el rastro de un silencio.

—Hace dos decenas que no viene —murmura Irenia—. Desde el quinto día de la primera de Toth.

—Salió poco después de viaje; pero ya vuelve pronto.

—¿Se marchó lejos?

—No creo. Soferis lo sabrá, su secretario... Ahram tiene asuntos por el mundo entero. Se mueve mucho... —Y añade, pensativo—. Lo tiene todo, pero sigue adelante.

—¿Para qué?

—¿Quién lo sabe?... Quizás los dioses.

No le asombra a ella la respuesta, sino sentirse mirada de un modo extraño. «¿Por qué?», piensa la esclava.

—Bueno —añade Bashir en tono ligero, como para borrar toda sombra de misterio—, quiere cambiar las cosas... A veces, cuando está fuera, llegan mensajeros extraños. Ayer apareció uno de los más raros. Delgadísimo, con ojos como brasas, vistiendo sólo un lienzo y unas sandalias, un redondel violeta pintado en su frente. Apenas comió nada, sólo verduras. Duerme en el suelo y no lleva armas. ¿Tú comprendes eso, un hombre sin armas? Le entregó unos papeles a Soferis; los llevaba en una bolsa.

—¿Papeles? ¿Qué son?

—Las hojas donde escriben esas gentes. No es pergamino; se parece al papiro. Según el filósofo ese hombre venía de la India, ¡quién sabe dónde estará eso!

—¿Qué filósofo?

—Krito, ya te hablé de él. El que vive en el recinto, pero fuera de la casa, y que a veces se viste de mujer. ¡Incluso lleva un cinturón dorado, como una cortesana! Y así tiene el valor de cruzar la ciudad hacia los peores sitios de Rhakotis, el barrio de mal vivir... No le pasa nada porque toda Alejandría sabe que le protege Ahram, ¿tú te lo explicas?... Sí, le protege; le trajo a vivir a la casa hace... desde que nació tu señora, Sinuit. Dice Ahram que Krito le salvó la vida: ¡bah, fue sin luchar, no se llevó ninguna herida!

Ella percibe el desdén en esa voz. Bashir teme haberse excedido y reconoce:

—La verdad es que Krito es muy sabio. Ahram le consulta, cuando nos reunimos, y siempre se le ocurre lo que ninguno habíamos pensado. ¡Y cómo habla! Convencería a cualquiera hasta de que el sol es negro... Así salvó a Ahram en un juicio, sólo con su palabra.

—¿Se ve el mar? —pregunta Irenia, comprendiendo que el tema no es grato para el hombre.

—¿El mar? ¿Desde dónde?

—¡Pareces tonto! —ríe—. ¡Todo hay que preguntártelo! Desde las habitaciones de las siervas, donde yo viviré, supongo.

—Estás nerviosa, muchacha; ya te lo he notado hace días. ¿Qué te pasa?... ¡Pues claro que se ve el mar! Se ve desde todas partes. Estamos en una isla, delante de Alejandría. Al frente el mar libre, a levante el faro: ¡te asombrará tan alto y tan blanco!, a poniente el puerto Eunostos y atrás la ciudad entera, la más hermosa del mundo, desde el palacio real hasta Rakhotis... ¿Cómo no se va a ver el mar? ¡Ahram se moriría!

—Y yo —murmura la esclava sin pensar—... A ti no te gusta ¿verdad?

—No, me azotaron demasiado en el banco de una trirreme imperial... No, lo mío es esto.

Hunde los pies descalzos en la arena. Su mano coge un puñado de granitos dorados y calientes y los suelta despacio. Caen a plomo, porque no sopla viento.

—¿Eres del desierto? —pregunta ella, sintiendo una punzada al recordar a Uruk.

―De los desiertos, los de arena y los de piedra. Mis gentes vienen de Arabia, pero no de la provincia romana sino de más allá, de donde el incienso. Hubo luchas, tuvieron que huir y en Petra nací yo, una ciudad rodeada de rocas. Los peñascos más rojos y más altos del mundo... No, lo mío no son los barcos.

―¿El camello?

―¡Claro! Los romanos se enamoran del caballo, los egipcios se conforman con el burro, ¡puaf!, pero el camello... El más noble, rápido y leal compañero de un hombre. Yo no podría vivir sin *Al-Lat* y espero morirme antes que ella, porque todavía es joven. Me la mandó traer Ahram cuando murió mi otra montura... Las mujeres no podéis comprender lo que es un buen camello.

La esclava no replica, aunque recuerda su penoso viaje en una cesta, a lomos del camello que la llevaba hacia Astafernes. Bashir, mientras tanto, sigue cantando las alabanzas de *Al-Lat* con un fuego que sorprende a Irenia. Al cabo el viejo vuelve a otro tema.

―En cambio Ahram es hombre de barcos. Los suyos, los *verdipúrpuras*, como los llama la gente. Ahora está construyendo el mayor de todos, porque para eso tiene ingenieros mejores que los de Roma. Filópator ha llegado a proyectar hasta una pentarreme; parece imposible que puedan no estorbarse los remeros puestos en cinco bancadas, pero lo he visto: Filópator ha construido un modelo en pequeño. Cabe entre mis brazos como un juguete; ahora lo guarda Ahram en su torre para que nadie lo vea... Algún día navegará, como navegan ya los navíos emparejados de Ahram, unidos sus dos cascos, para cargar grandes bloques de piedra destinados a templos o los troncos del Líbano para mástiles... ¡A lo mejor te lleva Ahram un día al sur, donde tiene su mejor campo de ingenieros y de sabios, el Campo de las Esmeraldas!

Calla súbitamente y se golpea la cabeza con el puño.

—Muchacha, contigo pierde el seso un viejo. Charlo demasiado.

La esclava reacciona casi solemnemente. Se inclina hacia el hombre, coge su mano:

—Bashir, no sé de qué me hablas, ni quiero saberlo. Pero entérate: jamás traicionaría yo al amo. Ni a ti.

Bashir sonríe, aunque también su voz es algo solemne.

—Ya lo sé... Pero si lo usases contra él, yo te mataría.
—¿Usar? ¿Usar qué?

El hombre calla un momento. Luego, lentamente:

—Lo que eres. Lo que me ha hecho hablar tanto, sea lo que sea... Anda y arréglate el pañuelo, que te asoma ese pelo prohibido.

Lo dice ya sonriente y, mientras ella se quita el lienzo para cubrirse mejor, Bashir admira el indecible color de ágata y se asombra, sobre todo, de que forme ya casi una corta melena. Entretanto, ella se pregunta por el significado de ese «usar». Recuerda cuando, donde ahora mismo están sentados, pareció como si Bashir la deseara, pero sabe muy bien que no es eso... ¿Qué ven en ella esos dos hombres, Bashir y su amo? ¿Qué creen poder averiguar? Por mucho que se escudriña a sí misma no encuentra nada oculto... Salvo la desazón de estos días, ese vacío interior, ese temblor oscuro...

Bashir continúa hablando, más superficialmente, de los proyectos de Ahram. Siempre tramando algo, siempre en acción. Ha reunido a hombres excepcionales como ese Filópator, que imaginan y que hacen. «El mundo va a cambiar», le repite a Bashir. Allá en el campo del sur, en un oasis próximo al mar, los tiene trabajando en cosas raras: un espejo que echa fuego, un agua que derrite hasta el oro, un tubo que ve muy lejos, un cristal que provoca llamas con el sol... Bashir ha estado allí y ha visto incluso máquinas extrañas para levantar enormes piedras o lanzarlas muy lejos. Ha visto también los serpentarios, los herbarios y los raros animales traídos de más allá de Nubia o de la otra orilla del mar Arábigo, porque esos hombres buscan drogas para curar o matar... También indagan en las bibliotecas de la ciudad, en el Serapion y en lo que quedó del Museo tras los incendios, en olvidadas obras de antiguos sabios. Y Ahram siempre impulsándolos a todos.

—Así no tiene tiempo para ocuparse de sus mujeres —bromea la esclava—. ¿Para qué tiene entonces un gineceo?

Bashir la mira sorprendido:

—Te lo repito, estás nerviosa. No piensas lo que dices. ¿Cómo no va a tener mujeres alguien tan importante? Se reiría toda la ciudad... Sería como si no invitase nunca a banquetes.

—¿Ofrece muchos?

—Por fuerza, con tantos grupos enfrentados en la ciudad. Tiene que cumplir con todos: los romanos, los griegos, los egipcios, los judíos y qué sé yo... Ya irás viendo, ya.

—No lo veré, pobre de mí. No soy más que una esclava.

Bashir la mira intensamente. Como antes, cuando pronunció las extrañas palabras. Pero sólo dice:

—Ahora he de volver a la ciudad... Queda en paz, muchacha y no caviles.

Se levanta, mete sus pies en las sandalias, se acerca a Malki a hacerle unas carantoñas y se dispone a alejarse.

¿Qué súbito impulso le hace a Irenia preguntar, sin pensarlo siquiera?

—Bashir, ¿te casaste alguna vez?

Se arrepiente en el acto, bajo la viril mirada en ese rostro, petrificado de golpe.

—¿Pretendes saberlo todo, muchacha?

Y el hombre se aleja, ladera arriba, con su andar cojeante.

¿Cómo no voy a cavilar, con este desasosiego? ¿Germen, presagio?... ¡Imposible! ¿De qué?... Es el calor, los animales, los dioses... Todos están igual. La señora, el amo, Amoptis mirándome con miedo y con deseo, ¿será de los que tienen miedo a la peste, esa que dicen ataca más a los invertidos?, ¿será que le duran sus gustos en el templo, cuando era un escriba entre tantos?, y hasta Yazila, siempre ambiciosa, como cuando hace un momento se irritó contra Malki, le duele haberlo perdido, ¿qué culpa tengo yo?, no era capaz de educarle, supongo que me odia porque ya no es la reina de la fiesta, a veces se descubre, en medio de su frivolidad sus ojitos de mono se delatan, ayer cuando dormía el niño y yo le enseñaba masaje, como me ha mandado su padre, sus párpados se entrecerraron, fríos y quietos como los de un lagarto... ¡y su boca me estaba dando las gracias por la lección, quería serme agradable!, será peligrosa, como el padre, cobarde pero venenosa, ¡y duerme tan tranquila!, ¡si yo pudiera dormir como ella!, parece no tener alma que la inquiete, ninguna de las tres almas egipcias, ¿y yo qué tengo dentro?, ¿cómo llenar ese vacío, esa congoja?, menos mal que Malki, sus bracitos en mi cuello, pero se está volviendo como todos, además excitado por su ceremonia, al vestirlo por primera vez será persona, un hombre ya, ¡un machito!, como el bautismo en los neófitos de Porfiria, adultos ya y excitados por el rito, ¡Malki casi empieza a mirarme con superioridad!, imaginaciones mías, pero busca a Yazila, ya va oliendo a mujer esa cría, Malki juega con ella más que antes, al menos así hablo tranquila con Bashir, Tenuset extrañada, «¿de qué habláis en la playa Bashir y tú?», Bashir apenas hablaba antes con nadie salvo con ella, hoy se ha ido de la lengua, se ha enfadado por eso consigo mismo, ¿me crees capaz de traicionaros, grandísimo tonto?, buenísimo tonto, eres como el padre que no recuerdo, no te lo digo porque te ofendería, como te ofendió mi última pregunta, no fue ofensa sino otra cosa, ¿qué recuerdos removí al hablarte de boda?, ¡eres tan hombre!, yo creía que me hacías hablar para sacarme cosas, lo comprendo, una terrorista indultada de las fieras, ahora no es eso, sabes que no haré ningún daño, nunca lo hice, aunque a mí me maltrataron muchos, malditos piratas, también me han querido otros, todo eso es pasado, ¿por qué recuerdo a nuestro recadero en Bizancio?, Retilo, pobre eunuco enamorado, me protegía en el burdel, nunca se atrevió a decírmelo, ¡como las otras se reían de él!, ¿por qué no me lo dijo?, yo le hubiera complacido, igual que lo hacíamos entre nosotras, ¿cómo hubiesen sido sus caricias?, ¡con qué fuego o languidez, con qué suavidad o ardor?, ¡déjate de fantasías, muchacha!, olvídate, pero ese alejamiento de Malki, no se puede vivir sin caricias, niño mío, ya lo aprenderás, bueno, ya lo sabes, pero yo pienso ahora en otras caricias, las que aún ignoras, para qué si ya se acabaron, pero Bashir me hace pensar, ¿qué quiere saber?, «no hablamos de nada», le digo a Tenuset, pero claro que sí, hablamos de la Casa Grande y de Ahram, yo le pregunto, los amos siempre interesan, pueden amargarnos la vida, es natural querer conocerlos. Mucho hablarme de Ahram y no sé nada, que no descansa, que quiere cambiar el mundo, una tontería pero Ahram es incapaz de tonterías, que no le interesan las mujeres, no se ocupa de ellas, entonces, ¿aquella mirada suya?, y capté más de una, ¿acaso las interpreté mal?, ¿estaría sólo intrigado por la magia que me atribuyen?, eran miradas de otra clase, las conozco muy bien, ¿cómo no ha vuelto por aquí queriendo tanto a su nieto?, ahora lo sé por Bashir: sus viajes, ¿tendrá más nietos, hijos?, por fuerza ha de tenerlos, quizás pequeños, no es viejo todavía, más joven que Bashir, mucho más, ¿cuántos años tendrá?, ¡tanto hablarme y no averiguo gran cosa!, desconcertante, quiere cambiar el mundo y apenas necesita nada, come poco y muy sencillo, ofrece banquetes sólo por obligación, «es como un beduino, le bastan dátiles y agua», dice Bashir, como los cristianos de Porfiria, ¿para qué entonces cambiar el mundo?, ¿será de los siempre transgresores?, esos locos o tontos, tontos en su mayoría pero él no, como ese filósofo, Krito, a Bashir no le cae bien, sin embargo algo tendrá cuando Ahram le consulta, he conocido hombres haciéndose mujeres, vestían y gozaban siempre como nosotras, pero no alternaban de sexo, me interesará conocerle, y esa Casa Grande, ¡qué vida tan distinta en Alejandría!, a lo mejor eso me esperaba en Egipto, ¡qué cambio!, ¿y nunca entraré en la torre?, bien quisiera, sería conocerle, ¡naves con cinco bancos de remeros!, ¡qué cosas le interesan!, ¡qué más habrá en esa torre!, y Ushait le sirve, más joven que Tenuset, a lo mejor como Ahram, ¿y si por eso no le interesan otras?, nunca entraré allí, demasiado pedir, al menos que no me falte Malki, Bashir tampoco, otro hombre del desierto, como Uruk, «de los desiertos» ha dicho, también era distinto el desierto de Uruk, una llanura de hierba, cordilleras nevadas a lo lejos, se le iluminaban los ojos cuando me lo contaba, un desierto de hierbas, en primavera verde salpicado de color por florecillas, la paz de los caballos pastando, amarilla en verano, blanca de nieve en invierno, y las galopadas, las galopadas... ¡Uruk! ¡Tus brazos! ¡Me devolvieron el Vértigo de Narso, después de mis desiertos, que fueron los piratas, el burdel, Astafernes! No lo recobré hasta Domicia y era otro, sí, era otro éxtasis...

En la terraza, donde Irenia juega con Yazila y el niño, y la señora se lamenta del calor y el amago de jaqueca, Nufria interrumpe alarmada por la escalerilla del patio inferior:

—¡Señora, señora! ¡Los terroristas, una banda! ¡Vienen por el camino, están en la puerta exterior!

El grito acaba de golpe con la lasitud de Sinuit, que se incorpora todo lo aprisa que puede y empieza a gritar:

—¡Yazila, el niño...! ¡Isis bienaventurada, sálvanos! ¡Y mi Neferhotep en Alejandría, como siempre! ¡Han de caerme a mí todos los males! ¡Llamad a Amoptis, tenía que estar aquí! ¡Que prepare la defensa!, ¿no hay hombres en esta casa? Ven amor mío, Malki querido, tu madre te protege... Toma el niño, Irenia, escóndete con él en algún sitio... ¡No, espera, que se quede conmigo, quizás esos malvados se apiaden de una madre...! Alguien a Alejandría, corriendo, que vengan los soldados...

Al fin, agarrando a su hijo y llorando desesperadamente, desaparece en el interior de la casa. Sus gritos han atraído a todas las mujeres próximas y abajo, en el patio, también a algunos siervos que no se atreven a subir a la terraza... Irenia procura saber algo más. Al parecer la banda errante no es muy numerosa, ni está armada, y sólo pide ser oída. Amoptis, por desgracia, se encuentra al otro extremo de la propiedad, revisando con el escriba mayor los planes para las plantaciones después de la cosecha y algunas reformas en la canalización. Pero el capataz de los siervos ya ha decidido por su cuenta la resistencia y distribuye hoces y horcas entre los hombres de la casa, además de haber enviado recado a la aldea pidiendo ayuda.

Irenia se alarma. El capataz, el mismo que le administró los azotes cuando fue castigada, es hombre iracundo y autoritario, muy pagado de su fuerza física. Ha de encantarle esta oportunidad para demostrar a su amo su fidelidad, mediante un fácil escarmiento de los recién llegados. Irenia está segura de que esos terroristas serán cristianos pues, cuando no lo son, se les suele llamar bandidos o desertores, e incluso reciben el nombre oficial de anacoretas, si andan errantes para eludir los impuestos o el cumplimiento de los trabajos forzosos que los complementan. Por eso decide evitar en lo posible la violencia; no tanto por solidaridad con esos cristianos cuanto por evitar a la casa males futuros: un rechazo sangriento podría provocar la venganza de otras bandas más agresivas, como la que capitaneaba Roteph.

La esclava sale corriendo de la villa, deja atrás los jardines circundantes y avanza por el camino hasta encontrar al grupo. El guarda exterior se precipita a ella repitiendo sus disculpas por no haber podido evitar la invasión. Irenia cuenta como un medio centenar de hombres y mujeres pobremente vestidos y descalzos en su mayoría. Hay viejos entre ellos y algunas madres aprietan contra sus flancos o llevan en brazos a sus hijos. Al frente se encuentra un viejo con un largo cayado en la mano; a su lado una mujer joven. La paz se lee en las miradas de todos, en su actitud sumisa y a la vez esperanzadamente utópica. Sí, esperanzada, como las femineras de Porfiria. Irenia se transporta mentalmente a Cirenaica y vuelve a vivir (incluso a envidiar, según reconoce interiormente) la fuerza inmensa que infunde a los seres humanos su posesión de una fe absoluta. Esos ojos en los rostros desnutridos no miran el presente sino el futuro y, convencidos de ser sus dueños, se convierten en unos poderosos de la tierra. Al lado de aquellos necesitados el Excelso Neferhotep rodeado de riqueza y servidores resulta un ser angustiado, corroído por ambiciones frustradas.

Irenia hace callar al portero y, mirando al grupo, encuentra sin pensarlo las palabras de Porfiria:

—Ave María.

Las cabezas próximas se yerguen hacia ella, los ojos se iluminan ante recepción tan inesperada. Un movimiento unánime se transmite incluso a las últimas filas.

El anciano avanza un paso:

—No sé si he oído bien. ¿Serías cristiana, hermana?

—No, pero he vivido con un grupo que me acogió. Quizás lo hayas conocido: el de la Madre Porfiria.

Un joven situado tras el viejo se adelanta impetuoso y alarmado:

—¡Las femineras! ¡Las de la Mujer Divina! —escupe en el suelo e increpa amenazador a Irenia—. ¡Hereje! ¡Sois peores que los paganos!

El viejo le detiene con el brazo y le hace callar con la mirada:

—Porfiria dio su sangre: no la juzgues. —Y continúa, dirigiéndose a Irenia—: Discúlpale; es joven y neófito... No sé quién eres aquí, pero no venimos a hacer el mal. Sólo queremos reposo a la sombra, agua, algún alimento y, si es posible, alivio para los enfermos. La inundación nos empuja hacia estas tierras y no nos dejarán entrar en Alejandría.

—Soy una esclava, no tengo aquí poder ninguno, pero trataré de ayudaros ante la señora, que está asustada pues el señor está ausente. No sigáis más adelante, ni os mostréis violentos —añade, oyendo los gritos belicosos del capataz, que se acerca a la cabeza de sus armadas gentes—. Voy a explicar vuestros deseos.

Irenia retrocede hacia el grupo de jornaleros y, al principio, casi es derribada violentamente por el capataz. Por fortuna un siervo le contiene, recordando la privilegiada situación de Irenia, protegida de Bashir. Ella trata de recordar a ese hombre que Amoptis prefiere siempre las negociaciones, y que la violencia con los recién llegados puede provocar la agresión de otros. Pero lo que más disuade al capataz es esa creencia de que la esclava posee poderes sobrenaturales y desde ese momento la negociación se centra en que él pueda dar a sus gentes la sensación de que no ha cedido ante la esclava, sino que ha sido clemente con el grupo de desgraciados. Incluso da satisfacción a sus seguidores más exaltados encargándoles de vigilar a los terroristas para que no se excedan.

Los recién llegados son conducidos entonces hacia un soto cercano al canal de Canope, donde se les permitirá acampar, e Irenia les promete que recibirán algunas vituallas. Se acerca especialmente a los enfermos, transportados en unas parihuelas, y los encuentra más que nada extenuados; aunque les observa e interroga lo mejor posible para pedir consejo a Tenuset, conocedora de tantos remedios.

Luego corre a tranquilizar a su ama antes de que llegue Amoptis de los campos y entre los dos puedan adoptar decisiones violentas. Camina ya por los jardines, pensando en convencer a Sinuit de que con una pequeña entrega de víveres evitará mayores males, cuando oye tras ella unos pasos tratando de alcanzarla. Se vuelve y ve a una mujer de gruesos pechos, a la que en seguida reconoce como la arpista que canta en la terraza.

—¿De verdad no eres cristiana? —pregunta la recién llegada después de un saludo, caminando junto a Irenia para seguir hacia la casa.

—No, ya se lo he dicho a ellos.

—Pues has hecho lo que un cristiano. Gracias.

Irenia la mira: un rostro redondo, común, de campesina. La piel bastante oscura, ¿mestiza de nubio? Pero ¡qué ojos más límpidos! No hay sonrisa en los labios, está en las pupilas mismas.

—Tú sí que eres de Cristo, ¿verdad?

—Sí, estoy bautizada, pero aquí no lo saben. —Hay una súplica implícita en las palabras.

—No temas, no lo diré. ¿Cómo te llamas?

—¡Oh, no tengo miedo! —sonríe, también con los labios—. Me llamo Marsia. Cuando supe que llegaban corrí hacia ellos y estaba allí mientras hablabas con el diácono. Luego, cuando llegaba el capataz, temí por ti; es un hombre malo. Pero tú le puedes al peligro. Comprendo ahora.

—¿Qué?

—Lo que dicen de ti.

—¿Algo malo? —Ahora es la esclava quien sonríe.

—Tus extraños poderes —sonríe a la vez la muchacha.

Han llegado a la casa y se despiden amigas. Irenia se pregunta si habrá más cristianos entre la servidumbre de Villa Tanuris, aunque ya lo sospecha. ¿De qué grupo, de qué secta? Éstos, le ha dicho el diácono anciano, son del obispo Cipriano, al que acaban de desterrar a Curubis porque quiere una iglesia africana, independiente de Roma. ¡Qué extraño, tan diversos creyentes para un solo dios!

Lo urgente es llegar antes que Amoptis y convencer a la señora. Lo consigue, con la condición de que los terroristas prometan marcharse de la finca antes de cinco días. Luego ha de dar de comer al niño, que después se queda dormido. Irenia, fatigada por las emociones del día, baja sola hasta la playa.

El mundo ya no es el de la mañana. El cielo, cóncavo como el de un horno, es todo una veladura blanca. El mar es de mercurio, llanamente tranquilo, sin un rizo ni una onda; sólo una difusa luminosidad chispeante. Del viento ni un susurro en las palmeras... ¿Dónde están las rompientes? ¿Se ha detenido el mundo? Y ¿a qué espera?

Ante tan expresivo reflejo de su alma Irenia se reclina, se abandona a la arena. Alcanza una pequeña caracola vacía y se imagina como ella, avanzando por su propia oquedad, espiral adentro.

7. LA SACERDOTISA

La esclava, que ha intentado en vano dormir un poco durante la siesta del niño, baja de su desván para hacerse cargo de él hasta la comida última del día. Al pasar por las cocinas le extraña ver a Bashir, porque suele regresar a la Casa Grande antes de la séptima hora, y le asombra más aún que sólo conteste a su saludo con un gesto cuyo significado no logra captar. «¿Qué le pasa? ¿Qué ha querido decirme?», piensa. Pero sale al patio del pozo y luego, por la escalerita, asciende hasta la terraza.

La sorpresa la paraliza. Reclinado entre almohadones junto a la sillita baja donde se sienta Sinuit a lo egipcio, Irenia descubre a Ahram jugando a las tabas con Malki. ¿Cuándo ha llegado? ¿Cómo no se sabía? Ahora comprende el gesto de Bashir. Así es, él ha llegado y en la caleta se divisa el *Jemsu*, flotando sobre unas olas hoy agitadas... Es Ahram, ¡y ella permanece descortésmente inmóvil, bajo el estallido de esas cavilaciones, en el rellano final de la escalera! Cruza las manos sobre su pecho y se inclina profundamente. Su mano derecha, sobre su seno izquierdo, siente el golpeteo de su corazón. «¿Por qué estoy tan nerviosa?», se pregunta, mientras avanza hasta un rincón en espera de órdenes, pues el niño no parece muy dispuesto a separarse de su abuelo.

Ahram no reprocha a la esclava su torpe aparición. Está sacando de una bolsa colocada junto a él una curiosa redoma llena de cristales de colores, que forman variadas combinaciones al moverla. Apenas ha empezado Malki a familiarizarse con el juguete cuando el abuelo saca también un espejo curvado y lo coloca ante los ojos infantiles provocando, con gran sorpresa suya, el asustado llanto del pequeño.

—¡No llores! —ordena entre confuso e irritado—. Es que este espejo alarga la cara.

—¡Es feo! —grita Malki, mientras la madre se inclina, se mira en el espejo, pone cara de asombro y luego se echa a reír.

—Tiene razón el niño, padre. ¿De dónde has sacado eso? ¡Parece un vidrio tapado!

—Una idea de mi gente, un espejo deformante. Y fíjate, es mejor que los de plata: han descubierto algo nuevo, que untan tras el vidrio… ¡Basta, Malki! No tienes motivos para llorar. Dentro de nada ya llevarás vestido y un hombre no llora… Toma, te traigo otra cosa más bonita.

De la inagotable bolsa extrae un curioso tocado que coloca en la cabeza infantil, cambiando el llanto en sonrisas. «Una tiara persa», explica a la madre, a la vez que llama a Irenia para que cuide de Malki.

—Todavía lloriquea, Irenia —dice, mientras ella toma de la mano al niño—. Aunque lo noto menos caprichoso. Sigue cuidándomelo; vas bien. Y ahora no te lo lleves todavía.

Con la redoma llena de cristales y admirando la tiara, la esclava entretiene al pequeño hasta que llega Yazila y se une a ellos. Le encanta oír mientras tanto la voz grave de Ahram, tranquilamente imperiosa, preguntar a

Sinuit para seguir los acontecimientos de Tanuris: el catarrillo de Malki en la decena anterior, la muerte del semental vacuno, el extraño pez arrojado a la arena por el mar, la subida de la inundación en la boca canópica del Nilo, los arreglos dispuestos por Amoptis en las canalizaciones, la ausencia de su yerno que lleva dos días en Alejandría, la incursión de los terroristas...

Al escuchar esta noticia Ahram alza súbitamente la cabeza en gesto de alerta. La hija le habla de su miedo, de cómo ocuparon cinco días un soto cerca del canal. Se excita al contarlo pensando en imaginarios peligros, se lleva la mano a la frente, le amaga otra vez la jaqueca y se retira llevándose a Nufria para que la ayude a acostarse y le ponga lienzos húmedos en la frente, diciendo al retirarse:

—Dispénsame padre. Este calor... Ya deberíamos estar en Alejandría: se lo repito cada día a mi Nefer.

Ahram calla un momento e interpela a la esclava:

—¿Qué pasó con los terroristas? ¿Hicieron daño?

—Ninguno, señor. No se movieron del soto y se conformaron con algunos alimentos. Incluso el diácono que les guiaba curó a un pequeñín en la aldea.

—Te gustaría hablar con ellos, con los tuyos... —insinúa.

—No son los míos. Ya dije que no he sido nunca cristiana. Viví con un grupo, nada más.

—¿Y no te dieron ese baño sagrado que dicen que les lava?

La mirada de Ahram ahonda en la esclava mientras ella le amplía detalles de su vida con las femineras. De pronto la interrumpe:

—¿Es cierto que el romano te echó a un estanque con morenas y no te destrozaron?

La esclava se ve obligada a confesarlo, temerosa siempre de que le atribuyan poderes mágicos. Ahram, sonriendo, estira su pierna izquierda y repliega con las manos su túnica, mostrando una pantorrilla muy morena en la que se aprecia la fea cicatriz de una dentellada.

—Así me mordió a mí una, y eso que pude sacar la pierna del agua inmediatamente, con la bestia agarrada a mi carne, retorciéndose en el aire. Bashir le cortó la cabeza de un tajo pero allí seguían clavados sus dientes y casi me desgarraron más al arrancármelos de mi carne mientras los ojos de aquella cabeza seguían mirándome ferozmente... ¿Cómo te libraste tú? ¿O no estaban hambrientas? ¿Te protege algo? ¿Un amuleto?

Los ojos son más taladrantes que nunca. Ella los afronta con lealtad, jurando que no, aunque no puede explicarse su salvación.

—Otras veces me pasaron ya cosas parecidas —continúa y se arrepiente en el acto, pero ante Ahram le es imposible ocultar nada—. También un marrajo nadó a mi alrededor sin dañarme... No sé, cosas de la mar.

—Ya sé que te gusta la mar. Apruebo que bajes a la playa con Malki —continúa Ahram después de un silencio—. Quiero que sea como yo. Pero, ¿te atreverías a navegar mañana, con esa marejada? —concluye, señalando el oleaje gris sucio que se ve desde la terraza rompiendo violentamente, allá contra el promontorio.

—Mañana estará en calma —asegura la esclava mordiéndose la lengua en el acto, asustada de la espontánea seguridad con que lo ha dicho. Se da cuenta de que está fomentando sin querer la creencia en su magia. ¿Qué le pasa?

—Ya veremos —responde con calma Ahram mirándola con fijeza, en un silencio que a ella le parece comprometedor, mientras él continúa, cambiando de tema—. No sé por qué les llaman terroristas siendo tan pacíficos la mayoría. Roma todavía no sabe lo que es el terror... Pero, ¿cómo se puede adorar a un dios tan débil que se deja crucificar por sus propias criaturas? ¡Bah!, yo no seguiría nunca a estos flojos dioses de ahora. Los antiguos eran fuertes; sobre todo las diosas.

En ese momento irrumpe Neferhotep, recién llegado de Alejandría, y Ahram, deseoso de tratar ciertos asuntos, dispone que se lleven al niño fuera de la terraza.

A la mañana siguiente Yazila despierta sobresaltada. Alguien la sacude para arrancarla del sueño y, como ve que apenas ha empezado a clarear, teme algo grave. Se incorpora inquieta.

–¡Pero mira! –insiste Irenia, agitándola excitada–. ¿No lo ves?

Yazila se acerca a la celosía. El mundo es el de siempre.

–¿No te das cuenta? ¡La mar en calma, las palmas no se mueven!

La muchachita mira con asombro a esa esclava tan distinta de la Irenia siempre tranquila, que murmura desconcertada:

–Y ahora qué le digo... Me preguntará cómo lo supe...

Yazila se enfada ante otra rareza más de la mujer intrusa y se acurruca de nuevo en su yacija. Irenia la deja por imposible y desciende a refugiarse en la playa desierta. En el centro de la caleta el *Jemsu* inmóvil parece un extraño insecto sobre una lámina de estaño líquido.

Más tarde, al aparecer ambas con el niño en la terraza, es Ahram quien desde allí contempla el mar, ya transformado por el sol en un zafiro rayado de oro. Al oír pasos se vuelve. El contraluz impide a la esclava interpretar su expresión mientras pronuncia unas palabras que tranquilizan a la mujer pero la decepcionan. Ella le suponía sorprendido.

–Sabía que tendrías razón: el viento se calmó anoche.

Ella se inclina sumisa como para hacérselo perdonar. Al menos el tono ha sido cálido. Pero, ¿qué vendrá luego, qué hay detrás?

–Esta tarde navegaremos un poco. Más lejos que el

otro día. ¿Has estado en Karu? Nunca he fondeado allí.

No, la esclava no ha estado en esa isla que divisaron en el paseo anterior hacia poniente, en dirección a Alejandría. Pero ¿qué importancia tiene?

—¿Qué hay en ella? —pregunta, para no mostrar desinterés y para no hablar más de la calma anunciada.

—Está deshabitada, pero dicen que hay restos de un templo. Ya veremos. Con esta mar el paseo le gustará al niño. Tenemos que hacerle marinero.

Después de la siesta del chiquillo la esclava lo baja al embarcadero detrás de Ahram, que viste un corto calzón de marinero y ha cambiado su túnica por una camisa púrpura cuyo abierto cuello deja ver un cordón sosteniendo algo pendiente entre la tela y el pecho velludo. Se sienta a popa del esquife con Malki al lado y ve remar al Navegante con la facilidad de una antigua costumbre. Por decisión de Ahram, Yazila se ha quedado en tierra, muy a su gusto, pues la intranquiliza el mar. Abordan el velero, suben a cubierta y se instalan los tres a popa, como en el anterior viaje, mientras los dos marineros y el grumete remontan el esquife. La esclava espera fervorosamente que no ocurra nada excepcional esta vez. Ahram da unas órdenes y chirrían los motones; el patrón, Tinab, iza la vela mayor, después el foque. Levan el ancla y el barco empieza a moverse, navegando a un mástil. El pesado aire del jardín queda atrás, el promontorio se desliza hacia popa, una suave brisa les acaricia. El casco cabecea, coge impulso, enfila hacia alta mar. Ahram, empuñando el remo timonero, observa atento cómo coge el viento la vela. A Irenia le parece un sueño repitiendo el viaje anterior y sus labios se curvan en una ligera sonrisa de beatitud.

Como aquella tarde, sabor salino en el aire, tensiones de jarcias, paleteo en el casco, susurros, deslizamiento, el vientre verdipúrpura de la vela contra el azul celeste y las blancas nubes redondas. A la esclava le cuesta arrancarse de su profundo bienestar para atender al niño, que reclama constantemente ser entretenido. Se le escapó un momento avanzando sobre la tablazón balanceante donde acabó por caer, estallando en llanto.

—Calla, bonito, calla… Mira la mar, vendrán unos peces muy grandes, muy grandes, que no has visto nunca y saltan mucho fuera del agua.

El anuncio no se cumple inmediatamente pero tampoco transcurre mucho tiempo sin que aparezca una pareja de juguetones delfines adelantándose al barco, dejándolo pasar, sumergiéndose bajo el casco para aparecer al otro costado, saltando en armoniosas curvas de oscuros cuerpos relucientes. El niño palmotea y chilla entre el entusiasmo y el miedo, cuando los ve demasiado cerca. A proa está Tinab atento a los fondos, sobre todo tras la experiencia de la excursión anterior. Llama al grumete metido en el tambucho y, cuando asoma la cabeza, le señala los delfines, gritando algo que la esclava no comprende. Sólo reconoce la palabra «menhit», el delta.

—¿Qué pasa? —pregunta a un Ahram que le parece más alto empuñando el remo.

—Se asombra. En estas costas próximas al delta es raro ver delfines y más aún durante la inundación. No les gustan las aguas con limo; prefieren una mar más limpia.

Irenia lamenta haber hablado antes de delfines. «¡Si yo no los esperaba! —piensa desalentada—. ¡Si yo lo dije sin pensar, para prometer algo al niño y distraerle…! ¿Qué creerá él…? ¡Sagrada Afrodita, impídeme anunciar nada más en toda la tarde!»

Callan todos mientras hablan sólo el mar y el viento y se van acercando a la isla. Fondean a la sombra en una pequeñísima cala de su costa oriental, donde las rocas oscuras dan a las aguas chapoteantes una tonalidad violenta. Con las velas arriadas se han acercado lo bastante para que el marinero salte con un cabo y lo amarre a un peñasco saliente. Tienden una tabla y pasan Ahram y la esclava con el niño; el grumete se dispone a preparar un sedal con anzuelos para aprovechar el rato.

El olor salino de la mar se mezcla en torno a Irenia con el fuerte aroma de las hierbas esparcidas salvajemente por las rocas. Cuesta arriba llegan pronto a media altura, alcanzando un rellano donde un conejo les mira curiosamente, bajo un arbusto, sin ningún temor. Pero no es un arbusto, se fija la esclava:

–¡Un granado! –exclama.

–El árbol de Perséfone, como dice Krito –precisa Ahram, volviéndose hacia ella–. ¿Tú sabes quién era ésa?

–No, señor. ¿Una diosa griega? Hay demasiados dioses.

–¡Sí, hay demasiados!, pero Krito conoce sus historias... Aunque –añade pensativo– yo le descubrí que ésa no era griega sino asiática.

Enfrente, a poca distancia, vuelve a erguirse a pico la roca hasta formar la cima de la isla y en su base advierten una abertura flanqueada por dos pilastras, labradas en la misma peña. Se acercan a esa oscura entrada. El niño, al principio curioso, se agarra ahora con miedo a la túnica de Irenia.

El interior es reducido y la luz que entra por la puerta permite ver una especie de celda con un ara al fondo. Encima, y labrada también en la misma roca, una hornacina alberga una estatua de codo y medio de altura, con senos bien torneados, un paño con pliegues en torno a la cintura, una serpiente enroscada a una pierna, un brazo caído al costado y el otro doblado sosteniendo un ave. «Una paloma», piensa la esclava que, habiéndose quedado a la espalda de Ahram, no puede ver las dos lágrimas brotadas en los ojos del hombre. Pero nota algo en su repentina inmovilidad y respeta su silencio. Sí, algo le ocurre porque, para vivo asombro de ella, Ahram murmura suavemente un nombre, se inclina reverente y levanta los brazos en adoración.

Malki tironea de ella y, en el acto, Irenia lo saca de la cueva. Desde fuera observa a Ahram inmóvil todavía unos momentos. Baja los brazos. ¿Se toca la cara con la mano derecha? Sale de espaldas, se vuelve hacia Irenia sin pronunciar palabra e inicia el retorno cuesta abajo.

Tratando de que el niño no resbale cuando intenta cazar alguna de las abundantes mariposas, Irenia sigue a Ahram, que un par de veces parece a punto de volverse hacia ella para decir algo. Llegan hasta la cala y vuelven a embarcar, pero Ahram no da ninguna orden y todos esperan. El niño ha visto sobre cubierta un par de pececillos pescados por el grumete y que todavía colean. La esclava no puede impedir que Malki juegue con ellos; los tres hombres se burlarían si conocieran su acongojada piedad ante los peces moribundos.

Por fin Ahram dirige un gesto al grumete para que saque el sedal y al izarlo aparece otro pez prendido en un anzuelo. Como el mozo no acierta a desengancharlos, Ahram desenvaina impulsivamente su daga y arranca con su punta la presa. Suelta el arma para mostrar el pez al niño, a quien le basta ese momento para coger el puñal y, con caprichoso gesto, tirarlo al agua. La cólera arrebata a Ahram, que se inclina sobre la borda a tiempo de ver oscurecerse, hasta desaparecer, el blanco centelleo del acero. Vuelve hacia el niño un rostro desencajado, levanta la mano y la esclava, sin pensarlo un instante, grita:

—¡No le pegue! ¡Ahora la traigo!

Lo dice ya por encima de la borda para caer al agua. Aún oye el grito de Ahram prohibiéndoselo, antes de que las ondas se cierren sobre su cabeza.

La cólera de Ahram se desvía contra la imprudencia de esa insensata, mientras Malki, divertido, se asoma a la borda, donde lo retiene a tiempo el grumete. Con el chiquillo de la mano se acerca con Tinab a Ahram y escrutan los tres las aguas, esperando en vano la aparición de la mujer. El otro marinero inicia, inquieto, un ademán, pero Ahram se le anticipa, se despoja de la camisa y se tira a su vez al agua. Le ven hundirse y los dos hombres se miran uno a otro. El niño llora, asustado. Ellos empiezan a temer lo irreparable: la mujer ha debido de darse un golpe, pues lleva sin emerger demasiado tiempo. Ahram es el que reaparece sofocado para tomar aliento y vuelve a hundirse; ya parece imposible que la mujer esté viva... En ese instante oyen su voz tras ellos y corren a la banda opuesta: Irenia nada junto al falucho con la daga en la mano. Tinab la ayuda a subir y el grumete corre a avisar a Ahram, que nadaba desconcertado y que, por un cabo pendiente, trepa a tiempo de ver aparecer a la esclava, que le entrega el arma. Pero Ahram la deja caer y, antes de recogerla, descarga un bofetón en la cara de la mujer, con un coraje que le hace ininteligible:

–¡Estúpida! ¿Estás loca?... ¡No se puede resistir tanto tiempo! ¡Ni mis perleros del mar Eritreo! ¡Has podido ahogarte! ¡Eres imposible, como todas las mujeres!

Se calla de pronto porque la esclava ha cogido la mano que la golpeó y la besa pidiendo perdón.

Ahram se reprime, la conduce a sentarse, manda al grumete que siga con el niño para que la túnica de Irenia no le moje y entre él y Tinab izan la vela, retiran la pasarela y largan la amarra. Ahram empuña el timón.

–Estás tiritando –le dice a la mujer–. Baja al tambucho.

–¡No! –niega ella con una energía que la sorprende–. Al sol me secaré antes.

Ahora les coge un viento largo a popa y el viaje se hace más corto. Nadie habla, pero los tres tripulantes miran constantemente a la mujer, excitados por el asombro y, cada vez más, por las líneas de ese cuerpo tan descaradamente moldeado bajo la túnica mojada. Ella teme que el amo la mire igual, aunque no se atreve a levantar la vista para comprobarlo. El niño, al cuidado ahora de Tinab, permanece callado; al fin Irenia, ya bastante secada por el sol y el viento, lo vuelve a colocar a su lado. El patrón, al entregárselo, aprovecha para rozar innecesariamente la cadera femenina, ella no dice nada. Ahram –¿ha visto algo?– da una orden en un lenguaje que Irenia no conoce. El hombre mira asombrado al armador, luego sonríe, llama al grumete y los dos desaparecen, uno tras otro, por la escotilla abajo.

La esclava, ahora sí, mira a Ahram, siempre al timón, bien plantadas las piernas, respirando hondamente el desnudo y poderoso pecho en el que destaca ahora un disco liso de oro colgado del cuello. El falucho parece navegar solo. El niño se adormila apoyada su cabeza en las piernas de la esclava. El tiempo no pasa, se mete en el pecho de esas dos personas, cada una a solas, cada una a la vez con la otra, envueltas en mar, en cielo, en viento.

No tardan en reaparecer ambos tripulantes asegurándose los cinturones, con una sonrisa cómplice que disimulan ante la expresión ceñuda de Ahram. La vida cotidiana se restaura. La línea de tierra va agrandándose, perfilándose, el sol a popa se va poniendo y la mar es toda violeta, con la calma del ocaso. El viento afloja, pero al fin arriban, contornean el promontorio, se adentran en la cala frente a Tanuris, alcanzan el fondeadero, echan el ancla. Ahram y la esclava con el niño dormido retornan al embarcadero en el esquife, remando ahora el grumete.

A mitad del camino hacia la casa, Ahram vuelve por fin a hablar, deteniéndose para mirar a Irenia:

–Yo no adoro a ninguna estatua. En la isla lo hice por la cueva: en otra igual viví hace tiempo.

Parece dispuesto a decir algo más, pero se reprime y reemprende la marcha, camino arriba, seguido por la asombrada esclava, que lleva al dormido Malki en sus brazos.

Estoy loca, todo perdido, ¡ayer empezó perfecto con la sorpresa!, ¡pícaro de Bashir dejándome pasar sin advertirme!, y él en la terraza, no supe ni saludarle, me creería tonta, ¡ay, se acordaba de mi nombre!, después de veinticuatro días, siendo tan importante, el nombre de la última esclava, y ahora lo perdí todo, se acabó la esperanza, ¿qué esperanza?, la he perdido, se acabó Egipto lleno de vida, por hablar demasiado, por lanzarme, siempre me pasa igual, acabo estrellándome, ¿para qué avanzar entonces?, pero si no se avanza ¿qué nos queda?, la vida no es sentarse y olvidar, la vida es hacia delante, ahora yo tengo la culpa, ¿por qué anuncié la calma de hoy?, volverá a desconfiar, temerá mi magia, ¡como si yo la tuviera!, hablé sin pensar, como siempre que se trata de la mar, en Psyra era lo mismo, me preguntaban por dónde habría más peces, se me escapa, debo aprender a callarme, como si mi boca tuviera mente propia, y luego los delfines, yo no los anuncié, lo inventé para distraer al niño de su llanto, por eso me arrojé después al agua, salvar la daga para que me apreciara, sé lo que es esa arma para ellos, aunque de verdad ni lo pensé, ¡qué gozo servirle!, ¡y cuánto me alegró la bofetada!, porque estaba enfadado, claro, pero también se había asustado, qué hermoso su miedo por mi vida, ¿cuánto tiempo estuve sumergida?, ¡si supiera qué bello era el fondo!, ¡tan dulce moverme en el agua!, ¡tan sensitivas las anémonas!, poquísimo tiempo hasta faltarme el aire, también yo me ahogo, ¿ves cómo no tengo magia?, se asustó y se tiró a sacarme, ¡él!, se tiró él mismo, ¡por una esclava!, ¿se acordaría de sus pescadores?,

¡hasta las perlas de Arabia son suyas!, y se arrojó al mar por una esclava, ¡qué ilusiones me hago!, claro que pensó en mi magia, por eso le valgo, por eso se tiró a sacarme, pero ahora recela, tan callado a la vuelta, ni una palabra, debí obedecerle, ir bajo cubierta cuando me lo mandó, fue más fuerte que yo, recordé la sentina de los piratas, aquella paja hedionda y el agua podrida, las humillaciones y el hambre, odio ese vientre-prisión de los navíos, los coraleros fueron otra cosa, yo era uno más con ellos, me negué y en seguida me di cuenta, me arrebolé de vergüenza, mi cuerpo revelado por la tela mojada, seguro que miraba mis pechos, peor que desnudos, los pezones erectos por el frío, transparentados, no violáceos pero tampoco rosas, pero ¿por qué vergüenza?, una esclava no tiene vergüenza, y menos pasada por un harem, forzada por los piratas, usada en el burdel bizantino, es una cosa, como ahora, mi cuerpo es su propiedad, puede gozarme, venderme, darme a un perro, pero todos mirándome, los marineros, ¡si ya ni soy joven!, excitados además por mi valor al zambullirme, me hizo más deseable, le hice pasar vergüenza, soportar la lujuria de los otros, ver codiciado lo que es suyo, y exhibido, ¡yo no tuve la culpa!, y el patrón que vino a devolverme el niño cuando ya estaba seca, ¡cómo se aprovechó!, ¡y cómo se enfadó entonces Ahram!, le gritó la orden, los mandó bajo cubierta, ¡ale, a desahogarse!, ¡ni disimularon! Tinab empujando por la cintura al grumete, acariciándose el vientre jactancioso mientras bajaba tras él por la escotilla, seguro en erección, me recordó a los coraleros, no podría más, a bordo siempre acababan en eso, ¿el muchacho le presentaría el culo a cuatro patas o boca arriba?, aguanta, chico, que pronto serás tú quien empope a otro grumete, «empopar» lo llaman ellos, ¿y Ahram no se habrá sentido macho también?, si yo le hubiese mirado lo sabría, no hace falta fijarse en los calzones, me basta verles los ojos, pero no me atreví, pensaba en mis pechos, en mi pubis transparentándose, los únicos rizos que me dejaron, sentada y juntando los muslos ya no sería tanto, ¡qué vergüenza!, claro que se sentiría macho, aunque mis pechos sean sólo los de una esclava, suyos cuando quiera... si es que quiere, le interesa más su política que las mujeres, pero se sumergió para salvarme, por eso se enfadó, por no lograrlo, porque yo emergiese al otro costado, ¡y yo triunfante con la daga!, si me hubiese sacado en brazos, medio ahogada, él hubiera sido el héroe ante sus hombres, le hice parecer inútil, le he afrentado, lo he destrozado todo, por eso su silencio, ¡qué retorno sobre ascuas!, todo violencia en el *Jemsu* aunque navegando sereno, todo salvo el niño dormido, hasta los delfines desaparecieron, se quedaron en la isla, ¿serán de la diosa esa?, ¿cómo la llamó?, ¿y eso de que vivió hace tiempo con ella?, no puedo comprenderlo, pero fue hermoso confesármelo, hasta me daría esperanza si no le viera tan indignado, ¿fue eso lo que intentó decirme cuando volvíamos al barco?, ¿ha querido darme una explicación?, ¡no te hagas ilusiones!, su diosa, ¿cuál será?, dice Bashir que no es religioso, pero es supersticioso, entonces le preocupa mi magia, pero al menos tiene una diosa, preguntaré a Bashir, ¡cuidado!, a ver si lo estropeo más, sus palabras han sido para que me calle, para que no diga que adoraba, y Bashir le contaría mi curiosidad, pero no es curiosidad, es conocerle más, ese hombre, ¿qué edad tendrá ahora?, por las historias de Bashir tiene años, pero no los parece, ¿qué me importa?, ya todo es inútil, ¡y yo que confiaba en Egipto!, aquí todo es posible, pensé, ¡ilusiones!, ¿es posible tener todavía ilusiones?, ¡si me apagué con Domicia!, si hasta el niño se aleja, esta mañana Amoptis con el sacerdote, el de la Casa de la Vida, lo trajo de Canope para ver a Malki, para preparar la ceremonia, me lo quitarán, todo es inútil, ojalá me dejen aquí cuando se vayan a Alejandría, vegetaré con

Bashir y Tenuset, siempre que avanzo me estrello, vivir es avanzar y estrellarse, ahora ya ¿para qué?, me embarqué para un paseo y ha sido un terremoto, mi vida enturbiada, confusa, como la mar cuando volvíamos, la inundación rebosa por la boca canópica, el limo llega hasta aquí tiñendo la mar, lo único claro el barro, los arrastres, el final...

Ahí sentada, ahí la vi por primera vez. Ahí, en el rincón junto al pozo, delante de mi Malki, enfrentándose a *Tijón*, a sus colmillos. Ahí, temblando de miedo y llena de valor. Aunque Bashir no me hubiese hablado antes yo la hubiera adivinado por su temple; nunca me equivoco con la gente. Un temple que es misterio; esa esclava ha sido hoy mi guía. Nunca tuve interés en ir a esa isla y hoy me decidí. ¿Me empujó ella al anunciarme ayer bonanza? ¿Lo sabía o fue casualidad? Pues allí me condujo, ella llevó el timón aunque yo lo empuñara. A presencia de Ittara, como si supiera lo que fue para mí.

La reconocí en seguida, en la gruta. Ishtar, la diosa de Ittara. Su actitud, su paloma, la gruta misma. ¡Oh Ittara, en la caverna de tu Señora! Toda una vida y parece que fue ayer. Se me fueron los brazos a lo alto, como ella me enseñó. Y como mi madre alzándolos a la estrella del día y de la noche. ¿Cuál será la diosa de esta mujer? ¿Tiene alguna? Desde luego no ese Cristo, hombre o mujer, no le va a su temple. Y ahora le debo mi daga. Un signo del destino. ¡Mi daga! Mi historia, mi vida. Ganada cuando salvé de los piratas el barco mercante de Belgaddar y lo llevé a Tiro. Con eso empezó todo. El mismo Belgaddar me regaló otra daga, una joya de Damasco. Pero era más mía esta del pirata godo, aquel gigante rubio. Más mortal su hoja recta: no degüella como las curvas pero puedo lanzarla y vencer. Falta me hace vencer; hoy me han ganado. Ella estuvo más tiempo bajo el agua y yo antes resistía como mis mejores buceadores. ¡Cómo me asustaste! ¡Ay!, voy teniendo años; aún hace diez hubiese salido ella a respirar antes que yo. Me queda menos tiempo para lograr mis planes, pero no moriré sin acabar mi obra. ¡Si hubiese seguido reinando en Roma Filipo el Árabe! ¡Qué bien nos entendíamos, ambos de la misma raza! Al Valeriano de ahora le viene grande la púrpura. Se equivoca avanzando tanto por Persia. Shapur le deja, no es tan débil; le está tendiendo una trampa. Bien lo sabe otro árabe que vale, Odenato el de Palmira. Está esperando a ver en qué quedan los otros dos rivales. Cada vez me entiendo mejor con ese príncipe que ha frenado ya los avances de Shapur. Otro árabe. Tendré que volver; hace ya cinco años que no voy a Palmira. Todos los informes me dicen cuánto ha progresado la ciudad. Ya era otra cuando fui la primera vez, en tiempos del emperador Gordiano. Y he de conocer a Zenobia; también me insisten en que influye muchísimo desde su boda. Parece que maneja a Odenato. Pero ha de ver esas cosas uno mismo. Y pronto.

Hay mujeres que nos elevan o nos hunden. ¿Qué hay en esta recién llegada, guiándome a esa isla para llevarme a Ittara sin saberlo? La necesito en palacio, con su magia o lo que sea. Ya ha hecho por Malkis lo que podía... ¿Magia? Esa calma anunciada, esos delfines, aquel escollo, la gruta en la isla, la daga... Y sus ojos leales pero cambiantes, como la mar... Hay que hacerle el horóscopo; que averigüen cuándo nació, a lo mejor aclaramos algo. Si disipamos las sospechas podrá serme útil. ¡Qué pérdida si se hubiese ahogado esta tarde! Siempre mis estrellas me han ido enviando a quienes me hicieron falta: Bashir, Krito; ahora ésta. Mis estrellas o Ishtar, la de Ittara ¡Ittara!...

También mis sabios descubriendo cosas. Dagumpah ha visto un informe sobre un objeto que apunta siempre al Bóreas. Aunque las nubes oculten las estrellas se podrá navegar. ¿Será verdad? ¡Qué ventaja sobre otros barcos! Triunfo de mis sabios; los romanos no aprovechan a los suyos. Sólo para construir y pleitear, pero no inventan. ¿Será verdad ese polvo del país de los Seresh, ese pueblo de la seda, que según dicen arde como el trueno y como el rayo? Bashir se reía cuando lo oyó, pero el mundo está lleno de misterios. Quien los descubra vencerá. Como ese espíritu de fuego que estamos buscando, escondido en el aceite de piedra, donde nadie lo ha visto aún. No sólo es útil la palabra, Krito; las cosas son útiles. Y las gentes. Esta mujer ha salvado mi daga; no puede quedarse en Tanuris. Descubriré quién es y lo que sabe, y lo que puede revelarnos. Ya en el rincón junto al pozo fue diferente. Pero quizás peligrosa. Esta tarde, en el *Jemsu*, enardecía el aire. Por eso los marineros se desmandaban. Yo mismo, si hubiéramos estado solos… Cuidado, puede ser uno de sus ensalmos o conjuros, nunca se está bastante en guardia. ¿Quería provocarnos? ¿Por qué no bajó al tambucho? Pero se hubiese movido, nos hubiera mirado intencionadamente. Nada. Más bien parecía –¡absurdo!– que le diese vergüenza. Era una estatua. También irritada, claro. No debí pegarle en la cara, cuando acababa de salvar mi daga. ¿Por qué lo hice? No importa. ¡Cómo se lanzó al agua! Sin pensarlo; aún no había tocado fondo el puñal. ¿Por qué lo hizo? Si no vino con malas artes, es una adquisición. Ésa es la cuestión: ¿me llevó ella a la isla o no? Bashir me ayudaría a saberlo. No, ya le tiene hechizado. Tampoco es eso; nada está del todo claro. Hasta ahora todo habla a su favor. A favor de esa estatua, con la túnica pegada al cuerpo. Ya no es joven, pero… Y esos cabellos que sólo he visto cortados… No se quitó el pañuelo, pero Bashir dice que le van creciendo de prisa. ¿Otra magia? No se mereció mi bofetada. ¡Y parecía que no iba a ocurrir nada cuando subíamos hacia el risco! Ya me sorprendió el granado, pequeño por el viento pero tan grueso de pronto, tan retorcido. El árbol de Perséfone. Ittara la llamaba Persefasa, otro nombre de su diosa. Ishtar, uniendo mis estrellas de la mañana y de la noche. Ante ellas evoco siempre a mi madre: en el huertecillo trasero de la casa. Ella misma lo cultivaba; había logrado salvarlo de la rapacidad de mi tío. Allí, frente a los altos riscos negros al otro lado del oasis. Justo antes de salir el sol o de ponerse. Me sostenía contra su cuerpo arrodillado y me alzaba los bracitos adorantes hacia el lucero del alba o el del crepúsculo. Siempre un luminar solitario en el pálido cielo, ni noche ni día. «Tu estrella –decía mi madre– tiene dos vidas: Arsu, el dios de la mañana, y Azizu, la diosa de la tarde.»

Ittara fundió las dos en una: la Señora de las Palomas y de las Serpientes, la sublime Ishtar... ¡Ittara, mi última madre, mi primera mujer! Revivida hoy en mí, tan de sorpresa... ¿Qué sabe esta esclava? ¿Me trajo adrede a la isla? ¿Ha sido azar, destino? Ittara de pronto ante mis ojos, como si estuviera ahí, en ese rincón del pozo. Como cuando se sentaba junto al manantial, me ponía frente a ella y repetía su incomprensible oración, también revivida ahora, tanto tiempo olvidada:

> *Oye mi ruego, Ishtar,*
> *Luna de los Amantes.*
> *De quien no sabe dar*
> *enséñame a recibirlo todo.*
> *De quien no sabe abrirse*
> *hazme llenar...*

... ¿llenar qué?, ¿cómo era el final? ¡Ay, todavía olvidada! Algo de un instante, de una copa...

Desde la pequeña isla rocosa, emergida a medio estadio de la costa, nunca se habían oído en la playa más que cánticos de alabanza. Por eso cuando la sacerdotisa escuchó gritos amenazantes suspendió su tarea de rellenar las lámparas y salió hasta el pórtico del santuario, deteniéndose en lo alto de las gradas. Por curiosidad, pues no sentía inquietud ninguna, dado lo sagrado de la isla, dedicada a Ishtar desde remotos tiempos a causa del inexplicable manantial que brotaba en la peña.

Enfrente, sobre la arena, unos cuantos hombres lanzaban sus clamores, mientras otros ponían a flote el botecillo permanentemente varado allí para el servicio de la diosa. En el estrecho brazo de mar alguien nadaba furiosamente, alcanzaba ya la isla, corría hacia el santuario. Se le veía en el límite de sus fuerzas. Tropezaba, caía, se levantaba, hasta que logró llegar al pie de la escalinata y allí se derrumbó, doblado sobre las gradas, jadeando angustiosamente. Apenas iba vestido: la desgarrada túnica dejaba ver una lisa espalda suavemente morena. La sacerdotisa descendió hasta el caído que, al rozarle el finísimo lino de la túnica, alzó la cabeza y exclamó con angustia:

—¡Me quieren matar!

Era una cara todavía imberbe. Bajo unos cortos rizos miraban a la mujer dos ojos oscuros donde ella leyó el miedo, pero también el coraje. Eran implorantes, pero tenían razón. Entretanto, el botecillo con los dos hombres estaba a unos cuantos codos de la orilla.

—¡Danos al asesino! ¡Ha matado a nuestro patrón! —gritaron.

—No puedo. Ha alcanzado el asilo de la diosa —replicó serenamente la mujer.

Los perseguidores vacilaron y ella temió un instante la violencia pues, por el habla y las ropas, se veía que eran extranjeros. Pero seguramente allá en su tierra existían recintos inviolables y acabaron por retirarse a la playa. Allí la mayoría del grupo empezó a alejarse tierra adentro; sólo algunos más tenaces se sentaron sobre la arena como esperando coger al fugitivo si dejaba la isla.

La sacerdotisa les volvió la espalda. El muchacho, doblada su estatura de hombre, la aguardaba sentado en las gradas. Aún respiraba fatigado pero ya sus ojos mostraban risueña picardía.

—¿Has matado? —preguntó ella, sin poder apartar la mirada de aquella expresión decidida, aquellos labios finos y apretados pero jugosos, entreabiertos sobre unos dientes relampagueantes.

El joven relató entrecortadamente lo ocurrido. Un mes antes, en el muelle de Tiro, había embarcado de grumete en un pesquero y ahora, al llegar a Sarepta, la pequeña ciudad próxima, habían querido regatearle su primera soldada. Protestó ante el patrón, que intentó pegarle mientras se burlaban los demás y, al defenderse, le había empujado, haciéndole caer de modo que se había golpeado la nuca contra la borda y allí había quedado inmóvil. El muchacho ignoraba si le había matado porque huyó al ver a los demás sacar sus cuchillos. Había corrido por el campo y, ya exhausto, al divisar el islote había nadado hacia él aun sin saber que era sagrado.

La mujer le creyó. No pudo dejar de creer la prematura hombría leída en aquellos ojos, la seguridad del que ni siquiera piensa en mentir.

—Aquí estás a salvo —dijo—. Puedes quedarte hasta que se vaya tu pesquero. ¿Eres de muy lejos? —añadió, porque percibía un acento extrañamente gutural.

—¿Qué importa? Es igual: no tengo casa, no tengo a nadie.

Ya respiraba tranquilo y la sacerdotisa le notó contemplándola por primera vez. El muchacho descubría la lisura de los cabellos femeninos graciosamente recogidos, la delicadeza del rostro, el cuello que lo sostenía como un tallo a una flor, el cuerpo pequeño pero exquisitamente formado, con senos apuntando bajo la túnica y caderas ostensibles. La mirada se detuvo en la sandalia ritual de suela alta y luego volvió a subir recorriéndole como en una caricia, saboreando el descubrimiento. Los ojos ya no eran sólo risueños: relumbraban de vida.

–¿Cómo te llamas?
–Ahram.
–Ven. Tienes los pies destrozados.

Le hizo traspasar el pórtico, que no era acceso al templo, sino a un recinto natural de tierra llana rodeada de rocas oscuras y cubierta por la vegetación de un huertecillo y por algunos árboles. El muchacho se sorprendió: era como su oasis natal en miniatura. Ella le condujo hasta el manantial creador de aquella placentera vegetación y, sentándole a la sombra de un granado, le hizo meter en el agua los pies descalzos, maltrechos por la carrera. Mientras él se aliviaba con la frescura del agua ella se dirigió a una construcción blanca, adosada a la peña, con una puerta y una ventanita. Un pequeño cubo coronado por breve cúpula. Regresó con un cestillo conteniendo queso, pan y algunas frutas. El muchacho comió vorazmente mientras ella, sin escuchar sus protestas, tomó un pie en sus manos y lo lavó con cuidado, examinando las llagas. El otro pie sangraba por una cortadura. Ella aplicó unas hierbas húmedas que buscó alrededor, sujetándolas con unas hojas de anea y anunciando que pronto se cerraría.

Aquella noche el muchacho durmió junto a la puerta de la casita, celda de la sacerdotisa. Antes ella había celebrado los ritos vespertinos del culto a la diosa, con plegarias, genuflexiones y la quema de incienso mediante una permanente lamparilla, en el interior del verdadero santuario: una gruta profunda abierta en la pared rocosa, al fondo de la cual vislumbró Ahram desde fuera —pues sólo ella tenía acceso— la estatua de la divinidad.

Con la mañana siguiente comenzaron unos días que al muchacho le parecieron de ensueño. Ittara, pues ése era el nombre de la mujer, se levantaba como Ahram antes de amanecer y, tras saludar al lucero matutino, practicaba el culto en la cueva sagrada. Ahram, que ya el primer día comprobó la renuncia definitiva de sus perseguidores, fue sabiendo que la sacerdotisa pertenecía a una antigua congregación de la Heliópolis siria, en el famoso templo dedicado a Atargatis por la reina Estratonice, desde donde la destacaban durante todo un año en el santuario, hasta su relevo por otra compañera. Sus vituallas provenían de las ofrendas aportadas por los campesinos circundantes e incluso por gentes de Sarepta y hasta de Sidón o Tiro. Advirtió a Ahram que, salvo, penetrar en la cueva, podría moverse libremente, y él le propuso dedicarse a pescar con el botecillo o a coger moluscos en las rocas. ¡Qué triunfalmente regresó Ahram al santuario con su primer pez cogido por las agallas! Aquello le permitió dejar de sentirse un intruso y empezar a considerarse en terreno propio.

Los días llenaban por completo la vida del muchacho con la pesca y el disfrute del sol, de la brisa perfumada por las hierbas aromáticas, de la frugal comida y, sobre todo —era cada vez más consciente de este goce—, de la compañía femenina. Ella se ocupaba de la limpieza del templo, el cuidado de las lámparas y los ritos del culto; Ahram la ayudaba a limpiar el terreno y a cultivar el huertecillo. Cuando ella, por la mañana o al crepúsculo, reaparecía en la puerta de la cueva envuelta en la blancura de su túnica, recordaba el muchacho los luceros que le mostraba su madre en el oasis natal, entre Marib y Timna. Se lo confesó a Ittara en las largas conversaciones que, entrecortadas de silencios, les deleitaban a lo largo del día, mientras el sol desplazaba las sombras de las rocas, o bajo las estrellas en torno a una luna creciente. Entonces ella le explicó que ambos luceros eran sólo uno, la estrella de Ishtar, llamada Venus por los romanos. En esas pláticas el muchacho contaba sucesos de su vida, todavía breve pero ya rica en peripecias. Le hablaba con adoración de su madre, nacida y criada en el lujo de Palmira, pero raptada durante un viaje por guerreros sabeos, de uno de los cuales acabó enamorándose hasta el punto de preferir permanecer con él a ser rescatada por su familia. Explicaba la muerte violenta de su padre, el salvamento de su madre y él por los Abu-Raim y su juramento de odio a los romanos; la muerte también temprana de su madre, las penosas andanzas con la caravana de su tío, su escapatoria de los malos tratos al llegar al puerto de Rhosus, sus primeros trabajillos eventuales así como también sus raterías y, por fin, su embarque en el pesquero con tan desgraciado remate. En esas reposadas conversaciones, mientras comían de las ofrendas, dejadas de vez en cuando por algunos al pie de las escaleras de acceso, las palabras, las miradas, las risas, iban tejiendo tantas afinidades como una antigua convivencia. Poco a poco las miradas apacibles se iban haciendo intencionadas, primero, involuntariamente ávidas después.

Así pasaron unos días hasta que, la víspera del primer plenilunio tras la llegada de Ahram, Ittara le previno con voz algo turbada:

—Mañana habrás de dormir fuera de la isla. En tierra ya no corres peligro.

El muchacho se extrañó; ella siguió explicando:

—En la luna llena es la noche de Ishtar y de su generosa magnificencia. Vienen a la isla otros fieles y no puedes estar presente. No eres creyente.

El muchacho se sintió dolorido:

—Yo creo lo que tú crees, Ittara.

–No. Es la noche de la diosa y yo y mis hermanas somos siervas del culto.

–¿No puedo yo participar?

Ella movió la cabeza negativamente. Al muchacho le consoló poco el darse cuenta de que la mujer le miraba también apenada, al mismo tiempo que se extrañaba del azoramiento con que formulaba la prohibición. Relacionó entonces esa actitud con la expresión preocupada del rostro femenino durante los últimos días. ¿Qué era lo que tanto trabajo le costaba a ella anunciarle?

El culto vespertino al día siguiente le pareció al muchacho semejante al de otros días, pero hubo novedades: la sombra pintada en torno a los ojos de Ittara, el bermellón de sus labios y el cinturón dorado en torno a su túnica. Por primera vez, además, vio sus largos, oscuros, sedosos, cabellos destrenzados y moviéndose grácilmente sobre sus hombros. En el brazo izquierdo ostentaba un brazalete de plata en forma de serpiente enroscada, con ojos de malaquita.

Despedido por ella en el pórtico, descendió las gradas, embarcó en el botecillo y remó hasta la playa, varándolo en la arena. Ella permaneció inmóvil en lo alto de la escalinata y le saludó con la mano cuando él, ya ladera arriba, a punto de desaparecer entre los matorrales, agitó el brazo mirándola. La vio entrar en el pórtico, inclinando la cabeza, caída sobre su pecho.

El muchacho avanzó algo más entre las sabinas, los cipreses y los lentiscos, hasta estar seguro de no ser visto. Allí se sentó sobre una piedra, de manera que divisara el islote entre el ramaje. La luna llena trazaba sobre el mar en calma un sendero de plata movediza y tornaba casi blancas las oscuras rocas de la isla, que envolvían su espacio interior haciéndolo invisible desde tierra. Por primera vez se le ocurrió que era como alguna de las montañas bordeadas por la caravana de su tío y que dijeron que estaban huecas y echaban humo de tarde en tarde.

Esperó un rato en la quietud de la noche, acribillado por el continuo estridor de los grillos y algunos gritos de aves. De pronto oyó pisadas y rodar de piedrecillas. Por un sendero a su derecha apareció un hombre con aspecto de campesino, llevando en torno al cuello un cabritillo. Ahram le vio llegar hasta el bote, embarcar en él con su carga, cruzar el angosto estrecho y, dejando el bote amarrado, caminar hasta las escaleras y adentrarse en el pórtico.

Antes de que saliera llegó por distinto sendero otro campesino, esta vez con un talego conteniendo algo. Al ver la playa desierta y el bote en la orilla opuesta se sentó tranquilamente en la arena. Por fin su predecesor apareció en el pórtico sin su carga, llegó hasta el bote, cruzó el brazo de mar, ayudó al recién llegado a embarcar, y tomó por el sendero por donde había venido, mientras su reemplazante bogaba hacia la isla.

Hasta siete hombres visitaron aquella noche la isla, todos con alguna ofrenda. Ahram estaba sorprendido, pues había imaginado la anunciada ceremonia como un culto colectivo con reunión de fieles, luminarias y cánticos. Aquella misteriosa comunicación individual le dejaba perplejo.

Sus cavilaciones le llevaron a una única conclusión posible, pues, aunque Ahram aún no había conocido mujer, sí había oído hablar de las hieródulas o prostitutas sagradas, en los templos de algunas divinidades. Una cólera inmensa le arrebató al pensarlo, haciéndole ponerse en pie y lanzar un grito que provocó aleteos de aves en sus nidos, sólo de pensar que aquellos desconocidos habían poseído, uno tras otro, a la mujer por la que había llegado a vivir unos sentimientos fraternales. Un velo se desgarró en su mente, comprendiendo en el acto: nada de fraternales. Era otro el deseo que, sin saberlo, había ido creciendo en su pecho. Se sintió humillado y decidió rectificar la situación.

Vio aparecer el lucero matutino, pero no tuvo palabras de adoración para Ishtar. Poco después Ittara apareció en el pórtico, escudriñando el panorama para encontrarle. Él la sorprendió llegando en el bote con unos cangrejos recién capturados. Ella procuraba sonreírle pero había amargura en el pliegue de sus labios. No le quedaba ni rastro del maquillaje de la víspera. Le saludó y juntos penetraron en el recinto. Ahram arrojó los cangrejos junto a las otras ofrendas. Ella quiso ponerlos aparte.

–Déjalos ahí –advirtió el muchacho con voz vibrante, envolviendo a la mujer en una mirada de hombre–. Son mi ofrenda. Y la próxima luna vendré yo también por la noche. El primero.

Ittara ahogó un grito llevándose la mano a la boca. Al ver sus lágrimas y su inmensa desolación Ahram se arrepintió inmediatamente. Toda su ira y su resentimiento desaparecieron. Se sintió niño y cayó de rodillas a los pies de la mujer, besando sus manos con la cabeza inclinada.

Ella se sentó a su lado y posó una mano sobre el crespo cabello adolescente. Rizos fuertes, viriles, pensó. Habló con voz dulcemente entristecida:

–Te lo suplico: no lo hagas. No me hables así.

–¿Por qué? ¡Soy tan hombre como ellos!

Había conocido el sexo, incluso a su costa, a bordo del pesquero, y se sabía capaz de hacer lo mismo.

–Tú eres muy diferente.

Lo dijo casi gritando, llorosa, dolorida. Él la miró implacable, cada vez más furioso:

–¿Qué dices? ¿Soy un perro? ¿Un leproso?

La respuesta fue desesperada:

–¡No, eres más que nadie! ¡Pero tú me estás prohibido!

—¿Por qué? —gritó su extrañeza.

Ella calló, bajando la cabeza, evitando mirarle. Acabó confesando, débilmente:

—Hacemos voto de no amar, de no dar nunca el alma... Y he faltado a ese voto.

En su extremo desconcierto ante lo inesperado Ahram no supo si llorar o reír, si estarse quieto o saltar abrazando a la mujer. Mantuvo su mirada en ella con tal fuego y tal temblor en sus manos y tensión en su cuerpo, que Ittara se sintió envuelta en un torbellino. Bajó aún más los ojos para no ceder, pero entonces vio el arranque de los muslos viriles descubiertos por la corta túnica, sin vello todavía pero vigorosos, toda suavidad la piel, todo tensión el músculo. Ahram la vio respirar agitadamente, ponerse en pie y, cuando quiso seguirla, ella exclamó en un sollozo:

—No me sigas, te lo suplico. Voy a orar.

Rápidamente llegó hasta la cueva y entró en ella. Ahram sólo dio unos pasos. Sentía su pecho agitado, sus sentidos exasperados. Allí de pie, con la caricia del sol filtrado por el ramaje del granado, oyendo el susurro del agua y el zumbido de los insectos, henchido su pecho con las emanaciones de tanta savia, de tanta vida, Ahram se sintió lleno de todas las fuerzas del cosmos y avanzó hacia la cueva, dispuesto a todo: a descubrir lo ignorado, a poseer lo que era suyo...

En aquel momento apareció ella, totalmente desnuda, rojas las mejillas, blanquísimo el cuerpo salvo las rosadas cimas de los pechos y la rizada negrura de su vientre.

—¡Ah! —gritó Ahram a los riscos y al viento—. ¡Nuestra diosa es benévola!

—Al contrario. Me lo ha prohibido: sola se apagó la lámpara.

Habló con dolor pero con trágica resolución y, al mismo tiempo, avanzó hasta el muchacho, puso las manos en sus hombros para descolgarle la túnica, que resbaló hasta el suelo. Bajaron sus manos sobre los flancos viriles, cayó de rodillas y él la siguió en el movimiento, rozando con sus dedos los diminutos pechos enardecidos. No hizo falta que ella le tocase para que el sexo fláccido se alzara y entonces Ittara se tendió de espaldas y cerró los ojos, abriendo las piernas en la misma posición que en sus noches rituales, negándose a confesarse su sacrilegio. Sintió las rodillas y los muslos de Ahram entre los suyos, percibió la cabeza de su dardo tanteando torpemente hasta que ella misma le situó en su centro. El muchacho alzó la frente y embistió con su pelvis; estaba ciego y solo, mero arpón en una niebla. Ella recibió la acometida, y soportó los frenéticos vaivenes hasta que terminaron en la explosión violenta, en los gritos animales, en la boca que la mordía, en el joven ya colmado, pesando sobre su cuerpo.

Ahram rodó a su lado en la hierba sintiéndose a la vez triunfante y derrotado. Emergía como de un oscuro abismo y aunque su cuerpo había conocido el estallido genésico, no era mucho más que el que se había proporcionado a sí mismo otras veces o en las cópulas del pesquero. Fue como disputar una carrera y extenuarse, pero al menos era el vencedor. Lo proclamó triunfante:

—¿Ves que soy como todos?

Ella se incorporó sobre el codo, a su lado, y le miró con hondísima ternura:

—No. Eres más que nadie, ya te lo dije. Y te he dado más que a nadie. Y voy a seguir dándotelo... Ven, amor mío, te voy a enseñar, antes de que los demonios vengadores destrocen eternamente mi alma. Te voy a enseñar.

En sus manos, entre sus brazos, bajo su mirada, Ahram empezó a asomarse de verdad al amor. El día se les hizo infinito y brevísimo. La tierra se estremecía bajo sus cuerpos enlazados y el sol danzaba en lo alto renovándoles el ardor. Por momentos, entre abrazo y abrazo, Ittara lloraba largamente su pecado. De pronto llegó a refugiarse en la gruta pero, al ver que Ahram la perseguía, salió en el acto y se ofreció a la entrada, repitiendo: «¡Dentro no!» Desde aquel momento dejó de llorar y sus ojos solamente se llenaron de sombras en vez de lágrimas, salvo los relámpagos que el goce hacía estallar en esa umbría. Intentó que Ahram la azotase con unas ramas, pero sólo consiguió aumentar las caricias que llovían sobre su piel. Llegado el ocaso ella no se atrevió a entrar en la cueva, orando solamente desde fuera, y entonces fue cuando, desde la misma puerta y a la luz de la lámpara encendida, el muchacho consiguió ver la figura de la diosa, con un brazo a lo largo del costado y el otro doblado sosteniendo una paloma, mientras una serpiente trepaba por su pierna. Acabada la plegaria Ahram la llevó en brazos hasta la celda, que él por primera vez pisaba, y la depositó en el lecho oloroso de hierbas donde, comprendió él, se celebraban los ritos carnales del plenilunio. Allí, en sus brazos, amó de nuevo hasta que le ganó la fatiga.

A la mañana siguiente, entre los primeros besos, ella puso en su mano una medalla de estaño. En el anverso figuraba el árbol de la vida con una estrella a cada lado y encima un creciente lunar; en el reverso, una figura entre mujer y pez rodeada de ondas.

–Tómala –le dijo Ittara, colgándosela tiernamente al cuello–. Yo ya no puedo seguir llevándola. Ya no soy de la diosa, sino tuya. Y tú eres suyo.

8. ALEJANDRÍA

¡El faro! Ahí al otro extremo de la isla, apenas a ocho estadios. La portentosa columna de mármol con su fanal cilíndrico en lo alto, visible sobre las palmeras del patio de las mujeres, alzándose hasta las nubes como para sostener el cielo. Sombrío por la mañana a contraluz de levante, resplandece por la tarde como un blanquísimo espejo vertical, hasta enternecerse de rosa y malva en el ocaso. De noche ese gigante se funde en la tiniebla, pero en el cielo nace un astro rojo, la estrella más violenta, la desmelenada hoguera cuyas danzantes llamas sosiegan a los navegantes hasta a trescientos estadios y llenan de rojiza luminosidad el jardín y los muros de la Casa Grande.

El faro: esperanza también para la esclava en esos seis primeros días de soledad y desconcierto en su nueva residencia. Seis días prácticamente reclusa en el gineceo, saliendo tan sólo al jardín privado, sobre los riscos al norte de la isla. Seis días entre gente desconocida, sin apenas abrazar a Malki, que prefiere jugar con los otros niños; sin haber visto más que a su señora y una sola vez a Bashir; envuelta en la curiosidad de las mujeres y la servidumbre, que cualquiera sabe lo que habrán oído contar de ella, de su cabellera, de su magia... Seis días en la desolación, preguntándose si sigue estando en ese Egipto que era ubérrimo y fecundo, si existe realmente esa Alejandría que no ha podido ver porque el falucho arribó desde Tanuris por el embarcadero norte de la Casa... Lo único seguro es el faro, verdad indiscutible, señor del día y la noche, promesa de Alejandría.

Ahora la esclava lo contempla desde el mar, sentada en el esquife que transporta a su señora para una mañana de compras en Alejandría y que pasa al pie del faro impulsado por los remeros. Malki, sentado junto a Irenia, la obliga a mirar hacia lo alto empujando la barbilla de la mujer con su mano:

—¡Mira, mira! —grita entusiasmado.

Sí, el faro, elevándose en todo su esplendor desde la maciza base cuadrada, con las habitaciones de servicio y las rampas de subida de la leña, hasta la dorada estatua de Poseidón en el remate, a casi trescientos codos sobre el mar. Pero ya va quedando atrás; los seis remeros están dando la vuelta al promontorio y la mano del niño tuerce la cabeza de la esclava para que admire otro espectáculo: el puerto de Alejandría.

—¡Mira, mira cuántos barcos!

Embocan ya el Gran Puerto y pronto los remeros tienen que moderar la boga para ir sorteando los buques fondeados: largas trirremes de guerra con el estandarte de Roma, cortos buques mercantes, panzudos navíos de ánforas para el aceite o el grano, fenicios de altas proas y bajos cargueros egipcios que enlazan con el Nilo por el canal. Algunos atracados, otros fondeados y, entre unos y otros, numerosos esquifes, botes y canoas moviéndose como insectos sobre el agua. Al niño le encanta el espectáculo, pero se encoge entre los brazos de Irenia cuando pasan demasiado cerca de un oscuro navío, que le impresiona con el enorme ojo pintado en la proa. A Irenia le deslumbra más lo que percibe a través del encaje de los mástiles y arboladuras: el panorama de la ciudad desplegada a lo largo de los muelles, desde el palacio real que ahora habita el prefecto, con su puerto propio y su pabellón anejo en la islita de Anthirodas, hasta el largo dique del Heptastadio, construido para servir de puente entre la ciudad y Faros, con aberturas debajo para pasar al puerto Eunostos, a la parte occidental de la ciudad.

Se van acercando. La blancura de las fachadas y muros contrasta con el verdor de los jardines y con el oscuro basalto del pavimento en los muelles, recorridos por activa multitud y por recuas de asnos cargados de mercancías. Sinuit, de buen humor ante la perspectiva de las compras, se complace en señalar a la esclava los monumentos: el palacio de Cleopatra y sus colosales obeliscos, el templo de Poseidón, el famosísimo Emporio, los grandes almacenes de Apostaseis, los astilleros de Neoria y, detrás de esa primera fila deslumbrante de columnatas, gradas, frontones y acróteras, los tejados planos de la ciudad entre los que emergen las cimas del Teatro, el Cesareum, el Museo, la Biblioteca, el Serapion y, al fondo, por encima de todo el Paneum, la boscosa colina consagrada al dios Pan.

Entretanto el esquife ha atracado en el embarcadero principal, junto a los obeliscos. Allí les aguarda la litera que ha de conducir a la señora por las calles y que trajeron los porteadores desde palacio por el Heptastadio. Antes de instalarse en ella Sinuit se asoma un momento a la puerta grande del Emporio, bazar de todas las mercancías del mundo en sus innumerables tiendecitas bajo las bóvedas. Malki quiere corretear por las galerías y hay que retenerle:

—Entraremos a la vuelta. ¡Ya verás qué maravillas se encuentran ahí dentro! —dice Sinuit a la esclava.

Se retiran, rechazando la nube de muchachos que

intenta llevarlas hacia las tiendas y, aunque sólo han de recorrer un breve trozo de la calle de Soma, hasta cerca de la tumba de Alejandro Magno, Sinuit se sube a la litera con el niño. Irenia camina al lado, mirando a un lado y a otro, hasta alcanzar el Tetrapilon, la cuádruple puerta ornamental sobre la gran plaza donde se cruzan las dos calles principales: la que han venido siguiendo y la Vía Canópica, que atraviesa toda Alejandría desde la Puerta del Sol a la de la Luna, con un ancho suficiente para seis carros de frente y toda flanqueada por columnas de mármol en cada acera. Los porteadores posan la litera en el suelo y Sinuit se apea con Malki y accede por un pórtico a un patio comercial, formado por numerosas tiendas instaladas en sus cuatro lados. Deja esperándola a la esclava y se dirige con el niño a un sandaliero, para comprarle el calzado que llevará en la ceremonia de su vestidura.

Irenia permanece en pie, no lejos de la litera, adosada a una columna. Se siente aturdida por la agitación callejera y las corrientes y contracorrientes de voces, ruidos, colores y atavíos. Pasan estudiantes camino de la Biblioteca con sus tablas de escribir y sus papiros, egipcios pobres descalzos y con sólo su faldellín, alguna egipcia también pero con el torso cubierto, griegos con su corta túnica, griegas con un ligero quitón elegantemente drapeado, legionarios sin la coraza de servicio, judíos de ropones oscuros, sirios con brazaletes, fenicios de gorro cónico, nubios con una pluma de avestruz en el recogido pelo, gentes del país de Punt con sus colas de leopardo al brazo, un sacerdote de afeitado cráneo e impoluto vestido blanco, y algún persa en viaje de negocios, con sus largos calzones flotantes y su alto gorro, mirando recelosamente por sentirse en país extranjero, en ocasiones enemigo. Y gritos, acentos, lenguajes, saludos, discusiones, manos a la frente y al pecho, inclinaciones y zalemas, insultos, broncos avisos de asneros pidiendo paso para sus recuas. Un torbellino que envuelve a la esclava, haciéndola sentirse a un tiempo suspensa y arrebatada, ahí en el centro de la vorágine. Admira el lujo de una litera con una dama, la desdeñosa arrogancia de un centurión a caballo, la expresión de hastío del alto funcionario envuelto en su toga sobre una silla de mano, camino de algún ceremonial. Algún ocioso que la cree sola se acerca a ver si puede conseguir algo de ella, pero pronto es desengañado.

En la cercana esquina de la plaza, hay un puesto de golosinas y refrescos y, junto a él, un mendigo lacerado espantándose las moscas. Los que beben el agua de granada o la cerveza han reconocido los colores púrpura y verde de la aparcada litera de Sinuit y hablan de Ahram sin reparar en la esclava.

—¿Os habéis fijado en los brazaletes? —dice el vendedor.

—¡Ya lo creo! Será una de las mujeres de Ahram. Para llevar así una pieza de oro, con la de rateros que andan por Alejandría...

—¿Y quién va a atreverse, contra esos cuatro forzudos que llevan la litera?

—No gana el más fuerte, sino el que más corre —estalla otro, provocando risotadas.

—Sí que está buena la delincuencia callejera —interviene de nuevo el aguador, narrando su percance cuando, pocas noches atrás, unos muchachos puñaleros, casi unos críos, le robaron la recaudación del día.

—Esos rateros son de Arabia. Nabateos, sabeos y otros ladrones del desierto. No se debería permitir que entrasen en Egipto.

La esclava pierde interés por la conversación, que ya no se refiere a la casa de Ahram. Son los mismos temas oídos en el gineceo, entre las intriguillas domésticas y otras mezquindades, el problema de los precios o ciertos rumores políticos o escandalosos. De pronto aguza el oído porque un nombre ha llamado su atención.

—Estará comprando media tienda.

—¿Qué importa? ¡Ya puede! El Navegante tiene para eso y hasta para comprar Roma.

—A Ahram no le interesa Roma —sentencia el aguador, dándoselas de enterado—. No está por Roma; en eso es como nosotros. Lo suyo es el mundo: Grecia y los bárbaros, hasta los hiperbóreos. Y Persia, y Nubia y Punt.

—¿Emperador de Oriente?

—¿Por qué no? Dicen que nació el año de aquella estrella que tapó el sol, y un sacerdote de Ptah, que adivina el futuro, le anunció...

La esclava deja de oír porque la señora aparece con un Malki refunfuñante.

—¡Qué cruz de niño! —se queja Sinuit mientras vuelve a la litera—. Todas las sandalias le hacían daño.

Irenia piensa en esos piececitos, siempre descalzos y sin costumbre del cuero o el papiro, mientras sigue a la litera entre la muchedumbre callejera. Como el niño ya no necesita probarse nada, durante las paradas maternas la esclava le entretiene ante los tentadores puestecillos de juguetes, comprándole alguna chuchería con los óbolos que le ha dejado su señora y temiendo siempre que el curioso chiquillo se le escabulla. Así van del perfumista al orfebre, después al vendedor de lienzos, luego al confitero, al tallista y, por fin, al establecimiento de Lisinio, el peluquero de moda, a recoger por fin la concluida peluca. A poco de haber entrado la señora aparece una muchachita para llamar a Irenia, que acude con el niño. Sinuit está sentada en un escabel y a su lado, triunfante, el atildado artesano. Ella ostenta en la cabeza la cabellera de Irenia, transformada en un casquete liso y corto, según la moda de la temporada. A pesar de que la luz no es muy intensa en el pequeño recinto, el rostro de Sinuit resulta aureolado de claridad.

—¿Cómo me sienta? —sonríe complacida la señora.

Irenia ofrece los elogios esperados en ella, mientras experimenta la rara sensación de verse en un espejo con otra cara. Piensa que ahí sólo está una parte de su pelo y se pregunta si el artista no habrá aprovechado el resto para otra peluca, pero prefiere callarse.

La obra de arte es retirada, delicadamente envuelta y puesta sobre su peana, en una caja especial entregada a la esclava. La señora, acompañada hasta la puerta, se dirige a la litera.

—Estoy rendida —exclama con un suspiro—. ¡Qué trabajos!

El niño protesta porque tiene hambre y la esclava le compra unos higos nuevos de Fayum que están, según la vendedora callejera, como la miel. Al fin se ponen en marcha camino del embarcadero, para retornar a la Casa Grande cruzando el puerto.

Cuando, más tarde, deja al niño durmiendo la siesta al cuidado de una sierva, Irenia sale del gineceo y camina lentamente por el jardín privado, admirando al fondo el faro por entre los árboles. Recuerda la conversación escuchada en la calle y se siente envuelta por el poderío de Ahram. En el gineceo le han contado que cuando treinta años atrás llegó Ahram a Alejandría como gerente del riquísimo Belgaddar, su primera casa estuvo dentro de las murallas, al pie del Paneum. Después, al convertirse en socio del fenicio tras casarse con su hija, consiguió una espléndida vivienda más en el centro, entre el Cesareum y el Teatro. Pero murió Belgaddar dejándole todo y empezó la anarquía militar con el emperador Maximino; situación aprovechada audazmente por Ahram para enriquecerse. Al salvar a Roma del hambre en cierta ocasión, abasteciéndola con sus naves, obtuvo el privilegio de poder adquirir parte del oeste de Faros, sobre una antiquísima necrópolis abandonada, y allí edificó su espléndida mansión, disponiendo para su uso privado de la caleta norte entre las rocas, con un pequeño embarcadero, además de la salida principal al sur, frente al arranque del Heptastadio que conduce a la ciudad.

La esclava apenas conoce de todo el edificio el gineceo, el patio de las mujeres y este jardín privado por donde ahora pasea, pero sabe que incluye los aposentos de Ahram, sus oficinas, grandes salones de recepción, con la espléndida galería frente al palacio del prefecto, el ala de la servidumbre, las cuadras y los almacenes, aparte las existencias del muelle y del emporio donde Ahram guarda las mercancías más preciadas: marfil, metales preciosos, púrpura, ámbar, gemas, sederías o incienso, que los escribas de los impuestos y los del monopolio imperial vienen a fiscalizar allí mismo para mayor seguridad. Pero lo que absorbe más el pensamiento de Irenia es el risco más alto de toda la propiedad, colgado sobre el mar, donde está la verdadera vivienda de Ahram: esa torre visible a su izquierda por encima del muro que la cerca y cuidada por Ushait, la hermana menor de Tenuset.

Al alcanzar el borde del acantilado Irenia se asoma a la caleta por donde seis días atrás llegó desde Tanuris en el *Jemsu*. En un ensanchamiento del sendero, a la sombra de un sicomoro, descubre un pequeño banco de mármol, cada uno de cuyos brazos es un delfín curvándose en el salto. Conquistada por ese lugar de reposo se sienta frente al faro, que recibe el sol de la tarde transformándolo en resplandeciente blancura. Hacia abajo el *Jemsu* se balancea en la caleta, junto con el bote que les llevó por la mañana a la ciudad y otras dos pequeñas embarcaciones. Al pie de la roca queda una estrecha franja de arena con una casetilla –piensa– para los cuidadores de los botes. Poco a poco el horizonte marino, la dulce sombra, los aromas vegetales y la voz de los pájaros la sosiegan, alejándola de lo que le rodea.

Un crujido de gravilla la vuelve a la realidad cuando una mujer se le acerca por el sendero. Es rubia y viste con elegancia el ligero quitón, ceñido por un cinturón dorado y sabiamente drapeado con fingida negligencia. Lleva un hermoso brazalete de plata en la muñeca izquierda, aunque no tan exageradamente ancho como requiere la moda, y las correas de sus sandalias se trenzan en exquisito dibujo. Camina con ritmo indolente, aunque nada hay en ella exagerado ni artificioso. Al contrario, todo es sabia naturalidad en la apariencia y los gestos de la que... De golpe descubre Irenia que no es una mujer, sino un hombre alto, delgado y de rostro atractivo.

No intenta disimularlo, ni tampoco sus arrugas en el rostro ya maduro. No lleva maquillaje ninguno ni oculta su nuez bajo una gargantilla, ni se arregla el pelo femeninamente. Sólo se permite una cinta azul sobre sus cortos rizos, peinados varonilmente, lo mismo que cualquier hombre se corona de rosas en un ágape. La esclava le identifica inmediatamente pues muchos, desde Bashir, le han hablado ya de Krito, sea con burla, con admiración o con asombro.

—Tú eres Irenia, claro —saluda el recién llegado cuando se detiene frente a la esclava—. ¡Oh, siéntate, siéntate! Y permíteme acompañarte en el banco. También es uno de mis sitios preferidos.

—Yo acabo de encontrarlo, señor, y si estorbo...

—Vamos, deja el tratamiento.

—Sólo soy una esclava.

—Y yo sólo un filósofo. Algo diferente, como ves; ya te lo habrán comentado...

Sonríe divertido y continúa:

—No estaba seguro, al no ver tus cabellos. ¿Por qué te los cubres tanto? Es un bonito velo, pero he oído que esconde algo más bello aún...

—Es orden de la señora. Que nadie vea mi pelo.

Krito lanza una carcajada. Fresca y natural.

—¡Claro, su peluca, la famosa peluca! No quiere que descubran el manantial... ¿De dónde dice que la ha obtenido?

—Del país del ámbar —declara la esclava, confusa por estar revelando secretos de su ama a alguien recién conocido. Pero no puede evitarlo: ese hombre induce a abrirse.

—Vamos, déjame ver. Si te culpan di que te lo ordenó Krito. No se atreverán a castigarte.

La esclava alza los brazos para deshacer el nudo y el filósofo admira la gracia de esa postura, digna de una tanagra. Aparecen los nuevos rizos descendiendo ligeramente, suaves y pesados a la vez, aunque todavía demasiado cortos para poder desplegar todo su esplendor en Canope. El filósofo admira esa dulce textura, ese color entre la miel y el fuego. «¿Será así esta mujer?», se pregunta en silencio.

—Cualquier experto comprenderá que esa peluca no es hiperbórea —continúa—. Allí el rubio es más claro, casi ceniciento. El tuyo es oscuro y luminoso a la vez... Sí —murmura abismado—, oscuro y luminoso... «¿Será así esta mujer?», se repite. Pero sólo dice—: Bashir se quedó corto. Es aún más hermoso.

—¿Bashir?

—Claro, y otras personas, Ushait.

—¡Si no me ha visto nunca!

—Lo sabe por Tenuset... y Ahram.

El hombre la ha mirado intensamente al pronunciar el último nombre, pero ella ha conseguido parecer indiferente. Aunque ha de callar un instante para tranquilizar su voz.

—¿El noble Ahram hablando de una esclava...? ¡Con tantas cosas en que ocuparse!

—Muchas, es verdad. Pero sabe cribar el grano.

La esclava prefiere no pedir aclaraciones. «No es

cosa mía, no debo pensarlo.» Se escapa del tema con una sonrisa para desviar también a su interlocutor, que sin embargo se da cuenta.

–¿Y qué han dicho de mí?

–Tu pelo, claro. Tu magia, tus pronósticos, tu misterioso origen... ¿Es verdad que no recuerdas nada antes de ser encontrada en aquella playa?

La esclava narra una vez más su historia y su olvido de todos sus años infantiles.

–Curioso, curioso. En Atenas, en la Stoa, discutimos un caso parecido, pero el niño era mucho más pequeño cuando lo encontraron. Muchos aceptaron la explicación de un sofista, Crátides, que lo declaró hijo de una diosa engañada por un amante mortal...

–¿Y podía ser eso?

–No. ¿Qué clase de diosa sería ella dejándose engañar por un mortal? Aunque nos cuentan cada cosa de los dioses... No, aquel niño sufría una perturbación del espíritu. ¡Si hubiésemos podido conocer a sus padres hubiésemos comprendido mejor!

–¡Si yo hubiese conocido a los míos!... Pero no sé quién soy.

–¿Qué importa? Yo tampoco. Somos dos voces entre dos delfines de mármol.

–En todo caso –bromea Irenia– mi madre no era una diosa. No iba a dejar que su hija fuera una esclava.

–¿Te tratan mal?

–¡No! Vivo muy bien. Ahram es muy bueno.

El hombre ríe:

–Muchos dicen lo contrario... Pero no vives bien. Lo veo. Te falta algo.

«¿Cómo lo adivina?», piensa con asombro la esclava, empezando a comprender lo mucho que este hombre puede aportarle a Ahram. Entretanto el sol sigue descendiendo y el resplandor del mármol erguido enfrente disminuye, se suaviza. Una gaviota que describe círculos en el aire se acerca a ellos y chirría repetidamente antes de alejarse.

—¿Y de mí qué te han dicho? —pregunta Krito sonriendo.

—También muchas cosas —risueña, pues ya no se trata de ella—. Incluso que en realidad eres mujer.

—¿Tú lo crees?

—No. En absoluto.

—¿Entonces qué? ¿Homosexual? ¿O maricón, como dicen en Rhakotis?

—No lo sé. Pero un hombre.

—Pues te advierto que también soy mujer: unas noches adoro al sol y otras a la luna... No es fácil explicarlo y, además, ¿para qué? Vivir no requiere explicaciones; sobran. Yo, cuando era joven y discutía en Atenas, lo explicaba todo. Para eso era filósofo... ¡Basura!

Ella no le cree. ¿Acaso lo cree él? La misma gaviota vuelve, más cerca. Chilla insistente.

—El ave quiere decirte algo. O la atrae tu cabello... y acude por la derecha: es buen agüero... ¿En qué piensas?

—En nada.

—Imposible —ríe Krito—. Siempre estamos pensando. Aunque no seas filósofo.

—¿Para qué quiere el noble Ahram un filósofo? —se le escapa a Irenia impulsivamente—... En eso pensaba, perdóname.

—No te disculpes; es una buena pregunta. Se la hacen muchos. Se contestan que a Ahram le divierte ver a alguien tan impotente para actuar como yo. O que mi pervertida mente le permite a veces encontrar soluciones tortuosas o inesperadas. O que soy la provocación en sus banquetes. O que me entero de cosas en Rhakotis. O que me tiene simplemente por gratitud...

El hombre ha hablado claramente divertido. Pero ahora se vuelve hacia ella, le acerca su rostro.

—No sé por qué, voy a darte ahora mi propia explicación. —Calla un instante y continúa, en incisivo susurro—. ¿Sabes? A veces Ahram necesita la palabra. La que comprende o la que aniquila.

La gaviota ha desaparecido, dejando como estela el silencio. «Menos mal —piensa el hombre— que no me pregunta lo más terrible: ¿para qué quiero yo a Ahram...? ¿O acaso lo está pensando tras esos ojos suyos?» Pero dice:

—Mira, ya están apilando los maderos en lo alto del faro; los hombres parecen hormigas... ¿Te gusta esto, la Casa Grande, como la llaman para no emular al palacio real del prefecto?

—Es muy hermosa, pero demasiado...

—¿Grandiosa?

—Sí, grandiosa... ¡aunque incompleta!

—Bien dicho. Y te va bien.

—Por ejemplo —estalla, impulsiva otra vez—, ¿por qué en medio de este parque tan atendido, el terreno alrededor de la torre de Ahram está descuidado? Sólo hay hierbas salvajes entre las piedras... ¿Por qué?

—Es su jardín. Como él lo quiere.

—También éste es su jardín, y está tan cultivado como el parque del palacio.

—Es que en la torre vive otro Ahram... Hay dos Ahram. ¿No lo sospechabas? Me extraña: te creo capaz de saberlo.

—¿Ya me conoces tanto? ¿Por mi pelo? —bromea ella, a gusto ya en la charla.

—Más bien por tus ojos; por su hondura y su color de mar... Pues así es: hay dos Ahram. Todo es dos, ya lo dijo otro filósofo... Siempre somos dos, pero uno es clandestino; la gente tiene miedo a su otro. Aunque Ahram no tiene miedo; yo tampoco, ya me ves. La diferencia es que Ahram separa a sus dos —señala la tapia que aísla a la torre dentro del parque— mientras que yo los junto y los proclamo. Y eso que son más diferentes

los míos: un hombre y una mujer. En cambio Ahram...
—Dos hombres, claro. ¡Porque no es mujer el de la torre!
—No, pero tampoco dos hombres... ¿No adivinas...? Vamos, mujer, no me decepciones.

Ella reflexiona, se remonta al origen: aquella tarde en Tanuris, el perro amenazando a Malki...
—¿Un niño? ¿Un hombre y un niño?
—¡Magnífico! Me hubieses defraudado si no lo aciertas... Toma este brazalete. Te lo has ganado.

Ella se asombra de algo tan inesperado y vacila en tomar la joya. El hombre insiste.
—Si alguien te pregunta a quién se lo has robado mándamelo a mí... Eso es: un niño. El otro Ahram es un niño. Todos apenas nacidos nos vamos haciendo dos: el visible y el escondido. Uno de los niños Ahram creció y se hizo poderoso; el otro no creció... —Sonríe intensa, dulcemente—. ¿Te asombra que te hable así? ¡Si supieras que te conozco desde antes de hoy...!
—Me asombra y no me asombra. Yo también creo conocerte hace tiempo.
—¿Conocerme? ¡Pues ya sabes más que yo! —Su voz se hace sarcástica—. Dime, ¿quién soy?

Ella reflexiona:
—Eres quien, apenas verme, me habla tan a fondo y me hace tratarle igual...

Ahora es el hombre quien reflexiona.
—Has dejado al filósofo sin respuesta. Si tuviese otro brazalete te lo habrías ganado también.

Irenia ríe; luego ambos quedan serenos como la tarde.
—¡Irenia, Irenia...! ¿Irenia? Tiene razón Ahram, hay que buscarte otro nombre. No es fácil.
—Tuve otros: Kilia, Falkis, Nur...

El hombre los va desechando con la mano.
—Ya lo encontraremos. Nuestros verdaderos nombres vienen a nosotros.

Irenia ya no se reprime nada:

—¿Dónde estabas, Krito, estos seis días?

—¿Me buscaste?

—Por curiosidad, lo confieso. Pero ahora sé que me hubiese sentido menos... sola.

—Yo también me siento ajeno, a veces. Por eso me marcho y vuelvo... Estos días he estado viviendo mi fase lunar. ¿Por qué ocultártelo?: con un amante. Éste me duró semanas, quizás hubiese durado algo más, pero lo destinaron al desierto oriental, cerca del mar; a una guarnición en la ruta de Adriano. ¡Duro sitio! No habrá tenido problemas para encontrarme sustituto; es un decurión. Nada vulgar: de la Italia Cisalpina, donde las aguas de los lagos son grises, decía. –Ríe con emoción–. Pretendía escribir versos... Bastante malos pero muy dulces. Como su nombre: Tulio Emiliano... ¿Te das cuenta qué sonidos? El latín tiene eso de bueno, con otras cosas malas... ¿sabes escribir?

—No. Leo algo, pero nada más.

—Eso lo arreglaré yo... Sí, fue una hermosa luna... A Ahram también le pasa. ¡No; lo mío, no! –ríe–, ¡él es únicamente solar! Me refiero a lo de sentirse extraño a su Gran Casa: por eso vive en la torre. Pero no le basta, y entonces se va... Por cierto, la torre, ¿tú cómo sabes que no tiene un jardín cuidado?

—Trepé a una higuera y miré por encima de la tapia... Comprendo que no está bien...

—Yo te absuelvo –bromea–. Puedes verlo mejor. Ven conmigo. Conocerás a Ushait.

—¡Cuánto me gustaría! Pero debo volver al gineceo...

—Dirás que estuviste conmigo... Vamos... Y ya sabes, cuando cometas una falta, ya conoces el truco: echarme la culpa a mí, tengo anchas espaldas... ¡Pero no abuses! –continúa, mientras se pone en pie y avanza por el sendero. De pronto se detiene. Su voz se hace entrañable–:

Me gustas. No hay casi nadie con quien hablar así y a la primera.

Se vuelve y continúa andando. La mujer le sigue mientras trata de volver a anudarse el velo sobre su cabeza.

Llegan pronto a la puerta de la tapia. Krito golpea en ella y, al oír abrirse la puerta de la torre, exclama:

—Soy Krito, querida.

—Ya voy, ya voy —contesta alegre una voz algo chillona pero firme.

Abren y una mujer parecida a Tenuset, aunque unos quince años más joven, se queda mirando a la esclava. Pero antes de que pueda hablar el enorme perro que la ha seguido se interpone y olfatea a la recién llegada, moviendo la cola y gruñendo satisfecho:

—*¡Tijón!* —prorrumpe Ushait, en el colmo del asombro—. ¿Qué ha sido de tu mal genio? —mira a Irenia—. ¡Nunca es así con nadie!

—Me conoce. De Tanuris.

—¡Ah! ¿éste fue el perro?... Entonces eres Irenia. No viendo tu pelo no se me ocurrió... Creí que era una amiga tuya —se dirige a Krito.

—Lo es —responde gravemente. Y añade, volviéndose a Irenia—: ¿Ves cómo Ushait te admite? No eres aquí extranjera.

—Será porque vengo con Krito —responde ella sonriendo entre asombrada e intimidada.

Pero los ojos de Krito expresan algo distinto.

¡Qué irreal el parque visto desde aquí arriba! ¡Qué fantástica mezcla de la plata lunar y las llamas del faro sobre los árboles y los senderos!, como Krito, la luna y el sol a la vez, más placer admirarlo que acostarme, imposible dormirme, quisiera andar por ahí como ese vigilante perro, *Tijón*, ¡qué sorpresa!, se lo trajo aquí, «para estar más seguros, que me ayude a guardar esto», ha explicado Ushait, pero ¿acaso aquí no hay perros?, ¡y qué cariñoso conmigo!, no empezó así en Tanuris, me quiere más que allí, ¿qué ocurre?, suceden cosas a mi alrededor, me envuelven, como la muchedumbre esta mañana, ¡qué ciudad!, digna de Egipto aunque es más bien griega, esta tierra produce calles como engendra flores y dioses, Antioquía ni comparación, siendo la tercera ciudad del imperio, a lo mejor ni Roma vale tanto, no tiene mar, y ahora de golpe ya no soy extranjera, después de esos seis días abandonada, sin Bashir siquiera y Ahram invisible, como los dioses, pero ya no, lo ha decidido Krito, no soy extraña, ¿por qué?, ¿sólo por nuestra conversación?, qué delicados delfines del banco, sé que es verdad, algo me lo dice también, por primera vez arraigo en Egipto, esta ciudad, este jardín de Ahram, su casa creada por él, sus salones frente al puerto, su gineceo aparte y su torre secreta para el Ahram secreto, el otro Ahram, cómo acierta Krito, ¡qué hombre!, ¡qué tonterías me habían contado quienes no le comprenden!, le ponían de maricón, de loco, de cínico y farsante, ¡están ciegos!, entiendo de travestidos, teníamos en Bizancio, los invitaba Astafernes, ninguno era como él, ¡qué palabras de hombre las de Krito!, y su modo de mirarme, medio maestro medio compañero, no sé decirlo, sin duda hombre, ¿hablaría como mujer a ese amante suyo?, seguro muy capaz pero conmigo hombre, incluso vestido como estaba, ¡y elegante además!, ¿por ser hombre me avergonzaba mostrarle mi cabello?, todavía no ha crecido a mi gusto, sus grises ojos alargados, leve sombra de ojeras, lograban más que desnudarme, llegaban al fondo, ¿me avergüenza todavía desnudarme?, ¿a estas alturas?, ante él sí, y ante Bashir, y en el falucho yendo a la isla, mis pechos revelados por la tela mojada, peor que desnudos como los de una sierva, ¡delante de Ahram!, y los rijosos marineros, doloroso, excitante, Krito creyó que yo temía el castigo por mostrarle mi pelo, pero era esa vergüenza, quizás lo adivinó, es tan perspicaz...

¿Por qué me ha dado el brazalete?, desdeña los lujos me han dicho, pero no era sólo por desprenderse, es algo más, y bien labrado, una loba amamantando a dos niños, un recuerdo de Roma, claro, ¿regalo de su amante?, no lo llevaré mucho, se extrañarían, esa gente envidiosa, pero lo acaricio, explícame tú lo que ocurre, por qué ya no soy extranjera, tú que has estado en su muñeca, ¿para que necesita Krito a Ahram?, no me atreví a preguntárselo, ¡demasiado me atreví!, él me empujó a preguntarle y no me dio miedo, tampoco él teme, me estuvo investigando, como todos ellos, Bashir, Ushait mientras me recibía en la torre, los amigos de Ahram, y hasta el escriba, Soferis, me hizo llamar el segundo día para anotarme en los libros, ¡cómo me miraba para adivinarme!, no fueron preguntas administrativas, y no es un mero escriba, es el secretario, con despacho aparte de las oficinas, los de fuera me miraban cuando salí, seguro que él no llama a otros siervos para anotarlos, también amigo de Ahram, en sus ojos como una chispa del mirar de Ahram, se reconocen por eso, por las maneras, no sé, hasta la buena de Ushait, andará por los cuarenta, Tenuset la llamaba siempre mi pequeña, aún no es vieja, no tanto como su hermana, aún puede que sea mujer, mi madre en Psyra con sus años más de uno aún la miraba, en fin, yo me entiendo: me escudriñaba mucho, guardiana de la torre, ¿me creerá también espía?, la miré divertida, no se ofendió, no se ofenden conmigo, tampoco Ahram y era el primer día, cuando el perro, ese *Tijón* ¿por qué se lo ha traído?, ahora como si enlazara la villa y esta casa, ¿por eso no me siento extranjera?, ¿ha sido su olfato animal el decisivo para admitirme?, mensajero quién sabe de qué, ¡ah, pero he entrado en la torre!, ¡claro que no soy extraña!, ¡qué emoción!, aunque ninguna sorpresa, una sola habitación abajo, con el hogar, poyos de piedra alrededor, en alguno dormirá Ushait, la mesa en el centro, más grande y alta que las egipcias, los taburetes, a veces Ahram se traerá aquí a su gente, esos consejeros como los llaman, quién sabe si alguna mujer, me dijo Bashir que no, y curiosa hornacina, sin estatua, hacia arriba la escala de madera, allí sí lo más secreto, el recinto de Ahram, no me subieron, bastante ha sido entrar tan pronto, no pediré demasiado, ahí se refugia, ¿necesita refugiarse el Poderoso?, Krito me lo ha hecho ver, supo adivinarme, «te falta algo», comprendió que no era sólo Malki, claro que se me aleja, se hace muchacho, pero es otra cosa, ahora puedo comprender ese refugio, es para el otro Ahram, claro que un niño, ¿cómo no iba yo a saberlo?, también Uruk y hasta Narso que vivían sin cavilar, cuanto más hombres más niños por dentro, ¿y Krito otro?, ¡quién sabe si una niña!, ¡dímelo, brazalete!, me has sido dado como llave de este mundo, tú me has abierto la puerta y no Ushait, en Bizancio llevaban un anillo los clientes del burdel: no entraba cualquiera, ¿y yo qué soy?, ¿estás loca, Irenia?, no eres nadie, una esclava con ajorca en el tobillo, ni aún sabes de tus padres, seguro no fueron diosa y mortal, perdí la memoria por lo que fuera y me abandonaron, eres menos que nadie, ni siquiera te llamas Irenia, ya por poco tiempo, te espera un nuevo nombre, el de este nuevo mundo, ¿será ya el verdadero?, después de tantos otros, Kilia el primero, desde el banco la playita me parecía la de Psyra, con las barcas varadas, ¡qué lejano todo!, incluso Domicia se aleja en una niebla, ¡y sólo hace tres meses!, Egipto engendrador revoluciona, confunde, y esta vorágine urbana, y este reino de Ahram, encerrado y abierto, el niño Ahram, ¿seré yo también dos?, ¿quién entonces mi otra?, ¿el hombre de Domicia?, ¿seré hombre y mujer, como Krito?, ¡ni hablar, estoy segura!, ¡yo era mujer con ella, más mujer aún que a solas!, ¡por eso fue tan hondo, tan suave, tan inmenso, tan violento!, ¡por eso las caricias eran de luna y fuego como este jardín, quemaban y calmaban!, ¡durando mucho más que con los hombres!, entonces, ¿quién mi otra?, ¡que el nuevo nombre sea para siempre!, estoy cansada ya de aprendizajes, ¿y si sólo soy una?, la otra perdida en Psyra, antes de llegar, la niña olvidada, no fui nunca mi otra, pero en algún sitio hube de vivir la infancia, en algún país y con algunos padres, ¿es eso lo que me falta y no Malki?, necesito a mi otra, ¿quién me la devolverá?, estoy mutilada, como Uruk, incompleta, entonces seré dos como todo el mundo, como estos niños que maman de la loba romana en el brazalete, los acaricio, el uno mató al otro, ¡yo no la maté!, me la mataron, sólo soy una mitad, y no me importa llorar, llorar, llorar, lo necesito, tres meses sin caricias, no soy Uruk, no tengo su fuerza para vivir mutilado, para guerrear sin piernas, también era poderoso aunque no navegante, a su manera, ¡qué fuerte!, me llevó hasta lo alto...

Cuando el bote en que remaba la mujer varó en la arena la playa estaba desierta. ¿Qué benévolo dios había encendido para ella la hoguera que le señaló Vesterico desde el barco? A pesar de que las playas y el remo le eran familiares tuvo miedo un instante y miró hacia el mar. Pero ya había desaparecido el fanal de popa del navío.

De entre los pinos que llegaban hasta la arena empezaron a acercársele unas sombras. Cuatro figuras extrañas: una con cuatro piernas, otra al parecer sin cabeza, otra toda pintada de negro, la última una muchachita de brazos y piernas desnudos, con un tocado egipcio. La rodearon con curiosidad, la acercaron al fuego, le ofrecieron alimento y bebida. Así comenzó un largo viaje en el que la mujer pasó a ser el quinto vértice de una estrella errante: aquel grupo de juglares que recorría el Asia Menor entreteniendo a las gentes para ganarse la vida.

Uruk, el jefe, era el de las cuatro piernas: andaba con muletas desde que una caída de caballo le había dejado lisiado. Recitaba historias y cantaba extrañas melopeas de su estepa natal; ofrecía también números de fuerza pues, para defenderse compensando su invalidez, había desarrollado un torso y unos brazos de Hércules. Pero la fuerza de aquel hombre de Sogdiana se percibía sobre todo en su tártara cabeza de caudillo nómada, su larga cabellera, los bigotes espesos y caídos, los ojos ligeramente oblicuos y entrecerrados de tanto escrutar horizontes y mirar con dominadora penetración.

La figura al parecer sin cabeza, porque se cubría con un bonete casi prolongado en su negro manto, era un judío llamado Ruchaim. Delgado y alto, de labios finos, pálido, grandes ojos oscuros, enjutas las mejillas, largos y agilísimos los dedos, susurrante la voz, hondos los silencios. De su hombro colgaba una bolsa, sobre la que apoyaba la cabeza al dormirse, con un libro envuelto en seda verde que leía religiosamente a solas, después de lavarse las manos. Contribuía al espectáculo con sorprendentes juegos de magia y adivinaciones, tan inexplicables que impresionaban al círculo de espectadores y a veces hasta los atemorizaban.

Yabora era nubia, y por eso había aparecido junto a la hoguera como pintada de negro. Tenía un cuerpo flexible y ejecutaba danzas provocativas y contorsiones acrobáticas, dejándose envolver por una serpiente a la que cuidaba, guardándola en una gran cesta. Se envolvía en telas abigarradas, ceñidas a la cintura por un cordón de pelo de elefante, del que pendía una bolsita con amuletos. Reía fácilmente mostrando entre sus gruesos labios unos dientes blanquísimos. Era la amante del judío y buena compañera, salvo durante ocasionales accesos de depresión o de furor.

Fakumit, la muchachita de largos y delgados miembros, llevaba poco tiempo con el grupo, desde que Uruk se la arrebató a dos marinos sirios que trataban de llevarla como esclava a Bizancio. La habían robado de su casa, cerca de Sais, pero ni su melancólico y constante recuerdo de sus padres ni los abusos de todas clases a que la sometieron sus raptores habían borrado de su rostro una cautivadora expresión de inocencia, ni tampoco alterado los gestos infantiles de su alargado cuerpo adolescente, donde apenas apuntaban los pechitos. Yabora había quedado encantada con su incorporación, pues adquiría una compañera con quien hablar en egipcio, y empezó en seguida a enseñarle acrobacias para hacer un número juntas, así como pasos de danza en los que Fakumit exhibía una gracia instintiva.

En su desamparo, el encuentro de Kilia con los juglares fue providencial. Uruk llevaba ya tres años volviendo periódicamente a las mismas villas, cuando celebraban fiestas, que eran las ocasiones más provechosas. Incluso en las etapas del camino, acampando en pequeñas aldeas, lograban llamar la atención del público, atraído por el cuerpo negro y ondulante de Yabora, danzando al son de la flauta de Ruchaim y los dos tambores de Uruk. Seguían las acrobacias de la nubia con Fakumit y los números de magia del judío, para terminar con Uruk, que había ya dado antes algunas muestras de su fuerza, desafiando a veces a algún espectador. Concluía recitando y cantando, acompañado por sus manos en los tambores, epopeyas de luchas entre tribus o de amores desgraciados y venganzas sangrientas, que sabía adaptar a cada público halagando sentimientos locales. Hablaba varias lenguas, pero solía hacerlo en el arameo que casi todos entendían, y la gente quedaba seducida por su voz grave, como de cítara baja, capaz de expresar desgarro, angustia, pasión o terror. Modificaba su voz para encarnar a distintos personajes y los hombres sentían arder su sangre escuchando la versión de los combates, mientras en las mujeres vibraba el bajo vientre cuando se transformaba en seductor aquel hombre a la vez vulnerable y violento. Todos olvidaban su invalidez porque, aun con sus piernas inútiles, estaba más vivo que los demás.

Así, de pueblo en pueblo, dejaron atrás la costa donde se les había unido Kilia y avanzaron por Pérgamo hacia la famosa Vía Real de los antiguos persas, que les llevó hasta Sardis, en el valle del Pactolo, el río de las arenas de oro.

Por el camino Kilia, deseosa de hacerse útil, empezó a acompañar a Uruk en sus canciones amorosas, con su voz seductora que se complementaba muy bien con la del sogdiano. Además adquirió un nuevo nombre porque Ruchaim, después de consultar su libro y elaborar combinaciones cabalísticas con las letras-números de «Kilia», rechazó esta denominación por inadecuada, y también la de Falkis. Los demás propusieron otros nombres hasta que Uruk, hasta entonces silencioso, decretó:

—Te llamaremos Nur, luz. La llevas en tus ojos.

Uruk le contó después que la diosa de la luz, en su tribu, era una deslumbradora pajarita blanca. No se sabe en qué tierras del sur pasa el invierno tras las más altas montañas, hasta que reaparece en primavera. Muy pocos tienen la suerte de verla, porque su extremada blancura es cegadora, pero cuando se consigue, porque ella se deja mirar, es siempre anuncio de grandes cosas.

En la rica urbe comercial de los libios permaneció el grupo durante las peores semanas del invierno, montando de vez en cuando espectáculos en la gran plaza de las caravanas, hasta que reemprendieron su ruta cruzando Cilicia, de nuevo hacia el mar, camino de Antioquía. A veces, en una etapa, un rico mercader o un alto funcionario provincial oía a Uruk desde su mula o su caballo y le llamaba a su palacio para que recitase por la noche durante un banquete. Kilia se admiraba entonces, al acompañarle, de la impresionante dignidad racial en que se envolvía Uruk con sólo mirar, erguirse y templar los tambores, hasta parecer más bien un invitado de su huésped que un asalariado. Lograba convertir la pretenciosa cena provinciana en un acontecimiento y, tras las celosías de lo alto del patio, se percibía el brillo de ojos femeninos se escuchaban suspiros hasta que, al final, estallaban los tambores de guerra para la canción con que invariablemente terminaba el recital. ¡Mágicos tambores! Bajo aquellos dedos y puños lo expresaban todo; el galope a vida o muerte del fugitivo, la carga de caballería, el lanzazo mortal, y también el susurro del viento en las hojas como un roce de los dedos sobre el parche, y hasta ese silencio que se sigue oyendo; y la tempestad y el trueno, la amenaza y el perdón.

Desgraciadamente, otra tempestad se iba incubando lentamente dentro del grupo, bajo la convivencia en fraternal camaradería. Nur identificó la situación un día en que Yabora, en uno de sus accesos, sacó del pecho un puñalito y se lanzó contra Ruchaim para clavárselo aunque, al llegar junto a él, se echó a llorar y se dejó caer al suelo, retorciéndose desesperada como una serpiente herida. Durante aquellas semanas de Sardis, en medio de la riqueza y la molicie lidia, Fakumit había madurado su feminidad como un capullo que se abre y atraía irresistiblemente a Ruchaim. Cuando danzaban juntas el contraste era arrebatador: si la nubia seducía por sus lúbricos movimientos, la egipcia cautivaba con una pureza aún más voluptuosa. La inocencia es terrible cuando se desencadena, precisamente porque provoca ignorándolo, y el público se le entregaba por completo. Yabora, que era la amante de Ruchaim, observaba en éste los mismos efectos y sentía cómo se le alejaba; de ahí sus devoradores celos que estallaban en gestos de violencia o de rencoroso abatimiento. Uruk veía venir la explosión final pero no encontraba solución ni tampoco le movía demasiado a evitarla su visión fatalista de la vida; aparte de concentrar su atención en Nur desde el mismo día del encuentro. No le había dirigido la menor insinuación pero la rodeaba de atenciones tan delicadas que a veces prefería negar ser el autor de ellas. La mujer, sin embargo, sabía bien quién había reparado durante la noche sus gastadas sandalias o quién había puesto la flor —no la había traído el viento ni se le había caído a Fakumit, como pretendía Uruk— hallada junto a su rostro cuando se despertaba alguna mañana. Viviendo esa doble evolución avanzaban por montes y valles: una pasión crecía, otra se desmoronaba, otra se reprimía.

La explosión se produjo súbitamente, cuando estaban cerca de la Nicópolis siria, no muy lejos ya de Antioquía. Cierta mañana se despertó Nur y se encontró sola con Uruk, que la estaba mirando, sentado con las piernas cruzadas, con la roqueña serenidad de su rostro cuando no cantaba o reía apasionado.

—Se han ido —dijo solamente.

—¿Quiénes? —preguntó ella, todavía a medio despertar, constatando el vacío de la tienda en que solían dormir las mujeres.

—Los tres. Primero el judío, antes de medianoche, con Fakumit. Más tarde Yabora, llevándose su serpiente y el asno. Para alcanzarles mejor, supongo.

—¿Les dejaste?

—Son libres —repuso, encogiéndose de hombros—. No había remedio; no podíamos seguir así... Pero acabarán mal.

Uruk hablaba siempre con seguridad. Como si supiera lo que está escrito. O como si lo decretara él.

—¿Qué haremos ahora?

—Seguir viviendo. Cantaremos juntos y yo recitaré mis historias. ¿O prefieres no seguir conmigo? Piénsalo —concluyó mirándola intensamente.

—No tengo que pensar. Y quizás pueda yo cantar y bailar sola, para ofrecer algo más.

—Seguro.

En la misma Nicópolis bailó Nur por primera vez y los hombres del público se dividieron entre los que gustaban más de sus baladas de amor, acompañadas de una danza tranquila pero picantemente seductora, y los que preferían las gestas guerreras de Uruk.

Días después, en una aldea se confirmó el fatal destino pronosticado por Uruk, pues allí cerca había sido hallado apuñalado el cadáver de Fakumit.

—Cuando encuentre a Yabora la mato —anunció sencillamente Uruk.

Nur seguía recibiendo las atenciones del hombre, sin que él manifestara sus sentimientos de ninguna otra manera. Al mismo tiempo ella se daba cuenta de que Uruk aprovechaba discretamente, con algunas espectadoras, las ocasiones eróticas que se le presentaban. No podía Nur comprender la actitud pasiva hacia ella, pero no se atrevía a dar el deseado primer paso, inhibida a su pesar por el miedo de herirle en la conciencia de su invalidez. Seguían adelante como hermanos; fue en Antioquía donde se encontraron.

Habían llegado a mediados de primavera a la espléndida ciudad del Orontes, en plenas fiestas y mercados, y estaban actuando una tarde cuando se unieron al tupido círculo de espectadores cuatro hombres cuyos casacones y altas botas les caracterizaban como caravaneros de la seda, de los que llegaban cruzando las estepas con la preciada mercancía hasta Palmira y luego hacia los puertos de levante. De pronto Uruk empezó a recitar acompañado de sus tambores y ellos mostraron su asombro en un sobresalto. El más viejo lanzó un grito y Uruk, sentado en el suelo de espaldas a los recién llegados, volvió la cabeza en un gesto de jubilosa incredulidad. Los hombres le señalaron con el dedo, vociferando. El público asistía interesado a la inesperada escena mientras ellos cuatro saltaban prodigiosamente sobre las filas de espectadores acuclillados y, entrando en el corro, rodeaban a Uruk y le alzaban entre dos. Los cinco se abrazaban entre carcajadas y gritos; la gente, permanecía en su sitio, dominada por la curiosidad. Al fin Uruk anunció al público que sus amigos iban a ofrecerles la danza consagrada en su país a los dioses subterráneos de los pastos y las aguas. El viejo se sentó junto a Uruk y sacó del pecho una flauta de caña, mientras el tambor empezaba a resonar. Los otros tres danzaron, a veces sueltos, otras encadenados por los hombros, enfrentándose y alejándose, persiguiéndose, simulando un combate en el que relucían los puñales, amagándose sin herirse, desmelenándose en un sagrado frenesí. Y siempre golpeando rítmicamente la tierra, hiriéndola o invocándola con los pies como si el suelo fuera la piel tensa de un tambor; saltando, volando, cayendo, arrodillándose, con ritmo, con ritmo, al latir de la sangre, más de prisa, más de prisa, obedientes a los tambores con que Uruk provocaba la exaltación del mundo, incitados por la irresistible melodía de la flauta, entregados, rendidos, hasta derrumbarse sin aliento... Siguió un largo silencio, con los tambores mudos, los hombres en tierra, los oyentes prendidos en el sortilegio, hasta que la gente empezó a desfilar como sobrecogida, sin una palabra, sin pensar siquiera en lanzar al corro las monedas habituales, conscientes todos de haber participado en algo sagrado.

Los danzantes reaccionaron y se acercaron a Uruk, discutiendo con él para convencerle de algo. Al fin se fueron, con aire a la vez feliz y contrariado. Nur interrogó a Uruk.

—Mañana volverán a ver si lo he pensado mejor y me voy con ellos.

Resumió entonces su historia, que nunca había revelado antes. Era el hijo mayor e indiscutible heredero de un khan de la estepa, pero sufrió una caída del caballo tan infortunada que perdió el uso de las piernas. Inútil como hombre en un pueblo de jinetes prefirió desaparecer y ganarse la vida como lo hacía. En su ausencia se había averiguado que su hermano segundo había dado al caballo unas hierbas enloquecedoras y, además, había sobornado al curandero que, apretado por quienes sospechaban de tan extraña caída, reconoció haber tratado mal al herido deliberadamente. Era el momento para Uruk de volver triunfalmente con los suyos.

—¿Te irás? —le preguntó Nur.

Uruk la miró largamente y contestó:

—¿Tú qué prefieres?

Además de su deseo del hombre, tanto tiempo reprimido, Nur estaba todavía llena del espíritu de la tierra evocado por los danzantes, de la galopada frenética en la estepa, de la violencia desatada en las sequías y el rayo. Pensó que la pasión de Uruk estaba prisionera de él mismo como torrente helado en el invierno y ella se sintió agua libre y desatada. Por eso dijo:

—Eres tú quien prefiere quedarse: me deseas.

Sin preguntar. Afirmándolo. Proclamándolo.

—No pido nada —repuso el hombre gravemente, desde dentro de su propia coraza, consciente, bien lo sabía ella, de sus piernas anquilosadas. Temiendo, porque el orgullo ofuscaba su inteligencia, que eso pudiera importarle a una mujer de verdad.

—No necesitas pedírmelo. Me doy —contestó ella, abriéndose con la mirada para poseerle mediante su propia entrega.

Se habían quedado solos en aquel descampado. Solos bajo el alto cielo acribillado de estrellas, en el círculo intermitente de unos ladridos lejanos. Pero a ella no la hubiera detenido ninguna presencia. Apoyó las manos en los hombros de Uruk y, sin esfuerzo, aquel torso de roca se dejó recostar sobre el viejo tapiz que siempre le servía de lecho. Ella se inclinó despacio, como desciende la cargada nube sobre el campo sediento, y le besó en la boca. Fue plantar en ella una semilla, sentirla luego germinar mientras duró el beso, hundiendo su lengua en él como una raíz, mientras hasta su propia garganta ascendían, desde la carne viril estremecida, las flores y los frutos del beso. Las fuertes manos subieron por los muslos femeninos levantando el vestido y ella hincó una rodilla a cada lado de las caderas yacentes, mientras sus manos subían a desceñir su blusa bordada para ofrecer sus pechos.

¡Qué oleaje de amor! Cabalgó ella sobre las piernas paralizadas, abriéndose al duro y erecto borrén de aquella humana silla de montar. Fue pasión pero también ritual, como el de las sacerdotisas empalándose sobre los falos de marfil en los altares priápicos. Suave balanceo marino al principio, luego trote descuidado y tierno sobre un potrillo juguetón, después galope salvaje, imperioso, frenético, a crines desatadas sobre el incendio de la estepa, rodeados de llamas los jinetes, porque la silla se alzaba violenta, no podía esperar. Fue el vértigo, un momento equivalente a una eternidad, adivinando ella abajo, en la noche, el rostro convulso por el terremoto del placer, acogiendo los gemidos ansiosos y los rendidos ayes y el grito final triunfante; mientras ella misma se alzaba en repetidos pleamares, caía en desplomes momentáneos sobre aquel poderoso pecho, absorbía y se derramaba, sabía y no sabía, se vivía en el otro cuerpo... Hasta que los borbotones del éxtasis la dejaron tendida sobre él, náufraga sobre la playa de su piel, otra vez sus labios bebiendo en los del hombre, golosos todavía pero ya sin sed, por saboreo, por ternura y delicia...

Al día siguiente los cuatro nómadas no encontraron a Uruk. La pareja continuaba su camino, ahora viviendo en desatada catarata. Pero a veces el hombre estaba sombrío; aguardaba melancólico. No podía durar, estaba escrito. Y se desquitaba en la febril desesperación con que la poseía.

No duró. Días después se detuvo junto al corro de espectadores un dignatario a caballo acompañando a una litera rodeada de guardias. La cortinilla del vehículo se descorrió, dejando ver a una dama enjoyada que asomó la cabeza. Estaba velada, pero Uruk la reconoció enseguida, y no sólo por su negra tez, sino por la serpiente que indolentemente asomó también bajo la cortina, balanceando su sinuoso cuerpo. Interrumpió el hombre su canción, avanzó tranquilo hacia la litera como para ofrecer sus respetos y, antes de que nadie pudiese reaccionar, se sostuvo frente a la mujer con una sola muleta y con la otra, fuertemente balanceada, abrió de un golpe la cabeza de Yabora, la asesina de Fakumit. Y acaso también de Ruchaim.

Sólo fueron unos segundos. El gordo dignatario, asustado, azuzó a su escolta contra el vengador, pronto acorralado por los soldados. Uruk los mantenía a raya volteando una muleta sobre su cabeza, lanzando carcajadas: y su risa era más bárbara, más terrible y jubilosa de lo que fueron nunca sus palabras. Luego entonó uno de sus himnos guerreros. Los soldados no se atrevían a entrar en el círculo de muerte creado por la muleta, pero dos de ellos tensaron sus arcos y las flechas se clavaron en el pecho de piedra. Fueron precisas más para que la muleta se hiciera más lenta. Un soldado avanzó y le clavó la espada, pero él también cayó con la cabeza rota. Atacaron otros y Uruk cayó a su vez de espaldas y cesó su canto y su defensa. Cuando los soldados le dejaron por muerto, alejándose para alcanzar al fugitivo dignatario, Nur se acercó a su hombre y pudo oírle, abrazándole:

—¡Todo tan hermoso, pajarita!

Ella nunca volvió a llamarse Nur.

9. EN LA *CASA DE LA VIDA*

La mar es buena y el viento propicio; los planes para celebrar la vestidura de Malki pueden cumplirse plenamente. El parque de la Casa parece un hormiguero con los invitados congregándose junto al embarcadero norte, para subir a bordo y zarpar hacia Canope. Los servidores acercan al bote las viandas y bebidas, los músicos ya están en la embarcación. No es el *Jemsu*, demasiado pequeño para tanta gente, sino un mercante ligero de vela y remo, cuya cámara de popa ha sido ampliada con toldos contra el sol, aunque ya el verano termina. Neferhotep y su mujer son, con el niño, los protagonistas del acontecimiento, junto con Ahram y la segunda mujer del Excelso, con los dos hermanastros de Malki. Sinuit es el asombro de todos y la envidia de las señoras por su incomparable peluca, que estrena para la ocasión y que resplandece como un sol. Otras señoras con sus pequeños y muchos colegas de Neferhotep completan el grupo de invitados, además de los principales colaboradores de Ahram. Todo son voces, movimiento, risas, impaciencia de los niños por embarcarse, despliegue de vestiduras coloreadas, órdenes y recomendaciones de tranquilidad.

Desde el banco de los delfines Irenia contempla esa agitación festiva. Evoca el día, hace tres semanas, en que también se levantó muy temprano y salió del gineceo, ahogada por el ambiente e irritada por el insomnio. Cruzó el patio y el jardín privado y pasó de largo junto al banco donde ahora está sentada, con el propósito de bajar hasta la playita del embarcadero. Como otras veces, buscaba el rumor de las olas, el olor del mar, la caricia suave y rasposa de la arena para sosegarse. Acababa de salir el sol, todavía muy bajo frente a ella, y la colosal columna del faro era una vertical pincelada de sombra, color de luna nueva, mientras en su cima todavía humeaba densamente la hoguera recién apagada. Al fondo, el cielo iba tomando todas las tonalidades de la aurora.

No se dio cuenta de que no estaba sola hasta que no llegó al mismo embarcadero. Al otro lado de la pequeña estructura de madera se encontró sentados, para su sorpresa, a Bashir y al propio Ahram. Se detuvo sobrecogida: ¿habría abusado de la libertad que se le concedía, saliendo del gineceo casi de noche? Por otra parte, ¿qué hacía allí Ahram; cómo reaccionaría? Pero Bashir le sonreía y el propio Ahram también, aunque contestó al tímido saludo preguntando:

—¿Qué haces aquí a estas horas?

—Perdón, señor; no sabía...

—Le gusta el mar —explicó Bashir por ella—. En Tanuris hacía lo mismo.

—Espera, no te vayas —la detuvo Ahram—. Estoy pensando en comprarte para mi hija, ¿verdad Bashir? ¿Qué te parecería?

Un inmenso asombro se instaló en el corazón de Irenia.

—Señor, tu voluntad y la de mi señora bastan. Yo soy la esclava.

—Sí —terció Bashir—, pero Ahram no quiere esclavos a disgusto.

—Malki empieza otra educación, con un ayo; ya le has ayudado como te pedí y estoy contento. ¿Qué harás tú entonces en Tanuris? Bashir dice que se puede confiar en ti y yo quiero gente así a mi alrededor.

—Nunca seré desleal, señor. Eso puedo asegurarlo.

—Te creo. Krito me ha dicho que está enseñándote letras y a Ushait le has gustado.

—No necesitas explicármelo. Estaré donde mandes.

—Entonces te quedarás aquí cuando ellos vuelvan a Tanuris. Lo arreglaré antes de mi viaje a Palmira. –Ahram sonrió, mirando a Bashir–. ¿Recuerdas lo bien que lo pasamos allí, viejo?

La esclava le miró. No comprendía lo que le pasaba. El Poderoso, invisible en su palacio como un dios, era en la playa el mismo que ella vio aparecer por primera vez, confundiéndole con un remero de su propio barco. Descalzo, la sencilla túnica, el turbante, la daga en la faja, el cordón al cuello con su misteriosa medalla... Nadie le distinguiría de Bashir; parecían hermanos. ¡Y estaba preguntándole a una esclava si podía comprarla...! Ahora la miró:

—Puesto que eres leal lo vas a saber. Me voy a Palmira, pero es secreto... ¡Hace quince años que estuvimos allí, Bashir y yo, también clandestinamente!

Bashir se ufanó:

—¡Hemos hecho tantas cosas!

Sin duda las evocaron ellos en el silencio que siguió. Para Irenia fue embarazoso; no sabía si marcharse o no. Bashir lo rompió fingiendo –pero no es hombre para fingir– que algo se le había ocurrido de pronto:

—Ushait va siendo mayor; ¿por qué no la ayuda esta mujer en la torre?

«¿Será posible?», pensó la esclava. Ahram movió la cabeza afirmativamente pero se quedó pensativo.

Sonaron pasos en la arena. Era Tinab, el patrón del *Jemsu*, que dirigió a Irenia una mirada de asombro y de deseo disimulado. Ahram se levantó y cogió sus sandalias.

—Ya estás aquí. Vamos. Te diré cuándo zarpamos, para que prepares el barco... Te espero arriba, Bashir.

Hizo un gesto de adiós a la esclava y se alejó hacia palacio seguido por el marinero.

Bashir contempló a Irenia, viéndola confusa, con ojillos alegres y sonrisa irónica:

—¿Te gusta mi idea, muchacha?... Puedes sentarte.

Los sentimientos de Irenia se precipitaron en torrente:

—¡Oh, Bashir! ¡Estoy tan contenta! —exclamó casi llorando—. No me gusta el gineceo, me siento un pájaro raro entre las mujeres, me envidian la libertad que me toleráis, mi posición con el niño y se alegran porque se acaba. Codician hasta la túnica que llevo... Tanuris era más tranquilo.

—Sí, esto es una colmena. También con zánganos y abejorros. Pero en la torre será otra cosa. Ushait es muy buena.

—Ya lo sé... ¡Estoy tan contenta!

Se apoderó de la mano de Bashir, que la retiró confuso, pero sin poder evitar que ella la besase.

Sí, aquella mañana cambió su vida, y ahora está recordando los primeros tiempos en la torre, mientras contempla el ajetreo del embarque para Canope. Ya están casi todos a bordo y un último viaje del esquife se dispone a completar la operación. Ahram, recién regresado de Palmira, marcha en ese transporte final.

Se izan las velas y se levantan de un golpe los remos pues, aunque el viento es de popa, quieren llegar antes de que salga la famosa procesión del templo de Serapis. Se mueve el navío, flanqueado a cada lado por la espuma de los remos, vira hacia levante y deja atrás Alejandría.

Una hora más tarde navegan a la altura de la isla de

Karu, que recuerda a Ahram una tarde importante para él y, poco después, ante Villa Tanuris y su caleta. Cerca ya de su destino pasan por delante del templo de Heracles y se acercan al muelle. La esposa del agorónomo de Alejandría, que presume mucho entre los egipcios por su origen griego, y que sabe escribir e incluso compone pequeños poemillas para las ocasiones, recuerda a las señoras que en ese templo Paris y Helena buscaron refugio a su huida de Troya, sin que les concedieran asilo las autoridades, por rechazar su pecaminosa unión, lo que produce reacciones diversas entre las damas, desde la maliciosa sonrisa hasta el asentimiento de alguna bienpensante.

Están ya desembarcando cuando el sonido de trompetas lejanas acaba con los comentarios y anima a apresurarse. La excitación no proviene tanto del fervor religioso cuanto por saber que a la tarde, una vez transformado el rito en expansión popular, la excursión en barcas floridas por el canal facilitará fantasías y locas aventuras como las que han llevado la fama de Canope hasta la misma Roma; pues la romería flotante es testigo de escenas que han contribuido, como quizás ningún otro acontecimiento anual, a difundir por el mundo la idea de que Egipto es una tierra de delicias.

Al fin, entre una muchedumbre que los siervos del grupo van apartando sin mucha delicadeza –aunque, desgraciadamente, no pueden hacer lo mismo con el polvo, que apaga los colores de túnicas y pelucas–, llegan todos al famoso templo de Serapis, donde los sacerdotes declararon diosa a la hijita de Ptolomeo III y a su esposa Berenice. Al grupo de elegantes le impresiona, más que esa efemérides, la fama que tiene el recinto de albergar sesiones de magia y de libertinaje, descritas por los adeptos como debates y prácticas de alta filosofía. Los cristianos condenan el templo y su escuela, y contra ellos se defiende un nuevo jefe de los estudios sagrados, Antonino, que intenta a toda costa restaurar el esplendor del culto y de las creencias tradicionales. De todas maneras, las columnas de granito y de caliza estucada, los artísticos mosaicos y los magníficos baños anejos, situados cerca en dirección al mar, son una visión espléndida. Y es frente al templo, bajo un toldo especialmente preparado por los servidores de Ahram, donde se instalan sobre alfombras y cojines las señoras, tratando de retener a sus polluelos, que amenazan perderse entre el dédalo circundante de vendedores de panecillos, granadas, higos, sandías e incluso pollos y ocas ya cocinados, así como jarras de cerveza nueva.

Quienes han asistido a la fiesta años anteriores y vienen preparados para la báquica excursión por el canal encuentran más bien aburrida la pomposa procesión. Lo más llamativo es la salida del dios, con su porte helénico asimilable a Zeus, pero con su repleta cesta sobre la cabeza simbolizando la fecundidad. Lo transportan veinte sacerdotes sobre unas andas decoradas emblemáticamente y que parecen moverse por sí solas, porque de los cuatro largos maderos que las sostienen penden lienzos pintados que ocultan a los porteadores. Delante, detrás y alrededor del dios caminan otros sacerdotes de afeitados cráneos agitando ramilletes, abanicos o quitasoles, mientras otros sostienen cajas con los atributos canónicos de Serapis. Detrás sigue un buey blanco, con largas plumas de avestruz sujetas entre sus cuernos cubiertos de oro, llevado por otro sacerdote al que acompaña el que inciensa constantemente al buey y al dios. Siguen las bailarinas, soldados, músicos, cofradías de fieles y autoridades, y el cortejo se desliza lentamente entre el estrépito de las trompetas y los tambores, de los sistros y los panderos, de las carracas y de los gritos y vítores constantes de una multitud que sólo calla para trasegar un jarro de cerveza o atarazar de un bocado el pepino, el bocadillo o el manjar que sostienen en su mano.

Por fin, para alivio de los aburridos y de las damas ya expertas en aprovechar la fiesta, concluye la solemnidad y empieza algo que les interesa más directamente, antes de reembarcar y disfrutar del banquete preparado a bordo por los cuidados del propio gran mayordomo Amoptis: se trata de proceder al registro de Malki y sus compañeros, acudiendo a la Casa de la Vida por una entrada diferente, pues serán atendidos personalmente por el escriba superior, evitándose así la larga cola de gentes que tratan de hacer lo mismo con sus hijos por las puertas abiertas al pueblo. Al cabo de poco tiempo Malki ostenta ya su faldellín de adulto y ha sido inscrito con el nombre de «Malki-Ptah-inf-ankh, hijo de Neferhotep y Sinuit», significando el epíteto «El dios Ptah le asegura la vida».

A la misma hora en que los festejantes de Canope comienzan a atacar las golosinas iniciales del festín, servidas en la nave bajo el toldo verde y púrpura, la esclava se encuentra en la torre comentando con Ushait las repetidas ausencias de Ahram, que sólo hace un par de días ha regresado a tiempo para asistir a la vestidura de su nieto.

—¡Cómo iba él a faltar a eso! —explica la mujer—. Malki es su nieto favorito porque Sinuit es la única hija que tuvo con Damira, su esposa más querida. Las anteriores, madres de los hijos que ahora llevan los negocios de Ahram por esos mundos, nunca significaron tanto para él. Además Damira era hija de Belgaddar, el rico mercader fenicio que hizo la fortuna de nuestro amo y que le adoptó cuando era un joven todavía.

Nunca suele hablar tanto Ushait y la esclava decide aprovechar la oportunidad:

—Le conoces bien, madre —exclama dándole este título de respeto—. ¿Llevas mucho tiempo con él?

—¡Huy! Desde poco después de su boda. Mi hermana y yo fuimos de las primeras siervas que tomaron en la nueva casa.

—¿Por qué te confía esta torre?

—Es natural. Porque fui lo que fui y no le fallé nunca. Yo era hermosa, y también Tenuset, pero me prefirió a mí: era más joven. —Y añade, viendo que la esclava no entiende del todo—. ¿No comprendes? Me llevó a su lecho más que a otras siervas. Luego nos mandó a nuestra tierra, al sur, bien regaladas; pero cuando construyó esta casa nos llamó a las dos, dejando a mi hermana en Tanuris.

La esclava quisiera seguir hablando, aprovechando este torrente de confidencias que le asombra un poco —¿por qué hoy, ahora?—, pero por la puerta entreabierta del recinto aparece Krito. A ella no le sorprende verle esta vez vistiendo un quitón y unas sandalias masculinas: como se ven casi a diario con motivo de las clases sabe que él se encuentra en una fase solar. Pero sí le sorprenden las primeras palabras después del saludo:

—¡Ushait, necesito un conejo! Afrodita Urania te colmará de emociones.

La mujer rompe a reír.

—¿Ésas tenemos?

—¿Qué pasa? Necesito un hermoso conejo, macho, gordo y reluciente el pelo. ¡Ah, si fuese blanco! Entonces te ofrecería un ramo de jacintos.

—¿Para qué quiero yo tus jacintos, loco? Dime, ¿quién es el feliz efebo? Lo habrás pescado en Rhakotis, claro.

—Alguien a quien no conoces ni necesitas conocer. ¿Cuándo me lo traerás?

La esclava asiste al para ella ininteligible diálogo, y la mujer se interrumpe para explicarle que el conejo vivo es la ofrenda tradicional con la que un hombre declara su amor a un efebo y su deseo de llevárselo a su lecho. Luego se dirige a Krito:

—Mientras enseñas a la muchacha voy a las cocinas a buscártelo... ¡Ojalá fueras así siempre!

Krito se encoge de hombros, Ushait se aleja y ellos se sientan fuera, a la sombra de la torre, frente al faro ahora resplandeciente bajo el sol de la tarde. El filósofo saca de su bolso un atado nuevo de cañas de escritura, que Ahram hace traer de Cnido para él porque son las mejores, y entretanto Irenia prepara los demás útiles de escribir: tinta, esponja, papiros y piedra pómez para alisarlos. Krito piensa una vez más en el talento de esa mujer que tan rápidamente aprende, pero, a poco de empezada la lección, ese talento no aparece hoy por ningún lado.

—¿Estás en lo que estamos, o lo dejamos por hoy? ¿En qué piensas?

—¿Qué pienso? Me quedo sin Malki, sin el niño... ¡Le quiero tanto!

—Compréndelo: ahora cambia su educación. Su ayo es un escriba de buena familia. Le conozco, tranquilízate. Y yo me encargaré de él, más adelante, porque el abuelo no quiere que sea demasiado egipcio.

—¿Y yo? Me quedo sola, sin más tarea que tener a punto la torre con Ushait. Bueno, la estancia de abajo; a la de arriba sólo sube ella.

—Orden de Ahram. Ni yo mismo subo sin acompañarle.

—¿Y qué hay arriba?

—¡Ah, la curiosidad femenina!

—Tú también estarías muerto por saberlo, en mi caso.

—Por eso lo digo: mi curiosidad femenina.

—Por cierto, ¿cómo no has ido a Canope?

—No me han invitado. Estarán cansadas las señoras de mis impertinencias. Para ellas no soy filósofo, sino bufón: creen rebajarme llamándomelo, cuando es una de las tareas más nobles que existen. Yo recojo en el ágora y en Rhakotis las palabras indecentes y luego se las escupo en la cara a esas matronas, que en el fondo se refocilan oyéndomelas. También les ofrezco los libelos más procaces aparecidos en los muros de la ciudad y los epigramas satíricos contra los escándalos sociales. Mi desvergüenza les hace creer que ellas no son tan desvergonzadas... Esa gente es despreciable: quiere ser viciosa y además respetada. A estas horas alguna se estará enredando ya con alguien en Canope. De quienes fueron a la procesión el año pasado se perdieron dos damas que no aparecieron hasta el amanecer. Pero sus maridos eran influyentes y no se dijo nada, salvo en Rhakotis, claro... Que se aprovechen; les queda poco.

—¿Qué quieres decir?

—¿Y tú, la cristiana terrorista, me lo preguntas? ¿No anunciaban otro mundo nuevo tus predicadores, porque éste se desmorona?

—Yo no era cristiana, ya lo sabes.

—Te creo; pero eso no cambia las cosas. Estamos viviendo sobre arenas movedizas; el barco de esas gentes hace agua ya por todas partes y les asedian los tiburones... Ya ocurrió antes en la historia: vinieron del norte los descubridores del hierro y acabaron con la dulzura de Creta. Llegaron los romanos y contaminaron la sabiduría de Atenas y Jonia. Ahora les toca a ellos. Quizás duren todavía porque las civilizaciones se tienen de pie más tiempo por su propia masa, como el hipopótamo herido sin remedio entre los cañaverales, pero el imperio muere de gangrena. El futuro es de los bárbaros: los britanos, los germanos, los godos y, quizás más tarde, porque aún no tienen armas, de los númidas, los garamantes, los de Punt...

—¿Por qué?

—Es el destino de los poderosos. También caerán los otros imperios que nazcan mañana... ¿Por qué? Quizás por lo que llamamos tiempo, simplemente: ese susurro, ese implacable viento del desierto que se lleva a los hombres y los imperios como arenas. Esto ya no tiene vigor ni para la grandeza en los crímenes. Ahora son sórdidos y venales. ¿Leíais las terroristas ese libro antiguo de los judíos?

–Sí, y el nuevo de los apóstoles.

–¿Y no te sorprendía oír tantas barbaridades? El padre sacrificando a su hijo por deseo de su dios, el rey matando al súbdito para gozar de su esposa, las piedras lanzadas contra la pecadora... Y lo mismo entre nuestros antiguos: esos Átridas con sus asesinatos, sus incestos, sus violencias... Pero al menos aquello se hacía con pasión, tenía grandeza... Ahora los emperadores de Roma duran dos o tres años; son asesinados cobardemente por sicarios. Al este, en Persia, duran más los tiranos, pero tampoco hay ya Ciros ni Daríos, aunque Shapur gane batallas. Todavía, cuando yo estuve en Persia...

–¿Estuviste allí?

–Sí, estuve allí tres años; todavía reinaba Ardashir. Hube de refugiarme allí, como tantos otros griegos en el pasado. Pero hablábamos de esas señoras que han ido a Canope: si las frecuentaras te asombrarías. Sus problemas son los trapos, los adornos, las masajistas, la maledicencia, los escándalos... Y las pelucas; ¡qué muerto estaba tu pelo en la cabeza de Sinuit, aunque ella se creyera envuelta en sol! ¡Qué tristeza!

–Hay que comprenderlas. Tú que eres filósofo...

–Por eso: la tristeza está en comprender. Mira los animales, esos peces que a ti te apenan tanto, recién desanzuelados, contrayéndose y saltando hasta morir. Les duele el músculo pero no están tristes, porque no se lo explican, ni lo intentan. La angustia es comprender que nos falta algo y no sabemos lo que es. Hay en nuestros adentros un abismo sin fondo. A veces creemos llenarlo con algo muy deseado pero que, una vez conseguido, ha agrandado el abismo. Ése es el hombre.

Krito calla. La esclava percibe en su mirada hacia

dentro la niebla de la melancolía, y también el fulgor del orgullo. La voz continúa:

—Los dioses, en cambio, lo son porque no tienen ese abismo. Son más elementales que nosotros. No les creo capaces de crearnos; al revés, más bien son los hombres quienes crearon a los dioses.

—¿No crees en ningún dios, habiendo tantos?

—Yo pienso como Epicuro. Si existen, es evidente que no se ocupan de nosotros. Hasta sospecho que Epicuro no creía que existieran, aunque no podía decirlo sin peligro. En todo caso me sobran. Mi dios es el ser humano: el hombre y la mujer. Mi dios es el andrógino.

—Te acercas a la madre Porfiria, mi feminera.

—Pero, según me dijiste, ella creía que su diosa estaba pendiente de nosotros, y eso es una ilusión. Si necesitas una diosa, háztela tú... Mira, mi diosa para hoy es ese muchacho y ahora estará llegando a mi cubil.

—¿Tu cubil?

—O mi templo, mi celda; como quieras.

Al decirlo señala hacia la otra punta de la caleta norte, al final del parque junto a la tapia. Entre los árboles y plantas la esclava logra distinguir una casita toda verde.

—¡Ah, sí, allí! Pintada de ese color casi no la veía.

—Es hiedra. Me envuelvo en ella. La planta de Dionisos y de Attis. Símbolo femenino también porque necesita apoyo, no se levanta sola... ¿Qué te parece, para Krito?

Sonríe ante sus propias insinuaciones y continúa:

—Verdor indestructible, pero vulnerable... Te llevaré otro día; no hay ningún arriba con estancia prohibida. Pero hoy no, porque voy a reunirme con mi diosa. Estará al llegar.

Como Ushait regresa ya con un conejo, que se debate en la mano de donde cuelga, la conversación concluye. Krito recoge sus bártulos y se aleja, confiando antes este secreto a la esclava:

—Sí, hay muchos dioses y diosas. Pero si alguna vez necesitas a una invoca a la que quieras. Todas son nombres y formas diferentes de lo mismo.

¿Cómo no voy a estar pensando en otra cosa si me quedo sin Malki? Era mi nueva Nira y me llenaba la vida, ahora sin otra ocupación que el ligero avío de la torre, envidio a las femineras, Domicia con su fe no sentía ese abismo interior, pero yo sí, una inquietud me corroe, no puedo olvidarla aturdiéndome como esas señoras, tiene razón Krito, desconocen su abismo, se reúnen, se reclinan en sus cojines, se empiezan a llenar de golosinas mientras se quejan de que engordan, critican a las ausentes, me recuerdan a la gran pajarera de Astafernes, todo eran colorines y canturreo y despliegue de plumas, peleas por el sésamo o el agua, pero yo no puedo olvidar, ahora mismo tendría que estar contenta, he escapado de Tanuris, de Amoptis y su hija, incluso la torre me libera aquí del gineceo, sólo dependo de Ahram, que es diferente, pero ¿qué soy para él? Sólo me ha comprado por mi supuesta magia, por si puede utilizarla, ¡si supiera que no hay tal cosa!, ¿cómo voy a convencerle?, ¡si no la poseo, si son aciertos sueltos, intuiciones, qué sé yo!, cuando lo comprenda me arrinconará, como a Ushait, ni siquiera eso, ella empezó en su cama, ni siquiera eso, a veces me ha mirado y he pensado... ¡estoy loca!, ¿cómo va a fijarse en mí si lo tiene todo?, ¡si su reino es el mundo!, no es como esa gente, es como los antiguos, los del libro hebreo o los Átridas, ¿lo ha dicho Krito por eso?, fuerte y elemental, sus gustos sencillos, es como esta torre, piedra y mar hasta el horizonte, las rocas y las hierbas alrededor, ahora comprendo este jardín, es lo suyo, como el grito de su bandera verde-púrpura, como esta habitación desnuda, paredes de piedra vista, ¿y arriba?, cualquier día subo, ver el nido del águila, lo prefiere a un palacio aunque sea poderoso, goza andando descalzo como esta mañana, es como Krito, no adora a los dioses de esa gente, ¿cuál será el de Ahram?, ¿la de la caverna en Karu?, ninguna imagen en la hornacina vacía de la torre, ¿y en la cueva?, se le escapó a Ushait ese secreto, existe una cueva prohibida, ¡ni aun ella la conoce!, aquí mismo, debajo de la torre, a ras de la marea, yo no me había fijado en el arranque de la escalerilla, al borde del acantilado, Ahram baja solo, pienso en la gruta de la isla, aquella tarde en Karu, se quitó su camisa cuando se arrojó al agua, vi su medalla al cuello, un disco liso, sin relieves, no me revelaba su dios, nunca lleva joyas, sólo un anillo con una gran esmeralda en los banquetes, dice Ushait que es para ostentarla, para los demás, no tiene manos codiciosas, y sus pies de pescador, posee riquezas pero ¿no es rico, es de otra raza, entonces ¿por qué se afana tanto?, ¡esos viajes, nunca descansando aquí!, ¿a qué aplica su poderío?, ¿a tapar su abismo interior?, ¿o lo llena con una mujer?, ¿a qué ha ido a Palmira?, luego no cuenta nada, dicen que esa Zenobia es bellísima, el otro día me habló Krito de Palmira, un imperio naciente, ¿será de esos que mandarán en el futuro?, una reina seductora, aunque esté casada, a Ahram no lo frena nadie, y él puede seducirla, deslumbra, me ha comprado por mi magia, ¡si al menos la tuviese!, pero no tengo más que soledad, mis amigos quizás no lo son, a lo peor Bashir y Ushait están para vigilarme, Krito para investigarme, ver lo que me saca, como Amoptis en Tanuris, ¡qué orgulloso se pavoneaba esta mañana arreglando el embarque!, discutiendo con Hermonio el mayordomo, y Yazila ya con túnica de mujer, felina al moverse, le sale la sangre nubia, me alegra perderla de vista, enemigos, ¿por qué me hace Krito tantas preguntas?, ¡qué personaje!, tiene ojos femeninos pero mirada de hombre, dentro hay un hombre, además de lo que sea, soy injusta, ellos me quieren, a Krito le gusta hablar conmigo, tantos hombres conocidos y no se parece a ninguno, anteayer me dijo que mis ojos son glaucos, un verde especial, de mar, ya me lo decía la Madre, Ahram no se ha fijado en ellos, acabará comprendiendo que no tengo poderes mágicos, que no soy adivina, una pobre esclava sin infancia siquiera, ¡mi abismo interior enorme!, ¿qué será de mí?, ¡y esperé un cambio en mi vida!, ¡cómo me golpeó el corazón al anunciarme que me compraba!, soy una ilusa, ¿para qué?, ¿qué va a ser de mí?, ¿cómo vivir con un vacío tan tremendo?, tanto desasosiego y no derrumbarme, vivir sin estar ardiendo no es vivir, esta torre está más viva que yo, caldeada por un hombre vivo, concavidad de horno, y dentro yo estoy fría, ¿o no lo estoy?, ¿por qué seguimos adelante sin estar vivos?, ahora comprendo a la Madre, la única que tuve, la Frigia, la de Narso en la isla, la que vio en mis ojos lo que ha visto Krito, era como Ahram, piedra encendida por dentro, como su diosa, la Cybele de su país, la arrebatadora de hombres, un Ahram mujer que me comprendería, me consolaría, ¡yo no soy como las de Canope, Ahram!, aunque no llegue a ti, ¿acaso como Krito?, somos de otra madera, como la Madre, ahora la comprendo, ¿qué va a ser de mí?, ¿acaso *Tijón* no fue mensajero de nada aquella tarde?, ahora la comprendo, mantenía su fuego dentro porque nunca se sabe, el mar en calma de pronto se revuelve, la vida tiene esquinas y al darles la vuelta la niebla se hace sol, Uruk me llegó así, ahora comprendo, vivía con la esperanza de arder, como aquellas brasas que me quemaron el primer día, se estaban muriendo, rubíes perdiendo el color, volviéndose ceniza, pero les llegó mi mano: fue su vida, ¡y cómo se encendieron, me mordieron, resucitaron contra mi carne!, ¿contra qué carne resucitar ahora?

Kilia contemplaba otro prodigio más en la vida que venía aprendiendo desde su aparición en la playa. Admiraba la ciruela de oro, opalinamente verdosa, con una gota de zumo exudado cuajándose sobre la piel, translúcido como un ámbar tierno. La llevó a su boca, la oprimió, se deshizo dentro, derramándose en miel por la garganta... ¡y qué susto con el hueso, que casi se tragó! La Madre se reía... Como la miel: en Psyra nadie salvo la Madre tenía colmenas; a quienes lo intentaron se les desperdigaron los enjambres. Otro de los poderes de la Madre, una maga según los isleños. La Madre, así había aprendido Kilia a llamarla desde el primer día, o la Frigia, como la llamaban todos porque su difícil nombre extranjero había sido olvidado. Era extraña en muchas cosas: en su amoroso cultivo de la tierra, en su conocimiento de hierbas y enfermedades, en sus inimitables bordados que llenaban sus inviernos y que luego iba a vender a Quíos, en su desdén por el templete de Afrodita y su culto al santuario de la gruta, en su peinado exótico, en su afinada estatura, en su viudez tercamente mantenida para consagrarse a su hijo... La habían tolerado en la pequeña y cerrada comunidad porque la necesitaban; nadie como ella para dirigir a las mujeres, para calmar rencillas, para imponer armonía y para dar ánimo en las calamidades. Nadie había discutido su adopción de Kilia cuando apareció en la playa, era lo natural en aquella Madre.

Su marido, el padre de Narso, había sido también diferente, aunque nacido en la isla. Se había empeñado en cambiar la pesca de bajura que todos practicaban por bordadas más largas, buscando coral cada vez más lejos; pero los mejores caladeros estaban demasiado al sur. Alguien de Samos que hizo aguada en la isla le habló de ostras perleras en el Ponto Euxino y así fue como decidió un largo viaje, él solo, mientras le consideraban loco quienes le despedían. Tardó meses y volvió sin perlas, pero se trajo a la Madre, unida a él —nunca explicaron cómo— en las costas de Amastris, y ésa fue mayor riqueza pues la mujer encarriló su vida y añadió otros ingresos al hogar con su huerto y sus bordados. Por primera vez le vieron feliz sus convecinos, sin aquel desasosiego que le había llevado antes a otros horizontes. Desgraciadamente desapareció en una inesperada tempestad que se llevó también a otros hombres, cuando apenas había cumplido un año su hijo Narso.

Eso lo sabían todos. Lo que ignoraban era lo que aquella tarde, cuando Kilia descubrió el duro interior de la prodigiosa ciruela, iba la Madre a confiar a la que ya dentro de pocos días sería la mujer de su hijo. Kilia acababa de preguntarle, asombrada ante la dulzura del fruto, si aquel árbol se daba también en otras tierras o si era producto único de sus poderes.

—¿Poderes? —rió la Madre—. Es mucho más sencillo que todo eso. Ocurre que estas gentes son de la mar y viven de la mar; pero mi pueblo pertenece a la madre tierra y yo amo a la tierra que me ama. Nuestra diosa es la llamada aquí Cybele; nosotros la nombramos Adgistes, en su templo al pie del monte Dydimo donde yo nací, junto al río Sangario... Es la Gran Diosa Madre, Señora de la Fecundidad, generadora de vida hasta la exasperación y la locura. Los hombres llegan por ella hasta a cortarse el sexo y ofrecérselo; se hacen sagrados y los llamamos Galus. En la Fiesta de la Sangre, en primavera, para adorar a Attis, amante de la diosa, el Archigalus y sus sacerdotes se azotan hasta arrancarse sangre en ofrenda a Adgistes... Cuando se ama se da y se recibe: así nos lo enseña la tierra.

Mientras la escuchaba, Kilia contemplaba otro prodigio: una delgada, diminuta hoja verde emergiendo de la tierra en una maceta. Ante las jaras y los cipreses había supuesto que eran permanentes e inmutables como las piedras. Y ahora de aquella tierra, tan muerta como el polvo, surgía aquel inmenso y pequeño grito verde. Cuando la Madre plantó algo en la maceta, tiempo atrás, ella fue incrédula sobre el futuro de la seca semilla enterrada, dura como un grano más de tierra. Para convencerla, la Madre había puesto al mismo tiempo otras semillas en agua y ahora Kilia se asombraba ante la fuerza vital encerrada en aquellos granitos, capaz de hacer crecer unas manos verdes hacia el sol y unas piernas blancas hacia las profundidades subterráneas.

–Eso hizo el hombre que yo amaba –continuaba la Madre–, amar más a la diosa y castrarse para servirla... Me volví loca, o me volvieron las aguas del Sangario, que llevan al frenesí. Huí siguiendo el río, alcancé el mar, una playa desierta. En ella un bote, un hombre solo, hermoso como mi Narso, su hijo. Era como tú, llegado de la mar, extraño a la tierra, asombrado ante la tierra. Por eso nos unimos, le seguí, me trajo; fueron bodas del mar y la tierra. Él me enloquecía como el Sangario... Sí, era como tú; por eso te cuento estas cosas, que no he contado a nadie, salvo a mi hijo que te va a gozar y al que vas a gozar... Tienes ojos marinos; cambian de color como cambia el del mar. Y eres extraña aquí. Y has arribado como yo a una playa solitaria... Te reconocí enseguida. Llegabas para mí, para mi hijo... ¡Al fin!

La Madre había hablado apasionadamente. Se levantó de su pequeño taburete, dejando el bordado a un lado, y abrazó a la muchacha, oprimiéndola violentamente contra ella. Las manos que la retenían, curtidas por los trabajos, eran para Kilia dueñas de crear: las más hermosas del mundo.

–Tus ojos... Pasan del azul verdoso a un verde oscuro, casi violeta o gris. Ahora son más violeta, como el mar bajo el crepúsculo.

Volvió a sentarse y guardó silencio unos momentos, como asombrada de sus impulsivas confidencias. La muchacha la miraba como a otra maravilla más, como a la ciruela o la hojita recién nacida. La Madre era un prodigio. Que, hablando, continuaba:

—Te necesitábamos mi hijo y yo. ¡Qué tremenda es esa necesidad! No sé cómo pude sobrevivir; por él, claro. Menos mal que iba a Quíos, cada mes, a vender mis bordados. Me los compraba un tendero y me hacía el amor: se lo compraba yo con mis bordados. No era mi hombre, pero era un hombre.

Kilia admiraba cada vez más a aquella mujer alta, delgada, curtida la cara, resquebrajada la piel, pero con aguda lengua, risa fresca en el recuerdo, ojos vivísimos que miraban a la muchacha muy de frente, muy a lo hondo, queriendo imponerle la lección, la sabiduría.

—Empecé a comprender que la diosa exigiera el órgano viril; empecé a inclinarme ante esa diosa que yo había odiado cuando me quitó a mi hombre. La Gran Diosa Madre; la Única; ya era yo madre también... Mi hijo fue creciendo, empezó a embarcarse con el patrón. Pensé que iba a ser, como tantos aprendices, la mujer de los mayores; aquí se acostumbra, pero en Frigia no. Como era mi tiempo de ir a Quíos le embarqué conmigo. Navegando en medio de la mar, le conté a lo que iba; añadí que el tendero tenía una hija: tendría que ofrecérsela a mi Narso para gozarme a mí. Todo salió bien... Ya comprenderás; no me importaba que mi hijo fuese en la mar como todos, pero que supiera también cómo se es hombre con una mujer; es así como se da la vida... Por entonces murió la Anciana de la isla, que de tarde en tarde llevaba a las mujeres a la gruta reservada para ellas. Me eligieron a mí en su lugar y resucité los olvidados ritos de un culto verdadero, para ofrecer a la Gran Madre un amor nuevo, a cambio de los años en que la odié y la olvidé... Estoy contenta; hoy todas las mujeres de la isla van al templete de Afrodita porque es la costumbre, pero llevan en el corazón a la Gran Diosa Madre; la única verdadera, la más antigua. Afrodita es sólo otro nombre para ella; es una estatua. No es la fuerza de lo profundo.

Declinaba la tarde, las barcas de los pescadores estarían ya cercanas a la playa aunque aún no habían traspuesto el promontorio donde lucían, empequeñecidos por la distancia, los mármoles del templete. La Madre continuaba hablando, como si aquella hora fuera la única propicia para dejar en herencia toda su vida a la próxima mujer de su hijo. Un designio superior a ella la impelía a salir de su concha permanente, a transmitir la antorcha secreta, de mujer a mujer.

—Narso no se casó a mi gusto. Siempre supe que aquella mujer era hermosa sólo por fuera; no tenía sangre dentro. Me alegré cuando se fue; mi hijo volvió a acompañarme a Quíos. El tendero había muerto pero otro le sustituyó. No tenía hija, pero sí una mujer que lo fue de Narso; nadie lo supo nunca... Ahora no tendremos que volver. Mi deseo decae, estoy cansada, no me compensa. Y Narso te tendrá a ti. Tú le colmarás, porque eres como yo. También llegué aquí como por un naufragio.

—¿Naufragio yo? —habló por fin Kilia.

—¿Qué otra cosa pudo ser? Desaparecieron todos y tú te salvaste aunque perdiendo la memoria. Quizás te trajo un delfín; no sería la primera vez que ayudan, todos los marinos conocen ejemplos... Nunca lo sabremos pero llegaste de la mar, con tus ojos de mar. Y Narso lo ha comprendido, os llevaréis bien.

Guardó silencio un momento y continuó:

—¿Quién va a servir a la Gran Madre cuando yo muera? Porque no existe más dios que ella; todos los demás, dioses y diosas, son sus sombras, advocaciones diversas... Quién sabe si ella misma te salvó...

Una primera barca daba la vuelta al cabo. No era la de Narso, pero la anunciaba. La Madre suspiró:

—No le digas nunca que sabes todo esto, hija mía.
Kilia se conmovió porque, aunque ella venía llamando Madre a la Frigia, era la primera vez que a ella la llamaba hija.

10. LOS HOMBRES DE AHRAM

Cinco días después, amaneciendo apenas, desciende Ahram por la escalerita de la torre sorprendiendo a la esclava que, aun cuando ya despierta, no le aguardaba tan temprano. Ushait todavía duerme y Ahram, al verla, se apresura a advertir en voz baja:

—No la despiertes. Dame lo de siempre.

Sobre la mesa, procurando no hacer ruido, Irenia coloca una batea con leche, dátiles y un trozo de la aplastada torta de pan hecha especialmente para él. Ahram rechaza otras frutas y murmura al probar los dátiles:

—¡Qué buenos!

—Ha empezado ya la cosecha y éstos son los primeros, señor —informa la esclava que, al ver contento al amo, se atreve a ofrecer disculpas—. Ushait ha dormido mal.

—Déjala tranquila ahora. No la necesito.

Termina rápidamente y, con un gesto de adiós, sale. La esclava oye cómo le habla al perro y luego el chirrido de la puerta exterior. Queda dolorida; a él no se le ha ocurrido preguntar cómo sabía ella que Ushait no había dormido: también la esclava sufre insomnios en estos últimos tiempos.

Ahram camina rápidamente por el jardín, donde va clareando. Apunta el sol y sobre las frondas se proyecta alargadísima, como gnomon de un gigantesco reloj, la sombra del faro. En la puerta trasera del palacio le aguarda su secretario Soferis, vestido a la griega, como suele, pero con su peluca egipcia.

—Ya deben de estar casi todos —anuncia.

Ahram responde al saludo y ambos recorren pasillos y escaleras, cruzan luego las oficinas y aparecen en la galería de levante, ya alcanzada por el sol y toda refulgente con blancuras de mármol. Los hombres allí reunidos interrumpen su charla y reciben a Ahram con respetuosa alegría, felicitándole por su viaje. Luego se instalan, según sus respectivas costumbres, en sillas griegas, en taburetes egipcios junto a pequeñas mesitas o, como el mismo Ahram, sobre tapices y almohadones. Soferis cierra la puerta, que sólo podrá franquear Mnehet, el fornido nubio guardaespaldas de Ahram, para servir refrescos o atender otras peticiones. Luego se sienta a la derecha de Ahram y dispone sus útiles de escriba.

Ahram lanza una sonriente mirada sobre sus acompañantes: Assurgal, el astrólogo caldeo, el ingeniero Filópator, Narbises, contable y financiero, Dagumpah, cosmógrafo de la lejana India, que además trabaja en el Museo y accede así a informaciones oficiales de todo el mundo, y Artabo el piloto, que no siempre puede asistir a este consejo privado, a causa de sus frecuentes navegaciones. A un extremo del arco se sienta Bashir y al otro Krito, que sigue llevando su masculina túnica de estos días. Todos contemplan al Navegante con expectación.

—Sí —anticipa éste respondiendo a las miradas—. Tenemos el acuerdo.

Se oyen frases satisfechas, Ahram continúa:

–Voy a informaros pero, ante todo, ¿tenéis alguna impresión de que se haya divulgado el verdadero destino de mi viaje?

Se miran unos a otros y se producen gestos negativos. Soferis asegura que el secreto ha sido bien guardado. La gente cree que Ahram ha ido, como suele un par de veces al año, al campamento de sus científicos, en el mar Eritreo. El *Jemsu*, por supuesto, ha viajado esta vez con velas blancas para no llamar la atención.

–Bien. Recordemos entonces el panorama actual. Hace seis años, siendo Galo emperador, Roma empezó a ser cada vez más vulnerable en Oriente, cuando irrumpieron los piratas godos en el Egeo y Galo hubo de pactar con ellos. Como recordaréis, hice entonces un viaje por esas tierras, pasando varios días en Palmira, donde me di cuenta de su importancia comercial y estratégica, muy superior ya a la de ocho años antes, cuando por primera vez estuve allí con Bashir. Al año siguiente Shapur invadió Mesopotamia, y logró instalar a Artavasdes en el trono de Armenia, amenazando así a los puertos romanos en el Ponto. Emiliano sublevó a las tropas de Mesia para proclamarse emperador y Galo fue muerto, pero finalmente el trono se lo llevó Valeriano junto con su hijo, continuando por ahora. El frente de Mesopotamia no se derrumbó porque lo salvó Odenato deteniendo con sus palmirenos a Shapur, lo que reveló la importancia militar de ese príncipe que empezó siendo –¿recuerdas, Bashir?– solamente un noble provinciano a quien nadie hubiera confiado la defensa de la frontera oriental. Fue tras su victoria sobre el persa cuando empecé a relacionarme secretamente con Odenato, según sabéis, combinando mejor nuestros intereses de modo que mis barcos fueron conectando muy bien con sus caravanas, en los puertos sirios y fenicios. Pero ahora se trata de algo mucho más importante:

Odenato quiere ser independiente en un reino fuerte y nosotros queremos también que Roma no disponga a su capricho de nuestros destinos. Necesitamos un ejército de tierra y Odenato precisa nuestro apoyo ante la amenaza persa que, por ahora y ante su resistencia, se ha desviado hacia Siria, con el terrible saqueo de Antioquía el año pasado. Valeriano no puede ayudarle porque los godos han vuelto a piratear y porque en las Galias han aparecido rivales suyos, apoyándose en las legiones locales para proclamarse emperadores. Por el contrario, es Roma la que necesita a Odenato en Oriente, hasta el extremo de que pronto será nombrado, según mis noticias, gobernador romano de Arabia con el rango de cónsul, además de soberano de Palmira, por su propio derecho.

Murmullos de aprobación y asombro acogen esta inusitada exaltación de un caudillo fronterizo.

–Cuando el año pasado Odenato tomó por esposa a la princesa Zenobia le envié, como sabéis, una caravana de regalos, pero me pareció más prudente, de acuerdo con él, no asistir a la ceremonia. Según mis agentes esa mujer tiene una gran personalidad. No es otra esposa más sino que ejerce una influencia grande, sabe despertar adhesiones en el pueblo y colaborar con su marido en el engrandecimiento de Palmira. He hecho este viaje para conocerla y tratar directamente: los astros, según Assurgal, eran favorables para el encuentro.

–Tengo además el horóscopo de Odenato –interviene el astrólogo con su sonora voz– y es compatible con el tuyo, señor. Desgraciadamente nuestros agentes no han podido averiguar la fecha de nacimiento de la princesa.

Hay risas comprensivas en el consejo. Nadie se interesa mucho por el nacimiento de otra hembra más en un harem oriental.

–He estado en Palmira sólo cinco días, porque fui y

volví por rutas desviadas, pero han sido suficientes. He visto...

—¿Has vuelto a aquella casa de placer, entre la Fuente Monumental y el Teatro? —interrumpe Bashir, mostrando al reír su mella en la dentadura.

—No he ido a eso ni he tenido tiempo —sonríe Ahram—. Apenas he salido de palacio, junto al templo de Baalshamin.

—No ha salido del palacio porque Zenobia es muy hermosa —murmura en voz baja Krito a su vecino Artabo, un marino vestido al estilo de Ahram, recio y de mediana estatura con tranquilos ojos negros y mentón pronunciado.

—Sí, muy hermosa —confirma Ahram, que lo ha oído, a la vez que con un gesto pone fin a la broma—. Tiene unos dientes blancos y unos ojos negros que llenan de fulgor su cara. Pero lo importante es su talento. He asistido a una reunión del Consejo de gobierno, y he admirado la discreción de la reina en no quitar protagonismo a Odenato, así como su acierto al sugerir mejores soluciones para asuntos complicados. Más tarde, cuando los tres a solas debatimos los términos de nuestro secreto acuerdo, intervino mucho más y con una visión muy amplia. Odenato es sin duda un caudillo pero ella, aunque sea una mujer, tiene el cerebro de un emperador.

—¡Vienes seducido! —se atreve a decir el obeso Narbises, uno de los más antiguos colaboradores de Ahram, asegurándose una vez más su peluca a la egipcia.

—Vengo encantado de haber tratado con dos personas excepcionales. Ella te daría a ti lecciones de negocios, Narbises... Pero lo principal es que he despejado la duda que me impulsó a visitarles. Ante ese consulado ofrecido por Roma, importaba aclarar si Odenato se convertía o no en servidor del imperio. No olvidemos que ya hubo un emperador árabe, Filipo.

Ahram deja transcurrir unos momentos y continúa, triunfante:

—Pues bien; definitivamente no. Odenato piensa como yo. Quiere acabar con Roma sirviéndose de Roma. Y hasta de Shapur si le hiciera falta. Es un oriental, como nosotros. Y Zenobia también, incluso más encarnizada. Por eso hemos llegado a un acuerdo. Aún falta estipular los detalles, pero el pacto está sellado. Al fin he hallado mi complemento: un general con tropas como yo lo soy de mis navíos. Odenato será el ejército y yo la fuerza naval, para acabar con esta situación de que entre Roma y Ctesifonte decidan nuestra suerte. Odenato conoce la fuerza militar de Persia y pronostica una derrota romana. Seremos libres todos nosotros: los griegos, los egipcios, los africanos, los armenios; todos. Y nos organizaremos para no volver a estar sometidos.

Parece como si en la galería hubiese brotado una luz, que no es la del sol, ya en las alturas. Los rostros resplandecen de ilusiones.

A continuación Ahram entra en detalles y se pasa a un debate conjunto con sugerencias y objeciones. Algunos tienen más reservas que otros, unos son más audaces que prudentes, pero al acabar la mañana existe ya un consenso satisfactorio en cuanto a las líneas generales de acción, que los presentes se encargarán de ir impulsando según sus competencias. Filópator, el alto y nervioso ingeniero de largos dedos huesudos, revisará los planes de investigación en el secreto Campo Esmeralda; Narbises estudiará las repercusiones financieras del plan; Artabo revisará la flota de Ahram y su posible aplicación militar; Dagumpah asegura con su frágil voz que explotará a fondo sus contactos informativos en el Museo y el Serapion; Soferis, por su parte, utilizará con el mismo fin la red propia de agentes e informadores, creada por Ahram bajo la cubierta de sus numerosas representaciones comerciales en todo el Mare Nostrum y en las grandes ciudades. Ahram les oye satisfecho: llevan años ya trabajando juntos y demostrando la eficacia de su bien articulada organización.

–Esta debilidad romana en Oriente nos ofrece una oportunidad, porque sin duda tiende a agravarse. El centro del imperio ya no es Roma; allí está sólo el espectáculo pero no la fuerza. En las fronteras es donde se juega su destino; donde las tropas destronan o proclaman emperadores; donde son derrotados o donde vencen al germano o al persa. Por eso la frontera es nuestro campo y en ella tenemos a Odenato, que nos necesita a nosotros en la mar para el abastecimiento, el transporte y la guerra naval. Además nosotros somos superiores a todos en algo apenas usado: la técnica. No puedo anticiparos nada pero los sabios de Filópator nos preparan sorpresas. Repito: el futuro se juega en las fronteras.

–En todas –dice suavemente Krito–. Porque dentro del imperio hay gentes fronterizas, como los cristianos o los esclavos. Y dentro de cada ser humano también hay fronteras, la vida se crece siempre en las fronteras.

Sus palabras, cuyo alcance escapa a algunos, no suscitan comentarios, aunque hacen reflexionar a Ahram. Se levantan todos muy animados por las perspectivas.

Se van retirando y Ahram retiene a Krito, después de despedir a Bashir, que sale a comer algo, antes de partir con encargos a Villa Tanuris. Los dos amigos se acomodan ante una mesita para disfrutar relajadamente de un almuerzo, contemplando la espléndida perspectiva del puerto, el palacio de los Ptolomeos al fondo con sus jardines, las naves fondeadas o en movimiento y, por supuesto, la maravilla del faro que ahora, con el sol ya en el cenit, se alza en todo su blanco esplendor.

Ahram añade a su información en el consejo privado algunas anécdotas del viaje y de Palmira, con sus impresiones acerca del ejército de Odenato y de las personas que allí ha conocido, especialmente la pareja reinante. Pero a veces parece distraído y acaricia el pomo de su daga. Krito adivina por eso alguna preocupación más honda, pero prefiere abordar otro tema susceptible de interesar a Ahram.

—Conozco en Alejandría una persona a la que deberías tener en cuenta. Una mujer interesante.

—¿Quién?

—Ya la conoces. Se llama Clea... ¿No recuerdas? La esposa de Drómico, el epistratega.

—¡Ah! ¿Una morena delgada, con el pelo corto como el de un muchacho? ¿Y qué tiene de interesante?

Krito sonríe. Lo que le choca a Ahram le atrae a él.

—Para empezar, el marido. Es muy tosco, ya lo sé, pero es el epistratega. Conoce todo el despliegue militar romano en Oriente y se le pueden sacar cosas. A él... o a ella.

—¿Por qué a ella?

—Porque podría resultarle divertido. O convenir a sus intereses. Es una mujer especial, aunque vosotros no lo notéis. En Rhakotis corren rumores.

Ahram sonríe y da una palmada en el brazo de su amigo:

—¡Ya salió tu Rhakotis!

—Sí, mi gente. Nosotros nos interesamos por lo que a vosotros no os parece importante. Sólo miráis al nivel de los banquetes, los despachos o los emporios. De ahí para arriba. Incluso tú, a pesar de tus comienzos... Os sorprendería descubrir lo que se sabe en Rhakotis de vosotros, gracias a la gente de escaleras abajo, incluyendo las cloacas.

—Reconozco que sueles saber muchas cosas. ¿Y esa Clea?

—Pues resulta que le gusta el mundo de Rhakotis, a pesar de su posición social. Saborea la vida en directo, por así decirlo. Aparece por aquellos sitios alguna noche, con acompañantes varios, hombres y mujeres. Y es muy inteligente; de eso me he dado cuenta en un banquete de los vuestros... Una mujer con talento y atrevida, ¿por qué no tantearla?

—Puede. Mira, hazlo tú.

Es lo que Krito había pensado, pero Ahram no toma así las decisiones.

—¿No quieres informarte antes por los agentes de Soferis, como acostumbras?

—Si tú confías en ella...

—¿Yo? ¡Ni por un momento! —replica Krito, cada vez más extrañado—. Mi propósito era que ella llegase a confiar en mí o en ti.

—Pues ya te digo: inténtalo. ¿Por qué no probar?

«No es propio de Ahram —piensa Krito— ese desentenderse de algo que concierne a sus más vitales planes.» Le mira un instante y le pregunta, en otro tono más íntimo, tiernamente:

—¿Qué te preocupa?

—¿Qué quieres que sea? Palmira, mis proyectos, ya sabes.

—¿Y por debajo de todo eso?

—Nada —la respuesta es seca.

—Nos conocemos hace tiempo, Ahram. Ya hemos hablado de Palmira, de la situación aquí, de muchas cosas... Y ni siquiera me has preguntado por la esclava. Aprende muy de prisa y...

—¿Has averiguado algo nuevo? —interrumpe Ahram.

—Nada que la acuse, ni que levante sospechas.

—Entonces déjame en paz. Tengo preocupaciones más importantes.

—Las mismas que cuando me preguntabas por ella, días atrás.

—¡Basta! —corta Ahram con ojos furibundos—. Estoy harto de esa mujer. ¡Bashir y tú pendientes de ella! Que si es ideal para Malki, que la meta en la torre, que aprenda bien... ¡Basta! Si seguís así acabará cargándome.

Suavemente responde Krito:

—En ese caso resulta fácil librarte. Regálamela.

El asombro crispa a Ahram. Su voz pasa de la ira al desprecio.

—¿Regalártela? ¿Una mujer... a ti?

—A mí. Y no volverías a verla. Si es bruja o vino con malas intenciones, el daño caerá sobre mí.

—¿Y por qué te interesa? ¿Para otra peluca con su pelo?

—Su cabello es muy hermoso, cierto, pero valen más sus ojos. Glaucos, ¿te has fijado?

—Claro que no... ¿Y dónde la tendrías? ¿En tu palacio...? ¡Ah, ya!, en una casucha de Rhakotis, poniéndola a trabajar para ti... Si necesitas dinero, pídemelo, como siempre.

—Puedo ser aquí un parásito, pero nunca fui un chulo de mujeres... Me prometiste algo a tu vuelta si tenías éxito. Pues bien, dame ese algo.

—No. Eso no. Quiero descubrir antes quién es y lo que pretende. No tengo por qué regalártela.

—Entonces véndemela.

—¿Eres rico? ¿Has estado atesorando en mi casa?

—No seas grosero. Te la pido por tu bien, porque te preocupa desde que llegó. Le tienes miedo.

Ahram se levanta tan bruscamente que derriba la mesita. Y ruge:

—¿Miedo? ¡Sólo tú puedes hablarme así y seguir con vida! ¡Si no recordara tantas cosas...!

Krito, a pesar de la furia, percibe la inquietud en esos ojos de águila. Ahram, en cambio, ve en Krito un pecho blanco, apenas velludo, dejado al aire por la nerviosa mano que, al levantarse también, desprendió el pliegue sujeto al hombro. Esa fragilidad a la vista desarma a Ahram. Calla y ordena, cortante:

–Vete. ¡Vete!

Krito compone su ropa y sale en silencio. Desciende despacio, pensativo, y saluda, sin reconocerle, a alguien con quien se cruza en la escalera. Camina por el parque y se detiene un instante junto al banco de los delfines. Él mismo descubrió esa pieza en el derribo de una vieja mansión ptolemaica y la adquirió barata para regalársela a Ahram, que entonces construía su Casa Grande en la isla de Faros. Contornea la caleta, pasa junto al embarcadero norte y llega al fin a su cubil. Abre la puerta con la llave en ella puesta, entra y cierra. Se sienta sobre su lecho y cavila, con los codos en las rodillas y la cabeza entre sus manos. El sol, entrando por la única ventanita, alcanza sus pies.

Suspira. Se levanta y de un anaquel coge un cartapacio. Selecciona unos papiros, con líneas manuscritas de variada longitud. Recita el poema para sí mismo, paladeando el ritmo y el sentido. Devuelve el cartapacio a su sitio. Contempla el único lujo del recinto: un magnífico brocado sasánida cubriendo el hueco que le sirve de armario. Abre el arca al pie del lecho y saca unas ropas. Se desnuda lentamente. Comienza colocándose el *strophium* o banda mamilaria pues, aunque no la necesita porque no tiene pechos que sujetar, le resulta simbólicamente decisiva para instalarse en su fase lunar: le basta ver su desnudo caracterizado por esa banda para infundir a su cuerpo otra sensibilidad. Se viste encima el fino quitón y se lo sujeta con un cinturón alto y otro bajo, disponiendo así elegantes pliegues en su talle. Se adorna con una fíbula en el hombro, se rodea la frente con una cinta y concluye calzándose unas sandalias, cuyas correas entrelaza pantorrillas arriba. Se acaricia la barbilla: está bien afeitada. De un cerrado pomo extrae perfume y se lo aplica en las sienes, el cuello y las muñecas. Abre su puerta y sale, dejando fuera la llave. Se dirige a la del muro y la abre con otra llave sujeta a su cinturón, cerrando por fuera. Baja la cuestecita y alcanza el camino que conduce al Heptastadio, en dirección a la ciudad.

No circula mucha gente por la isla, pero se cruza con soldados del fuerte, pescadores de la aldea y algún burrero del faro. Casi todos son habituales y le reconocen. Por eso no se extrañan de verle caminar así vestido, con paso ágil y risueño semblante.

Conoce los sitios preferidos de Clea en Rhakotis. Espera interesarla.

¿Pero qué se ha creído? Le consiento demasiado. ¿Quién es él para pedirme que le regale a esa mujer? No le necesito para aclarar sus intenciones, para saber si es hechicera, si trabaja para sí misma o espía por cuenta de otros. Toda mi vida he aplastado las amenazas. Eso es lo que me importa de ella; lo demás me tiene sin cuidado. ¡Decirme que la temo! Si no hubiese recordado tantos años, el día que me salvó... Con la palabra, ése es el don de Krito, nadie le iguala. Pero con ella hiere también, ¡maldita sea!

¿Pensar en esa mujer cuando tengo Palmira en mis manos? ¡Tontería! ¡Por fin el aliado perfecto! ¡Un ejército en tierra para mis naves! ¡Ah, romanos, romanos! Habéis ensalzado a Odenato pero no le habéis comprado como a Filipo, para matarle luego. Tiene temple. Cuando termine las murallas su ciudad será una fortaleza, defendida además por el desierto alrededor. Pero sobre todo el ejército, ¡esos jinetes no los tiene Roma! Dignos rivales de los partos. Se encuentra en la edad perfecta: a punto de los cuarenta años. Los que yo tenía cuando salvé del hambre a Roma y con eso desvié las sospechas sobre mí: aún no era yo bastante fuerte. Mi edad cuando fui a Palmira por primera vez. Entonces tan relajada como Alejandría hoy; entregada a sus caravanas y a sus ganancias solamente. Y Zenobia la mitad de años que Odenato, pero con su talento mucho más maduro. ¡Esa condenada esclava, que no hay manera de saber sus años! Horóscopo imposible, tampoco se pierde mucho. ¿Será mentira lo de su perdida memoria? ¿Una manera de impedir investigaciones? Parece haber cumplido los veinte, pero igual podría tener casi treinta; con las mujeres nunca se sabe.

Falta mucho por hacer todavía, el riesgo de la juventud es que Odenato se precipite. Es preciso seguir armando la trampa porque es gigantesca: todo el mundo conocido. ¡Yo le enseñaré al príncipe esa tenacidad secreta! Y Zenobia: es cautelosa. Tendremos éxito. Para él Asia, del Sinaí al este; para mí el Mare Nostrum. Roma y Persia arrinconadas. Sí, los dos son prudentes. Me sorprendía nuestra coincidencia de perspectivas, el encaje de nuestros planes. ¡Aquella noche, sobre todo! Atardecía en los jardines y abajo en la ciudad, la Gran Columnata a contraluz del sol poniente. Digna de la nuestra, con sus ménsulas a media altura de los fustes sosteniendo magníficas estatuas. Después la noche y la cena, danzarinas casi como en mi país sabeo, pero al menos en música Alejandría es muy superior. Las estrellas eran las mías, las del desierto mío, ¡cómo resplandecían! Prometiéndome que cumpliré mi juramento, se realizará mi sueño, viviré para ejecutarlo. En la mañana había brillado Arsu, el lucero adorado con mi madre, el que me envió a Krito allá en Esmirna. Krito, ¡cuántas veces acierta con sus consejos! Parece mentira: ese mismo hombre diciéndome hoy tantas tonterías.

Pero sobre todo los ojos de Zenobia, mientras planeábamos el futuro. Si fuese un poco más alta sería majestuosa. Aun así, ¡cuánto voluptuoso imperio reclinado en su diván! Superior a Odenato; ideal complemento del guerrero. «Es más astuta que yo», reía el príncipe; ella bajaba los párpados, miraba de soslayo y sonreía. Pero más que eso; es deslumbradora. infundía su encanto a todo alrededor; si no, no podría explicarme mis sensaciones. Yo como embriagado, sin saber lo que me pasaba, pero era una borrachera lúcida. Veía estrellas increíbles: más vivas que nunca, y rojas, amarillas, verdes; no sólo blancas. Las flores más olorosas, las siervas más seductoras, los perfumes más penetrantes... Si existe un paraíso será así. Jamás me sentí igual: allí todo parecía flotar, pero a la vez era más verdadero. Yo como en trance, pero mi pensamiento alerta y clarividente. Veía el futuro al alcance de la mano... Llamar astuta a Zenobia no es suficiente; pero ciertamente sus ojos guardaban más de lo que decían. En cambio esta esclava del cabello increíble tiene la mirada más clara del mundo. Jamás sus ojos huidizos, siempre de frente y serenos. Bueno, tampoco la he mirado mucho, no se vaya a creer. Pero también puede ser otra táctica, más solapada aún. Que lo averigüen ellos; Soferis, Bashir, quien sea; no me voy a ocupar yo de esa pequeñez. ¿Qué había en la mirada de Zenobia? ¿Algo personal? Esa sonrisa, esos labios llenos, pero más de violencia que de sensualidad. ¿O me equivoco? Al menos es mi aliada. Vigilaré, pero empezamos bien. Y la alianza nos conviene a todos. ¿Por qué había de fallar?

Me ha dejado de mal humor, ese Krito. En vez de pedirme semejante locura, ¿por qué no me ha dicho que le ha regalado a ella un brazalete? Eso se lo calla, cree que no me entero. ¿Por qué se lo ha dado? ¿Y por qué lo lleva ella? ¡Cómo no iba yo a verlo en su brazo! Nunca hubiese sospechado de dónde lo había sacado a no ser por Ushait. ¿Por qué callas, Krito? Si no fueras mi estrella, si no fueras el Ahram de la palabra, eso te costaba desaparecer de aquí. Aunque mejor observarte, ver lo que haces ahora que te la he negado. ¡Ándate con ojo! A lo mejor eres un infeliz ante las mujeres y has caído en su trampa. A lo mejor ella quiere enemistarnos, crear divisiones dentro, engatusarte para valerse de ti contra mí. ¡Cuidado, buen amigo! Primero hay que aclarar la cuestión, después podré dártela. Si se me antoja prescindir de ella; pero antes quiero saber lo que pretende.

¿Dormía Ushait de verdad cuando he bajado hoy? Podía estar cansada, pero hay magias, bebedizos para dormir a la gente, y entonces ser ella quien me sirva el desayuno. ¡Lo que me desespera es que nunca estoy seguro! ¿Le asomaban sin querer unos rizos o los había dejado fuera del pañuelo a propósito? ¿Por qué no llevaba el brazalete esta mañana? ¿Se quedó sorprendida cuando bajé tan temprano para hablar con Bashir antes del Consejo, o espiaba mis movimientos? Porque ya estaba en pie cuando asomé... ¡Maldita sea tanta incertidumbre! Voy a acabar con ella como sea.

Es una obsesión. ¿Me estará dando un bebedizo con la leche que tomo? Nunca he perdido tanto el tiempo como ahora. Sí, estaba levantada. En cambio cuando bajé a la gruta a medianoche dormían las dos. Ella también. Al menos no se ha atrevido a bajar nunca a la gruta: hubiera encontrado yo roto el hilo que puse. Ahí sí que es terreno sagrado; si se atreve, ¡se acabó! Pero no lo ha hecho... ¡Mira que llamarse Irenia! Si me quedo con ella se llamará otra cosa. Y es verdad, tiene los ojos glaucos. ¿Le habrá dado otro bebedizo a Bashir en Tanuris? ¡La defiende de tal modo! Me gustaría pensar tranquilo. Su decisión frente al perro, ¿fue magia sobre los animales? ¿Acaso *Tijón* es su demonio familiar y actuó para ponérmela delante? No, ella tenía miedo de verdad y *Tijón* es leal conmigo. ¿Y aquel escollo sumergido, cuando nuestro primer embarque? ¿Por qué no ha de ser natural que lo viese? Lo mismo que el amuleto de Malki. Pero después, en la isla, ¿cómo resistió tanto tiempo bajo el agua, cómo encontró la daga? En mis pesquerías de perlas hay algunos que aguantan más que yo, y ella se crió en una playa. Pero, ¿antes? ¡Ése es el problema! Sumergirse puede no ser magia. En cambio su cuerpo, en la túnica mojada, durante el regreso a Tanuris... ¡así se puso Tinab! Pero sobre todo su mirada, en eso tiene razón Krito. Su expresión cuando dejo traslucir mis sospechas. Su expresión inocente... ¿Debo creérmela?

¡Ah, no, lo de las morenas, imposible sin un secreto poder...! ¡Suponiendo que sea verdad! Si fuese una espía romana les hubiera sido muy fácil inventar la historia de Cirene y venderla con esa etiqueta. A lo mejor Amoptis está en el ajo y no la compró al azar... ¡Ya basta de pensar en ella, diablos...! Pero no debí decirle, aquella mañana en la playa, que me iba a Palmira. Era un secreto; fui ingenuo. ¡Si es que parece inocente...! Debo de estar cansado, cuando no consigo alejar mi obsesión: ¡pensar tanto y tanto en una mísera esclava! No puede ser enemigo... También es que necesito una mujer. Aunque no soy Odenato, no soy todavía un viejo. Pero me haría falta una Zenobia para hablar con ella de política y de amor. En el gineceo me aburren todas. ¡Y eso que están ansiando agradarme! Prefiero estar solo, prefiero pensar. Estuve a punto. Sí, Ahram, reconócelo, estuviste a punto. Al volver de la gruta, viéndola dormida. ¿Y si la subo arriba, la follo bien follada y me olvido? Dejaría de pensar en ella, es un remedio. Pero ¿y si caigo en sus redes porque no es inocente? Luego sería más difícil averiguar la verdad. Pero una solución, seguro que lo era... No, no; para eso cualquier otra, ésta sería un desperdicio... Y sin embargo se me ocurrió. Pero no lo hice, a pesar de que cuando Ahram piensa una cosa... Ha sido un viaje muy intenso. Pasar inadvertido por las rutas y, luego, pesar bien cada palabra en la negociación... Tengo que descansar... Que me cuiden, como me recomienda Soferis. Pero ¿en la torre? Mejor en mi alcoba en la Casa, junto a la galería... ¿Eh?

Esa paloma viene aquí, parece... ¡Sí, es nuestra! Voy a llamar a Soferis; habrá noticias. Eso es lo importante y no esta mujer persiguiéndome.

Reventó, ha estallado, llegó mi inundación, se desborda, me cubre, me ahoga... Estoy loca, estoy loca. Pensé que al volver de su viaje se daría cuenta de que existo, me dije «ahora que estoy en la torre, que me encuentra a diario», pero han pasado cinco días, ¡cinco días!, viéndole llegar y subir a su cámara, arriba, donde el lecho prohibido, viéndole bajar, oyéndole cómo me habla sin verme aunque me mire, con esa sonrisa que no es mía, separados en la noche sólo por un piso... No, no me lo dije porque no me atrevía, no me lo quería decir, no pensar lo imposible, pero ha reventado, como un volcán, Egipto con toda su violencia creadora, desbordándose en mí, deslumbrándome con esa verdad, la inundación, estrella Sopdit en mi vida, ya no puedo ocultármelo, y te llamo de «Tú», a ti mi amo, eras un mito y te has vuelto Tú, cerca y lejos como los dioses, Tú, a un tiempo la voz de Uruk, los pies de Narso, la fiereza de Roteph, Tú, señor de Alejandría, de las naves, de Oriente y de tu esclava, que no existe, no duerme, no descansa, ya me entrego al destino, a sufrir lo imposible, a arder sin esperanza, aunque al menos estoy más viva que antes, cuando quería ignorar, existir nada más.

Comenzó entonces, aunque yo no lo supe, hace setenta y ocho días, en el fin de año egipcio, el Nilo a punto, eran los días epagómenos, cuando el perro te llamó, el niño le provocó, los colmillos de *Tijón* afilados por los dioses, ahora veo cuán claro estaba: o la muerte o Ahram, y fue Ahram, que es mi muerte, y mi cielo cada día, pero imposible, inútil, estoy loca, si no me viste en el falucho, cuando mis pechos encresparon a Tinab, ¿cómo me vas a ver nunca?, me diste a Malki como se le da a un ayo, te lo he devuelto como tú querías, ya no sirvo de nada, otra esclava en la torre, un bulto que trae cosas, ¡y tenerte tan cerca!, hasta sentir en mi carne tu calor de hombre, respirar tu olor de hombre, no podré soportarlo, como esta mañana en tu desayuno, ¡qué suerte Ushait dormida, tu llegada temprana!, reparaste en los dátiles más que en mí, pero yo feliz tan cerca, y aún no amanecido, en la sombra más juntos, por poco derramo la leche pero ni eso te hizo mirarme, alguna vez la derramaré adrede, para que te irrites, ¡si al menos me pegases como en la isla!, hablaste al perro al salir más que a mí, le acaricias y no a mí, el otro día te fijaste en el brazalete, lo sé aunque no me dijiste nada, hoy no lo llevaba porque bajaste inesperadamente, pero lo vas a ver a diario, hasta que me preguntes, que sospeches si lo he robado, me crees maga, ¡qué más quisiera yo!, entonces serías mío, pero estoy loca, ya no pude más, me sublevé contra tu silencio, antes de pensarlo dije: «¿Estás descontento? ¿Te he servido bien, señor?» «¿Por qué había de estarlo?», no ves ni mis torpezas, estoy loca, esperaba agradarte, que dejes dormir más tiempo a Ushait, que sea yo quien a veces te suba el desayuno, a esa habitación que he visto, ¡si Ushait lo supiera!, donde reina una cama, tu cama, pienso que sólo tuya, Ushait insiste en que nunca la completas, ¿cómo lo consigues siendo tan hombre?, yo soy mujer y no puedo, pero sólo quisiera contigo, lo imposible, ni siquiera con Krito, ni por el morbo de sus ojos grises, de su cuerpo ambiguo, y ni te fijas en mi perfume, si me preguntaras te lo gritaría: «me lo regaló Krito», a ver si pensabas en mí como mujer, estoy loca o tonta, intento lo imposible, hoy no llevaba la banda en los pechos y se movían sueltos en la túnica, si no los viste en el falucho, ¿cómo verlos ahora?, imposible, estoy loca, te sorprendió encontrarme despierta, ¡pero si no duermo!, ¿crees que no te oí esta noche?, te vi cruzar de la escalera a la puerta, tu cuerpo desnudo como el de un dios, tu daga en la mano, la que yo rescaté de la mar, la medalla en tu pecho, o el amuleto, no sé cómo no grité al verte, en cuanto saliste corrí al ventanillo, tu cuerpo enrojecido por el resplandor del faro, te detuviste con el perro, a él sí le ves, ¡ojalá fuera yo perra!, ¡pero si lo soy!, en celo, desbordada, inundada de ti, pero sin alcanzarte, mi marea no pasa de tu puerta, te alejaste hacia la escalerilla de la cueva, ¡qué tentada de seguirte, desnuda yo también!, me retuvo el observarte, averiguar qué hacías creyéndote solo, y necesito saber de ti, todo, estoy loca pero no desisto, me moriré en tu busca, pero no me resigno, regresaste, ¡aún estabas más hermoso al volver por la senda!, te habías echado a la mar y tu carne húmeda relucía con el resplandor granate, me creíste dormida y te paraste junto a mí, te oí respirar, jadeabas, pensé ¡me ha visto, me está viendo!, ¿cómo no te atronó los oídos el tambor de mi corazón?, mi cuerpo casi se alzaba en el aire para ir a tus brazos, para que me llevases arriba, a ti, a hacerme tuya, a convertir la esclava en mujer, mujer que al fin se ha rendido a su pasión, la quiso ignorar por desmesurada, por imposible, pero no hiciste nada, simplemente comprobabas si había podido verte, te preocupabas por la espía, la de los poderes mágicos, la enemiga, ¿enemiga yo?, ¿estás ciego?, ¡si soy tu carne, tu imperio, tu dominio!, ¡si estoy invadida por ti, soy sólo tú!

11. LA REVELACIÓN

—¡Muchacha! ¿En qué piensas? ¿No te enjabonas?

La esclava aprovecha el tiempo libre durante la mañana para lavarse el cabello con el agua del pozo junto a la torre. Como Ushait tiene razón, coge un pequeño trozo del mejor jabón fenicio, el de barrilla con grasa. «¡Si conocieras mis pensamientos dirías que estoy loca! Además ¿qué importa mi pelo, si no lo aprecia su dueño?», piensa Irenia. Pero desvía el tema:

—Este pozo es un milagro. Tan cerca del mar y el agua se puede beber. Eso sí, hay que largar mucha cuerda.

—Es único en la isla —aclara Ushait—. El amo dice que es regalo de una estrella. Estaba cegado cuando se construyó el palacio y lo descubrió él mismo al arreglar la torre en ruinas. El agua que usan en el palacio y los jardines viene de la ciudad, por un conducto que pasa bajo los arcos del Heptastadio.

«Ushait siempre charlatana», piensa Irenia, que sólo tiene ganas de cavilar a solas. Para empeorarle las cosas, por el sendero se acerca Bashir, a quien en otras circunstancias le hubiera encantado recibir.

Trae un hermoso pez cogido de las agallas y, después de saludarlas, lo entrega a Ushait para que lo cocine.

—Toma. Recién salido de la mar.

—Ya me lo esperaba —comenta Ushait—. Cuando salió el amo tan temprano y no echó a andar hacia palacio, supe que bajaba al puerto.

Ya le han contado a la esclava cómo le gusta a Ahram al amanecer, cuando salen las barcas y llegan las nocturnas, reunirse con los pescadores de la aldea o los del puerto pesquero del Eunosto, al otro lado del Heptastadio. Le encanta charlar con ellos e invitarles a un jarro de cerveza; le recuerdan sus primeras navegaciones juveniles. Salta descalzo de un bote a otro, examina las redes, se entera de cómo va la temporada, pregunta por los familiares.

Bashir elogia el cabello de Irenia.

—No sé para qué lo cuido —responde enojada— porque volverán a cortármelo.

—¿No ha aparecido la peluca de la señora? —pregunta Bashir con ojillos maliciosos y una intencionada sonrisa.

«¡Encima le divierte mi percance!», piensa Irenia, más furiosa todavía.

—¡Qué cosa más rara ese robo! —interviene Ushait—. ¿A quién puede aprovecharle?

—Pues a cualquiera de las señoras que fueron a Canope para vestir a Malki —responde Bashir—. Ese día desapareció la peluca y ¡la miraban todas con una envidia...! Pero no te preocupes, Irenia. Aunque te lo corten, te vuelve a crecer tan de prisa...

Irenia se mete en la torre para no responder. Hasta Bashir está ahora contra ella. Mientras avía unas verduras para la comida de ambas, oye la conversación por la ventanita:

—¿Fuiste con él a la playa?

—Sí —contesta Bashir—. ¿Por qué?

—Porque el amo no ha dormido en la torre... Bajó a la gruta antes de medianoche y no volvió hasta poco antes de amanecer.

—¿Toda la noche? —se asombra Bashir—. ¡Qué raro!

—No lo había hecho desde que nació Malki; cinco años casi.

A Irenia, en la torre, no le sorprende. También ella estaba despierta, pero el insomnio de Ushait le impidió correr a la ventana, como la noche anterior, a esperar el regreso de Ahram, rojo dios desnudo al resplandor del faro. ¡Qué tortura, fingirse dormida mientras cavilaba!

Bashir saca un trozo de *quem* y mastica pensativo.

—Por eso estaba el amo con el genio raro. Hasta los pescadores lo notaron... Yo creí que le preocupaba el viaje.

—¿El que hizo a Palmira?

—No, el que está preparando. Va a ser largo.

«¡Otro viaje! ¡Se vuelve a marchar!», se sorprende la esclava. Acusa el golpe y sale a la puerta disimulando su desolación.

—¿Por qué va a ser largo? —pregunta.

—Se lleva a Filópator y a Artabo, por lo menos. Van a Darnis, a ver sus astilleros, los grandes. Además quiere visitar algunas de sus grandes sucursales, al menos las que dirigen sus hijos: Cirene, Atenas y hasta la de Ostia, en Roma, donde está el mayor. Lo menos un mes o mes y medio, si va a todos esos sitios.

Irenia vuelve a meterse en la torre, como si no le interesara, pero mientras continúa aviando el almuerzo las lágrimas mojan sus mejillas. Ya no escucha la conversación afuera. «¡Un mes y medio o dos...! No voy a resistirlo»... Se quita las lágrimas con el dorso de la mano y sonríe amargamente: «Claro que lo resistiré; ¡como siempre!»

Al fin Bashir se va y los cansados ojos de Ushait no advierten el rostro descompuesto de la esclava, que consigue soportar el día con apariencia de normalidad. A veces mira hacia la Casa: la gran galería de levante y las dos habitaciones adyacentes ocupadas por Ahram sólo se ven de refilón desde la torre y no advierte nada en ellas quien quisiera poder traspasar los muros con su mirada. Al anochecer divisa luz en los aposentos pero casi en seguida encienden la pira del faro y su rojiza llamarada envuelve los jardines y edificios. Ushait se acuesta pero la esclava, incapaz de dormir, se sienta fuera sobre una roca, hundida en sus pensamientos y envuelta en los perfumes nocturnos de las hierbas silvestres mezclados con el olor salino de la marejada.

Está a punto de retirarse cuando oye pasos –¡inconfundibles pasos!– y se pone en pie. Ahram abre la puertecilla. El perro se precipita a recibirle poniéndole las patas en los hombros y la esclava, al ver el desagrado en el rostro del hombre –«¿o es porque me encuentra aquí como esperándole?»–, acude a retener al perro por el collar, para atarle la cuerda sujeta a un palo en el suelo. El hombre, que sin contestar al saludo de Irenia se ha limitado a mirarla, vuelca de pronto su atención en el nudo que tan sin pensar está ella apretando. Aún están las manos de la mujer sobre la cuerda cuando las de Ahram se posan en ellas. Tropiezan allí con el brazalete de plata y el contacto parece petrificar a Ahram, paralizando a la esclava.

La mira y es mirado. Hay un clic en esos ojos, corre un fluido de unas manos a otras. De agachados como estaban sobre el collar del perro se incorporan, sin soltarse las manos, y quedan frente a frente. Irenia tiembla. En la garganta viril brota un sonido extraño, como tragándose un rugido. Sigue un silencio. Ella se siente como disolviéndose por dentro, a la vez que encendiéndose. Al fin esa garganta enronquecida logra articular:

–Ven.

Y añade, como si fuese algo diferente:
—Ahora.

Aún antes de haberlo dicho ya la atrae con una sola mano que aferra el brazalete en torno a la muñeca femenina. Con la otra abre la puerta y ninguno de los dos oye su chirrido habitual. El perro tira de la cuerda queriendo seguirles pero ellos no ven nada. El hombre se la lleva hacia el borde del acantilado, en el arranque de la escalerita. Baja por los escalones a pico sobre el mar, como se desciende a una arena de combate; la mujer le sigue insensible al riesgo de caer al mar, impulsiva como si fuera ella quien empujase. En un quiebro final los escalones les enfrentan, a la altura casi ya del suave oleaje, con la abertura de una gruta: inesperada concavidad en el vertical acantilado. La suave pendiente del suelo, alisado por el mar, permite que las ondas hoy en calma penetren mansamente y se retiren. Fuera de su alcance una alfombra de algas secas forma al fondo como una yacija. Encima, en la pared, existe un hueco natural vacío, a modo de hornacina.

La pareja se detiene un instante en ese umbral, justo donde alcanza la marea. El hombre jadea, pero no de cansancio. Ella, estremecida, contempla el mar hacia el exterior y descubre asombrada que se encuentran en otro mundo diferente. Han salido de una noche incendiada por las rojas llamas del faro y han bajado, a la sombra del acantilado, a una noche mágica en el reino luminoso de la luna, que tiende sobre las ondas un plateado camino hacia el infinito. Luna también diferente, nunca vista... ¿O acaso, por el contrario, es una luna ya vivida antes —¿antes de qué?— y sumergida luego en el olvido? Algo, por ese camino de plata lunar, entra en el corazón femenino, en sus entrañas, hasta su abismo. Por un momento —luego le parecerá increíble— olvida al hombre, y trata de recordar, de recordar aquello que... aquello entre nieblas... entre las nieblas de... ¿cuándo?

Rompe ese recuerdo el dolor en su muñeca. La presión de la mano masculina le está clavando el brazalete. Y su voz ordena:

—¡Tíralo a la mar! Tú misma. ¡¡Tíralo!!

Irenia no lo hubiera hecho, pero ya no es Irenia. Otra mano, que es la suya, saca el brazalete de la muñeca, donde ha dejado una señal morada, lo contempla un instante a la luz de la luna y lo lanza al mar. Un punto luminoso traza una parábola, cae, levanta breve espuma, desaparece entre las ondulaciones oscuras de las aguas.

—Así —triunfa la voz a su espalda y siente su dorso aplastado por el pecho del hombre, que la envuelve en sus brazos. La lleva hasta el fondo de la gruta, la suelta, se coloca frente a ella, alto y oscuro, a contraluz de la claridad lunar. El hombre lleva sus manos a la fíbula de su manto y lo deja caer, quedando sólo con la corta túnica. Ante ese gesto la mujer se arrodilla para descalzarle las sandalias: un ardor la arrebata cuando sus manos acarician así, por vez primera, esos pies de pescador como aquellos otros primeros, que quieren también hacerle recordar, como la luna antes vivida... ¿qué?

Cae ahora la túnica. Las manos femeninas suben acariciando las piernas viriles, más lentamente una de ellas sobre la cicatriz de la morena. El hombre se inmoviliza, tenso y reblandecido a la vez, para recibir esa marea carnal, esa caricia de espumas. Sus manos descienden a los hombros femeninos, los elevan, desnudan a su vez a la mujer, se posan sobre los pechos y ella siente erguirse sus pezones bajo esos dedos de cuero y, a la vez, de sueño, de seda, de fuego.

Se miran: él ve los dos ojos claros y ella, aún a contraluz, dos puntos luminosos en el rostro en sombra, dos dardos que la traspasan de deseo. Sus manos enardecen a su vez las tetillas viriles y acarician, entre el flexuoso vello, otra cicatriz; descienden luego por los flancos mientras ella vuelve a arrodillarse. Con su rostro, frente al sexo, lentamente se acerca y posa los labios sobre el miembro ya tumescente, pero aún colgante. No es un beso de avidez ni de posesión, sino un homenaje, un cumplimiento, una esperanza. El miembro lo recibe respondiendo y el hombre se arrodilla entre los abiertos muslos separados que ella ofrece dejando caer su espalda sobre las algas secas... De repente, la angustia; ¿por qué el hombre está quieto, clavada su mirada en la cóncava roca, sobre la cabeza femenina...? Pero es sólo un segundo: él se inclina, apoyándose sobre las manos, y una marea de labios ávidos, absorbentes y rodeados de filamentos como los de una anémona, cubren los pechos impacientes, el delicado cuello, la cara extática.

«¡Por fin me ves!», pensaría ella si pensase; si su cuerpo conservara la razón. Pero lo que hace es llevar sus manos al cordón donde cuelga la dorada medalla del hombre.

–¡No! –susurra su dueño mientras febril, desencadenado ya también, acaricia los cabellos prodigiosos, descubre bajo ellos la suave caracola de la oreja, que besa y saborea con la lengua.

Los cuerpos se entrelazan, los gestos se aceleran. Ella siente contra su vientre el espolón erguido y se abre, se ofrece, se adelanta. El ariete la encuentra, la tantea y la penetra despaciosa, poderosamente. Ella absorbe ese instante del primer saboreo con el macho en su vientre, suyo todo él, toda su longitud y poderío. ¡Posesión del hombre, ya es mío, me hace suya! El pene se hace cordón umbilical, da nueva plenitud al vientre, retorna al origen, consolida la unión. Ella lo saborea y el hombre prolonga la sensación porque es buen jinete y espera, antes de empezar a moverse, a liberar el miembro de su elástico y tibio cautiverio para volver a entregarlo, suave y violento, tranquilo y ardoroso, mientras murmura palabras en una lengua ignota.

El ritmo viril no es agresivo sino cósmico: vaivén de olas, palma mecida por la brisa. La piel de sus flancos se entrega a los muslos que la acunan apoyándose en los pies que sostienen el vaivén. Se siente mecido en una ola de carne que le envuelve con unas manos en su espalda, arañantes o acariciantes, y que le embriagan los oídos con el jadeo amoroso, con la palabra hecha música. Se disuelve en ella sin alarmarse, abandonándose, porque cuanto más se entrega más poderoso es su sexo, más grande con ese rendimiento su triunfo. Ahondando, ahondando, elevándose cuanto más se hunde, ensanchándose cuanto más se concentra. Ya no le envuelve el mar sino el cielo, las estrellas, el universo. Cede toda barrera, es anegado, arrebatado. Y ella es también más vencedora cuanto más vencida. El ímpetu del surtidor crece y crece, más alto, más cristalino, más afilado y vivo, todo lleno de una luz que convierte la gruta en un diamante cuyo centro es la pareja. Hasta que el surtidor se rompe, estalla, y la líquida lanza se hace flor derramándose redonda, en círculos, en inundaciones...

Justo en ese instante del doble grito en éxtasis un golpe de la marea lanza una ola más larga que baña los pies de ambos. Es para la mujer como un golpe de címbalo, que aturde y anuncia: como si todo el océano la envolviese para llevársela a otro tiempo, entrase en ella para llenar su abismo. Porque al fin recuerda lo que le quería evocar la luna. Lo recuerda todo, recobrando el pasado en la cumbre apasionada. Le llega la memoria a la vez que el orgasmo. Los espasmos de la carne se redoblan así con los del pasmo vidente, y el hombre que se creía agotado aún encuentra al sentirlos una nueva respuesta de coraje y asombro, preguntándose si ella habrá adivinado. Porque a él también la mar le ha vuelto joven, le ha instalado en otro tiempo y ya desde antes, cuando contempló la hornacina vacía sobre la cabeza de la mujer, había intuido que el abrazo sería tan milagroso como el primero, aunque tan desaforado como si fuera a ser el último.

Cada uno se ahonda en sí mismo fundido al otro; los dos callan: no es hora de palabras. Y cuando él se tiende junto a ella reteniéndola aún en sus brazos, sintiendo ambos que esa mar reveladora alcanza ya sus rodillas con las altas mareas del otoño, aparece en sus ojos la misma claridad abismada y en sus labios una misma sonrisa, no sólo ante la carne satisfecha sino ante el espíritu portentoso de la revelación.

Mientras el hombre desfallece laxamente a su lado, pleamar que se retira acariciante, ella se asusta de su descubrimiento, reviviendo toda su resurrección. «No, no puedo decírselo, quién sabe lo que haría», piensa mientras también su carne va apagándose encendida, se adormece despierta en el deleite. Ahram se siente mirado, pero no la mira: quiere ocultar dos lágrimas de hace tiempo y de ahora. «¿Qué he dado? ¿Qué he recibido? ¿Quién ha sido?»: preguntas como ésas se entrecruzan en su mente. En ese instante se escapa de los labios femeninos, sin ella darse cuenta y entonada muy suave, una dulce y extraña monodia, diferente de todas las músicas por él conocidas.

No puede haberla oído en sus muchas singladuras: nunca tuvo ocasión de escuchar a las sirenas. Porque ese canto es el de las sirenas: sin palabras, sólo modulaciones del mundo submarino que ellas, las hijas de Nereo, ofrecen a la luna cuando la mar se duerme.

Me creía perdida y todo me es dado de golpe, nunca soñé con tanto, desde mi pasado entero hasta su amor en esta cámara, ¡y he subido a ella en sus brazos, me ha traído a su lecho!, su dormido perfil en abandono me arranca lágrimas, a él se lo debo todo, me ha completado, fui sirena, ¡fui sirena!, no tuve infancia porque tuve eternidad, y no la quise, ¡qué recuerdos tan nítidos ahora! ¡oh, Ahram, mi meta, mi destino!, ¡tú sí que eres mago!, ¿por qué te resistías?, ahora lo comprendo, me intuías extraña, no era sólo mi magia sino tu interés adivinándome, lo temías, te temías, aún no me creo estar aquí a tu lado, en tu santuario, porque aún te temes, ahora comprendo tu retraimiento, ¡qué semanas!, ¡y yo temiendo hasta la seducción de Zenobia!, tuviste miedo de tenerme miedo, eso te decidió, probarte, saber tu fuerza mayor que la mía, ¿o acaso pensaste que con gozarme me olvidarías?, pero eso no, tú aspirabas a más y tu piel se rindió cuando tu mano en mi mano, en el collar del perro, otra vez *Tijón* uniéndonos, como aquel primer día, mensajero de los dioses, y el brazalete, eso fue: ¡el brazalete!, ¡cómo te enfureció!, ¡celos de Krito, niño mío, amor!, si supieras, es verdad que le tengo cariño, porque es como yo, quiero decir como yo era, lleva otra oquedad en su alma, ignoro cuál, y sus ojos me encienden, me subyugan, pero eso no es nada, brisa ante tu vendaval, al hacerme tuya me has resucitado entera, en tus brazos he recordado, has sido el Supremo, el único vencedor de mi olvido, hasta ti no fui mujer del todo, la mujer que yo quería ser, tú has roto la barrera, incluso quizás impuesta por la diosa, ninguno antes llegó tan a mi hondura, ninguno me hizo recordar, y sin embargo fueron fuertes, Uruk sobre todo, amaba como un terremoto pero sólo me hizo hembra, Narso era un potro en celo pero sólo me hizo madre, Domicia era de seda pero sólo me hizo amante, Roteph fue la violencia que no me alcanzó, y delicia fueron todos pero tan sólo anuncio de tu verdad total, preparándome para ti que los compendias, que al hacerme Mujer me has hecho todo, incluso sirena, llevándome a mis aguas primitivas, abriendo la cárcel de mi memoria, hasta una infancia me das, porque los dioses son eternos niños, ni crecen ni sufren, ni aprenden ni comprenden, ni viven ni mueren, tú y yo nos esperábamos, empecé a comprender en los escalones del acantilado, pasando del rojo y negro al azul plata, del incendio del faro a la lumbre lunar, la mar con red de luna ya era la mía, y tus piernas de pescador las que yo admiraba en su fondo, hace siglos, cuando ellos los terrestres se sumergían, todo empezaba a ser lo mismo, tu vello era marino, tierno en tus muslos, flexuoso en tu pecho, encrespado en tu vientre, ¡hay tan diversas algas bajo el agua!, me deslumbró un relámpago, «yo he jugado con algas, me he movido entre ellas», supe sin duda alguna, no pude pensar más porque me arrebatabas, aunque me preparó como la luna, pero aún no recordaba, fue preciso tu ariete rompiendo mis barreras, desatando mis cataratas, el Vértigo, el exaltado abismo, la crispación final al borde de la muerte, al borde de la vida, entonces reconocí el instante, el soñado bajo las aguas, el buscado cada día sobre la tierra, el que me concedió la diosa, mi memoria se abrió como mi carne a tu deseo, mi sangre empezó a cantar, como cuando imploré a Afrodita en su santuario, corrieron los mil ríos de mi cuerpo, escuché sus latidos y sus voces, sentí mis cavidades y mis ecos, te derramaste en mí y el mundo vibró mágico, cuajó en cristal sonoro, agudísimo y denso, inmóvil y violento, el grito llegaría a las estrellas, y yo en ese cristal, y siendo ese cristal, más que sentirme viva fui la Vida misma, esa que nace y muere en cada instante, sin acabarse nunca, la vida que se goza porque huye, la que se espera porque renace, yo era esa vida y tú me la habías dado, el niño con su miedo de tenerme, me habías dado incluso mi pasado, esa vida que se nos escapa por la costumbre, me la diste nueva, hecha grito y torrente, tembló la tierra y yo temblé con ella, me rebosaba y casi fui yo el grito, gritar quisiera ahora, relatártelo todo: cómo me interesé por los humanos, cómo llegué a envidiarles y recurrí a la diosa, darte también mi otra vida como te he dado todo, ¡qué esfuerzo estar callada!, ¡tapándome la boca con las manos!, pero no quiero perderte, ¿y si me crees loca el día que lo sepas?, ¿y si creyéndome le temes a mi origen?, ¿y si la diosa me quitó la memoria para que no hablase?, ¡pero no me lo prohibió!, quizás creyó el olvido suficiente, infranqueable, ¡no contaba contigo, con tu fuerza amorosa!, si has podido vencerla no nos pasará nada, acabaré contándolo, sabrás cómo te busqué sin saber tu nombre, cómo salí de la mar para encontrarte, para ser mujer a la altura de mi hombre, cómo transité por otros y otras, reviviremos juntos esa historia, aunque también yo temo; los hombres son difíciles...

Aquella sirena era diferente de sus hermanas, las inmortales hijas de Nereo. Ya era único y sorprendente su cabello, no precisamente de un rojo coral, sino del suave dorado de las escamas en algunos peces, ni rubio ni oscuro como en las demás. Y, sobre todo, su comportamiento era extraño, pues se cansaba de entretenerse como ellas, observando los pulpos, admirando las actinias o los cangrejos ermitaños, jugando con los peces, moviéndose entre las algas para sentirse acariciada por las ramas flexuosas. Se interesaba en cambio por objetos que a sus hermanas les parecían ajenos y, sobre todo, permanecía largos ratos inmóvil, sin emitir ningún pensamiento que ellas pudieran captar mentalmente, pues las sirenas no necesitan articular un lenguaje. Todo eso era tan anómalo que a veces les parecía a las nereidas de otra especie y, si no pensaban que estuviera enferma, es porque tal idea es ajena al mundo de los inmortales.

Se interesaba especialmente –no sabía desde cuándo porque ellas ignoran el tiempo– por aquel gigantesco animal parecido a un mejillón, con su extremo frontal puntiagudo, y por las crías que parecía llevar sobre su lomo. Era un animal de superficie, incapaz de sumergirse, pero en cambio sus crías se hundían a veces en el agua, divirtiéndose en coger coral y esponjas. Poseía una gran aleta dorsal extrañamente colocada de través, que a veces plegaba quedándose el animal inmóvil. Entonces solía desprender un largo filamento con una uña al extremo, mediante el cual se agarraba a alguna roca o a la arena del fondo. Otras veces despedía toda una trama de filamentos en los que se enredaban los peces que, al replegarse ese extraño órgano, desaparecían en el vientre del animal, seguramente por constituir su alimento. Por su enorme tamaño parecía congénere de esas ballenas descritas por alguna sirena viajera procedente del lejano oeste, allá donde las Columnas de Hércules.

Las crías no tenían caparazón alguno. Eran casi blancuchas, inermes, vulnerables, algo mayores que una sirena y, sobre todo, increíblemente torpes. Constantemente habían de asomarse fuera del agua para volver a sumergirse y eran muy malas nadadoras porque, si bien su torso era como el de los tritones, con cabeza y brazos, en cambio de la cintura para abajo les faltaba la cola indispensable para moverse eficazmente. En vez de ella movían acompasadamente dos apéndices, pero sin eficacia, pues el agua se escapaba entre ellos en vez de impulsarles con su resistencia. Fijándose bien, entre esos apéndices mostraban además una minúscula colita, con una bolsa adyacente, sin duda germen —pensaba la sirena— de su futura cola natatoria, cuando su crecimiento les llevara a una fase intermedia, como la de otros animales marinos antes de poseer el gigante caparazón de adultos. Para la sirena no tendría sentido decir cuándo, pero llegó un momento en que empezó a notar la necesidad de ayudar a aquellos seres indefensos y torpes en su testaruda recogida de coral y esponjas. Les aguardaba en su caladero y les observaba oculta entre las algas. Les dirigía pensamientos pero ellos no sabían captarlos; no tenían siquiera la percepción de los delfines y los peces, con los cuales era fácil entenderse. Y con tan escasos medios asombraba su tesón en recoger día tras día algo tan inútil como el coral. ¿Hubiera sido ella capaz de salir todos los soles al aire –que sólo conocía cuando asomaban en los plenilunios– para coger piedras arrastrándose sobre los islotes? Conocer el motivo de aquella conducta se convirtió para la sirena en una obsesión. ¿Acaso necesitaban el coral para subsistir? Porque aquellos seres eran mortales como los peces y las plantas: todas las sirenas conocían el lugar donde se descomponía lentamente, rodeado por los restos de sus crías, uno de aquellos cascarones flotantes, hundido en una noche de cólera de Poseidón.

Para ayudarles se dedicó a arrancar ella misma esponjas y ramajes de coral, amontonándolos en el fondo sobre el cual solía inmovilizarse el gigantesco animal. Cuando éste apareció, dejó caer el filamento con la uña que le sujetaba al fondo y empezaron a saltar al agua las crías, la sirena aguardó escondida cerca de donde había dispuesto su cosecha. Al cabo de un buen rato –sin duda tenían mala vista– una de las crías divisó el pequeño montón y se acercó lo más aprisa que pudo, con ademanes que la sirena interpretó como expresiones de alegría, mientras recogía la mayor cantidad posible antes de remontarse a la superficie. Aquello, aún sin comunicarse, estableció un vínculo entre el mortal y la sirena, que desde ese momento repitió el juego y consiguió acostumbrar a aquella cría para que acudiera siempre al mismo sitio.

De ese modo introdujo algo, interesante y nuevo, en su eterna y monótona existencia. Quiso enriquecer la experiencia y seguir a distancia el cascarón flotante cuando, a punto de ponerse el sol, el animal erguía su aleta dorsal, desenganchaba del fondo su uña y se alejaba. En vano trataron sus hermanas de impedirle aquel morboso acercamiento a seres tan diferentes. Ella siguió al extraño animal hasta verle entrar en una caleta cerrada por dos promontorios rocosos, a lo largo de cuya playa existía como una hilera de nidos de donde salieron crías semejantes a las del animal para recibir el cascarón, sacarlo fuera del agua y vaciar los peces que llevaba dentro. Así se dio cuenta de que lo flotante era sólo un objeto y que las supuestas crías eran los verdaderos animales de la tierra.

Ocaso tras ocaso siguió a la barca y, al hacerse de noche, se acercaba hasta poder observar sin ser vista desde la orilla misma. Descubrió así que aquellos seres no eran tan torpes. Sus dos apéndices, tan inservibles para nadar, resultaban utilísimos para correr por la playa y entre sus nidos. Pero su más sorprendente proeza era la luz que conseguían crear y que salía por los agujeros de los nidos. Una noche consiguió verles producir esa luz en la misma playa cuando tres de aquellos seres se juntaron en torno a unos ramajes secos, sin duda algas terrenales, manipularon agachados y, de pronto, la luz nació como un múltiple surtidor rojo y amarillo, agilísimo, danzante, deslumbrador. La desconocida maravilla encantó a la sirena; y seguramente era también muy valioso para los terrestres porque empezaron a dar vueltas cogidos de las manos. La sirena hubiese dado mucho de su divinidad por ser capaz de crear a voluntad una flor tan grande, tan luminosa, tan alegre como la que aquellos seres conseguían plantar en la arena cuando querían.

Descubrió además que aquellas criaturas lograban entenderse, aun cuando fuera por un medio mucho más tosco que la comunicación mental de las sirenas. De sus bocas salían ruidos que provocaban acciones en respuesta. El aire de la playa era infinitamente más rico en sonidos que el de los islotes desiertos y, por supuesto, que el silencio total de las profundidades marinas. La sirena pasaba noches enteras tumbada en la arena con su barbilla apoyada en las manos y, medio cubierta por el oleaje, escuchaba encantada algo muy distinto de los graznidos de aves y el rumor de rompientes conocidos por ella. Los terrestres añadían al mundo palmadas con las manos, chasqueos de los dedos y sus voces: ¡oh, sus voces, qué riqueza, qué variedad! Sobre todo la risa, ¡qué sorprendente milagro…! Se ayudaban además de cosas: la sirena se asombró la primera vez que vio a uno acercarse a la boca la punta de una caracola vacía y oyó una profunda resonancia de oscuro viento. Una de las noches, en que también encendieron la flor luminosa con su penacho de volutas grises subiendo a lo alto y bailaron en torno, uno de los terrestres empezó a golpear algo retumbante mientras otro acercó un palo a su boca e hizo brotar de él la más maravillosa melodía jamás escuchada por sirena ninguna…

Por contraste con aquella vorágine de colores y ruidos, de olores y movimiento, la vida submarina resultaba gris y muda, opaca, vacía, interminablemente repetida en torno a pocos estímulos. La sirena empezó a compadecerse de sí misma en vez de tener lástima de los terrestres, sufriendo como una condena eterna su condición de inmortal. Y llegó hasta odiar esa condición cuando descubrió la exultante vida de la pareja humana.

Fue una noche en que brotaron en la arena muchas luces danzantes, llameando como cabelleras al viento. Se habían vaciado todos los nidos y los terrestres estaban en la arena, grandes y pequeños, abrazándose, girando, riendo… Sobre las llamas giraban palos con bultos ensartados de los que ellos arrancaban pedazos llevándoselos a la boca, alternando con un agua roja que también recibían en los labios y a veces se les derramaba por la barbilla. La luna, en lo alto, parecía presidir sonriente aquella agitación. La sirena se acercó más que nunca, arriesgándose a ser vista, pero nadie miraba hacia el mar. Avanzada ya la noche algunos se dejaron caer sobre la arena y allí permanecieron acostados y otros fueron retirándose a sus nidos, hasta quedar en la playa sólo varios cuerpos tumbados, entre montones de rojizos restos de las apagadas luces.

Pero no todos volvieron a sus nidos. Algunos desaparecieron emparejados más allá de la playa, hacia donde comenzaban a erguirse monte arriba las grandes algas terrestres. Una sola pareja tomó el camino del promontorio oriental, pasando así muy cerca de la sirena pero sin verla porque, cogidos de la cintura, se miraban obsesos el uno al otro. El sendero seguía por una cornisa de roca y a lo largo de ella fue siguiéndoles a nado la sirena, escuchando los ruidos de sus bocas, interrumpidos por algún chasquido, una succión, un chillido próximo a la risa, un jadeo de la más ronca voz. Dieron la vuelta al cabo y descendieron hasta una estrecha banda de arena, fuera de la vista de la playa.

El más desnudo de ambos –la oculta observadora ya conocía su uso de pieles sobre sus cuerpos sin escamas– despojó del todo al otro, causando gran asombro en la sirena, que, a la naciente luz del alba, descubrió un tórax como el de ella misma, con dos hermosos pechos nunca vistos en los buscadores de coral. En cambio su entrepierna estaba lisa, sin colita ni bolsa, aunque poco pudo examinarla la sirena porque ya ambos se habían acostado en la arena. En el acto se entregaron a un juego inexplicable para los ojos que les contemplaban, impresionante por su furiosa violencia y fascinante por su intensidad. Se agitaban abrazados, por momento como enemigos en lucha; se movían como la llama de luces rojizas, con iguales contorsiones y vaivén. La sirena envidió aquellas piernas que antes le parecieron torpes, pues servían para enlazarse tanto como los brazos, para apoyarse en el suelo y arquearse, y para ceñirse sobre la otra espalda y atraerla. Poco a poco aquella doble unidad serpenteante se acomodó a un movimiento acompasado; subía y bajaba el que estaba encima y el ritmo iba poco a poco acelerándose. Cambiaban exclamaciones, jadeos, gemidos, susurros, suspiros, mordisqueos, chillidos y ayes que a la sirena, sin comprenderlos, le estremecían su torso de carne y erizaban sus pezones. Lo que al principio le pareció un juego ahora le resultaba una agonía: el jinete afanándose frenético, los músculos del cuello contraídos; la montura sacudiendo la cabeza a un lado y otro, semicerrados los ojos, crispados los labios. Hasta que de pronto lanzaron un gemido triunfal y el jinete se contorsionó en un espasmo y se derrumbó sobre el otro cuerpo como si se hubiera desangrado de golpe.

Jamás, en el mundo verde y silencioso de la sirena, ocurriría nada capaz de transfigurar así los rostros. Si aquello era una lucha ninguno había sido vencido puesto que cesó por agotamiento, según indicaba la jadeante respiración. Mejor dicho, habían vencido ambos, pues sus rostros mostraban una sonrisa a un tiempo desmayada y triunfante. ¡Cómo envidió la sirena sus máscaras inefables, sus figuras inmóviles pesando sobre la tierra! Pasado un rato la montura pasó los dedos suavemente sobre el pecho de su jinete con un gesto que arrebató a la sirena y al que no supo darle nombre. Sólo sintió en su corazón la puñalada de serle negado aquello por toda la eternidad.

En aquel instante renegó para siempre de su divinidad, envidió a los seres capaces de tanta exaltación y decidió pedir a un dios propicio esa misma manera de estar viva.

12. VIVIR EN EL TIEMPO

—Fui sirena —pronuncia temerosa junto a la oreja adorada—... ¿Me oyes? Fui sirena.

No puede callarlo. ¡Es la vida que está viviendo! Imposible no gritarla.

Ahram vuelve la cabeza sobre la almohada. ¡Qué cerca le quedan esos ojos glaucos, ahora claros y profundos!

—Necesito que lo sepas, darte todo lo que soy... Sirena de verdad, en la mar, con mi cola de pez... Luego me hice mujer —concluye con un suspiro. Ya está, es irremediable. ¿Ha hecho bien? Trata de interpretar la expresión de ese rostro, a contraluz de la ventanita.

El hombre al principio sólo había recogido en su oído la miel de la voz. Ahora ha captado el sentido y reacciona en tono alerta, incrédulo.

—¿Cómo has dicho?

Aún podría ella echarlo a broma. Pero ni se le ocurre. Rápidamente, en pocas palabras, explica que lo había olvidado, que por eso no sabía de su infancia, pues no la tuvo.

El hombre se incorpora sobre el codo, inclinado

hacia el cuerpo tendido a su lado. Clava la mirada en esos ojos, ahora un poco asustados, implorantes. El pecho viril se acerca y oprime suavemente el seno derecho; la boca bajo el bigote desciende a los labios desnudos, se demora en ellos un cálido instante, sin penetrar con la lengua, solamente rozando con ternura:

—En ti todo es posible... Tenía que ser así.

Ella teme que él lo tome todavía en sentido figurado. Insiste, aporta detalles: el tiburón y las morenas respetándola, su marca a fuego y sus cicatrices desapareciendo, sus aciertos en la mar, su resistencia bajo el agua... El hombre siente verdaderas sus palabras; no duda de que ella está convencida. ¡Pero es tan increíble! Acepta las palabras aunque lo prudente será seguir averiguando.

—¿Por qué dejaste de serlo? ¿Te castigaron los dioses?

—¡No, se lo pedí a Afrodita y me lo concedió! Conocí a los hombres viéndoles coger coral, supe cómo eran, descubrí que ellos vivían, vivían más que yo, y preferí ser mujer... —Baja la voz, acerca su boca al hombre—. Les vi amándose, como nosotros anoche, como hace un rato. Quise vivir ese amor. ¡Y por fin lo he logrado! ¡Ahora! ¡Con tu amor único me has hecho recordar!

El hombre piensa en quienes la gozaron antes y ella se da cuenta por la incertidumbre en los ojos que la miran. Protesta:

—¡No pienses en otros; nunca fue como ahora! Si hubiera sido así, yo hubiera recordado mucho antes. ¿Comprendes? ¿O crees que mentía cuando te decía haber olvidado mi pasado?

Ahram está seguro de que en eso no mentía. Sonríe:

—Olvidaste, estoy seguro... Así que hija de la mar... Ya decía yo que tu pelo no es griego. Bashir tuvo buen ojo... ¿Lo sabe él o alguien?

—¿Cómo va a saberlo? ¡Si acabo de descubrirlo en

tus brazos! ¿Es que no me crees?... Sólo tú has vencido el olvido... ¿Sabes? Dudé en decírtelo. Tenía miedo de que la revelación me costara un castigo de la diosa: morir, o volver a sirena, no sé... Lo terrible sería quedarme sin ti... Pero he hablado y no ha pasado nada. ¡Seguimos juntos! ¡Oh Ahram, Ahram! ¡Qué feliz soy!

Impulsivamente le abraza, se aprieta a su cuerpo, mientras continúa:

—Era preciso esto, que llegases tú... Nadie más venció el olvido. Contigo ha sido como cuando rogué a Afrodita: la vida revelada, torrencial... No sé cómo decirlo. Nadie me elevó hasta el Momento, ni aun Uruk el guerrero, siendo de tu estilo... Sólo tú me has mecido como las olas, me has arrebatado como el huracán, me has anegado como el océano... ¡Ahram, Ahram...!

Su cuerpo abrazante revive, mientras habla, el Instante en que fue como si él la cogiese en alto, alzándola en triunfo sobre un escudo, triunfo de los dos: cuando ella estaba allá arriba, en la cumbre, bajo el peso del hombre y su aliento de fuego y su mordisco, como en la cima de las montañas heladas, donde la nieve quema y el sol ciega. El hombre percibe el estremecimiento voluptuoso y lo comparte:

—Te creo. Sólo siendo inmortal, siendo una diosa, podías darme lo que me has dado.

—No es por ser diosa; dejé de serlo. —Se distancia ella un poco, empeñada en ser comprendida—. Al contrario, te di tanto por ser mujer. Los dioses no viven; sólo existen. Y yo quería vivir, y en ti estoy viva.

—Ahora puedo confesarte algo, yo también: sí, me impresionabas, me inquietabas. Con tu magia...

—¡No hay magia!

—Ahora me convenzo. Con tu extraño ser y tus ojos marinos. Ahora me lo explico, me obsesionabas... ¡No pude resistir a tanto imán!

Ella sonríe. Un suave júbilo la invade al notar que ya puede jugar con él.

—¿Y no te empujó anoche el brazalete?

—¡Olvida ese tema! —corta, tajante. Pero añade—: ¿Te lo pusiste a propósito?

—No, ni te esperaba, pero no hablemos de eso, tú lo has dicho. Soy tuya desde que te vi, aunque me resistía a reconocerlo. Era para mí tan imposible como para ti el pensar ahora que estás abrazando a una sirena... ¿Qué impresión te hace?

—Bueno tendré que acostumbrarme. Me arriesgo.

—Estar vivo es arriesgarse: lo sabes tan bien como yo. Por eso has podido rescatarme del olvido. ¿Desde cuándo pensaste en mí?

—No he querido saberlo hasta esta noche. Pero empezó con la navegación a Karu. Cuando desapareciste bajo la mar, en busca de mi daga, tuve miedo. No quería perderte; por eso me arrojé al agua... donde me derrotaste resistiendo más que yo —concluye con fingido enojo.

—¿Y no te consolaron luego mis pechos mojados, como a tus marinos? —sigue risueña.

—¡Ni los veía pensando en lo ocurrido en la isla!

La voz de la mujer vuelve a ser grave. Nace de sus entrañas.

—Pues míralos ahora, aquí los tienes... Ya no son jóvenes.

—Mucho más jóvenes que yo. ¡Y bien firmes!

Los besa. Ella sube sus manos a la nuca e intenta retirar el cordón del que pende ese disco de oro interpuesto entre sus cuerpos. El hombre se resiste.

—No me la quito nunca. Ni en batallas ni en amores.

—Ahora no la necesitas —susurra ella—. Yo soy tu amuleto.

Le mira tan amorosamente que sus ojos le conquistan. El hombre se rinde a esos ojos:

—Glaucos... Te llamarás Glauka.

Las bocas se juntan, las manos se apoderan de los vellos y los rasos. El hombre de pronto se desprende.

—Ha salido ya el sol y entra en la gruta. Ven, te quiero allí de nuevo.

Sendas túnicas les cubren rápidamente. Bajan la escalera; Ushait sigue en su yacija, de cara a la pared. Salen a un sol tendido sobre las rocas. *Tijón* les mira tranquilamente. Cogidos de la mano descienden la escalerilla hasta el agua. La marea baja deja descubierta una más amplia solapa rocosa, como una antecámara al aire y al sol. Arriba ha quedado el amuleto de Ahram.

Apenas desnudo Ahram se lanza al agua y ella le sigue. El frío les calma la excitación carnal de la alcoba, pero les estimula los músculos. Retozan como delfines, se persiguen, se sumergen en unas ondas atravesadas por la dorada red de la luz solar. Él la sigue bajo la superficie, la alcanza, acaricia su vello púbico...

—¡No tienes cola de pez! —bromea.

—¿Lo lamentas?

Ella se escapa, él admira su flexuoso avanzar en el agua. La gracia de las piernas, los escorzos del torso y los pechos con los pezones erectos en su aréola de púrpura rosada. Ella se deja alcanzar, lleva a su vez la mano al miembro que responde, recuerda a los primeros pescadores, él se le acerca, se envuelve en torno a ella... Se acarician dueños del océano, como los inalcanzables delfines.

Vuelven a la roca, ungidos por el mar, dorados bajo el sol. Ella se tiende, contemplando el miembro erecto. Un ídolo oscuro, imperioso, purpúreo. Sólo un ojo, como un cíclope. Se incorpora a adorarlo; sus labios coronan la cabeza. Pero una mano prende suavemente sus cabellos, la aparta, la acerca al suelo. Las piernas que acunan se abren; las erguidas se arrodillan. Vuelve a ambos el vaivén del oleaje amoroso, la marea creciente hasta estallar en espumas... Después los cuerpos paralelos, los ojos cerrados, la dulce caricia del sol otoñal. Un suspiro, ¿de quién?

—He gozado a una diosa: no lo digas a nadie.

—Era esto; es esto.

Pasa el tiempo. «El tiempo —piensa ella—, mi otra conquista. Allí no había tiempo.» Se incorporan, se visten, vuelven a la torre. Ushait sigue tumbada de espaldas. «¿Será posible?», piensan ambos, mientras se escurren escalera arriba. Pero la estancia ha sido ordenada por Ushait como siempre, salvo el lecho abierto, esperándoles. Ríen los dos, vuelven a tenderse, hablan.

—¿Cómo se vive bajo el agua? —pregunta la curiosidad de Ahram.

—Ya lo has visto, y siempre igual... Sólo saliendo de allí se percibe la gracia del aire. El agua te abraza, pero el aire te acaricia. Y lleno de corrientes olorosas que se cruzan. Si tuvieran color estaríamos rodeados de serpentinas. También los colores, ¡qué pocos en el fondo, dentro de la masa verde y gris!

Hablan, callan, se viven mutuamente. Al cabo, Ahram ha de marcharse. Ella se levanta con él y se acerca al objeto que más le ha intrigado de todos los reunidos en la habitación: el espejo. No es de plata pulida, como los mejores disponibles, sino una invención creada por los técnicos de Ahram. Lo constituye una lámina de vidrio muy puro y muy plano, forrado detrás por algo metálico y bruñido. Ella contempla su rostro, reflejado a la perfección, cuando de pronto ve crecer y elevarse su cabello en el espejo. Se vuelve asombrada y ve a Ahram levantando la peluca de Sinuit.

—¡Tú la robaste! —exclama ella, gozosamente escandalizada.

—¡La robó Tenuset por orden mía! —rectifica muy serio—. Me dolía que tu pelo anduviera en otras manos

–ríe, cambiando de tema–. ¿Admirabas tu belleza? ¿Es digno de ella el espejo?

–Quería ver en mi cara algún signo, algún cambio. Porque soy otra.

Ahram la abraza y ella posa su mejilla sobre el hombro masculino mientras continúa, suavemente:

–Me has hecho, por fin, Mujer.

Él no comprende.

–¿Qué eras antes? –sonríe.

–Hembra solamente. Existía, pero no vivía. Ahora sí.

Ahram baja la escalera después de besarla y ella le ve acariciar al perro soñoliento y traspasar la cerca. Pero sólo cuando ella desciende se levanta la tendida Ushait y se acerca a ella. La esclava, curiosamente, se siente enrojecer. Ushait sonríe con dulzura; su maduro rostro se ilumina.

–Supe que ocurriría desde que llegaste, señora. Estoy muy contenta.

–¡No vuelvas a llamarme «señora»! –finge enfadarse la esclava. Y añade tímida–: ¿De verdad estás contenta?

Mirando de frente, erguida, suena la respuesta:

–Le sigo queriendo y él te necesita. Por eso me alegro.

La esclava la abraza entrañablemente. Cuando se apartan le advierte:

–Ahora llámame Glauka.

Ushait no dice nada. Sólo más tarde, cuando las dos solas comparten su comida habitual, informa:

–Krito se acercó por aquí esta mañana, mientras estabais en la gruta. –Y ante la mirada interrogante de Glauka, continúa–: Sólo le dije eso: que habíais bajado juntos. No podía engañarle.

La esclava asiente sin pronunciar una palabra.

¡Una sirena, una mujer-sirena...! Parece increíble y sin embargo es cierto. Ella no miente; además, todo encaja, todo va madurando. Es mi hora máxima y el destino me la envía: lo prometido por mi amuleto se cumple. Otra estrella para acompañarme. Me trajo la Palabra Krito, traje de Palmira la Fuerza y ahora ella me trae la Pasión. Es mi momento. Le envidiaba su compañera a Odenato y el destino me colma. ¡Si él supiera lo ocurrido me envidiaría a mí! ¡Él no posee una diosa!

La pasión, sí. Como la que me dio Ittara, hace cuarenta años. El retorno de Ittara: se me venía haciendo presente cada vez más en los últimos tiempos. Por algo me la volví a encontrar en Karu, en la isla. Su caverna, su estatua, como entonces. Malki no arrojó la daga por azar; fue otra señal hacia ella, Glauka. La diosa movió la mano del niño. Glauka, me gusta el nombre, es mío y así son sus ojos. Como Ittara: me da los besos de Ittara, la piel de Ittara, sus pechos, su sexo, su oleaje. Ninguna otra me despertó jamás ese recuerdo. Eran simples mujeres. En cambio Ittara y Glauka son diosas; las dos. La de mi comienzo y la de mi cumbre.

¡Cómo me envidiaría Odenato! Y todos. Pero callar. No saberlo nadie. Se lo he advertido a ella. Ni Ushait, ni Krito siquiera. Nadie se lo creería. Casi veo los pasquines y los epigramas y las pintadas por la ciudad, como cuando otros escándalos: «Ahram se ha vuelto loco», «Una lagarta le ha engañado haciéndole creer que es sirena», «Está viejo, se le derriten los sesos»... ¡No! Secreto. Pero es verdad. Tantos signos, tantas cosas extraordinarias en ella. Bashir se fijó enseguida. Pero tampoco debe saberlo Bashir. Nadie; nosotros dos. Y nunca me han conseguido engañar en algo tan importante. Ella hablaba y yo miraba sus ojos: no miente... He conocido mujeres fantaseantes, pero ésta no. ¡Si basta verla nadar! ¡Qué prodigio esta mañana! Ni los delfines se mueven así. Por eso en el amor... ¡Dioses, me pongo cachondo al recordar!

Lo gritaría al mundo entero; a todos los amigos. Y enemigos: «¡A ver, desgraciados, ¿qué podéis hacer ahora?!» ¡Ah, Glauka, mi Glauka, sólo mía! Tiene razón: ella es mi amuleto. Seguiré llevando éste porque es la medalla de Ittara, anunciando a Glauka, pero ella es mi amuleto, mi nueva estrella. Mandaré hacer otra igual para ella. Ha sido como entonces, en el islote del templo: al borde de morirme. Sólo que allí hube de ceder a los que llegaron por la noche, el del cabritillo y los demás. ¡Qué pesadilla fue, qué humillación! Y ahora yo soy todos y el único, aunque la hayan gozado otros antes. No me importa; no fueron nada. Ninguno despertó su memoria. Sólo es sirena para mí, al llegar a mí. Para el triunfo final, los dos juntos; el triunfo por mares y tierras. ¿Qué me importan otros antes? El brazalete, ¡bah! Se lo mandé tirar porque sobraba, pero Krito no puede disputarme una mujer; menos una sirena. Entonces, ¿por qué me la pidió? ¿Sospecharía algo...? ¡Imposible que hubiese adivinado! Sólo después de saberlo la he visto como una sirena. Otros dirán que una maga, pero sirena sólo mía. De Ahram el Navegante; me la he ganado viviendo tantos años en la mar. Como Salomón se ganó a Balkis, la reina de mi gente sabea. Su sagrado cuerpo es sólo mío.

Y en la hora decisiva. La última paloma ha traído nuevas de mi gente en Palmira. Odenato cumple, va poniendo en marcha todo lo que acordamos. Ha situado informadores en Ctesifonte; está preparando camelleros. De mi astillero del sur también buenas noticias: las maquetas de las naves dobles funcionan bien. Dos cascos unidos entre sí, ¡qué estabilidad, qué capacidad de carga! Admitirán las mayores catapultas imaginables; todos los grandes puertos romanos amenazados. Los hombres de Filópator son geniales; tendré que ir a ver sus trabajos.

Predestinados los dos y para este momento. Yo consagrado por Ittara; ella por ser sirena. Comparada con nuestra alianza brilla menos la de Palmira, aunque me añada un ejército. ¿Qué me importan ahora las pequeñeces? A Soferis le preocupa Firmus, el financiero. Acaba de dar un buen golpe, consiguiendo del prefecto el monopolio del aceite. ¿Y qué? No es enemigo; a ése sólo le interesa comer y enriquecerse, no es más que uno de esos gordos con la polla pequeña. Sólo ambiciona dinero, no el poder.

Ha sido prodigioso: ¡hasta del poder me olvidé en toda esta noche! Vas a ser muy feliz conmigo, Glauka; tú también has tenido que luchar mucho para llegar a mí. Pero ahora se acabó: lo tendrás todo, pide lo que quieras. Por supuesto dejarás de ser esclava, te quitaré la ajorca. Serás la señora de todos, el asombro de Alejandría. Criticarán, claro, pero ya me critican haga lo que haga. Sabrán que fuiste esclava; no eres la primera liberta que llega a lo más alto. Nunca sabrán que fuiste sirena, y además no lo creerían. Acabarás siendo mi esposa; la primera. Serás conmigo la mujer más poderosa porque es mi momento, mi cumbre. ¡Qué claros son los signos!

Es el principio del fin para Roma, la realización de mi promesa a mi madre; aunque ni yo mismo sospeché que iba a cumplirse tan plenamente. El imperio tardará en derrumbarse; quizás yo no lo vea, pero lo verá mi hijo. Contigo lo deseo: ¡qué futuro le espera, hijo de un mortal y una diosa! Porque lo sigues siendo, Glauka. Para ser tan mujer y tan amante como tú es preciso ser divina. Como lo era Ittara.

Tendría ya que estar cansado, pero es al contrario. Tú no me quitas fuerzas; las redoblas. No sé si podré darle a Soferis la sensación de que hoy llego al despacho más tarde, sin haber bajado antes al puertito, porque estaba cansado.

En el menos abrupto de los promontorios que cerraban la caleta donde la sirena observaba a los terrestres se alzaba un pequeño templete a Afrodita Anadiomena, la que emergió de la espuma cuando Cronos, después de vencer y castrar a su padre Urano, arrojó los genitales al mar. Era un adoratorio muy sencillo: sólo un pequeño espacio enlosado de mármol con cuatro columnas en sus esquinas y, en el centro, un pedestal con una pequeña estatua de la diosa. No era muy antiguo, pero el lugar venía siendo respetado desde mucho tiempo atrás, por haber estado consagrado a otra divinidad primitiva de nombre ya olvidado.

A Afrodita decidió recurrir la sirena para obtener la gracia de vivir como los terrestres, después de haber llegado a la conclusión de que su padre Nereo jamás autorizaría tal propósito. De la diosa podía esperarse más comprensión puesto que había conocido y amado a seres como los que admiraba la sirena. Así fue como una noche de luna, después de haber contemplado cómo en la aldea se extinguían casi todas las luces, e incluso de haber seguido a una de las barcas que a veces aparejaba por la noche para pescar, llevando en la proa una de aquellas luces fascinantes, la sirena se acercó hasta el pie del santuario, deteniéndose allí medio sumergida en el agua.

Mirando hacia arriba, a pocos codos, divisaba perfectamente la estatua, bajo los primeros asomos del alba. Cipreses y mirtos, con sus oscuras frondas, hacían más blanco el mármol. Las tranquilas ondas ceñían la cintura de la sirena y alguna se alzaba a acariciar amorosamente sus pechos, como queriendo retenerla en el elemento que siempre fue el suyo. Un pequeño pulpo pareció pretender lo mismo cuando llegó hasta asirla de un brazo con esa divertida ostentación de sus tentáculos que tanto les encanta. Pero la sirena pensaba en la diosa; se la imaginaba como ella misma en ese instante, a medio emerger del mar, aún blanca de espuma su divina piel, oscuro el musgo entre sus piernas porque la diosa se parecía ya en eso a los humanos. La idea decidió a la sirena. «¡Ahora!», se dijo, y lanzó sin palabras, con todo el ardor de su deseo, la saeta de su petición, sabiendo que Afrodita la comprendería: «¡Hazme como ellos, oh diosa, tú que les gozaste!».

Temió no haber sido entendida cuando, de pronto, algo suave, como una mano invisible, acarició los mirtos e inclinó las cimas de los cipreses. La sirena captó a su vez la respuesta en un pensamiento atónito, teñido de piedad y también de irritación divina ante el descontento de una inmortal con su estado.

–¿Tú sabes lo que pides?

La sirena no quiso argumentar, pero siguió insistiendo. Sin razonar, pura violencia deseosa.

–¡Les he visto, quiero ser como ellos! –clamaba su mente, su pecho, su cuerpo de piel y escamas. Ya no era deseo sino obstinación; «o eso o nada», expresaba su actitud.

–¿No te das cuenta? Perderías la inmortalidad.

–¡No me sirve de nada!

–Te salva de morir. De caer en el río del tiempo que nunca vuelve atrás. ¡Nunca!

–Ellos ríen. Ellos gozan. Quiero vivir como ellos.

–Lo pagan muy caro: son mortales. El tiempo es el viento más implacable: todo lo desgasta, lo erosiona, lo aniquila. Te arrebatará.

–¿Adónde?

–A la muerte... ¿No has visto peces inmóviles flotando vientre arriba para después hundirse en el fondo hasta disgregarse? ¿No recuerdas caracolas vacías? Ése será tu destino si te vuelves como ellos. La vida se paga con la muerte.

–¿Y no vale la pena?

A la sirena le pareció haber percibido un suspiro divino antes de registrar la respuesta:

—Lo ignoro. Los inmortales existimos, pero no vivimos.

—¡Demasiado lo sé! Por eso pagaré el precio. No me niegues su vida. He visto a sus parejas gozarla juntos. Tu has conocido ese goce.

Ahora más que un suspiro: un gemido. Luego una súbita materialización. Junto a ella, en el borde de la roca, una silueta femenina incorpórea y unas palabras que, aun percibiéndolas sólo con su pensamiento, sonaron también en los oídos de la sirena como las voces de las mortales con pechos como ella. Una voz transida de melancolía.

—No, no lo he conocido; lo conocieron ellos, mis amantes. Sólo pude imaginar lo que sentían: éxtasis nunca alcanzados por los dioses con los que gocé.

Otro silencio y después:

—Quizás valga la pena, pero hace falta tener tu valor... Sea. Y ojalá no lo lamentes.

Dijo así la divina hija de la espuma y su presencia se desvaneció.

En el acto la sirena sintió miedo y eso mismo le hizo comprender que ya no era inmortal, pues jamás una sirena había podido sentirse amenazada por nada. Pero los acontecimientos no la dejaron arrepentirse. Un hormigueo violento se precipitó de su cintura abajo desnudándola de escamas. Un rayo subió desde el fondo de las aguas y dividió su cuerpo inferior en dos mitades. Sintió que se hundía y se asió a la roca con los brazos, haciendo un esfuerzo hasta salir del agua y tenderse en seco sobre la piedra. Miró hacia abajo: dos piernas habían sustituido a su cola y en medio un bosquecillo como de algas donde se centraba el hormigueo, irradiándose a todo su cuerpo y removiéndolo tumultuosamente. De su piel adentro, donde jamás había sentido nada, se alborotaban fibras, corrían fluidos, aparecían poros, cavidades, conductos, se entrecruzaban cauces, torrentes, cataratas, latidos, mensajes... Su cabeza era un torbellino, su vientre un paroxismo, su pecho una jaula de arrebatos... Golpes de aire entraban y salían por su boca, levantando sus costillas y, con ellos, nuevas sensaciones aromáticas violentaban su olfato, rumores desatados asaltaban su oído... Descubría, en contraste con su acuático ambiente opalino, la sutileza transparente y sensual del aire, con las vaharadas del ciprés y de las rosas, del romero y de la sal marina, de la humedad y de la tierra seca...

El mundo entero se había puesto en movimiento. El asentado universo se estremecía todo y parecía recién hecho porque se mostraba haciéndose a cada instante. El mundo había roto sus cadenas. Los cipreses antes inmóviles eran llamas verdes estremecidas por su vibración interna y no por el viento; las hierbas se estiraban hacia lo alto en un impulso diminuto pero irrefrenable, las nubes se formaban y deshacían incansablemente. Todo era mutable, poroso, lleno de bocas ávidas respirando, el cosmos era un tórax aspirando, espirando... Poco a poco amanecía y todo eran luces, temblor, fulgores, movimiento: hasta el mármol y las rocas vibraban inmóviles. El mármol se había tornado de apolíneo en dionisíaco, de rotundo en misterioso, de aplomado en vacilante; y estallaban en su superficie pequeños deterioros, sombras de futuras grietas, advertencias de desmoronamiento.

La nueva mujer abría sus ojos maravillados al descubrimiento de aquella vibración universal sin saber –porque nada recordaba ya de su pasado marino– que estaba sintiendo el tiempo como ni siquiera lo sienten los humanos, acostumbrados a él. Flotaba en el tiempo, en esa corriente que se lleva poco a poco a la flor como a la roca, a la nube como al hombre. Nada permanecía, todo transcurría inexorablemente. Hasta mirando hacia el mar se veía casi la evaporación de las aguas, el envejecimiento de los delfines en cada salto, la disgregación de las esponjas... Todo implacablemente arrastrado, pero ardientemente resistiendo: todo en estado de vida, existiendo y acabándose a la vez.

En ese río fue la mujer consciente por vez primera de la energía y el dinamismo de su cuerpo. ¡Qué éxtasis, qué milagro! Un instinto le impulsó a erguirse vertical en la roca y alzar los brazos prorrumpiendo en grito, y así hubiera seguido, clamando su vivencia de la vida −por pura voluntad ascensional, como los cipreses y las columnas− de no ser porque no había aprendido el equilibrio y sus piernas vacilaron obligándola a sentarse, jadeante además, embriagada de aire, de perfumes, de sonidos. Y también de los colores, que el amanecer iba desplegando ante sus ojos.

Así sentada se concentró en vivir, en sentir las bocanadas en su garganta, en percibirlo todo: la aspereza estimulante de la piedra contra sus dedos, el golpe aromático del mirto, la caricia de sus cabellos contra su cuello a cada movimiento del aire. Percibir, sobre todo, un ritmo interior que prevalecía sobre todas sus encrucijadas: un lento pero imperioso paso que no supo explicarse hasta no verlo en la venita latidora de su pulso: tac-tac-tac... Entonces oyó el grito sincrónico de un pájaro: tit-tit, tit-tit, tit-tit. Su sangre y la del mundo latían torrencialmente emparejadas, su vida y la del universo se entrelazaban.

Ahora su pensamiento descendía a su garganta, pero no surgían sonidos suficientes. Ninguno alcanzaba la intensidad expresiva de su sangre, su piel, su cuerpo. No cabía en sí misma, temía estallar, necesitaba derramarse, unirse a quienes iba buscando. Desconfiando de sus piernas se lanzó al agua y sus brazos −pues no ella− recordaron movimientos que lograban desplazar el torpe resto del cuerpo. Le costó mucho trabajo cruzar la caleta, temió hundirse a veces, pero logró alcanzar la playa. Y allí dio unos torpes pasos y cayó exhausta, sin conocimiento, vencida más aún que por el esfuerzo por la violencia de las sensaciones.

Sólo algo más tarde unas mujeres descubrieron un bulto sobre la arena.

13. PROCESO EN SAMOS

El día empieza a clarear cuando Glauka se levanta cuidadosamente para entornar la ventana y evitar así que Ahram se despierte. Vuelve junto al lecho pero en vez de acostarse se sienta en un taburete contemplando el cuerpo dormido. Ya lo conoce bien, pero no se cansa de admirarlo: el suave color tostado, los músculos y tendones revelando puntos óseos, el recorrido de canales venosos, las islas y praderas del vello, la postura relajada y alerta a la vez... Piensa que anteanoche ella dormía mucho más blandamente, recién cogido el sueño, cuando la despertó una caricia y abrió los ojos al júbilo: ¡Ahram, recién llegado del viaje interminable! Ahram, que apenas se había detenido en la Casa lo indispensable para alegar su cansancio y volar a encontrarla en la torre.

No hubo sueño para ninguno. Fue preciso reponer aceite en la lámpara dos veces, porque para su ansia de verse no les bastaba el resplandor del faro, no demasiado intenso en un mes ya cerrado a la navegación comercial. Los abrazos sólo se interrumpieron para las palabras. Resumir todo el largo viaje para Glauka: ir y volver al Campo Esmeralda, sobre la costa del mar Eritreo; salir de nuevo por el canal del Nilo al Mare Nostrum («¡Y pasaste de largo frente a Alejandría... Malo, no te quiero», interrumpe Glauka, perdonando con besos); travesía a Corinto, luchando contra el Bóreas, para encontrar allí al hijo delegado en Atenas; de Corinto con viento favorable a Messina, donde acudió el que lleva los negocios en Ostia y Roma; luego a los astilleros de Darnis, y a los laboratorios de Antiphrae, y al fin a casa... «¡Más de siete semanas fuera... más de siete semanas!», se queja Glauka, para olvidar las lamentaciones en el abrazo.

Naturalmente, la mañana de ayer fue para el sueño. Y la tarde, claro, Ahram en la Gran Casa, conociendo problemas e informes, contando a los suyos lo más importante del viaje. Luego, en la torre, otra noche de amor más tranquila, de la que está a punto de despertar Ahram.

Por el resquicio de la ventana penetra un filo de aire casi frío. Ha empezado el mes de Tyby, entrado ya el otoño, y lo que más preocupó a Glauka en la última semana era que Ahram siguiese en la mar cuando ya había terminado la estación y sólo por motivos inaplazables salían las naves de puerto. Ahora todo ha pasado y lo que la domina es la curiosidad por conocer la sorpresa anunciada por Ahram, aparte de los regalos que le ha traído: otro espejo aún más grande, perfumes para quemar del país de Punt y un maravilloso cinturón de Corinto, hermosa labor de plata con gemas engarzadas.

A primera vista no parece extraordinaria esa promesa, piensa Glauka examinando una vez más el ánfora sellada en que viene contenida. Seguramente no es un vino, ni siquiera muy exquisito, porque ni Ahram ni ella son grandes bebedores, aunque él acompañe en los brindis a sus huéspedes y beba con sus amigos. Ha de ser algo nuevo, una creación de sus ingenieros.

–¿Intrigada? –interrumpe Ahram abrazándola–. Pues vas a ver ahora mismo y luego bajaremos al puerto.

–¿Bajaremos? ¿Yo contigo? –pregunta Glauka, porque Ahram siempre ha ido solo.

–Pues claro… Y ahora verás.

El hombre se mueve como un oficiante sagrado y ella disfruta viéndole tan hondamente feliz, en estado de gracia, como un niño. Él coge una copa de piedra y la coloca en el alféizar de la ventana, hacia fuera, sobre el ancho espesor del muro. Se acerca al ánfora y rompe el sello con su daga. Luego, con cuidado, vierte una porción de líquido en la copa. Glauka comprende que no es para beberlo, ese líquido transparente, ligero aunque algo untuoso, y de olor desconocido. Tampoco parece medicina. Se vuelve para interrogar a Ahram, pero ha desaparecido. Pronto asoma por la escalera trayendo del fogón un encendido tallo de papiro.

–Vas a ver… ¡No te acerques!

Aproxima el papiro ardiente al líquido y una súbita llamarada salta de la copa, llenando la ventana. Glauka retrocede asustada: jamás vio nada desatando tan violentamente el fuego. Como para pensar en la magia o los demonios.

–¡Dioses! ¿Qué es eso?

Los ojos de Ahram brillan sobre su sonrisa.

–Le llamamos «espíritu de fuego»… ¿Conoces el aceite de piedra?

–¡Sí, pero es diferente! Negruzco, espeso, no arde… –replica ella, recordando esa sustancia que afloraba en tierras de Armenia y que algunos usan como ungüento.

–Pues de ese aceite lo hemos obtenido. Es su fuerza y sale destilándolo. Como se saca el espíritu de vino.

Cierra el ánfora y la vuelve a su sitio, junto a la maqueta de la pentarreme. Al apagarse la llama enjuaga la copa y la guarda. Se viste y calza. Mientras conduce a Glauka escaleras abajo, procurando no despertar a Ushait, sigue explicándose.

—En uno de mis viajes supe que ciertos pueblos de Persia rociaban con aceite de piedra las piras funerarias, para que ardiesen mejor. Decidí hacer estudiar ese aceite por mis alquimistas: el fuego es tan poderoso como el oro... ¡y ya ves!

«El hombre triunfante —piensa Glauka—. Y también el niño con su juguete.»

Afuera el cielo ya está esperando al sol en una delicada aurora otoñal, armonía de rosas, amarillos y azules. Pasado el portillo de la cerca se les incorpora Mnehet, el guardaespaldas nubio de Ahram, y les sigue a corta distancia. Para sorpresa de Glauka no van hacia la aldea de pescadores sino que caminan a lo largo del gineceo y los almacenes, a la espalda de la Casa, hasta la puerta principal, en cuyo embarcadero les aguarda con un bote Tinab, el patrón del *Jemsu*. Ahram explica que van al muelle de pescadores, en Kybotos, donde desemboca el canal del lago Mareotis. Mientras atraviesan el puerto Eunosto Glauka vuelve al tema:

—¿Y qué se puede hacer con ese espíritu de fuego?

—¡Mil cosas, para la guerra o la paz! Por ejemplo, el faro funcionaría mucho mejor que con leña.

Por encima del Heptastadio se ve la alta torre, todavía humeante.

—¿Lo vas a proponer?

Ahram suelta la carcajada y luego habla en voz baja.

—¡Ni que estuviese loco! Al no haber madera en Egipto el negocio es traerla en mis barcos desde Fenicia. Ese sol de la noche depende de mí y no voy a soltarlo. Es curioso que los egipcios, tan buenos constructores de pirámides, o los romanos, con sus calzadas y puentes, no sepan buscar lo nuevo. Gracias a eso se les puede vencer: por eso guardaré el secreto. Si hay guerra su sorpresa será tremenda: imagínate mis nuevas catapultas lanzando llamas. Más destructoras que el famoso fuego griego.

Glauka no comparte el entusiasmo bélico, pero es feliz recibiendo un secreto que la convierte más aún en compañera.

—¿Cómo lo descubriste?

—Mandé un técnico a Armenia para que investigara. Trajo unas muestras halladas a las orillas del mar Hircano, casi en tierras de Shapur. Aquellos campos se parecen al desierto oriental de Egipto y hemos estado buscando aquí. ¡Al fin se encontró aceite, aunque es necesario hacer pozos para sacarlo! Entonces lo envié a Campo Esmeralda para hacerlo estudiar y se les ocurrió tratarlo en los alambiques de los alquimistas: aún salen otras cosas de ese aceite, pero lo más útil es el espíritu. De allí me he traído el ánfora que has visto... Nadie sabe nada todavía: es muy importante el secreto.

Se encuentran ya cerca del puertito. Un chiquillo les ha visto y corre a anunciarles. Cuando atracan el bote Glauka salta a los escalones de piedra sin importarle mojarse los pies, lo que enorgullece a Ahram. Dos viejos pescadores les esperan arriba, asombrados de la naturalidad marinera de esa mujer, sin remilgos al mojarse también el borde de la túnica. Se dirigen a una taberna, donde llegan rodeados de gente, incluso mujeres y chiquillos que le llaman *abba* y a los que Ahram ofrece unas monedas. Todos miran con curiosidad a esa dama que acompaña al Navegante, antes siempre solo cuando venía a visitarles. Se cruzan susurros: «una señora de palacio»... «una mujer de Ahram»... «pero lleva una ajorca de esclava»... «es hermosa»... «pues no es joven»... «¿te has fijado en ese rizo de pelo?»... Pero nadie se extraña: lo normal en Ahram es sorprenderles.

El tabernero ya está en la puerta, limpiándose las manos con el delantal y apoyando el sobaco en la muleta que reemplaza a la pierna derecha amputada.

—Éste es Psachys, Glauka. Fue buen marinero y ahora es buen tabernero: no agua la cerveza ni el vino más de lo razonable. Y ofrece una excelente aguamiel en el verano.

El hombre les abre paso dándoles la bienvenida. Su mujer ya ha limpiado la mesa preferida de Ahram, previamente desalojada, y busca el taburete más adecuado para la dama visitante. Hay poca gente; la mayoría tomó ya su cerveza y está embarcando. Sólo en una mesa permanecen dos hombres con dos rameras del puerto que, ante la recién llegada, se sienten cohibidas y tratan de ocultarlo exagerando sus risotadas y ademanes. Ahram observa encantado la naturalidad de Glauka en ese medio. Es el tabernero quien susurra algo a Ahram, mirando a esas clientas y también de reojo a Glauka. Ésta adivina y se anticipa:

—No, no las molesten. ¿Por qué no van a estar aquí?

—Esta vez vino —encarga Ahram, aprobando con la cabeza la decisión de Glauka—; pero del que bebes tú.

Entretanto, la noticia de su llegada ha alcanzado a otros pescadores hoy en tierra, que acuden a ver a Ahram, a darle las novedades del puerto, de la pesca, de la mar y hasta del emporio comercial; con sucesos que a veces ignora el prefecto. Preguntan también a Ahram por su viaje, porque todos han sabido de su larga ausencia: qué vientos ha tenido, qué marejadas, qué se cuenta por esas tierras. Algunos comentarios sorprenden a Glauka porque esas gentes iletradas, a fuerza de oír en su Alejandría a marineros de todo el mundo, saben de los avances de Shapur contra Roma, del alzamiento de una legión en el puerto galo de Massilia, de la escasez de trigo en Jonia y hasta de los escándalos entre la aristocracia alejandrina. Los vasos de cerveza o vino se suceden y la alegría se generaliza. Al fin el tabernero, sin serle pedido, trae una gran tartera de barro con un guiso de pescado en ronchas delgadas, alternando con capas de cebolla, nabos y brotes tiernos de papiro. Las manos comienzan a coger algunos trozos. Ahram lo prueba:

—Está bueno, pero yo lo hago mejor... A esto le falta *garu*.

El tabernero no se enfada sino que, risueño, explica que esa salsa es demasiado cara para ellos. Ahram le promete un tarro del mejor, el de Cartago Nova.

Glauka piensa en el olímpico Ahram de los grandes banquetes en la Casa Grande, contados por Ushait, y se emociona ante la autenticidad con que su hombre se integra entre estos pescadores. Ahram el Poderoso se muestra tan feliz como en la torre cuando enseñaba su sorpresa. «Sí, lleva dentro a un niño», piensa Glauka, recordando las palabras de Krito. Ahora Ahram presume de que Glauka haya sido pescadora y, al ver a la madre del tabernero en un rincón remendando redes, Ahram provoca a Glauka a que la imite. Como lo hace con éxito, aunque lleve tiempo sin practicar, el alborozo general sube al colmo y Glauka se siente plenamente aceptada por esos amigos de Ahram. A la salida una mujer cargada con un niño al costado se le acerca para rogarle ayuda en algo que, según ella, Ahram podría resolver muy fácilmente haciéndolo saber a los escribas del puerto.

Al regreso, ya bajo un sol bien alto que abrillanta los mármoles, Glauka observa desde el bote cómo se manifiesta en el frente marítimo de Alejandría su carácter de ciudad cosmopolita, pues junto a los templos helenísticos y los edificios administrativos romanos se yerguen los dos obeliscos de Cleopatra, las cúpulas de la sinagoga y del Museo y las palmeras de los jardines con toda su gracia oriental.

—¿Lo has pasado bien? ¿Te gustaría volver otra vez? —pregunta Ahram.

—¿No lo has visto? ¿Tan inexpresiva soy? ¡Tengo ganas de besarte por haberme traído!

—Nos vería toda Alejandría –ríe– y yo tengo que hacerme el importante.

—Lo eres, más que nadie... Y sin embargo me dedicas estas horas... He vuelto a sentirme joven, como era allá en Psyra... –baja la voz– y ahora, sabiendo además lo que fui antes, soy feliz por haber acertado al pedir esta vida... ¡Oh Ahram, mi Navegante! ¡Claro que quiero volver! ¡A cualquier sitio adonde tú me lleves!

El bote les deja en el embarcadero principal y cruzan el pórtico ante el saludo de los guardianes. Caminan hacia la Casa, donde se quedará Ahram.

—Mañana o pasado vendrás conmigo. He mandado prepararte una pequeña habitación junto a la mía.

—¿Qué voy a hacer allí? –pregunta Glauka asombrada, aunque satisfecha de que no la lleve al gineceo.

—Estar a mi lado, y por la noche en la torre, como ahora.

Ahram se detiene y se interrumpe. Glauka sigue la dirección de su mirada y ve a Krito caminando delante de ellos sin verles, hacia el banco de los delfines. «Está en fase lunar», piensa Glauka al ver su túnica femenina.

—¡Qué desgracia de hombre, con lo que vale! –se lamenta Ahram.

Glauka se rebela ante ese juicio:

—¿Desgracia? ¿Por qué?

—Esa vida que lleva, ese arrastrarse por Rhakotis... Cae y se levanta.

—¿Desgracia para quién? Para él no, y no se la impone a nadie.

—Vamos, vamos... Si todavía fuese un efebo sería natural, pero a sus años ya no debe hacer de mujer. No es de hombre.

—Es su vida. Y tiene el coraje de vivirla como quiere.

—Si a ti no te disgusta... Ayer me habló muy bien de ti. Seguramente va a buscarte.

Ahram entra en la Casa por una puerta lateral y Glauka alcanza al filósofo.

—Salve, Glauka.

Krito ya la viene llamando así desde que Ahram salió de viaje, informado del nuevo nombre por el propio Navegante. Glauka responde al saludo y se sienta a su lado en el banco, observando el cuidado con que él arregla los pliegues de su túnica. Como otras veces los ojos de Krito se han clavado un instante en la muñeca de la mujer. Ella le explicó, hace semanas, que se le había caído al mar, pero sabe que él no la creyó. Empieza a hablarle:

—Tengo que darte las gracias una vez más. Ahram me ha contado que quisiste comprarme.

—¿De veras? ¿Hice eso?

—Lo sabes muy bien.

—Fue una jactancia. No tenía para pagarte y yo lo sabía. No sé por qué lo hice.

—Yo sí lo sé. Y tú también.

Pero el hombre no recoge el reto y continúa:

—En todo caso, tuviste suerte y Ahram no te soltó. Estoy seguro de que ahora eres muy feliz.

—Lo soy... Pero nunca se sabe hasta el final. Contigo también hubiera sido una suerte.

Percibe el impacto en el hombre, que ha vuelto su rostro hacia ella, más melancólica que nunca la sonrisa.

—Es de lo más hermoso que me han dicho en mi vida. Pero reflexiona, mujer. ¿Adónde hubieras ido tú conmigo?

No hay amargura en las palabras, sino sabiduría. Aceptación de la vida.

—A tu lado —responde gravemente—, y a lo mejor hubieras sido tú el que hubiese acabado por venir conmigo.

El hombre calla hasta que, como hablando para sí:

—Quizás. Nunca se sabe. No sabemos quiénes somos. Yo no sé qué soy, como ves. Podría decirte que soy el mundo, porque para mí empezó cuando nací y se extinguirá cuando muera. ¿Acaso tú sabes quién eres?

«¡Ahora sí!», quisiera gritar Glauka, pero se contiene a tiempo. Mueve la cabeza en silencio, porque se le notaría en la voz. Krito cambia de tema:

—¿Vas a seguir estas clases ahora que ha vuelto Ahram?

—¿Por qué no?

Hay en él una expresión de alivio, casi un suspiro, antes de contestar:

—Eso es buena señal. Ahram piensa en ti para el futuro, cuenta contigo en sus planes... Siempre anda con proyectos; ya lo habrás visto... Me alegro, aunque el confiarme tu instrucción pueda significar que no considera un riesgo el que nos veamos; casi que me desprecia.

—¡Ahram no te desprecia, Krito! —rectifica impulsiva. Pero no añade que le compadece—. ¿Por qué dices eso?

—Bueno, ahora sí que él lo tiene todo —responde mirándola con intención— y ya no me necesita como antes, cuando decía que yo era su buena estrella.

—Ahram te quiere, Krito —insiste ella con dulzura.

—Sí. A su manera.

La dulzura se hace más íntima:

—Todos queremos a nuestra manera. Todos. También tú y yo.

El hombre la contempla iluminado:

—¿En qué puedo instruirte, si ya sabes lo que importa...? Veamos, ¿quieres que sigamos con las pequeñeces que yo sé?

Como ella asiente, abre su cartapacio y empieza unos comentarios. Glauka los sigue, pero a veces piensa en otra cosa. Su mente va desde sus vivencias con Ahram hasta observar las manos, la voz serena, los alargados ojos grises un punto melancólicos de este hombre sentado a su lado. Krito se da cuenta, pero continúa hasta que encuentra una ocasión para dar por terminada esa clase y fijar otro momento.

Se separan y Glauka se encamina a la torre. Encuentra allí que los pescadores han enviado un espléndido mero. Se le ocurre preparar ella misma una calderada mejor que la de la mañana, para darle a Ahram esa sorpresa. Conoce una receta aprendida en Psyra, con hierbas de la Madre.

¡Tenía yo un miedo mientras guisaba!, pero salió perfecto, en su punto, el mero. ¡Se ha chupado los dedos, ha obligado a Ushait a probarlo con nosotros, para que me admire! Feliz como un chiquillo, además venía contento, sus planes deben de marchar bien, pero el mero fue un éxito, temí haber olvidado la receta, ¡qué suerte encontrar aquí mismo algunas de las hierbas!, quizás ha sido él, el propio pez, el que se ha puesto a punto, como un compañero, como cuando yo jugaba con ellos y con los sarguitos, ¡tonterías!, ¡pero estoy tan contenta!, le encantaba verme así, me hizo mirarme en el espejo grande, el que me ha traído, resulta que detrás tiene un metal nuevo, hidrargirio, ¡un metal líquido, qué cosa más extraña!, ¡líquido como mi primer mundo!, es metal de luna y más fuerte que el oro —me ha explicado—, pues le quita el color cuando se juntan, seguro que está contento por lo del espíritu de fuego, esta tarde vino Soferis a buscar el ánfora para llevársela a la cámara del tesoro, es secretísima, haberla encontrado le parece una señal, como yo, soy su buena estrella, ¡Krito lo había adivinado ya!, me tiene por eso, pero también por mujer, me hizo por fin mujer, en estas siete semanas de su viaje, ¡siete semanas!, mi consuelo eran las tres noches precedentes, inolvidables, hasta me daba miedo pensar que a la vuelta podía ser otro...

Tres noches colmándome, como ahora a la vuelta, cuando me acaricia mi piel renace, me siento más desnuda todavía, sensible como la yema rezumante de un árbol, mis poros chupan su roce como las actinias de mi mundo marino, se exaltan mis axilas, las venas de mi cuello, las aréolas en torno a mis pezones, mi sexo, el hueco de la clavícula, el dorso de la rodilla... en cada rincón al pensarlo siento sus dedos, sus besos, la húmeda y lenta caricia de su lengua, el roce de su piel, que sabe a sal y a badana cuando la beso yo, flexible pergamino delicado, la piel, ¡cómo sabía de eso Astafernes!, pensativamente me acariciaba un pecho, llegaba a exasperármelo y a continuación me rechazaba, «lástima que no seas un muchacho», me decía, se volvía al menino tendido junto a él, «aprende a tener una piel como ella, gloria de mis manos, ni la seda, ni el jade, ni el marfil», tu piel ahora es mi gloria, me estremece tu cicatriz en el pecho, de aquella mujer que tan cruelmente castigaste, «vosotras herís más alto porque cogéis el puñal para clavar desde arriba, no lo hagas así nunca, si el adversario se echa atrás te lo clavas tú», ¿qué significabas con eso?, no vas a recelar ahora, y has vuelto igual, no has cambiado, la misma pasión inagotable, yo fui sirena pero ¿y tú?, ¿fuiste fauno o egipán?

Siete semanas sin ti, sabiendo sólo de tarde en tarde, por alguna paloma llegada a la Casa, Bashir me informaba, estabas en Corinto, en tus astilleros, ¡qué sé yo!, cambiando el mundo, quién sabe si reuniéndote también con Odenato y con ella, esa Zenobia, ¡cómo te resistes a hablarme de Palmira!, aquel viaje, cuántos males se sospechan en la soledad, esa mujer y tú pensados en mi soledad, yo sin salir de la torre más que para aprender de Krito, he vivido en un retiro como las femineras cuando se apartaban del mundo menos mal Ushait, ¡qué cariñosa!, no hay quien la impida servirme, a veces la llamo Tenuset, se me escapa y le encanta, ha debido de ser hermosa, de las delgadas con buenos pechos, ahora caídos, claro, yo también me pondré así, ¿me dejará entonces Ahram?, si vivo tanto él ya será viejo, sí, los mortales envejecen, envejecemos, o quizás habrá... ¡no, no quiero pensarlo!, sobrevivirle no, la pena hace vivir tanto como el goce, hasta llega más hondo, ¿qué vería en mí Ahram para quererme?, quizás mi padre me engendró en mujer mortal, cuentan esas historias de los dioses, yo siendo sirena no podía ni sospecharlo, no sabíamos de los hombres, él me quiere aunque me deje sola tanto tiempo, ¡qué consuelo oler su manto y tocarlo!, o bajar a la gruta, ahora comprendo su emoción en la isla de Karu, cuando rescaté su daga, aquella gruta le recordó ésta, lo raro aquí es la hornacina vacía, pero este antro es sagrado, por eso nací en él, entre sus brazos, sólo para nosotros, ni siquiera Ushait ha estado aquí nunca, he bajado a nadar, sumergirme, ¿encontraré alguna vez otra sirena?, ¿vienen por aquí?, pregunto a los peces pensando para ellos, no me entienden aunque algo les llega, me miran sorprendidos pero nada más, eso no me importa, no quiero aquella existencia, acerté, ¡pobre Afrodita!, no vivirá un Ahram... ¿Para qué viajar tanto?, ¡dolorosa ausencia!, pero vivir es eso, la felicidad en vilo, más intensa por frágil, sin más noticias que las de Bashir, sabe nuestro amor, está encantado, él me trajo a Ahram, aunque a veces me mire como aquel día en la playa, ¿por qué Ahram no me ha preguntado por mi vida durante estas semanas?, ¿le da lo mismo?, en eso es como todos, sus asuntos y gozarnos, nuestras vidas ya nos las apañaremos nosotras, pero cuando olvida sus planes es prodigioso, ¡qué paseo esta mañana!, ¡qué felices en el puerto!, y yo con su gente, lleva el mar en la sangre aunque venga del desierto, eso también nos une, los pescadores encantados, temiendo me escandalizaran las pobres putas, ¡si supieran mi historia!, a él le divirtió, cierra los ojillos picaresco cuando se siente cómplice, le da igual mi pasado, no le importa nadie, ni siquiera Krito dándome las lecciones, no le tiene en cuenta, no es rival para él, pero no le desprecia, no, le quiere, a su manera.

Sí, me apena Krito, quiso comprarme para provocarle, para que Ahram se fijara en mí, y ahora parece arrepentido, lo advertí esta mañana, ¿por qué?, ¿no quiere ya unirnos?, un hombre complicado, todo en su cabeza, quiere a su modo, pero voy comprendiéndole, Ahram no le comprenderá nunca, me ha contado su infancia, su historia, cómo conoció a Ahram, cómo le salvó la vida, Ahram no le podrá comprender, ¡son dos hombres tan distintos!, cuando me dijo que Krito le propuso comprarme lo contó burlándose, con sarcasmo, ¡ay, Ahram, tan astuto en negocios y tan ignorante en eso! Krito conmueve, y tú desdeñando sus enseñanzas, riéndote de sus filosofías y poemas, menos mal que yo las aplicaré a ser más para ti, para acercarme al niño Ahram, ese que llevas dentro, Krito conmueve pero con todo su saber no acierta, anda perdido, ¡cómo se repliega!, como las actinias y las caracolas, en tanto tiempo no he conseguido que me enseñe su casita verde, ahí a pocos pasos, su cubil, ¿cómo será?, no cabe mucho, ¿otra cueva como la de Ahram?, ¡ah, pero la veré!, lo necesito para conocerle, ¡qué lástima me dio esta mañana!, «¿adónde hubieras ido tú conmigo?», dolorida pregunta, se me quedó clavada, ¡pues al amor!, a otro amor claro está, ¡hay tantos amores!, los hombres creéis que sólo hay uno, el de vuestro pene poseyendo, pero cada cuerpo habla su lenguaje, el de Ahram es sencillo, ¡pero tan fuerte, tan vivo!, el tuyo es complicado, Krito, se te desparrama, pero eres más hombre de lo que te figuras, a veces tu mirada te delata, aunque tú no lo sepas, entiendo más que tú, en el burdel de Bizancio se confesaban ellos con nosotras, decían hasta lo que ignoraban de sí mismos, Ahram llevando un niño sin saberlo, en ese cuerpo de roca y fuego que me hace llegar a donde nadie jamás, ¡cómo me remonta a las estrellas!, pero un niño, sus proyectos son sus juguetes, ¡y les dedica su vida!, como si no hubiera más que eso, pero también quiero al niño, soy tu madre igual que tú eres padre mío, porque me hago nada en tus abrazos, aun sintiéndolo todo, descansa ahora, ya te despertarás guerrero a media noche, volverás a mí, disfrutas como un niño, cómo te relamías con el pescado, «nunca le he visto tan contento», me dijo bajito Ushait, ni yo he sido nunca tan feliz, hasta llegar a ti, hasta que me completaste convirtiéndome en Mujer... ¡Y pensar que si no hubiera sido por Krito no nos hubiéramos encontrado nunca!, no hubieses vivido lo bastante para tenerme en tus brazos, te hubieran matado los lapidadores samiotas, ¡qué horrible pensamiento!

La multitud se agolpaba contra la barrera que la separaba del área reservada al tribunal. El juicio había sido convocado con urgencia porque el delito era de impiedad, el más grave de todos y cometido además por un extranjero. En Samos la pena de los culpables era la de lapidación por el pueblo entero, que por eso llenaba el recinto con morbosa expectación.

En el estrado se había sentado ya el magistrado, con el secretario y el escribano a su lado. Cerca, de pie, el heraldo y a un lado los bancos de madera cubiertos de esterilla para los jurados previamente elegidos, que tenían ante ellos las dos urnas, la negra y la rojiza, en las que, al final, depositaría cada uno su guijarro adverso o favorable al reo. Éste se hallaba de pie, entre dos arqueros, frente al juez y a la vista del pueblo. Un hombre de unos treinta y cinco años, vestido con una túnica oriental y un turbante, contemplaba impasible la multitud. Su serenidad en tan difícil trance excitaba la admiración de algunos pero también la indignación de la mayoría, que la interpretaba como prueba de su impiedad.

A una señal del magistrado el heraldo reclamó silencio y se leyó el acta de acusación. Los hechos eran sencillos: el acusado, de nombre Ahram y origen sabeo, ciudadano romano residente en Alejandría, había llegado la víspera con fines comerciales en un velero del que era propietario. Aquella mañana había desembarcado temprano, había alquilado un caballo al tratante local y requerido la compañía de un guía para visitar a algunos productores de los famosos vinos de la isla. Seguido del guía en otra cabalgadura atravesó la ciudad y salió por la puerta del sur. Al pasar ante el famoso santuario de Hera, patrona y protectora de la isla, salía del templo la procesión que todos los meses honraba al Escudo simbólico de la protección dispensada por la diosa a los samiotas, con escolta de hombres de armas y de trompeteros y cimbalistas. Ante el desfile mandaban las leyes detenerse a los transeúntes a los lados del camino; pero el reo, en lugar de atender a la correspondiente advertencia del guía, espoleó a su caballo al pasar el Escudo, chocando contra él y contra los dos oficiales que lo transportaban, y haciendo caer al suelo la sagrada enseña. Sacrilegio semejante no se recordaba hubiese ocurrido jamás.

No hizo falta llamar a testigos porque el reo reconocía los hechos. Al serle concedida la palabra fue muy breve. Proclamó su inocencia, negando haber querido ofender a la esposa de Zeus, y atribuyó lo ocurrido a un imprevisto y misterioso arrebato del caballo, que él no pudo dominar por no ser buen jinete sino un hombre de mar. Además, como extranjero, no conocía las leyes que pudieran quizás favorecerle y solicitaba la ayuda de un orador para que pleitease en su nombre.

El público emitió murmullos insatisfechos pero el magistrado, en un caso tan grave, consideró justo que el reo tuviera todas las garantías procesales y mandó al heraldo que anunciase si alguien quería hablar en favor del reo; convencido, por otra parte, de que siendo éste desconocido en la isla no surgiría ningún defensor. Sin embargo, entre la masa de público se destacó un hombre abriéndose paso entre los guardias. Muy pocos le conocían porque no llevaba mucho tiempo en la isla, procedente de Esmirna; sólo algunos recordaban a su padre, muerto tiempo atrás, y sabían que era Krito, de Teos, la ciudad jonia situada en la costa, al otro lado del golfo. El magistrado le concedió la palabra y dio la vuelta al reloj de arena que, situado sobre su mesa, marcaría el tiempo límite para el orador.

Pronto se vio que aquel hombre, de unos veinticinco años, no era ningún principiante. Comenzó ganándose la atención del público al afirmar que, no obstante lo dicho por el acusado, no se presentaba él a defender su inocencia porque sin duda era culpable. Ahora bien, era preciso determinar su delito, que no era ciertamente el de la impiedad, ya que no se podía suponer que nadie, aun desconociendo las leyes referentes a la conducta pública durante la procesión, llevara a cabo un atropello tan contrario a sus propios intereses de congraciarse con los samiotas para realizar negocios. ¿Acaso, entonces, no había ningún delito de impiedad? Al contrario; ésta había sido cometida, pero no por el acusado sino por su caballo, posiblemente movido por un dios o un demonio.

Se oyeron murmullos de escepticismo y gritos rechazando lo que consideraban un truco pero el orador recordó, y el magistrado hubo de asentir con el gesto, la existencia de la antigua ley que, en los «tribunales de sangre», ordenaba –citó con precisión el texto– «condenar plenamente al animal o al objeto de piedra, hierro o madera que hubiese causado muerte, antes de purificar el territorio». Por tanto había un delito de impiedad y había un culpable merecedor de la lapidación: el caballo.

La arena caía lentamente de una ampolleta a otra del reloj. El acusado oía con intrigada sonrisa los argumentos de su defensor, quien pasó a reconocer que, en cambio, el reo era culpable de ignorar, siendo viajero habitual, la importancia de una procesión famosa en todo el mundo helénico como la de Samos en honor de Hera; así como también de la imprudencia cometida al utilizar medios de transporte que no sabía dominar. ¿Qué diría el acusado si alguien inexperto empuñase el timón de su navío llevándolo a naufragar? Por esos delitos, que ofendían la fama de Samos y eran impropios de un sensato negociante, el reo merecía que le fuera impuesta una multa, cuya cuantía fijase el magistrado con su celo y saber jurídico, para destinarla quizás al servicio del propio santuario de Hera, satisfaciendo así la ofensa a la diosa.

Esta tesis legal hizo mella en el magistrado porque reconoció sus fundamentos jurídicos y, al propio tiempo, halagó a los jurados con el elogio a Samos, además de ofrecer en perspectiva una ventaja económica para la ciudad mediante la multa, sin quitar a la plebe la diversión de lanzar sus piedras contra un ser vivo. En consecuencia, cuando se contaron los guijarros en las urnas resultó que la mayoría votaba en favor del reo, de acuerdo con la tesis de su defensor que, entretanto, se había reintegrado a la masa de espectadores.

Pronunciada la sentencia el magistrado declaró libre al acusado, aunque prohibiéndole zarpar mientras no satisficiera la multa, y el pueblo se fue desplazando al cercano campo de ejecuciones, donde atarían al caballo para exponerle a las pedradas de la multitud. Los guardias dejaron suelto al prisionero y éste salió del recinto recibiendo en las gradas del pórtico los abrazos y felicitaciones de su tripulación, que había acudido ansiosamente al juicio. Un poco más lejos le esperaba sonriente su salvador.

Ashram se acercó efusivo a saludarle, sin señas de excesiva emoción por el riesgo que había corrido.

—Cuando esperaba una muerte segura apareciste tú, que no me conoces ni me debes nada, y me has dado la vida. Nunca había oído pleitear a nadie tan hábilmente. ¿Quién eres? ¿Cómo puedo corresponder? Tengo medios de remunerarte. Me has asombrado con tu palabra.

—Me llamo Krito, hijo de Diórides de Erythrae. Y no debes maravillarte en exceso. La palabra es mi oficio. He estudiado retórica y filosofía en Atenas. He practicado incluso el arte del antílogo, al estilo de Carnéades, que deslumbraba a Roma defendiendo primero una tesis y después la contraria. Debo confesarte que me he divertido. Y, no creas, ha sido fácil defenderte. Existen efectivamente leyes y precedentes contra los animales culpables, pero los jurados no han votado por lógica sino porque he apelado a sus sentimientos. He tocado su vanidad elogiando la procesión y he despertado su codicia con la perspectiva de la multa. Y todo eso sin privarle de su espectáculo lapidatorio... Pura táctica en el manejo de los hombres.

En ese momento estalló el griterío de la gente y sin duda habían sido arrojadas ya las primeras piedras porque, por encima de las voces, se oían desesperados relinchos.

—¡Pobre animal! —se lamentó Ahram—. Aunque es verdad que no soy jinete, porque he pasado la vida en el mar, en mi país se ama a los caballos. Y era una hermosa montura.

Krito sonrió entonces cínicamente:

—Puede que un día lo santifiquen, como al obispo cristiano Policarpo, a quien quemaron en ese mismo lugar donde lapidan... Ese caballo, ahí tienes, es quizás quien más ha contribuido a salvarte. Tú lo ignoras, pero yo sé que el tratante dueño del animal es un personaje sin ninguna simpatía en la ciudad, por su arrogancia y sus abusos en los precios. La idea de perjudicarle matándole el caballo es lo que más influyó para cambiar las opiniones a tu favor. Ahora quienes tiran piedras están simbólicamente apedreando al tratante... Como ves, no he hecho gran cosa.

—Al contrario, eso prueba aún mejor tu habilidad y tu conocimiento de los hombres, asombroso para tu juventud... Sea como sea, no rechaces mi oferta. No me quedaría tranquilo si no aceptaras algo, además de la amistad para siempre de Ahram el Navegante.

—¡Ah, me preguntaba yo si eras precisamente ese Ahram, de quien tanto oí hablar en Esmirna! Bien, pues voy a pedirte algo, aunque puedes no concedérmelo. Llévame a Alejandría, donde enseñan todavía buenos filósofos y poetas, está el Museo y una excelente escuela de medicina. Allí tendré oportunidades que no tengo en Samos.

—¿Sólo eso?

—Si te parece, también podrás ayudarme allí a introducirme para ganarme la vida. Soy un buen retórico y tengo inmejorables referencias de mis maestros de Atenas —contestó Krito sonriendo.

Ambos sellaron el acuerdo y Ahram decidió:

—Vámonos. No me gusta oír esos gritos de muerte para un pobre animal... ¿Cómo es posible declararle impío? ¿Tú crees esas cosas?

—La ley lo dispone así —respondió Krito mientras caminaban hacia el puerto seguidos de los hombres de Ahram—, y en los tribunales lo que vale es la ley, no la justicia. La elocuencia, más que la verdad. Las pruebas, más que los hechos.

Ahram percibió en esa voz una nota de amargura, como de una cuerda sensible herida. Preguntó:

—Dime, si no era por tus honorarios, ¿por qué interviniste en mi favor?

—Ya te lo he dicho: me divertía. No me debes nada.

Pero la respuesta había tardado en brotar y Ahram, habituado a negociar, captó una vacilación previa, como signo de otro motivo, ocultado deliberadamente. Pero, contento con el éxito, echó su brazo sobre el hombro del filósofo y juntos llegaron hasta la nave. Ante ella se despidieron, pues Krito había de regresar a su casa para preparar su marcha —«tengo poco que arreglar aquí», aclaró— y prometió estar a bordo al mediodía siguiente. Entretanto Ahram entregaría al tribunal el importe de la multa durante la mañana.

Autorizado para zarpar, a primera hora de la tarde Ahram entregó la nave a su piloto, después de dirigir la maniobra, cuando ya rebasaban la embocadura del puerto, y se sentó sobre una esterilla y unos almohadones a la sombra del toldo de popa. En ese momento, al volverse hacia Krito para iniciar una conversación, éste se le anticipó:

—Tengo una sorpresa para ti.

Mientras pronunciaba la frase sacó de debajo de su cinturón un disco liso de oro, provisto de un negro cordón. Sonriendo se lo ofreció a Ahram que, con un rugido de júbilo, lo cogió, se incorporó de entre sus almohadones, y se inclinó hacia Krito.

—¡Mi amuleto!

Miraba atónito, sin poder hablar. Luego abrazó a Krito y volvió a sentarse, sereno:

—Eres un demonio amigo, un *djinn*, decimos en mi tierra. Con esto me has salvado otra vez la vida, te lo juro... ¿Cómo has hecho? Me lo quitaron al apresarme...

—Dediqué un poco de tiempo al asunto durante la mañana... Tenías derecho legal a recuperarlo.

Ahram sonrió sarcástico.

—Habrás necesitado algo más que la ley para sacar este oro de sus uñas.

—No ha sido mucho —sonrió también Krito, atajando la mano de Ahram hacia su bolsa—. No, no me debes nada. Si te empeñas, abónalo en mi cuenta.

Así iniciaron una travesía en la que el Navegante fue sabiendo más y más cosas de su amigo y apreciando cada vez más su talento y sus cualidades. Precisamente necesitaba a alguien dominando el arma de la Palabra, tan eficaz en negociaciones y en trances como el vivido por el Navegante, aunque éste por temperamento sintiera más inclinación hacia los métodos enérgicos y la fuerza. Además Krito se mostró sagaz consejero incluso hablando de posibles negocios en Samos y por eso Ahram aprovechaba la travesía para conocer mejor la vida de su salvador. Krito no fue reticente y habló a Ahram de su padre, un jonio de la escondida Erythrae, comerciante que se suicidó, por no poder soportar la ruina, cuando el niño tenía tres años; y de su madre, una lidia de Sardis que concentró todo su amor en Krito por habérsele muerto antes una hijita, a los pocos meses de nacida.

—Eran dos idealistas —explicó Krito— y mi padre no servía para los negocios. Mi madre se casó enamorada, a disgusto de su familia; era una excelente citarista y algo me enseñó de ese arte. Me cuidaba muchísimo, pues yo estuve delicado de salud mis primeros años.

Evocó luego sus recuerdos de la isla de Quíos, donde su madre se fue a residir con el niño a casa de una hermana, y luego su vida en Esmirna, adonde fue llevada por un segundo marido con el que se casó sin amor, por resolver su situación y la del hijo.

—Mi infancia fue muy penosa, porque mis primos en Quíos abusaban de mi madre y de mí. Mi madre lloraba con frecuencia y yo me abrazaba a ella para consolarla, durmiéndonos juntos. La situación mejoró con mi padrastro: un buen hombre ya de edad que, aun cuando no podía ofrecer ilusiones ni demasiados goces amorosos, se portaba muy bien con nosotros. Además yo entonces empecé a asistir a la palestra y al gimnasio y si en las luchas me vencían casi todos, en cambio en los estudios pronto logré descollar. Ninguno recitaba a Homero mejor que yo, ni dominaba los recovecos de la gramática de Dionisio Tracio. En cambio en la palestra mis únicas victorias eran con los hombres que comentaban nuestros ejercicios sentados en los bancos de la exedra. Decían –concluyó Krito sonriendo pícaramente frente a Ahram– que mis movimientos eran armoniosos, mi cuerpo delicado y la piel muy suave. ¡Tuve más de un admirador a los catorce años!

Mientras escuchaba, a Ahram le fascinaba la indescriptible sonrisa de Krito, a la vez burlona y melancólica, tierna y agresiva. Era más bien un permanente pliegue de sus labios, con casi imperceptibles movimientos que cambiaban el mensaje y que sólo se podían interpretar teniendo en cuenta la expresiva mirada de los claros ojos alargados. Con sus últimas frases el rostro adquirió una expresión equívoca y Ahram comprendió que Krito había tenido en su adolescencia algún amante adulto, como era frecuente en esas circunstancias.

–La muerte de mi madre –continuó Krito– fue un golpe terrible y, además, los parientes de mi padrastro, pensando en la posible herencia, empezaron a hacerme la vida muy difícil... Yo no sabía qué hacer, no podía seguir en aquella casa. Intenté ser amanuense de algún retórico, pero la suerte hizo que me conociera en la palestra un viajero ateniense y me llevase con él. Un hombre extraordinario, casado sin hijos, traficante en cerámica de calidad, objetos de arte y materiales preciosos, desde el ámbar al marfil. A su lado conocí artistas, aprendí todos los refinamientos de la alta sociedad y pude hacer la efebía en Atenas al mismo tiempo que escuchaba los debates de los mejores filósofos. Yo le gusté en cuanto me vio y él fue mi primer amor, el más grande y duradero que he vivido.

Curiosamente, en ese instante la sonrisa y los ojos expresaron, inequívocos, una clara y profunda melancolía. Ahram se dio cuenta del encanto que podía alcanzar ese hombre, tan cínico sin embargo al hablar de las leyes y de la justicia.

–Fueron casi tres años que no he vuelto a vivir. Desgraciadamente la esposa me odiaba; sentimiento comprensible porque temía que su marido acabara adoptándome y perjudicándola en su herencia. Quizás hubiera sucedido así porque yo, aunque me desarrollé tardíamente por mi salud infantil, tenía ya cerrada la barba y nuestra relación comenzaba a ser menos aceptable socialmente. Pero antes de adoptarme mi amante murió envenenado y la esposa me acusó, con el testimonio de un criado que afirmó habermé visto visitar a un curandero, sospechoso de facilitar drogas peligrosas. Me vi enfrentado, sin amigos ni influencias, a un juicio que sería fatal para mí... Hice lo que otros griegos ilustres antes que yo –concluyó Krito jocosamente–: huí y me refugié en Persia. En Ctesifonte viví tres años, dando lecciones. Viajé también por el imperio: era época de paz con Roma, después de la primera expansión victoriosa de Ardashir. Cuando, con los emperadores militares en Roma, cambió la situación, empezaron a complicárseme las cosas y me fui a Esmirna. Allí supe que el criado que testimonió contra mí había sido sobornado por la esposa de mi amante y, creyéndose engañado por ella, la había denunciado como autora del envenenamiento.

Ahram interrumpió porque le alarmó un cambio de cariz en el cielo. Efectivamente, pronto se vieron en peligro por un huracán de los muy peligrosos en verano, llamados por los marinos «una patada de Poseidón». El riesgo sirvió a Ahram para comprobar otra cualidad de Krito: su imperturbable y filosófica serenidad. A la mañana siguiente le felicitó por ello, cuando volvían a navegar con buen viento.

–La muerte puede llegar cualquier día –declaró Krito quitando importancia a su actitud–. Vivimos siempre en la frontera de la vida. Yo soy un fronterizo: en realidad mi madre me dio a luz entre Eolia y Jonia. Las fronteras son los mejores escenarios de la vida.

Ahram se dio cuenta de que las confidencias de Krito se iban a alejar de los datos, para convertirse en reflexiones abstractas. Era lo único que hasta ahora le desagradaba de su nuevo amigo: su tendencia a la especulación teórica. Así que buscó una salida:

–Llevamos días navegando y eres más joven que yo. No es preciso advertirte que los marinos tenemos solución para eso: fíjate en el grumete. No le disgusta yacer con cualquiera de nosotros.

Krito contempló al muchacho que, vistiendo sólo un sucinto paño a la cintura, presentaba un seductor cuerpo adolescente, bronceado por el viento y suavemente musculado por las tareas a bordo. Como si adivinase que hablaban de él miró en ese instante hacia los dos hombres sentados a popa y sonrió expresivamente. El resultado fue que aquella tarde Krito se retiró a la cámara con el muchacho mientras Ahram sesteaba sobre cubierta.

Otra vez bajo el toldo al atardecer, Ahram volvió a provocar nuevas confidencias. Pero Krito empezó por dejar las cosas en claro.

–Antes de que el muchacho te lo cuente quiero decirte que esta tarde en la cámara él fue el amante y yo el amado. Ha sido una delicia porque no se lo habíais permitido nunca y hay pocos placeres más refinados que el de iniciar a un machito virgen; en esa edad en la que, además, están en toda su potencia y sólo suelen complacerla por sí mismos. Ha estado espléndido.

—¡Ahora comprendo sus ojos resplandecientes cuando salió! ¡Creí que había sido tu vigor!

—Fue el suyo. Todavía paladeo la última embestida, cuando ya le enseñé el ritmo.

Ahram empezó así a conocer mejor a su invitado y no le disgustó descubrirle debilidades, aunque le sorprendió la facilidad con que había contado la inesperada variante. Pero ya Krito seguía evocando su vida, perfectamente consciente de que Ahram le estaba sometiendo a un interrogatorio. Como no le preocupaba ese propósito concluyó sus confidencias.

—La verdad es que ya está dicho todo. En Esmirna tuve suerte desde el principio, porque me acredité redactando un par de defensas a ciertos acusados importantes, que con ellas salieron bien librados. Llegué incluso a ganar algún dinero y a situarme bien socialmente pero... Bueno, aquellas gentes dejaron de interesarme y me vine a Samos con un pedagogo que quería asociarme a su trabajo. Llevaba en la isla menos de tres meses cuando tú desembarcaste.

—Y tuve la suerte de que hubieses llegado tú antes —concluyó Ahram, que había registrado la vacilación de Krito en el relato y quedó convencido de que la estancia en Esmirna encerraba algún episodio poco agradable para su interlocutor. No sería difícil investigarlo.

Al día siguiente, si no fallaba el viento, contaban con avistar pronto el famoso faro. Celebraron alegremente la última noche de viaje, lo que permitió a Ahram nuevas observaciones. Krito se relacionaba muy fácilmente con los marinos, divirtiéndoles con su ingenio. No les inspiraba la respetuosa devoción que sentían por Ahram, pero eran muy receptivos ante sus palabras y su presencia. No se hacía igual a ellos, como Ahram, pero tampoco se distanciaba. Ahram, como de costumbre, no perdió en la francachela final el dominio de sí y vio con satisfacción que Krito sabía beber con dignidad. Le brillaban los ojos, por supuesto, y se movía con menos seguridad, pero el vino sólo se le notaba en su lenguaje más libre y en expresiones más cínicas y amargas. Por lo demás, llegado el momento, vomitó por encima de la borda con la misma discreción que un elegante romano, antes de volver a la sala del banquete.

Cuando llegaron a Alejandría, Ahram propuso a Krito lo que había resuelto desde que recibió de su mano el amuleto; es decir, que se incorporara a su casa a título, por ejemplo, de consejero, sin por eso perder libertad para sus actividades intelectuales. Estaba convencido, como ya otras veces en su vida –en el caso de Bashir, sobre todo– de que su buena estrella había dispuesto su encuentro con el filósofo. Y aunque estaba seguro de que había lagunas en la narración de Krito y quizás interpretaciones deformadas –pero no mentiras flagrantes– ya habría tiempo de completar la información.

Krito aceptó, aunque al principio la convivencia con Ahram y su mujer, en la casa en que entonces residían, le resultó algo incómoda para sus salidas a Rhakotis y sus extravagancias en el vestuario y en sus costumbres y amistades; aunque siempre procuró no escandalizar. La muerte de Damira, a poco de nacer su hija Sinuit y, sobre todo, el final de las obras de construcción de la Casa Grande, cambiaron la situación favorablemente. Cuando, poco después del traslado, consiguió para sí la pequeña casita del extremo del parque, Krito se sintió ya definitivamente instalado.

14. EL PODER Y LA VIDA

En la galería pequeña de levante, que sólo tiene acceso por la estancia donde suele trabajar Ahram y por la alcoba privada adjunta, Soferis contempla a la esclava de Ahram, convertida en compañera. Como llovió durante la noche y el sol sigue oculto entre nubes, es una suave luz de otoño la que pone reflejos indecibles en la prodigiosa cabellera, ahora al descubierto y peinada a la griega: recogida en alto con unos rizos sueltos. La cabeza femenina se inclina sobre el bordado que van creando sus dedos, un ramificado dibujo geométrico en negro y rojo al estilo de Amorgos.

Hace sólo tres días que ella ha aparecido en la mansión y los rumores no cesan. Soft-er-Osiris, cuyo nombre helenizan todos como Soferis, recuerda varios en este momento. No le extraña que algunos sean disparatados, porque jamás tomó Ahram una compañera, conformándose con su gineceo y con mujeres ocasionales. «Le ha dado un bebedizo», «Ahram la va a libertar», «ya la ha hecho liberta aunque aún lleve la ajorca», «está embarazada», «es una princesa goda, con ese pelo», «¡qué va, es una terrorista!», «embaucó a Bashir», «tiene más de cien años, pero es maga»... Cosas así circulan por las cocinas y almacenes. Mientras dispone sus carpetas de pergaminos y papiros, sus cálamos y tintas, porque Ahram está a punto de llegar, Soferis admira la gracia de esa mujer, en sus pequeños movimientos de las manos y la cabeza. ¿Cuál será la verdad de Glauka? Comprende a Ahram seducido por ese encanto, pero se explica mucho mejor que ella se haya entregado al amor de Ahram. ¡El amor de Ahram! Él lo conoce bien; lo gozó plenamente cuando, siendo aún muchacho, Ahram fue a la vez su amante y padre, sustituto del que había muerto al servicio del Navegante. La relación acabó como siempre, al llegar Soferis a la adolescencia, y entonces pasó a la situación de secretario general de Ahram como lo había sido antes su padre, con una fidelidad y una eficacia insuperables; alimentadas aún ahora por un soterrado sentimiento entre filial y amoroso: rescoldo que sobrevive incluso al hecho de estar ya casado y con dos avispados chiquillos.

Unos conocidos pasos atraen las miradas hacia la puerta. Ahram aparece en ella, seguido del nubio Mnehet, que permanece en la estancia de trabajo. Sonrisas y saludos, palabras amables de Ahram para el bordado de Glauka, que se ha puesto en pie, como Soferis, y recibe una caricia en su pelo.

–Despacharemos aquí –decide Ahram–. Da gusto este aire húmedo... No te vayas, Glauka; tu presencia es favorable.

Glauka sabe que la quiere constantemente a su lado, pero Ahram lo justifica con otros motivos porque todavía le resulta nueva la situación: a ella le sorprende que el autoritario amo tenga a veces esos respetos a las convenciones. Soferis, por su parte, interpreta la frase como resultado del dictamen de Assurgal, que ya ha estado en la Casa temprano; en Alejandría nadie importante puede pasarse sin astrólogo permanente o, al menos, consultándole con frecuencia, y Assurgal, como caldeo, es de los más afamados.

Mientras los dos hombres empiezan a despachar, Glauka contempla a su vez al secretario. Viste a la griega, como la buena sociedad alejandrina, pero lleva peluca egipcia, que entona con su piel ocre y mejora su escasa estatura. Los ojos negros, que parecen rasgados gracias al ligerísimo maquillaje, están algo hundidos, dando impresión de astucia. La mirada, sin embargo, es inteligente y franca. Glauka sabe que Soferis no está todavía seguro, por lealtad a su amo, de que éste haya hecho bien dando tanta participación en su vida a una mujer aparecida no se sabe de dónde, no hace aún cinco meses. Quizás por eso empieza su informe en demótico, en vez del griego que usan habitualmente. Ahram se ríe.

—Glauka también habla demótico, Soferis.

El escriba dirige una mirada a Glauka y se inclina disculpándose. Continúa un poco turbado aunque ella pronuncia unas palabras reconociendo su lealtad. Efectivamente, el tiempo que lleva en el país ha convertido ya en un lenguaje fluido el rudimentario demótico que le enseñó Fakumit. Recordar a la malograda muchacha le produce una punzada de pena.

Vuelta a su bordado escucha sin atender las palabras de los dos hombres, mezcladas con el suave rumor del agua que cae sobre una pequeña concha de mármol al extremo de la galería. Le llegan nombres de la frontera asiática: Armenia, Bactria, Sogdiana Comagene, Parthia. Hay referencias a movimientos de legiones y a cambios de gobernadores romanos. Luego le suenan puertos de Asia, de África, de Grecia y Roma, mezclados con sugestivos nombres de navíos: *Aquilón, Zerbo, Isíaco, Tauro, Hípaco*. Otros dos nombres atraen súbitamente su atención: Odenato y Zenobia; la mención de esta última la perturba siempre. Tiene clavados en la memoria los grandes elogios de Ahram hacia la princesa y por instinto se da cuenta de que la admiración del Navegante no es sólo un tributo a la gobernante y compañera del príncipe, sino también a la mujer como hembra.

Soferis da cuenta a Ahram de los últimos informes llegados de Palmira, todos favorables. No sólo Odenato es capaz de seguir refrenando los intentos de Shapur en su dirección, ganándose cada vez más el aprecio de Roma, sino que al mismo tiempo logra incrementar el tráfico de caravanas por Palmira y aprovechar los beneficios económicos para ir formando unas tropas muy móviles con caballería y camellos. Esto último es una idea de Ahram convencido de que en los desiertos de Arabia y Parthia ese animal no está todavía bien aprovechado para la guerra en unidades organizadas.

Aparte de los informes ha llegado también una carta personal cifrada de los príncipes al Navegante, aparentemente llena tan sólo de orientales cortesías y novedades sin importancia. Ahram la toma en sus manos junto con el texto resultante de descifrarla, que le suministra Soferis y que alegra su rostro pues confirma y amplía la impresión de sus agentes.

En cambio los informes de Alejandría misma son más confusos. Valeriano ha dejado de tolerar a los cristianos y el prefecto Emiliano ha deportado al obispo. Sus fieles se inquietan temiendo una nueva persecución. Al mismo tiempo en los bajos fondos se habla de agitadores, no se sabe si movidos por potencias extranjeras o por el clero egipcio, pues los sacerdotes siempre aspiran a recobrar su antiguo poder. Corren incluso extraños rumores sobre partidarios de un nuevo faraón «legítimo» agrupándose al sur, en Nubia. Ahram descarta todo eso como habladurías, pero en cambio se sorprende de que se le atribuyan a Firmus, el riquísimo tratante, pretensiones políticas.

En ese momento Mnehet recoge de una sierva una

bandeja con cervezas y aguamiel, dátiles y otras frutas y la deposita sobre un taburete. Glauka se anticipa al nubio y sirve a Ahram, así como a Soferis, que ya se disponía a hacerlo por sí mismo. Ahram observa encantado el desconcierto del escriba y la elegancia con que Glauka maneja los pliegues de su nueva túnica.

Todavía tratan de la última remesa de esmeraldas desde el Campo, que ha llegado algo disminuida porque al venir por tierra es preciso comprar la protección de los tres estrategas por cuyos distritos pasa el mensajero. Concluyen preparando la tarea del día a base de la lista de visitantes que han solicitado una audiencia y aguardan ahora a que Ahram baje a la sala donde recibe al público. Ya han detectado entre ambos un caso de los que se presentan bien recomendados con peticiones descabelladas o con absurdos proyectos para resolver los grandes problemas: el de hoy cree tener la clave para acabar con la amenaza de la peste, que parece haberse reactivado en alguna ciudad del Menhit y que los sacerdotes atribuyen a castigo de los dioses, motivado por la relajación de las costumbres.

—Además hay otro visitante curioso —añade Soferis—. Uno de esos judíos nuevos, de los terroristas Viene de la Tebaida.

—A ésos hay que tomarlos más en serio. Son tenaces. Las persecuciones no pueden con ellos. Sirven de carcoma contra el imperio.

Todavía hablan unos instantes del hijo de Artabo, Tages, que tiene ya siete años y va a empezar su educación. Ahram se alegra de los excelentes informes del muchacho, hijo de su mejor piloto. Después Soferis recoge sus documentos y su material, se despide de Ahram y saluda a Glauka con una inclinación.

—Ayer te divertiste más en el Museo. Hoy espero que no te hayas aburrido... ¿Qué te parece Soferis? Ya sabes que está conmigo desde su infancia; su padre naufragó en un barco mío. Fue uno de los primeros egipcios que creyeron en mí.

Ahram se levanta mientras habla e indica a Glauka que le acompañe.

—A mí me gusta. Pero yo no le gusto a él.

—No es eso. Es su extrañeza ante la libertad con que tratamos ciertos asuntos delante de ti. Yo he sido siempre muy reservado y a él le sigue preocupando tu desconocido pasado... ¡si supiera!

—Menos mal que tú lo sabes... Porque ya no dudas, ¿verdad?

Han pasado a la alcoba contigua al despacho, provista de un baño anejo, donde Ahram dormía o descansaba a veces. Hay un mullido estrado donde se acomodan entre almohadones. Ahram la besa, contemplando su rostro largamente.

—Claro que no dudo. Ahora ya no podrías engañarme. Y además hay una prueba que aún desconoces. Mírala:

Retira de su cuello el amuleto, ese disco de oro que Glauka ha visto sobre su cuerpo desnudo. Desenvaina la daga y con la punta ataca el borde del disco constituido, como ahora descubre Glauka, por un anverso y un reverso perfectamente encajados a presión. La daga los separa y aparece dentro el verdadero talismán, que el oro protege. Ahram lo pone con reverencia en la mano de Glauka. Es una medalla de estaño, del tamaño de un tetradracma, que muestra en relieve el esquema de un árbol y sobre él un creciente lunar. A cada lado del árbol hay una estrella y ambas, así como la luna, son de plata incrustada en el metal.

—Itnanna, la luna, sobre el árbol de la vida. Los sabeos la hacíamos un dios, Ilmuqah, pero ella la llamaba así: Itnanna, y la adoraba en la gruta. Me dio esta medalla.

—¿Ella? ¿La sacerdotisa en tu isla?

Ahram asiente, porque en sus noches de confidencias ya ha empezado a contar a Glauka su pasado.

—La diosa que llaman también Ishtar, Astarté, Ashtoreth, Tanit.

—En Psyra, la Frigia veía en la luna al dios Men.

—Da lo mismo. Mi madre me enseñaba a adorarla alzando los brazos. Para ella era el dios Shin. Otra cosa son las estrellas, la de la mañana y la de la tarde. Es el mismo astro, me explicó Ittara apareciendo a veces al alba y a veces en el crepúsculo, pero para mi madre eran dos distintas y a ellas me confiaba. Ahora las tengo conmigo: tú y Krito... ¡Sí, Krito, aun siendo lo que es! Gracias a él conservo esta medalla, que recuperó en Samos para mí. Dale la vuelta, verás.

Glauka contempla asombrada el reverso, donde aparece una sirena entre las ondas. El metal incrustado para representar su cabellera no es plata, como en el anverso, sino oro. No sabe qué decir.

—Cuando vi en la caja de mi hija aquellos cabellos cortados pensé en esta sirena y al vértelos luego comprendí por qué habías sido tan fuerte ante el perro, aquel primer día... Luego, ¡han sido tantos los signos!

La abraza y la besa, para concluir sin palabras. Glauka se desprende fingiendo enojo:

—¡Y no me lo dijiste antes! ¡Y yo esforzándome en que me creyeras cuando ya tenías la prueba pendiente de tu cuello! ¡Eres cruel; te pegaría!

—Te lo permito, pero no eres capaz... ¿Sabes? Voy a encargar una copia de esta medalla para que la lleves igual que yo.

Se miran, se adensan las miradas, se enlazan y desafían, se desean. Ahram suspira:

—Tengo que bajar a recibir a esa gente. Hoy abundan los funcionarios y la burocracia es una fuerza tremenda. Cada día lo será más. No crea nada, no produce nada, pero puede pararlo todo. Y nos tiene registrados a cada uno por partida doble: en la Casa de la Vida y en las oficinas del prefecto. Hasta en Roma saben ya que Ahram ha tomado una compañera, por primera vez en su vida, ¿entiendes? Lo que no saben es qué clase de compañera. Estarás aquí cuando vuelva. Almorzaremos y reanudaremos este abrazo aplazado.

Se besan. Glauka anuncia que ha quedado con Krito para continuar sus charlas —ya no las llama clases, aunque sigue aprendiendo— y que volverá a tiempo. Pero cuando ella acude al banco de los delfines Krito no ha llegado todavía. Se sienta a esperarle preguntándose qué le habrá ocurrido a un hombre tan puntual·con ella, dentro de su complicada vida.

Luego conocerá, por su protagonista, las aventuras de Krito en la noche precedente: caminaba por las callejas de Rhakotis hacia una excitante entrevista con un joven conocido antes, cuando la andadura y porte de una mujer acompañada por dos hombres le recordaron inmediatamente a alguien. Era un trío extraño en el barrio a aquella hora porque iban elegantemente vestidos, pero sin la escolta de siervos habitual en gentes de su clase. Krito se hundió en un portal para no ser visto y con el manto oscuro, propio de sus expediciones nocturnas de cazador o de cazado, consiguió no ser visto, aunque pasaron bastante cerca de él; gracias además a los negros nubarrones que acabarían deshaciéndose en lluvia. Lo único que no coincidía en el supuesto parecido de la mujer era su peinado, complicado y de mal gusto, propio de gente inferior. Afortunadamente uno de los hombres llevaba una antorcha encendida —sólo un asiduo como Krito podía moverse por allí sin luz— y la cara femenina disipó todas las dudas: era, efectivamente, Clea, la mujer del epistratega, disfrazada con una peluca. Conociendo de ella algunos detalles no le pareció extraño su curioso paseo nocturno, pero el asombro de Krito creció al darse cuenta de que los dos acompañantes, aunque con ropajes masculinos, delataban en sus movimientos y formas su condición de mujeres. En Rhakotis y aun en algunas casas especiales de la Neópolis no escaseaban los travestidos, algunos de ellos íntimos de Krito, pero la mujer vestida de hombre era muy poco frecuente y en esta ocasión sólo podía explicarse para ocultar algo más anómalo todavía: la de tres mujeres bien vestidas sin acompañamiento varonil a tales horas. Sin su intuición y costumbre de personajes ambiguos, Krito no hubiera advertido el engaño.

Su curiosidad y su interés por Clea pudo más que la cita convenida y las siguió con prudencia, por la falda de la colina donde se alza el Serapeum, hasta las cercanías del Estadio. No podían ir a unas catacumbas que se decía existían por allí, puesto que Clea no era cristiana. Por fin las vio entrar, después de una llamada convenida, en una casa nueva de tres pisos, como las del barrio en expansión fuera de las murallas.

Krito anotó mentalmente la situación de la casa y se prometió seguir indagando, pero no estaba dispuesto a esperar. Deshizo por tanto el camino, pero aún se cruzó, ocultándose otra vez, con un grupo de cuatro mujeres análogas. Recordó entonces la existencia de sociedades secretas femeninas, y le asaltaron penosas memorias de la llamada en Esmirna «Las hijas de Safo», que tanto había pesado en su propia vida. Pero desechó el tema para pensar en su muchacho, confiando en que aún estuviera aguardándole.

Desgraciadamente hubo de detenerse de nuevo, al ver por el camino a un tabernero conocido suyo, maltratando en la puerta de su establecimiento a una muchacha que llamó la atención de Krito por la digna mansedumbre con que lo soportaba. El tabernero, para justificarse, explicó a Krito que ayer mismo la había comprado y ahora ella se negaba a complacer a los clientes en sus deseos, como era habitual en las tabernas.

Krito miró a la muchacha: una egipcia campesina, joven, de tez morena, cara redonda y gruesos labios, con ojos oscuros brillantes de lágrimas a la luz de la tea clavada junto a la puerta. Krito suspiró porque el destino le había arrebatado ya su placer de aquella noche y sonrió ante una repentina idea. Preguntó el precio pagado por el tabernero y le ofreció comprársela. Krito era cliente lo bastante distinguido como para complacerle y así la muchacha pasó a poder del filósofo que ordenó al tabernero la dejara dormir tranquila hasta la mañana, en que él volvería a buscarla. Quedaba segura: todos conocían el poder de Ahram.

Ignorante todavía de todo ello Glauka se queda extrañada cuando desde el banco ve llegar a Krito acompañado por una mujer. ¿Formará parte de la vida misteriosa de Krito fuera de palacio?, se pregunta intrigada. Krito lo aclara al presentarle a la muchacha.

—Mira, se llama Nebet, «sicomoro». Una buena esclava: te la regalo.

—¿Estás loco? ¿Cómo va a poseer esclavos una esclava?

—Bueno, pues se la regalo a Ahram, pero para ti. Pronto dejarás de ser esclava y ya la necesitas. No digas que no. —Sonríe pícaro—. Así verá Ahram que de verdad puedo comprar esclavos. Y además —añade intencionadamente melancólico— este regalo no se te caerá al mar, como el brazalete.

Glauka quisiera negarse, pero no sabe cómo y al fin acepta, condicionándolo a la conformidad de Ahram. Una frase amenazadora la decide:

—Si no aceptas, peor para ella. La devolveré a donde vino.

—Al menos, será tuya legalmente.

—¡Oh, por supuesto! Escribiré todos los papiros que quieras y los registraremos.

Empuja a la mujer hacia Glauka y entonces la esclava, que no ha comprendido el diálogo en griego, se da cuenta de que está ante su ama definitiva. Se arrodilla llamándola «señora», en demótico.

—No digas eso —responde Glauka—. Yo también soy una esclava.

La muchacha se desconcierta y aparece una turbación en su mirada, temiendo ser víctima de una broma entre gente rica. Glauka la tranquiliza asegurándole que hablará al amo para que la acepte.

Como es tarde Krito renuncia a la entrevista habitual y se aleja con sus papiros. La muchacha corre a alcanzarle y le besa la mano a pesar de que él se resiste.

—Gracias por haberme sacado de allí.

Krito se desprende y ríe, advirtiendo a Glauka al partir que la muchacha parece testaruda.

—¿De dónde te ha sacado? ¿De una posada? —pregunta Glauka, mientras la conduce hacia la torre, donde piensa dejarla antes de ir a comer con Ahram. La egipcia la detiene, tirando de su manto.

—Señora... Sábelo enseguida: no era una posada. Era una de esas casas, en el barrio de Rhakotis. Para hombres en el piso alto de la taberna... Mis padres me vendieron porque nos moríamos de hambre. Habían cogido presos a mis dos hermanos y ya no podíamos llevar la tierra nosotros solos con mi padre viejo y casi baldado... El tabernero quería vender mi virginidad... Entonces el caballero que me ha traído me salvó.

Glauka ha conocido muchas historias parecidas, pero pregunta:

—¿Cómo aceptaste ser esclava?

La muchacha la mira con ojos límpidos:

—¿Qué podían hacer mis padres? Y además, en mi alma sigo siendo libre.

La frase y la prisión de los hermanos impulsan a Glauka:

—¿Acaso eres cristiana?

La muchacha lo reconoce, aunque en sus ojos apunta el temor a las consecuencias.

—Mi nombre en Cristo es Elodia, pero lo oculto por la persecución romana.

—Aquí eso no importa —la tranquiliza Glauka—. Podrás vivir tranquila. Yo también he vivido entre cristianos, aunque no lo fui. Sígueme.

Glauka la conduce hasta la torre y la deja con Ushait, que aspaventea:

—¡Ese Krito, qué cosas tiene! ¡Regalarte una mujer!

Pero acoge a Nebet cordialmente y Glauka puede al fin correr a la Casa Grande, donde la espera Ahram, que acepta divertido la donación de Krito. Almuerzan rápidamente y pasan a la alcoba a gozar de los besos aplazados.

¡Qué delicia abrazados en la lluvia, qué espléndido después! Antes, el rayo de la vida como siempre, tú eres la vorágine, pero luego ¡qué intensidad duradera, qué lento reflujo en la tarde!, ¡qué música tranquila la llovizna!, y la ventana gris y el aire húmedo, escalofríos de invierno en nuestros cuerpos todavía como brasas qué estrechísimo abrazo, mis manos en tu espalda, las tuyas en la mía, en mis nalgas, las piernas trenzadas, un cuerpo solo, tu barba en mi hombro y mi mejilla, ¡qué deleite, qué gozarnos!, tu corazón latiendo contra el mío, nuestras sangres corriendo paralelas, dos torrentes hermanos, ¡qué delicia!, escapados del tiempo, sí, escapadas, pero a la vez viviéndolo, ¡oh, Ahram que das la Vida!

Y también los susurros, palabras de vez en cuando, tú ofreciéndome la libertad, ¡tonto!, ¿para qué quiero yo la libertad?, aunque me hagas libre seguiré siendo tu esclava, ofreciéndome una esmeralda recién llegada, ¿para qué quiero la esmeralda salvo para que tú la lleves en mi dedo si quieres exhibirme?, no quiero riquezas, ninguna bastaría para comprarte a ti, único bien que quiero, curioso que conocieses a Astafernes, la esmeralda me ha recordado su lapislázuli, que incluso llegases a pensar en él para usar Armenia como ahora planeas con Palmira, hasta conocías la intriga con Tirádates, ¡qué vueltas da la vida!, uniéndonos también por ese lazo, pero ¿qué más lazo que abrazarnos?, ¿y me has preguntado esta mañana si me aburría?, yo no me aburro nunca, ¿cómo es posible aburrirse estando viva?, además tú eres un espectáculo, tu información del mundo entero, un águila dominando montes y valles, tu elección de las presas, tu audacia para lanzarte, me llenas de asombro, y luego no me creo que me escuches mis pequeñas palabras, que soportes esas visitas indignas de tu tiempo, esos clientes pedigüeños, que pienses en el regalo que me esperaba en la torre, llegado en un navío mientras nos abrazábamos, ¡qué túnica voluptuosa!, del otro lado del mundo, el país de Seresh, tan lejos que ni tu ambición piensa en abarcarlo, mi cuerpo había olvidado lo que es la seda desde que Vesterico me sacó de Astafernes aquel sibarita la usaba, me regaló un pañuelo, acariciaba mi carne con él, un tacto olvidado, ¡qué gozo recobrarlo hoy!, qué túnica voluptuosa, sorpresa para Ushait, para Nebet, «qué lino tan firme y tan fino, tan pesado», tuve que explicarles, no se podían creer que fuese obra de gusanos, Astafernes me lo explicó, me ayudaron a ponérmela, desnuda alcé los brazos para recibirla por la cabeza, ¡cómo resbaló sobre mi cuerpo!, ¡qué completa caricia!, ¡qué túnica de agua, de manos, de labios!, electrizaba mi piel, me miré en el espejo de hidrargirio, me veía casi toda de una vez, otro asombro para Nebet el espejo, qué caída de la tela, otra piel sobre la mía, suelta y viva, no debería importarme pero es que me hace hermosa para ti, Ahram, voy a esperarte con ella, no vengas muy tarde, qué dos regalos hoy, la túnica y Nebet, otra intuición de Krito, qué muchacha, cuando llegué ya eran amigas ella y Ushait, no es bonita, su cuerpo es aldeano, pesado y de piernas cortas, más bien chata, pelo negro magnífico, eso sí, pero sosiega su presencia hasta ignorándola, encarna la calma como Bashir, por cierto no le veo estos días, «se ha quedado en Tanuris», explica Ushait, en verdad este ir y venir ya no es para su edad, y menos dada su amistad con Ahram, deberían relevarle, que descanse, Ushait me dice que no quiere, pero no le ocurre nada, Eulodia me recuerda a sus compañeras de religión, tan serena como Domicia aunque no su elegancia, claro, nos llevaremos bien, a Ushait le conviene una ayuda ahora que yo estoy en palacio, Eulodia no es feminera, pertenece a la iglesia del obispo Dionisio, como la mayoría, no son terroristas aunque los llamen así, más bien «africanos» como los del obispo Cipriano, quieren independencia frente a Roma, la liberación, esa idea interesa a Ahram, hablando con Soferis de cómo apoyarles, contactar con ellos. ¡Si no hubiesen matado a Roteph qué gran caudillo!, jefe digno de Ahram, ¡qué delicia esta tela!, me tiendo a esperarte, Nebet ha bajado dejándome sola, voy a llamarla Eulodia, dejándome en mi sitio.

Sí, éste es mi sitio, mi centro, mi abismo y mi cumbrera, el que adiviné, el que alcancé peregrinando, cuántos ensayos previos, como el ciego en su noche tanteando, tocaba una brasa y creía haber llegado al fuego, tan sólo eran umbrales, y cuántas cicatrices, horas desesperadas, prisiones y burdeles, golpes y humillaciones adioses sin retorno que se llevan el alma, y el terrible morir de la inocente, la espada asesinando a mi pequeña, traspasándome a mí, eso no lo viviréis nunca los hombres, no sufriréis la destrucción de carne que fue tuya, te derraman tu sangre y sobrevives, por todo eso pasé desnuda y sola, hasta la certidumbre luminosa, el final de la noche por tu fuego, saber que éste es mi trono y es el tuyo, ya te siento a mi lado anticipadamente, aunque se hundiese el mundo aquí estarías, porque es como esta tarde, el aire fresco y húmedo, ha cesado la lluvia pero hay en la ventana un resplandor del faro, y a mi lado la dulce lamparilla para verte mejor cuando me abraces, acarician mis manos a mis pechos, pasan sobre mi vientre; mis flancos, la seda no se interpone: refuerza la sensación como si en mí tus manos, tu fuerza voluptuosa, el máximo regalo de la vida, los dioses no sienten así, imposible imaginar a una sirena vestida, no notaría nada, yo no notaba el agua hasta que me interesé por los terrestres, luego noté hasta el aire, no el viento sino el aire quieto, envolviéndome, y tú ya no dudas, no te perdono que hayas necesitado tu amuleto para creerme, pero lo importante es que me creas, ese mensaje de la mano de tu Ittara, mi Afrodita o quien sea, ¿por qué no me lo enseñaste antes?, me torturaba creerte dudando, suponiéndome embustera, eres cruel, no es eso, es tu reserva, miedo a comprometerte, sobre todo tu estar en otras cosas, seguro en otros terrenos pero no en el mío, el de la vida y el amor, distante de tus mujeres, en cambio sin vacilar cuando despachas, como esta mañana, los navíos, los aliados, los enemigos, la fuerza, sí, la fuerza porque no te mueve la riqueza, es el poder, para aumentarlo piensas hasta en los terroristas, te voy conociendo y así te quiero, no necesito idealizarte, yo también soy de carne, eres parcial, terco, rudo, arbitrario, desprecias la lectura aunque uses la palabra, «el mejor libro es la gente», dices, tus sentimientos aplastados por la acción, en cambio ellos son mi campo, el de la vida: emoción antes que nada, y no es que tú no vivas, ¡al contrario: la vida eres tú!, pero no te das cuenta, la encarnas sin gozarla, la ejerces sin paladearla, tu carne goza pero sólo ella, no te llega el placer hasta el alma, tu orgasmo es sólo un deseo satisfecho, el Vértigo que a mí me anega en ti es Poder, Potencia como tú dices, para mí es la Vida, la que a diario sólo vivimos muy de lejos, borrosamente, en el Vértigo me baño en la misma fuente, en la Vida Total, Absoluta, así la Gran Diosa Madre que sólo conocemos a través de las diosas pequeñas, Ittara, Tanit, Ashtarté, Afrodita, con la vida es igual, sólo vivimos sus ecos pero en el Vértigo es Ella la Suprema, la raíz del mundo insospechada por los dioses, tú en eso eres un dios, acabarás comprendiéndome, sé que tardarás pero te enseñaré, ¡eres tan testarudo, tan seguro en lo tuyo!, aún no me comprendes aunque me creas, aún me preguntas por qué renuncié a ser inmortal, por eso, tonto, por vivir la Vida, cuando ayer me llevaste al Museo, niño feliz con los técnicos, Dagumpah enseñándonos las clepsidras, los perfectos relojes de agua que usaba Claudio Ptolomeo para sus cálculos, estaban cambiando la pieza, ¿recuerdas?, la del agujerito regulador de la caída del agua, desgastada por el roce, sin embargo era diorita, la durísima roca eterna en las estatuas de los templos, la había desgastado el agua blanda, pero más aún el tiempo, todo se lo lleva, eso es estar vivo, sentir el tiempo, ¡qué claro lo entendí cuando me asaltó de golpe!, allí en el santuario, me arrebató en sus brazos y ya no me ha soltado, brazos como la tela de mi túnica, como el agua que desgasta la piedra, suaves pero implacables, atrayentes como ese electrón que frotaban tus físicos en el Museo y atraía trocitos de papiro, ¡el tiempo es la vida y no la eternidad!, ¿quisieras ser inmortal?, ¿te gustaría luchar perpetuamente contra Roma?, el tiempo nos hace como somos, amamos tanto porque nos arrastra, para olvidarnos de él, en la desesperanza de ir deshaciéndonos, nos agarramos al ancla del amor, pero el cable se escurre, seguimos arrastrados y el alma se exaspera, gateamos con las manos sobre el cable, ¡y a veces podemos más que la corriente!, tan sólo unos instantes pero ése es el Momento, el Vértigo, como quieras llamarlo: eso es la vida, me llegará en tu cuerpo, en esos tendones, cordajes de falucho atrevido, tu casco, tu bauprés, corriendo contra el viento, ese viento del tiempo que abomba las velas, las tensa y acaricia, moviendo las cuadernas de tus costillas en el ansia, avanzando con brisa racheada, ya aprendo hasta tus marinerías, mis pescadores no eran tanto, solamente carne excitada o satisfecha, tú eres un mundo más, revelador de mi memoria, ¡cómo vibro cuando me sorprendes!, llegas por mi espalda, tus brazos me ciñen la cintura, tus manos se suben a mis pechos, tu virilidad contra mis nalgas, instalándose entre ellas, acelerando mi corazón, esperando que me dobles por el talle, me alces la túnica, me toques, aferres mi carne, me penetres mientras siento en mi nuca tu jadeo... cuando vivas eso, no cuando simplemente lo hagas, cuando te arrebate a ti también, entonces sentirás la diferencia entre un poco de vida y la Absoluta, entre la diosa menor y la Gran Madre, verás que es superior a tu poder, a tus obsesiones, al planeta en que mandas, amor tiene su luz: es una estrella, acabarás sabiéndolo, lo sabrá primero tu niño dentro, el de tu infancia, el que amaba a tu madre y ahora ha de amarme a mí de otra manera, ya te vas franqueando, hoy cuántas confidencias, te creen fenicio, cananeo, tú orgulloso de ser sabeo, creías que yo ignoraba lo de tu reina, las cristianas me hablaron de Salomón y sus amores, te alegró mi respuesta, contestaste orgulloso, el niño de tu adentro lo gritó, «de esa tierra soy yo, la de la hermosa Balkis», y añadiste, muy bajito, «ahora tú eres mi Balkis», ¡no pudiste decir nada más bello!, al fin he comprendido tu odio a Roma, escuchando tu historia, pero eso es poco para tu fuerza, vivirías mejor sin odio, tú eres más, me envuelves como mi nueva túnica, la piel que tú me has dado y con ella te espero, mientras llega la que me visten tus manos, para llevarme al Vértigo... Tu poder se ha enamorado y mi amor es poderoso: son uno como nosotros.

¿Sabes cuándo lo aprendí? Cuando asesinaron la barba de mi padre. Ahora que estás dormida te contesto, mi sirena, porque en la palabra me ganas, como Krito. Yo no te entiendo a veces, o sí te entiendo pero sé que no es así. ¿Por qué me reprochas mis planes de combate y mi hambre de poder? Mira, si tú no eres poderoso, otro mandará en ti: ésa es la verdad. Otro te humillará o te destruirá, te quitará tu dignidad y hasta tu hombría: ¡lo más grande del mundo...! Las mujeres no podéis comprenderlo, nacisteis para ser poseídas. Es así desde siempre. En cambio al hombre sometido le roban el alma. No me comprendes, pero ¿qué importa, si te doy lo que nadie y me das lo que ninguna? Nuestros cuerpos se entienden. Te lo confieso, ahora que no me oyes: cuando me hundo en ti me olvido del poder. De la hombría, del combate, de todo. ¿Sonríes? ¿Con qué estás soñando? ¿Acaso dormida oyes mi pensamiento? Como la sirena que eras. Pues gózalo en tu sueño, lo repito: me olvido de todo. Hasta de lo que soy me olvido en ti. Ya te lo dije antes, cuando volvíamos a abrazarnos.

Tienes que comprenderlo: sin poder no eres nadie. ¡Lo aprendí tan de golpe y tan de niño! Cuando asesinaron la barba de mi padre. Tú acariciabas la mía hace un momento. La gozabas en tu cuello. Hasta entre tus muslos; ya ves si olvido ser hombre. Yo nunca le había hecho eso a una mujer, era cosa de esclavos, de lesbianas. Pero contigo es tomarte de otro modo. Yo también amaba aquella barba en mi mejilla; la de mi padre. Primer recuerdo de mi piel más fuerte que el de la teta de mi madre. Aquel pecho era tan suave como mi propia piel; la barba de mi padre era fuerza. Levantaba la manta de la puerta para entrar en nuestra tienda y se me acercaba como un gigante. Su voz recia frente a la de mi madre. Sonaba como el cuerno de carnero que congregaba a la tribu; la de mi madre era la flauta de nuestras danzas. Siempre les estoy viendo. Mi mundo era la tienda, dentro todo era eterno: las dos voces, el tapiz, los besos. Fuera todo cambiaba: las rocas, las arenas, el ganado que va y viene, el cielo que hiela o quema. El sol se iba y la luna venía. Todo girando alrededor de la tienda; dentro mi mundo siempre el mismo. Las barbas del gigante, las manos de mi madre. El gigante levantándome hasta el cielo antes de sentarme en su hombro, yo sentía su barba en mis muslos desnudos. Luego me dejaba resbalar despacio y la barba rozaba mi mejilla. Era la firmeza, me hacía invulnerable. No lo creerás, pero yo me daba cuenta. Cuando asesinaron aquella barba, me alcanzó de golpe la inseguridad.

Porque la degollaron. Aquella tarde grabada a fuego en mí: un niño de cinco años. La degollaron ante mi vista. Delante de la esposa, brutalmente sujeta por dos hombres, una mano tapándole la boca. Pero no sus ojos, para que se llenaran de horror. Mujer recién violada viendo morir a su hombre. Dos monstruos le sujetaban. Otro con casco empenachado se le acercó por detrás. Una de sus manos puso la espada por delante; la otra agarró la barba para forzar hacia atrás la cabeza. Así fue, la agarró para presentar el cuello a la espada. No lloré; aquello pedía más que el llanto. Si hubiese llorado las lágrimas hubieran hervido en mis ojos ardiendo... Su vida se desparramó en sangre. Mi madre forcejeaba impotente. Dos manos me cogieron a mí. Yo era sólo ojos: mirar y no olvidar. Aún ahora lo veo con el horror de entonces. Sin haberlo sufrido no se puede saber de la vida...

Pasaron a cuchillo a nuestro grupo. Supongo que habría gritos, lucha, muertos y muertos, jinetes derribando tiendas, incendiándolas, animales en fuga... Pero yo sólo veo la barba ensangrentada, los ojos sin mirada, la espada, los alaridos de mujer y el casco empenachado. Las manos que me agarraban me lanzaron a las del casco, que me alzaron. Como hacía mi padre pero al revés, porque me vi sobre un enano. Le escupí desde arriba y se rió. Al bajarme me rozó su cara, pero en vez de barba sentí el bronce de las carrilleras. Hablaron en su lengua. No la entendía, pero sé lo que dijo: «A éste dejadle vivo; ya ha aprendido la lección. Ya conoce el poder de Roma.» Sí, la aprendí, sé lo que es. Lo más odioso del mundo. Más tarde supe de Aníbal niño, jurando odio eterno a los romanos. No lo haría con tanta rabia como yo, que no me dormiré en ninguna Capua. ¿Por qué nos destruyeron, de qué éramos culpables? Pastores nómadas, como fuimos siempre. Pero no les hacía falta un porqué, el poder no necesita razones: eso aprendí. Dice Krito que el tiempo es un río hacia el mar de la muerte y ahora me dices tú que el tiempo es la vida misma, que de él y en él vivimos, que resistirle en derrota es nuestra dignidad. Pero no es la vida: el tiempo es la muerte...

Yo sueño lo mismo más de una noche: de una ciudad ha partido hace años un guerrero. Todo en el sueño es negro, la ciudad y el desierto y el guerrero, con casco negro y espada que no brilla. En el casco dos huecos, pero no se ven los ojos. Avanza despacio pero sin descanso. Sé que me alcanzará. Le veré llegar sin miedo; y si antes siento que me debilito demasiado correré yo hacia él. Ése es el único poder que acato; ninguno más ha de oprimirme.

Es lo que tú no entiendes, amor mío: que sin poder tu vida no es tuya. Tú, que me estás dando otra vida, no puedes comprenderme por ser mujer; aunque seas la mujer que nunca imaginé pudiera existir... Yo lo aprendí entonces. Me sublevé para siempre aquella mañana. Sólo quedamos nosotros dos en pie; mi madre y yo, entre cenizas y muertos. A lo lejos el polvo de los malditos se alejaba. Ella fijó la vista en una espada rota; sé que no se mató con ella por no dejarme solo. Entonces me hizo jurar: odio y odio. Piensa en eso: un niñito de cinco años maldiciendo a Roma, su vocecita en el desierto... Echamos a andar de espaldas al sol. Era igual, en cualquier dirección, sin víveres ni agua, íbamos a la muerte. Pero tuvimos suerte, unos Abu-Raim nos recogieron. Nos acercaron a nuestra Sirwah, en el país sabeo. A los siete años ya andaba yo en caravanas con mi tío. Daba agua a los camellos y asnos, recogía las boñigas para luego hacer fuego. Me mandaban todos, me pegaban, pasaba hambre, pero resistí. «Ya llegará mi hora», pensaba, y llegó. También cumpliré mi odio. Tú me hablas de tu vida, yo te digo la mía: una vida de hombre.

Lo grande de este mundo es que las dos han llegado a nuestro abrazo... Así, sonríe en sueños, amor mío.

II. LA SIRENA

(262-270 d. J. C.)

Sin un cambio de dioses
todo continúa como estaba.

A. Machado

15. FIESTA EN LA CASA GRANDE

—¡Mira, mira! ¡El estratega!
—No digas tonterías, mujer. ¿No ves que no lleva escolta?
—Pues ese otro sí la lleva.
—Dos efebos, nada más. Será el euteniarca.
—¿En qué manda?
—En abastos, nada menos. Pero no estés tan ansiosa. Los peces gordos llegarán más tarde.

Hoy se celebran las calendas de abril del año 1015 de la fundación de Roma y segundo del reinado del emperador Galieno. Por todo Egipto, en plena estación seca de Chemu, se practica la recolección. En la isla de Faros, sobre la vía de acceso que une el final del Heptastadio con el gran pórtico de la Casa de Ahram, se aglomera la plebe alejandrina para ver desfilar a los personajes invitados a la fiesta dada por el Navegante al cumplir los cincuenta y nueve años. Es uno de los principales acontecimientos sociales de la ciudad desde que Ahram lo organizó por primera vez, hace un decenio, con motivo del nacimiento de Malki, que coincide en fecha con el suyo; e incluso es más deslumbrante desde que, hace cinco años, el Navegante tomó como hetaira en su Casa a Glauka, la de los famosos cabellos. Por motivos de seguridad se ha establecido el control precisamente en el pórtico, al que los invitados llegan cruzando el puerto Eunosto hasta el embarcadero o por el Heptastadio, excepcionalmente iluminado con teas encendidas cada sesenta codos. Pasadas las columnas del pórtico el mayordomo Hermonio acoge a los huéspedes, acompañado por unos cuantos siervos que, cuando se trata de distinguidas personalidades, las conducen por el parque iluminado hasta la zona de recepción al aire libre, mientras llega la hora del banquete en los salones.

La tibia noche de primavera, en cuyo aire perfumado se mezclan la plata de la luna creciente y el rojizo resplandor del faro, hace muy apetecibles los primeros encuentros con la copa en la mano o acercándose a las mesas, bajo las palmeras, bien atendidas por jóvenes siervas de pechos descubiertos, a la manera egipcia. Fanales y luces se balancean o desplazan en el puerto, reflejándose en el agua. Al norte, cerca de la isla, algunos botes tripulados por gente de Ahram impiden infiltraciones de personas no deseadas. El prefecto, que ha prometido su asistencia, ha enviado además dos decurias de vigilancia para mayor seguridad.

Empiezan a llegar las primeras literas e incluso algunos jinetes invitados, que dejan su montura al cuidado de los asneros. La gente critica, como siempre, el uso indebido de literas oficiales para estas diversiones privadas. Se susurra también que algunos usuarios de asnos se aprovechan de los animales que suben a diario la leña por las rampas interiores del faro, aunque hayan sido enjaezados lujosamente para la ocasión por quienes han podido disponer de ellos.

—¡Fíjate, también sacerdotes! ¡Y luego claman contra el lujo y nos piden austeridad!

—Son los de Serapis, con el viejo Hetop-te-Amón al frente. ¡Ése tiene más mala leche!

—Usted qué sabe —defiende un moderado.

—Mi sobrina trabaja en el templo, ¡mire si lo sabré...! Pero éstos sólo vienen a cumplimentar a Ahram; no se quedan al banquete.

—¡Ya les habrá enviado Ahram los manjares al templo esta mañana! —replica un legionario mezclado entre la gente.

—Quizás no, porque no se lleva muy bien con el clero.

—Pues ahí vienen los del templo de Isis, con su faldellín blanco.

La gente les abre paso más respetuosamente. Un atezado númida del país de los garamantes, envuelto en su manto azul, se aburre ya del espectáculo y se aleja, descollando entre los egipcios, de menor estatura. A su paso más de uno se tienta la faltriquera a ver si continúan en ellas los óbolos que llevaba, pues ya se sabe que para los hombres del desierto robar no es censurable: quien falta es el robado, que no ha sabido defender lo suyo. Pero en la multitud no hay sólo egipcios: se ven judíos con ropones oscuros, persas con sus amplios calzones, nublos cuya negrura les hace menos visibles en la noche, frigios con su peculiar gorro de lana, sirios y fenicios con cabellos en bucles, árabes altivos, presumidos griegos, e incluso un eunuco de Cibeles, con su negro paño y su pequeño tamboril pendiente de la cintura. Entre ellos se mueven, recogiendo noticias, los libelistas y panfleteros, que en los días siguientes propalarán por las calles hasta el menor escándalo o cotilleo, mediante sus epigramas en papiros vendidos en las galerías del emporio o con clamorosas pintadas murales, que los personajes aludidos se apresurarán a hacer borrar por sus siervos.

La certeza de que Ahram lanzará monedas de madrugada y repartirá entre el pueblo las sobras del banquete, así como la suavidad de la noche, mantienen a la gente de buen humor. Además la ciudad ya ha olvidado el susto de hace dos años, cuando el persa Shapur aniquiló en Mesopotamia a las legiones romanas en la clamorosa derrota culminada con la captura del propio emperador Valeriano, a quien el persa obligó a prosternarse para sentir sobre su nuca la sandalia del sasánida. Todo el Oriente romano se estremeció ante el peligro y en Alejandría se temió que la ciudad sufriera el mismo saqueo que Antioquía. Afortunadamente el nuevo emperador, Galieno, pudo restaurar la seguridad gracias a que Odenato, ya rey de Palmira, rechazó a Shapur y llegó casi hasta la capital persa poniéndose a la cabeza de la popularidad entre los caudillos orientales. Todo eso es ya historia pasada para una ciudad entregada sobre todo a sus negocios y placeres; ahora la cuestión palpitante son las intenciones del nuevo prefecto, Lucio Salvinio Quitonio, llegado apenas hace un mes por las reanudadas líneas marítimas desde Ostia. Aún se comenta entre el público el solemne desfile organizado a su llegada, y las primeras impresiones, difundidas por los burócratas y empleados de la prefectura, le describen como accesible a las negociaciones: ciertamente un alivio para los traficantes y mercaderes que soportaron durante casi un año al militarote anterior.

Van llegando sillas de mano y literas privadas más suntuosas, algunas de doble plaza, llevadas por asnos o por ocho porteadores, y rodeadas de siervos con hachones llameantes. La gente las examina con avidez.

—¿No es ése Niterokes, el del monopolio de seguridad?

—¡Desde luego! En litera doble escoltada y llegó aquí hace doce años sin más fortuna que un garrote. ¡Cómo le ha enriquecido su empresa de guardaespaldas!

—No he podido ver a la fulana que va con él.

—Estará buenísima; por eso están corridas las cortinas de ese lado.

—¡Tiriano, Tiriano! —se oye gritar al paso de otra ostentosa litera, desde la cual un hombre gordo lanza monedas y dirige saludos a la multitud.

—¡Especulador, cabrón! —grita una voz que provoca carcajadas, pero sólo una benigna sonrisa en los cerdunos labios del aludido.

—Y tan cabrón —remacha en voz baja un griego de maliciosa expresión—. Mira quién acompaña a su mujer, en la litera doble que avanza detrás.

—Una amiga, ¿no?

Se perciben, en efecto, dos figuras femeninas tocadas con rizadas pelucas a la última moda romana.

—¡Fíjate bien, tonto! Una es la esposa del contratista, sí; pero va con su amante, vestido de mujer para poder acompañarla por la calle. Toda la ciudad lo sabe; a ella le encanta exhibirse así.

—¡Menuda zorra! ¿Es marica el galán?

—Al contrario, ella los busca muy machos. Pero por lo que ella se gasta en él, el fulano se viste de lo que le pidan. Ha de aprovechar la racha; los queridos le duran poco a esa mujer.

—¿Y Tiriano lo consiente?

—Con la dote que llevó ella y la influencia de la familia del suegro le costaría bien caro divorciarse. Además, él tiene también sus niñas y hasta sus niños.

—¿Cómo le invita Ahram? —pregunta un frigio que les oye.

—¿No has bajado aún de tus montañas? —se burla el bien informado—. Sin Tiriano es difícil construir nada en el delta. Además acapara las contratas militares y Ahram está muy a bien con los jefes de las legiones.

—Ahora vienen varios, gordos, gordos —exclama otra voz.

La gente mira hacia la embocadura del Heptastadio y un joven recién salido del gimnasio explica:

—Cuatro efebos de escolta de honor: es Kronion, el gimnasiarca. Claro, le siguen los suyos, con dos cada uno: el cosmeta, el exegeta...

Pero a ese grupo se le adelantan, tumultuosos, grupos de jóvenes gritando a su ídolo, el cantante de Corinto que llena los graderíos del Odeón tres veces por semana:

—¡Claudius, Claudius, Claudius...!

Va en una simple silla de manos, pero a hombros de seis de sus fanes femeninas, cuyo privilegio se disputan constantemente otras muchachas, todas coronadas de rosas o jacintos. Muchas voces del público se suman a los vítores. El cantante con el cabello rizado cayendo largo sobre el cuello y ceñido con una cinta sobre la frente, dedica sonrisas deslumbrantes a un lado y a otro, saludando con una mano cargada de anillos, mientras con la otra retiene a un gruñón cerdito, adornado con una cinta rosa en el cuello.

—Cantará en la fiesta, claro.

—Diez talentos, dicen que cobra. Además de un recuerdo de valor. Ahram es espléndido. A cambio, en sus canciones, ya meterá alguna vez algo sobre el amor a bordo de los navíos con velas verdepúrpuras.

—En estos tiempos todo es publicidad —gruñe una vieja—. Antes el buen paño se vendía en el arca, pero ahora hay que anunciarlo.

—Pues a mí no me gusta el Claudius ese —declara un muchacho muy joven—, demasiada miel. En cambio el sajón que estuvo hace un mes era cojonudo. ¿Cómo se llamaba?

—¿Brucius?

—Ése. Duro de verdad. De voz, de moverse, de letras. Vaya unas letras. Se cagaba en todo.

La gente no comenta. Esos jóvenes modernos son

agresivos. Además entre el público hay siempre escuchas de la prefectura y más vale no comprometerse.

Pero ya ha pasado el cantante y los altos cargos del gimnasio. Les sigue un mimo que actúa en el teatro. Va vestido de mujer, tremendamente pintado, y apostrofa al público con frases ingeniosas. Transportan su silla los actores de su misma compañía, vestidos asimismo con los trajes de la representación.

–¿Qué función están dando? –pregunta alguien.

–«Los cuernos del sátrapa.» ¿No les ves con trajes persas, menos el mimo?

–Ese Venucio es un tío grande. Anoche fui a verle y nos partíamos de risa. Hasta se le ve parir en escena. Se saca un cabritillo vivo de entre las piernas, diciéndole al sátrapa cómo se le parece ese hijito suyo.

Otro griego, que se movía silencioso escuchando a la gente, hace un gesto de disgusto, recordando a los grandes trágicos antiguos que honraron la escena de Epidauro y de Atenas. Le encanta la calle y la gente; se encuentra entre ella como el pez en el agua, pero le duele la degradación del arte. «Si envilecemos el arte, del pensamiento ¿qué nos queda?» Pero apenas formulada mentalmente esa idea le brota una sonrisa de fauno al recordar de cuántas maneras, incluso groseras, se puede gozar de la vida. «Hay placeres sublimes, ciertamente, pero no debemos desdeñar los demás», concluye.

Al otro lado del Heptastadio, en el muelle de la ciudad, se multiplican las luminarias. Trompetas todavía invisibles resuenan en la noche.

–Allí viene el prefecto.

–¿Y bailarinas? ¿No danzan en la fiesta? –pregunta una mujer obesa.

–Tonta –replica el marido–, por aquí las van a pasear para que tú las veas. Las habrán traído en barcas, hasta el otro lado del parque, con los músicos, o a lo mejor llegaron ya anoche.

Se acerca el cortejo del prefecto, precedido de cuatro bucinatores lanzando sus trompetazos al viento y escoltado por jinetes imperiales. El griego se aleja, poco amigo del poder, sea político, guerrero o clerical. Se dirige hacia la punta occidental de la isla, la opuesta al faro, donde se alza el templo de Neptuno, y empieza a perderse en la oscuridad, lejos de las luminarias.

Un joven de cara pícara le alcanza:

—Ave, Krito. ¿No entras a la fiesta?

—Iré más tarde, cuando estén todos bebidos y escuchen con gusto mis exabruptos.

—¿No te gusta la fiesta?

—Me gustas tú mucho más, Acilio; bien lo sabes —responde mirando las piernas perfectas del mozo, descubiertas por la corta clámide.

La sonrisa del mozo se acentúa. Su voz suena un poco más desgarrada.

—Pues tienes suerte. Esta noche me apetece recibir un buen polvo. Que me llegue la marea muy adentro.

—¡Y yo que iba a pedirte que me lo echases tú a mí!

Se miran y ríen:

—El primero que se ponga en forma encuclará al otro —propone Acilio.

—No, no —responde Krito—, nada de competencias ni prisas. Yo te complaceré primero, querido. Así después disfrutaré sin obligaciones. Ven, ofrezcamos nuestro amoroso sacrificio al padre Neptuno en la caleta junto al templo.

Mientras se alejan hacia el mármol del santuario, teñido de rosa por el faro, el público sigue disfrutando del espectáculo. Ahora pasa el gran rabino, a quien verán retirarse apenas presente sus respetos a Ahram, porque sólo viene en visita de cortesía, pensando en los intereses de la colonia judía.

—¡Qué cara de atravesado! —comenta un egipcio del muelle.

—Porque abomina de tanta corrupción y de tanto pecado —defiende iracundo uno que por el gorro y los rizos que de él se escapan muestra ser correligionario del rabí.

—Verdad que es mucho lujo, pero Ahram da de comer a medio puerto y es amigo de los pescadores.

—¡Para lujos ésos, que lo gastan bien! —tercia otra voz.

Son beduinos nabateos en corceles magníficos, como se ven pocos en Egipto, escoltados por servidores que arrojan al pasar unas monedas. Sus tierras son desiertos, pero bajo la arena se encuentra la gran riqueza incrustada en la roca: los famosos rubíes. Viajan siempre con gran séquito, dan espléndidas propinas y son muy populares, aunque no se mezclan con nadie. Les siguen dos literas recibidas con murmullos de protesta y algún silbido que ellos ignoran desde la seguridad de sus vehículos.

—¿Cómo se atreverán ésos?

—Son navieros, hombre. Los rodios.

—Por eso, nuestros enemigos de siempre. Aliados de los piratas.

—Al revés, los combatieron. Y además Rodas ya no es lo que era. Ahora el mar es de Alejandría. De Ahram.

—Y de Roma.

—Por ahora. Cada dos por tres un emperador y a veces más de uno, como el año aquel de los seis emperadores. Roma pierde fuerza.

—¡Dejaos de política! ¿Qué nos importa a nosotros? —ataja la mujer que ha hablado, temerosa además de que algún escucha pueda andar cerca—. ¡Mirad, mirad la Corintia, con su mozo de ahora! ¡Eso es lujo y hermosura!

La hembra aludida es verdaderamente espléndida y la realza más el resplandor de las antorchas que la escoltan, haciendo relampaguear sus joyas e iluminando su belleza, ya no joven pero hábilmente conservada. Viste además, como las mejores establecidas de su profesión, una túnica de la carísima gasa de Cos, prácticamente transparente. A su lado un Adonis moreno, veinte años más joven, lanza a la gente miradas jactanciosas.

—¿Pero ésa no llegó a casarse con Demetrios el agoránomo?

—Estás atrasado, como siempre. Los hombres no os enteráis de nada. ¡Pues pocos epigramas han aparecido en los muros sobre su divorcio! Aún quedan algunos sin borrar y me los ha leído nuestro chico. Esa gente rica se casa y se descasa como los demás nos mudamos de sábana.

—Y a lo mejor actúa ella al final de la fiesta —tercia otro espectador.

—¿Por qué al final?

—Dicen que representa cuadros eróticos en vivo y muy calientes. En una cripta bajo la sala del banquete y sólo para los elegidos que se quedan los últimos. ¿No visteis pasar a Dulciro el travestido? Es de los que reciben el puño cerrado.

—¿Se deja pegar? —pregunta la mujer de los epigramas.

—¡Se lo deja meter por el culo señora!

—¡Por Anubis, no es posible!

Algunos ríen ante tanto candor.

—¿Os venís a tomar unas copas y luego volvemos a ver la salida? Es cuando esa gente está más graciosa. A algunos los tienen que sacar borrachos.

—No, yo me voy a dormir.

Todavía siguen llegando algunos retrasados pero pronto la trompeta en el parque anuncia el comienzo del banquete en los salones, llamando así a quienes tienen acceso a las mesas. Todos los demás, invitados solamente a la recepción previa, continúan en los jardines disfrutando de los manjares y bebidas, de la tibieza de la noche y de las conversaciones y amistades nuevas que pueden establecer en ese ambiente, hasta que el reparto final de monedas y viandas les hagan estallar en aclamaciones a la generosidad del Navegante y a la belleza de su compañera.

Fuera, los espectadores callejeros dispuestos a no perderse nada se recuestan en tierra a la orilla del camino o pasean en espera de presenciar la salida de los notables alejandrinos. Hay quienes beben de los odres o jarras llevados a propósito, consumiendo las golosinas ofrecidas por avispados vendedores ambulantes. Algunos consiguen formar ocasionales parejas que se escurren hacia la orilla más lejana de la isla, allá por donde se perdió Krito con Acilio y donde la luz del faro se estrella contra las rocas y deja arenas en sombra.

«¿Qué haces ahí parada como una tonta, Eulodia? ¡Vete a la torre y tráeme al instante la malaquita, que no la encuentro...! ¡Ah! ¿La tienes tú?, no estoy nerviosa pero la gente está llegando ya y pronto pasarán a palacio, he de estar en la puerta con Ahram para recibir, vamos retrasadas, claro, mientras yo tomaba mi baño tú te has distraído mirándote en el espejo, te fascina como a mí cuando me lo regaló, no te has acostumbrado a verlo en estos cinco años no pongas esa cara de angustia, no voy a regañarte, ya sabes que me tienes muy contenta, eso, ahora sí que has de estar serena, pulso, pulso para trazarme el verde en los párpados, ten en cuenta que es polvo de malaquita, no te rías, ya sé que su precio no es nada para Ahram, pero yo soy así, me cuesta trabajo ataviarme tanto, hoy no tengo más remedio...»

Ahram me ha mandado arreglarme para agradar sobre todo al prefecto y al navarca, los recién llegados, a ti tampoco te gustan las galas, ya lo sé, Eulodia, por eso nos entendemos, fue una suerte que aquella noche te encontrase Krito como si hubiese adivinado que a poco iba a morir Ushait, quizás lo adivinó, Krito es muy capaz, ¡qué buena mujer!, seguía adorando a Ahram, sin celos de mí, deseando que yo le hiciese feliz, ¡cuántos sucesos en estos años!, el quinto cumpleaños al que asisto, qué nerviosa en el primero, Ahram me presentaba, él en cambio hoy como nunca, los éxitos de Odenato son los suyos, él los anticipó. ¡Cuántas cosas! ¡Hasta Krito acabó enseñándome su cubil!, una celda como la del diácono cristiano a la que me llevó Domicia, en vez de aquella cruz había volúmenes y papiros, templos de la palabra, ¿acaso adivinó la muerte de Ushait?, ¿sospechará quizás que fui sirena?, ¡imposible!, no es leal ocultárselo, a mi más que amigo, maestro, pero Ahram quiere el secreto, no desconfía de Krito pero sí de sus escapadas, de esas amistades raras, por desgracia, ¿por qué digo por desgracia?, curioso: así lo dijo Ahram de Krito la primera vez que me llevó al puertito, ahora lo he dicho yo, no lo pienso en el fondo pero lo he dicho, no es desgracia puesto que es su vida, cómo nos hemos acercado Ahram y yo en estos años, ¡qué favor me hizo Amoptis comprándome!, y fue sólo para cortarme el pelo, para ofrecerlo a mi señora, la pobre ha envejecido, los dos abortos la han dañado, y la conducta de Neferhotep, me da pena, me lo relata Bashir, que lo sabe por Tenuset, me di cuenta la última vez en Tanuris, no hace un mes, en cambio Malki un muchacho, ¡qué alto y fuerte el que era mi niñito!, ¡qué orgulloso montando el camellito hijo de *Al-Lat*!, a su lado, en la camella, Bashir, orgulloso del discípulo, «tiene madera de camellero», acariciando a su *Al-Lat*, «seguramente su última cría, ya va estando vieja», ¡qué estampa la de Malki!, y Ahram resplandeciente aunque lo quiera marino, ¡cuántas cosas!, y las debo a que Amoptis vio mi pelo, no, se las debo al destino, a la Diosa Madre, a la Vida, querían ofrecerle a Ahram otra estrella, él me lo dice, Krito el lucero de la mañana, yo el de la tarde, el definitivo y más hermoso, los dos en esta medalla que llevo escondida bajo el disco de oro, igual que la suya, su mejor regalo, pero a veces no escucha a sus estrellas, no nos escucha, el poder le embriaga, su buena suerte le absorbe, en estos años de catástrofe imperial siempre para él buenas noticias, las malas fueron pocas y menores, los godos empezaron ya en el Ponto a construir naves, apresaron algunas de Ahram, pero no le preocupó, ¡qué muerte la de Vesterico!, lloré cuando me la contó Artabo, a su manera me quiso, pero fue digna de él, su barco sólo contra cuatro trirremes imperiales, al final las dejó abordarle mientras destrozaba él mismo su casco para hundirse deprisa, arrastró a dos naves, no le cogieron vivo, Ahram puede hacer frente a esos piratas, y en tierra cuenta con Odenato, sus caballos y camellos ligeros vencieron a Shapur, ¡qué contento se puso Ahram por haberlo previsto!, derrotó también a Quietus cuando éste se proclamó emperador en Emesa, salvó el trono para Galieno, que le ha nombrado gobernador romano de Oriente, ahora va a venir a Alejandría de paso para Roma, Ahram está feliz, se alojará aquí, ¡qué triunfo para mi hombre!, vendrá Zenobia, ¡qué poco habla Ahram de ella!, pero piensa más de lo que calla, le deslumbró en Palmira entonces, menos mal que no ha vuelto a verla, tengo ganas y miedo de encontrarla, ¿por qué miedo?, después de cinco años estoy segura de Ahram, ¿qué me importa que a veces vaya al gineceo?, también goza con otras fuera, supongo que también en los viajes, pero nada ha cambiado al estar juntos, sigo viviendo el Vértigo, ¿llegaría a acostarse con Zenobia cuando negoció con ellos?, hubiera sido peligroso por Odenato, ¡como si el peligro disuadiese a Ahram!, veremos cómo es Zenobia, a mí no me engañará, soy tan mujer como ella y hasta más, para algo fui sirena, y no me ciega el poder, en cambio ella obsesa del mando, incitando a Odenato, ¡ay, ya sonó la trompeta!, «tienes razón, Eulodia, no es la nuestra, es a lo lejos, el prefecto está entrando en el Heptastadio», pero en cuanto llegue tocan aquí «tráeme el espejo, sí, han quedado bien, el izquierdo demasiado hacia la sien, ¡no, no lo toques, no hay tiempo!, ¿mezclaste bien la cera con la malaquita?, nada más horrible que cuando a la madrugada se descascarilla a veces el maquillaje, ya sé, ya sé, es cera de los oasis, déjalo así», los desiertos del sur dan la mejor cera, es curioso que cuando el desierto produce algo resulta mejor, más fuerte que lo mismo producido en el delta, como mi Ahram hombre de los desiertos, aunque luego se hiciese a la mar, lo que yo daría porque ya hubiese pasado la fiesta y estuviéramos aquí los dos solos, te contaría otra historia mía, cómo te gusta escuchar mi vida, has de contarme más la tuya, no quiero ser yo sola como esa reina tuya, la Balkis, tenía jóvenes narradores contándole fábulas todas las noches, sería un poco hombruna esa reina, perdía el tiempo como tú antes lo perdías, menos mal que te voy encarrilando, ¡el daño que hacen los dioses alejándonos de la vida!, bueno, ellos no, sus portavoces de aquí, los que dicen representarles, ahora están vociferando contra las costumbres, «¡no, esas sandalias no, mujer!, las otras, aquéllas, ¡si te lo dije antes!, las del medio talón de marfil y las correas de crin de león, con las planas estoy muy bajita a su lado, él lo sabe y no le importa, pero hoy habrá muchas cotillas en la fiesta, luego nos sacan en los panfletos», de todas maneras saldremos en ellos, los sacerdotes de todas partes condenarán el lujo, los del Serapion son más tolerantes, además están agradecidos, los demás también reciben nuestros donativos pero tienen que atraerse a otra clientela, ahora salen con que la peste es castigo de los dioses, les ha dado por meterse además con los homosexuales, dicen que la peste se ceba más en ellos, tonterías, la peste es la de siempre, la vida tiene de todo, ¡como si los homosexuales fueran lo peor que hay en el mundo!, ¡como si no los hubiera en los templos!, ¿y cuál de los dioses será el que castiga?, ¿o se habrán puesto de acuerdo todos?; Seth, Serapis, Jehová, Mithra, Cristo, ¿será por votación?, el único sensato hablando de los dioses es Krito, ahora por lo visto otro profeta en Roma, o un filósofo, no entendí bien lo que me dijo Krito, un tal Plotino, sus ideas le gustan al emperador, dicen que más aún a la emperatriz Salonina, quiere fundar la ciudad de Platonópolis, Krito se ríe de sus ideas, dice que ese hombre primero escribe lo que imagina y después se lo cree porque lo ve escrito, ¡cuánto le debo a Krito en estos años!, nunca podré pagárselo, ¡si pudiese saber lo que le ocurre!, amigo incomparable desde la primera charla, en el banco de los delfines, aquella mañana casi de mi llegada aquí, ¡qué diferente de Ahram!, los dos polos del mundo, por eso se complementan y se oponen, se necesitan, como yo las palabras de Krito, «ya no te hacen falta», me dijiste, estos días hará un año, se me heló la sangre, ¿cómo iba yo a pasar sin oírte? ¿pensabas desaparecer de mi vida?, y además tú sabías que no era cierto, puedes seguir enseñándome toda la vida, algo te ocurrió entonces, diste un vuelco por dentro, no he logrado saberlo, no quisiste confiarte, pero ¿acaso me he confiado yo a ti?, ¡ahora se me ocurre, no lo pensé antes!, ¿fue que averiguaste mi origen marino y te dolió mi silencio?, ¿te duele todavía?' te lo diré pronto, Krito, te lo diré, perdóname si fue eso, no, sería otra cosa, ¡cuánto te debo!, gracias a ti conozco Alejandría de verdad, Ahram no tuvo nunca ocasiones de enseñármela, no descansa y ése es mi dolor, ¿tendrá tiempo alguna vez para mí?, es decir para él, tiempo para su vida, Krito espera que yo lo consiga, cuando Ahram me libertó, me quiso su esposa y no quise, Krito me dio la idea hablando de Pericles, «tú puedes ser la Aspasia de Ahram», su hetaira, como Aspasia, Phriné, tantas, su compañera, aunque no soy tan completa, no domino la danza y sólo un canto secreto que sólo mi amor escucha, el canto de las sirenas, pero a él no le importa, quiere mi compañía en otras cosas, le soy útil, ahora me da la razón, mejor que ser esposa, como hetaira asisto a los banquetes, estoy con él entre hombres, opino cuando está con los suyos, sobre todo en los ágapes para ellos solos, soy uno más, gracias a eso estamos más tiempo juntos, aunque él en esas ocasiones no me ve como mujer, obseso con sus planes, pero ese tiempo es nuestro, y me encanta el nombre: compañera, ¡qué hermoso es ser tu compañera, la de Ahram el Navegante!, «¡ay, ahora sí es nuestra trompeta!», ha llegado el prefecto, los del banquete van a entrar, ¿estará todo bien? Hermonio me juraba que sí, en el parque, en los salones altos, en los de abajo, en la cripta, «Eulodia, la túnica, esa de color turquesa, la misma seda que me regaló por primera vez, cuando Krito te trajo aquí, ¿recuerdas?»... «cinco años y cuántas cosas, el tiempo se lo lleva todo, hasta los recuerdos aunque se le resisten»... «¿estoy bien?, ¡mujer, no exageres!, a Ushait le hubiera gustado verme, ¿recuerdas el año pasado?, dame los collares», me hubiese gustado llevar el brazalete de Krito, ahí en el fondo del mar al pie de la cueva, pero no he logrado volver a verlo en mis zambullidas, ¿se lo habrá llevado una antigua hermana mía?, pero nunca me encontré sirenas por aquí, ¿las aleja tanto barco, tanto desperdicio de la ciudad?, ¿y para qué las quiero?, no me comprenderían, «¿has sujetado bien los broches?, no quisiera perder estas perlas, sí, caen bien, he de gustar», pero a quien quiero gustar es a él, sobre todo a él, a nadie más que a él, ¡ah, y la cadenita en mi tobillo!, recuerdo de la ajorca, sigo siendo su esclava aunque me haya declarado liberta.

Por fin se retira el prefecto, hombre tratable, quiere hacer negocios. Por supuesto aprovecharse del cargo que le han dado, como todos, hace bien, para lo que les va a durar. Jurista, se podrá negociar con él, cuestión de cifras, rechazaba ser acompañado hasta el pórtico, pero si no va uno se enfadan. Le ha impresionado Glauka, ¡qué hermosa bajando la escalera!, ¡cómo se adapta a estas ocasiones!, sus cabellos favorecidos por el color del vestido. ¡Qué porte, qué dignidad!, una reina. Lo que es de verdad, lo que somos sin que nos lo llamen, no nos hace falta, basta con un rey en el nuevo imperio, Odenato.

Cada vez resulta mejor esta fiesta. Mi cumpleaños, ¡qué risa!, cualquiera sabe en qué día nací. Ni casi en qué año. Bueno, cerca de sesenta, digo cincuenta y nueve para seguir la cuenta. Los nómadas somos libres. No tenemos Casa de la Vida, ni escribas ni registros. Tengo los años de mi fuerza y Glauka me ha dado más. Puse este día por haber nacido Malki. Y el año por lo del cometa, una fecha favorable según los astrólogos. Malki sí está registrado. ¡Qué estirón dio últimamente, va a ser un muchacho espléndido! Sinuit está muy guapa también, más madura. Sí, ha madurado. Se parece a su madre cada vez más... ¡Si su padre Belgaddar pudiese verme ahora!, ya no soy el galeote huido que logró salvarle su buque mercante. Su biznieto será un príncipe quizás. En todo caso será poderoso. Roma se desmorona: emperadores peleándose por todas partes. El día menos pensado surge otro, como Ingenuo y Regaliano o como Póstumo. Disputándose los despojos. ¿Y Firmus, qué piensa? ¿Será verdadera su nueva ambición política o es un truco de negocios? Le ganaré, como le gané en la mar; ya no se le ocurre hacerse naviero. Se concentra en las cosechas, los monopolios. Veremos lo que dura. Se apoya en los sacerdotes. Como mi yerno. ¿Para qué quiere ese nombramiento de Alto Protector de Serapis en Canope? Está muy ligado a ese templo. Bueno, así me cubre ese flanco clerical, donde no me pueden ver. ¡Diablos! ¿Y si él tampoco me puede ver? Nos enteraremos; que se ande con ojo.

Ha estado todo bien, felicitaré a Hermonio. Claro que detrás está Soferis. Buena música y mejores atracciones. Esa arpista de Tanuris, Marsia, excelente, Claudino pensando en comprarla. Tengo un buen equipo. La información funciona cada vez mejor y los científicos también. Habrá que ver ese mineral que dice Filópator puede casi deshilacharse. Sería una suerte porque una piedra no arde. Puede servir para muchas cosas. Pero no hay que precipitarse. Aún queda tarea larga por hacer. Es preciso asegurarse de que Persia no será fuerte cuando demos el golpe. Odenato asegurará esa frontera. A ver qué noticias trae mi enviado a Armenia. Allí el dominio persa es muy precario, pero tampoco Roma consigue avanzar más allá desde su base en Trapezus.

Al pueblo le han llegado bastantes bebidas y monedas. Los invitados salen contentos. Siempre alguno hace el imbécil. Ese Tiriano trayendo a su mujer con el querido. Que haga en su casa lo que quiera. Pues se ha quedado por eso sin el contrato de urbanización de Taposiris. ¡Como no se lo financie Firmus! Y no en esas playas. No quiero tratos con gente así. En cambio Claudius ha estado discretísimo. Sus canciones han arrebatado. No es para tanto, pero la juventud pone a los cantantes por las nubes. Me hubiera gustado poder escuchar la conversación con el prefecto, pero hay que atender a todos. Defendía bastante bien la situación política y hacía promesas sensatas. Tiene razón, la seguridad urbana no se resuelve sólo con los matones de Niterokes. Pero que no se haga ilusiones; tampoco se va a arreglar con sus legionarios; falla toda la seguridad del imperio.

Había hermosas mujeres, y hasta las griegas y romanas vienen ya medio desnudas en sus gasas transparentes, como las egipcias. Hasta al gran rabino se le saltaban los ojos mirándolas, ¡tiene gracia! Es de agradecer que haya venido, con los manejos que se traen acerca del combustible del faro, a ver si me quitan la concesión y se la quedan ellos. Han hablado ya con el prefecto, porque me ha hecho una insinuación. Pero en buen tono. En cambio me parece que va a exigir más barcos en esta campaña. Los piratas atacan las líneas comerciales y necesitan muchas trirremes para defenderlo todo. Será cuestión de discutirlo. Si exige demasiado iré a Roma a ver al emperador, con el apoyo de Odenato. Ahora Roma no puede negarle nada. Pero tampoco quiero dar la sensación de que entre Palmira y yo hay todo lo que hay. Ni de que necesito a Odenato para nada.

Ha asombrado mi anuncio de que tendré a Odenato y Zenobia en mi casa, camino de Roma. ¡Un rey en Alejandría, en casa de un naviero! No se ve todos los días. Claro que lo presento como puramente comercial: mis barcos prolongan sus caravanas y a la inversa. Todos asombrados, aunque algunos lo sabían. Mientras no sepan más no me importa. Habrá que explotar esa visita. El prefecto preferiría alojarles en su palacio; seguro que se ha apresurado a invitar a Odenato. Pero todo lo más aceptará un banquete. En Oriente todo ha cambiado ya: la fuerza no es Persia ni Roma sino Palmira y mis barcos. Cuando estemos preparados del todo... ¡ah!

Krito llegó antes de que se marchara el prefecto. Ciertamente cuando me hace falta no me falla. Y estaba impecable; se había cambiado, porque antes de la fiesta le vi salir vestido para ir a Rhakotis. Estaba encantador: sereno y relajado. Un verdadero estudioso tratando de temas jurídicos. El prefecto sorprendido. Todo perfecto; ningún incidente serio; sólo esos borrachos de siempre que hay que poner en el pórtico y llamar a sus asneros, o llevarlos a sus casas. Claro que aún queda lo más comprometido: la fiesta en los salones de abajo, y en la cripta. Se sueltan todos el pelo. Aunque también es menos gente y de más calidad. Se ha quedado hasta el navarca; yo creí que se iría acompañando al prefecto. Y acompañando al navarca, también nuevo como el prefecto, ha vuelto aquella Clea, ¡qué cosas! Hablaba con Krito muy animada. ¿Cuándo se marchó de Alejandría? Fue antes de la derrota de Valeriano. Krito insistía en que ella se dedicaba a manejos políticos, lo recuerdo. Nunca pudimos confirmarlo; sus líos amorosos sí, pero eso... Creo que se divorció del estratega aquel o quien fuera. O la repudió él, si acabó enterándose de sus líos. Esa charla con Krito, como si quisiera seducirle. ¡A buena parte va! Ya me lo contará él.

Cinco años ya que vi a Glauka, heroica frente al perro. Ahora *Tijón* la adora. ¿Y quién no? Perfecta; todo el mundo la admira. Me la envidian. ¡Y eso que no saben lo mejor! Sólo le falta un poco de... De ambición, eso es... Cinco años y el mundo ha dado la vuelta. Mi plan empieza a estar maduro. Después sí, amor mío; en cuanto termine mi tarea el poder no será tu rival. Descansaré en tu pecho, seré solamente tuyo. Déjame terminar mi trabajo: ¡entonces, entonces verás! Porque ya no falta mucho y aún seré todavía el hombre que te incendia toda.

16. EL PENDIENTE DE CLEA

Glauka se retiró muy tarde, dejando a Ahram con los últimos trasnochadores. Pero no hace mucho que cerró los ojos cuando le despiertan sus pasos. Hasta dormida los conoce.

Le ve llegar sigiloso, diluida su silueta en la ceniza rosa del amanecer. Al verla despierta se inclina y la besa:
—Descansa, estarás fatigada. Ya se acabó.
—¿Y tú?
—Voy a hacer la ronda.
«La ronda; siempre en pie de guerra mi hombre», piensa ella mirándole amorosamente.
—Te acompaño, aunque estaré despeinada... ¿Irás luego al puertito?
—Tu pelo es hermoso siempre —responde eludiendo la pregunta—. Bien. Vamos a ver lo que ha dejado esa gente —sonríe lobuno.
—Tus peces en la red —sonríe ella también—. Vamos. ¿Sin problemas?
—Lo de siempre. Algunas roturas, varios con el vino pesado... Faltaba una bailarina cuando se retiraron to-

das. Ya aparecerá, si no se la ha llevado algún personaje. Hermonio asegura que no.

—Me fío de Hermonio.

—Y yo. Empecemos por el parque.

Recorren las estancias de los escribas, a estas horas desiertas y ordenadas. Cruzan otras de recepción y salen al parque por la escalera lateral. Les espera Soferis, acompañado del mayordomo y un par de sirvientes.

—¿No te has acostado, Soferis?

—También me divierte esto, jefe.

Hermonio informa. Los invitados a la mera recepción se han divertido bastante juiciosamente. Han dejado la basura de costumbre, han tronchado una joven palma real, han rociado de vino el Hermes de la glorieta y se han cagado en la taza del surtidor aparte de las vomitonas esperables. Lo único llamativo son las manchas de sangre en un banco.

—Riñeron dos —afirma uno de los siervos, que figuró como invitado, pero pertenece en realidad al servicio de seguridad, para proteger a las personas y las joyas—. Les separé y uno sangraba de un puñetazo en la nariz.

—Bueno —ataja Ahram—, si eso es todo me voy a ver ahí dentro, donde todavía quedarán algunos.

—Unos cuantos —sonríe el mayordomo disponiéndose a acompañarle, con Soferis y Glauka. En el interior encuentran a otros dos empleados de seguridad, con ropas de comerciantes sirios.

—No conozco a estos siervos —comenta ella, para ser oída sólo de Ahram.

—Los alquilo a propósito —contesta en el mismo tono—. Es la manera de difundir por toda Alejandría la corrupción de las personalidades. Estos criados lo cuentan todo. Hay dos que vienen siempre porque me consta que tienen amigos panfleteros. Así aseguro la publicidad.

Glauka ya no se extraña de las fiestas dadas por Ahram. Al principio las creía inútiles; le fatigaban, le quitaban tiempo y no añadían nada a su renombre. Ahram la convenció. No las ofrecía para su propio prestigio, sino para el desprestigio de los romanos importantes. Quería difundir la noticia de sus vicios y torpezas. «Quiero convertirles en cerdos ante el pueblo», dijo. «Lo malo –reconoció– es que hay gente ante la que esa conducta provoca admiración. Pero, en conjunto, es útil desenmascarar a las autoridades.»

Llegan al gran salón. Los aromas exteriores del parque y el glorioso piar de los pájaros se convierte allí dentro en una atmósfera pesada, humosa por las lámparas todavía encendidas, apestando a flores ya marchitas y a sudor y restos de manjares.

–¿Cómo está el vomitorium? –pregunta Ahram, señalando a una puerta.

–Ya lo han limpiado –aclara Soferis.

Alzan algunas cortinas y al entrar la luz exterior se aprecia mejor el desorden: como tras un vendaval de locura. Mesitas volcadas, candelabros por el suelo, apagados ya pero después de haber producido quemaduras en los tapices, guirnaldas y flores pisoteadas, una vomitona de alguien que no llegó a tiempo al sitio adecuado, vino derramado, una cortina arrancada y medio colgando. Y, en medio de aquel caos, algunos cuerpos humanos con ropas manchadas o desnudos. Uno ronca sonoramente; otros yacen en un sopor ebrio, con los ojos medio abiertos. La esposa de Tiriano duerme desnuda sobre un triclinio.

–¿No está su amigo? –se extraña Ahram, que conoce la ausencia del esposo porque le despidió él mismo.

Uno de los empleados de seguridad explica, algo confuso:

–Se encaprichó conmigo y tuve que acabar tirándomela cuando todos se animaron. El amigo se enfadó y se marchó irritado.

–No estabas aquí para eso –reprocha Ahram secamente.

—Fue imposible evitarlo, señor. Llegó a ordenármelo el estratega, incitado por ella. De resistirme no hubiese yo parecido un invitado.

Ahram calla pero toma nota mental para evitar a ese hombre en un futuro servicio, aun admitiendo que se viese forzado. Quizás el estratega obró además de mala fe, porque meses atrás había pretendido los favores de la dama sin conseguirlos.

Dos efebos de la escolta del gimnasiarca, que impuso su admisión pues en principio no acceden a esas fiestas, duermen angelicalmente uno en brazos del otro. Otras dos parejas, una de distintos sexos y otra del mismo, aparecen igualmente abrazadas. Pero lo más interesante para Ahram es ver a dos hombres maduros, muy desvestidos, uno de los cuales reposa su cabeza entre los muslos de una mujer, con la boca cerca del sexo femenino. El otro abraza a su compañero por la espalda, en posición muy reveladora.

—¡Qué barbaridad! —finge escandalizarse Ahram, para llamar mejor la atención de los presentes—. ¡El navarca y el archidikasta! ¡El gran almirante de la flota y el primer magistrado! Nunca lo hubiera pensado.

—Fue por el juego —aclara el de seguridad que ya intervino—. Empezaron a jugarse a los dados las prendas para llegar al desnudo y crecieron las apuestas. Éstos se jugaron sus culos y perdió el navarca. Ese juego está de moda en Roma.

Ahram le estimula con la mirada a que hable y el hombre continúa alegrillo aunque, consciente de su profesión, sólo bebió el mínimo necesario para no resultar sospechoso.

—...El almirante se quejaba, pero aguantó valeroso las embestidas por la popa. De lo que no se había dado cuenta es de que el magistrado había jugado con los dados cargados.

Una historia ideal, se regocija Ahram. Se repetirá

por todas partes y se escribirán ingeniosos epigramas. La Marina y la Justicia; además ambos romanos. Ideal. Pero finge sentimientos contrarios.

–Hermonio –ordena severamente–, cuídate de que se les vista y de que sean llevados discretamente a sus casas.

En ese momento algo se mueve rápidamente por el suelo, con extraños sonidos que por un momento alarman a Glauka. Es el cerdito del cantante, que desaparece por otra puerta. Ahram, riendo, ordena que se lo devuelvan a Claudius.

Vistos los salones, Ahram se dirige a las escaleras que conducen a la cripta, ordenando a los de seguridad que permanezcan arriba. Ahí se habrá desarrollado lo más tumultuoso de la noche, incluido el espectáculo erótico al que aludía el enterado de la plebe, reservado a los privilegiados dispuestos a todo. Quizás por eso, por tratarse de profesionales de la orgía, o de aficionados tan capaces como ellos no se encuentran abajo sorpresas. Quedan, sí, un par de travestidos y una muchacha de las contratadas con quienes departe tranquilamente la famosa señora Dofinia, dueña del lupanar más selecto de Alejandría, a cuyos servicios recurre en estos casos Ahram para que se encargue de animar la cripta con su personal. La mujer inclina sus gorduras frente a quienes descienden por la escalera y luego yergue su bien peinada cabeza. En su rostro redondo, terso y maquillado, sonríen unos ojos tranquilos y astutos a un tiempo. La dama es la imagen misma de la respetabilidad y ni ella ni quienes la acompañan –los tres se han puesto de pie para retirarse escaleras arriba después de saludar– muestran signos de embriaguez. Glauka admira el elegante drapeado de la túnica que viste la dama, hábilmente concebida para disimular su obesidad.

–Ave, Navegante. Puedes estar satisfecho. Tus invitados han gozado a gusto y no hay novedad desagradable.

—Es natural, estando todo en tus manos. Te lo agradezco, Dofinia; tampoco tú tendrás queja de mí... ¿Ha estado animado? ¿Has acogido a muchos?

—Bastantes, teniendo en cuenta que algunos no se atreven, pobrecillos... ¡y pobrecillas! Pero he tenido huéspedes ilustres.

—¿Como quién? —los ojos de Ahram brillan.

La dama se cerciora de que sólo escuchan Glauka Soferis y Hermonio; pues si bien Ahram procura dar publicidad a lo ocurrido en la gran sala, en cambio la cripta la utiliza más hábilmente. No llega al chantaje, por supuesto, pero ofrece graciosamente el silencio y, tarde o temprano, sabe explotar esa discreción.

—El propio estratega, nada menos. Venía de arriba y contó riéndose el trucado juego de dados a costa del navarca. También el cosmeta encargado de los efebos y Legarion.

—¿El banquero? —pregunta sorprendido Ahram porque el sujeto es un socio de Firmus.

—El mismo. Y, señor, una mujer envuelta en una toga, para pasar por hombre gracias a la poca luz, pues llevaba además el cabello corto. Estuvo poco tiempo y no la vi engancharse con nadie; por lo visto sólo venía a pedirme para mañana a Victinio, mi mejor semental. No la reconocí... aunque me recordaba a alguien.

Antes de que Ahram se sienta contrariado, pues era una buena información, se oye una voz inesperada.

—Yo sí la conozco. Ave, amigos. —Y Krito aparece levantándose de un diván donde era un bulto inmóvil. Sonríe como siempre y resulta hasta elegante, a pesar de la movida noche.

—¿Has dormido aquí?

—¿Dónde mejor sino en mi mundo? Ah, pero hoy yo era ejemplar o, mejor dicho antiejemplar, pues fui la única persona casta de la reunión.

—¡Y yo! —dice Dofinia profesionalmente.

—No lo jures; alguna mano buscó la carne por entre los pliegues de tu ropa —acusa Krito provocando las risotadas de la mujer.

—¿Y quién era la dama? —interrumpe Ahram, cortando.

—Quizás la reconozcas tú también por esto —responde sosteniendo en alto un magnífico pendiente largo de oro, al estilo de Campania, sin piedras pero con un exquisito camafeo engastado—. Cuando ella hablaba con Dofinia se llevaba las manos a la oreja y debió de caérsele, pues lo encontré en el suelo. Yo estaba junto a ambas pero me creyeron dormido.

Ahram frunce el ceño intentando asociar a alguien con la joya, pero es Glauka quien acierta:

—¡Clea! ¡Recuerdo esos pendientes, me llamaron la atención! ¡Estaba arriba contigo, Krito, hablando muy animada!

—Por eso me recordaba a alguien, pero hace años ya, ¡y veo a tanta gente! —dice Dofinia.

—¿Se lo enviamos o esperamos a que lo reclame? —pregunta Soferis.

—No lo reclamará —asegura Dofinia—. Nunca lo hacen; les obligaría a reconocer cómo y dónde lo perdieron. Algunas hasta esconden el otro pendiente y acusan a una esclava de robo, para quedar bien ante sus maridos.

Ahram no dice nada y pregunta por la bailarina desaparecida. No le gusta el asunto; en la orgía alguien ha podido ser capaz hasta de arrojarla al mar. Un cadáver flotante no sería bueno para su imagen. Afortunadamente, cuando vuelven arriba y salen al parque, les comunican que ha sido hallada en un macizo de adelfas, atada con cinturones masculinos y amordazada. Se divirtieron brutalmente con ella pero sin males graves. Ahram la indemniza, tras hacerle decir nombres y datos útiles para identificar a los autores.

Junto a la puerta Krito se despide para ir a su casa. Soferis se queda todavía disponiendo arreglos pendientes y Ahram retorna con Glauka a su alcoba en la Gran Casa. El sol, como un globo rojo descansando todavía sobre el horizonte marino, ha hecho apagar hace rato el faro, cuya cima se adorna con un lento penacho de humo. El día promete ser caluroso.

—¿Sigues pensando en el puertito? Han salido ya casi todas las barcas —comenta Glauka señalando a dos, posiblemente las últimas, que enfilan ya su proa hacia la mar abierta—. Hemos de darnos prisa.

Ahram le tiende los brazos desde el diván en que se ha sentado.

—No, amor mío. Ya bajé al puerto antes. Cuando te desperté volvía de allí. Psachys, el de la taberna, me dio muchos saludos para ti, mi reina.

—No me dijiste nada —se queja ella mimosamente, acudiendo a su lado.

—No te despertaste. Y yo quiero ir cuando aún no han salido. Que me vean todos sobrio, despejado, como siempre. Ahram da fiestas porque tiene que darlas. Porque así negocia luego mejor con los jerarcas y los ricachones, y puede crear más empresas y dar trabajo a más gente y ayudar a sus amigos. Pero Ahram no es un juerguista; no vive como la alta sociedad, la que ignora el puertito. Sí, estuve allí y les llevé viandas, vino y cerveza. Que disfruten también ellos.

—Así te adoran, sinvergüenza.

—Sí, pero no porque les compro, sino porque estoy con ellos. Porque voy allí y ato un nudo ballestrinque como ellos. Y anuncio el tiempo mejor que ninguno.

—¿Mejor que yo? —continúan los mimos.

—No. ¿Cómo iba a hacerlo si nunca fui sirena?

—Pero eres un tritón.

Los besos les silencian. Pero Ahram continúa:

—¿Cómo estuvo todo?

—Muy bien, pienso. El nuevo cocinero es espléndido. Tuvieron mucho éxito los lechoncillos que parecían intactos y luego estaban rellenos de salchichas trufadas.

—¿Qué tal el prefecto? Anda, predíceme esa nube.

—Te entenderás mejor que con el otro. Algo fatuo, creyó que me impresionaba con sus referencias a la sociedad romana. Y miraba mucho hacia la bajada de la cripta; supongo que le habrían hablado y tenía ganas. Pero no se atrevió.

—Es la primera visita que nos hace. Si dura aquí acabará bajando. Y si no le mandaremos a casa lo que quiera.

—Cuidado, porque es susceptible. Y no es tonto.

—Bueno, veremos. Ya le he pedido una audiencia. Y ahora dime qué hacemos con esto.

En la mano levantada de Ahram se balancea el pendiente encontrado por Krito. A la luz del sol se aprecia mejor la fina ejecución del camafeo. Una joya discreta pero valiosa, para entendidos.

—Se lo enviaremos, supongo.

—Por supuesto —responde Ahram—. Pero sería una buena idea que se lo llevaras tú misma, como para hacer amistad. Krito siempre dijo que esa mujer tenía secretos y los datos del navarca son vitales para mí... ¿Qué te parece la idea? De mujer a mujer le resultará más delicada la devolución.

—Como quieras. —Y añade, pícara—: Pero ¿no serás tú el que tiene más interés en intimar con ella?

—Prefiero las mujeres de la mar. Me excitan más.

—¿De veras?

—Compruébalo ahora mismo.

Ella suspira, como si le costara un gran trabajo acceder a lo que está deseando. Aunque piensa en cuál de las bellas asistentes a la fiesta estará quizás pensando Ahram mientras la acaricia. ¿Qué importa, si ella está a solas con él, que va a llevarla a la cima? Pero se interpone en su mente otra figura.

—¿En quién piensas? —adivina Ahram mientras la conduce al lecho, sorprendiéndola y alegrándola con esa adivinación.

—En el aulista. El de la doble flauta.

—¿Qué aulista? No me fijé.

—Tocó sólo para nosotras, las mujeres, cuando nos retiramos dejándoos a vosotros con vuestras siervas y bailarinas... Ya sé que la música no es lo tuyo, pero aquel ciego fue asombroso. La doble flauta creaba melodías de otro mundo. Estando en medio de nosotras tocaba sólo para él o para alguien ausente y muy presente... Prométeme traerlo alguna otra vez, para mí.

—Preguntaré a Hermonio dónde le encontró.

—No; le encontró Krito. El propio aulista me lo dijo. Fue una sorpresa de Krito.

—¡Déjate de Krito y piensa ahora en nosotros! —corta Ahram con cierta aspereza.

—¿No me dejas ni desmaquillarme? Anoche caí rendida en la cama y no tuve tiempo.

—¡Me voy a comer hasta la malaquita!

Dofinia tiene clase; vino a saludarme después de liquidar sus honorarios con Ahram y nos entendimos en el acto, yo porque conozco su género, ella porque sabe mucho de mí, incluso demasiado, alguien la informa, algunos de esta casa van a la suya, claro, quizás Artabo, pero es muy leal y nada indiscreto, serán otros de más abajo, ¡Assurgal, naturalmente!, necesita informes para sus predicciones, aparte de los astros, y ella recoge cotilleos a espuertas, pero no los regala, exigirá otros a cambio, conozco muy bien ese tráfico, sí, seguramente Assurgal, he de advertir a Ahram, ¡que ya lo sabrá, porque lo sabe todo!

Algo también sacaría de mí, con su conocimiento de las gentes, no puedo parecer, ni aunque lo deseara, una hetaira encontrada virgen por Ahram, ha venido a estar a bien conmigo, pero también a explorarme, a ver si soy futura disponible, como los años pasados no bajé nunca a la cripta, ¿para qué si lo tengo todo visto?, venía también a sonsacarme, es lista, las pesca al vuelo, por eso tan en las alturas de su profesión, no vale cualquiera, también me hizo ofertas, muchos elogios de Victinio el semental, el solicitado por Clea, al preguntarle por esa mujer un gesto de ignorancia. «No es de las mías –dijo–, hoy me ha sorprendido, cuando estuvo aquí hace cinco años tenía ella sus historias, ya usted me entiende, señora, ella y unas pocas amigas, pero en sitio propio, nunca llegué a enterarme», ¿no se enteró o no me lo ha dicho?, y volvió al Victinio que a lo mejor chulea a Dofinia, y después dio la vuelta a la cosa, ver si yo sería propicia, ¡menuda ganga para ella poder meterme en otra cama!, el dinero y la influencia la hetaira de Ahram nada menos, sería discretísima seguro, pero me lo haría pagar, sin perjudicarme, no hay que matar al avestruz de los huevos de oro, tiene mucha clase, en cuanto vio que no hay nada que hacer pasé un buen rato, hablando ya como entre compañeras, porque le dije algo de mi pasado, lo acabaría sabiendo de todos modos, se puso ni servil ni aduladora, me ha hecho recordar luego mis meses en Bizancio, no fueron mis mejores tiempos pero los viví, la vida nunca es peor, es la vida, ella piensa lo mismo, de pronto me sorprendió, muchos le preguntan por mí, y mujeres también, por lo visto hace tiempo tengo intrigada a la ciudad, debí suponerlo pero ni se me ocurrió nunca, que me dejen en paz, al hablarle como igual me la he conquistado, a Ahram podrá venirle bien eso algún día, me hará favores a cambio de otros, en ese campo ningún hombre de Ahram podrá moverse como yo, además la mafia de esas señoras, seguro que contacta con todo el mundo, se traspasan las chicas, se recomiendan los clientes, ¡qué idea!, buscar una chica lista y situarla en el mejor burdel de Palmira, ¡qué fuente de información!, con lo que dicen los hombres en una cama a lo mejor descubríamos algo de Zenobia, para Ahram la mujer perfecta, ni se le ocurre que la reina pueda ser otra cosa, estoy deseando su viaje, conocerles, aunque también lo temo, ya veremos.

Hay otros problemas, Sinuit quebrantada de salud, Ahram no se da cuenta, he hablado con ella pero no se me ha confiado, yo creía que al cabo de cinco años ya se habría acostumbrado a mi posición aquí, no he hecho más que favorecerla y demostrarle cariño, porque es verdad, se lo tengo, es la madre de Malki, una señora mejor que muchas, pero no acaba de aceptarme, parece como si yo hubiera seducido a su padre con mi famosa magia, como si hubiese usado malas artes, hay hijas así, sobre todo cuando la madre murió siendo ellas muy niñas, menos mal que Malki sí me quiere, el caso es que hay que cuidarse de ella, además está preocupada, no me lo explicó pero le inquieta Yazila, no sabe lo que pasa pero algo, se ha hecho una mujer, pero un carácter muy raro, tan pronto insoportable como mansa y llorando a escondidas, dice Sinuit que una mujer muy deseable, va a cumplir quince años, ya tendría que estar casada, no sé en qué piensa el padre, cualquier día le da un disgusto, esa chica es difícil, ¿amores contrariados?, pretenderá demasiado, una trepadora peligrosa, a mí me sigue odiando, Amoptis no le da importancia, los hombres no se dan cuenta de nuestras cosas, tampoco Ahram de la salud de Sinuit, incluso Krito es así, ¿por qué llegaría tan tarde a la cena?, parecía indiferente a todo hasta que se animó, pero entonces nos salimos las esposas, si no hubiese habido otras yo me hubiera quedado, pero tenía que atender a las demás, sólo le vi empezar a animarse, a decir sus cosas, fue después de su charla con Clea, claro que vi los pendientes, ¿no me iba a fijar en ella, siendo tan llamativa?, resulta seductora con ese peinado de hombre y sin caderas, ellos dos hablando y hablando, a veces parecía que me miraban, ella muy elegante, hay que reconocerlo, esa túnica malva un acierto, a mí no me sentaría igual pero a ella perfecta, ¿otra de las escapadas de Krito?, ya me he cansado de preguntarle, ¿qué haces por Rhakotis?, claro que me lo figuro pero quiero saberlo por él, contesta como cuando se pone a explicar, «abismos del espíritu, degradación ardorosa», creí que su casita iba a revelarme algo pero es casi una celda, un templete, ni las ropas se veían detrás de aquel espléndido tejido sasánida, el único lujo, «un recuerdo», me dijo, ¿bajaste anoche a la cripta detrás de aquellos dos travestidos de Dofinia?, comprendo que te gustasen, eran hermosos, femeninamente hermosos y turbadoramente andróginos, ¿te atraía por eso Clea?, no creo que los encuentres iguales por Rhakotis, ¡y qué bien maquillados, qué arte para componerse!, también Dofinia, no parecía el saco de cebollas que probablemente será en la cama, bien ceñidos los pechos y ocultándose en espléndidos pliegues, me recordó mi ama de Bizancio, algunos todavía la deseaban pero se hacía valer, ¡qué profesional!, y luego el postín de acostarse con ella, de eso presumirían muchos hombres, los vanidosos de su pene grande, del número de coitos seguidos, ¿habrá quedado Yazila embarazada?, pero eso no es problema salvo para las mujeres ignorantes, por desgracia lo son casi todas, ¡pobres de ellas!, me lo dirá Bashir, cuando venga unos días, cada vez pasa más tiempo en Tanuris, hasta Ahram le echa de menos, estuvo aquí hace poco, fastidiado del reúma pero tan entero como siempre, sus ojos tan cariñosos para mí, cojeando, con su raíz de *quem* en la boca, ése sí que es oro puro, hombre-hombre, vida verdadera, aunque también hay otra, con verdad no evidente sino oculta, no se puede tocar el aulos como el de anoche sin llevar dentro algo, el peso, la llama, la quemadura de una verdad vital, de la verdad de uno y nadie más, ¡cómo sonaba esa flauta!, me recordó a Nagularis, el ciego del burdel, mi paraíso en Bizancio, cuando le llamaba alguien para presumir ante nosotras las pupilas, me hacía llorar de dicha y de tristeza a la vez, la más indecible felicidad, tengo que volver a oír a éste de anoche, Yarko, preguntarle a Krito de dónde sale, si hay de eso en Rhakotis valdrá la pena, ¡qué detalle de Krito!, y sin decirme nada, como siempre, era una música también de infinitos, de las estepas sonaba a la de Nagularis, que era escita, un poco al canto de Uruk, como sonaría la flauta de Pan, no, ésta más dolorida, curioso, aunque nuestro canto no era dolorido esa flauta me lo recordaba, el canto de las sirenas ¡qué pena lo que se pierde Ahram!, claro, la música es puro placer, Astafernes sí gozaba la música, aquel menino suyo era un prodigio con la lira, los medio borrachos que oían a Nagularis no le apreciaban, pero yo me daba cuenta de que en medio de la orgía aquel hombre estaba solo, daban ganas de correr a él, aunque se comprendía que gozaba estando solo con su pena, era la soledad de la montaña, hombre con signo de aire, hermoso pero vulnerable a causa de su ceguera, una fruta con mancha, hermosura de la perla, luminosa, opalina, pero opaca, no sé cómo decirlo, qué cosas se me ocurren, las lecciones de Krito, se pega su palabra, era una aurora oscura, un rayo mutilado, sólo se salvaba en su música, su doble melodía como dos serpientes entrelazadas en la cópula... No he vuelto a saber de él, de Nagularis, el ciego de las putas de Bizancio.

Esa misma tarde Krito se encuentra sentado frente a Clea, en una pequeña habitación de las que el Museo destina a sus estudiantes internos, que sirven de auxiliares a los maestros de investigación. Desde lejos llegan errabundos ecos sonoros de las clases de cítara y flauta, uniéndose al susurro del aire en las frondas del jardín central.

—De modo que les hiciste llegar mi pendiente —dice Clea, con maliciosa sonrisa.

—No lo digas así, Clea. «Lo encontré por casualidad», tal como tú me habías encargado.

—Eres un encanto. Gracias. Supongo que me lo enviarán.

—Seguro. Y espero haber intrigado a Ahram lo suficiente para que se le ocurra la delicadeza de que sea Glauka quien te lo devuelva en persona, ya que lo perdiste en un sitio tan inconfesable... Y ahora, dime, lo prometiste: ¿qué fines persigues queriendo conocer así a Glauka?

—Lo dices como si fueran fines siniestros.

—Por lo menos el camino es retorcido. Podías haberte acercado a ella como cualquier otra amistad.

—El camino eres tú, y sé que es muy especial, pero yo no quiero ir a ella como a cualquiera. Necesito ser su amiga; nos necesitamos.

—¿Os necesitáis?

—Mujeres como nosotras, en esta sociedad, siempre nos necesitamos mutuamente. ¿O acaso crees que hay muchas como ella?

—¡No! No en toda Alejandría, ni en Egipto. Ni quizás en todo el imperio.

Clea le mira agudamente y sonríe.

—¿Lo ves? Yo ya te he contestado. Y ahora responde tú. ¿Por qué has aceptado este juego? ¿Por qué has venido?

«¡Si yo lo supiera! —piensa Krito—. ¿Para proteger a Glauka; bueno, a Ahram? ¿Por curiosidad? ¿Por qué me provoca esta mujer?» Ha de tener cuidado, se dice; acaba de expresarse con demasiada vehemencia. No debe olvidar que están como en el circo los dos gladiadores, dando vueltas uno en torno al otro, estudiándose, buscando lo vulnerable en las defensas. Todo esto en un relámpago mental, pues no ha pasado apenas tiempo cuando contesta:

—¿Acaso no tienes un espejo, hermosa Clea?

—Gracias, pero no busco en ti galanterías, sino algo más.

—Cuidado, no estés buscando lo que no puedo darte, lo que no tengo.

—No te repliegues. Yo sé lo que tienes y lo que no tienes. Hablemos francamente: tienes a Ahram y eres Rhakotis. No llevarías años junto a Ahram si no fueras algo.

—¡Ah, conque apuntas a Ahram!

—¿Por qué no? Y también a lo otro. Yo no te hubiese abordado si no fueses bastante Rhakotis. Como yo, bien lo sabes.

—Cuidado con Ahram. Es siempre posesivo.

Clea ríe francamente.

—No temas por mí. Ningún hombre me ha poseído nunca. En ese sentido me siento virgen.

—Permíteme recordarte —replica burlón— que fuiste a pedirle un macho a la ilustre Dofinia.

—Permíteme recordarte que voy a pagarle. Así quien posee soy yo.

—¿Y tus maridos? El epistratega, el navarca... Y habrá mas.

—También utilizados. Siempre los he elegido importantes. Son los más fáciles de aprovechar. ¡Viven tan convencidos de que también una, como todo, gira alrededor de ellos...! Y cuando ya no sirven, prescindo.

—Te divorciaste del epistratega.

—Claro. ¡Fue un gran día para mí! Me costó trabajo en Roma, pero aún cuenta tener un padre hijo de Septimio Severo. ¿Por qué había de continuar con él? Su único mérito era haber ayudado a Valeriano a hacerse emperador cuando Emiliano mató a Galo para sucederle. Pero hace dos años se hundió Valeriano con sus generales bajo Shapur. ¿Por qué había yo de hundirme con ellos? He vivido libre en Roma luego, hasta engancharme al navarca. ¡En Roma se respira! A veces huele mal, pero se respira. Es estar a la vez en todas partes; el mundo entero palpita allí.

Krito tiene sus dudas, pero no las plantea. Prefiere seguir escuchando:

—Aunque ahora lo interesante es Occidente. El trigo de Hispania, su plomo, su cobre. El estaño de allá al norte, en las Casitérides, ¿no crees? Y el gran océano misterioso...

—¿Me permites una pregunta? Ahora ya somos viejos amigos. Dime, ¿para quién trabajas?

La mujer abre unos grandes ojos de asombro y los llena de candor.

—¡Para mí, naturalmente! ¿Es que hay que trabajar para alguien?

Y añade, ahora con sonrisa desmentidora:

—Aunque hago creer a Roma y a sus altos oficiales que trabajo para mi patria.

Krito copia la sonrisa.

—No creí que te interesara demasiado ninguna patria.

—No. Lo que me importa es la matria. Nada de padres, madres; ya me entiendes. Igual que a ti; no lo niegues. No eres hombre de patrias... Por eso podríamos trabajar juntos. Yo para mí; ya ves si hablo claro. Vosotros para quien quisierais.

—¿Nosotros, quiénes? ¿Ahram, Glauka?

—Supongo que será lo mismo.

—Como fines, sí. Pero el camino es distinto con uno u otro. Y tú prefieres a Glauka.

Otra vez los ojos femeninos se hacen candorosos:

—Entre mujeres nos entenderemos mejor. Además, así no habrá maliciosas interpretaciones. Hemos de guardar toda nuestra reputación.

Krito ríe, francamente divertido. Se encuentra a gusto.

—¡Eres única, Clea!

Se miran, se admiran, se entienden en un silencio cómplice. Krito sigue el juego por otro camino.

—¿Recibirás aquí a Glauka? Un agradable lugar de estudio. Con cama y todo.

—Es el alojamiento que le ofrece el Museo a una amiga mía, matemática. Hoy ha ido a Menfis, a asesorar en unos cómputos.

—Tu amante, claro. ¿También la utilizas?

—Entre mujeres es mutuo. Sólo así podemos defendernos de vosotros... Ya ves, por eso quiero más amistad con Glauka, por eso quiero llegar a ella de tu mano. Sé que eres su mejor amigo, que ella es tu discípula.

Krito retiene un suspiro. Hay que andar con cuidado frente a esta mujer.

—Según en qué. También ella es maestra.

—Nosotras siempre, aunque los hombres no quieran admitirlo. Temen tener que admitirlo, por eso han montado el mundo como está.

—Y no te gusta como está, lo sé... Lo sé hace tiempo y te lo digo ahora: cuando viviste aquí con el epistratega te vi una noche ir a una casa acompañada de dos amigas vestidas de hombre. Llamasteis a la puerta de un modo convenido. No era lejos de Rhakotis. ¿Te molesta que lo sepa?

—No me oculto demasiado. Sí, tuvimos una pequeña sociedad de amigas. ¿Por qué voy a negarlo? Tú, que vives también tantas cosas, lo comprenderás muy bien.

—Sí, claro que te comprendo. Y me encanta sentirme en tus manos, también te lo confieso, y que juegues conmigo. Como con los demás.

Clea le mira, escrutadora, con una sonrisa indefinible:

—¿No pensarás que estoy enamorada de Glauka?

—Recuerdo tus amistades de entonces.

—Era entre mujeres, sí, pero no soy excluyente. Para que lo sepas, existe una sociedad internacional, «Las Amazonas», con una reina secreta, Hipólita. No pueden pertenecer los hombres, salvo si alguna de nosotras lleva consigo a un invitado que le sea sumiso.

—¿Y yo soy ahora tu invitado? ¿O me has buscado sólo para llegar a Glauka pasando sobre mí?

—Te he buscado porque eres diferente.

—¿Qué te gusta de mi diferencia?

—Tu doble sexo. El homenaje que nos haces vistiéndote como nosotras.

—No es doble, sino un sexo alternativo.

La mirada de Clea se hace más intensa. Los ojos de Krito la sostienen impávidos, con una chispa divertida.

—¿Y hoy qué eres?

—Pasivo —responde categórico. Y aún, recordando su ajetreo de la noche con Acilio, añade—: Decididamente pasivo.

Un silencio, en el que el pecho de la mujer se alza y desciende más vivamente. Se pone de pie y le mira desde arriba.

—Espléndido. Yo siempre soy activa. Si te gusto, no hace falta hablar más. ¿Te gusto?

—Muchísimo. —Un hondo suspiro—. Muchísimo. Esas piernas tan largas que te hacen tan esbelta, y tus caderas estrechas, casi viriles, y tus flancos rectos: un perfecto muchacho... ¡hasta tropezar en tus pechos! ¡Ah, tus pechos! Dan un vuelco a la contemplación. Son un reto y un desprecio a la vez; tan llenos y arrogantes contradiciendo ese cuerpo de efebo... Contigo no es el pecado, siempre sin importancia; contigo es la transgresión, el desafío a Némesis que vigila los límites. Contigo es igualarnos a los dioses... Y en la cima esa mirada, ya adueñada de mí, ese venablo traspasándome, promesa y amenaza...

La voz de Clea ha enronquecido:

—Me has visto perfectamente, para no haberme visto nunca.

—Porque sabes el arte de que tu vestido te desnude mejor. ¡Qué bien te sujetas los pechos con el *strophium*!

—No lo uso nunca. Espera, me vas a ver mejor.

En un ángulo cuelga una tela que aísla el rincón. Clea desaparece tras ella.

Krito siente palpitar su corazón como en los mejores días. Además de lo dicho le seduce la inteligencia de esa mujer; hay mucho sexo en el cerebro. ¿Qué está haciendo? ¿Qué más da? ¿No es su oscuro deseo, muy hondo, ser amante lesbiano? ¿Es todo esto una promesa del destino?

Emerge Clea, desnuda. Sus pechos son tan arrogantes como los describió el hombre, pero el resto del cuerpo es más viril que nunca, porque de su pubis emerge erecto, hábilmente sujeto con cintas doradas, un olisbo de marfil. Krito suspira de admiración y siente en sus entrañas el anticipo de lo que le espera.

—¡Oh, perfecto andrógino!

—No, ginandria: primero mujer. Aunque ahora la mujer seas tú, como deseas, ¿verdad?

Krito asiente en silencio con rostro ilusionado.

—Así ha de ser. Quizás otro día te utilice como activo.

—No podría —susurra muy bajito el hombre—. Sólo soy potente con las mujeres que no me importan. En cuanto las estimo, en cuanto las admiro, como a ti... —vacila pero confiesa—, en cuanto amo, no soy capaz de nada. Al revés que con los hombres.

—Entonces amémonos entre mujeres, aunque te cuelgue algo entre las piernas.

Su tono risueño hace a Krito acompañarla:

—Olvídate de eso y piensa que por detrás soy también penetrable.

Clea ríe sensualmente.

—¡Eres una delicia! ¡He encontrado un tesoro, no hay otro como tú! ¡Qué placer me espera! Anda, amor, ábrete para mí.

Krito se ha desnudado mientras tanto, y pregunta:
—¿Cómo prefieres?
—Primero muy pasivo: de rodillas y el torso boca abajo en la cama. No quiero que veas ni hagas nada; sólo sentirte tomado. Después te encularé boca arriba, viendo tú el placer en mi cara y yo en la tuya el efecto de mis embestidas.

Krito obedece, se abre, recibe doblemente, como le anunció ella... Más tarde el paladeo, recomponiéndose por dentro, en el silencio de pocas palabras flotando en la bajamar de las caricias. En la ventana declina el ocaso de primavera y llega más intenso el perfume de las mimosas.

—En el fondo, Krito, en el fondo, ¿qué esperabas hallar en mí? ¿Por qué has venido?

Krito tarda en contestar y luego, apenas audible, como saliendo de muy lejos:
—Porque adiviné que en esto somos iguales.

Clea le mira turbiamente y ríe, mientras piensa que Krito se hace ilusiones. «Después de todo, hombre», desprecia mentalmente, proponiéndose contarlo algún día a su Hipólita. Pero sonríe asintiendo y continúa la charla cordialmente.

Sólo cuando Krito ha partido se descompone la máscara de Clea. Aparece un rostro furioso que quiere contenerse pero rompe a llorar.

Y el recuerdo, una vez más, la golpea con implacable saña; como en sus insomnios, como en sus depresiones, como cada vez que tolera los abrazos de un hombre. Con los mismos colores y los mismos perfiles imborrables, a pesar de los años.

El recuerdo del padre, hijo del gran Septimio Severo, senador respetado en la Roma imperial, que engendró a Clea en una noche de bacanal soldadesca con la prisionera hija de un jefe sármata derrotado, cuando mandaba legiones en la frontera de Dacia. Ese padre, severo y elegante, con su corte de clientes, de poetas alabándole, al que la esclava agradece que no la abandonase sino que la llevara a Roma y la mantuviese con su hija, aunque a ninguna volviera a dirigir la palabra ni casi a saber de su existencia, entre tantos esclavos. El padre, admirado por la hija desde celosías o entre ramajes, siempre a lo lejos, siempre como un dios, con su senatorial toga picta bordada en oro. El padre admirado y querido por ella a pesar de todo, que un día se acerca más de lo usual hacia el barracón de los esclavos y sorprende a una niña mirándole ya con doce años bien desarrollados y en esos ojos infantiles, alargados, lee de pronto el recuerdo de otros ojos, allá en la frontera sármata.

El padre, que le acaricia la barbilla, estremeciéndola de júbilo, y la contempla valorativamente, y avanza con ella mientras su séquito se detiene, sonriendo maliciosamente, anticipando ya la escena. El padre venerado que le pregunta su nombre y dice, como el que recuerda una cosa banal:

—Entonces tú eres la hija de...

Y ella ilusionada, porque ése es ciertamente el nombre de su madre, y porque en los ojos del varón maduro ha brotado una chispa prometedora de una nueva conducta hacia ella. En efecto, el padre ahora es más cariñoso: le pone la mano en el hombro y la conduce hacia un templete próximo, al que nadie les sigue. Allí deshace los complicados pliegues de su toga y saca de debajo de la túnica interior su miembro erecto, preguntando bondadosamente:

—¿Sabes lo que es esto, pequeña?

Y la muchacha asiente porque entre los esclavos a

esa edad, incluso ha visto usarlo a las parejas, y la voz bondadosa continúa:

–Pues hoy es para ti, bonita. Ven, ponte así... Así.

El mundo se desploma en obscuro. Ya no oye más ni entiende nada. Aunque su cuerpo sufre la dolorosa violencia, aunque luego a solas retira de su sexo los dedos ensangrentados, eso le ha sucedido a un cuerpo ajeno. Ya no hay padre, sino un infanticida. Ha muerto una niña sin nacer una mujer. En adelante todos los hombres serán el mismo padre invadiendo una carne insensible que no es la suya.

Invasión siempre odiosa. Más porque el senador, aunque apenas volvió a verla, la libertó y la favoreció luego con una educación selecta; y más aún porque tardó en morir, y más todavía porque todos ponderaron lo bien que él se había portado con la muchacha: él, el asesino que la despojó para siempre del orgasmo con el hombre.

Y llora congelada en el recuerdo porque Krito lo ha adivinado, ha leído su condena, lo ha proclamado al afirmar: «Somos iguales en eso.» Otro maldito hombre haciéndole daño, aún debió encularle más de golpe todavía, con más saña, como violando de una vez a todos los machos. No sólo por venganza, sino porque todos son enemigos contra quienes han de alzarse unidas las mujeres para vivir con libre dignidad.

«No, ninguno me hará gozar jamás. Ni siquiera un Ahram», piensa, negándose a admitirlo, mientras las lágrimas corren por sus mejillas, y una vez más le templan el corazón para seguir siendo implacable impulsora, con su secreta amiga Hipólita, del permanente combate femenino.

Acariciando esa decisión en el pensamiento aflora al fin en su rostro una sonrisa cruel.

17. ROMA Y PERSIA

Glauka desciende del aposento en la torre y ve a Eulodia afanada todavía en la limpieza.
—¿Qué haces? ¡Si todo está perfecto!
La cristiana empieza a dar explicaciones, Glauka sonríe: es inútil sacarla del trabajo. El goce de esa muchacha es la perfección en lo humilde. Pero piensa, ¿lo goza siquiera? No, más bien lo hace porque es su naturaleza. Como su serenidad. No necesita construírsela, ni su entrega a la tarea tampoco. Todo brota de ella como las rosas del rosal. Mejor, como las violetas: si se la comparase con una rosa se escandalizaría.

Pero Glauka se apresura para acudir a la reunión extraordinaria del Consejo de Ahram, que esta vez se agranda con diversos informadores de otras tierras Ahram salió hacia la mansión hace un rato. Ella se ha retrasado por sus vacilaciones en cuanto al atuendo más adecuado. Asisten algunos desconocidos para ella y no quiere darles la impresión de haberse encumbrado por su situación junto a Ahram ni tampoco la de sentirse intimidada. Al fin se ha decidido por un quitón jonio de lino verde pálido sin mangas, porque ya empieza el calor, sujetado a los hombros con dos fíbulas, espléndidas piezas cinceladas en Bizancio, que constituyen su único lujo. El blanco cinturón, también de lino, desaparece bajo los pliegues primorosamente distribuidos. Calza unas discretas sandalias egipcias de cuero, con la punta encorvada hacia arriba. El cabello está recogido hacia atrás en un moño y sujeto con una cinta del mismo lino verde.

Al entrar Glauka en la galería los allí reunidos interrumpen las conversaciones. Las miradas se concentran en ella y, como siempre, nota esa expectación que preferiría no suscitar, pero que sabe agrada a Ahram cuando es tan reverente y afectuosa. Reconoce y saluda con un movimiento general de cabeza a los habituales: Soferis, Filópator, Narbises, Dagumpah, Assurgal y Artabo. Le sorprende ver a una mujer morena, pequeña y delgada, de negros ojos profundos sin maquillar, cuyos rasgos le recuerdan algo. Sin esperar a ser presentada la mujer se acerca a ella y se anuncia sencillamente:

—Soy Xira, hija de Porfiria, señora.

¡Porfiria! Lo que menos podía esperar Glauka, que abraza y besa efusivamente a la mujer.

—¡Qué sorpresa! ¡Nunca supe que tuviera una hija!

—Mi madre lo guardó en secreto. Pensaba que algún día la matarían los paganos y, para que yo pudiera continuar su obra, prefería que no nos cogieran a las dos juntas. Ya te contaré.

—Sí, sí, tenemos que hablar. ¿Cristiana también, claro?

Glauka quisiera seguir conversando con ella, explicarse su presencia tan inesperada, pero Ahram la conduce hacia los demás: Dicantro, geógrafo corintio que acaba de recorrer el Oriente; Sútides el mimo, un hombrecillo medio calvo que fuerza la cabeza hacia arriba para mirarla, porque le aqueja una visible chepa, y muestra así unos ojos inteligentísimos; Bhangu, medio vestido con piel de leopardo, cazador del sur en las tierras cercanas a Punt; y finalmente Tulio Narbonio, un comerciante de las Galias cuya sonrisa es apenas visible bajo sus copiosos bigotes caídos a ambos lados de la boca.

Durante las breves palabras cambiadas con cada uno Glauka se siente escrutada y valorada. Al fin están todos instalados en sus respectivos lugares, sobre los asientos o almohadones que les son más habituales. Glauka elige un almohadón junto al ocupado por Ahram, frente al puerto. En ese momento, con el sol todavía bajo, el faro deja en sombra la galería y el aire no se ha calentado aún, aunque el día promete ser caluroso. Sopla ligeramente el Noto y en alguna ráfaga los olores del puerto y del estancado lago Mareotis prevalecen sobre los perfumes primaverales del parque. Mnehet, como de costumbre, distribuye en varias mesitas trozos de pescado salado, piñones, bizcochos, pasas y algunas frutas, dejando jarras de agua, de cerveza y de vinos del delta y de Samos. Luego se retira cerrando la puerta.

Ahram da a todos la bienvenida y se felicita de que hayan podido reunirse, porque no siempre es fácil lograr tan amplia concurrencia y porque el momento es muy importante para tomar decisiones. Se interrumpe y pregunta a Soferis:

—¿Está avisado Krito?

—No pude hablarle personalmente, pero envié discreta noticia a dos o tres lugares que suele frecuentar.

Glauka siente así reavivada su preocupación por el filósofo, al que encuentra diferente en estos últimos tiempos. Sabe además cuánto le importa a Ahram su presencia en estas reuniones, porque suele adoptar puntos de vista contrarios, a fin de estimular más la reflexión y provocar ideas.

Ahram espera que llegará a tiempo e invita a Dicantro a que comience informándoles, porque el Oriente es en ese momento el escenario más activo. Él geógrafo se expresa con un acento ático muy correcto y con gestos elegantes, aunque sin afectación. Sus ojos claros y su voz encantan a Glauka. Comienza detallando su largo itinerario que, iniciado con una travesía desde Corinto a Biblos, le llevó luego a Palmira, donde permaneció tres semanas. Siguió luego con caravanas y en embarcaciones fluviales, Éufrates abajo, hasta Orchoe, desde donde cruzó hacia el Tigris, que remontó para llegar a Ctesifonte, permaneciendo un mes en la capital sasánida, no sin algunas dificultades por su nacionalidad griega. Después siguió río arriba hasta Armenia y la cruzó hasta Trapezus, donde embarcó para regresar por mar tras una estancia en Bizancio.

–El momento es, como bien has dicho, Ahram, de gran efervescencia. Por todas partes se percibe, a la vez, poder e incertidumbre. Emergen fuerzas que no han encontrado todavía sus cauces, como el agua en los torrentes dudando en desviarse a un lado o a otro, al mismo tiempo que hay también actividades más controladas. De estas últimas el escenario más claro es Palmira, cuyo reino llega ahora desde Cilicia hasta Arabia, como sabéis, y donde Odenato y Zenobia saben lo que quieren. Persia es otra cosa, Shapur tiene también marcada su meta de expandir el imperio, pero su posibilidad de centralizar sus decisiones es más escasa, ya que el poder de los sátrapas y los jefes locales es aún grande y no siempre responden a las demandas del soberano. Pero lo que más me ha sorprendido es la variedad de opiniones. Para los pueblos las cosas no están tan claras como en otros tiempos; se ofrecen dioses nuevos a la adoración de las gentes, se adoptan modas ajenas, se alteran las costumbres...

Dicantro ha de hacer una pausa por la aparición de Krito, que saluda a todos, presenta sus disculpas y se sienta en el escabel del extremo, junto a Artabo, a pesar de las indicaciones de Ahram para que se acerque a su lado, evitando así cruzar entre todos ellos.

–No sé qué iba diciendo, pero no subestiméis la fuerza y el talento de Shapur, digno de su padre Ardashir, instaurador de la dinastía. Está procurando coger mejor las riendas del país, construyendo nuevas ciudades. Incluso ha fundado una para poblarla con los prisioneros de diversas tierras cogidas al ejército romano en la gran derrota de Valeriano y ha tenido la jactancia de llamarla *Ven-Antiok-Shapur*, «la ciudad de Shapur, superior a Antioquía». He visto tierras que, incultas hace tres años, ahora están produciendo porque se han restaurado regadíos y canales entre los dos grandes ríos del país. El comercio se hace con bastante seguridad y las mercancías extranjeras abundan. Los negocios son prósperos aunque no se excluye la reanudación de los ataques romanos a las avanzadas persas. Hay sectores, incluso estimulados por esas inciertas perspectivas, que se concentran en especular. Los financieros utilizan ahora un documento para intercambiarse dinero al que llaman *sheq*.

–Habrás de explicarme eso –interrumpe Narbises, siempre atento a lo monetario.

–Estoy a tu disposición. La administración es rigurosa y ahí es donde Shapur hace los mayores esfuerzos para organizar el país y darle una unidad que todavía no tiene.

–Estabas hablando de nuevos dioses cuando entré –interviene Krito aprovechando un silencio.

–Justamente, en eso estaba. Shapur es bien visto por las diversas religiones, porque no ha perseguido ninguna y porque ha surgido un nuevo profeta, Manes, predicando un culto universal que engloba el de los magos, los romanos e incluso las creencias judías y las del nuevo Cristo.

–Conozco algo –dice Krito, para sorpresa de todos–.

Manes piensa al estilo de Plotino... Las mismas ideas en el aire, en mentes tan lejos una de otra; es curioso –añade, casi hablando para él solo.

–Ese mensaje le viene muy bien a Shapur, que por eso defiende a Manes contra la religión oficial, pues es otro cauce para expandirse en el exterior. Además, como engloba diversas creencias, es útil también para el objetivo unificador de Shapur.

Con el temor de entrar en cuestiones menos interesantes para el afán de Ahram por la acción, Dicantro explica brevemente que Manes acepta la idea de un mundo con el Bien y el Mal en permanente lucha, como los seguidores de Zoroastro, pero además acepta la idea india de la transmigración del alma, incluye a Mithra –tan popular entre los soldados romanos de Oriente– como un destacado espíritu en la lucha por el Bien, acepta el bautismo como los cristianos y rechaza toda clase de ídolos como los judíos.

–En resumen –concluye Dicantro–, aunque hay conflictos, ideas confusas, fuerzas emergentes y Persia no está suficientemente integrada, Shapur es un gran rey al frente de una gran potencia. No hay que subestimarle.

–No lo hacemos –recoge Ahram–. Pero ese gran rey fue derrotado por Odenato.

–Posiblemente le fallaría en ese momento alguno de sus grandes vasallos. Aunque reconozco la potencia de Palmira que, además, ahora es mucho más fuerte que hace dos años.

–Los dos son fuertes –comenta Krito– y eso es bueno. Si Odenato aplastase definitivamente a los persas, podría ocurrírsele pretender una hegemonía excesiva.

–También nosotros seríamos un límite frente a esa pretensión –sonríe Ahram seguro de sí–, aun suponiendo que quisiera volverse contra el aliado que somos. La mar impone sus confines a la tierra.

—Odenato pensará quizás lo mismo. Es decir, que nosotros podríamos volvernos contra él una vez que entre ambos hubiésemos reducido Roma a una pequeña potencia en el Lacio.

Hay gestos de extrañeza ante ese lenguaje. Ahram habla sin disimular su enojo:

—Estamos hablando de un aliado, Krito; siempre tan leal como nosotros con él. No veo para qué razonar como si fuéramos enemigos.

—Me he expresado mal. Solo quise llamar la atención sobre algo muy sencillo: que el mundo no se reduce a Roma, Persia, Odenato y nosotros. Dicantro, como geógrafo, lo sabe, y Dagumpah mejor todavía, puesto que nació fuera de esa área. Más allá de los sármatas y de los escitas la tierra continúa. Más allá de Persia está la India y el país de Sheresh y quizás otras tierras. Más al sur de Nubia y de Cirenaica el mundo no se acaba. Y más allá de las Columnas de Hércules hay un océano por el que algunos ya han costeado África y que necesariamente ha de tener otras orillas.

—¿Y qué? —interrumpe Ahram, pensando que Krito empieza a divagar, como al referirse a Manes y Plotino.

—Que de allí pueden venir novedades, en esta edad de incertidumbre, como dice Dicantro.

—Bueno, pero por ahora no hay barrunto ninguno de que vengan. Atengámonos a lo real... Infórmanos tú ahora, Sútides. Dicantro nos ha hablado de uno de los dos déspotas; cuéntanos ahora del otro.

El mimo no tiene la precisión científica del geógrafo ni tampoco la seguridad afirmativa de la juventud, sino el escepticismo de quien conoce la vida. Acaba de llegar contratado al teatro de Alejandría, después de representar en Siracusa, Atenas y Cirene. Piensa estar algún tiempo en la capital, porque en las anteriores ciudades sólo permaneció pocos días, pues no pudo embarcar hasta no abrirse la época de navegación. Glauka le escucha atenta porque su fama rebasa las fronteras del imperio, rivalizando incluso con Saulo Bético, el otro gran ídolo de los aficionados al teatro. Comunica muy fácilmente, con expresivos gestos y afilada palabra. Habla con todo el cuerpo y hace olvidar su joroba, como si ésta no dificultara la flexibilidad del torso.

Su informe no aporta tantas novedades como el de Dicantro a quienes están recibiendo frecuentes noticias de Roma. El desorden creciente del imperio es notorio para todos. Los césares, desde que empezó con Maximino la anarquía militar, se suceden rápidamente unos a otros por las frecuentes sublevaciones de las legiones, con asesinato del emperador reinante. La administración se relaja y todos procuran aprovechar el tiempo que duran en sus cargos fomentándose así la corrupción. Los grandes negocios se logran casi siempre a fuerza de concesiones, subsidios o monopolios. La obsesión en la corte es controlar por lo menos a los pretorianos y contentar al pueblo romano mediante espectáculos, fiestas y repartos de víveres. En ese marco, la plebe procura vivir al día lo más gratamente posible por el medio que sea. El dinero es el único objetivo de todos. La familia se ha degradado, las religiones y sectas se multiplican mientras las ceremonias de la religión de estado se contemplan como meras fiestas y ocasiones sociales. Nada se respeta: poco antes de salir Sútides de Roma una vestal nada menos, de la ilustre familia Julia, se escapó con un limpiador de cloacas dálmata que había entrado en el templo a hacer unas reparaciones. «Bien es verdad –justifica el mimo riendo– que era un real mozo.»

–Todo está así –concluye–. La literatura y el arte por los suelos. La audacia en busca de novedades para impresionar se confunde con el talento maduro a fuerza de trabajo. Lo mismo las ciencias. Los romanos ya no son más que abogados y albañiles, haciendo puentes y calzadas para las legiones y termas y circos para los ciudadanos. Hasta el teatro se hunde: hoy los jóvenes se apasionan sólo por los cantautores, como ese Claudius que tenéis aquí ahora, aunque en su mayoría son mitad malos actores y mitad malos cantantes, defendiendo su impotencia artística con el estrépito de su percusión: tambores gigantes, carracas de dos codos, sistros de madera y cobre, címbalos acompañando a un trompeteo que marca un ritmo coreado histéricamente por la juventud a la cual no se ofrecen otros ejemplos ni ideales... Antaño un buen aulista, tocando solo en Epidauro, llenaba de más alta emoción a una multitud.

—¿Y quién te ha dicho —ironiza Krito mientras Glauka recuerda a ese Yarko que la conmovió en el banquete de Ahram hace una semana— que hoy interese sentir emociones elevadas? Lo que se busca es quedar impresionado, sacudido. Ya no se aspira a la iluminación, sino al deslumbramiento.

El mimo se explayaría más en un tema que tan de cerca le toca, pero concluye reiterando que Roma se desintegra. Es un elefante muerto: tardará en desplomarse, pero ha perdido su vitalidad y hasta su identidad.

—Con tal de que no nos coja debajo cuando se desplome —murmura Krito.

—No temas —sonríe Ahram—. Seremos nosotros quienes le desjarretaremos y así sabremos cuándo va a caer.

Con eso queda examinada la situación de las dos grandes potencias del mundo: el dictador de Occidente en Roma y el de Oriente en Persia. Se hacen algunas preguntas a los dos informadores y Glauka aprovecha para encargar a Mnehet nuevos refrigerios y vino más fresco, así como el agua con la que ella se ocupa de mezclarlo. La reunión entra en un pequeño descanso y Glauka se acerca a Xira.

—¿Qué fue de vuestra gente? ¿Tu grupo se libró del circo?

—Sí; un superviviente logró avisarnos y nos desplazamos desde Cirenaica a la provincia de África cerca de Cartago. Cuando el año siguiente murió martirizado el obispo Cipriano comprendí que tenía razón Roteph, que la suya era la única vía.

—¡Roteph! ¿Le conociste?

—Sí. Había estado con nuestro grupo antes de unirse al vuestro. Entonces yo no estaba de acuerdo con su violencia; daba la razón a mi madre. Pero la muerte de Cipriano me abrió los ojos. Por eso estoy aquí.

—¿Por eso? —se extraña Glauka, que con esa muchacha va de sorpresa en sorpresa.

En efecto, al reanudarse la información es Xira la que habla de los cristianos, que cada día interesan más a Ahram porque son capaces de morir por sus ideas. Eso es decisivo en toda lucha y ellos también están contra Roma.

Xira forma parte ahora de los grupos cristianos disidentes del obispo de Roma, que pretende estar por encima de los demás, para lo cual contemporiza demasiado con el poder imperial. Ella es de los cristianos «africanos» que siguen a Rahmed, un nuevo diácono enfrentado con los ricos porque Cristo lo estaba, opuesto a los romanos porque les impiden practicar y predicar su religión, y contrario al obispo de Roma porque pretende imponer sus criterios.

—Roma es la Babilonia de Baltasar —afirma la muchacha con ojos ilusionados— y nosotros buscamos la Jerusalén de Cristo. No se pueden interpretar sus palabras en Roma lo mismo que en África. Queremos la libertad para vivir y seremos aliados vuestros si nos dais esa libertad.

—También nosotros queremos ser libres de Roma —afirma Ahram.

—En eso estaremos juntos. Pero Alejandría es otra Babilonia y aunque hayamos de vivir bajo su gobierno no queremos que nos imponga sus costumbres.

Glauka piensa que la idea de Cristo como Mujer Divina ha desaparecido ya de la mente de esa muchacha. En todo caso, de sus palabras se deduce que al menos algunos cristianos –entre ellos los de Roteph, interpreta Glauka impresionada por el recuerdo– están dispuestos a combatir el yugo romano en todo el sur del Mare Nostrum.

Eso lleva el debate hacia Egipto, después de que Bhangu insiste en que la permanente pasión de Nubia por la independencia respecto de los antiguos faraones está ahora más viva que nunca, sostenida por algo tan evidente como el diferente color de la piel, que reduce a los negros a una indiscutible marginación dentro del imperio romano. En cuanto a Egipto, todos conocen la situación. Son conscientes de que Alejandría, como Naukratis y alguna otra plaza, son enclaves griegos ajenos al mundo del Nilo e incluso que Alejandría es única, con su mescolanza de razas y religiones. El Egipto de los antiguos faraones es otra cosa y ni los Ptolomeos ni la ocupación romana han transformado gran cosa la vida del pueblo. Más influencia empiezan a tener los cristianos con su arraigo entre los pobres, pero el hecho es que en las aldeas, en las ciudades del Sur y en los templos, los mismos dioses siguen rigiendo la vida cotidiana, con las mismas estructuras sociales, como en los tiempos de Ramsés el Grande.

–Sólo que falta Ramsés –exclama Artabo.

–Es al revés que en Persia. Allí hay un gran caudillo tratando de hacerse con un país disperso. Aquí hay un país, que siempre fue monolítico desde la unión de las dos coronas, pero que no tiene un caudillo.

–Hace falta un faraón –deduce Filópator.

Todos miran a Ahram, que se echa a reír francamente.

–¿Estáis locos? Ni quiero serlo ni lo puedo ser.

Glauka, que observa con frecuencia a Krito, se da

cuenta de que reprime un comentario. Pero es Filópator quien recoge la impresión general:

—Habría que capitalizar esta realidad, Ahram. Egipto se uniría a quien se alzase contra Roma; todo egipcio culto, sobre todo los sacerdotes, se avergüenza de que Egipto esté sometido a un país de cultura inferior, que era una aldea cuando Egipto construía las pirámides. Sólo porque no hay nadie que dirija la lucha pueden mantener sujeto este país con dos legiones romanas, una en Alejandría y otra entre Menfis y Heliópolis, con sus destacamentos en diversos puntos.

Bhangu interviene entonces, corroborado por Soferis, para dar una noticia curiosa. Se dice que en Ptolemaida vive un muchacho descendiente por línea directa de los faraones y se habla de una profecía en el templo de Tebas, anunciando que reinará y restaurará el poder de Egipto. La información de Soferis es algo diferente, pero también incluye la existencia de un posible pretendiente al trono, cuya estirpe se ha ido continuando, desde la XXX dinastía, anterior a los Ptolomeos, en los recintos secretos de los templos.

Dagumpah interviene para comunicar que entre los eruditos del Museo se oyen a veces cosas parecidas, aunque los historiadores no lo toman muy en serio. Pero hay además algo que no es rumor: en los últimos tiempos los registros de la Biblioteca muestran un incremento en la consulta de papiros correspondientes a esa trigésima dinastía y a la subsiguiente ocupación persa. Por casualidad oyó una conversación entre dos sacerdotes referentes al príncipe nubio Khabbash, que logró reinar en Egipto como último soberano nativo, entre el asesinato de Artajerjes III y la ocupación de Darío Codomano.

—Parece claro entonces —recapitula Filópator que está dirigiendo ese debate ante el silencio de Ahram— que hay grupos, al menos del clero, moviéndose para legitimar a un posible aspirante al trono de Egipto. Pero no creo que cuenten con medios materiales para apoyar eficazmente la pretensión. ¿No te parece?

Se ha dirigido a Ahram, que parece salir de una meditación y se limita a contestar:

—Estoy de acuerdo; no debe preocuparnos esa intriga... Pero —añade—, tienes tú razón: sería bueno que contásemos con un faraón razonable. Hay una tensión creciente. El viejo clero está irritado porque Roma ha rebajado las subvenciones a los templos obligándoles a establecer ese llamado «impuesto religioso», que se ha hecho antipático a la población. Al mismo tiempo emerge una nueva generación de sacerdotes y escribas, junto con los desertores del trabajo obligatorio en el campo, que cada vez son más numerosos.

—Muchos de esos desertores —tercia Xira— colaboran con nosotros.

Tulio Narbonio informa seguidamente sobre las Galias y Germania. Sus datos, aunque conocidos, confirman el deterioro de la autoridad imperial. Las acometidas de los bárbaros son constantes y, por otra parte, basta que lleguen noticias de dificultades en Roma para que surja inmediatamente el general oportunista, con mando en las Galias, y se proclame emperador con sus legiones.

Artabo relata, finalmente, su reciente viaje hasta el Quersoneso, al norte del Ponto Euxino, con dos semanas en Bizancio. Lo interesante en esa región es la constante expansión de los godos, que desde su descenso por el Dunuvius tienen ya bases hasta en las costas de Tracia.

—¿Han mejorado sus buques?

—Siguen siendo malos veleros, pero finos de casco y rápidos con buenos remeros, como ellos son. El buque romano sólo está seguro con un buen viento que le permita huir; de lo contrario es fatalmente abordado.

También ha viajado Artabo por el mar Eritreo, cargando incienso en Mosqa y mirra en Muza. El yugo imperial se percibe muy poco en esas regiones, salvo en el control de caravanas, llevado a cabo por los destacamentos romanos en las tierras nabateas. Por eso apoyan firmemente el actual gobierno de esa región por Palmira.

Todos esos informes territoriales se complementan con otros de Filópator y Narbises. El primero alude, con reservas sólo captadas por Ahram, a recientes estudios sobre las aplicaciones del hidrargirio y de los nuevos espejos, así como a la piedra filamentosa que quizás podría tejerse para hacer corazas incombustibles y a los venenos obtenidos en el serpentario y en un laboratorio de botánica. Se explaya mucho más sobre los grandes buques emparejados, con un puente intermedio que los convierte en una sola embarcación, sin duda lenta, pero con una capacidad de transporte sin precedentes para fines políticos o militares. Para asombro de Glauka, guarda silencio sobre el espíritu de fuego, sin duda porque Ahram quiere seguir manteniendo el secreto.

En cuanto a Narbises, su informe está lleno de tecnicismos financieros que la mayoría no puede seguir adecuadamente. Sólo suscita general curiosidad su referencia a las maniobras de ciertos grupos alejandrinos, empeñados en arrebatar a Ahram el monopolio del suministro de leña para la hoguera del faro, que es un excelente negocio, pero que exige disponer de una flota que están tratando de contratar. Aunque el rendimiento de la contrata es grande, a Ahram lo que más le interesa es el prestigio y la fuerza que otorga al contratista, pues una interrupción de la iluminación acarrearía un escándalo extraordinario y el cese de las autoridades romanas aunque se declarase culpable al transportista. No en vano el faro de Alejandría es un símbolo: la luz del Mare Nostrum. Con este informe se da por concluido el Consejo y todos se levantan y reagrupan.

Hace ya un rato que el gran abanico colgado del techo viene oscilando lentamente, movido por siervos que lo manejan desde fuera del recinto, sin poder escuchar la conversación. Las bebidas y vituallas se hacen más copiosas y consistentes al llegar el almuerzo y la mayoría de los no residentes se acerca a cumplimentar a Glauka, aunque algunos la conocen ya de una reunión anterior. Sútides, especialmente, expresa su gran deseo de saludarla, después de haber oído tantas alabanzas.

–Más noticias tenía yo de tu fama teatral –sonríe Glauka.

–Yo, en cambio, por haber convivido con Ahram cuando estuvo en Roma durante las fiestas del milenario, deseaba vivamente saber cómo sería la mujer capaz de estar a su altura y seguir a su lado desde hace un lustro. Ahora lo comprendo muy bien y me sentiré muy honrado si aceptas mi invitación para asistir al teatro cualquiera de estos días. Espero que tampoco te defraudaré.

Glauka agradece el cumplido y promete su asistencia. El éxito del estreno, precisamente la víspera, resuena ya por toda la ciudad y será agradable ir al teatro con Ahram.

¡Curioso encuentro con Xira!, la vida sorprende siempre, quién me lo iba a decir, nunca supe de ella pero ella sí de mí, me lo ha estado contando después de la reunión, alguna vez se incorporó a nuestro grupo, no se me dio a conocer, ni siquiera cuando yo ya había estrechado mi relación con su madre y con Domicia, le he preguntado por qué, me ha respondido paralizándome, con sus ojos negros, directos, encima de su sonrisa, «porque te odiaba», lo ha dicho así, como si nada, mientras nos abanicábamos y una sierva nos traía refrescos, estábamos relajadas, ella también contenta del encuentro, «te encontraba odiosa», me ha repetido, me ha visto atónita, dolorida, se ha echado a reír, me ha cogido de la mano «ahora no, claro», me ha acariciado, yo sin comprender nada, se ha explicado, primero temía que yo la reemplazara como sucesora de su madre, y ella se sentía muy capaz de defender a la Mujer Divina, de propagar su verdad mejor que yo, he rebatido ese argumento, yo no era ni siquiera cristiana, más hubiese debido temer a Domicia, se me ha reído en la cara, «¿Domicia?, no tenía fibra; era inteligente, sabía muchas cosas, pero no tenía fuerza», mi asombro aún mayor, ¡qué diferente manera de ver a una persona!, ha seguido sin dejarme reponerme, golpe tras golpe, «y después vino lo peor, lo de Roteph», ¡resulta que Xira estaba enamorada de Roteph!, él había estado antes en el grupo de ella, la había cautivado aquel guerrero desde el primer momento, ése era un hombre, él sí que le arrancaría a Roma la libertad para el culto cristiano, soñó con unirse a él pero Roteph se pasó a nuestro grupo, el de Porfiria, le llegaron rumores de la preferencia de Roteph por mí, «¿cómo no iba a odiarte? –remacha–, además la vida es poca cosa sin odiar a alguien», ¡qué mirada he de haberle dirigido!, «claro no me comprendes, a ti te ha ido bien en la vida», entonces he sonreído, ¡si ella supiera!, mi sonrisa casi la ha enfadado creyéndola burla, me insiste enérgicamente, «Roteph tenía razón, era la verdad, ir predicando amor al prójimo cuando nos asesinan es mala manera de luchar por nuestra fe, te lo digo para que veas que seré buena aliada de Ahram, lo seremos, nos une el odio, hay que aplastar a Roma, tampoco queremos Egipto, es el pasado, demasiado blando, ya has visto cómo no se quitan de encima a sólo dos legiones en tan inmensa tierra, el futuro es el ancho mundo, al oeste, Cirene, África, Numidia, las dos Mauritanias hasta el mar, aquel mar, el otro, ése sí que será el nuestro –le relampagueaban los ojos–, nos vamos organizando, tenemos infiltrados en las oficinas romanas, nos avisaban de la persecución y así salvamos a muchos, tenía razón Roteph, el odio es mucho más eficaz que el amor, de modo que somos aliadas y me alegro, sé que querías a mi madre ella se había dejado domesticar, así la trató mi padre, aquel hijo de puta», estaba exaltada, se me clavaban sus palabras como saetas de hielo, me daba pena pero resultaba admirable, ¿qué acabará siendo esta muchacha?, apenas treinta años, ¿cómo creer sus odios viendo sus ojos cálidos?, sus blanquísimos dientes mordisqueando panecillos dulces o los piñones, los labios sorbiendo el zumo de granadas con miel y vino en agua fresca, cómo creer sus odios, pero ardía al expresarlos, y el caso es que sus palabras me han recordado las de Krito, diciendo que hay otros mundos...

¿Qué le ocurre a Krito?, últimamente me preocupa, a veces temo que me esquiva, le veo menos en nuestro banco, pero cuando me encuentra es cariñoso, siempre el mismo, una delicia oírle hablar, y sin embargo es diferente, le conozco muy bien, temo que me oculta algo, lo que me faltaba, Bashir con frecuencia ausente, apenas se mueve de Tanuris, le pregunto a Ahram y no me lo resuelve, «Bashir puede hacer lo que quiera, se lo merece todo», no saco nada más, tampoco me hace caso en lo de Sinuit, ¿por qué no se la trae a la Casa Grande?, me mira casi con reproche, «en Tanuris están en plena cosecha, no pretenderás que Neferhotep deje aquello», ¡pero si el Excelso se pasa los días en Alejandría con el pretexto del Consejo municipal y aquello lo lleva Amoptis!, el caso es que Ahram no le quiere aquí, tampoco sé nada de lo que pasa con Yazila, he escrito yo misma una carta a Sinuit, me costó trabajo pero la aprobó Krito, muy orgulloso de mí, la respuesta fue vaga, seguro que ella no quería dictar la verdad, ¿qué pasa a mi alrededor?, no me importa Yazila, pero hay que vigilarla, lo más extraño es Krito, su carácter más difícil aunque no sólo conmigo, hoy casi ha provocado la ira de Ahram, cierto que siempre sale con ideas inesperadas, precisamente para ser útil, pero es que hoy dudaba de la concepción global de Ahram, no se puede planear lo mismo para el mundo romano y persa que para un mundo más grande, esto lo cambia todo, ¿por qué Krito hablando así?, si se le hiciera caso tendría Ahram que volver a empezar, no sé, son cosas demasiado complicadas, un mundo más grande, ¡qué difícil!, Ahram no quiere oír hablar de eso, lo comprendo, ¿y qué se dejó callado Krito cuando se habló de necesitar un faraón?, no puedo seguir así, he de preguntarle a Krito lo que le ocurre, si tiene algo contra mí ha de ser un malentendido, todo se me tuerce, la mala racha, y lo más doloroso es Ahram, no se ha resignado, no se resignará, cuando empezó a amarme esperaba un hijo de mí, yo no le engañé ni por un momento, se lo advertí enseguida, el médico de Astafernes me lo dijo, que no volvería a ser madre, me destrozaron los piratas aquellos días a bordo, mientras no me enteré de nada, tantas brutalidades, Ahram no se queja, esperó bastante tiempo a ver si yo estaba equivocada o aquel médico, me han visto otros, sé que ha encargado amuletos, no me dice nada, pero sé que quisiera un hijo mío, por fortuna está Malki, se ha concentrado en él, ahora quiere que venga otra temporada con nosotros, y Malki me quiere, es un consuelo.

Se me hace tarde, me estará esperando Ahram para ir en barca a Alejandría, he de llevarle el pendiente a esa Clea, no puede esperar más tiempo la visita, me he retrasado por ir a los baños con Xira, su cuerpo extrañamente me recordó el de Ahram, es casi de muchacho, pequeño, delgado, casi sin caderas, los senos diminutos, en cambio grandes pezones, morenos, salientes, puntiagudos, la piel suave, morbosa más que atractiva, pienso que se le nota el odio bajo esa piel, el odio como compañía natural permanente, no sé... No ha querido pasar aquí la noche, seguía viaje al Este para enlazar con los grupos del delta.

¡Oh Afrodita, diosa madre!, temo a aliados como ella, temo por Ahram, él odia a los romanos pero no de ese modo, él sabe amar, quiere amar, el odio es otra dimensión, no la única, y amará cada vez más ¡sólo le tienta el poder! ¡Oh Diosa Madre, líbrale de esos aliados!, no odia quien lleva un niño dentro, yo no tendré más hijos pero fui madre y lo sé, ya en la aldea, la primera vez que Narso volvió a poseerme tras el parto y la purificación, al abrazarle contra mí cuando me penetraba supe que en el hombre estaba abrazando a un niño, hasta Uruk lo era, aquel huracán tan viril, y tú también, Ahram, a pesar de que me llames «hija mía», todos niños, hasta los más astutos, ansiosos de niñez y de madre sin confesárselo, ¿qué me está pasando?, ayer se me cayeron las tijeras, como allá en la playa, la madre estaba tejiendo, era la única que sabía usar un pequeño telar horizontal, me pidió las tijeras, al dárselas se cayeron en la arena, «mala suerte», dijo porque habían caído cerradas y en punta, como se clava un puñal las mías cayeron abiertas pero me acordé de aquello, a poco ella murió y no mucho después perdí a Narso y a mi pequeña Nira, ¿qué está ocurriendo, qué puedo hacer?, tengo miedo, he de hablar con Krito, no puede abandonarme así.

La barca de respeto de Ahram con sus seis remeros y la popa entoldillada se desliza por las aguas del Gran Puerto, tras haber pasado bajo los arcos del Heptastadio, y se aproxima a la escalinata de mármol por la que descendió Cleopatra y que ahora usan el prefecto y sus oficiales así como los huéspedes más distinguidos. El timonel, de pie a popa, mirando por encima de la toldilla de la camareta, gobierna atento a los botes y chalupas que se mueven por el puerto, aunque todos se apartan en cuanto reconocen la oriflama púrpura y verde enarbolada por la embarcación.

Ahram piensa en la conversación que va a sostener con el prefecto en su primera visita. A su lado Glauka se abanica suavemente y comprueba que en el pliegue de su cinturón lleva envuelto el pendiente que ha de devolver a Clea. El navarca habita en uno de los palacetes de la residencia real, dentro de los propios jardines. En su tiempo fue para uno de los mayordomos de los reyes ptolomeicos.

La barca atraca. Junto al centinela de rigor, dos oficiales de alto rango saludan a Ahram y ayudan a Glauka a saltar a tierra. Él y su hetaira se despiden y uno de los oficiales hace una seña a un siervo que aguarda discretamente apartado.

—Este hombre la acompañará, señora.

Entretanto ha desembarcado también Eulodia, que iba sentada en un banco detrás de los remeros. Se pone a la altura de su señora y ambas siguen al siervo que, después de inclinarse profundamente, las guía por los senderos del jardín. En su atiplada voz y en sus andares reconoce Glauka a un eunuco, lo cual no es frecuente en Alejandría.

En el pabellón del navarca el guía hace pasar a la señora, mientras Eulodia permanece sentada en el portal. Por un atrio con estanque y otras estancias llega al fin Glauka a la habitación donde la espera Clea, que se levanta a su llegada y acude a recibirla. Es un cuarto pequeño, con sillas, mesita y almohadones sobre un diván, que recibe por dos ventanas en ángulo el aire fresco y perfumado del jardín. Las dos mujeres se saludan y se instalan en el diván. Sobre una mesita auxiliar se ven unos volúmenes, manuscritos desenrollados y papiros en blanco, con útiles para escribir. Clea ha querido dar la sensación de que estaba trabajando en sus aficiones literarias.

—Quítate el velo, por favor, señora y ponte cómoda —invita Clea, ayudándola—. ¡Qué cabellera más envidiable! Y un quitón muy acertado.

Glauka se ha puesto un vestido azul pálido con mangas cortas y lleva sólo una fíbula de adorno cerca del hombro izquierdo. Clea, en su casa, viste sólo una túnica muy ligera, aunque no llega a ser transparente. Se disculpa, por el calor, de tan leve indumento, después de que Glauka lo haya elogiado.

Hablan unos momentos de las modas y hacen algún comentario levemente malicioso de algunos asistentes a la fiesta, que Clea ha calificado de espléndida, digna de las mejores de Roma. Glauka se interesa por el retorno de Clea a la ciudad y le pregunta detalles comparativos entre la sociedad romana y la alejandrina. Al cabo Clea, después de invitarla a refrescar, le pregunta por el asunto que desea Glauka exponerle. En ese momento de la charla ya han acordado llamarse por sus nombres.

—He preferido traerte personalmente —responde Glauka— algo que sin duda extraviaste en mi casa. Me ha parecido que eso justificaba el molestarte en tu residencia.

Entrega el pendiente, mientras Clea niega que sea molestia ninguna para ella.

—¡Oh, y yo que lo busqué tanto! —exclama Clea con alborozo—. Cuánto te lo agradezco. Aparte de su modesto valor, es un recuerdo que aprecio muchísimo... ¿Supongo que lo perdí durante la comida?

—Bueno, en realidad lo encontramos abajo, en la cripta. Por eso, dada la alta posición oficial de tu esposo, he deseado que no corriera por otras manos que las mías.

—Una gran delicadeza, que merece aún más gratitud... Justamente, no quisiera habladurías molestas para mi esposo, aunque él se permitiera con el archidikasta lo que ya sabes. En cuanto a mí —la sonrisa se hace desenfadada y confidencial– te confieso que no me importa mucho. Supongo que durante mi estancia anterior en Alejandría oirías comentarios sobre mis gustos. Ocurre que no veo la necesidad de hacer más aburridas nuestras vidas por conformarnos con lo que dispongan quienes quieren refrenarlo todo. Sé que escandalicé a algunas gentes.

–No a mí, ciertamente. Y mucho menos que bajases a la cripta. Te ruego creas en mi más absoluta comprensión y discreción. Por eso te confieso que el pendiente lo encontró realmente la señora Dofinia que fue incluso lo bastante indiscreta como para contarnos a Ahram y a mí la razón de tu conversación con ella.

–¡Ah, Victinio! –Clea ríe sin inhibirse–. Pero esa mujer no tiene maneras; no se puede confiar en ella.

–Discúlpala. Sabía perfectamente que jamás saldría de nosotros. Y yo te lo he mencionado porque no he venido solamente a traerte esa joya sino con el deseo de conocernos mejor. En medio de tantas mujeres de esta ciudad, frívolas y superficiales, hay detalles que te revelan muy diferente, incluso excepcional... No, no te estoy adulando. Tu distinción, tu situación, tu buen gusto... Sí, ya sé que a algunos les parecías escandalosa, pero yo te comprendo muy bien y deseo que nos comprendamos. La vida me ha zarandeado mucho, desde una playa de pescadores. Fui capturada, vendida a un burdel en Bizancio, llevada a un harem y otras experiencias más antes de ser, ahora, la hetaira de Ahram, después de haber estado a punto de morir en el circo. Tú, en cambio eres nieta de un gran emperador y esposa de un alto dignatario. Debo agradecerte que me hayas recibido aquí a mi primera petición.

–Sí, mi abuelo fue grande y también mi padre. Pero mi madre, aunque hija de un jefe sármata, fue capturada como tú y yo nací esclava. Además, voy a serte también franca: no soy aún la esposa del navarca; los trámites continúan en Roma, su familia opone dificultades. Sé que no lo comentarás.

—Puedes estar segura —sonríe Glauka—. Y ahora ya conocemos ambas nuestros secretos... Estoy muy contenta, sé que nos entenderemos. ¡Al fin tendré una amiga en esta ciudad!

En ese instante entra el eunuco con una bandeja de refrescos y golosinas, volviendo a dejarlas solas.

—No hay muchos por aquí —comenta Glauka, refiriéndose al sirviente.

—Lo tengo conmigo desde que anduve por Oriente con el epistratega. Es mucho mejor que una mujer; más entendido y más suave. Y como se siente protegido, me es leal como un perro. Él me llevó a Victinio el otro día... ¿Por qué no? Los maridos le resuelven a una muy poco y menos aún los altos cargos, tan ocupados. Claro que un compañero como Ahram es diferente.

—¿Y qué tal Victinio? —se apresura Glauka a forzar más la confianza, puesto que ése es su propósito: intimar, enterarse.

Clea ríe maliciosamente:

—No creas, por poco me falla... Luego bien, pero al principio... Seguro que lo sabes: la inseguridad de estos que viven del pene es mayor de lo que parece... No te lo recomendaría si es que fuera ése tu problema... ¿Quieres añadir unas hojas a tu bebida?

Lo dice con aire inocente, mostrando una cajita de plata sacada de un cajón de la mesa, pero Glauka comprende que la está explorando, buscando sus flacos. Al ver Clea que la droga es rechazada, no insiste:

—Ahora toma esto mucha gente, no creas. Y es de la mejor calidad.

—No lo reprocho, pero pienso que la droga más excitante es la vida, y que no hace falta otra. Sospecho que tú también piensas lo mismo.

—¡Cada vez me gustas más! —celebra Clea—. A mí me

excita hasta el eunuco... Bueno, exagero. La vida, sí. Mejor, las vidas, porque yo tengo más de una, ya sabes.

«Si supieras con cuál empecé», piensa Glauka, mientras Clea continúa:

—A veces es complicado y trabajoso, pero vale la pena. Y no sólo hablo de hombres... o de mujeres, ¿tú no?

Mira inquisitivamente a Glauka, que no se oculta:

—También he conocido eso. En el burdel ocurría y en un harem muchísimo más. —Vacila un instante, no le gusta revelar a esta mujer lo que tanto fue para ella, pero necesita engancharla y continúa—: Viví incluso un amor de amigas muy verdadero... ¿Te sorprende mi franqueza?

—No, yo también estoy siendo franca, por una vez. ¡Descansa tanto!, ¿verdad...? Pero aparte del sexo, yo gozo también de esto.— Señala los volúmenes manuscritos—. Tuve buenos preceptores y disfruto mucho con la literatura.

—En eso me ganas. Sólo ahora estoy yo asomándome a ella. Gracias a Krito, el filósofo con el que charlaste tanto la otra noche.

—¡Krito! ¡Ya lo creo! Me pareció excepcional... Y también vividor de varias vidas, como nosotras... ¿Sabes que nos encontramos después de la fiesta en el Museo? Tuvimos otra charla interesante.

Glauka siente una punzada. Estuvo anteayer con Krito y no le dijo nada. ¿Es esto lo que le ocurre a ese hombre? Le duele mucho esa reserva.

—Dichosa tú —continúa Clea— que puedes conversar con él. Yo de estas cosas no puedo hablar con mi marido para nada; sacándole de sus barcos y su marinería... Antes me aburría, ahora me exaspera, pero no molesta mucho. Lo único de que podríamos hablar en común sería de palabrotas y obscenidades tabernarias y en eso seguramente le ganaría yo. Dichosa tú con Krito, porque la mayoría de los escritores son sacos de vanidad y no saben tratar a las mujeres... Claro que hay que ver a esas vacas alejandrinas, egipcias, judías, e incluso romanas, que se creen todavía las respetables matronas de la república y sólo son las tontas del imperio.

–Sí, mi amistad con Krito es una gran suerte. He mejorado mucho desde que me enseña. Es excepcional, digan lo que digan.

–Lo mismo dice él de ti.

–¿Habló de mí?

La extrañeza de Glauka es sincera, aunque luego comprende que el tema estaba indicado. Pero le molesta haber sido objeto de comentarios con esa mujer y que luego Krito no le dijera nada.

–Habló excelentemente. De tu talento, de tu sensibilidad.

Glauka descarta el tema como exageraciones de un amigo. Clea desvía sus inquisiciones hacia la amistad de Krito y Ahram; evidentemente desea saber hasta dónde llega, cuánto puede saber Krito de Ahram. Como es natural, acaban hablando de lo que se anuncia ya un gran acontecimiento: la esperada visita de los reyes de Palmira.

–Otra mujer extraordinaria, ésa sí, Zenobia.

–¿La has llegado a conocer en Oriente? –pregunta Glauka muy interesada.

–Sí, cuando mi marido estuvo en Palmira. Ya antes la vi en Roma, durante su estancia con Odenato, reconocido como rey por Galieno. No la he tratado mucho, claro está; no soy un personaje en Roma.

–Dicen que es bellísima –se esfuerza por reconocer Glauka.

–Más que hermosa es fascinante. Tiene un imperio extraordinario. En Roma causó sensación... Claro que también Odenato –añade maliciosa–. Pero él no es más que un buen mozo. Ella en cambio tiene misterio; tiene morbo, como se dice ahora. Y es muy inteligente.

Glauka prefiere no prolongar el tema y, como piensa que para una primera entrevista ya no puede sacar más, deja que la conservación languidezca sobre ligeros temas de actualidad. Tratan, sobre todo, del famoso mimo romano, que ya ha comenzado su temporada alejandrina con éxito, y Clea se revela apasionada del teatro.

—Sobre todo del teatro realista, tal como lo hacen en Roma. Allí se muere de verdad, aunque no los actores principales, claro. Pero si hay una batalla se utilizan condenados para que se maten entre sí, como en el circo. Poco antes de venirnos aquí vimos a un cristiano crucificado en escena hasta morir... ¡Era tan emocionante!

Glauka reprime un gesto de rechazo, recordando a Roteph y a sus compañeras. No tarda en despedirse, tan pronto como la cortesía lo permite, y quedan en verse de nuevo.

Cuando con Eulodia y el mismo guía retorna al embarcadero le comunican que Ahram sigue reunido con el prefecto, y la barca, que aguarda, tiene orden de llevarla inmediatamente a Faros. Cuando Ahram concluya, una falúa oficial le transportará.

Durante la breve travesía Glauka permanece pensativa. ¿Qué le ocurre a Krito? No es el mismo con ella. Con ese pensamiento despide a Eulodia y en vez de dirigirse a la torre, porque ya el crepúsculo se acerca y el faro se va sonrosando con el sol poniente, camina pensativa hacia el banco de los delfines. Al acercarse descubre con alegría la silueta del filósofo. No puede reprimir su alegría.

—¡Krito!

El hombre se vuelve, sonriente, dando vueltas a una hoja de hiedra entre sus dedos.

—Ave, Glauka. Se me ocurrió que vendrías por aquí después de tu visita.

Glauka se sienta, corrigiendo inmediatamente su expresión:

—Estoy muy enojada contigo. ¡Ir a ver anteayer a esa mujer y no decírmelo!... Y no es sólo eso, llevas una temporada...

—Te explicaré...

—No, no, déjame hablar. Te encuentro diferente, a veces evasivo. Y no sólo conmigo, pero eso es lo que me importa... Dime —el tono vira hacia la ternura—, ¿tienes alguna queja de mí?

—Ninguna. —Y la voz es tan honda que basta para sosegar a la mujer—. Verás, no te dije nada de Clea porque estoy seguro, aunque Ahram no lo admita, de que es mujer importante. Yo fui a verla para averiguar todo lo posible; tú has ido a lo mismo, estoy seguro, porque sois muy distintas y no te veo simpatizando con ella. Pues bien, me pareció que era mejor no influir, con mis comentarios anticipados, en tu impresión personal.

El argumento sería discutible, pero el arranque de Krito al contestar la pregunta ha tranquilizado a Glauka, de modo que ambos intercambian impresiones y llegan a la misma conclusión: lo que quiere Clea es enterarse de todo lo posible acerca de Ahram, seguramente para informar al prefecto. Claro que Krito sabe mucho más que Glauka, para quien el pendiente fue un hallazgo casual, pero él prefiere no ponerla en antecedentes para tener más capacidad de juego en el futuro.

—Pero no es sólo eso, Krito. También con los demás resultas distinto. ¿Te pasa algo? ¿Puedo ayudarte? ¿Es que no confías en mí?

Hay tanta ansiedad en el tono que Krito, muy parco en tocar físicamente a Glauka, le coge cariñosamente las manos para tranquilizarla. Y continúa:

—¿Por qué lo dices?

—Esta misma mañana, en el Consejo. Llegaste a

exasperar a Ahram, como si quisieras echarle un jarro de agua encima.

—Yo siempre hago de abogado de la parte contraria.
—Pero fue más hoy, y él se dio cuenta.

Krito adopta una actitud grave.

—En realidad, Glauka, callé más de lo que dije.
—Ya lo noté.
—Sí, sé que me observaste. No necesito que me hables para comprenderte.

«Como entre las sirenas», piensa Glauka, mientras Krito continúa:

—Cuando se habló de un faraón pensé en decir que era indispensable. El gran proyecto de Ahram tiende a interponer, entre una Persia y una Roma desmembradas y menos colosales, un tercer equilibrador compuesto de Odenato y él, de Palmira y de Alejandría, que formarán una síntesis del Oriente con la Grecia de siempre. Pero olvida que Alejandría no es un país ni un pueblo, sino una encrucijada, se olvida de una cultura como la egipcia y de un pueblo entero. Le arrastra su inquina a los sacerdotes, en lo que le doy la razón; pero Egipto está ahí. Se lo he dicho hace tiempo, pero sólo ahora, hoy, parece haber empezado a enterarse. —Sonríe—. Y ahora se pondrá a buscar un faraón como un loco, porque lo suyo es el mar, y le basta con mandar sobre ese faraón... ¡y sobre Odenato y sobre quien sea! No le interesa un trono, sino el poder... En todo caso, el faraón es indispensable. La prueba es que los sacerdotes, con muchas menos fuerzas que Ahram, están tratando de resucitar a uno, a un heredero. Será falso, seguro, pero hay muchas cosas falsas que funcionan.

—¿Es verdad entonces esa intriga?
—Sí. Ya empieza a surgir por Rhakotis algún fanático del Egipto libre. Y los templos andan atizando esos impulsos.

Callan ambos. El mármol del faro tiene ahora el

tono rojizo de un incendio lejano, como un enorme cirio encendido por dentro. Krito da un profundo suspiro.

—Y lo peor... Pero eso es inútil siquiera plantearlo. Nadie me comprendería.

—¿Qué es lo peor Krito? ¿O yo tampoco comprenderé?

—Tú sí, aunque me resulte inexplicable. —La mira fijamente—. Tú de la realidad vital puedes comprenderlo todo. Lo peor, Glauka, es que todos se engañan, y que ni el faraón ni el desmembramiento de las dos grandes potencias resolverá nada.

—¿Tú crees? —se asombra Glauka.

—Es cuestión de mirar suficientemente lejos. Ahram piensa, sin dudarlo, que los males actuales vienen de la rivalidad entre Oriente y Occidente, de que ambos explotan al resto sin tener la capacidad ni el talento para dirigir el mundo. Cree que revitalizando Grecia, madre de todo Occidente, y aportando el Oriente de Palmira, se puede crear un núcleo central que diluya la tensión y garantice una libertad pacífica para un mundo de intercambios sin explotadores... Pero olvida, como he apuntado hoy, todo el resto de la humanidad. Y olvida además que la cultura griega vive hoy de recuerdos y ya no es creadora, y que lo mejor del Oriente no está en Palmira, ciudad casi romanizada aunque mantenga templos a Bel, y a la que sólo le interesa monopolizar las rutas de caravanas como Ahram quiere monopolizar las del mar. Los dioses de Grecia, como los de Palmira y los de Roma, ya no inspiran ninguna creación... ¡Hasta las estatuas modernas reflejan el desconcierto por comparación con las antiguas! Y en cambio, por las llanuras escitas, por las selvas de la India, por las tierras desconocidas del país de la seda, por los campos de los hipopótamos y los elefantes donde no sabemos cómo nace el Nilo, y quién sabe si más allá del mar de Occidente, hay hombres, pueblos, dioses... El futuro, Glauka, no puede ser de unos dioses ya muertos; de unos creadores sin sucesión. El futuro ha de ser de todos ellos, los que no son nosotros, y ellos acabarán englobando a Roma y Grecia, a Egipto y a Palmira... Piensa que incluso aquí mismo están surgiendo dioses nuevos... El futuro es de ellos, de los que llamamos bárbaros. Ese otro mundo es la frontera de la historia y la vida es más fuerte en las fronteras.

Glauka siente como un vértigo ante la visión de Krito, pero comprende que alguna vez «los otros» tendrán la palabra, como la tienen hoy los romanos, que no existían –eran entonces los otros– durante la gloria de Atenas y, menos aún, durante la de Menfis y Tebas. Admira a Krito, y a la vez siente angustia y esperanza cuando pregunta:

—Entonces el proyecto de Ahram, Ahram...

No se atreve a precisar. Krito además la detiene con un gesto casi alegre:

—Oh, no te inquietes por Ahram. Todo eso que digo no ocurrirá en nuestras vidas y Ahram podrá muy bien triunfar, si los dados le son favorables... ¿Por qué no va a triunfar? ¡Tiene ese hombre tanta suerte!

Y la mirada de Krito, contemplándola, ya entre las grisuras de la luz muriente, deja a Glauka profundamente turbada. Se pregunta si no será mejor ignorar lo que le ocurre a Krito, aunque...

Ellos no lo advierten, pero sobre el palacio del prefecto levanta el vuelo una paloma que emprende rumbo hacia Oriente. Lleva un mensaje cifrado recién escrito por Clea.

18. ADIÓS A BASHIR

El verano derrama sus máximos fuegos y hasta la terraza de la Casa Grande llegan las ráfagas calientes del desierto con los estancados olores del lago Mareotis, transportados por el viento Noto. El rumor del agua cayendo sobre la concha de mármol es un alivio para Ahram y Glauka, que se desayunan a esta hora temprana. Ahram se deleita en la contemplación de Glauka, cuya figura es realzada por una exquisita túnica listada en colores al gusto oriental. La femenina sonrisa evoca la pasada noche, memorable por la sensualidad de los abrazos y, más aún, por las hondas confidencias mutuas, no tan frecuentes como en los primeros tiempos porque ya se han contado largamente sus vidas: más sin reservas ella –piensa Glauka– que a la inversa. Y anoche no ha pedido Ahram, como suele gustarle, detalles de la existencia de las sirenas y particularidades de la mar, sino impresiones de la vida de Glauka entre Uruk y sus compañeros. De alguna manera la noche les llevó a la evocación de la pequeña egipcia asesinada y aún ahora, curiosamente para Glauka, Ahram desea saber por qué guarda ella tan vivo recuerdo de Fakumit.

—Ignoro el motivo pero, sobre todo, recuerdo sus ojos. Todo lo feo y sucio del mundo se disolvía ante ellos, sin poder contaminarlos. Eran inviolables. Percibía la miseria de las aldeas o la crueldad en los zocos asombradamente, pero como a salvo de ellas. Aunque mojasen lágrimas sus mejillas o hubiese: amargura en su boca los ojos permanecían luminosos, profundos, inmunes. Siempre serenos entre la dulzura o el asombro y jamás engañosos. Si existe alguna paz segura en el mundo allí estaba, aunque se hablase de penas o alegrías...

Glauka deja perderse sus palabras en el pasado mientras Ahram admira el lenguaje adquirido por esa mujer, a lo largo de estos años, con las enseñanzas de Krito. A otro quizás le inquietaría esa reflexión pero Ahram, seguro de sí mismo, se felicita de unos progresos elogiados ya por visitantes, que le envidian esa compañera. Se dispone a preguntar de nuevo cuando un Soferis desconcertado y pálido irrumpe con una noticia que es una puñalada: Bashir ha muerto.

Ahram se pone en pie de un salto, mientras Glauka inclina la cabeza y siente brotar sus lágrimas.

—¿Cómo? ¿Cuándo?

—En Tanuris, anoche, en el cuarto de Tenuset, que también ha muerto... No, no les han matado; en fin, no sé... Abajo está el cadáver.

¡Han traído a Bashir muerto! Glauka lo oye y reacciona contra su estupor de hielo y fiebre para seguir a Ahram y a Soferis en una carrera escaleras abajo.

Por fortuna no es aún la hora de los clientes y el público. Sólo un corro de servidores curiosos abre paso a Ahram y sus acompañantes, distanciándose respetuosamente. A la sombra de los muros, en unas angarillas cargadas sobre dos asnos, yacen los contornos de un cuerpo cubierto con un lienzo. Los dos asneros están sentados en el suelo, mientras otro siervo se alarma al ver el rostro de Ahram, contraído por la cólera y el dolor. Glauka reconoce en él al capataz que hace cinco años la azotó y que ha llegado a ser ayudante inmediato de Amoptis.

Ahram rechaza las disculpas del aterrado portador y se precipita hacia esas andas. Levanta parte del lienzo y contempla inmóvil el amado rostro, ahora con labios amoratados y párpados cerrados en unas cuencas sombrías, pero sin embargo sereno. Se inclina sobre el cadáver y lo abraza; le besa la frente y se siente penetrado por el pútrido y dulzón olor de la muerte, arreciado por el calor y las horas transcurridas. Glauka no ha visto nunca a Ahram tan herido por el dolor.

Y ahora le posee la violencia. Mira al siervo con ojos asesinos, le increpa con palabras como latigazos.

—¡Habla! ¡Qué habéis hecho! ¿Estáis locos todos?

El hombre retrocede como si le golpeasen. Se arrodilla, ofrece unas palabras...

—Yo no sé, señor, no soy nadie, compadécete, por Isis... Hice lo que me mandaron, traerte al señor Bashir y su camella... Me honraron con esa tarea...

Glauka advierte entonces que, efectivamente, atada al tronco de una palmera está *Al-Lat*.

—¿Honrarte, canalla? ¡Te han mandado a ti porque tienen miedo! ¿Y no vienen tu amo, tu señora, acompañando a mi hermano? ¡Ni siquiera mi hija!

—Tu nieto lloraba mucho, señor. Quería venir, no le dejaron...

Ahram ya ha vuelto la espalda, da órdenes a Soferis, que honren el cadáver, lo adecenten... Su voz ruge y llora a la vez.

—Yo me ocuparé también —dice Glauka entre lágrimas, tocando suavemente el brazo de Ahram que ordena al siervo:

—Ven tú. Vas a contármelo todo.

Le mete en la primera habitación vacía de palacio,

una de espera para el público. Poco a poco, desordenado por el miedo, el relato va surgiendo. Bashir llevaba en la villa varios días y la víspera estuvo bien e incluso dio a Malki otra lección de cabalgar. Cenó poco, pero ésa era su costumbre. Luego se sentaron al fresco de la noche Tenuset y él, se retiraron juntos, como siempre, ¿quién iba a pensar? Hasta la mañana siguiente, en que entró otra criada creyendo que la vieja estaba sola, nadie supo de su muerte.

–¿Y Tenuset no pidió auxilio cuando le vio mal? ¡Habla!

El hombre le mira con ojos aterrados. Vacila. Por fin:

–Tenuset... También estaba muerta señor.

Arrancándole las palabras Ahram averigua que la criada encontró a Tenuset sentada en la cama. Bashir estaba arrodillado en el suelo, abrazado a la cintura de ella como si hubiese caído sobre el regazo femenino. Su rostro estaba tranquilo; el de Tenuset en cambio, con la boca abierta y ojos dilatados. Ahram conjetura que él murió primero y a ella el dolor le rompió el corazón. Ya no saca más del hombre y se reaviva su cólera:

–¿Y nadie hizo nada? ¿Sólo traerle aquí como un fardo? ¡Mi yerno tan tranquilo, ni siquiera un carro cubierto para mi hermano...! ¡Era Bashir, era Bashir! ¡No era un perro, no era un prefecto ni un sumo sacerdote! ¡Era más: Bashir, Bashir, Bashir...!

Despide con la mano al siervo, queda solo unos instantes en la habitación, se borra de un manotazo las irreprimibles lágrimas... La ventana de la estancia se abre al balanceo de las palmas y al azul gris del puerto, punteado de velas blancas y arboladuras, con el palacio real al fondo, pero Ahram no ve nada. Sale de la habitación, cruza un atrio, sube escaleras, le detiene tímidamente un escriba.

–La señora te ruega que aguardes. Está en el gran salón, con el difunto, Osiris acoja su alma.

Pero Ahram no espera y entra en el recinto otras veces engalanado para banquetes. Ahora vacío de galas, está consagrado a las honras a Bashir. El cuerpo desnudo yace sobre el único triclinio dejado allí y Glauka, ayudada por Eulodia, lo lava amorosamente con esponjas. De un pebetero brota el humo perfumado del incienso. Las cortinas echadas cierran el paso al sol. En ese momento ellas ven entrar a Ahram y Eulodia sale inclinando la cabeza con respeto. Glauka recibe al Navegante con una mirada y continúa en silencio su labor, más hecha de caricia que de servicio fúnebre. Ahram contempla ese desnudo sobre el que pasan delicadas manos y siente apaciguarse su violencia. «Ella es como esa Fakumit que recordaba –piensa sin darse cuenta–, acepta la vida y la muerte.» Y se dice que él también la acepta y conoce pero de otra manera.

Vuelve la esclava trayendo un gran lienzo blanco y otros pequeños, así como un pomo de aceite perfumado. Ambas secan amorosamente el cuerpo lavado, lo ungen. Ahram se sorprende de que los gestos de la esclava sean también piadosos, casi acariciantes, y una vez más comprende que las dos mujeres se llevan bien. Al cabo el cuerpo queda envuelto en el sudario. La esclava murmura unas palabras al oído de Glauka, que niega con la cabeza. Eulodia se retira. Ahram se acerca hasta Glauka, de pie ante el cadáver, y pone la mano en su hombro. Ella ciñe la cintura de Ahram.

–Bashir –murmura Ahram, y hay lágrimas en su voz aunque ya no aparezcan en sus ojos.

Luego relata lo sucedido: la muerte repentina y simultánea de Bashir y Tenuset: ¡las dos personas que más quisieron a Glauka en aquellos primeros tiempos de Tanuris!

–Los dos a la vez... –murmura Glauka–. ¿No lo harían…? –No se atreve a formular la sospecha.

Ahram la descarta:

—Bashir no está herido, y jamás se hubiera suicidado. Y menos sin hablarme... No, estaba enfermo, ya sabes, últimamente. Murió y... de esa muerte murió ella.

Glauka empieza a comprender la relación entre los dos viejos, la razón de que Bashir pasara tantos días en Tanuris en los últimos tiempos. De pronto siente una presencia tras ellos. No vuelve la cabeza pero sabe que es Krito, que se les acerca sin ponerse a su lado.

Al fin Ahram yergue la cabeza, emite un sonido desgarrado. Krito se le acerca.

—Hay que hacerlo pronto, con este calor... No querrás embalsamarlo.

—Eso se queda para el excelso de mi yerno y sus paisanos —replica Ahram estremecido al pensar en las manipulaciones de los embalsamadores—. Bashir era un hombre del desierto y así lo enterraré.

—¿Aquí o en la Villa, con Tenuset?

«De modo que también Krito ha pensado en ellos dos», reflexiona Glauka.

—Ni aquí ni allí. Ya lo verás.

—¿Y Tenuset?

—La han enterrado ya, me ha dicho el hombre. En cuanto la encontraron... ¡Si llegan a hacer lo mismo con Bashir...!

La amenaza en la voz es más terrible porque no la precisa. «Ahram vuelve a ser Ahram», piensa Glauka con cierta melancolía, percibiendo la nula importancia que para él tiene Tenuset. Y en la mirada de Krito advierte como una conformidad telepática.

Soferis asoma a la puerta, esperando. Ahram se le acerca y ambos se alejan, para ordenar preparativos. Krito avanza, toca suavemente la mano de Glauka, que inclina su rostro surcado de lágrimas.

—Anoche —dice—. Precisamente anoche.

—Fue hermoso para ellos —consuela Krito—. Hay muertes mucho peores.

No hablan más, esperan. Eulodia viene, les acerca dos taburetes y vuelve a dejarlos solos. Pronto retorna también Ahram, que permanece un rato. Otros se van asomando: los fieles de la casa, Filópator inclina su alta estatura ante el difunto, Narbises, Artabo, otras caras en las que Glauka no se fija. Krito también se levanta y sale.

Ahram viene a buscar a Glauka. Todo está preparado. Embarcarán en el *Jemsu*, siempre a punto, con el cadáver. También llevarán a la camella. Desde la ventana ve Glauka cómo suben a bordo el cuerpo y cómo se preparan unas cuerdas para pasarlas bajo el vientre de *Al-Lat* a fin de izarla, pero no es necesario, el animal da unos pasos y camina por la plancha hasta acercarse a su amo muerto. Suben a bordo Krito y Soferis; les siguen dos jardineros con azadones y palas. Ahram y Glauka bajan a reunirse con ellos.

—¿Por qué *Al-Lat*? —pregunta Glauka.

—¿No has visto cómo le ha seguido? Era del desierto, como Bashir.

Sueltan amarras, izan velas, salen del puerto. Navegan con viento propicio hacia levante, todos en silencio. Glauka recuerda otros viajes en la embarcación y más cuando empieza a agrandarse en el horizonte la silueta de Karu, la isla donde ella recuperó la daga caída al fondo y Ahram reencontró a la diosa grabada en su memoria. Sólo han vuelto ambos una vez más, en estos cinco años, días después de la gran derrota de Valeriano por Shapur. Fue una especie de celebración o agradecimiento por parte de Ahram.

Por el lado oeste de la isla acostan a una diminuta playa, desde la que un ligero talud conduce a un terraplén donde una palmera solitaria se destaca contra las rocas rodenas. El *Jemsu* se acerca hasta rozar con la proa en la arena sumergida; la marea lo permite. Los tres amigos y Glauka, que exige ayudarles, sacan a tierra el cadáver con agua hasta el pecho y lo llevan hasta la sombra de las rocas. Los jardineros les siguen con sus herramientas y, a una orden de Ahram, empiezan a cavar al pie de las palmeras. No hizo falta empujar mucho a *Al-Lat* para que el animal se arrojase al agua y nadase en pos de su amo, con el largo cuello emergiendo del agua como la alta proa de un navío godo.

El calor y el aire van secando las ropas; los cuatro acompañantes se miran en silencio o contemplan la indiferente belleza de nubes y azul mientras los dos hombres excavan en la tierra virgen. Al cabo saltan ambos fuera de la fosa. El cuerpo es descendido cuidadosamente hasta yacer sobre la tierra olorosa en la dirección correcta dada a la tumba: de Levante al Ocaso. Ahram desata un lío en el que llevaba la pequeña bolsa de piel de cabra con que siempre viajaba Bashir y la daga que, como a Ahram, no le abandonaba nunca y que han traído desde Tanuris los que transportaron el cadáver. Lanza la bolsa a la tumba abierta y luego, con la daga desenvainada, se dirige a la camella que, esperando apaciblemente, se ha arrodillado en el suelo al pie de una palmera. Glauka, aterrada, no puede creer lo que primero adivina y en el acto es ejecutado: Ahram pasa la pierna derecha sobre el cuello a ras del suelo de *Al-Lat* y el brazo izquierdo bajo la garganta. En un solo movimiento levanta con ese brazo la cabeza del animal y con la daga casi corta del todo el cuello así ofrecido. Salta un chorro de sangre y se oyen gorgoteos angustiosos. Glauka no ha podido impedirlo por el asombro y los demás no se mueven. El animal estira bruscamente las patas traseras como para levantarse, pero no llega a derribar a su verdugo, que remata el tajo entre dos vértebras, y ya no es capaz de alzar las delanteras. Ahram arroja la cabeza al suelo y se aparta del cuerpo, que aún experimenta sacudidas agónicas por breve tiempo. Se acerca a la fosa y lanza a ella también la daga de Bashir, ahora toda roja de sangre.

—Con el nómada muere su montura —declara.

Las paletadas de tierra van cayendo sordamente en la fosa. Sólo rompen el silencio final los reprimidos sollozos de Glauka y el golpeteo de la marea contra las rocas. Bajan la pendiente y vadean las olas hasta subir a bordo. Otra vez la rutina de izar las velas y el regreso a la ciudad, esta vez más lento, con viento contrario. Los dos marineros, en vista de la hora, ofrecen a sus mudos viajeros agua y unas galletas, que Glauka rechaza.

—Tú sabes, tú comprendes —dice de pronto Ahram a Krito, que asiente en silencio. Y Glauka, además de su pena, se siente dolorosamente excluida de esa camaradería y de tantos actos, tantos lechos, tantos momentos de la vida de Ahram que ya no podrá compartir recordándolos con el interlocutor desaparecido. Momentos ya perdidos para ella. De los vivientes, Bashir era el más antiguo compañero de Ahram. Ahora es Krito y ella le mira envidiándole. «¡Ay —piensa contra toda razón—, si yo hubiera conocido a Ahram desde siempre!»

Han sido tres muertes, no lo comprendí hasta el último instante, me hirió el rayo, mientras navegábamos ni siquiera me fijé en ella, el pobre animal inmóvil en la proa, como si supiera, pobrecilla, mientras la embarcaban pensé que era un acompañamiento, como nosotros, se lo merecía, me pareció hermosa la idea, luego la olvidé, sólo Bashir importaba, tendido en la camareta a popa, a resguardo del sol, lo que quedaba de Bashir, pensaba a dónde íbamos, me alegró cuando comprendí que a la isla, hace tiempo la había comprado Ahram después de conocerme, la diosa y la daga, ahora tierra doblemente sagrada, y allí sí me fijé en el animal, mientras cavaban, qué tranquila dignidad, me sorprendieron sus ojos, la entera paz del mundo en ellos, la aceptación de todo, me recordaron a Fakumit, los más cándidos ojos, cómo la protegíamos Uruk y los demás, salvar la limpidez de aquellas pupilas, a veces parecía que miraban más allá de la vida, otras que eran la misma vida, y de pronto aquello, el sol poniendo un rayo en la hoja del puñal, la cabeza de *Al-Lat* contra el pecho de Ahram, el cuello entregado, el tajo feroz, el borbotón de sangre... ¿Por qué, por qué?, y pensar que le quiero, a ese Ahram odioso, a ese Ahram asesino, «con el nómada muere su montura», ¿por qué?, ¿no dejarán de matar nunca?, tuve que gritárselo a la vuelta, «¿no bastaban dos muertes?, ¡qué día de desgracias!, ¿lo ordenaron tus luceros?, ¿tu diosa de la caverna en la propia isla?», cuánto mejor la diosa de Domicia, la Mujer Divina, la misericordiosa, se ha enfadado conmigo al gritárselo, al reprocharle su asesinato, se ha ido sin hablarme, sin almorzar siquiera, furioso, enfadado conmigo, no comprende nada, otra vez al *Jemsu*, supongo que a Tanuris, a descargar su cólera, ¡qué torpes han estado!, enviar el cadáver con unos criados, las horas de más sol, como una mercancía, ¿no sabían lo que era Bashir para Ahram?, el cuerpo ya rígido empezando a deformarse, ¡cómo me alegro de que lo hayan ungido mis manos!, a Bashir que me dio tanto, su piel, sus cicatrices, en él honré a mis muertos, lo que no pude hacer por ellos, ni por Narso, ni Uruk, ni mi pequeña Nira, ni Roteph, ni Domicia, los he lavado a todos, en él los he ungido, doloroso consuelo, Eulodia con su paz a mi lado, quisiera haberlo hecho por Tenuset, también allí desdeñada, Bashir adivinándome enamorada aún antes de que yo lo descubriera, ¿y su amor?, ¿y el de Tenuset?, ¿se acariciaban esa noche cuando le hirió la muerte?, ¿compartían simplemente el ya helado tiempo de los viejos?, ¿o acaso cuando amamos no podrá helarnos el tiempo?, se habían amado, como a Ushait el amo, fueron buenos, sencillos, verdaderos, acaricié su piel como si pudiera sentir mis manos, los egipcios no tocan a sus muertos en las primeras horas, dicen que lo notan, no quieren entristecerles recordándoles lo que dejan, Eulodia también le ungió como a uno suyo, me habló de sus catacumbas, los últimos murieron cuando la última persecución de Valeriano, cuando el obispo Dionisio, entonces fueron muchos, un tío suyo, dos primos, lo recordaba de su niñez, a veces con dinero obtenían del circo los restos, más o menos destrozados, «ahora están con Cristo», su sonrisa inalterable, sus ojos siempre dulces, mi rato con Bashir lo único hermoso de este día, tristísimo pero hermoso, Ahram incomprensible, presa de su cólera, por eso se ha ido a Tanuris, no me ha dejado consolarle, yo sé que sufría, que sufre, pero no se deja, no es propio de un poderoso, castigar en Tanuris sí, ¡qué torpe Neferhotep!, para él Bashir era sólo un correo, un siervo es un siervo, es el lado bueno de Ahram, Bashir era su hermano, Ushait era Ushait, su otro lado malo le ha hecho asesino, pobre animal, sus ojos, la mar es más piadosa, acoge los cadáveres y los deja en su fondo, yo entonces ignoraba que lo eran, no se pudrían, se deshacían o alimentaban otras vidas, aquí arriba crueldad, con los muertos y los vivos, ahora mismo Yazila, ¡qué caída!, parecía tan astuta, tan maligna, tan dispuesta a prosperar, enamorada de un siervo, me cuesta trabajo creerlo, impropio de su ambición, su padre arrojándola de casa, Sinuit recogiéndola en su gineceo, quiere enviarla aquí, teme el furor del padre, no me gusta la idea, si viene ayudará a la masajista, que no sea una más, no quiero humillarla demasiado, pero tampoco darle alas, una culebra en el seno, pero no es problema, lo importante es Ahram, amor mío, sálvate de la crueldad, ¿en qué pensabas mientras gobernabas el falucho hacia la isla?, quise acercarme a ti pero te distanciabas, no quería decirte nada, no cabe decir nada ante un hermano muerto, sólo quería estar a tu lado, acercar mi piel a la tuya, que nuestras sangres se oyeran una a otra, que escucharas tu dolor en la mía, pero distante, luego al retorno sí me buscaste mirándome, pero entonces odioso, asesino, la sangre de tu víctima en la ropa, pero eres tú y te quiero, con tus arrebatos, tus errores tremendos, con todo eso a la vuelta te hubiera consolado, tu cabeza contra mi pecho, tu hermosa cabeza de asesino, hundir mis dedos en tus crespos cabellos, acariciar la confusión bajo tu cráneo, llorar juntos, ¡ah, pero tú no lloras!, ¡tú eres el Poderoso!, no te has dejado ayudar, me ha herido tu silencio, tu repentina ausencia, a Tanuris, a imponer tu poder, a humillar a todos, a echarles en cara su torpeza, y mientras tanto el otro cuerpo insepulto, la pobre compañera de Bashir, entregada a los buitres, la dejaste aún caliente, aún corriendo su sangre, yo la hubiese entregado a la mar piadosa, tú ni siquiera otra fosa, sufres pero tienes que ser tú, ejercer tu poder, en Tanuris, volver a tus problemas, tus designios, el asunto del faro, el próximo viaje de Odenato, la Zenobia, y esa Clea que tú llamas el navarca, el pretexto de visitar al navarca, discutir sobre barcos, pero ella vive allí y yo te conozco, retozarás con ella, aunque no es tu tipo, demasiado ambigua para ti, qué día de desgracias, descubrirte asesino, no podré comprenderlo, no lo entenderé nunca, y me falta Bashir, quizás él me lo explicase, ya no le veré nunca, su sonrisa con la mella en los dientes, sus ojos bondadosos, su cariño envolviéndome, a él se lo debo todo, me condujo hasta Ahram mi admirable Bashir, el hombre bueno, menos mal que en la isla, pero al menos una losa en su tumba, antes de que la borren las tormentas, ¡pensar que volveré y veré unos huesos!, unos restos de *Al-Lat,* no podré soportarlo, ¿cómo puedes amarme?, no te entenderé nunca, no me entenderé a mí, saber por qué te quiero, tan desoladamente, con toda mi sangre y mis sentidos, tan hasta el fin del mundo.

¿Qué hace sola, cavilando, torturándose? No puede arreglar nada. Glauka sale a la galería. Eulodia está sentada en el taburete, junto a la fuentecilla del muro lateral y enrojece al verse sorprendida mirándose en el soberbio espejo, que aleja de su cara.

—No lo ocultes. Puedes usar el espejo cuando quieras, ya lo sabes.

Glauka se reprocha su tono desabrido, pero no lo ha podido evitar. Descontenta de sí misma, añade:

—Tienes unos ojos muy bonitos.

—Soy fea, señora —murmura Eulodia—. Mi cara es redonda y mi nariz es chata. Pero no me importa.

«No le importa; lo que le importa es su alma. Pero se mira en el espejo con frecuencia», piensa Glauka, sintiéndose más a disgusto cada vez con su espíritu crítico. Entonces se da cuenta:

—¿Qué es eso?

—Rosas —vuelve a enrojecer Eulodia—. Esta tarde veré a Jovino; las rosas le gustan mucho a su madre. Son del parque, señora, pero quedan tantas todavía... Sólo he cogido las que empezaban a marchitarse.

Glauka pone cariñosamente su mano sobre el hombro de la esclava, que se levantó al verla entrar, y la tranquiliza. Su disgusto no ha de recaer sobre inocentes:

—No te disculpes. Las rosas nacen para todos.

Jovino es el amor de la esclava hace tiempo. Trabaja en el faro como burrero, de los que cada noche hacen subir asnos cargados de leña por la rampa hasta la hoguera y luego los bajan por la espiral contrapuesta. Hace así oficio de cangilón de noria desde los once años, primero al mismo tiempo que su padre, después sucediéndole. Se priva de todo lo posible para comprar la libertad de su Eulodia, pues está bautizado como ella y cambió su nombre egipcio de Mernotis. No hace mucho acudió a palacio porque Glauka quería conocerle: un joven egipcio delgado, muy moreno de rostro inteligente. La pareja le daba pena al pensar en esas dos personas deseándose, esos dos cuerpos frustrados en la castidad de sus creencias, pero lo que tuvo ante sí fueron dos jóvenes sonriendo apacibles, mirándose con mutuo contento, esperando contra toda previsión, iluminándose sus rostros de alegría cuando, en ese mismo instante, ella decidió anunciarles la manumisión de Eulodia, tan pronto como lo permitieran los trámites burocráticos de la Casa de la Vida.

La esclava rompe el silencio:

—Señora, debo informarte. Jovino me ha dicho que está bajando mucho la reserva de leña para el faro y se oyen críticas contra el señor. Ha venido varias veces por el faro el alabarca judío a ver la situación y eso no había pasado nunca. Están preparando algo.

Glauka agradece el aviso, aunque Ahram ya está informado. En Alejandría se han multiplicado los rumores y las querellas étnicas. Griegos contra egipcios y judíos, romanos contra cristianos, todos un poco contra todos. Los narradores en el ágora y en el emporio avivan esos enconos con sus historias y los panfleteros y epigramistas hacen su agosto. Después de la fiesta de Ahram las burlas dirigidas a los invitados más escandalosos fueron sangrientas, para regocijo de Ahram, pero con gran disgusto del prefecto. El asunto del faro se agrava con esa escasez de reservas de leña. Alguien tiene que estar fallando en las oficinas de Ahram, piensa Glauka, para que no hayan llegado ya los repuestos necesarios. Seguramente no es Soferis, pues ese abastecimiento es, en principio, pura rutina. ¿Han logrado los enemigos de Ahram sobornar a algún empleado...? ¡Y mientras tanto a él no se le ocurre otra cosa, en ese día de dolor, que ir a Tanuris a imponer su autoridad!

La esclava se ha sentado en su sillita y ha cogido el bastidor vertical, continuando un tejido de dibujo egipcio. En Alejandría las damas no lo aprecian, piensa

Glauka, pero en Roma se han puesto de moda y Eulodia los da a la gente de cualquier barco de Ahram para que se los vendan y seguir reuniendo para su futuro hogar. Es curioso el precio que alcanza esta artesanía auténtica en los comercios romanos de modas; Eulodia ha dado una cifra que ha sorprendido a Glauka, aunque desde luego la mujer es muy hábil y tiene gusto. Pero Glauka no puede contener la impaciencia e inicia la salida. La esclava se levanta:

–¿Te vas, señora?
–¿No lo ves?
–Es que es la hora de la peinadora. No tardará en presentarse.
–Dile que se marche. Hoy quedaré como estoy... ¡Y deja ya de llamarme señora, te lo he dicho mil veces!

Eulodia inclina la cabeza. Glauka suaviza el tono.
–Sabes de sobra que para ti soy otra sierva. Una esclava distinguida, aunque me hayan liberado y lleve cadenita de oro en vez de ajorca. No soy otra cosa.

«No soy otra cosa», murmura su corazón mientras sus pasos la llevan hacia los jardines. «Es buena, pero cuando se le mete algo en la cabeza... ¡como esa manía de suponerme pronto un hijo de Ahram! ¡Como si yo pudiera tenerlo!», y ese pensamiento se le agiganta de golpe, le oprime el corazón...

El calor, insoportable en el jardín, la hace volver sobre sus pasos. Coge otra labor, uno de los bordados al estilo de Psyra, y se sienta en la galería, donde ahora corre algo de aire marino, junto a Eulodia. Ambas ocupadas silenciosamente en sus tareas y sus pensamientos. Eulodia se pregunta qué habrá ocurrido en el entierro de Bashir –¿y dónde ha sido, y cómo?– para afectar tanto a su ama y provocar el súbito reembarque de Ahram.

Entretanto, éste ve agrandarse progresivamente la silueta de la isla, a la que se acerca el *Jemsu*. No ha dicho una palabra desde que embarcó, salvo las necesarias para navegar, y Tinab y los marinos quisieran hacerse invisibles ante la iracunda expresión del patrón; aunque ahora, tras la breve recalada en Tanuris, refleja más dolor que cólera: hasta en las cocinas se han oído sus gritos desahogándose con insultos y reproches a Neferhotep.

Por fin se aproximan a la caleta de la tumba, Ahram se extraña de no ver en lo alto planear algún buitre, siempre rápidos en percibir carroñas.

No imagina que, en la isla, alguien ha estado viendo acercarse la vela verdepúrpura del *Jemsu*. Es Krito que, tan pronto llegaron aquella mañana a palacio después del entierro, tomó sus decisiones sin pérdida de tiempo. Corrió a Rhakotis y al puertito, requirió la ayuda de dos conocidos propietarios de un falucho y con ellos embarcó rumbo a Karu. Una vez allí cavaron en la ladera, más abajo de la fosa de Bashir, ya donde la tierra era casi arena de la playa, y allí enterraron el cuerpo y la cabeza de *Al-Lat*. Terminaron poco antes de llegar el *Jemsu* y ahora Krito sonríe pensando que, si acaso notaron su ausencia en la Casa, la habrán atribuido a una de sus clandestinas escapadas. Celebra ahora la llegada de Ahram y se alegra de que su propio barco no sea visible porque, a causa del viento, más fuerte que a la mañana, fondearon en una caleta al norte. Pide a sus amigos que se oculten, porque le divierte sorprender a Ahram y él mismo se retira tras una peña.

Ahram queda estupefacto cuando observa que los restos de la camella han desaparecido. Al principio no puede explicárselo pero pronto advierte las huellas de haber sido arrastrado el cuerpo hasta donde lo han enterrado. En ese momento asoma Krito, gritando al saludarle, avanzando hacia su amigo:

—¡No está!

Ahram reconoce a Krito y al principio se siente confuso como si le sorprendieran en un acto censurable, pero pronto su ánimo se ensancha sabiéndose coincidente con alguien a quien quiere y a quien valora muy alto. El abrazo es fuerte, entrañable, emocionado. Krito, que aún sigue asombrado por el retorno de Ahram, miente:

—¡Sabía que vendrías! —Y añade, tierno—: ¡Hermano, hermano!

Ahram contesta, conmovido a pesar suyo y casi irritado por ello:

—Pues yo no lo sabía... Pero es que Glauka no ha comprendido nada. ¡Y está tan claro! Lo hice por respeto, por la misma *Al-Lat*. ¿Cómo iba a ser montada ya por nadie, cómo iba a envejecer sin jinete? Era degradarla, ofenderla, hacerla sufrir con la ausencia de su amo... El propio Bashir me enseñó a sacrificarlos así... Y *Al-Lat* lo esperaba de mí, ¿viste cómo subió a bordo, cómo se dejó?

A Krito le conmueven más aún tantas palabras, inhabituales en Ahram, para explicar una conducta. Ahram percibe la ternura en el rostro de Krito y se apresura a rebatirla, más bien ásperamente:

—Tú no comprendes, no eres un jinete, un hombre del desierto. Pero es así, y ella no lo ha comprendido, me cree un loco...

Krito le admira más aún, pero esconde sus sentimientos. Lleva a Ahram hacia unas piedras cercanas, le instala y se sienta a su lado.

—Bueno, no son cosas para mujeres, ya sabes... En fin, ya está arreglado.

—Sí, tú también lo pensaste. Allá no los enterramos, dejamos los huesos sobre la tierra, quedan como un monumento. Las aves carroñeras los limpian pronto; el sol los blanquea... Los jinetes pensamos, al pasar, en el jinete que poseyó aquella montura... Pero aquí, cuando ella viniera un día y los viera... Las mujeres no comprenden...

Calla un instante y añade:

—No comprenden, pero ¡cómo lavaba a Bashir, cómo lo ungía! Así acariciará mi cuerpo y yo, aunque muerto, sentiré sus manos.

A Krito le traspasa un puñal: «¿Y yo?, ¿y a mí?»

Pero guarda silencio. Ahram se yergue, alarmado, al ver a dos desconocidos.

—Son los amigos del puerto que me han traído.

—Claro, debí suponer cómo habías llegado, pero no pienso más que en él.

Los hombres se acercan, saludan profundamente a Ahram, cambian unas palabras con Krito que les releva de esperarle porque él regresará en el *Jemsu*. Ahram tiene un gesto hacia ellos, les agradece la ayuda a su hermano Krito, se ofrece para ayudarles en cualquier apuro. Los hombres se retiran, bendiciendo su suerte: ¡la palabra de Ahram es oro en todas partes!

Ahram vuelve a sentarse y Krito a su lado.

—No pienso más que en él... Era mayor que yo, pero estaba fuerte.

«Ahram no se da cuenta de cómo envejecemos. Ni ve apagarse a su propia hija», piensa Krito, que ha comentado el estado de Sinuit con Glauka. Los dos hombres callan. Por el sur dobla un cabo de la isla el velero que ha traído a Krito, emproando el rumbo hacia Alejandría. Sus dos tripulantes saludan con la mano pero Ahram no se da cuenta de nada.

—Le estoy viendo como la primera vez —murmura Ahram, hablando como para sí—. Su mano en la mía fue lo primero; su mano más fuerte. Me acababan de encadenar al mismo remo que él en la trirreme romana, me habían cogido en un barco de piratas, a los que me uní cuando escapé de... de otra isla. Sí, yo tendría quince años, preferí ser pirata antes que otra cosa, ¡cuánto aprendí con ellos de luchas en la mar!... A los romanos les dije que yo estaba prisionero; no me creyeron, pero no me mataron, prefirieron reservarme para el remo, me encadenaron y entonces su mano en la mía. Y ni le había visto; estaba ciego de rabia por haberme dejado cazar por Roma, por estar cautivo como un animal enjaulado, empezaba a preferir que me hubiesen matado... «Vamos, muchacho, no es tan duro. Y todos los males se acaban... Mira alrededor si no es peor.» Eso me dijo. Por el ojal de salida del remo se veían cadáveres flotando todavía sobre las olas... Entonces volví la cabeza y vi su mirada, su cara: un hombre leal, entero. Así fue siempre.

Ahram calla unos momentos. Krito no dice nada, no se mueve. Ahram de pronto le mira, le habla a él.

—Me salvó la vida. Como tú. Estoy aquí gracias a vosotros. Él, de otra manera, claro —sonríe y a Krito le asombra tanta ternura en esos labios. Raramente se le ha mostrado Ahram así—. Fue al fugarnos aprovechando un descuido, en un atraque para hacer aguada. Nos persiguieron monte arriba y yo era más veloz. Nos alcanzaban por mantenerme yo a su paso, ya entonces Bashir cojeaba, y me obligó a huir mientras él se quedaba a detener a los romanos... Pensé que le matarían, que no volvería a verle. De entonces es su cicatriz. Menos mal que no podían prescindir de otro remero... ¡Qué alegría cuando volví a encontrármelo, seis años después! ¡Qué alegría! Lo entendí como señal del cielo; ya no volvimos a separarnos. Entonces ya trabajaba yo para Belgaddar, ya le había salvado el barco que le hizo favorecerme, todo eso que tú sabes... Pero encontrar a Bashir fue lo más grande... ¡Él me enseñó a remar en aquella trirreme! A cómo doblar el cuerpo para cansarse menos, a cómo apoyar los pies, a empuñar el madero, a arquear la espalda cuando el cómitre te alcanzaba con su látigo desde la pasarela... Y ahora... ¡Ay, hermano, hermano!

Clava los ojos en el removido rectángulo de tierra bajo el cual yace Bashir.

—Mandaré labrar una piedra. Sólo su nombre y el mío... Y algo, ¿no?

Con su mirada pide ideas a Krito, su hombre de la Palabra.

—¿Cuál era su dios? —pregunta Krito, sorprendido ahora de no haber hablado nunca de ello con Bashir, aunque comprende la razón.

—El desierto. Yo me hice de la mar, pero él fue siempre de piedra, de Petra. El dios de su gente es Baal-Shamin; me lo dijo cuando vimos el templo a ese dios en Palmira, en nuestro primer viaje... —sonríe a sus recuerdos—. ¡En aquellos tiempos nada nos importaba y nadie podía con nosotros! Yo era más mujeriego y nos metíamos en unos líos... Él, en cambio, de pronto se hartó de nomadear, se casó con una mujer de su tribu, aunque yo le aconsejé en contra. Duró poco con ella, tuvo mala suerte, y Bashir no supo ser un verdadero hombre del desierto... ¡La única vez en su vida! Se enterneció...

Hace una pausa y continúa:

—No, no creía en ese dios ni en ninguno. Su dios era la suerte, el destino. No necesitaba nada, ni a los dioses.

—Entonces manda esculpir en la losa a *Al-Lat,* su montura.

Ahram le mira con ojos felices y asombrados.

—Oh, Krito, siempre aciertas. ¡Qué fácilmente lo pones todo en su lugar!

Oprime su mano la del griego y piensa como siempre: «¡Lástima tus desvaríos!», pero desecha la idea; si no fuese tan diferente quizás no daría siempre con su palabra en el blanco.

Tienen el sol enfrente, enorme, rojo cerca del mar, trazando en las aguas una raya rosada, mordido por el pico del mástil del *Jemsu,* a punto de besar el horizonte.

—Volvamos –sugiere Krito, haciéndose por una vez el que manda.

Y de la mano avanzan hacia la embarcación, suben a bordo, se sientan con la vista en la proa, allá hacia Alejandría.

19. EL BANCO DE LOS DELFINES

Ha empezado a soplar el céfiro de finales del mes Phaophi cuando el falucho de Ahram navega de nuevo hacia la isla Karu sobre un mar cobalto que ha vencido ya el matiz amarillento de la inundación anual. Sentados en la popa junto al timonel, Glauka y Ahram contemplan cómo sube y baja la proa por el balanceo del casco y divisan ya la silueta de la isla.

Glauka se ha resignado a esa visita, forzada por Ahram, aunque supone que le espera una sorpresa grata. Se pregunta inquieta en qué podrá consistir pues el sacrificio de la camella, ocho días antes, le da una idea de lo que Ahram puede considerar adecuado. Se pregunta asimismo si tendrá algo que ver con las consecuencias de la colérica visita de Ahram a Tanuris, tras el entierro en la isla, para castigarles por el trato dado a Bashir. Afortunadamente no puede concentrarse en su incertidumbre porque Ahram le está explicando cómo triunfó al fin de los conspiradores que pretendían arrebatarle el suministro de maderas al faro. Dejó tranquilamente que las reservas se agotasen hasta el punto de que al fin le llamara el prefecto, alarmado e iracundo, para plantearle el problema de no poder encender el faro dos días después: situación sin precedentes, que los libelos y pintadas callejeras venían anunciando para excitar a la plebe, por instigación de los enemigos de Ahram. Ya los agitadores se frotaban las manos alegremente cuando Ahram desplegó sus cartas. En primer lugar, presentó pruebas al prefecto de cómo cierto funcionario egipcio de su administración había sido sobornado para retrasar los pedidos periódicos que aseguraban el suministro. Seguidamente ofreció con aire contrito renunciar en el acto a su concesión y ponerla en manos de quienes mejor pudieran desempeñarla. El prefecto aceptó esa dimisión creyendo que los intrigantes estarían encantados de hacerse cargo del asunto pero, como el propio Ahram sabía, tan repentina decisión les cogió desprevenidos pues habían contado con el escándalo del faro apagado unas cuantas noches, para hundir definitivamente al Navegante, y el buque fletado por ellos acababa de salir del puerto y no llegaría en esos dos días. Ahram, en cambio, tenía un carguero de reserva fondeado en una cala próxima y pudo traerlo en una sola jornada convirtiéndose así en el salvador de la situación cuando el prefecto, sin otra posibilidad, volvió a confiarle el servicio. Y ahora concluye Ahram regocijado, a ellos les aguarda un buen disgusto, pues al prefecto le ha llegado la denuncia de que exportan ilegalmente moneda, como se demostrará mañana mismo cuando descubran en unos bultos suyos, listos para embarcar una fuerte suma en tetradracmas de Galieno y en sólidos de oro.

—¿Estás seguro de que va a ser así?

—Naturalmente. Yo mismo he mandado esconder ese dinero en los fardos y enviar la denuncia.

—Perderás esa suma.

—Me compensa el faro. Había pensado meterles droga, pero aunque ese tráfico no está bien visto, la ley es mucho más dura contra la exportación de moneda. Alguno irá a la cárcel y quizás a las canteras del desierto, de donde nadie vuelve... Vale la pena el gasto; me sale barata la operación.

Están cerca de la isla y la abordan por poniente como cuando llevaron a Bashir. Glauka se siente más tranquila ante la risueña actitud de Ahram, divertido con su triunfo. En realidad, descubre ahora, su resistencia era más bien residuo del mal recuerdo que le dejó el sacrificio de *Al-Lat* y empieza a pensar que algo se habrá hecho con los restos del animal.

En efecto, una vez que han saltado a tierra y se han acercado al lugar en que se celebró la inmolación, no hay rastro alguno del suceso. En cambio, ladera arriba, sobre la tumba de Bashir algo nuevo sorprende a Glauka: una estela vertical en pórfido rojo, donde figuran los nombres de Bashir y del oferente Ahram en letras griegas y en demótico, debajo de un relieve en figura de dromedario. El pulido monolito, color de opaco rubí, destaca contra el ocre amarillento de la tierra.

–Es hermoso –murmura suavemente Glauka, después de unos momentos de silencio, asiendo conmovida la mano de Ahram, pero sin atreverse a preguntar más. Ahram, como adivinándola, contesta:

–Y *Al-Lat* ahí, a sus pies.

«Como un perro dormido ¡Ése sí que es su sitio!», piensa Glauka. Se humedecen sus ojos e intenta besar la mano que ha tomado, pero Ahram lo impide, inclinándose para besarla y abrazándola.

–¡Qué bueno has sido complaciéndome!

–La verdad es que se me adelantó Krito –reconoce Ahram–, pero yo venía a lo mismo.

Le cuenta a Glauka lo sucedido y luego ríe:

–No pensabas estos días que yo era bueno... ¿Me comprendes ahora?

Glauka vacila, le mira solicitando una disculpa. Mientras tanto, se han sentado los dos.

—No —contesta—. No comprendo el sacrificio.

Ahram frunce el ceño pero sonríe y repite, como a una niña pequeña, las razones que allí mismo expuso a Krito días atrás. Glauka se enternece sabiendo lo mucho que le cuesta a ese hombre dar explicaciones o justificarse. Comprende el homenaje que así le tributa, pero le ataja:

—Sí, todo eso lo comprendo, pero no lo acepto. La vida es la vida.

—Hay vidas peores que la muerte.

—Pero la muerte es otra cosa: nada... Por ejemplo, ¿tú preferirías morir antes que quedarte, no sé, mutilado, sin poder moverte de la cama?

—¡Naturalmente!

—¿Y yo entonces? Yo te preferiría vivo, como fuese... Uruk hubiera contestado igual que tú antes de quedarse inútil para gozar de su pasión de jinete —añade evocadora—. Sin embargo supo vivir después; lisiado vivía a fondo: ya te lo conté.

Ahram la mira con un punto de enfado bajo la sonrisa:

—Uruk fue tu mejor amante, ¿verdad?

—¡Tonto! Mi mejor amante lo tengo a mi lado. Tú eres el más que amante, el Vértigo, ¿acaso no lo sabes...? Por hacer esa tontísima pregunta te exijo que vayamos a tu cueva, allí donde te vi rezar a tu diosa.

Ahram acepta. Escalan la cresta de la isla porque junto al mar no hay sendero practicable, y llegan al rellano donde crece el granado, frente a la abertura en la roca. Al revés que en aquella primera tarde, ahora el matutino sol, todavía bajo, la ilumina hasta el fondo quitándole misterio pero haciéndola más abierta e invitadora. En la hornacina reina la diosa de la paloma, con su sonrisa enigmática y sus pechos arrogantes.

—Ella te hizo llegar a mí —murmura Ahram—. Ella y mi destino... ¿Sabes? —añade en súbito impulso—, no quiero dejarla sola. Nos la llevaremos a nuestra gruta, bajo la torre. Traeré aquí una copia.

Permanecen abrazados por la cintura hasta que Ahram se desenlaza y ella, comprendiendo, retrocede un paso. Ahram alza sus brazos orantes y guarda silencio unos momentos. Luego se vuelve a ella con la sonrisa de un niño cogido en falta:

—No es por la diosa, ya sabes. Es por todo: mi oasis, mi madre, mi niñez... No te enfades, sirenita, diosa mía.

—Y también por Ittara. Es hermoso

—¡Tú eres hermosa!

—¿Sigo siéndolo?

—¿Qué dices? —replica abrazándola. Y de repente—: ¡Bajemos a la caleta de la daga perdida! ¿No tienes calor con este sol de fuego? ¡A ver si sigues resistiendo en el agua más que yo!

Bajan casi rodando la pendiente, despojándose ya de sus vestidos, conservando ambos únicamente sus amuletos, secretas medallas bajo el oro. Están solos; el *Jemsu* sigue atracado, esperándoles, al lado de poniente. Dejan sus ropas sobre las piedras —«¡y la daga!», advierte Glauka— y se arrojan al mar.

¡Claro que ella sigue resistiendo más tiempo, aunque se cuida muy bien de forzar su capacidad! Pero en esta ocasión no es motivo de miedo sino de juego. Los cuerpos se persiguen, se entrelazan, se emparejan,: disfrutan del suave oleaje, se hunden y emergen como niños retozando. En una carrera dan la vuelta a un farallón y aparece una caleta aún más pequeña, final de una torrentera, concha dorada besada por la espuma. El deseo irrumpe en Glauka desde su pasado de Psyra: es Narso quien la acompaña. Como cuando la desposó y la raptó en su bote. Es Narso quien la sigue hasta la playa, quien proyecta sobre la arena una sombra viril junto a la suya, quien la abraza, le mordisquea una oreja, le ciñe un pecho con su mano, la fuerza suavemente a tenderse –cumpliéndole así el deseo–, la encuentra abierta, la goza rindiéndose a ella.

No, no es Narso, es más que Narso. Es otra especie humana. Narso fue la revelación del sexo, el estallido natural, su tumultuoso borbotón. Ya Uruk fue más, pero el arrebato se quedaba en la carne. Por eso ella continuó buscando, y ahora piensa que su origen de diosa marina esperaba también ser satisfecho llegando más cerca de la Diosa Madre. Eso es lo que sólo con Ahram alcanza: ser más que sirena y mujer, condensada en una fibra tensísima y vibrante, en un olvido que lo abarca todo. Ser cima en el abismo, surtidor eterno y sin descanso, Vida. En el Vértigo ella es Vida tras un creciente incendio, hacia un lento decaimiento feliz. No, no es Narso; quizás ni siquiera es Ahram sino un milagro; pero Ahram logra dárselo.

Reposan en la arena, escapando del sol con breves retornos a las ondas. Se hablan como hace tiempo que no se confesaban, percibe feliz Glauka. Alcanzan raras cotas de mutua entrega pasando de lo trivial a lo comprometido, ahondando en las confidencias. Glauka le revela que ha hecho el amor con Clea una de las veces que se han visto después de devolverle el pendiente. Lo confiesa con una excusa innecesaria: «Era orden tuya, entrar en su confianza, intimar para descubrir sus secretos.» Ahram ríe a su vez y se finge celoso al preguntar si valía la pena. Glauka decide irritarle a sabiendas de que para él no hay amor sin pene: «Tú te crees que sólo vosotros nos dais placer; pero Clea es muy hábil.» «¿Y cuál de las dos hacía de hombre?» «¡Ninguna, ¿qué te has creído?, no os necesitamos!» Glauka admite que no ha percibido nada sospechoso en Clea, por lo que respecta a los intereses de Ahram; lo suyo es el goce venéreo. Ahram sigue el juego reconociendo que Clea es una experta. «Me cons-

ta, porque yo también he hecho el amor con ella.»
«¡Ah!, conque ésas son tus visitas al navarca», exclama Glauka dando un empellón al hombre, aunque en el fondo no es cosa tan de broma para ella.

Al retorno de otra zambullida, Ahram le dice gravemente:

—Bashir te quería.

Glauka recuerda aquellos ojos entre sus arruguitas. Y, sobre todo, aquellos gestos que Bashir reprimió junto a ella más de una vez.

—¿Te lo dijo?

—Nunca. Pero lo sé. Él y yo nos lo sabíamos todo.

Ha de ser cierto. Ella se sentía envuelta en cariño y no del todo paterno. Es cierto. ¡Admirable Bashir, conmovedor Bashir, tan acogedor en su rudeza!

—¿Entonces Tenuset? Porque ellos se amaron. Estoy segura.

—Contigo era distinto.

«Como tú eres distinto de todos. Un solo amor no basta para vivir el Amor», piensa Glauka, e inmediatamente queda perpleja ante algo que en su interior...

El silencio, sin embargo, parece otro más de los que han alternado antes con las palabras o las caricias y acaba coronando una intimidad entregada y abierta, como en los primeros tiempos. Glauka se deja inundar por la felicidad y flota lejos de sus propias honduras.

El sol está en lo más alto y Ahram propone el regreso. «Ya está pensando en sus asuntos —se dice Glauka resignada—, ya se me aleja.» Pero ¡ha gozado tanto, han sido horas tan plenas!

Se visten y, ante los ojos del ya algo inquieto Tinab, aparecen coronando la cresta de la isla. Se acercan al falucho y embarcan.

—Llegaremos demasiado tarde para almorzar, Glauka. Si te conformas con galletas y cerveza, Tinab nos dará algo.

El patrón asiente: nunca les falta. Glauka sonríe encantada:

—Será un banquete.

La travesía es una delicia. El mar algo picado, con repuntes de espuma, resulta excitante y, a la vez, facilita la transición al mundo cotidiano. Efectivamente Ahram va pensando ya en sus cosas y, al llegar, se queda en la Casa. Glauka continúa hacia la torre por su sendero favorito de la orilla y se queda algo sorprendida al ver a Krito en el banco de los delfines. «¿Sorprendida, por qué?», se pregunta. «¿Por qué Krito, en ese lugar habitual, me sobresalta como una aparición?»

—¿Qué te pasa? —saluda Krito—. ¿No me reconoces?

Hay humorística sorpresa en su voz, pero también una gota de melancolía.

—¡Qué cosas tienes! —ríe Glauka, sentándose a su lado aunque no era su propósito—. No esperaba hallarte aquí.

—Has venido en el *Jemsu*, ¿no? Lo he visto llegar... Estarás contenta.

—Sí, la estela de pórfido es preciosa. ¿Fue idea tuya?

—La piedra es de Ahram. El dibujo mío.

—Krito, ¿por qué no me dijiste que fuiste aquella misma mañana a enterrar a *Al-Lat*?

¿Por qué se inmuta Krito? ¿Por qué calla unos momentos?

—¿Te lo ha dicho Ahram? Ha hecho mal. Yo no pensaba decirlo.

—¿Por qué?

Krito no la mira. Su voz se ahonda.

—¿Para qué? Todo es inútil: no hay más que verte.

Súbitamente Glauka se siente culpable de su felicidad. Es preciso decir algo, en el acto, pero no puede mentir y tiene miedo de herir sin querer. El silencio se prolonga. «¡Habla tú, Krito; tú, el señor de la Palabra!», pero el silencio continúa. El arranque de Glauka es angustiado:

—¡Qué bien lo pasamos viendo a Sútides la otra noche!

Suena tan absurdo que Krito sonríe, también absurdamente. La antevíspera acompañó a Glauka al teatro, para aceptar la invitación de Sútides el día del consejo. Ahram hubiera querido ir también, en homenaje a su agente, pero los problemas del faro le retuvieron. Se divirtieron, en afecto, y luego Glauka acudió con Krito a saludar al artista, que desde la escena la contempló más de una vez con ojos de admiración, lo que al día siguiente había provocado un malintencionado epigrama anónimo.

—El espectáculo era feroz —continúa Glauka, es preciso seguir hablando—. ¡Esos generales que hablan de defensa y de paz mientras compran armas y más armas! ¡Esos políticos negociando la paz mientras azuzan a su pequeño aliado contra el del contrario para guerrear por delegación! Todo el mundo lo comprendía: es lo que está pasando con la ocupación persa de Armenia y con la romana de Edessa, disfrazando de ayuda la presencia de sus tropas.

—Sí —reconoce Krito—, lo hizo muy bien. Por eso el epistratega apenas aplaudió. Aunque tampoco mucho el público.

—Tienen miedo. Además, los aduladores no podían aplaudir si la autoridad no lo hacía.

—En parte es eso, sí, pero también es otra cosa... La plebe prefiere hoy a los cantantes. A un Claudius, por ejemplo, le aplaudirían aunque atacara a la autoridad, e incluso más. Prefieren el ritmo, el estrépito, moverse al compás con la formidable percusión; en suma, aturdirse. Vivimos un tiempo en que se desea ser deslumbrado cuando lo que importa es que nos iluminen. Se valora más la técnica que la sabiduría... Perdona, hoy no tengo el don de la oportunidad. Mis pedantes reflexiones caen con toda justicia en el vacío...

Glauka va a protestar, pero él la ataja.

—Lo cierto es que Sútides estuvo genial en la sátira y eso mismo molestaba al epistratega. Después de todo es un militarote que ahora disfruta de una prebenda civil porque, según parece, su mujer consiguió despertar el interés del emperador.

—Sí, estuvo genial —reconoce Glauka cautamente—. ¿Cómo se puede llegar a ser tan eficaz, conseguir un lenguaje tan hiriente?

—El odio —pronuncia Krito sencillamente—. El odio es un maestro.

«Como Ahram contra Roma. Como Xira —piensa Glauka—. Así de eficaz.» Y se resiste doloridamente.

—¿Mejor que el amor?

La voz de Krito brota igualmente dolorida:

—¿Qué amor? ¡Hay tantos!

«Hoy el de Ahram, era el Amor», piensa ella, temiendo que se le note el pensamiento, mientras Krito continúa, sin advertir nada, tan adentro está metiéndose:

—Hay amores que hieren, otros que dañan sin querer, otros se gozan, otros se sufren... Si pudiéramos elegir... Pero no está en nuestras manos. Ni siquiera sabemos lo que desearíamos, ni cómo somos... Recuerda, Ahram degolló a *Al-Lat* por amor...

—Me lo ha explicado y lo comprendo, pero no es verdad. ¿Por qué no comprende él o lo intenta al menos?

—¿Comprender? A veces es lo que más daño hace.
—Y ahora sí que hay amargura en esa voz, al añadir exasperada—: Bashir hubiese hecho lo mismo que Ahram; Ahram lo hizo y tú no lo comprendes, pero si no lo hubiera hecho no sería Ahram. ¿Te gustaría que cambiara?

«¡No!», grita interiormente todo el cuerpo de Glauka, pero contesta:

—¿Cómo puedo quererle siendo así?

Krito la mira cruelmente. Ella no le conocía esa mirada.

—Planteas mal la cuestión. No se trata de cómo podrías quererle sino si podrías dejar de quererle.

—Cierto; no podría —reconoce Glauka; tan rápidamente que sólo después se da cuenta de que en aquel nuevo mirar de Krito, duro e incisivo, brillaba una extraña chispa de esperanza, ahora apagada de repente.

—Pues eso remata la cuestión —concluye con voz neutra, superficialmente serena, como en un debate intelectual.

Por un momento ella siente una incomprensible necesidad de justificarse, de explicar. Trata de acercarse a ese hombre sentado junto a ella:

—Tienes razón: Bashir hubiera hecho lo mismo. Eran iguales, comprendo que se llevaran bien. Pero ¿y tú? ¿Cómo podéis vivir tan próximos, siendo tú tan distinto de Ahram?

«No, Bashir no era igual, era mejor», piensa Krito rebelde. Pero contesta con aire ligero:

—Bueno, yo soy el personaje pintoresco de la Casa. El animal con méritos exhibibles. Como las aves de la India enjauladas en la entrada principal.

—Eres injusto. Tú sabes que no es eso.

—Puede, soy injusto. ¡Alguna vez tengo derecho a serlo yo!... Bien, digamos que soy quizás el escándalo, el mal ejemplo que conviene evitar.

—¡Krito! Me vas a enfadar. Tú tienes tantas cualidades...

—¿Buenas? Dime cuáles.

Ahora Krito se muestra sinceramente curioso, casi divertido.

—Muchas. Tu sensibilidad. Tu inteligencia. Tu paciencia para enseñarme todos estos años, para ocuparte de mis ignorancias. Tu comprensión, que yo compruebo en mí misma: ¡a veces me adivinas! Como si tuvieras poderes mágicos. Como si vieras mi alma. Y tu serenidad.

—¿Mi sensibilidad? La tengo, pero ¿es algo bueno? Más bien la padezco, me ha hecho lo que soy. ¿Mi paciencia contigo? ¡Pero si era un gozo verte progresar! ¿Mi comprensión? Más valiera no tenerla y seguir adelante. En cuanto a ver el alma... En la tuya hay algo que no alcanzo a percibir, pero ¡si tú vieses la mía! —Calla un momento, refrenándose—. Y la serenidad... Yo puedo serenarme, sí, pero el otro Krito no, el pequeño. Siempre somos dos, ya te lo dije. En mi caso la niña; lo sabes de sobra... ¡Mi pequeña Krita!

A Glauka le sorprende la súbita ternura de esa voz, y se contagia. Se merece ese hombre saberlo todo y está a punto de confesárselo, su origen submarino. Eso es lo que no alcanza a ver, lo que aún necesita ver, pero... ¿Qué necesita Krito, qué puede ella darle? Sólo le dice tras el silencio:

—Sufres, amigo...

Su mano toma la de Krito, que inclina profundamente la cabeza para ocultar la descomposición momentánea de su máscara, que revelaría una expresión ni él mismo sabe hasta qué punto aterradora. Pero puede serenarse, acaba de decirlo, y cuando alza el rostro ya es el profesor impersonal:

—Ése es el destino humano. Al animal le duele la carne, pero no sufre el espíritu, o lo que nos hayamos fabricado dentro. Los animales no conocen la tristeza, salvo quizás el perro o el caballo, humanizados para desgracia suya. Lo humano es vivir el sufrimiento dándole sentido. Abrazamos la pasión para intensificar nuestra vida pues, como los desollados, nos aporta sensaciones en carne viva pero con el amor llega inevitable el sufrimiento, distinto del dolor.

Glauka ve en ese rostro inteligencia e ironía, aunque

también el ansia de hacerle olvidar la emoción precedente. Pero sigue enternecida cuando le pregunta:

−¿El amor es sufrimiento?

−El tuyo no lo es, ya lo sé. Pero te dije que hay muchos. Eros tiene innumerables rostros.

−¿Cuál es el tuyo?

La voz tan dulce es irresistible para Krito, cuya amargura se oculta enmascarándose con una sonrisa fácil y el recurso de la teoría:

−Es la vida de dos paralelas que, contra toda geometría, no son rectas sino ondulosas y además, contra toda razón, se tocan por fin, se entrelazan, se enroscan, se asfixian y obligan al infinito, que las esperaba, a venir a instalarse en ellas, en nosotros, a dilatar cósmicamente nuestros pechos, a hacer eternidad el instante, múltiples las manos, posesiva la piel; y no estamos hechos para tensión tan alta: nos atiranta hasta rompernos... Ya sabes −concluye abrupto.

Pero la sonrisa no engaña a la mujer, que en ese mismo instante, en su feliz jornada, siente su pecho devastado. Necesita saber más y, a la vez, no enterarse, pero sólo pregunta:

−¿Por eso buscas el olvido en Rhakotis? ¿Por qué así, Krito?

El la mira, haciéndola arrepentirse, y compone el rostro más risueño imaginable, casi faunesco, burlón:

−Ayer por desamor, hoy por amor, mañana...

Y sus hombros se encogen.

«¿Ya está dispuesto el baño?, no te había oído puedes marcharte Eulodia, sí, a la torre, claro, no te necesito, me secaré sola, nada de ungüentos, hoy no hay que arreglarse mucho, ¿quién está esperando?, ¡cómo!, ¿por qué Yazila?, ¿está enferma Ramitah? Pues renuncio al masaje, no quiero a su ayudante, que se retire, y tú también, déjame, adiós...» Necesito estar sola, me han pasado tantas cosas, ¡en un solo día, parece mentira! La sorpresa de Ahram, sus honras a Bashir, enterrada la pobre *Al-Lat, y* nuestro amor, una vez más el Momento, el verdadero, en lo más alto, absoluta y única en él, en ese instante no somos dos, no es posible ser dos, al contrario uno hecho de dos, volver a sentir mis ríos secretos, la piel desaforada, qué cresta de la ola, como raptada por Narso, pero mucho más, la eternidad en el Momento, porque luego la palabra, ¿lo alcanzaría Clea con él?, pero no tengo celos, imposible ocurriese, Clea no era Domicia, con ésta poníamos las dos el alma, no sólo la piel y el gesto, ¿de qué le sirven a Clea sus saberes?, sólo pone la carne y la técnica, la razón, como dice Krito, ¡tantas cosas me enseña y tan profundas!, su alma un laberinto, ¿y en el fondo?, a veces creo ver algo, ¿qué ha dicho hoy, dejándome perpleja?, ¿descubriendo algo que debí saber antes?, no sé, ya recordaré, pero Clea no pone sus honduras, ¡tú sí que eras amante, Domicia, y yo contigo!, diferente de Ahram pero también amor, con Clea temí no llegar, me callaba pero ella se daba cuenta, ¡estaba yo tan seca!, gracias a que es muy experta, a que yo quería complacer a Ahram, «has de intimar con ella», por fin consiguió arrebatarme, lo saboreó como un triunfo, se lo noté en la cara igual que los hombres, la proeza de hacernos llegar, ya lo han conseguido, ya están contentos, su orgullo, como dice también Krito, y Ahram mientras hablábamos reclamando detalles y poniéndose cachondo, otra vez, porque no ha sido solo el Momento, también la palabra luego, tendidos paralelos en la arena, ¡eso de las paralelas, lo que me ha dicho Krito!, y algo más, pidiéndome detalles de Clea, yo no le preguntaba por sus tardes con ella, pero él sí, y ella también, queriendo saber de Ahram, como él, como los hombres, creerá que voy a decírselo todo, asombrada de que con ese hombre yo no tenga hijos, apuñalándome con eso, le conté lo de los piratas, ella no ha querido tener ninguno, sabe arreglárselas, el navarca no puede con ella, indignado, se desquita presumiendo de los que tiene con sus esclavas, a Ahram eso no le preocupa, menos mal que tenemos a Malki, debió armarle una buena a Neferhotep por no ocuparse de Bashir, por eso fue a Tanuris el mismo día, el Excelso ha venido a la ciudad después y no ha pasado por palacio, es rencoroso, no sólo tonto, es malo, traicionaría a Ahram si pudiera pero es cobarde, Malki cada vez nos quiere más, su madre le adora pero sigue enferma, no consigo que se ocupen de ella, Ahram cree que todo el mundo es fuerte como él, la fuerza, el poder, quizás también eso esta mañana, por mi desvío tras lo de *Al-Lat* tenía que reconquistarme, afianzar su posesión, poner orden en mí como en Tanuris en su amor siempre entra eso también, el poder, qué importa si me lleva hasta lo alto, pero no se le olvida, ¿acaso vio que su brutalidad me había alejado demasiado?, en eso tiene un instinto, me adivina toda, por eso el mejor amante, ¡pero si soy toda suya!, como de nadie nunca, me tomó para siempre aquella noche en la caverna, ¿cómo podría yo dejar de amarle?, ¡imposible!, ¡qué claro lo ve Krito!, más intuitivo aún, más adivino, pero luego no lo aplica, no usa la palabra contra todo, ¿qué me ha dicho esta tarde? ¿qué ha querido decirme?, él sí que es la palabra, ha formado la mía, me ha enseñado, tendría yo que adivinarle a él, pero no tiene razón en lo del odio, el amor es más fuerte, cuando falta es cuando se cae en el odio, como ha caído el mimo, Sútides, ¡qué ferocidad!, no respetaba nada, así estaba el estratega, Clea con el navarca en un palco cerca no se inmutaba, incluso sonreía satisfecha, ¡nieta de emperador oyendo insultar al imperio!, ¿será verdad que odia a Roma?, me lo decía en la cama, quizás por odiar a su padre por recordar a su madre esclava, ¡hablarme de política en la cama!, no, no es Domicia, con ella no pensábamos en nada más, Clea criticando a Roma, el hambre y la miseria, no todo es púrpura, las ambiciones y asesinatos, seguramente me lo decía para introducirse más, acabar trabajando para Ahram, seguro que ése es su encanto para él, tras penetrarla y correrse volver a la política con ella, casi me hace reír, ¿por qué ese interés en colaborar?, ¿estará aburriéndola ya el navarca?, claro que no la desposaría Ahram, eso nunca, pero esa mujer es peligrosa, esconde lo que aún no sabemos, qué bien vestida en el teatro, cuando al final se puso en pie me di cuenta del buen corte, ¡lo que se puede hacer con una túnica!, ¿se la enviarán de Roma?, he de preguntarle, honrar a Ahram vistiendo, le gusta que me admiren, y qué gracia tuvo para plegarse el manto, me pareció que proponía a su marido acercarse a felicitar a Sútides, como íbamos Krito y yo, pero él se negó colérico, hasta con mala educación, y ella sonreía, se lo había propuesto para que le vieran irritado, es complicada, peligrosa, y se dio cuenta de que de mí no saca nada, Krito lo adivinaría, pero a Krito no le interesa una mujer así, ¿o quizás...?, ¿sería posible?, precisamente por su lado extraño, ¡no te acerques a ella, Krito!, ¡sigue siendo quien eres!, ay, pero también eres así, complicado, ¿por qué vas a Rhakotis?, no me respondiste, no sé cómo saber más de ti, algo me bloquea, pero no te acerques a ella, Ahram me preocupa menos, el poder le pone a salvo del sexo, para él sólo es gozar, ¿entonces conmigo?, ¡no, no, conmigo no!, hoy lo veo todo confuso, ¡y la mañana fue tan clara!, toda luz apasionada, ¿qué me confunde entonces?, quizás haber vuelto a Bashir, aquel lugar de la odiosa escena, pero Bashir no es confuso para mí, acaricié la muerte en él cuando le lavé y le ungí, ahí en el salón de los banquetes, no me asusta la muerte, en su busca fui sin saberlo cuando pedí volverme mortal, ahora lo sé y no me asusta, y menos al lado de Ahram, moriré con él, ¡si hubiera sido esta mañana en el Momento!, no, no, es mejor seguir, algo me confunde por dentro: sólo así pude pensar tal cosa, y es que no acabo de recordar lo que me ha dicho Krito, alguna palabra suya cayó tan hondo en mí que no la encuentro, hubiese debido cogerla al vuelo, aún no me ha enseñado bastante a vivir la palabra, pues se la debo a él, no es el mundo de Ahram centrado en la acción, Krito me ha abierto a ella, pero soy mala discípula, aún tengo que aprender, le necesito, me completa, otra manera de completar, una es el Momento, en lo alto de la ola estoy entera, tan una que no soy más que eso, me olvido de sirena y mujer, soy yo el Momento, la Eternidad, la Vida, somos, debo decir, porque también Ahram, pero otra es la Palabra, como él mismo ha dicho, Eros tiene innumerables rostros, ¿es eso?, algo me falta, necesito recordar, ¡oh Krito, Krito!, a veces creo que tiene razón Ahram, ¡qué pena que te pierdas en Rhakotis!, pero tú lo has dicho, ¿y si ése es otro rostro, otro amor para ti?, no basta un solo amor, ¿quién lo ha pensado?, ¿es eso?, ¡qué confusión en mí después de esa mañana! «¡Eulodia!, me estoy quedando fría, ¡Eulodia!, ¿no me oyes?», ¡pero si la despedí antes!, qué confusa estoy.

«¿Por qué vas a Rhakotis?... ¡Y eres tú quien me lo pregunta, Glauka, precisamente tú!»

Con ese pensamiento, que le obsesiona hace horas, desde que la vio partir, se reproduce en los labios de Krito una sonrisa a la vez de amargura y sarcasmo. Entretanto contempla sus piernas, que no necesitan todavía depilación, y sus genitales rebeldes, esos órganos que no le obedecen siempre, desconectados de su deseo, ansiosos o pasivos a destiempo, y una vez más se acuerda de Kalidea, la belleza de Esmirna, la que sin saberlo —¿o lo sabía?— lanzó una maldición sobre esos genitales, orientando toda la vida posterior del prometedor retórico que era él a los veinticuatro años... ¿cómo puede ser el amor tan autodestructor?

Desecha el pensamiento. Hay que estar al presente y el presente es vestirse cuidadosamente su femenino quitón nocturno, calzarse las sandalias de lazos dorados, rodear su frente con la cinta ámbar, perfumarse. Tiresias es su maestro, el que fue hombre y mujer sucesivamente; el doble goce es su objetivo... No, no es eso, él no se engaña, lo suyo es ostentar la degradación, lo que ellos llaman degradación, levantarla como retadora bandera. «Me echasteis al foso de la serpiente que devora sin aniquilar, pero no me destruisteis. Desde su fondo me río de vosotros.» Se arregla cuidadosamente, prevé una arriesgada representación en el teatro. Anteayer se volvió a Roma la compañía de Sútides; hoy empieza sus funciones la de Progisto, un comediante muy inferior, especializado en los dramones de brocha gorda que impresionan al público. Se representa *Espartaco* y Krito se pregunta si el prefecto o sus oficiales han sido cuerdos al autorizar esa obra pues, aunque no la conoce, el tema y lo que se cuenta de Progisto –el propio actor-autor se ha cuidado de difundir detalles sugerentes en la propaganda mural por la ciudad– le hace pensar que puede ser material inflamable para la plebe alejandrina, siempre proclive al revuelo y el motín. Por si fuera poco, y con el pretexto de convertir el drama en un ejemplo disuasorio de los alteradores del orden, el actor ha obtenido de la prefectura un condenado a muerte para que, como se suele hacer en Roma, sea de verdad crucificado ante el público. Krito se siente curioso porque en Alejandría ese realismo escénico no es tan frecuente, y si hay tumulto no le preocupa su seguridad personal pues, aparte de ser muy conocido, sabe en qué áreas de las gradas encontrará compañía. Y en el peor de los casos, lo que otros llamarían una desgracia quizás fuera la solución para él. «No –se corrige–, no hay que pensar así.»

Cuando llega al teatro comprueba que no se ha equivocado. La plebe vocifera y se agita ante las puertas, iluminadas con enormes teas encendidas una a cada lado, más por llamar la atención que por exigencias de la luz, todavía suficiente para iluminar la escena hasta el ocaso. Y cuando consigue pasar hacia el área de sus conocidos, unos cuantos son los que celebran su llegada y le ofrecen asiento al lado, eligiendo Krito a dos jóvenes portadores de literas de alquiler, bastante populares y respetados en Rhakotis.

La obra es como Krito suponía. Los personajes son puro tópico, desde el emperador tiránico hasta la casta doncella y desde el malvado latifundista hasta el generoso Espartaco. Los versos son malos, pero las frecuentes arengas libertarias del esclavo y sus denuestos contra las instituciones levantan rugidos y aplausos de la multitud. El delegado del prefecto para presidir la representación se muestra incómodo en su palco y empieza a preguntarse si dispone de hombres suficientes para afrontar un desbordamiento popular. La gente, efectivamente se enardece y a ello contribuye el consumo de vituallas y, sobre todo, de vino y de cerveza. Pero a medida que crece el entusiasmo Krito se hunde más en el desánimo y se pregunta si su curiosidad sociológica se compensa participando en esa mediocridad de mal gusto. Al fin, cuando Progisto –que ha desempeñado el papel de Espartaco– se hace sustituir camino del patíbulo por el condenado real en escena, Krito no puede más y se levanta de su asiento para salir, sufriendo las burlas de espectadores que se ríen de esa dama demasiado delicada para resistir un buen drama. Una vez fuera del recinto se siente tan aliviado como si cayese de sus hombros un manto sucio.

Cruza la ciudad por el Bruquio y la Neápolis, y sigue la Vía Canópica hasta doblar a la izquierda hacia sus familiares callejuelas. En una taberna cena habas hervidas con brotes de papiro y un sarguito pescado a la mañana, desechando la cerveza para tomar en cambio agua de cebada. Acepta con alivio ese ambiente de gentes que se consuelan con pequeños extras de su rutina diaria y juegan al *senet* o a los dados, mientras comentan sucesos del barrio. Algunos interpelan a Krito, que otras veces se une a ellos, pero en esta ocasión respetan su evidente deseo de soledad.

Krito deambula luego por las calles, que durante un rato se agitan con el reflujo de la plebe, excitada al salir del teatro. Pero las cosas no han pasado a mayores; esa marea retrocede y el barrio queda con su aspecto habitual. La luna menguante da su propia sombra por compañía a un Krito que no encuentra sosiego. De ninguna manera quiere volver a la Casa Grande y en esos casos recurre a su otro hogar permanente: el cuartito de la azotea en casa de la Ursa, un discreto lupanar a cuya dueña asesoró en un proceso que le seguían y donde las chicas y los travestidos son todos amigos suyos. En ese frecuente refugio suele habitualmente reconciliarse consigo mismo, integrándose en el ambiente doméstico creado por ese ganado de figura humana, con su sensibilidad endurecida por un lado y, por otro, desbordada a veces en exageraciones lacrimosas. La Ursa es con él de una lealtad total y alguna vez ese corpachón de grandes tetas, que todavía se disfruta un macho, ha sorprendido al filósofo con su sensatez y sabiduría de la vida. En ocasiones Krito se mezcla con la clientela del patio, si la encuentra agradable, o se acuesta con alguna muchacha, pues todas ellas se alegran de holgar con alguien tan diferente. Otras veces charla un rato con ellas, las convida a alguna bebida y acaba retirándose solo a su desván, para dormir en él o sobre la misma azotea, en noches tan calientes como ésta.

Hoy preferiría la tertulia pero al entrar encuentra sentado a Yarko, el aulista, con su lazarillo al lado. Suele frecuentar esa casa, prefiriéndola a otros lupanares alejandrinos donde también los clientes le pagan para animar fiestas. Krito, cuando le descubrió en uno de ellos, se preguntó más de una vez por qué ese hombre no vendía más caro su arte en mejores escenarios que se lo disputarían. Pero al hacerse amigos Krito le reconoció semejante a él y con un paralelo destino de seres mutilados, aunque de distinta manera. Ahora, al encontrarle en la travesía del desierto que es para él esa noche, siente al fin despertado su interés.

Cuando se dirige hacia el ciego un mozalbete algo turbado por el vino confunde a Krito y le retiene por un brazo para llevárselo a la cama. Pero no está lo bastante ofuscado como para no reconocer, bajo la túnica femenina, al verdadero sexo de un rostro que no se maquilla y suelta el brazo como si le quemase, temiendo que se pueda dudar de su virilidad. Krito y las tres muchachas presentes se ríen; el joven se pica y se dispone a castigar a alguien, pero Ursa interviene. Krito sonríe:

–Eres demasiado joven todavía –le dice–. Ya llegará el momento; no estás mal.

El cliente, instruido entretanto por la dueña de quién es su interlocutor, vacila pero decide tomarlo a broma y alejarse. Krito se acerca al aulista, que ha reconocido contento su voz, y le propone tocar para él. El ciego lo celebra porque cuando trabaja para los clientes suelen pedirle vulgares tonadas o canciones de moda, algunas de las cuales entona el lazarillo, aspirante a futuro cantautor. Krito, en cambio, pide improvisaciones preferidas por el ciego.

Juntos suben a la azotea, adonde se hacen llevar cerveza y unos platitos de *nucleus,* esas tapas de taberna y de banquetes a base de piñones, sésamos, habas, ahumados, salazones y otras golosinas. Ya es tarde y ha disminuido el ruido callejero; prefieren quedarse solos al fresco, bajo la luna ya próxima al llano horizonte de poniente, entre el lago y el mar. El lazarillo se ha quedado abajo, ávido de curiosear la vida de los burdeles y aprender de paso las canciones nuevas entonadas por un cliente o alguna de las muchachas.

El aulista emboca el doble tubo y se ata la cinta detrás de la nuca. Krito se reclina contra el murete que sirve de barandilla. En la noche empiezan a flotar notas que no son todavía música sino meros sonidos, tanteos buscando continuaciones o temas... El ligero rumor de la calle se convierte en el bordoneo de fondo de la vida, como un ruido de mar o de tiempo. Y de pronto una nota se mantiene, otra la sigue, ambas intensas, puras. Nace una melodía, se echa a volar, retorna como una cinta de colores, salta como el aletazo de un ave, trina como la amorosa llamada de un pájaro... ¡Ahora sí que sabe Krito lo que quiere! ¡Ahora sí que no se oculta nada a sí mismo, ni su inútil pasión, ni el errático rumbo de su vida, ni el origen de todo! Porque de pronto la melodía recuerda a otras, en el modo lidio allá en Esmirna, en una noche de amistoso simposio, en casa del marido de Kalidea, el opulento mercader. Ella vivía las aventuras que le parecía y había dado esperanzas a Krito, y el joven retórico, poseído de sus éxitos en el foro, y sin haber aprendido nada de su desgraciada aventura ateniense, había puesto su fe en esa mujer, la había idealizado, la había creído desgraciada con aquel marido, había soñado liberarla, llevársela, triunfar en Esmirna, en Roma misma... mientras ella, con su coro de amantes, planeaba la burla escandalosa con que iban a hacer que toda la ciudad se riese de Krito... La melodía continúa, cambia, se transforma, Krito revive las consecuencias de aquello, la maldición interior pesando en su vida, la destrucción para siempre de su capacidad de amar, y recordándolo abre los ojos, se contempla con realismo implacable, se abraza a sí mismo donde está, se acepta reconciliado... Porque es tocando fondo, aunque sea en la amargura y la degradación, donde uno llega a saber quién es, y donde entonces empieza a pisar firme. Y desde lo alto, desde la noche transfigurada por la música, llega al fondo del pozo el bálsamo del arte, despierta la sensatez de la sabiduría, y Krito empieza al fin a estar en paz... Desde ese momento sólo es oído y sentimiento, olvido de los demás, envuelto en música, inundado de música, apacentado en música. Es pájaro, caballo, navegante, planeta. Es corazón latiendo.

Tarda en darse cuenta de que la música ha cesado, de que abajo no hay apenas ruido. Oye crujir la vieja escalera de madera por las cautas pisadas de una muchacha y las más fuertes del tardío cliente que la sigue hasta la yacija. Oye una voz reclamando agua. La vida le envuelve de nuevo y ve al aulista, soltándose la cinta que mantenía los tubos contra su boca.

—Amigo, amigo —le dice suavemente—. ¿Qué haces con el viento en esos tubos? ¿Cómo lo alargas, lo trenzas, lo frenas, lo aceleras, lo haces saltar o doblegar?

El aulista sonríe y tantea hasta encontrar el jarro del que bebe un trago.

—Esta noche te confesaré mi secreto... No soy yo quien lo hace; es el mismo viento que está vivo y ama los tubos estrechos con las repentinas portezuelas que se abren y cierran. Sí, te diré mi secreto. Cuando nací, en Tracia, mi madrina fue una maga de hierbas, como llamamos allá a las mujeres con poderes ocultos, y no me regaló nada. Mis padres se enfadaron, pues habían esperado que me diese la vista sin la que nací, pero ella sabía que aún no era el momento. Fue más tarde, cuando ya me apuntaba la barba. Un día se me acercó en el monte y sopló tres veces en mis dedos. Por eso el viento los reconoce y ellos a él; por eso ellos le llaman y él les obedece.

–Comprendo –dice Krito, mientras piensa de qué triste o alegre historia personal será transmutación defensiva esa leyenda.

–No, no comprendes –continúa Yarko, cambiando su tono ligero en otro melancólico–, porque aún no he terminado. Después de soplar en mis dedos la maga tocó mi corazón con su mano izquierda y me dejó una cicatriz para siempre. Por eso el viento y mis dedos sólo saben tocar como has oído.

Y ahora Krito sí comprende que en la vida de Yarko hubo otra Kalidea. Se acerca al aulista y abraza a su hermano en lo irremediable.

20. LOS REYES DE PALMIRA

De pronto una exclamación general brota de la admirada muchedumbre y todos contemplan cómo el ligero trazo que era el humo del faro, elevándose vertical en un caluroso día sin viento, se transforma en una columna oscura y densa. Es la señal: el vigía el hombre de más aguda vista en toda la ciudad, ha divisado en el horizonte la inconfundible vela verdepúrpura del mayor navío de Ahram. La *Sopdit,* una cuatrirreme expresamente enviada, con lujosos acondicionamientos especiales, al puerto sirio de Simyra para traer a Odenato y Zenobia, reyes de Palmira y gobernadores romanos de Oriente. La ciudad entera, tan ávida siempre de fiestas como de revueltas callejeras, se agolpa a lo largo de los muelles, desde el embarcadero del palacio real hasta la entrada del Heptastadio. Un viaje regio, con todo su fasto, es siempre un acontecimiento y mucho más si se trata de alguien tan admirado como Odenato, el baluarte oriental contra el persa, el que venció donde fue derrotada Roma. Acompañado, además, por una mujer ya legendaria como es Zenobia, de quien se cuentan grandezas en voz alta y secretos en voz baja, explotados éstos desde hace días por los libelistas.

Los preparativos son espléndidos; nadie recuerda nada parecido desde que el propio Valeriano hizo una escala de unas horas camino de su desgraciada campaña oriental. La real pareja será recibida por el prefecto con todos los dignatarios en el embarcadero de refulgente mármol, desde donde en literas y a caballo se trasladarán a la mansión de Ahram a lo largo de los muelles. La carrera está cubierta por una cohorte de la legión XIV de Alejandría: de esa manera, al recibirles en las gradas de su palacio, el prefecto compensa el hecho de que se alojen luego bajo el techo del Navegante. El prefecto no ha descendido aún de sus aposentos, pero en el embarcadero se encuentran ya el archidikasta, el dioiketa que administra las finanzas, varios procuradores y, con sus brillantes corazas destacando entre las blancas togas civiles, el epistratega, el navarca y otros militares de alto rango. Ligeramente detrás aguardan los personajes alejandrinos: sumos sacerdotes de diversas religiones, alabarca judío y jefes de otras comunidades, gerentes del emporio y el puerto, representación del Consejo de la ciudad gimnasiarca, principales estudiosos del Museo y de la Biblioteca, algunos grandes mercaderes entre los que se encuentra Firmus el banquero, cronistas oficiales y otras personalidades. Ahram destaca en primera fila vestido con su sencillez habitual y su daga en la faja, pero con una extraordinaria esmeralda en el turbante y unas botas de gacela del desierto. Más apartado, el grupo de su casa que llevará a los viajeros: una reducida escolta de honor y dos literas sobre fuertes asnos de alzada, en una de las cuales, con las cortinillas echadas, aguarda Glauka para recibir a Zenobia.

La tarde ya no es tan calurosa como en pleno verano y el interés del acontecimiento hace menos fatigosa la espera. Las embarcaciones fondeadas han sido obligadas a concentrarse entre el Timonio y el Heptastadio del Gran Puerto e incluso las menores han sido desplazadas al puerto Eunosto para facilitar la maniobra de entrada al imponente tonelaje de la cuatrirreme que, por supuesto, no podrá atracar. Al cabo, la gente ve descender las escalinatas de palacio al prefecto, magnífico en su toga púrpura orlada de oro por ostentar la delegación imperial, y ello hace suponer próximo al navío, seguramente avistado ya desde las terrazas. Al cabo se perciben las velas de Ahram por detrás del faro, casi fláccidas por la falta de viento, y en seguida asoma la proa y el alto casco; impulsado por las cuatro filas de remos moviéndose en perfecta sucesión, avanza levantando encajes de espuma a cada banda. La multitud ve en esa aparición el inmenso poderío de Ahram, sobre todo cuando detrás aparece la trirreme de guerra romana que escolta por cortesía a la nave y que, aun cuando más ligera, no tiene la imponente altura y volumen de esa *Sopdit,* conocida en todo el Mare Nostrum, desde el Ponto Euxino hasta las Columnas de Hércules.

De repente todos los remos quedan en alto, perpendiculares a los costados. La nave sigue avanzando hacia el muelle, desde donde ha salido ya, con Ahram y el navarca a bordo, la gran falúa de ceremonia usada por Ahram, con sus doce remeros y su entoldado a popa. Se oyen voces de mando a bordo y la caída de las anclas; el buque acaba por inmovilizarse aunque su mole tranquila, con un ligero balanceo perceptible en el mástil, sigue dando la misma impresión de fuerza que durante su avance.

Se ve a Ahram y al navarca subir a bordo, por una escala especialmente construida para comodidad de Zenobia y luego desciende con ellos la pareja real y el principito Vabalato, instalándose bajo la toldilla. En la proa se yergue un oficial sosteniendo el estandarte de

Palmira: dos palmeras de oro cruzadas sobre fondo azul y una leyenda aramea. Rápidamente la falúa atraca en el embarcadero, donde el prefecto es el primero en besar a Odenato, saludándole a la oriental, y en inclinarse ante Zenobia.

Mientras la primera autoridad va nombrando a los personajes presentes, en medio del trompeteo de los tubícines, el resonar de los atabales y el aleteo del centenar de palomas a las que se da suelta en honor de Zenobia, Glauka contempla a los recién llegados por entre las cortinas de su litera. Zenobia la sorprende por su mediana estatura y su figura oriental más bien opulenta; pero en sus movimientos reconoce un porte majestuoso y regios ademanes, propios evidentemente de una soberana. Odenato en cambio es todo un guerrero, un caudillo de ejércitos. Alto, de complexión fuerte y movimientos marciales, su cabeza se vuelve a un lado y a otro con gesto de ave rapaz que le asemeja a Ahram. En la mano izquierda lleva, colgada de la muñeca por una correílla, una pequeña fusta o bastón de mando con la que frecuentemente se golpea la pierna, cubierta por un calzón largo al estilo parto.

Durante la ceremonia la falúa realiza más viajes hasta el navío para traer al aya del niño y a otros componentes del séquito de los reyes, así como su impedimenta. Glauka contempla a Vabalato, cuyos cuatro años de edad le recuerdan al pequeño Malki de su llegada a Tanuris; pero éste iba desnudo, mientras que el pequeño príncipe camina orientalmente ataviado, muy serio delante del aya. Distraída por la conversación tarda en darse cuenta de que los reyes avanzan ya hacia las literas, acompañados de Ahram y el prefecto. Entonces se apresura a descender de su puesto y a esperar la llegada de la pareja, ante la cual se inclina profundamente, hasta que una mano la mueve a erguirse. Es la de Zenobia y, al contemplarla de cerca, se explica Glauka la fama de esa mujer, por el fulgor de los ojos oscuros y los dientes blanquísimos, en unas facciones que expresan a un tiempo sensualidad y altanería femenina: es una hembra segura de su imperio. La voz es grave y acariciante cuando, al serle indicada a Zenobia su litera y querer Glauka retirarse a la segunda, exclama la reina:

—Oh, no, querida. Conmigo, conmigo. ¡Tenemos mucho de que hablar!

Así es como Glauka se encuentra instalada con la reina mientras el niño ocupa, con su aya y la primera doncella, la segunda litera. El cortejo se pone en marcha. Tras un tribuno de la caballería avanza Odenato con el epistratega a su derecha, en representación del prefecto, y Ahram a su izquierda. Siguen el ayudante de Odenato y Mnehet, los hombres de la escolta personal palmirena, las dos literas y otros soldados, cerrando la marcha los siervos de los reyes. A un lado de la litera camina un fornido esclavo nubio llevando, con una cadena de oro, el animal favorito de Zenobia: un guepardo. Al otro lado camina el secretario, un hombre de rostro aniñado que acompaña permanentemente a la reina, cuyas primeras palabras, al instalarse junto a Glauka, son:

—¡Uf! Estaba deseando sentarme. Al saltar a tierra se movió el bote, pisé mal y me rompí un tacón. Necesitaré tu zapatero, Glauka. Y también tu masajista; me duele un poco el tobillo...

Mientras habla se quita el zapato roto —una botita persa del más fino cuero, con adornos dorados— y descubre un lindo pie, menudo y moreno. Glauka asiente y le asegura que la reparación será inmediata, celebrando esas primeras palabras tan poco pomposas, que crean ya un clima muy de «entre nosotras». Se explica mejor por momentos la conocida habilidad de la reina para atraerse adhesiones y más cuando la oye continuar:

—También necesitaré tu peluquero para antes de la cena. Asistirá el prefecto y toda esa gente, ¿no?

—Sí, majestad.
—No, no; a solas llámame Zenobia. En Roma me llamarán Septimia Zenobia y en mi lengua soy Zenobia Bath Zabbai, pero para ti Zenobia solamente.
—Gracias, señora. Tenemos un excelente peluquero y ya está avisado, con una masajista para el baño que se ocupará de vuestro tobillo: Yazila, es joven pero experta... Estaréis fatigada si el viaje ha sido penoso.
—Todos dicen que fue muy bueno y, la verdad, el barco es magnífico y se ha movido poco, pero no me gusta el mar.
—¿Os mareáis?
—¡No puedo permitírmelo! —sonríe—. Es preciso mostrarse reina también en eso. Mi pueblo admira esas cosas; le queda mucho de nómada y guerrero aunque Palmira sea hoy una ciudad bastante hermosa.
—Ahram volvió admirado.
Zenobia mira intencionadamente:
—Procuramos tratarle lo mejor que pudimos. Es un hombre extraordinario... Pero tú me pareces digna de él.
—¡Señora...!
—Sí, sí; por bueno que sea tu peluquero no podrá darme tus cabellos. Ahram había tratado de describirme su color, pero es imposible.
Mientras habla, Zenobia saluda gentilmente a la muchedumbre que les vitorea, sacando su brazo y mostrándose con las cortinas descorridas. Glauka en cambio ha cerrado las de su lado y se arrincona para que sólo la reina reciba los homenajes. En la segunda litera el principito, sujetado por su aya, saluda también a la gente como su madre, enterneciendo a las mujeres del público.
Glauka señala a la reina, de vez en cuando, los edificios ante los cuales pasan. Al ver los obeliscos Zenobia interrumpe lo que está diciendo para hacer un comentario que sorprende a Glauka:

—¡Ah, Cleopatra! Hubiese podido reinar en Roma si hubiese sido menos hembra.

Sigue con sus preocupaciones acerca de su atavío para la cena de gala y, de vez en cuando, lanza una orden a su secretario, que la anota rápidamente.

—¿Me podrán hacer para esta noche un peinado a la romana? En Palmira como siempre llevamos la cabeza cubierta, descuidamos el peinado. Quiero algo como se ve en las estatuas o en las monedas; no sé lo que estará de moda. He de irme adaptando para presentarme en Roma.

—Tendréis a vuestra exclusiva disposición al peluquero y a la peinadora... que también es hombre. El mejor de Alejandría.

—¿Uno de ésos? He oído decir que aquí no escasean. Bueno, mi secretario es eunuco y me da muy buen resultado.

—Ese peinador es excepcional; logra unas creaciones muy envidiadas. Se lo disputan todas.

Zenobia saluda al público y se vuelve a Glauka.

—Con franqueza, ¿cómo me encuentras?... ¡Tienen tanta fama de refinadas las mujeres alejandrinas!

—Estoy admirada, señora. Sinceramente. Sois toda una reina. Lo seríais aunque no lo fueseis: no sé si dicho así resulta poco respetuoso.

—Es lo mejor que me han dicho.

Glauka se sorprende de haberlo dicho sinceramente y también de la creciente confianza con que Zenobia trata a quien, después de todo, es la hetaira de Ahram. Más tarde, en el ala de huéspedes de la Casa Grande, cuando la masculina peinadora empiece su tarea, descubrirá que Zenobia posee la más espléndida y luminosa cabellera negra que ha visto jamás.

Antes ha tomado la reina su baño encerrándose en la habitación con su doncella, lo que ha sorprendido ligeramente a Glauka, pues no parece que su cuerpo tenga ningún defecto que tema revelar a otra mujer.

Y ahora, entregada a la peinadora, ya ungida y perfumada y envuelta en una magnífica túnica, sigue comentando con Glauka.

—Por fin me siento a gusto. El barco, aunque conseguí no marearme, no es para nosotras. Todo estaba muy bien acondicionado, pero era inevitable el olor a pez de la cabina, las rudas tablas, las limitaciones de la comida... ¿Cómo puede nadie sombrearte bien los ojos con ese balanceo? Prefiero el desierto, a pesar de las sacudidas del camello, porque pisas tierra firme; el inconveniente es que hay más inseguridades pues, a pesar de los guardias, un fanático dispuesto a morir siempre puede llegar hasta un rey, ¡y en Palmira no nos faltan fanáticos, con tantas sectas!

Riéndose enumera los templos y las advocaciones: helénicos, fenicios, asirios, maniqueos, zoroástricos, mistéricos, judíos... Hasta de esos nuevos de Cristo empiezan a aparecer por allí...

Glauka la escucha pensando en sus opuestas experiencias: su horrible viaje encanastada en un camello por el desierto, hasta llegar a Astafernes y, en cambio, sus apacibles navegaciones con pescadores y coraleros. La pregunta de Zenobia la sorprende pensando:

—Y tu dios ¿cuál es?

—En realidad no adoro a ninguno... Bueno, estoy agradecida a Afrodita Urania: me concedió algo muy grande.

Apenas lo ha dicho se reprocha ser tan franca con esa mujer. Otra prueba de la habilidad seductora de Zenobia, que tan pronto consigue confidencias. Habrá de estar siempre en guardia. ¡Y eso que la mujer le inspira más recelos que simpatía!

—Pues conviene adorarles. Controlan a la gente ¿no crees?

—Krito dice que los dioses, si existen, no se ocupan de nosotros –responde, para no seguir confiándose.

—¿Krito?
—Le conocerás. Un filósofo, como un hermano para Ahram. Vive aquí.

La peinadora ha terminado y la doncella se dispone a maquillarla. Ha estado hasta entonces inmóvil de pie, ocultas sus manos en sus mangas, como toda la servidumbre palmirena, en señal de respeto. Glauka se retira a su aposento, donde Eulodia la preparará para la cena de recepción que, sin ser la de los tumultuosos aniversarios ni contar con huéspedes especiales en la cripta, va a reunir bastantes invitados, además de los que oficialmente recibieron a los reyes en el muelle, bajo la presidencia del prefecto. Después de las libaciones rituales se pronunciarán también discursos políticos en honor a la amistad palmireno-romana y se intercambiarán regalos: Odenato ofrece a Ahram el mejor caballo de sus cuadras en el desierto y sedas de las caravanas para Glauka. El príncipe recibirá un cinturón de oro y Zenobia un deslumbrante collar de magníficas esmeraldas.

La cena, impecablemente organizada por Soferis y Hermonio el mayordomo, hubiera resultado aburrida para Glauka, tendida entre el segundo magistrado de la prefectura y el geógrafo Dagumpah, de no ser porque este último es una mina de curiosidades eruditas, siempre interesantes, que compensan su poco agraciado aspecto. Ahora le descubre a Glauka, por ejemplo, que el sexo de las esfinges es diferente en Siria, donde se consideran hembras, que en Egipto, donde son machos. La distinción hace reír a los dos hombres cuando Glauka pregunta si alguien ha visto alguna vez una esfinge, pero pese a la respuesta negativa los doctos escritos sobre ese híbrido ser abundan en la Biblioteca.

El programa de la visita está muy cargado. A la mañana siguiente Ahram acompaña a Odenato y sus altos funcionarios a una sesión de trabajo con el prefecto y sus colaboradores con un orden del día centrado, obviamente, sobre el panorama en Oriente, para que Odenato pueda explicarles la situación en Persia. En su última campaña, como es sabido, ha logrado cambiar la balanza otra vez en Armenia, incorporándola al sistema defensivo romano, y si por el sur no ha llegado a Ctesifonte ha sido por querer consolidar lo conquistado antes que extender peligrosamente sus líneas. Shapur, desde luego, no renuncia a sus planes expansionistas, obligando a estar siempre en guardia, pero Odenato piensa que el futuro inmediato será más bien de paz, porque el persa también desea asegurarse sus dominios. Además su victoria sobre Valeriano dos años antes le ha dado un inmenso prestigio, que capitaliza obteniendo vasallaje y tributos de pequeños estados más a oriente, e incluso presentándose ante los monarcas de Indostán como una gran potencia.

Como Roma siempre padece dificultades de tesorería, para afrontar su abastecimiento y su seguridad exterior, el tema es fundamental y por eso el prefecto se interesa por las finanzas públicas y los impuestos de Palmira, especialmente por la famosa tarifa tributaria grabada en un largo muro de piedra de casi cien codos de largo, ponderado por todos los viajeros. Odenato le ofrece los detalles posibles y así llega el momento de degustar un refrigerio. La conversación se relaja, derivando hacia cuestiones más personales. Odenato solicita información acerca de la gente importante de Roma, así como de las novedades y espectáculos de la capital, que cada año reanuda su animada vida después del verano. Finalmente abordan el tema de los cristianos, que van preocupando en Roma aunque Galieno por el momento no los persiga, pues siguen ganando adeptos a pesar de tener un dios tan extraño y ritos tan curiosos. Odenato expone que en Palmira son pocos todavía; en cambio se multiplican los maniqueos, y como sus oyentes saben poco de Mani, a quien Shapur favorece en Persia, ha de explicarles unas creencias que en algunos aspectos les recuerdan a todos lo que se dice de los cristianos, de los persas y hasta de los judíos.

Las horas pasan veloces. Los reunidos toman su baño y el almuerzo en la propia prefectura. Por la tarde, tras un descanso se celebra otra reunión en el palacio de Ahram, ya sin asistencia de ningún romano, participando todos los habituales de los consejos de Ahram, que aprovecha para desplegar ante Odenato sus progresos navales y científicos, aunque oculta, como lo ha hecho hasta entonces con todos, el descubrimiento del espíritu de fuego. Odenato queda impresionado por el equipo, en el que se reflejan mundos de la economía y de la ciencia bien distintos de su propia organización, eminentemente guerrera.

La reina y Glauka, mientras tanto, han aprovechado el día para recorrer calles, comercios y monumentos de Alejandría, después de una visita de cortesía a la esposa del prefecto. Glauka admira, una vez más, el talento de Zenobia para hacerse simpática a la gente y hasta para encajar sin alterarse una desagradable contrariedad cuando, en una pared, lee un epigrama contra ella calificándola de Reina de los Bosques, en atención al vello que cubre sus piernas, según el libelista.

—Aunque fuese verdad —ríe muy espontáneamente Zenobia—, con eso me igualaría yo a la hermosa Balkhis, la reina de Saba, que tenía la misma fama. ¿Sabes cómo lo averiguó Salomón?

Como Glauka lo ignora ella cuenta la leyenda de que el rey la condujo a una estancia con el suelo de cristal donde Balkhis, al verse tan bien reflejada creyó que era agua y alzó su vestido temiendo mojarlo. El rey vio sus piernas y comprobó la fama pero eso no le impidió a ella seducirle con su belleza. Zenobia ríe al contarlo, pero Glauka no puede dejar de pensar en el discreto aislamiento con que la reina ha tomado su baño. Y si es tan sólo eso, ¿por qué no depilarse, como hacen incluso los hombres en el mundo romano?

A la tarde Soferis les sugiere asistir al teatro si les interesa. Está anunciada una atelana titulada *El mejor de los amantes* y el nudo de la intriga es que el dios Poseidón, desdeñado por una princesa castísima de la que está enamorado y que ama a otro, se venga convirtiendo en asno al adorador de la muchacha. Alejandría está toda alborotada porque el realismo escénico lleva a que el público presencie, según se ha anunciado, la penetración de la joven por el asno, a lo que se presta el actor encargado del papel femenino. La incertidumbre del público ante semejante estreno es si esa penetración la hará otro actor disfrazado de asno o si serán capaces de sacar a escena un asno de verdad y prepararlo para desempeñar realmente su papel. Soferis cuenta, riendo, que por la calle se cruzan ya numerosas apuestas.

Afortunadamente para Glauka, que no tiene interés en un espectáculo tan parecido a otros ya presenciados durante sus servicios en el burdel bizantino, la reina prefiere quedarse disfrutando del frescor de la tarde con Glauka en la galería de la fuente, donde los hombres las dejan solas con sus servidores mientras ellos se dirigen al teatro. Pero el argumento de la atelana persiste en la memoria y acaban haciendo confidencias más íntimas que las cambiadas hasta ahora.

—¿Sexo? —suspira Zenobia—. Con la vida que llevamos apenas hay tiempo. No es que para mí signifique mucho, la verdad, pero los hombres le dan tanta importancia... Resultan casi ridículos, tan pendientes de su cosita, ¿no crees?

«¿Cómo me habla así? —se sorprende Glauka—. Quizá se cree tan por encima de una hetaira, aunque sea de Ahram, que nada puede ser usado contra ella... ¡Qué segura está de su poder!»

—Hace dos años —continúa Zenobia— Odenato estaba alarmado por un posible ataque de Shapur, con unas tropas muy superiores a las suyas en infantería, y no pudo ser hombre conmigo durante varias noches. ¿Querrás creer que eso le preocupaba más que Shapur? Y a mí también, la verdad, porque en esos casos los hombres suelen irse en busca de otros estímulos mejores...

Ha caído ya el crepúsculo, las aves duermen ya y sólo el susurro de la fuentecilla llena las interrupciones del diálogo.

Glauka, pese a su intención de mantenerse reservada, no puede resistir la tentación de mostrarse superior.

—Si vuelve a ocurrir eso, prueba con sus pies.
—¿Los de Odenato?
—Sí, a veces da resultado. Mira, le descalzas y...

Glauka describe la técnica transmitida desde China para el masaje en la prominencia bajo los pulgares, la succión lenta de los dedos, el cosquilleo de las plantas... Zenobia, en su diván, se incorpora sobre el codo, acerca su cara a la de Glauka y devora las palabras.

—¿Es cierto eso? ¿Lo has comprobado...? ¿Con Ahram?
—No ha hecho falta —sonríe, superior, Glauka—. Pero lo he visto, en el harem de Astafernes, a quien me vendieron los piratas.
—¿Era atractivo aquel hombre, al menos?

Ríen las dos:
—Oh, no; era gordo y untuoso... aunque muy refinado. Admirable en ciertos aspectos. Pero daba igual, nunca fui «elevada a su lecho» como decía su Gran Eunuco. Las mujeres sólo estábamos para su prestigio y para sus huéspedes. Él prefería los muchachos.
—Nosotras podemos ofrecer lo mismo —se ufana Zenobia.

Glauka no sabe qué le extraña más: si su propia franqueza o las confidencias de la reina. Pero es una noche en la que parece natural todo, allí en la frescura, con los aromas del parque confundiéndose con ese olor nuevo e indescriptible del pebetero encendido por la doncella de Zenobia. Un olor que lo hace todo ligero, aéreo y, a la vez, intenso. Cualquier deseo parece posible con él y al alcance de la mano.

—No estoy segura. Astafernes afirmaba que el orificio viril es más resistente y opresor; más excitante.

Zenobia logra disimular la impresión que le produce esa frase, oída ya a Odenato en un banquete un tanto licencioso en Palmira, aunque se refería a terceros. Y piensa que su actual secretario le fue proporcionado, cuando se casaron, por el propio Odenato, que elogió sus capacidades intelectuales, innegables desde luego.

—¿Y qué hacíais las mujeres en aquel harem?

—Comer dulces y engordar, espiarnos, jugar al tablero o a lanzarnos pelotas y escondernos en el jardín. Sobre todo intrigar. La menor cosa daba para hablar días enteros sobre todo si significaba el más mínimo favor o disfavor para cualquiera de nosotras o para los eunucos o los muchachos... Yo aproveché para aprender a tejer, a maquillar, a usar plantas para medicinas o cosméticos... Y aprendí allí el idioma.

—Lo que yo decía. El sexo para nosotras no es tan importante.

—No creas. Se formaban parejas femeninas; se vivían historias de amor y de celos. Los olisbos aparecían por todas partes. Algunas tenían una colección, como un hombre tiene una colección de armas. Un viejo eunuco era un artista tallándolos. En marfil, en madera, en jade o mármol... ¡qué sé yo! Los hacía rugosos o lisos, más o menos grandes. Incluso de metal o de badana rellena.

Glauka se da cuenta de que exagera, se excede, pero algo la arrebata en esa noche tan extrañamente perfumada. Se siente como flotante, ajena a sí misma, irresponsable. Además experimenta un placer malévolo al mostrarse superior a Zenobia en algo que, curiosamente, ella desdeña, porque siempre ha rechazado los simulacros. Por eso mismo trata de llevar la conversación desde el sexo hacia el amor, pero Zenobia tampoco parece darle demasiada importancia, como si hubiera otros bienes más preciados. Al contrario, pasa sobre el amor para ir a parar a los hombres y a sus planes, intentando una conversación sobre los proyectos de Ahram y Odenato que ambas conocen. Pero por esa vía el interés de Glauka languidece y, además, el embrujo de la noche no le impide mantener firme la guardia, mientras siguen charlando en espera de los hombres.

A la mañana siguiente Ahram y Odenato embarcan muy temprano, con sus colaboradores, en un nuevo buque ligero, para dar una ojeada a los astilleros de Antiphrae, ya que Ahram no puede llevarle, por falta de tiempo, a los más importantes del sur. Horas después, Zenobia concede una audiencia colectiva a las damas importantes de Alejandría y entre ellas retiene para una conversación a Clea, recordando haberla conocido en Palmira cuando residió allí con su anterior marido el epistratega. Clea aprovecha para entregarle respetuosamente un memorial referente a los deseos de una persona amiga suya en Palmira. La reina entrega el pergamino a su secretario y atiende a otra dama, mientras Clea cambia unas palabras con Glauka antes de retirarse. Terminado el acto Zenobia confesará a Glauka, entre otros comentarios, que no piensa hacer el menor caso de la petición porque Clea, durante su estancia en Palmira, empezó mostrándose muy asidua en la corte para acabar luego distanciándose de Zenobia, de una manera extraña.

Almuerzan solas porque el Euro retrasa el retorno de los hombres desde los astilleros, acompañándolas únicamente Krito que, para sorpresa de Glauka, no se muestra especialmente brillante. Zenobia piensa ya en la inmediata partida de Alejandría y quizás por eso no vuelven a plantearse temas importantes: solamente comentarios acerca de la Roma que va a encontrar Zenobia o sobre las dos magníficas pelucas que ha adquirido ella para seguir el viaje. Los precios en tetradracmas o en denarios se mezclan con noticias de Zenobia sobre Palmira y, especialmente, sobre el fascinante mercado de las caravanas y las informaciones que con ellas llegan de tierras muy lejanas. Krito les habla de la representación teatral de la víspera –ganaron los apostantes por un burro de verdad, aunque el mimo fue sustituido en esa escena por un profesional alejandrino con conocidísima capacidad de admisión– y añade que al ser algo corta la atelana se completó el espectáculo con un concurso final de bellezas por votación popular, ganado por una protegida de Dofinia.

Al fin, bien rebasado el mediodía, arriba la nave con las banderas de Ahram y Palmira, y desde ese momento todos se consagran a trasbordar a la cuatrirreme a los viajeros. En la despedida, con altos funcionarios de la prefectura y el propio prefecto en la escalinata del palacio, se abrevia el protocolo, pues quieren aprovechar el mismo viento que les retrasó para navegar hacia el oeste rumbo al fondeadero de Taposiris, evitando así viajar durante la noche.

¡Por fin se fueron! ¡Qué par de días más apartada de mis costumbres! Aunque no ha sido tan difícil; le temía yo a este conocimiento de Zenobia, a sus impresiones sobre mí, siempre me resistí a ir a Palmira, en su último viaje Ahram estaba bien dispuesto a llevarme, aquí no ha sido tan difícil, pero sí muy confuso, no sé qué pensar, ¿qué es esa mujer?, por un lado atrae, seduce, ¡qué hábil!, por otro previene una piensa que hay algo más, conmigo encantadora, aunque a veces marcase distancias, lo comprendo, y sin embargo me desconcierta, por supuesto le obsesiona el poder, en eso es como Ahram, ¡cuánto temo, Afrodita, lo bien que podrían entenderse en ese terreno!, más incluso que Odenato, él a guerrear, ella le empuja, pero él no pediría más, soberano de su patria, imprescindible para Roma, ella aspira al mundo entero, su comentario sobre Cleopatra, y lo aprovecha todo, el guepardo encadenado, en cuanto llegamos a la Casa dejó de verlo, mandó apartarlo, es para el público, «impresiona ¿verdad?, es casi una pantera –me dijo–, pero cerca huele mal y puede hacer daño. Es bonito, sobre todo cazando; a la carrera ese animal es una belleza», sí, Zenobia es cazadora, le brillaban los ojos al decírmelo, resplandecían sus dientes, es curioso, con su tipo uno la vería más en un harem, lánguida, tendida en los divanes, pero esa mirada, ese imperio, ese alerta constante, la ambición es su nervio, y luego a veces se me ha confiado, ¿o también era seducción?, no sé qué pensar, la última noche, interesada en el sexo pero en la técnica solamente, es más sensual que sexual, y lo usa como arma, a Krito no le afectó, se mostraba indiferente, en cambio Ahram impresionado, perdería la cabeza por ella, menos mal que están tan lejos, ella no haría más que utilizarle, pero la mira embobado, Krito en cambio frío durante la comida, se lo reproché cuando se fueron, mientras Ahram se iba a la prefectura a comentar la estancia Krito se ha disculpado, no pudo remediarlo, no le dice nada esa mujer, pero comprende mi desconcierto, me lo explica, «Es mujer contradictoria, fruto de la frontera, de la encrucijada de caravanas, como yo mismo, ya sabes, nacido en Clazomene y criado en Teos, entre Jonia y Eolia y ambas a su vez entre Grecia y Oriente», dice que las fronteras son confusas pero creadoras, en ellas hierve la vida más que en los centros, «¡y hay tantas fronteras!: la piel de nuestro cuerpo, los linderos geográficos, los tiempos entre dos épocas, el que estamos viviendo ahora, Glauka, entre el final de Roma y el futuro», qué seguro está de eso, yo no lo veo tan claro, pero ese futuro no me incumbe, me importa el presente, quisiera menos incertidumbre, ver si esa pareja real está de verdad al lado de Ahram y para siempre, eso es lo que me importa, ¿quiere ella a Odenato?, «todo lo hago por él, se lo merece todo», ¡cuéntaselo a otra!, si yo fuese hombre me podrías engañar, pero soy mujer y veo tu pasión, es el poder y no el amor, pero qué hábil para herir mientras sonríes, mil elogios de Alejandría, pero luego el canto a Palmira, «este lago que tenéis al lado huele a estancado, todo lo de Asia lo recibimos antes, el desierto que nos rodea es una barrera defensiva», su orgullo de Palmira, una calle con columnas comparable con la nuestra, «en cierto sentido mejor, en los fustes hay ménsulas para sostener estatuas de dioses y ciudadanos, una lección para el pueblo, una presencia...»

Su falsa tolerancia, su astuta condescendencia convertida en superioridad, pero a mí qué me importa, mejor que me desdeñe, anoche dejándome hablar del sexo para luego llevarme a su alcoba y enseñarme su olisbos, de marfil pero con funda de seda, ¡qué idea más estupenda!, bien ajustada, la costura invisible, me hablaba triunfante, «no puedes figurarte, qué tacto, liso pero rozante, ya me entiendes, por supuesto cambio la funda cada vez, allí es imprescindible, vivimos más encerradas, yo puedo salir pero siempre hay testigos, Odenato en largas campañas, o esto o entre mujeres, ¿a ti te gusta?», claro que me gusta, pero con una Domicia, con Clea fue mera gimnasia, sólo el placer, ¿cómo sería con Zenobia?, claramente me invitaba, era curiosidad morbosa, igual que con Clea, estoy segura, en todo caso la técnica del pie no la sabía, ese olisbos fue su revancha, y no le importa el Odenato ausente, al contrario, mientras tanto ella gobierna, no me importa que triunfe sobre mí, Ahram es mío y está satisfecho, la etapa en Alejandría un éxito, por cierto Clea me engañó el otro día, me dijo que había tratado poco a Zenobia, ahora resulta que fue asidua del palacio real, ¿o acaso es Zenobia la que miente?, no encajan sus versiones, no me fío de ninguna, ¿que se dirían de verdad en su charla?, otro detalle más para sospechar de ambas, lo comentaré con mi Ahram.

Ahram es mío, sí, por eso soy suya, pero anoche no fueron al teatro, o si fueron se escaparon pronto, me fío más de Krito cuando nos dijo que en la famosa escena actuó un burro, Ahram contó que otro actor con piel de asno, no vieron la obra completa, ¿dónde irían?, seguro que se dejaron ver al principio en el palco del prefecto, se lo había cedido, y cuando empezó la comedia se retiraron adentro, se escabulleron, Krito estará enterado, pero no lo dirá, o quizás a mí sí, está raro últimamente, sigue extraño, tengo que aclarar con él las cosas, amigo imprescindible, no me imagino sin él, le necesito en este mundo complicado, me devuelve el norte en estas intrigas de poder que no me importan, él me lo dirá, pero yo lo adivino, se fueron con mujeres, como todos, la verdad es que Zenobia ha de pesarle a Odenato aunque le sea también imprescindible, aunque gobierne ella, y no le da el Vértigo, seguro, Odenato buscándolo, pasar por Alejandría y no probar sus mujeres, imposible, con la fama que tienen, se irían donde Dofinia, o algo mejor, algunas damas de aquí, se volverían locas, alguien lo arreglaría, el mayordomo, cualquiera, pero eso no me importa, como no me importa Clea, otra por el estilo, el Ahram verdadero es sólo mío, el que lleva el niño dentro, el otro es un hombre más, ha de hacer su papel de hombre, incluso por prestigio.

Y el prestigio ha crecido, la etapa un éxito, ha quedado contento, los reyes complacidos, los alejandrinos enterándose de lo que es el Navegante, y más poder: lo que le importa, ahora volver a nuestra vida, los problemas permanentes, me ha impresionado Sinuit, nadie se ha ocupado de ella, yo no podía atada a la reina, ¡qué apagada la he encontrado!, aunque la ilusionaba el protocolo, estar en primera fila, figurar en la cena, pero el marido ni caso, muy en Excelso Señor y representante del Consejo, su pobre mujer oscurecida, sólo Krito a su lado muchas veces, yo se lo pedí, ¡qué hombre tan sensible, qué capaz de ternura!, alarmado también por ella, la ha encontrado sin ánimo, desengañada, solamente su hijo, pero también alejado, el egoísmo de los jóvenes, además ya Malki en el gimnasio, «no tiene ganas de vivir», dice Krito, Malki viene más por aquí que a Tanuris cuando está libre, le propusimos a Sinuit que viviera con nosotros, más cerca de su hijo, no aceptó, Neferhotep la disuade me parece, está más libre viniendo él solo a Alejandría, sabemos que tiene amigas, las visita, lo dice Eulodia, quizás se equivoque, pero estos cristianos muy bien informados, se lo comunican todo, qué leal esa mujer, no olvida que Krito la salvó, preocupada por él, por su extraño vivir, a veces me asombro, no comprende que alguien tan sabio no sea religioso, aunque fueran dioses paganos, Krito se ríe oyéndola, pero con cariño, dice que él está fuera de todos los Olimpos, él es hombre de frontera, siempre aplica esa idea, distinguir entre frontera y centro, ¡qué sugestiva cuando me la expuso!, ayer aplicándola a Zenobia, también Odenato, árabe pero romanizado, su abuelo Hassan ibn Udhaina fue ya senador romano hace treinta y dos años, los Udhaina, los Odenatos, entrenado en infantería romana pero conocedor de la caballería parta, y nómada con los dromedarios, yo también fronteriza, entre el mar y la tierra, entre sirena y mujer, aunque ya no, el retorno imposible, mujer hasta el final, como Tiresias, el modelo de Krito, me encanta ese personaje, sirenidad perdida, pero algo puede quedar, una perspectiva distinta, por eso mis recelos ante Zenobia, no acabo de entenderla, ¿seguirá leal a Ahram en el futuro?, ¿pensará en él sólo como instrumento?, necesitan los navíos pero ¿y luego?, desde los barcos solos no se dominan imperios, y ella tiene uno, Egipto no es de Ahram aunque lo crea, Krito se lo hace notar siempre, ¿pensará ella también en Egipto?, ¿lo deseará después?, no entiendo, no es mi mundo, claro que Roma lo impediría, Egipto es tesoro personal del emperador, ¿pero y con Roma debilitada?, me pierdo en ese terreno, menos mal Odenato, se entiende con Ahram, casi me alegro de que anoche se escaparan juntos, una complicidad, eso une a los hombres, sus pequeñas pillerías, y él piensa en más al este, en la India, ¿por qué no?, para eso los barcos, si Alejandro Magno los hubiera tenido mejores quién sabe a dónde hubiese llegado, Ahram siempre lo recuerda, también piensa en la India, de Odenato me fío más pero Zenobia, Zenobia... va a Roma para conquistar, es muy capaz, tan seductora, a su lado yo me controlaba peor, aflojaba mis riendas, ¿o era aquel pebetero?, ¿qué quemaría allí su doncella?...

Se lo dije a Filópator, este barco necesita algo más de quilla, buen casco y rápido, buena arboladura coge bien el viento, pero demasiado abierto al balanceo. Un riesgo en la tormenta, menos mal que tuvimos buen tiempo, demasiado, y viento contrario para volver de Antiphrae. Justo el que yo quería para retrasar la vuelta, a ver si les convencía de que se quedaran una noche más. Pero Zenobia se empeñó en partir, mala suerte. ¡Estaba todo tan bien calculado entre Clea y yo!

Ha fallado esa noche, pero el resto un éxito. Ahora saben de verdad los alejandrinos quién es Ahram el Navegante: el anfitrión de un rey, a su altura. Al prefecto lo tengo impresionado, al imponer Odenato mi presencia en la entrevista entre ellos dos, como si yo fuera un dignatario imperial. ¡Lástima una estancia tan corta!; hubiera sido bueno llevar a Odenato al sur, al Campo Esmeralda. Allí vería a mis técnicos; tendría idea de lo que preparamos. No sólo pongo mis barcos en nuestra empresa, también mis sabios, que van a dar muchas sorpresas. El que tenga mejor técnica impondrá su poder en el futuro y los romanos no inventan, aunque construyan. Pero no les podía retener aquí mucho más; en Roma habrán de estar días y empieza la estación no navegable. ¡Cómo se pierde el tiempo entre la burocracia imperial! A lo mejor a su vuelta, si la fecha lo permite, podrá ver Odenato la doble nave ya en marcha, en Antiphrae no construyo lo mejor. Tampoco convenía enseñarle más viniendo el navarca. A ver si a la vuelta pueden quedarse un par de días.

La llegada fue espléndida, que aprendan en Alejandría. Estaban todos y los ausentes en el muelle del palacio rabiando por estar. ¿Qué hacía allí Firmus?, yo no le invité. No tiene cargo público, aunque sea un ciudadano importante. Tendrá que aclarármelo Soferis; seguramente le habrá invitado la prefectura. ¿No dice que no le interesa la política? Pues se mueve demasiado para que sea cierto. Tendremos que vigilarle más de cerca. No es verdad lo que dice. Su especulación en granos para el monopolio imperial le relaciona mucho con los templos y los sacerdotes: los grandes terratenientes del país. Y hablaba mucho con mi yerno; ¿querrá Neferhotep volar por su cuenta? Pero ¡si yo soy sus alas! Y mi hija descuidada; tiene razón Glauka, no está bien de salud. La culpa es de ella, por no plantarse ante el marido. Tenía que venirse aquí, Tanuris seguiría dando las mismas rentas. Pero es débil, se deja avasallar. Su madre era lo mismo, ¡si no me hubiese yo cuidado de ella!

¡Magnífico caballo! Un potro para un emperador. Tú lo montarás, Malki; desfilarás un día al frente de todos en ese caballo. Tú vivirás la obra de tu abuelo. No serás un egipcio gordo e intrigante como tu padre; serás como Odenato, pero sabiendo más del mundo, porque yo te enseñaré. Le hiciste muy buena impresión al rey y el gimnasiarca habló muy bien de ti, vales para la lucha en la palestra. Un regalo espléndido. Y las sedas para Glauka magníficas. ¡Cómo lucirán en su cuerpo! Gran consideración hacia ella. Hay colores como pensados para su pelo. La ventaja de controlar las caravanas; se elige lo mejor. Claro que mis esmeraldas impresionaron a Zenobia; y el cinturón de placas de oro era digno de Odenato; en la cena lucieron ambas cosas.

Han hablado mucho las dos, Glauka está contenta de sus conversaciones, aunque aún no ha podido darme detalles. Tengo curiosidad por saber qué piensa de la reina. Las mujeres no se aprecian unas a otras, sobre todo cuando valen. Seguro que me señalará defectos. Y claro que Zenobia los tiene, como todos, pero es la esposa ideal para un monarca. Con la gente de aquí sensacional. Me gustaría haberlas escuchado a las dos. Debía de estar preocupada pensando en el viaje a Roma; es muy importante para ellos, para todos nosotros. Sería eso, porque la he visto menos propicia que en Palmira. ¡Aquella noche mágica, bajo las estrellas, con el humo de los pebeteros! Cuando llegamos ayer y las encontramos en la galería olía igual. Me sentí como en Palmira. ¡No haber podido hablar a solas con ella! Y empeñada en zarpar, a pesar de nuestro tardío retorno. No me sirvió de nada retrasar la vuelta. El piloto asombrado de mis maniobras. El navarca algo menos, pero yo le dije que conocía mi buque; le hablé de la quilla insuficiente y lo aceptó. Artabo me adivinaba, ¡qué ojillos de pícaro ponía al mirarme! ¿Por qué se ha empeñado ella en marcharse, en negarme la entrevista a solas, durante la noche? ¡Estaba todo tan calculado! Logré encandilar a Odenato con Clea que estaba conforme. ¡Nada menos que en la cama de un rey, y buen mozo como Odenato! Para él una romana de lujo, esposa del navarca, ¡vaya bocado! Con la alcoba de Odenato separada yo hubiera podido visitar a Zenobia y ¡quién sabe! En Palmira se insinuaba. ¿Habrá cambiado alguna cosa? Por lo menos hubiéramos hablado íntimamente, la conocería mejor. Mujer de muchos recursos. Quizás ha temido que nos sorprendiera Odenato. Pero ¿cómo decirle que iba a estar retenido por Clea? A ver si a su retorno, disipada la preocupación por Roma. Es seductora, pero lo que me importa es su política; manda mucho en Odenato. Y es ambiciosa, muy ambiciosa. Interesará verla después de su estancia en Roma, a ver qué efecto le ha hecho. Muy ambiciosa; hay que estar alerta.

¿Acaso le molestaría no haber asistido a nuestro Consejo, como yo estuve en el suyo palmireno? Pero lo compartió al principio; conoció a toda mi gente y luego no podía quedarse, tenía que visitar a la prefecta. Además Odenato asistió a todo. Le impresionaron mis amigos. El informe técnico de Filópator más que nada. Le sorprendió conocer mi buena red de agentes; para comprobarlo hice a Dicantro exponer la situación en Palmira. Tuve una gran idea en mandarle allí con tiempo; acababa de llegar. Dijo cosas incluso fuertes, pidiendo perdón y expresando su respeto: los rumores en Palmira acerca de los reyes. Odenato en parte lo celebraba y me felicitaba pero en parte se alarmaba. Lo encajó muy bien. No estaría ella enfadada por eso. Y Krito brillantísimo, con esas ideas que viene teniendo: el futuro es del Sur. Grecia es el pasado, Roma y Persia dos grandes potencias, pero ambas ya en declive. El futuro es la orilla sur del Mare Nostrum y lo desconocido más al sur aún. Desde las Columnas de Hércules hasta el Indo. Y más allá del Indo. El mundo es más grande que Roma y Persia: el mundo del futuro.

Odenato impresionado, ¡no sabía lo que puede hacer Krito con la palabra! Se considera un Alejandro y más que Alejandro; con la técnica de hoy se puede más, las naves del macedónico eran canoas comparadas con las mías. Yo puedo desembarcarle en la India. Pero eso será para más adelante. Antes hay que doblarle las rodillas a Roma; apoyarnos en Palmira con Oriente y mis barcos con bases en Egipto. Y no creo que necesitemos un faraón como pretende ese Antonino del templo de Canope; puede ser otro gobernante. Los campesinos egipcios no se amotinan; sólo son las ciudades y éstas se controlan. Además sé cómo arrastrar a los campesinos: basta con darles las tierras de los templos que ellos cultivan, explotados por los sacerdotes. Krito dice que creen demasiado en los dioses. Pero ¿y si dejan de creer? Hay cada vez más cristianos en el campo y ésos serían felices poseyendo esa tierra. Seguirían al que se la diera y les dejara practicar su religión. Tendré que hablar con Glauka. Su Eulodia puede relacionarme con los cristianos de aquí, los clandestinos, no me interesan sus jefes, me hablarían más de su dios. Egipto puede ser nuestro fácilmente. Y dirigir con Palmira ese gran sur de Krito. En algo le doy la razón: el gran enfrentamiento actual no es ya entre Roma y Persia, esa vieja pelea del este contra el oeste, sino entre el sur y el norte. Los esclavos contra los dueños de las riquezas, en un lado y en otro. De este lado es Mauritania, Numidia, y Cirene y los demás; del otro Armenia, Sogdiana, Bactria, Hyrcania... esas tierras que conoce Dagumpah. La sesión del Consejo fue un éxito; vio claramente Odenato quién es Ahram. Y lo comprobó en el astillero de Antiphrae: los sistemas de organización del trabajo de Filópator y nuestras máquinas auxiliares no existen en ningún otro sitio. Ni en la misma Roma.

Buena idea asomarnos al teatro y hacernos ver allí,

para escabullirnos pronto a la casita preparada para nosotros por Dofinia. Esa mujer hace bien las cosas; aunque cobrase el doble valdría la pena. Odenato estaba harto ya de conversaciones oficiales; el cuerpo le pedía otra cosa. Maravillosas muchachas sirviéndonos la cena. La gran sorpresa se la llevó cuando aparecieron Clea y su amiga. Casi me abraza Odenato. «¡No te iba a ofrecer pupilas de la casa!», le dije. Ya se había fijado en Clea durante la cena que le ofrecí, formaba parte del plan. Era un buen contraste frente a las opulentas formas de sus mujeres. Y hubiera podido tenerla además toda esta noche en su alcoba, pero Zenobia lo ha trastornado todo... ¿Llegaría a sospechar algo? Es muy capaz; podría ser la explicación de sus prisas... Por poco nos descubren cuando volvimos, con la pregunta sobre la escena del teatro. Hube de improvisar. Ya me enteraré mañana: si sacaron un burro de verdad le diré a Glauka que me pareció poco delicado para contárselo a la reina... No, no sospechaban mi plan; es que Zenobia está obsesionada con Roma, se juegan mucho en el viaje. Y yo también; quién sabe lo que puede ofrecerle el emperador, que tanto le necesita ahora. ¿Podría Odenato cambiar de campo y unirse lealmente a Roma...? No, no lo creo; Roma ya no puede ofrecerle más. Y yo tengo mi destino, mis dos luceros. Hasta ha llegado hoy una paloma del Campo Esmeralda con buenas noticias sobre el espíritu de fuego. Por cierto, la nueva masajista, Yazila, estaba curioseando sobre mi tablero mientras yo me secaba; ¿habrá visto el mensaje? Tendré que andar con ojo. Podría espiar para su padre. Es más agradable verla que a la difunta. Su cuerpo encandila como el de las negritas del rey Mlango, moreno, bonitos pechos. Y esos ojitos redondos siempre risueños, mirando a todas partes, provocativos... Pero a Glauka le haría daño saberla en mi cama; otras no le importan pero ésta le hizo todo el daño que pudo en Tanuris... Lástima, me gusta, está mejor que la amiga de Clea anoche. ¡En fin, dichosas mujeres!

Volverán de Roma satisfechos y verán que aquello es un elefante muerto de pie; sólo falta desjarretarlo y caerá. Tendré entonces tiempo para llevarme a Odenato al sur, al Campo Esmeralda, con Zenobia si quiere acompañarnos. Dispondré aquí alguna noche para que él goce bien de Clea y ésta procure sonsacarle sus intenciones... ¡Y quién sabe lo que puedo lograr con Zenobia...! ¡Adelante, Ahram, adelante hacia tu destino!

21. EL CANTO DE LA SIRENA

Ahram pasea por el salón una mirada complacida. Hermonio fue siempre un excelente mayordomo, pero la supervisión de Glauka le hace superarse con un acierto manifestado en la disposición de las flores y en las renovadas cubiertas de los triclinios. El sol de poniente dora el mármol en la colosal estructura del faro, todavía apagado, e ilumina al otro lado del puerto el hermoso palacio real, envuelto en sus jardines con el templo de Isis Lókida. Ese paisaje se ofrecerá a los ojos del nuevo prefecto durante la cena hasta que, diluyéndose en la noche, reaparezca enrojecido por la alta hoguera del faro. Esta vez los comensales no son muchos: dieciocho en total, distribuidos en seis triclinios, dispuestos formando dos herraduras enfrentadas para que todos se vean durante el simposio. Una mujer en cada triclinio estimulando la intención y la palabra, sin alentar todavía los deseos, que podrán satisfacer más tarde, cuando aparezcan las danzarinas y los muchachos, quienes no prefieran retirarse apaciblemente. Hasta ese momento sólo la suave música del aulos y el arpa, con alguna canción, gracias a Yarko, requerido por Krito para gozo de

Glauka, y a Marsia, la arpista incorporada desde Tanuris al servicio del palacio, a la muerte de Sinuit. Además de recibir por primera vez al nuevo prefecto –un hábil mercader de Cartago, nombrado por haber prestado servicios a la casa imperial sin dejar de enriquecerse–, la reunión ofrece una despedida al navarca Gelio Anneo y a su esposa Clea, que muy a disgusto parten para otro destino militar en Éfeso, después de cuatro años en Alejandría, sobreviviendo a dos cambios de prefecto. Ahram contempla esa partida con indiferencia, casi con alivio. La utilidad de Clea para la información secreta costó más de lo que suministró, pues casi todos sus informes llegaron también por otras vías, y sólo ofreció el beneficio de tener siempre propicio al navarca. Las picantes entrevistas de las primeras semanas no retuvieron mucho a Ahram porque las preferencias eróticas de la dama no coincidían con las suyas y pronto las redujo a una cortés convivencia; si bien Krito continuó manteniendo hasta el final unas relaciones de las que se obtuvieron los datos más interesantes, relativos sobre todo a la administración imperial en Egipto. Como siempre a la llegada de un nuevo prefecto, hay que reajustar las vías de información y Ahram confía en que el simposio, con el vino y la buena compañía, le permita empezar a conocer el talante del recién nombrado. Por añadidura, asistirá un invitado notable, de paso por Alejandría: un noble armenio emparentado con el recientemente fallecido Tirádates, miembro por tanto de una de las familias alguna vez reinantes en su país y bien recibido en Roma por su posición y su cultura. El propio prefecto sugirió que se invitase a ese Tigram Fenesiades, al mismo tiempo que excusaba la asistencia de su esposa, todavía viajando desde Roma.

Entran ahora los acompañantes, los dos músicos y las cuatro muchachas enviadas por Dofinia para alegrar con su belleza y participar en la conversación. Hermonio entra y sale dando los últimos toques y disponiendo los servicios. Las mesas auxiliares están dispuestas con los aperitivos y las cráteras de bebidas: vino para mezclar con agua, cerveza, hidromiel y refrescos. Hace rato que un humo suavemente perfumado se desprende de los pebeteros. Ahram saluda a las muchachas, les dedica unas frases de aprecio y se retira para volver con Glauka cuando le comuniquen la llegada de los primeros invitados.

Al fin están reunidos todos los comensales, tendidos en los divanes. Ahram procede a la libación ritual, esta vez en honor de Poseidón, y propone como simposiarca al prefecto, de acuerdo con las normas de cortesía. Todos aceptan y el alto funcionario presenta su cabeza para que la propia Glauka a su derecha en el diván, le corone con una guirnalda como director de la reunión. Acepta el nombramiento con unas palabras de gratitud y de elogio a la compañera de su anfitrión, sobre cuyos hermosísimos cabellos –dice– se sentirían más a gusto las rosas que acaba de recibir, y ofrece al dios Serapis una segunda libación, declarando abierto a continuación el diálogo. Clea pregunta al armenio, tendido a su derecha, si conocía Alejandría, y ante la respuesta negativa le pide una impresión sincera. El viajero se deshace en alabanzas, encareciendo el esplendor de la ciudad, el encanto del puerto con la importancia comercial del emporio, la efervescencia del tráfago callejero y la intensidad de la vida cultural, reflejada incluso en la abundancia e ingenio de los murales satíricos sobre la actualidad, más llamativos que en la misma Roma; aunque no siempre haya él podido captar el sentido por desconocer los apodos locales de los personajes aludidos. El comentario suscita risas generales y la evocación de algún ejemplo.

—¿Conocéis el epigrama contra Lisandro, el euteniarca? –pregunta Lysias, músico y poeta corintio, reclinado entre Clea y el ingeniero Filópator. A continuación lo recita, subrayando con picardía las duras alusiones disfrazadas.

—Es realmente una deliciosa composición —admite Kronion, el gimnasiarca— pero la acusación de acaparamiento es infundada.

—¡Bah, bah! —replica el archidikasta, Cornelio Misio, dando a entender con su actitud que en su tribunal de justicia ha visto lo suficiente como para considerar verosímil el epigrama—. Si yo pudiese hablar...

Con esa introducción ha sido fácil entrar en las comidillas de la ciudad. Unos se quejan de los panfletarios y libelistas, que invaden la intimidad y hasta afectan al honor de las personas; otros defienden el derecho a la libertad de expresión, única garantía de la democracia, y Krito hace notar, cínicamente, que algunos aludidos se felicitan de adquirir así popularidad. Los funcionarios presentes sostienen que ya la administración pública y los tribunales velan por esos derechos y libertad, dentro naturalmente de un orden, indispensable para la convivencia. La palabra «orden» suscita enseguida el tema que apasiona cada día más a las gentes bien pensantes: el de la inseguridad en las calles.

—Yo todavía recuerdo —declara Serapion, el venerable decano de historiadores del Museo y notable filósofo, todavía muy lúcido a pesar de sus setenta años— cuando se podía pasear tranquilamente al oscurecer, incluso en el barrio de los marineros...

—¿Y también por detrás del Museo? —interrumpe pícaro el poeta, porque en ese barrio de estudiantes abundan las tabernas y las casas de lenocinio.

—También, aunque no tanto —sonríe Serapion antes de continuar—. Los peligros allí eran de otro género, y de todos modos se podía transitar sin riesgo.

Todos tienen algo que decir. El navarca se manifiesta en defensa de la policía urbana, aunque casi todos citan algún caso de violencia. La misma Dídima, para apoyar a Serapion, afirma haber sido robada una noche tornando a su domicilio. Es una de las cuatro muchachas facilitadas por Dofinia, una macedonia morena, alta, hermosa, con un cuerpo más de Palas Atenea que de Afrodita, apenas velado por artísticas gasas.

–¿Solamente robada? ¡Cómo han degenerado los ladrones de esta ciudad! –piropea el navarca.

Se habla de violaciones, incluso a mujeres acompañadas, y se pasa a otros temas de la ciudad, desgranados sucesivamente a preguntas del armenio. Se fragmenta la conversación entre los dos tríos de triclinios enfrentados, con eventuales voces reclamando bebidas o elogiando los platos. La inseguridad, la suciedad del puerto, la brutalidad a veces de la policía, el retraso de la justicia, las exageraciones del fisco y la proliferación de travestidos son temas en los que todos se sienten capaces de participar. Más complicada, por sus tecnicismos financieros, es la cuestión monetaria con la depreciación bimetalista, que ha acabado con la paridad del áureo establecida en quince denarios de plata, pero todos perciben y lamentan la consiguiente alza de precios, especialmente las mujeres hablando de los artículos domésticos y los vestidos.

–Al menos –observa con galantería el armenio– si las telas son caras también son exquisitas. Se viste en Alejandría como en pocas ciudades.

–¿Mejor que en Antioquía? –provoca coquetamente la bizantina Harmisia, mientras lleva a sus gordezuelos labios un trocito de jibia sazonado con *garu*.

–¡Cuidado, viajero! –advierte Ahram–. La muchacha ha llegado hace poco de Antioquía y guarda muy buenos recuerdos.

–Admiro esa ciudad y admiro a la bella Harmisia, pero me debo a la verdad. La moda alejandrina logra un punto admirable entre la uniformidad romana y la exuberancia oriental, con un buen gusto insuperable.

Se entra en la discusión de la moda, tratando las mujeres de precisar lo que va a llevarse este verano, y de ahí se pasa a la belleza, quejándose el prefecto de que en Roma algunas damas, influidas por ciertos maestros de gimnasia, quieren dar a sus músculos el modelado y la fuerza de los cuerpos masculinos rompiendo el ideal de la belleza femenina.

—Cierto, pero si fuésemos más fuertes nos veríamos menos amenazadas por la violencia callejera —afirma Dídima, la griega.

—El problema de la inseguridad, como el de los precios —interviene de nuevo el armenio— existe hoy en todas partes, a pesar de estos cuatro últimos años de relativa paz. Vivimos una época de incertidumbre.

—Es natural —asegura Krito—, nuestro mundo se desintegra.

Inmediatamente surgen las discrepancias, que el filósofo procura refutar, para concluir con un mudo brindis dirigido al triclinio de enfrente, no sabe bien Clea si ofrecido a ella o al poeta tendido a su lado. Con eso se desvía la conversación desde los temas locales hacia la perspectiva mundial, lo que agradece Ahram, a la caza de las opiniones del prefecto. En los últimos años ha predominado la paz entre los dos grandes, pero se han multiplicado los conflictos regionales, con el apoyo de uno y otro, como si siguieran guerreando por delegación. Y hasta se han registrado erupciones locales, como el efímero dominio de la ciudad por Emiliano y Teódoto en el 263, que todos recuerdan. Además ambos imperios siguen armándose y en Roma el hombre fuerte ahora es Aureolo, porque Galieno le ha puesto al mando de su nueva caballería, un cuerpo de choque creado para evitar derrotas como la sufrida por el emperador Valeriano en el año sesenta.

—Yo estuve presente —dice sencillamente el armenio, atrayendo en el acto el interés general. Para satisfacerlo relata el instante en que Valeriano, el Augusto, el César, con su púrpura imperial sobre la coraza, fue obligado a arrodillarse ante el trono del Rey de Reyes y a humillar la frente contra el polvo sintiendo en su cuello la bota persa durante unos momentos eternos, entre la estruendosa alegría de los persas y sus aliados, y el llanto de muchos prisioneros romanos.

—Yo fui simplemente rehén de los persas —continúa—, pues antes me había forzado el ejército romano a seguirle desde Armenia. Gracias a eso mi retención no fue penosa; mi grupo estuvo bien tratado e incluso tuvimos mujeres. En cambio muchos soldados romanos sirvieron de mujeres a sus vencedores.

Advierte que su voz delata cierta satisfacción, como natural de un país más de una vez sometido a Roma, y trata de justificarlo:

—Es la costumbre persa, y no degrada a los prisioneros.

—Es costumbre en muchas partes —se oye decir a Krito—, y sin ser prisioneros.

Los reunidos conocen el gusto del filósofo por escandalizarles. Sólo el prefecto le mira algo extrañado, mientras el armenio anuncia que aquella gran victoria va a ser esculpida, a tamaño monumental, sobre una pared rocosa de Persia, en la región de Beistun.

—Poco le ha durado el triunfo a Shapur —reacciona el navarca, golpeando en la almohada donde se reclina—. ¡Vino, muchacha! —añade tendiendo su ritón a una sierva.

—Gracias a Odenato —añade suavemente Ahram, que desea crear alguna tensión sin comprometerse él, para ver las reacciones del nuevo gobernador.

—Odenato ha demostrado ser un fiel romano, más que un aliado, y Roma lo ha premiado con los cargos y mandos que se merece —declara el prefecto—. Tuve el honor de saludarle en Emesa, el año pasado.

—¿Un romano? Creí que era árabe —cuestiona Dídima, cuya aguda intención sorprende a Ahram, sentado a su lado.

—Roma acoge como patria a cuantos aman en el mundo la libertad —le responde el prefecto benignamente—. En ella cualquiera puede llegar a lo más alto, sin distinción de raza ni creencias. Tuvimos un emperador árabe no hace tanto tiempo, y césares ilirios, tracios o macedonios. Incluso africanos, como Septimio Severo. He de confesar —termina sonriente— que no tuvimos ningún emperador alejandrino. Pero todo llegará, estoy seguro. ¡Quién sabe si alguno de mis nuevos amigos aquí presentes alcanzará la diadema imperial!

—¿Qué ganaría un alejandrino siendo emperador? —interviene Krito—. Lo digo sin desdén para los augustos, por supuesto.

—Cierto que residir en esta hermosa ciudad es un privilegio difícil de cambiar por el peso de la púrpura.

Tigram vuelve a mostrar sus preferencias:

—El peso de la púrpura y el de las tremendas responsabilidades, para atender un edificio que vacila. Con toda mi admiración por Roma, noble prefecto no puedo por menos de recordar, en la intimidad de este simposio, que son demasiado frecuentes las sustituciones violentas de unos césares por otros, con perjuicio para la solidez del imperio. Cuando se viaja por todo el mundo, como es mi caso, resulta evidente el relajamiento del poderío imperial.

«Estos orientales, con su pomposa expresión —piensa Glauka—. Aunque no es menor la de los retóricos occidentales.»

—Esas sustituciones, innegables, son prueba de la flexibilidad del sistema y de la estructura democrática con tanto acierto subrayada por nuestro prefecto —interviene el archidikasta, interrumpiendo un discreto diálogo privado que sostenía con la hermosa Dídima.

También Serapion deja de hablar con Harmisia, porque la conversación ha tomado un sesgo político en la que conviene tener cuidado con las palabras, ante tan altos funcionarios romanos.

—Y no afectan al poder de Roma, aunque sufra reveses temporales por tierra. Nuestros barcos aseguran al imperio el poder absoluto —afirma categórico el navarca.

—A pesar de haber aparecido los piratas godos, que en otros tiempos apenas desembocaban de los grandes ríos —recuerda Ahram, para dejar claro que el Mare Nostrum ya no es el de antes.

—Por tierra, en cambio, la captura de Valeriano fue un acontecimiento simbólico del declive —insiste Lysias.

El navarca mira al poeta con superioridad militar:

—¡Qué importa un hecho simbólico!

—A la gente la mueven hoy las imágenes —replica Lysias mientras disimuladamente oprime con su pierna la de Clea.

—¡Ojalá los enemigos de Roma no lancen más que imágenes contra nuestras espadas! —exclama el navarca soltando la carcajada.

—Al contrario —corrige el prefecto, dejando algo confuso a su subordinado—. Ojalá esgriman espadas, para que se compruebe en la batalla la superioridad de Roma.

—Déjales que arreglen ellos el mundo —susurra Tanufis consoladoramente a la oreja del marino, que recorre con los ojos los deliciosos contornos de la muñequita egipcia tendida junto a él, desnudos los pechos de color de tanagra, adolescente el muslo revelado por la abertura de la túnica hasta la cadera.

—Eso es justamente lo que sucede —interviene Serapion en el debate—, pues aunque Shapur retrocedió frente a Odenato, sigue afilando su espada, siempre pendiente sobre Occidente.

—Odenato le demostró de sobra el poder de Roma —replica el prefecto— y Odenato le frena con nuestras legiones y con sus hombres.

—Odenato es cónsul de Roma, sin duda, pero los palmirenos no son romanos sino árabes —recuerda Ahram con suave provocación, atento a la respuesta—. Palmira está entre el persa y el imperio.

—Todos estamos entre ellos dos —ataja Lysias, estimulado por el muslo de Clea, ahora insistente contra el suyo. La ligera inclinación de los triclinios pone tales gestos a cubierto de las miradas—. Si se deciden a una guerra nos cogen en medio.

—Roma no desencadenará nunca una guerra a menos que sea agredida o haya de proteger a alguno de sus aliados —declara el prefecto.

—Eso es lo peligroso, que nos protegen —ironiza Krito—. Roma ocupó Dacia para salvarla de los bárbaros escitas; Persia ocupó Armenia para devolverle la independencia, y así en tantos lugares. Deberíamos agradecer a los dos imperios tanto interés por nuestra salvación.

—Roma expande la cultura más adelantada en apoyo de los gobiernos civilizados —decreta el prefecto—. Y seguirá cumpliendo esa misión histórica, con la ayuda de sus aliados.

—Misión que inició Grecia —advierte Lysias— cuando Roma era todavía una aldea. Y también alcanzó al Oriente: Shapur sólo sería hoy un jinete nómada si Persia no hubiese heredado, a través de los partos, las ciudades fundadas por Alejandro y la organización administrativa de los seléucidas. Grecia es la madre del mundo moderno y aún se muestra hoy superior hasta en el hecho de no ejercer un poderío tiránico en ningún sitio.

—Precisamente con ese fin protege Roma a sus aliados contra el persa —replica tajante el prefecto. Y antes de que Ahram diga algo para frenar a Lysias, demasiado animado por el vino y por sus insinuantes contactos con Clea, interviene Krito.

—Bueno es que nos salven, en efecto, pero mejor es que nos salvemos nosotros mismos... con la ayuda de Roma, por supuesto. No olvidemos que hoy la más adelantada Grecia es Alejandría y que en el sur, en África, desde las Columnas de Hércules hasta el Nilo, bulle todo un mundo emergente.

—Cierto, y es preciso organizarlo –asiente el prefecto–. Por eso nos preocupa ahora la agitación de los cristianos de Cartago, con sus africanismos frente a Roma.

—Están muy divididos –interviene el archidikasta–, entre sus gnósticos, sus ascetas, sus monistas, sus grupos revolucionarios, y quién sabe qué otras sectas.

—Las rivalidades: eso es lo que destruye –interviene el armenio–. Si Grecia quiere seguir con un papel en el mundo moderno habrá de estar más unida. Hoy una ciudad, aun tan dotada de técnicos y sabios como Alejandría, no puede hacer gran cosa por sí sola. El tiempo de los pequeños estados ha pasado ya: ésa es la lección que debemos aprender de Roma y de Persia.

—Temo que esa unión no se realice mañana ni pasado –sonríe mordaz el dioiketa.

—Quizás no por la vía de la fuerza, pero sí por la del derecho –arguye el archidikasta, contento por introducir su especialidad jurídica en el debate.

—Mientras se unen o no para salvarnos, yo he decidido unirme con Krito y salvarme por mi cuenta –interviene Krito para ofrecer seguidamente un brindis–: ¡A la discreta Glauka, que no se dedica a arreglar el mundo, sino a vivirlo!

Todos beben. El prefecto toma nota de estas licenciosas costumbres alejandrinas porque en Roma, en un banquete formal, no se hubiese brindado por una hetaira, aun cuando fuera la compañera del anfitrión. Hay un breve silencio para degustar las ocas, perdices, codornices y otras aves recién servidas, o para discretos murmullos entre las cuatro muchachas y los varones próximos.

–Confieso –interviene Filópator pidiendo la palabra con su larga mano huesuda– que por mi profesión prefiero los hechos a las palabras. Y en esos hechos hemos olvidado los adelantos técnicos. El verdadero progreso...

–Yo no hablé de técnica –ataja Krito–, sino de vivir. No confundamos.

–En todo caso –sigue Filópator– hoy el verdadero poder no está en Roma ni en Ctesifonte, sino en la técnica. Quien domine los nuevos medios dominará el mundo. Roma es poderosa por sus arquitectos, sus ingenieros, sus constructores...

–Y sus juristas –interrumpe el archidikasta.

–Y sus juristas, sí –admite Filópator–; pero la técnica más alta florece hoy aquí, en Alejandría. Con Ctesibio, con Herón, con tantos otros. No nos damos cuenta, pero la clepsidra autorregulada es el germen de los futuros esclavos mecánicos, que liberarán al hombre de las tareas más duras. Y el vapor que hace funcionar el eolípilo será la nueva fuerza.

–¿No es mucha imaginación? –ironiza Lysias.

–¡Son hechos científicamente comprobados! –se amosca el ingeniero que, además, atraído como todos por Clea, es el único que, al compartir el triclinio con ella y el poeta, se ha dado cuenta del juego de piernas entre ambos.

–¿Y seremos mejores con la nueva fuerza? ¿Sentiremos mejor? –interviene Krito–. A mí sólo me importa una fuerza: la que me da la vida; y sólo me interesa la autorregulación de mi organismo... Bienvenida sea la técnica si nos ayuda a vivir más libre y espontáneamente, pero no si ayuda a los romanos y a los persas a construir mayores catapultas o torres de asalto para subyugarnos. No pongo mi esperanza en ningún poder político salvador, sino en que todos los colosos tienen los pies de barro. La decadencia de Persia se comprueba al no poder vencer a Palmira, mucho más pequeña; así como la de Roma no se refleja ahora en derrotas militares, estoy en eso de acuerdo con nuestro noble prefecto, sino en las estatuas.

–¿En las estatuas? –se extrañan varios, mientras Lysias comprende en el acto y asiente entusiasmado.

–Sí, porque los artistas son los hombres más lúcidos y videntes. Comparad las facciones de los bustos esculpidos hoy con los de la época de Augusto. Entonces eran rostros vigorosos y serenos, de hombres y mujeres satisfechos consigo mismos. Ahora la angustia y la incertidumbre los deforman muy perceptiblemente. ¡Y no digamos las estatuas de los héroes y de los dioses! ¡Ah, los dioses! Los dioses, amigos, los dioses: ellos nos dan el secreto de la historia.

Un silencio acoge un tema tan trascendente. El prefecto mira a Krito con asombro.

–¿Quieres decir, Krito, que los dioses gobiernan la historia? –pregunta irónico Serapion, educado en la escuela materialista de los historiadores.

–Los dioses no se ocupan de nosotros, ya lo enseñó así el gran Epicuro. Lo que afirmo, sabio Serapion, es que la historia de los dioses es el reflejo de la nuestra. Su emergencia, su vigencia o su desaparición se corresponden con los cambios profundos de la historia humana. Vivimos una época de incertidumbre porque estamos cambiando de dioses. Se desvanecen los de Grecia y Roma mientras emergen otros candidatos a los altares oficiales.

Nuevo silencio, escandalizado en algunos, mientras otros aprovechan para probar las carnes fuertes, el jabalí o el cabrito.

–Sí –continúa Krito–, eso ya ha ocurrido antes. Hay

memoria de dioses y diosas olvidados. ¿Qué fue de Hadad el arameo, de Ilumquh la sabea, de Dushora el nabateo, de Yarkhibol el palmireno, de Anath la cananea o de Marduk el babilonio? Todos tuvieron templos y recibieron ofrendas y sacrificios; inspiraron la guerra y las hazañas. Hoy son ruinas y olvido, como serán mañana los que hoy tienen altares.

—No puedo aceptar esas ideas blasfemas —refuta el gimnasiarca—. En tiempos de Sócrates te valdrían la cicuta, Krito, por desorientar a la juventud.

—¡Justamente, porque entonces se creía de verdad en los dioses! Hoy no, y de ahí la desorientación, la decadencia. No hay blasfemos, pero tampoco hay guías ni maestros.

—¡Tú eres el decadente!

—Cierto, porque soy de mi tiempo: inseguro. Pero, al menos, lúcido. Yo lo vivo sabiendo; como debe vivir el hombre.

—Yo creo en Isis —rompe tímidamente la voz de Tanufis, haciendo un esfuerzo—. Siento que me protege.

—Al creer en ella, Isis existe para ti —sonríe Krito—. Además cualquier dios desearía existir para tu belleza, hermosa niña... Pero ¿no lo veis? Nos rodean nuevos dioses y aún no sabemos por cuál decidirnos: Mithra, Serapis, el dios de Mani, el de los cristianos, los germánicos, los celtas... ¿No lo veis?... Los dioses de Roma ya no gobiernan.

—Hay dioses eternos y leyes eternas —reprocha el archidikasta— que encarnan la justicia y la verdad.

—¿Leyes eternas? Vivir y dejar vivir, ésa es la única. ¡Y malditos quienes quieren sujetarnos a otras torciéndonos la vida! No conozco verdad, sino verdades. Como los dioses: cada cual la suya. La que hace vivir.

—¿Verdades? —ironiza Filópator—. Entonces también

va a resultar verdad ese pobre dios de los terroristas, tan poco poderoso que se dejó crucificar por hombres.

Glauka recuerda que justamente eso la atrajo hacia las femineras: ese dios que, como ella, había elegido la mortalidad. Pero atiende a la respuesta de Krito:

—Para ellos es la verdad, por extraño que te parezca... Y eso me sugiere un juego: ¿cuál es la verdad para cada uno de nosotros? ¿En qué dios creemos aquí?

Como juego se acepta, a pesar de algunas resistencias. Los funcionarios romanos, naturalmente acatan el panteón oficial, añadiendo la divina personalidad del Augusto César imperante. Lysias se apresura a manifestar su devoción por Afrodita, que también comparte Clea dándole por pareja al poderoso Eros. Se adhieren a ese culto las dos muchachas griegas e incluso Títira, la danzarina de Gades, mientras Tanufis reitera su adoración por Isis. Los alejandrinos reverencian a Serapis y el armenio se acoge al Apolo solar. Ahram reconoce como poder superior a las dos estrellas que encauzan su destino y Krito se confirma en lo que ha dicho: «Yo soy filósofo de la escuela de Epicuro y no me interesan los dioses de los templos, como tampoco yo les intereso a ellos.» En el silencio subsiguiente todos miran a Glauka.

—Yo no creo que los dioses mueran, pero sí que se alejan, no sé adónde, fuera del recuerdo de los hombres. Pero yo supliqué a Afrodita y me respondió.

—¿Crees que fue Afrodita? —pregunta suavemente Krito, envolviéndola con la mirada—... Te diré lo que a Tanufis. Las dos acertáis confiando en una misma diosa. Que otros han llamado o llaman Atargathis, Isthar, Ashtarté, Artemis, Venus... En suma, la Gran Diosa Madre. La única, porque tiene su altar en el alma y no en los templos. Porque está en todo lo vivo, porque es la vida misma. Ella no se aleja; sólo nosotros le vamos dando sucesivos nombres.

«Como decía la Madre, la Frigia, en Psyra», piensa

Glauka. La Antigua, la Oscura, la Profunda. Evoca las olas infatigables, los galopantes caballos de Uruk, la vibración del universo, que ella vive en el Vértigo con Ahram.

—Sí, ésa es mi diosa; llámala como quieras.

Hay sonrisas y aplausos. ¿Quién osaría declararse contra Afrodita, fuese la Urania, Anadiómena, Corintia, Cipris o cualquiera de sus advocaciones? El prefecto alza la mano sonriente y decreta:

—En mi calidad de simposiarca declaro concluido este debate y ordeno el comienzo de la música. Nada de discusiones históricas, científicas ni políticas, el tema del amor, que acaba de triunfar entre nosotros, será el único para el resto de la noche.

Entre sonrisas y exclamaciones jocosas son ofrecidas las frutas, los helados, los licores, el alcohol de canela y hasta el encendido ponche con sus llamas azules. Al mismo tiempo aparecen muchachas y efebos, así como las danzarinas, al ritmo de sistros, castañuelas, címbalos y tamboriles. Tras el grupo, pero quedándose discretamente junto a la puerta, aparece Yazila, como masajista dispuesta a atender los accidentes, en el baile o en los juegos. El prefecto clava los ojos en uno de los muchachos y los aparta rápidamente, aunque no tanto que Ahram no haya podido observarlo. Llama entonces a una de las recién llegadas y le susurra unas palabras, tras las que ella coge de la mano al joven y se acerca con él al prefecto. Ambos se inclinan: dos cuerpos apenas velados.

—Espero, noble Cayo Drómico —explica Ahram— que, si se ha de hablar de amor, aceptes para tu inspiración la doble compañía que te ofrezco.

El prefecto agradece la amabilidad de Ahram que satisface su secreto deseo con la coartada de la muchacha, mientras la pareja se sienta a los pies del triclinio ocupado por el magistrado. «Ése sería mi dios —piensa

Krito al verles–: el que fundiera los dos sexos. Sin duda en el fondo más antiguo de los tiempos reinó un dios andrógino. Un dios total de la vida, con doble sexo, como la doble hacha de la Gran Madre cretense.»

El gimnasiarca, para entrar en el tema autorizado, recita el famoso *Vivamus, mea Lesbia, atque amemus* de Catulo, en cuyo comentario interviene en el acto Lysias. Pero el influjo del vino, el embrujo de la música, la gracia velada y desvelada de las danzarinas y, sobre todo, la carne fácil recién puesta al alcance de las manos reclaman platos más fuertes. Varios han observado la maniobra de Ahram para ofrecer discretamente el muchacho al nuevo prefecto y, aunque nadie se atreve a descubrirla, aun sin querer se desvían las citas poéticas hacia esa clase de placer. Es el propio Lysias quien acaba sacándolo a la luz, después de otras alusiones al lanzarse a recitar el conocido epigrama de Alceo:

> *Brota el vello en tus piernas, Nicandro.*
> *No tardará en llegar hasta tu culo*
> *y ya no te amarán ¡goza deprisa!*
> *Tu juventud se va implacablemente.*

El prefecto –observa Ahram complacido– se une espontáneo a las risas generales, aunque al mismo tiempo frena imperceptiblemente los disimulados avances del muchacho sentado a sus pies, imponiéndole la discreción. El navarca, animado por el vino, pide textos parecidos, pero Krito enfría la charla con un erudito comentario acerca de la métrica del epigrama y el gimnasiarca se le une con dos ejemplos de Calímaco para rendir homenaje, proclama al «rey de los poetas alejandrinos». El prefecto corta el debate señalando que el tema es el amor y no la preceptiva literaria, por lo que, con el ruidoso apoyo de la mayoría, decide que comience la danza y, con ella, el libre goce de la noche.

El anciano Serapion alega su edad para retirarse, lo que aprovecha también Glauka, excusándose con una creciente jaqueca. El prefecto lamenta esa dolencia y pide antes como una gracia, con la anuencia de Ahram, el privilegio de poder contemplar suelto ese deslumbrante cabello de Glauka, cuyo color y textura considera incomparables.

Ahram sonríe asintiendo y Glauka lee la envidia en el rostro de Clea, pero también otra mirada en los ojos de Krito y por eso vacila, antes de deshacer poco a poco su peinado. Van cayendo sedas cobrizas y ambarinas en torno a su cuello y cuando concluye se queda inmóvil. El prefecto expresa su gratitud en un brindis coreado por todos. Como es un brindis a la romana ofrece después su propia copa a Glauka para que beba también. Así lo hace ella, retirándose luego, envuelta en la ondulación de su melena.

Las danzarinas se alinean para comenzar, Marsia acaba de templar el arpa pero, antes de empezar, propone Krito que Títira –la bailarina de Gades con la que ha conversado frecuentemente durante la cena– ofrezca sola una muestra de su arte. Aceptada la idea la muchacha se levanta y, situándose entre los dos grupos de comensales, inicia unos movimientos para los que el hábil tamboril encuentra rápidamente un ritmo adecuado. Al principio sólo mueve las manos y la cintura; luego empieza a girar muy lentamente, ofreciendo poco a poco su rostro a todos, cambiando de fase como la luna. De pronto Yarko, que ha estado escuchando, hace callar la percusión e improvisa una melodía que transforma los giros de la danza. La flauta es oída por Glauka, alejándose por el pasillo, y la decide a volver hasta quedarse en la puerta, tras la cortina, subyugada por lo que ve y escucha. Al otro lado, ya dentro del salón, percibe a Yazila, atractiva con sus formas morenas envueltas en una tela granate, a juego con su tocado, le molesta esa proximidad. Pero no puede dejar de acudir al imán del aulista.

¿De dónde brota esa música, lenta y voluptuosa como el cuerpo de Títira acelerándose poco a poco? ¿De dónde es esa danza cada vez más ondulante desde su centro inmóvil? ¿Cómo puede sugerirse tanto deseo con tan mínimos gestos? ¿Qué misterioso entendimiento hermana la melodía del ciego con el cuerpo juvenil? La música y la mujer están cargadas de secreta sangre, de fuego escondido, de sabiduría... El cuerpo ondea como un gallardete en la brisa, las manos tendidas gritan el ansia, las caderas se despliegan esperando... La música provoca a la mujer, que la sigue y la enciende; una y otra se enlazan como serpientes, como amantes... Glauka, fascinada, sólo se retira cuando la muchacha se deja caer, tendiéndose, abierta, como una amante agotada de placer.

Esperándome junto a la ventana, la luna en sus cabellos, comprendo el capricho del prefecto, pero ella es mía. ¡Qué sonrisa en su rostro! Hubiese querido escaparme antes, qué aburrimiento tanto verso. Palabras y palabras, pero el prefecto no se marchaba. Es cauto; el muchacho le encantó, aunque no se atrevió a demostrarlo ni siquiera al final, cuando todos eligieron pareja. Se lo haré llegar; que me lo agradezca, aunque su debilidad parece ser más el dinero que el sexo. Veremos, nunca se sabe; a lo mejor se encapricha y nos enteramos de cosas por el muchacho. ¿Y si lo usa para informarse sobre nosotros? Hay que ir con cuidado, no me fío de esos jóvenes egipcios sacados de la aldea. Cuando salen listos son alacranes debajo de una piedra, por mucho que se les haya favorecido antes. Es cauto el prefecto y sabe encajar; contestó bien acerca de Odenato. Como se conocen, el príncipe me informará. Y también Sútides, sobre cómo consiguió el cargo: los emperadores no confían Egipto, su mejor finca, a un cualquiera. Ya iré calándole.

Clea me da pena, pero se lo ha buscado. Se lo creyó demasiado. El nuevo destino es peor. Claro que el navarca no estaba a la altura de los problemas de Alejandría: no le cabe una escuadra en la cabeza. Y Clea no me sirvió gran cosa como espía. Al menos no ha sido molesta; cuando vio que ya no me interesaba por ella dejó de insistir y se dedicó a otros. A Firmus le habrá sacado más. ¿Y cómo la conseguiría el tonto de Neferhotep? También con dinero, claro. Sigue viéndola todavía, aunque ahora su máximo interés está en los sacerdotes de Canope, esos intrigantes en busca de un faraón, dirigidos por Antonino. No vale tanto esa mujer; con ella se equivocó Krito. Pero hoy ha estado perfecto, parecía que nos hubiéramos puesto de acuerdo para observar al romano. Fue lo único interesante en medio de los versos, cuando le hizo hablar de Cartago. Me da la impresión de que a Roma le interesa el África interior. Llegan tarde, ya estamos nosotros. Habrá que resolver el mando en Egipto. Cuando llegue el momento; no es urgente. Parece que se habla menos de ese falso faraón del sur. Es un arte en Krito: animar un diálogo. Lo llevó muy bien, con los dioses, la técnica, la situación mundial. Tengo que volver al Campo Esmeralda, ver qué están haciendo mis sabios. Últimamente han llegado pocas noticias. Por cierto: advertir a Filópator. Se entusiasma con la técnica, pero no hay que darle ideas al romano. Que no piensen ellos también en inventar; que sigan haciendo puentes y calzadas. Prefiero dejarles creer que sólo busco esmeraldas y fabricar el oro de los alquimistas egipcios.

¡Qué bien se está tendido, con los muslos de Glauka por almohada! ¡Qué me importa a mí el oro! Obtengo cuanto quiero en un buen préstamo a la gruesa. O con la contrata del aceite. La cosecha en Tarraconense y Grecia va a ser mala y África fijará el precio; ahí tendré oro. El importador aquí quiere engañarme; le voy a echar en contra al pueblo. Que Soferis llame discretamente a un libelista. Destrimax, ese escribe epigramas sangrantes. Crear opinión, conseguir que la gente espere algo y luego ganar haciendo lo contrario. Puede ser mucho dinero; todo es poco para nuestros proyectos y nuestra red de informadores. Para eso sirven las palabras: para los libelos, para hundir a alguno, para llevar a las masas por donde se quiere. Malgastarlas en versitos como esta noche... ¡Bah!

También enamoran. Pero dichas, no escritas. Qué dulces las de Glauka a mi llegada. Suben al corazón. Qué suerte tuve aquella tarde, gracias al perro enfurecido. ¡Y cómo la quiere *Tijón*! Ya casi no ve, pero la reconoce de lejos. De no ser por él ni me hubiese enterado de que mi hija había comprado a Glauka. ¡Pobre Sinuit! Como su madre, de salud endeble. Y menos mal que Malki se refugia aquí; su padre le echaría a perder. Dentro de un par de años empezaré a embarcarle con Artabo, antes incluso de la efebía. Ya ha estudiado bastante. ¡Comprar aquella esclava y aprovecharla sólo para una peluca! Tenuset me la consiguió, se conserva el pelo hermosísimo. Comprendo el capricho del prefecto. ¿Por qué parecía ella avergonzada de su cabello? ¡Si es para estar orgullosa! ¿Quizás porque entró en el salón esa niña, la Yazila? No tan niña. No sé cómo me he privado de su cuerpo tanto tiempo. Ya está en sazón, con pechos firmes; pronto empezará a decaer. Además ya debe saber de cama, no sé que lío tuvo ya. ¡Ahora o nunca! ¿Qué puede importarle a Glauka? ¿No es otra de mi casa? Pronto valdrá menos.

No comprendo a Krito dejando al final que Tigram se llevase a Títira. Y hoy no estaba femenino, al contrario. Hablaba con ella interesado. Parecía la chica una insignificancia y se destapó. Tan quieta y tan insinuante. Su baile me ponía cachondo. Hasta el Lysias dejó de trabajarse a Clea, que se enfureció. Y el caso es que esa chica no tiene nada. Sólo el movimiento y los ojos. Carbones chispeantes. He de gozarla; saber cómo se mueve debajo, algo especial. Además habla poco; no me gustan las charlatanas. Y me llevaré al flautista para oírle al mismo tiempo; a lo mejor con eso se encandila ella más.

Tiene razón Glauka, ese músico es bueno en lo suyo. Descubre cosas Krito en Rhakotis. Y se corrige, va menos por ese barrio. ¿Estará empezando a notar los años? Pero en Persia se movió mucho, volvió informadísimo. Es un talento, lástima lo otro. A los técnicos los dejó admirados, no sabía las cosas pero las comprendía enseguida. Sí, está mejorando; no sé por qué será, pero me vendrá muy bien a medida que progresen nuestros planes. Tienen que avanzar, yo también tengo años. ¡Harían falta más vidas cuando se tiene el mundo en la cabeza! ¡Cuando hay que abatir a Roma! Dagumpah cree que las hay, que nos continuamos después de morir. Según Krito no es imposible. Pero yo no deseo ser otro; quiero seguir siendo Ahram. Ver a Roma de rodillas. Me gustó lo de Krito: las estatuas de ahora tienen miedo. No son poderosas ni tranquilas como las antiguas. El mundo moderno tiene miedo, le faltan agallas, por eso empuja el persa, que es más bárbaro. Quedan bárbaros sin miedo, hay que hablar con los godos. Y con los del sur.

A ver qué me dice mañana Tigram; no será difícil sublevar a Armenia en su momento; incluso tierra adentro, la Armenia Mayor. Tigram tiene que definirse y entonces seguiré trabajándole. Su familia reinó y a él le tienta el trono. Pero ¿está con Roma o con nosotros? Me pareció impresionado por lo de las estatuas asustadas. Mañana le llevaré en el *Jemsu* a Tanuris; Neferhotep tiene consejo municipal, estará aquí y no me estorbará. ¡Sería buena idea llevarme a Títira y a otra nueva para el armenio llevándomelo dificultaré que vea otra vez al prefecto a mis espaldas; anteayer le visitó en secreto. Volveré a insistirle; convencerle de que Roma ya no es el mejor aliado. Odenato y yo tenemos cada vez más fuerza; el cerco se cierra.

Pero ¿qué ocurre en el Campo? Hace días que no han llegado palomas con informes. Si pasa una semana más tendré que enviar a alguien. Pero Artabo está fuera hasta el mes que viene y el asunto es delicado. Más aún después de aquel accidente con la máquina. Ocurren cosas raras. ¿Se habrá infiltrado algún saboteador? ¿De quién? Siempre pensé que a Odenato le pasó algo así en Ctesifonte. ¿Cómo diablos no pudo conquistar la ciudad si el persa estaba vencido? ¿Tendré enemigos en el Campo? Si hace falta pondré una trampa y cazaré a quien sea.

Me esperaba despierta. Sus muslos, sus dedos en mi pelo. ¡Qué descanso! ¿Cómo piensas en descansos, Ahram? ¿Son los años? Y su canto, ese canto para mí solo. Ahram y su sirena... No son los años, es el sueño... No, yo no envejezco, todavía.

Me hubiese perdido lo mejor de la noche si no hubiese vuelto atrás para oír a Yarko, hasta entonces decepcionante, sólo música de fondo con el arpa mientras hablábamos, comprendo que tocase por rutina, en cambio aquellas primeras notas me retuvieron, retrocedí hasta la entrada del salón, Hermonio mirándome asombrado, ¡esa flauta! y la bailarina, los dos, ¡qué sabios, qué voluptuosos, qué profundos!, lo decían todo, indecible pero todo, esa Títira que sólo había hablado con Krito, casi insignificante en su juventud, demasiado morena, y luego resulta ser así, una flor abierta de pronto... Krito la había adivinado, por eso la hizo danzar, ¿qué se dirían durante la cena?, ¡qué instinto el de Krito!, me compensó del mal rato antes, ese capricho del prefecto, había mirado mi pelo toda la cena, tener que deshacer el perfecto peinado de Licinio, ya está viejo pero un artista, no sé cómo otras van a ese Fenecio de moda, ¡qué vergüenza desnudar mi pelo!, darlo a tantas miradas, ¡ojalá no lo hubiese permitido Ahram! Clea tragándose la envidia, y la mirada de Krito acusadora, ésa fue mi vergüenza, ¿por qué?, esa mirada dolorida, me traspasó, salí casi llorando, menos mal el milagro, la flauta me compensó de todo, lo mejor de la noche que ha estado bien, luego se han divertido, Ahram ha vuelto contento dormido en mi regazo, me encontró sentada, junto a la ventana, se tendió en el suelo con su cabeza sobre mis muslos, así se ha quedado, mi Ahram, su cuerpo con más años me atrae más aún, estuvo todo bien, número justo de invitados, las chicas discretísimas, una selección atinada, excelente la Dídima del archidikasta, hermosa y culta, la mejor de las cuatro con dignidad secreta, orgullosa de ser mujer, me hubiera gustado hablar más con ella, todas muy bien vestidas pero ninguna como Clea, quiso triunfar en su despedida, de dónde habrá sacado ese lino finísimo, dijo que de Eubea, ¡y qué bordados!, una simple cenefa, pero hay que entender para apreciarlo, siento que no la viera Eulodia, me ha dado una idea para la tela que he visto en el emporio, me alegro de que se vaya Clea, aunque ya no me preocupaba como cuando volvió, hace cuatro años, por suerte no le interesé, a Ahram tampoco le duró el capricho, pero no me gustaba encontrármela, no sé por qué, como una nube oscura en un día hermoso, me alegro de que se vaya, ojalá se fuese también esa Yazila, intrigantuela, antes las masajistas no aparecían en las fiestas, ahora por si acaso se accidenta una bailarina, quiere ser vista, provocar, quizás a Ahram que no le hace caso, ¡cómo se lo agradezco!, aunque los hombres nunca se sabe, pensar que Neferhotep no lloró mucho tiempo a Sinuit, bien pronto empezó con Clea, se siguieron viendo, de vez en cuando en estos cuatro años, extraña relación, él no da la talla, ¿entonces?, pero eso le gusta a ella, a los hombres no se les acaba de entender nunca, claro que a Neferhotep no me interesa entenderle, viene menos por aquí, en cuanto se aseguró de que Ahram no le reclamaba Tanuris, tampoco es justo Ahram culpándole de la muerte de Sinuit, no se ocupó de ella pero Ahram tampoco, cuidado que se lo dije, ahora Ahram se siente culpable y se descarga en el yerno, hemos ganado a Malki, cada vez se parece más a Ahram, y en el genio también, le gusta el gimnasio, el día libre viene a vernos, trece años ya casi catorce, y guapo, ¡si lo cogiera Clea!, por fortuna se marcha, pobre mujer, ¿alcanzó alguna vez el Vértigo?, lo dudo, su sexo en la cabeza y no en la piel, se defiende con la inteligencia, nosotras hemos de jugar como podemos, con las cartas que nos dejan, ellos tienen la culpa, ¡qué raro es encontrar un Ahram!, ¡qué suerte la mía!, esta noche ella provocando a Lysias, el prefecto se dio cuenta, pero a él le interesó aquel chico, Ahram lo comentó al llegar aquí, riéndose, «no se ha atrevido a llevarse al muchacho a una cama», «tiene miedo de que informen a Roma, pero le proporcionaremos un encuentro, se llevó a una muchacha», hoy no había cripta sino alcobas para quienes quisieran, era una cena seria, le pregunté por Krito, en qué fase está, mera curiosidad, «en ninguna, salió solo, poco después que tú, creo que a su casita», no le pregunté más, Ahram cansado y contento, se me durmió en seguida, como un niño pequeño, dormido se transforma, ¡tan tierno!, insistiendo en Odenato, Palmira su obsesión, ¿la inspirará Zenobia?, siempre me lo pregunto, soy tonta, mi rival es el poder y no las hembras, no ha vuelto allí desde hace cuatro años, desde que ellos vinieron, su obsesión son los ejércitos de

Odenato complemento de sus barcos, convencido de su estrella, de su destino, buen diálogo sobre los dioses, siempre Krito el mejor, su exclusiva Diosa Madre, pero se equivoca, los inmortales existen, yo lo era, ¿por qué no le he dicho nunca mi verdadero origen?, me pesa engañar a Krito pero no me resuelvo, empiezo a pensar que no es por Ahram, me resisto por algo mío, yo misma no lo sé, los dioses existen pero cambian, la inmortalidad pasa a otros, más que en el Olimpo viven en el alma humana, cuando se deja de creer en ellos han de irse, no sé adónde, lo que ahora ocurre, por eso no he vuelto a ver ninguna hermana mía, ya desisto de buscarlas nadando al pie de la torre, irán a unos Elíseos para dioses, otro Olimpo subterráneo, pasan sin haber vivido, pobres hermanas mías ¡cuánto debo a aquellos pescadores!, a mi Narso, esta vida que vivo, esta inmortalidad en cada instante, al siguiente veremos, lo comprendiste Afrodita, fuiste clemente conmigo, ¿recibirás otro nombre?, ¿decae Roma porque pasan sus dioses o al contrario?, ¿y cuáles son los nuevos?, ¿la Mujer Divina de mis femineras?, los obispos la rechazan, hombres al fin, pero no es nuevo un dios que muere, Krito me lo enseñó, Tammuz y Osiris resucitan, al oírselo aquel día estuve a punto de revelarle mi secreto ¿por qué no lo hice si confío en él como en nadie?, ¡qué loco deseo de inmortalidad!, sed de los hombres, ¡no valoran la vida porque la tienen!, en eso es fuerte Ahram, es como yo, nada de ser inmortal sino que dure la vida, pero la confunde con el poder, éste le roba aquélla, irá cambiando, voy quitándole la venda de los ojos, ¡necia inmortalidad!, sus momentos eternos porque monótonos, lo mismo día tras día, eternidad tras eternidad, sin sorpresas, sin ríos interiores, sin angustias ni asombros, sin dolores que enseñan el valor del placer, con amores de capricho que no son refugios contra el tiempo, sin Amor, ¿por qué se marchó pronto Krito del simposio?, el muchacho que se sentó a sus pies fue a tiro hecho, seguro que le conocía, ¡cómo deseaba a Krito, ser tomado por Krito!, ¡qué entrega en su mirada!, ¿por qué no tomó a Títira, la bailarina, toda la cena junto a él?, ¡cómo me gustaría haberles escuchado!, él adivinó su sensualidad, por eso la hizo bailar, ¿cómo no aprovechó ese cuerpo todo fuego?, a mí me provocaba, cómo ondulaba quieta, debe saber durar, Krito en ninguna fase, dice Ahram, estuvo brillante, cómo se burló de los técnicos, ¡y le creen frío, escéptico!, ignoran su ternura, desesperanzada a veces, su sensibilidad al rojo blanco, ¡cuánto sabe de amor!, más que esos personajes, gozadores bastardos, ambicionando el poder sin la fuerza de Ahram, amando sus pequeñas poltronas, suspirando por favores del César, ¡cómo desprecia Krito esas miserias!, ¿qué le pasaba hoy?, ¿qué le pasa hace tiempo?, sus altibajos, no son sus fases sino otra cosa, más de fondo, sus huidas, cuando se marchó al Campo Esmeralda, pretextó conocer la obra de los técnicos, no me lo creí ni un momento, Ahram sí le creyó, no profundiza en su amigo, Krito huía a su soledad, y la otra vez, cuando se fue a Persia, Ahram encantado, volvió con muchos datos, pero ¡qué interminable ausencia!, y cuando se embarcó con Artabo, no podía creérmelo, ¿qué hacía Krito en la mar?, ¡qué largos meses!, sin él me faltaba algo, Ahram con sus asuntos, conmigo sólo las noches ¡encendidas noches!, pero ¿y el larguísimo día?, ¿y estar sin la palabra de Krito?, un viaje incomprensible, ¿buscando a sus dioses?, ¿el andrógino?, en eso se equivoca, no es el andrógino quien mejor goza sino el hombre o mujer con la pareja opuesta, al andrógino el otro no le añade nada, hace falta carecer para recibir, Domicia era otra cosa, el placer no el Instante, éste con lo distinto, como el baile y la flauta, cómo abrazaré a Ahram cuando despierte, mi niño, mi hombre, voy a cantarle, mi canto de sirena, como una nana, sólo él me lo ha oído sólo ofrecido a él, ¡qué delicia su pelo crespo!, se resiste a mis dedos en caricia, no me atrevo a moverme y despertarle, me duelen las rodillas de la postura, le regalo esa pequeña tortura, si pudiera dormirme así, qué extraordinaria noche, hasta la luna brilla más, vencedora del faro, me dan ganas de cantar, el jardín es de plata, un temblor rosa de la hoguera en lo alto, me envuelve la luna como a mis hermanas, necesito cantar, suavito, que siga dormido mientras estiro las piernas, te cantaré bajito y nos dormiremos juntos, ¿me oyes en sueños, Ahram mío? Escúchame... ¡Cuidado! ¿Qué se mueve ahí abajo, entre las frondas?, no es un guardián, se oculta entre los árboles, le ha delatado su túnica blanca, ahora no se mueve ¿un invitado?, ¡coronada de hiedra la cabeza!, ¡es él, siempre rechaza las rosas en los banquetes!, es Krito y me ha oído cantar, ha estado oyéndome cantar, el canto de las sirenas... Krito...

22. EL TIEMPO DEL LAGARTO

—No es nada, no tiene importancia —dice Soferis llevándose la mano al hombro. Pero por entre los dedos que aferran la articulación se escapa lentamente la sangre y su rostro está pálido.

Ahram, de pie, mirando el cuerpo del hombre tendido y la sangre que se derrama de su cuello, trata de comprender lo ocurrido. ¡Ha sido tan repentino! Unos momentos antes despachaba unos asuntos con Soferis mientras, al lado, Glauka urdía unos hilos de colores en su pequeño telar de la galería aneja. Entonces penetró el hombre, le tomaron por un mensajero, avanzó respetuoso llevando un memorial en la mano. De pronto el hombre se irguió, el respeto se convirtió en violencia, el pergamino en un puñal afilado. El pupitre sobre el que firmaba documentos impidió a Ahram levantarse con rapidez y defenderse. De no interponerse Soferis, que recibió el golpe en su hombro, la daga se hubiese hundido en el pecho de Ahram. Y aún hubiera logrado el asesino su propósito, repitiendo el ataque por encima de un Soferis inhibido por el dolor, si Glauka, alertada por el grito del escriba, no hubiese acudido con sus tijeras en la mano, hundiéndolas en el cuello del agresor, acertando a cortarle la yugular con toda la fuerza de su mismo miedo. Parece imposible que alguien haya podido llegar hasta el despacho sin ser estorbado. ¿Dónde estaba Mnehet, habitualmente al alcance de la voz en la antesala? ¿Cómo había logrado el asesino engañar a los guardias de la puerta y pasar entre los escribas de las oficinas sin ser controlado? Ahram se hace estas preguntas mientras, llamando al nubio, ayuda a Soferis a sentarse y procura con su faja contener la hemorragia del secretario, no demasiado abundante. Glauka, todavía agitada por el susto, coopera en el vendaje improvisado. Comparece un sirviente que justifica la ausencia de Mnehet, a quien el propio Ahram –lo olvidó– había enviado en busca de Artabo. Ahram despide al siervo, antes de que éste se aperciba del cuerpo caído tras el diván, pues quiere preparar su propia versión del asunto para ocultar semejante fallo en su sistema de seguridad. Ya llegará el momento de corregirlo y de poner en su sitio a los responsables.

Arreglado el vendaje, Soferis se muestra más repuesto y Ahram examina el cuerpo inmóvil dándole la vuelta. Un rostro totalmente desconocido. Está muerto.

Al pensar que eso dificultará la investigación Ahram vuelve sobre Glauka toda su cólera, provocada por la facilidad con que un asesino ha podido atacarle en su casa. Todo su orgullo de macho poderoso se resiente de aparecer indefenso frente a la mujer.

–¡Le has matado, estúpida!

El insulto es tan impensable después de haber sido salvado por ella, que Glauka sólo acierta a mirarle atónita.

–¿No comprendes? ¡Ahora no podremos saber quién le mandó atacarme!

–Y si yo no lo hubiese matado tampoco tú hubieras sabido nunca nada más –contesta Glauka dignamente.

—¡Me basto para defenderme, sin necesidad de una mujer! —replica Ahram fuera de sí—. ¡Si aún fueras una esclava te mandaría azotar en el patio, a la vista de todos!

Glauka conoce la violencia de Ahram y, a veces, su arbitrariedad cuando se pone en duda su poder absoluto, pero en esta ocasión le irrita la injusticia y responde altivamente:

—Sigo considerándome tu esclava y puedes azotarme cuando quieras. Pero no en público.

—¿Es que te queda algo de vergüenza?

—La vergüenza la sentiría por ti.

«¿Cómo puede hacerse tan odioso, tan infantilmente odioso?», piensa Glauka mientras siente aferrados sus brazos por las manos de Ahram, que, indiferente a la mirada reprochante de Soferis, la sacude fuertemente hasta deshacer el peinado.

—¿Me crees capaz de azotarte? —casi escupe Ahram—. ¿No sabes cómo te quiero?

—Me haces daño —dice simplemente Glauka, mientras Ahram, tras delatar de ese modo brutal su arrepentimiento, le libera los brazos y la estrecha violentamente contra su pecho. Cuando la suelta, Glauka se retira a su telar en la terraza, oyendo en la salita las órdenes para que venga Hermonio y las primeras conjeturas de Ahram y Soferis acerca del asesino.

Está ofendida por la reacción de Ahram aunque quiere comprenderla porque últimamente han ocurrido bastantes cosas extrañas. La víspera misma Ahram le ha confiado que Tigram el armenio, al que había obsequiado con el banquete hospedándole luego en Villa Tanuris, parece resultar un espía del rey persa, aunque afirme haberse exiliado de Armenia porque allí peligraba su vida bajo Shapur. Pero lo más grave es el problema de los técnicos que están trabajando para Ahram en el Campo Esmeralda. Un mensajero del sur, llegado la víspera, ha traído noticias desconcertantes de aquel centro de investigación. El capitán del destacamento que lo custodia ha muerto extrañamente, sospechándose un envenenamiento. Por otra parte crece allí el descontento entre los científicos por las duras condiciones de vida. Más inquietante aún para Ahram es el hecho de que uno de esos técnicos, dedicado a estudiar aplicaciones para el espíritu de fuego, faltó toda una noche, aunque reapareció al día siguiente. Afirmó que había salido a calmar un insomnio y que se había perdido en el desierto. Las explicaciones del mensajero fueron confusas y demuestran que el sustituto del jefe fallecido no está a la altura de las circunstancias. Ahram ha despachado inmediatamente para reemplazarle a un hombre de la confianza de Artabo, porque si hay sabotaje o filtraciones acerca de los trabajos en marcha las consecuencias pueden ser muy graves.

Glauka permanece en la galería, sintiéndose todavía confusa, temblorosa, inquieta, más por su problema personal con Ahram que por la muerte que acaba de dar al intruso. Comprende la violencia de Ahram pero teme que no se deba sólo a lo ocurrido y a las malas noticias del sur. Le encuentra en los últimos tiempos diferente, arisco a veces, como lejano, ¿se estará cansando de ella? Desde su taburete frente al telar, que contempla sin tocar los hilos, oye la voz del mayordomo discutiendo el caso con Ahram y Soferis. Del examen del cadáver no han sacado nada, salvo que está circuncidado, lo que apunta a un asesinato pagado por Oriente; sea el persa o los grupos hostiles de la ciudad. Las ropas no dicen nada. No hay pistas. Tampoco aparecen de las averiguaciones hechas por Soferis sobre la forma en que pudo entrar. Los tres hombres discuten, analizan la situación. Al cabo, Ahram pasa a la galería, contempla unos momentos a Glauka y al fin habla:

–Has sido muy valiente; gracias. Pocas mujeres lo hubieran hecho.

Al oír acercarse a Ahram, Glauka se ha apresurado a manejar la lanzadera, mostrándose enfrascada en su tarea. Ahora le contesta con unas palabras quitando importancia a lo hecho.

—Toma —le tiende Ahram las tijeras ya limpias de sangre, y ella se da cuenta de que las dejó caer inconscientemente después de clavarlas—. Me has salvado la vida.

—Sí pero no tuve cuidado con la suya —no puede evitar decir Glauka.

—No te enfades. Comprende mi reacción. Ahora te repito mi gratitud.

Glauka se encoge de hombros:

—¿Cómo está Soferis?

—Ya le ha curado Assurgal. La herida no es grave. Le he ordenado no contar nada a nadie —añade Ahram.

—Aunque no lo cuente, Soferis lo vio todo.

—¿A qué te refieres? —se extraña Ahram.

—¿A qué? A tu arrebato, a tu violencia conmigo. ¡Delante de él!

Ahram suspira: todas las mujeres son iguales. Dando importancia a lo que no la tiene y al revés.

—Soferis es como si fuera mi hijo, ya lo sabes. Además, ¡te dije que te quería! ¡Me disculpé!

—Sí. Decirlo, lo dijiste. ¿Debo darte las gracias?

«Cuando la conversación toma esos rumbos, el diálogo es imposible», piensa Ahram.

—No, no tienes que dármelas... Te dejo tranquila; he de ver si averiguo algo. Se multiplican las contrariedades. Esto de hoy y lo que pasa en el Campo...

Sale pensativo y por un momento Glauka está a punto de compadecerle, por todo lo que esos hechos significan para él. En el acto rechaza ese impulso. «¡Qué tonta soy! ¿Compadecerle? ¡Si le encantan esos riesgos, para poder vencerlos y encontrarse luego triunfador! ¡Si son su vida!»

No puede quedarse inactiva en la terraza y sale de la casa camino de la torre. La torre y su recinto, la caverna inferior, abierta a las ondas, donde comenzaron... Le entristece también el recuerdo y se desvía. Sus pasos sin objetivo la llevan inconscientemente hasta el banco de los delfines. Allí la encuentra, al poco rato, Krito.

−¿Preocupada, Glauka? No tienes motivos; lo ocurrido no es tan importante.

−¿Ya lo sabes?

−Como toda la Casa. La traición infiltrada, según dicen en las malas tragedias de ahora: el acero alevoso detenido por el servidor leal. Pero no debes preocuparte; lo ocurrido no es nuevo para Ahram. Toda su vida le han rodeado envidias y puñales. Aunque otras veces asomaban más claros... ¡Quiere que yo indague discretamente por Rhakotis! −Sonríe y su tono se hace sarcástico−. «En tu mundo», me ha dicho...

Krito se interrumpe, observa más atentamente a Glauka y continúa:

−Ya veo que no es eso... Te apena algo más. Dame tu tristeza, Glauka; tus horas tristes quiero, esas que no se dan a nadie.

Ante el silencio de la mujer, continúa:

−¿Prefieres que te deje sola?

Glauka niega con la cabeza y Krito se sienta a su lado, sin fijar su mirada en ese rostro de ojos empañados.

−El riesgo lo comprendo, pero su actitud no −concede al fin Glauka−. Me ha maltratado, ¡y eso que maté al hombre!

−¿Tú? No lo han contado así. Dicen que fue el propio Ahram.

Glauka se encoge de hombros y continúa.

−Al matarle borré las pistas, ya ves. Hice mal.

−Vamos, no digas eso. Ahram quiere devolver el golpe; tuvo una primera reacción violenta, ya sabes cómo es...

—No, no lo sé. Desde hace algún tiempo no lo sé. Le encuentro diferente. No se comporta conmigo como antes. No me respeta; hace cosas que sabe me ofenden, no vale la pena contártelas... Porque lo peor es que no soy ya nada en su vida; sólo piensa en sus asuntos, en sus intrigas, en el poder... Cuando yo estaba en Tanuris creía que en Alejandría me encontraría más cerca de él, pero está lejos. Está en el poder.

—No exageres. Ahram siempre está en el poder, en sus asuntos, como tú dices. Y más cuando han intentado matarle. Pero es el mismo para ti.

—No, ya no me quiere. O empieza a no quererme.
—¿No quererte? ¿A ti? —La suave risa de Krito expresa a la vez melancolía y estupor—. Eso es imposible, Glauka.

Glauka se vuelve de golpe y le mira intensamente. Por primera vez desde el suceso, la obsesiva pena deja de habitarla, sustituida no sabe por qué. Krito interpreta esa mirada y se repliega en el acto, con una sonrisa intrascendente.

—Y más imposible aún para Ahram. ¡Si Ahram lo quiere todo! ¿Cómo no va a quererte también a ti?

Se da cuenta de que se ha replegado demasiado, hasta hacer inverosímil la maniobra, y reitera el tema en un tono más ligero.

—Todos te quieren, ya lo sabes. ¡Hasta yo!

Pero Glauka sigue mirándole mientras, vacilando en ese terreno movedizo, Krito calla. «En los ojos de Ahram siempre hay fuerza —piensa Glauka— y ahora ¿qué hay en los de Krito?» Los mira atentamente. No es que sean cambiantes, como los de ella misma, sino indefinibles, entre el azul y el gris. Hay en ellos bondad, sarcasmo, melancolía y desdén, duda y certidumbre, ternura y miedo... Desesperanza, especialmente, sobre un fondo muy complejo.

—¿Por qué has dicho «hasta yo»? —susurra la mujer.
—Ya sabes lo que soy, ¿no? No me lo hagas decir...

Lo contrario que Ahram, ese hombre siempre seguro. Con sus sabios, sus técnicos, sus aliados, sus proyectos... El hombre fuerte. Yo soy lo contrario, ya sabes. Soy el de «ese mundo», Rhakotis. El de las fases. «¡Qué lástima!», se dice de mí.

—No. Tú no eres eso; no solamente eso. Debajo del disfraz eres otro... —vacila—. No sé muy bien quién...

Krito vacila también como para decir algo. Pero decide reír y contesta:

—Eso es verdad, lo confieso. Me disfrazo, me encanta disfrazarme. Me gusta darle al mundo la vuelta, moverme por el revés de lo habitual. ¿Sabes que en Roma se celebra una fiesta en la que durante un día los amos hacen de esclavos y los esclavos de amos? —Habla deprisa, aliviado por la posibilidad de alejar así el diálogo del terreno hacia el que se deslizaba—. ¡Qué gran idea! Haría falta extenderla a la ley: los ladrones juzgarían a los jueces. ¡Habría que verlo...! Incluso al amor: los hombres serían mujeres y las mujeres hombres... Bueno, al menos esto último lo hago yo; ya sabes, en mi fase femenina: todo el mundo se escandaliza.

—Sí, conozco a ese Krito. Pero hay otro. Una vez me explicaste que hay dos Ahram. Pues también dos Krito.

—O tres.

—Puede. Eres más complejo.

Krito siente que la gratitud le sofoca ante esa caricia. Y provoca:

—¿Cómo son esos Kritos? Dime al menos alguno.

—Conozco a un Krito tierno, dolorido, y tan, tan sensible... En la mar hay un cangrejo incapaz de fabricarse un caparazón y camina en carne viva, desnudo, vulnerable, a la merced de un roce, de un arañazo en el coral... Se protege buscando una concha vacía que no es la suya y se refugia metiéndose dentro.

—En suma, un monstruo, un engendro inútil para la vida.

—Si fuese inútil no estaría vivo... ¿Monstruo? Nada de lo que es puede ser monstruoso: desde el momento en que la naturaleza lo ha creado es natural. La vida no produce monstruos; los producimos nosotros.

Krito calla unos momentos antes de contestar:

—¿Cómo no quererte si hasta filosofas...? Pero entonces me he hecho monstruo a mí mismo.

—No te acuses. Y no seas presuntuoso, no eres tanto. Se ve que no has conocido hombres monstruosos como yo.

—En mi mundo abundan... Y también mujeres.

—Los hombres no sabéis gran cosa de los hombres. Y menos todavía de las mujeres. En un burdel es donde los hombres se quitan las máscaras que llevan por la calle, te lo digo yo. Y aun cuando no se las quiten, las putas los conocemos a pesar de ellas.

—No hables así, Glauka.

—¿Te choca? Eres un aprendiz, entonces. La mejor escuela para conocer verdades de fondo es un burdel.

—Pues habré de matricularme en casa de Dofinia, como el niño que va al gimnasio. También tiene travestidos.

—No te escapes por la broma.

—Lo hago para que olvides tus penas —murmura Krito, con una sonrisa que ilumina el silencio.

«¡Es verdad!», piensa Glauka, dándose cuenta de que con él las ha olvidado. Se ha apasionado por ese encuentro de palabras, ese tanteo de descubrimientos, ese asomarse y retirarse ante las honduras de cada uno.

—Además, no me escapo. De ti nunca me escapo —continúa Krito—. No me niego ante ti, ni quiero que escapes tú de conocerme... No puedo más. Me declaro como soy: un amante lesbiano, ¿comprendes? Alguien que sólo como mujer podría hacer el amor a otra mujer; aunque ella fuera la que más hondo ha entrado en su vida... Por eso dije antes «hasta yo»... Y ahora, ¿qué te dice a ti eso?

Se le ha escapado en un impulso. No ha podido evitarlo porque mientras hablaba se le subía a la sangre una erección a la vez que al rostro. Su túnica oculta la primera; pero su rubor sorprende a Glauka, mientras él insiste:

—Sí, ¿qué puede decirle eso a una mujer tan mujer como tú?... ¿No respondes? Yo te lo digo: ¡nada!

Glauka ha callado porque es justamente lo contrario: esas palabras le dicen todo. Como relámpagos, iluminan de golpe mil oscuridades, pero también dejan después en ella sombras abismales. No puede responder ahora a esa confusión suya, pero sí al dolor de Krito, a la desesperanza con que ha mascullado la última palabra.

—Eso me dice que ignoras cómo siente una mujer muy mujer: no sabes lo que de verdad es más importante para nosotras... ¿Cómo no ves claramente en Glauka, cuando en cambio eres capaz de percibir dos Ahram?

—¿Es que te ves tú misma? Yo podré ignorar lo que dices, pero tú también te desconoces: por eso no me contestas... Tampoco sabes si existe esa otra Glauka, capaz del prodigioso amor entrecruzado, el de dos andróginos: la mujer haciéndose hombre sin dejar de ser mujer y el hombre haciéndose mujer, viviendo ambos los dos placeres; pero en ti no hay dos Glaukas: en eso consiste tu perfección. Como tampoco hay dos seres en un delfín, ni en una gaviota, ni en esta hoja de hiedra que da vueltas en mis dedos. Tú eres simple y enteramente vida, no desdoblada por la contaminación de las ideas, del cerebro, de todo eso que, sin embargo, nos hace humanos.

—¿Quieres decir que no soy humana? —sonríe.

—Eso es lo incomprensible. Eres, por encima de todo, ¡tan humana! La palabra no te ha contaminado. Eres sólo una y, sin embargo, me comprendes; eres también abismal y, no obstante, amas a Ahram como le amas... Vives como deberíamos vivir. Tú eres la humana; somos nosotros los deformados... ¿cómo lo consigues?

Glauka está a punto de revelarle la verdad de la sirena, su secreto. Pero ¿adónde les llevaría eso? Se reprime todavía, ha de ver mejor en sus confusiones. Piensa, ¿qué decir? Y de golpe vuelve al principio; a su pena, a la herida recién sufrida:

—Sí, quiero a Ahram; ése es el problema... Los dos le queremos, ¿verdad?

—Sí, los dos le queremos —repite Krito. Tan explosivamente que Glauka se asoma a otro misterio al percibir el relámpago en los ojos del hombre, en el acto reprimido.

Veinte días y aún no sabemos nada. ¿Y para eso tengo mis agentes? Nada del asesino ni de quienes le enviaron. ¡Pude haber muerto como un cualquiera yo, Ahram! Como la vulgar víctima de una puñalada en los muelles. ¡En mi propia casa, rodeado de guardias! ¡Pudo haberse hundido conmigo todo nuestro plan; la red tejida durante años! Cuando no era nadie vivía más seguro con mi daga. Es para desesperar, sólo que yo no desespero. ¿Qué está ocurriendo? Tigram espía, problemas en el Campo Esmeralda, silencio de Odenato, enemigos llegando hasta mi mesa... No pude ni saltar sacando el arma. Habría que azotarlos a todos. A Mnehet, al jefe de la guardia, a los escribas del antedespacho, al portero. Pero nadie ha de sospechar en la ciudad que Ahram es tan vulnerable. El mismo sigilo del asesino para entrar aquí facilita la ocultación. ¿Qué aliado tengo?, diría Odenato. Ni pensarlo. Ahram salvado por una mujer, ¡por una mujer!, y he de agradecérselo, encima que hizo imposible tirar del ovillo y saber algo. Pero tuvo coraje. ¿Lo pagó con su enfermedad? ¿O fue envenenamiento? Nuevo misterio. ¡Qué días! Otro cualquiera se asustaría, pensaría que el destino le vuelve la espalda. Pero no a mí: a la mañana o a la tarde brilla en lo alto el mío, mi destino. Antes que ella me salvó Soferis; se hizo mi escudo. Volvió a darme su cuerpo, como hace veinticinco años, cuando yo era su amante. Mi mujer y su padre murieron casi a un tiempo y entonces lo natural: enseñar el amor al hijo del amigo, al muchacho a mi cargo. Al caer el asesino Soferis quedó sobre mí, su cuerpo junto al mío. Oímos nuestros alientos. Su brazo herido, con el otro restañando la hemorragia, le impedían levantarse. Pesando sobre mí hasta ayudarle Glauka. ¿Sintió lo mismo que yo, mi carne contra la suya? ¡Qué cosas! ¡Acababa de rozarme la muerte y yo excitándome! ¡Qué deseable era su cuerpo de muchachito! Recuerdo la primera vez, sumiso, ocultando el dolor, orgulloso de sentirse ya iniciado al sexo. Su piel, su espalda...

¡Y de repente cualquier basura logra casi matarme! Veinte días sin hallar una pista. Tan sólo conocemos el cómplice; ese escriba que dejó de venir al despacho y ha desaparecido. No le hallaremos; ya le habrán matado ellos. Sólo tenemos un cadáver mudo: ningún tatuaje, solamente circuncidado, pero así muchos... No era marino, a juzgar por los pies. Tipo de ciudad, rata de cloaca; no tenía manos de nómada ni de labriego. No parecía persa; más bien fenicio, sirio. Ropas corrientes... Krito no le había visto nunca, no era de Rhakotis. Llegaría por mar; los marrajos habrán disfrutado ahora de su carne. ¿Quién le pagó? ¿Shapur o sus agentes? ¿Los judíos de aquí, por no conseguir el faro? ¿Esos sacerdotes locos, resucitadores de faraones? Sabía cómo entrar; conocía las costumbres de la Casa. El escriba le informó bien. ¡Si le hubiésemos cogido vivo! No le salvarían de una muerte lenta las tijeras de ninguna mujer.

Fue rápida con ellas. ¿La violencia del trance la puso

enferma? Aquella misma noche ardiendo en fiebre. ¿Acaso mi rudeza con ella? ¡Pero si me disculpé! Además, tenía que comprenderlo. ¿Fue sólo eso? Assurgal piensa en el veneno porque ignora su mal, pero no veo la razón para matarnos a los dos. Ni se explicaría como consecuencia de haber fallado mi asesino. Con la fiebre deliraba, pero sin descubrir otros motivos. Sólo la mar, sus hermanas, su pasado, Krito confusamente, la luna, la luna; también mentó a Yazila, pero mi devaneo con ella no es para enfermar así, yo mismo se lo conté. Otro problema: no poder dejarla con Eulodia, ¡en el delirio hablaba de las sirenas y su canto! Assurgal desconcertado. Como al día siguiente el médico egipcio y luego el galénico del prefecto. ¡Amarrado yo a su cabecera con tantos problemas urgentes! Nadie sabe lo que ha tenido ni gracias a qué comenzó a mejorar. Esa ciencia no es la de mis sabios, que siempre aciertan. En aquellos días temí perderla, me volvía loco. Menos mal que allá arriba mis luceros seguían brillando. La salvó Itnanna, la diosa de la caverna. Bajé a la cueva y se lo pedí a ella desesperado, a la estatua traída desde Karu, y se lo pedí a ese mar de donde vino Glauka. Aquella tercera noche decisiva; fue a la mañana siguiente cuando empezó a mejorar. Sí, la salvó Itnanna, gracias a su amuleto, gemelo del mío

¿Qué está sucediendo? No es azar; se multiplican demasiado los problemas. Es para pensar en algún maleficio. ¿Será el odio a Glauka de esa Yazila? Los egipcios saben de magia. ¿Habrá acudido el padre a los sacerdotes de Canope? ¡Pero si sólo la follé un par de veces; me resultaba sosa! No puede ser eso, pero algo sucede. Tigram espía; menos mal que yo siempre estoy alerta. Mi agente es categórico: ese hombre espía para Shapur, aunque se diga perseguido por el persa. Al menos tengo esa información, que el prefecto y el césar de Roma ni sospechan.

Y mis técnicos, ¿qué pasa en el desierto? La primera paloma del hombre de Artabo no aclara nada. ¿Se han infiltrado allí mis enemigos? Ésos sí serían los romanos; igual que se cuelan en mis astilleros, donde no me importa. Pero allá abajo es otra cosa. He de ir yo mismo a aclararlo todo, y pronto. Aprovecharé para acercarme a las tierras de Punt; hace años que no veo al viejo Mlango. Aún mandará, si vive, aunque reine ya algún hijo suyo. Un rey digno de ser mi amigo, ¡qué coloso! ¡Y qué negritas me ofrecía! Curioso, el peligro de muerte me hace recordar placeres: Soferis, aquellas muchachas de Punt... ¡Qué fuerte el deseo la otra noche! ¡Si Glauka no hubiese caído enferma! Sí, la curó el amuleto de mi diosa. Con ella empezó a remontar. Luego, sobre todo, Krito: ésa es la verdad. Su compañía, en cuanto ella pudo tenderse fuera, en el jardincillo. En cuanto bajó la fiebre, su obsesión por ser llevada a la torre. ¡Qué débil se quedó! Llegaba él con Marsia y su arpa; a veces con el flautista. Verdaderamente extraordinarios sus efectos. Se reponía de día en día. ¡Y nadie sabe de qué! Una crisis, dice el galeno, como si eso explicase algo. Ni Assurgal, que con los astros no suele fallar.

Lo del Campo puede estar movido por el prefecto. ¿A ver si me resulta un viejo zorro? Pero yo soy águila. Bashir hubiese averiguado algo más del muerto. Conocía bien las razas y seguía una pista como nadie. Como aquella vez, cuando nos robaron las esmeraldas de nuestro escondite. Lo que Krito con la palabra, él con la acción. Sí, el reciente peligro me hace recordar. ¿Qué hubiera sido de Soferis quedándose sin padre a los trece años? Yo hice de padre después; ¡el suyo me ayudó tanto en la empresa de Belgaddar! Un hombre demasiado religioso: creía que hay cosas prohibidas por los dioses. Si hubiera tenido más arranque se hubiese hecho tan poderoso como yo. Claro que no había nacido en la pobreza. No le habían asesinado a su padre ante sus ojos; no le habían encadenado al remo de una galera. Después de vivir eso, tiene uno derecho a todo. Éste es un mundo de fieras: o devoras o te devoran. Así que salvé a Soferis, le enseñé lo que es la vida; el otro día se la jugó por mí. Decía Krito que mi mayor placer, cuando yo gozaba de Soferis, era cometer casi un incesto. Yo me reía. Siempre así de raro Krito. No piensa como todo el mundo. Ha cavilado demasiado y le enredan las palabras. Pero ¡cómo ha cuidado de Glauka!

Krito mi estrella, la primera. Desde que me salvó con aquel discurso. Lo reconozco: allí la palabra fue útil. Porque los jueces eran como Krito, claro; entre soldados no hubiese habido palabras sino muerte. Mi estrella, la que mi madre me mostraba alzándome en brazos hacia ella al amanecer. Arsu, venciendo a la noche ya en retirada. ¡Cómo olía el mundo entonces! Ninguna flor, ningún perfume fue luego tan poderoso. También intenso en el jardín de Zenobia, pero era otro poder. Yo aspiraba, aspiraba, sostenido en alto por mi madre. Fijaba la vista en aquella celeste lumbre palpitante. Era Arsu, antes que el sol, quien ahuyentaba la oscuridad y traía el día. Por su nombre conoció Ittara que yo era sabeo; sin eso yo hubiera ignorado siempre mi origen. Me envió a Krito. Luego a Glauka me la trajo Azizu, el lucero del destino cuando asoma por la tarde.

¡Maldita sea, no salgo de los recuerdos! No puedo permitírmelo; hay mucho que hacer. También el silencio de Odenato. Me informa mi gente, pero él, ¿por qué no me tiene más al día? Me inquietan sus impulsos, hay que frenarle un poco; es demasiado directo y aún no lo tenemos todo a punto. Buen soldado, pero no tan buen político. Aún no podemos descubrir las intenciones ante Persia y Roma. Hay que socavarlas más, provocar conflictos internos, nacionalismos, apoyar las rebeldías, fragmentarlos. Y entonces Odenato y yo; Palmira y

Alejandría con Egipto. Egipto es indispensable, ¡si Malki fuese mayor! El año próximo embarcará y se asomará a los negocios con sus tíos en Roma, en Cirene, en Atenas. De tierra ya sabe bastante. ¡Qué buen jinete le hizo Bashir! ¡Cómo galopa en la playa sobre el hijo de *Al-Lat*! Ahora que galope sobre las olas, como su abuelo. ¡Qué vida te espera, niño mío, qué alto empiezas! Pero has de aprenderlo todo desde abajo; Bashir hubiera sido un gran maestro. Otra vez recordando, no quiero: lo pasado, pasado. Hay que guiar a Odenato, Zenobia me ayudará porque es más astuta que él. Tiene esa intuición de las mujeres, aunque no nos comprendan.

Como Glauka, ¡qué adivinaciones! A veces demasiadas. ¿Influiría también lo de Yazila? Pero nunca fue celosa, nunca le importaron mis otras mujeres. Y Yazila ahí, en el gineceo, madura ya con sus diecinueve años. ¿También diría Krito que cometí un incesto? Casi la he visto nacer pero es distinto. Diecinueve años, ¡cómo pasa el tiempo…! ¡Basta de recordar, no quiero pudrirme! ¡Acción, acción!

El lagarto no ha vuelto, la piedra sigue ahí recordándole, ungida por el sol que a él le gustaba, pero no ha vuelto... Hace ya uno, dos, tres, cuatro días, eso: cuatro días, ahora no los confundo, antes sí será por eso que no ha vuelto, porque éste es otro tiempo, el de fecha tras fecha, apareció desde el principio, desde que me bajaron al jardín por primera vez, ¡qué nueva era la primavera!, ¡qué tesoro recobrado!, lo descubrí en el acto, quieto sobre la piedra, palmo y medio de largo, era una joya espléndida, fastuosa malaquita con grises y oro, en el perfil un ojo de velado azabache, saetera y abismo, sólo mostraba vida su garganta latiendo, una piel blanquísima midiendo los momentos, al compás de su sangre, pulso del universo, de un tiempo que no fluye, pura suma de instantes cada uno absoluto, sin principio ni fin, sin torrente ni espuma, reflejos de un estanque, me cautivaba, ignoro cuántos días, para mí uno solo, por el aire pasaban sol y luna, iban gentes y venían, revelaban palabras, susurraba la brisa, fugacidades todas, y yo en el tiempo inmóvil, el de aquella garganta sobre la piedra: ya, ya, ya, ya, ¡qué libertad de lo perecedero!, ¡qué descubrir de permanencias!, y así, ¡qué iluminación, qué claridades!, y por eso no ha vuelto el dios lagarto, porque ahora ya distingo cada fecha, pero nadie me quitará aquellos instantes vividos en su reino, nací de la confusión, me salvé de delirios...

Delirios de fiebre, me han dicho que tres días en la alcobita de la Casa, todos sufriendo por mí, curioso: yo nada, al contrario, encontrándome de nuevo, sentía otra vez mi cuerpo intensamente, casi como en el santuario de Afrodita, internas vibraciones, otra vez mis torrentes, mis pulsos redoblando su tambor, «has estado a la muerte», me repiten, y era estar en la vida, gozar la mortalidad, la vida no es Momento permanente, ese Vértigo dado por Ahram, si lo fuera no percibiríamos su explosión, o quizás la vida toda es Momento pero nosotros incapaces de sentirlo, decimos «vida», «río», «fuego», sin vivirlo, tomamos por llamaradas las brasas del hogar, por amor el placer, por exaltación la existencia, por eso mi fiebre era estar viva, una hoguera como el faro, consumiéndome pero encendiéndome, ardía en ella todo mi pasado, la mar y la isla, el harem y Domicia, Ahram y Zenobia, todo chisporroteaba, todo hervía, «está delirando», decían, estaba viviendo, la fiebre me hacía llama, avivada a la sombra de la muerte, y al fin llegó el lagarto, su tiempo inmóvil que trajo todo al orden, ¡qué claro lo importante!, Yazila y Zenobia disipadas, y el poder y la envidia, todas las mezquindades, en cambio refulgía lo perenne, amores y amistad, que son lo mismo, Ahram y Eulodia, Krito y Bashir, Domicia y Malki, y el calor de la vida: el sol y el mar, todo activo en el tiempo del lagarto, qué claridad para verme, «¿es que te ves tú misma?», dijo Krito, ¿cuánto tiempo ha pasado de aquel día?, el tiempo del lagarto: suficiente para verme muy adentro ahora sí que podría contestarle a Krito, y le contestaré según pregunte, y nos contestaremos ciertamente, «en ti no hay dos Glaukas», ¿y qué falta hacen?, en una estoy toda, ¡qué inmaduros los hombres, siempre analizando, clasificando! ¡Incluso Krito, mucho más sabio que el niño Ahram!

Por fuera, en el tiempo ordinario, ellos iban y venían, sin conocer mi mal que era su angustia, ¡cuánto celebro el fallo de los médicos!, el fracaso de la orgullosa ciencia, discutían mi trauma ante el puñal, la tensión de la vida, el posible veneno, me divertía oírles, con mi lecho a la sombra de la torre, frente a la piedra trono del lagarto, sabiendo que el veneno es la Casa del Poder, y por eso en mi delirio reclamaba retornar a este origen donde me tomó Ahram, eso me ha salvado y *Tijón* el primero, me lo han contado, me trajeron inconsciente, al llegar a la puertecilla acudió el perro, silencioso, acercó su hocico a mi mano pendiente y me hizo abrir los ojos, pronuncié su nombre reconociéndole, no pudieron oírlo pero vieron moverse mis labios, ¡qué alegría de Ahram!, entrañable *Tijón*, tan viejo ya, apenas te mueves, podrías ser el lagarto de este otro tiempo, el cotidiano, el que se nos escapa y se nos lleva, porque ya estoy en él: cuento los días, ya estoy de nuevo aquí, ya he renacido, pasó la crisis como dicen ellos, con ponerle ese nombre se conforman, ¿y no ha pasado nada?, vi muerto a Ahram en un repente, y mi ciego resorte clavando las tijeras y aquel cuerpo yaciendo ensangrentado, y el reproche de Ahram aniquilándome, y mi llorar todo el día mientras él se afanaba tras las pistas, el Ahram insensible además del infiel, el encaprichado con Yazila, y mis últimos tiempos de confusión, desvío, incertidumbre, a eso le llaman «crisis», por fortuna ese tiempo del lagarto cribando lo fugaz de lo inmutable, por ejemplo Yazila, a él no le interesó nunca y de pronto tuvo el capricho, provocado en el banquete, infatuación de macho, ¡pero me hizo tanto daño!, me dice Eulodia que ya ha pasado, pero ¿y si le hubiera hecho un hijo en esas noches?, ¡qué horror!, precisamente de ella, ¿cómo pudo herirme así?, y me lo anunció él mismo, aún estaba caliente de esa carne, lo dijo jactancioso, incluso desdeñándola, «demasiado verde», ¿cómo pudo ser capaz?, pero eso ya no es nada, hasta en él es pasado, le conmovió mi fiebre, buscándome remedios, y trajo hasta sacerdotes según dicen, los de Isis, que tanto le deben, un rabí, pidió a Eulodia que rezase, siempre a mi lado en la Casa durante la fiebre, por eso reteniéndome allí, fingiéndose tranquilo cuando yo podía hablarle, aquí ha venido menos, sus asuntos, delegando en Krito, ¡un Krito tan distinto!, ¿renacido también?, ¿y por qué?, un Krito imperturbable, disponiéndolo todo, un hombre en la tormenta, seguro en el timón, ni un paseo nocturno a Rhakotis, ni un solo día travestido, y su acierto al traerme a Yarko, ¡qué adivino con sus ojos ciegos!, esa música revelándome a mí misma, al principio mi guía, luz al fondo del laberinto, pero en el tiempo del lagarto se hizo mi compañera, evocaba conmigo, ondulante como la mar, flexuosa como las algas, recordándome mi origen, ayudándome a verme como soy, mujer con memorias de sirena, reconstruyéndome fronteriza como Krito, a ver claro también en los demás, el ansia callada de Eulodia, mi primera acción al volver a este tiempo, llamar al escriba de la Casa de la Vida, registrar su liberación: ya no es esclava, su Jovino estuvo presente, ¡cuánta luz en los ojos de ambos!, ya dueños de sus vidas, pero Eulodia no quiere abandonarme, nos traeremos a Jovino a la Casa, lo desataremos de su noria en el faro, hace feliz dar felicidad, a Ahram le cayó bien ese muchacho, otro hombre del desierto, me trajo miel del sur la de abejas salvajes, el dulzor en la fuerza, golosina de todos cuantos venían, los consejeros de Ahram, se asomaban prudentes, orden de no cansarme, Malki conmoviéndome, Ahram tiernísimo en las noches, todos tan transparentes, lúcida en mi languidez, era el tiempo del lagarto, de pronto el relámpago de su lengua, cazando un insecto invisible, yo también he captado lo invisible a la luz de ese tiempo y veo hasta en mi fondo... Ahora cuento las fechas, las distingo, por eso pido a Eulodia un espejo, se me ha ocurrido que estaré fea y aviejada, es el final de mi alumbramiento, el principio de mi reintegración, Eulodia me adivinó, lo veo en su sonrisa, «no te inquietes, señora; estás hermosa», me miro y no lo estoy, pero sí, de otro modo, algo ha cambiado en mí desde aquel día, sigo siendo la misma que llegó a la torre hace nueve años, la misma que Ahram hizo sirena en su gruta ahí abajo, Ahram ahora inquieto por mi suerte, me lo repetía Eulodia, olvidado de todo, me lo confirmaba Krito, Ahram sin pensar en sus negocios, mientras los despachaba, sin hablar de Palmira, ni siquiera de sus sabios que tanto le inquietan ahora, olvidado de todo, decía Krito, ahora vuelve a tener a su Glauka, la preparada por todos para él, ¡cómo he interpretado estos días mi vida! Narso la carne, Uruk la sangre al galope, el harem y Bizancio las técnicas, Domicia la caricia honda y la identificación, todo trayéndome a Ahram en este Egipto donde todo es posible, ya están hablando de la inundación como cuando me compraron en Tanuris, hasta Amoptis me condujo a Ahram, pero este Egipto es capaz de más, de crearme nueva siendo aquélla, de hacerme renacer, también soy fronteriza, como Krito, estos días indispensable, perfecto, hasta ha conquistado a Eulodia, «Dios acabará tocándole el corazón», me repite, le considera un hermano, a pesar de su vida tan condenable para ella, porque Krito es un bálsamo cuando se ocupa de alguien, como de mí estos días, por cierto apenas vuelve, sólo un momento y vacilante, no es ya el timonel del tiempo del lagarto, habrá vuelto a Rhakotis, y ¿por qué dijo aquello de Ahram: «los dos le queremos»?, le salió del alma, de lo más hondo, pero lo que me importa, esas otras palabras, decisivas, «De ti no me escapo, no me niego ante ti», ya no podrás negarte, ya todo se ha hecho claro en ese tiempo inmóvil, el tiempo en que has sido perfecto, el hombre seguro, ya estoy en este tiempo pero no olvido eso, que hay otro tiempo nuestro, no te contesté pero ya he oído mi respuesta, la que nos da la vida.

—Déjame acompañarte, señora. ¿Y si te ocurre algo?
 —¿Qué me va a ocurrir, Eulodia? Ya camino con seguridad. Además, sólo pienso llegar hasta el banco y sentarme allí un rato.

Eulodia se resigna. *Tijón* mira a su ama con los ojos de estos días: fieles, cansados, comprensivos. Al cruzar la puertecilla de la cerca Glauka vive una extraña sensación. Como si la torre, lugar amado sobre todos, la hubiese tenido prisionera.

Desde su enfermedad descubre nuevas sensaciones. También impulsos, como la imperiosa necesidad de ir a esta hora al banco de los delfines. Sentarse, acariciar el mármol de los lomos bien pulidos, enredar los dedos en la horquilla de la cola. Ver cómo el ocaso tiñe poco a poco de rosa el cielo. Respirar a solas. Escucharse. ¡Cuánto se ha escuchado estos días, cuántas silenciosas voces en su caverna interior…! Camina despacio por el sendero, satisfecha de no fatigarse. El aire marino llena su pecho de salado vigor. Percibe un plano de blancura entre los mirtos y se decepciona de no ver la silueta de Krito. Se le escapa un suspiro. Llega hasta el banco y se sienta. Krito, entretanto, se acerca a la torre y desde la trasera de la Casa Grande mira por el jardincillo, decepcionado a su vez al no encontrar a Glauka. Eulodia aparece en la puerta y Krito la interroga:

—¿Ocurrió algo hace días en las cocinas?
—No recuerdo.
—¿No se murió un gato?
—¡Ah, sí! Me dio pena, pero nada más; era muy hermoso. Allí fue una tragedia; ¡como los paganos creen que son seres divinos…! Hicieron conjuros y todo contra la mala suerte, porque fue una muerte extraña. Sí —continúa al advertir el interés de Krito—, estaba tan orondo como siempre, se tomó su leche con miel que le daba la cocinera y al poco rato se agitó mucho y murió enseguida... Es curioso, ocurrió el mismo día en que cayó enferma la señora.

Krito queda ensimismado, pero no le pregunta a Eulodia si su ama tomó leche aquel día. Lo sabe de sobra y prefiere no suscitar en la sierva las mismas sospechas. Se limita a preguntar:

—¿Dónde está tu ama?
—Ha ido hasta el banco. ¡Se ha empeñado en ir sola, no es culpa mía!

Krito no contesta y se aleja hacia donde se encuentra Glauka. Ella le recibe sonriente, pero con reproche en los labios:

—¿Qué te ha pasado estos últimos días? No has ido por la torre. Como si sólo fueras un médico. Una vez curada, olvidada.
—Estuve anteayer.
—Es cierto. Pero antes ibas a diario y me acompañabas todo el día... ¿Enojado conmigo por algo? —añade, risueñamente burlona.
—¿Cómo puedes decir eso…? Venía por aquí, a este banco.

Glauka observa en el rostro de Krito huellas de fatiga.

—Has vuelto a Rhakotis —reprocha con dulzura.

—¿Por qué no? —La respuesta es dura, casi agresiva, y a la vez dolorida—. ¿Dónde voy a ir, si no...? Ya sabes cómo soy —suaviza el tono—, fronterizo. Por eso venía aquí, a este banco entre la Casa y la torre, tus dos moradas. Este banco es de nadie: en tierra de Ahram, pero lo encontré yo. Es nuestro.

—No, la Casa no es mía: es del poder, del veneno. La Casa es de Ahram. Lo mío es sólo la torre.

—Claro. El cubil de Ahram.

Glauka le mira antes de contestar dulcemente:

—Estos días lo hiciste tuyo. Reinabas allí, en el tiempo del lagarto. Ha sido revelador.

—¿Qué lagarto? ¿De qué me hablas?

Glauka le explica la presencia del lagarto y cómo ha vivido ella un nuevo sentido del tiempo. Krito la escucha atento, cada vez más interesado. Al final asiente, grave:

—Comprendo... Un tiempo nuestro.

Glauka le mira extrañada.

—Pero tú no lo viviste. Acabo de descubrírtelo ahora.

«Entonces, ¿por qué estaba yo allí?», piensa Krito. Pero sólo dice, melancólico:

—¿Qué sabes tú si lo viví o no? ¿Qué sabes tú de mí?

Las palabras le llegan tenues, pero muy penetrantes.

—Ahora todo.

Krito la mira inquisitivo antes de responder:

—Es posible... En todo caso, para mí fue también otro tiempo. Otro mundo, otra esfera... Estabas allí de otro modo. Eso lo sentí, y yo...

—Porque eras otro Krito: el que llevas en tu hondura... Por eso te reprochaba que te resistas a serlo.

Krito tarda en contestar.

—No sé llegar a esa hondura a voluntad... Es inaccesible para mí.

Glauka replica con énfasis:

—¡No...! No, Krito, no lo es. Aun ignorando el lagarto, tú también fuiste otro, ese tiempo nos ha penetrado. Nos ha hecho suyos.

Se produce otro silencio, como si fuera necesario para asimilar las palabras. Glauka espera, pensando: «Se negará a aceptarlo, una vez más.» Y la respuesta entristecida es, en efecto:

—Volverás pronto a la Gran Casa, quizás mañana mismo... En cambio el sitio de Krito es otro. Allí, ¿lo ves?, al otro lado, en mi cubil.

«¡Supe la respuesta antes! ¡La capté en su mente! ¡Como las sirenas!», piensa Glauka jubilosa. Se esfuerza por decir sencillamente:

—¿Y este banco no es también el sitio de Krito?

El hombre vacila, pero al fin:

—Sí... Más aún: es donde soy más yo. Quiero decir... Donde más me acerco a esa hondura que decías. Pero sin alcanzarla.

—¿Por qué te pones límites a ti mismo?

Krito se encoge de hombros, resignado.

—Manera de ser. Como algunos dioses encuentran su apogeo en la muerte: Tammuz, Osiris, ese mismo Cristo de tus femineras; en ella es donde triunfan... Recuerdo tu relato del final de Roteph, ofrecido a los tigres, colgado de la cruz, como un fruto de sangre, un fruto que te amaba... ¡Qué envidia!

—Él te hubiese envidiado a ti. Hubiera cambiado aquella muerte por estar donde tú, aquí, ahora...

No termina diciendo «a mi lado», pero lo piensa. Y al darse cuenta de que Krito lo ha oído de todos modos, vuelve a exaltarse: «¡Como entre sirenas!»

—Sí, estoy aquí y tú también... Pero yo no me olvido: tu sitio es la torre.

Glauka lo reconoce y se subleva a la vez. Un torbellino, ¿cuál es la salida? Krito no vio al lagarto, pero fue su compañero. Están ahora en aquel tiempo. Y un relámpago de luz en la tormenta. Una claridad.

—La torre tiene otro espacio. La cueva, subterránea y oceánica... ¿La conoces?

—Supe que existía por Ushait. Pero es sólo de Ahram; no la conozco.

—No es sólo suya. Antes es de la diosa. La Diosa de la Vida; no la del Poder.

—No sé. Nunca me atreví. Me detengo a la puerta de ciertos templos pensando «no soy digno».

—Eso me ocurre a mí ante tu cubil, donde vives —responde Glauka con humildad—. A su puerta me detengo, mientras tú no me conduzcas de la mano. Y sólo me llevaste una vez, hace años.

Una larga pausa, en la que se cruzan los mensajes. Krito alza la cabeza y contesta. «¡Con cuánto esfuerzo! ¡qué valerosamente!», advierte Glauka, sintiendo temblores que no salen a la luz.

—Volverás cuando quieras. Cuando tú quieras.

Krito se asombra de sí mismo. Comprende que eso sólo ha sido capaz de decirlo en este banco.

—Pues cuando quieras estarás tú en la cueva. Puedo hacerlo; te llevará otra Glauka.

—¿Otra? ¡No hay dos, no es posible! Ya te lo dije.

—Sin dividirme, cambio. No soy dos, sino doble... Soy diferente, Krito, ¿aún no lo has advertido?

—Eres la misma, porque siempre fuiste diferente. Lo percibí aún antes de que llegaras, en la voz de Bashir al anunciarte, y en los silencios de Ahram al escucharle. Lo confirmé al verte, aquí mismo ¿recuerdas? Por eso me atraes y me destierras a la vez. Pero nunca te sentí tan única, tan incomparable como la noche del banquete.

—¿Esa noche?

—Te espiaba, rondaba la torre. De pronto te oí cantar. Aunque aquello era mucho más.

—Lo sabía. Te vi desde la ventana.

—¿Y me has perdonado? ¡Qué alegría...! Porque te

robé esa canción. No era para mí. Tan indescriptible, tan de otro mundo... Ni Yarko se te compara... Lloré. Lloré de envidia, porque cantabas para Ahram, junto a él. Lo más desgarrador: pensar que sólo por eso lograbas cantar así...

–No sólo por eso. Es verdad, canté para Ahram. Pero mi canción tiene además otro origen: en una frontera. Viene desde otro mundo.

–¿Cuál? ¡Necesito saberlo!

–Ahora no, todavía no.

Krito se anonada:

–¿Lo ves? No soy digno.

–Lo eres ya, del todo. Pero déjame revelártela sólo cuando pueda hacerlo plenamente, sin límites... No dudes: será pronto... Tiene que ser pronto.

Krito la mira y se dispone a hablar cuando su gaviota –nuestra gaviota, piensa Glauka también– le interrumpe con su presencia y su gañido. Permanecen un rato quietos, tranquilos, viendo hacerse más rosa el faro, mientras la luz se amortigua, el mar se oscurece, las nubes se tornasolan... Se asoma la noche...

Krito descubre el mensaje del faro: escalar el cielo y arder en lo más alto.

23. LA NOCHE DE KRITO

Es como la primera tarde que vivió en la Casa Grande, nueve años atrás, salvo que entonces Glauka veía el sol poniente desde una lucerna trasera del edificio, en la zona de la servidumbre, mientras que ahora, sentada en su banco de los delfines, lo tiene a su espalda tiñendo de rosa el mármol del faro, sobre cuya cima pronto surgirá el humo, anunciando la nocturna cabellera de fuego. Las aguas de la caleta son ya de color malva, las nubes arreboladas se ciernen en lo alto.

La hiere el esplendor del mundo. Le hace daño la tibia suavidad del aire, los perfumes florales, el vuelo de mariposas, la algarabía de pájaros, la armonía de colores, el resuello del mar, el rumor de la vida en la tarde estival, a la vez ardorosa y serena. Todo le resulta ajeno: entre tantos seres se siente extraña al mundo, ante tanta plenitud le duele su soledad. Ahram, una vez más, está lejos, en sus astilleros cirenaicos de Darnis, reforzando sus naves, dedicado a su poder; ni siquiera distraído en un capricho erótico, como esa Yazila por lo visto ya olvidada. ¿Y Krito? ¡Un mes sin aparecer apenas! Después de lo que él dijo, después de ofrecerle ella el descenso a la gruta de la torre... ¿qué le pasa? ¿Tan atado se siente...? ¡Nadie a su lado!, sólo Eulodia, pero pensando en su dios y en su Jovino. Cada cual metido en su interés, en su quehacer, en su ser... «¿Cuál es el mío?», se pregunta angustiada.

Porque Glauka se consume en la angustia. Su congoja desmiente la plenitud del escenario. En su interior un goteo implacable horada las cosas y los seres, los disgrega y se los lleva. «¿Es esto envejecer?», se pregunta. Esto: la tierra, los astros y los seres prosiguiendo imperturbables mientras ella se queda atrás, desconectada, a la orilla del tiempo... Sobre el mar balancea indolente su mástil el *Jemsu*, plegadas las velas, fondeado a la gira en torno al áncora. Bajo las aguas el otro mundo, el que la creó a ella, el que no envejece. No ha vuelto a ver sirenas ni siquiera cuando se zambulle junto a la gruta de la torre, en noches de plenilunio como ésta. ¿Las rechaza Alejandría con su faro o es que han huido de este mundo, donde otros dioses ya nacen? ¿Qué queda en ella de aquel pasado suyo? Últimamente viene cavilando sobre su identidad debatida con Krito. ¿Es realmente Glauka una sola? No está segura. Se siente entera pero, también, con dos corazones, otro Jano con dos caras. Como cuando era medio mujer y medio pez, con dos lealtades, aunque entonces no se diera cuenta. «Pertenezco a la frontera, como Krito –se dice–. Entonces, ¿por qué no está conmigo? ¿Acaso habrá fronteras diferentes?» Piensa en la Mujer Diosa de las femineras, divina y humana a la vez, además de mujer con apariencia de hombre, doblemente fronteriza. «En todo caso –se dice Glauka–, estoy viva.» Esa seguridad la sostiene en su angustia, gracias a ella no se derrama en llanto. Viva, aunque hundida en el desfallecimiento: por eso no se arrepiente de haber acudido aquella noche a Afrodita. No le angustia envejecer sino sentirse abandonada. ¡Cómo añora el breve tiempo del lagarto, anclado en la serenidad! ¿Qué desea, qué necesita? ¿Cuándo empezó su angustia? ¿Acaso es premonición de algo, deslumbrante o siniestro?

La voz llega hasta ella repentina, la voz tanto tiempo y tan oscuramente esperada. Su mano se coge a la marmórea cabeza del delfín para sosegar su emoción, mientras escucha a Krito, ve sentarse a Krito, siente el olor de Krito, el roce de su femenino quitón:

—No te atormentes, Glauka. Un día más no es retraso con esta calma en el aire. Pronto llegará tu Ahram.

Entre los dedos que la voltean suavemente, la hojita de hiedra.

—No estoy esperando. Llegó una paloma advirtiéndonos del retraso.

—Me habré equivocado, entonces. Parecías angustiada.

Glauka guarda silencio y Krito comprende que no se ha equivocado. Respeta la pausa mientras enamorada compasión llena su ánimo.

Una gaviota cierne sobre ellos sus alas. «¿Será nuestra gaviota?», se pregunta Krito, porque se les acerca desde la izquierda y eso se considera mal presagio. Sonríe porque no lo cree, pero siente como si la angustia de Glauka le penetrase también a él.

Callan, mientras en ambos gira un silencioso torbellino interior. «Pero ya no es angustia —se dice Glauka sorprendida—, sino expectación. Krito conmigo; ¿qué trae ahora?»

El mundo parece callar también, quedar en suspenso. Los pájaros ya duermen, el mar está inmóvil, el faro vuelve a ser blanquecino porque el sol se ha ocultado, el aire no se mueve... La plenitud estival se adormece. La mujer ya no se siente herida por la belleza y lo celebra con un suspiro:

—¡Qué hora tan singular! Se acaba todo con el día.

Lo dice pensando en su angustia esfumada, pero Krito contesta respondiendo a su propio afán:

—Al contrario, todo empieza con la noche.

Glauka reacciona alerta, pero sin temor. Sonríe:

—Sí, donde todo es posible. Donde respiran los proscritos, como yo.

Glauka le mira mientras empieza a comprenderlo todo: el secreto fondo de su propia angustia, el nombre de su soledad y, también, la ausencia de Krito.

—Donde ahora también habito yo. —Y ante la mirada sorprendida de Krito añade, vehemente—: ¡Si supieras hasta qué punto soy también fronteriza!

«Voy a declararle mi origen», decide Glauka en el mismo instante de hablar así.

—No tanto como yo, mírame bien —replica Krito, aludiendo a su vestidura.

—Una túnica se quita en un instante; pero la piel no.

Krito la mira sin comprender. Ella siente el cosquilleo de la delicia, pensando en la sorpresa que le espera al hombre, mientras le pregunta:

—¿Cuál es el dios de los fronterizos?

—Hay varios. Némesis, diosa de los límites. Jano, que mira dentro y fuera, que está entre ayer y mañana. Hermes, dios de los viajeros y padre de Hermafrodita. El mismo Zeus, tantas veces transformado... Pero sobre todo Proteo el multiforme, el sabio... ¿Te divierte el catálogo? Puedes elegir entre otros todavía.

—¿A cuál te encomiendas tú?

Krito sigue asombrado. Ya han tratado ese tema otras veces. ¿Por qué ahora? ¿Y por qué ha dicho ella que la piel no se quita como una túnica?

—Ya conoces mi dios, pero en esta hora del crepúsculo puedo describírtelo mejor. Si un día en un eclipse, cuando sol y luna están alineados, como explicó Anaximandro, ambos se fundieran en una luz cegadora y dulce, en una fuerza irresistible y benévola, ése sería mi dios. Un dios fronterizo, andrógino, holosexual. Se enamoraría de otro igual a él y en su cópula crearían un mundo y unos hombres nuevos... Haría más que milagros: haría lo imposible: ser y no ser al mismo tiempo, igualar los contrarios, conciliar el todo y la nada, la luz y las tinieblas. Podría unir aquí mismo las paralelas y encerrar el infinito en el puño de un niño. Sería el verdadero Eros, porque viviría el fulgor de todos los amores... Pero ya sabes que no espero nada de los dioses. Si existen, no se ocupan de nosotros.

–Los dioses existen, lo sé... Ya te convenceré –añade apresurada ante el gesto escéptico de Krito–. Pero no pueden vivir el amor de los humanos aunque se emparejen y se acoplen. Sin la muerte al fondo, sin el tiempo en los huesos, el amor es trivial... Como este juego tuyo –concluye, seria en el tono, compasiva en la mirada, señalando el vestido de Krito.

El hombre se siente herido un instante, comprende en el acto. «Es mi degradación y mi osadía», piensa, pero en su lugar dice, en tono ligero:

–Cada cual juega como puede... Con esto, con la palabra que ahora leo...

–¿Filosofía?

–No. Poesía. Es superior a la mejor filosofía, que discute la duda, mientras el poema revela la verdad.

–Por favor, Krito, concédeme esa verdad: la estoy necesitando.

Krito tarda en contestar. La mira; al fin se decide y la palabra vuela de sus labios:

Si nunca despertaste en sobresalto
febril, precipitándote hacia el lado
vacío de tu lecho, tanteándolo
con manos que se obstinan vanamente
contra implacable ausencia.

Si no sentiste entonces a la muerte
desgarrándote en vida y agrandando

> *el vacío en tus venas inflamado,*
> *el vano apartamiento de tus muslos,*
> *el ansia de tu sexo.*
>
> *Si no rompió tu voz ese gemido*
> *que acuchilla la turbia madrugada...*
> *es que en tu corazón no ardía la hoguera*
> *que llamamos amor.*
>
> *En ella me consumo y es mi grito*
> *tu nombre: a ti me abro en carne viva.*
> *Mi piel muere en espera de la tuya,*
> *mi sexo late con ansiosa boca*
> *de pez en la agonía.*
>
> *Y al no llegar tus labios con su bálsamo*
> *ni el fuego sosegante de tu lengua*
> *mi mano se fatiga inútilmente*
> *en estéril caricia*
> *porque tan sólo tú tienes las alas*
> *para el vuelo que mata y da la vida,*
> *para llegar, Diótima, contigo...*

Krito se interrumpe. Glauka le mira, esperando. Pregunta:
—¿Safo?
Krito no niega:
—Un fragmento desconocido que llegó a mis manos en... Es largo de contar. Te lo daré: entiérralo conmigo, cuando llegue mi hora.
De golpe lágrimas en los ojos de Glauka:
—¡Oh, Krito, me haces daño! No me hables de tu muerte.
—¿Tanto te angustiaría?
A Glauka le tiemblan las manos.
—No me hagas contestarte —suplica.

Al hombre se le desmoronan las defensas. Tiembla y su voz suena decidida, para no darse tiempo a arrepentirse de hablar:

—Perdóname, hermana: no hay tal Safo. Esos versos no son dignos de ella, son míos... Escritos estos días, sin poder reprimirme. No era para decírtelo, pero tú mereces la verdad.

—¿Escritos para tu amante?

No lo pregunta la mera curiosidad. Es un súbito grito de amargura que clava en el corazón del hombre una saeta de imposible esperanza.

—No... —vacila, pero ya no puede negarse ni negarla—. Escritos para mi amada.

La voz se desgarra en melancolía al continuar:

—No te digo su nombre porque me avergüenzo. ¿Qué mujer me escucharía...? Ya te lo confesé: sólo soy un amante lesbiano; lo único que puedo ofrecer... ¿Comprendes mi silencio, y que me ocultara por un momento tras la careta de Safo? —La voz se apresura, patética, desgarrada—. ¡Imposible hablarle yo como amante a una mujer!

Se atreve a mirarla y palidece porque en el rostro de Glauka domina un desconcertado asombro. Se levanta para huir:

—Es demasiado escandaloso, ya lo veo. Perdóname.

—Espera Krito. Ven.

Le llama en voz baja, pero él la hubiese oído aunque sólo lo hubiera pensado. Vuelve a sentarse, trémulo, confuso.

—Me escandalizo, sí, pero de lo poco que sabes de las mujeres: no has llegado a conocernos nunca... Te he contado mi vida, con Narso, con Uruk... también con Ahram —añade vacilante—. Pero no te he hablado de otro amor mío. Escucha: fui muy feliz con otra mujer. Con sus caricias y las mías no necesitábamos al hombre, nos comprendíamos como ninguno nos había comprendido jamás. Era...

Apasionadamente, mientras Krito escucha, ella da suelta en su corazón al recuerdo de Domicia. La confidencia brota fácilmente porque ahora los rostros son apenas manchas más claras en el aire ya nocturno sin una luna apenas asomada sobre el mar y sólo el faro recién encendido. Krito escucha asombrado y en seguida se asombra de asombrarse, porque no ignora el amor femenino, tan frecuente entre sus conocidas de Rhakotis. Pero aún le espera una sorpresa magna, imposible de prever ni en su más loca fantasía, porque tras una pausa Glauka le desvela lo inesperado:

—Tú también te mereces la verdad, hace tiempo que debí confesártela. Una verdad que sólo Ahram conoce y que me prohibió revelar a nadie, pero tú eres Krito. Si te dije antes que la piel no es una túnica es porque un tiempo la mía era de escamas desde mi cintura.

Ante los atónitos ojos de Krito, explica cómo fue sirena, viviendo entre los peces y las algas antes de aparecer en Psyra como mujer. Mejor dicho, no vivió: los dioses no viven, puesto que no mueren; por eso mismo ella decidió dejar de serlo... Interrumpe su relato para sonreír a Krito:

—No me mires así. Te estoy diciendo la verdad, por increíble que te parezca.

—No te miro incrédulo, sino iluminado. Por fin comprendo; ya sé por qué siempre fuiste única, diferente. Comprendo que ondule tu paso como un alga en las ondas, que tu cabello fluctúe, que tus ojos tengan los colores del mar y sean a la vez sosegados e insondables y que a veces, como esta tarde cuando llegué aquí, rezumes amargura salobre... Te creo, ¡claro que te creo!, pero dime más, déjame saberte mejor.

Glauka resume su existencia de sirena para Krito. Vacía para él su memoria mientras crece en ella la convicción de sentirse escuchada como nunca por nadie, comprendida como parece imposible. Relata su descubrimiento de los humanos, su ansia de vida, su petición a Afrodita. Y cómo lo olvidó todo al ser mujer, al pasar al mundo del tiempo, hasta que recuperó esa memoria.

No explica cómo. En cambio exclama:

—¡El tiempo!: es el nervio de la vida. Vosotros lo sentís menos porque os acostumbráis desde la infancia, pero a mí me asaltó de golpe como una inundación. Y sigo percibiéndolo con frecuencia: sus dedos erosionándome, arañando átomos de mi existencia. El río de mi sangre me sostiene hacia delante, pero sobre otro río lívido y frío, aún más rápido, que me arrastra hacia abajo llevándose mi carne, mi memoria, los aleteos de mi corazón. Vosotros sólo percibís su poder cuando algo o alguien se desploma derribado por él; yo lo tengo más presente. A veces se reduce en mí a un rumor lejano, pero nunca cesa. Y, ¿sabes?, en ocasiones también es mi amparo, mi esperanza. Cuando la vida se muestra turbia, fea enemiga; cuando los humanos se vuelven inhumanos. Es entonces un consuelo pensar que el río se lo lleva todo, que la desventura no durará siempre: una esperanza negada a los dioses inmortales... Sí, una esperanza.

Lo repite como para convencerse a sí misma. Krito se da cuenta, recuerda cómo la encontró al llegar y pregunta tiernamente:

—¿Como ahora?

Ella asiente en silencio. La pregunta la enfrenta con su angustia de estas semanas, con su soledad en un mundo colmado, con las tensiones entre ella y Ahram: «¿se estará alejando de mí?», se pregunta una vez más. Y, por un instante, la nostalgia de su tranquila sirenidad le arranca un grito ante la luna ya levantada, dorada y espléndida, sobre el horizonte marino:

—¡Ah, en estos plenilunios salíamos a la superficie, mis hermanas y yo, y cantábamos!

—Como cantaste aquella noche en la torre —evoca

suavemente Krito–. Entonces no supe explicarme por qué tu canto era indescriptible, tan dulce y devastador... Me envolvió como una marea... aunque no fuese para mí, sino para Ahram.

La amargura final en esa voz impulsa a Glauka:

–Hoy cantaré para ti. Para ti solo. Ven.

Habla una pobre mujer buscando compañía desde la soledad, comprensión desde el abandono. Pero Krito escucha a una diosa, compasiva y magnánima, concediendo su gracia a un mortal adorante.

Krito sigue en silencio a Glauka por el jardín solitario, cruzando las sombras y claridades de la luna y el faro por entre los árboles. Uno de los perros guardianes se acerca desde lejos y cambia su gruñido en ronroneo cuando reconoce a Krito. Uno de los guardianes se cruza y les saluda respetuoso. Ellos no advierten nada en su caminar mágico, tan adentro de sí mismos que es como si estuvieran fuera de sí.

Glauka hace rechinar, al abrirla, la puertecilla de la cerca junto a la torre: si no anduviera tan absorta hubiese visto a Eulodia asomándose alarmada a la ventanita con ojos asombrados. Tampoco se da cuenta de que *Tijón* ha acudido sigiloso a olisquearla. Se acerca al borde del risco e inicia el descenso a la cueva por la roquera escalerilla, seguida por Krito. La luna, todavía muy baja, traza un sendero de plata sobre el mar para llegar hasta los pies de la estatua en la hornacina. En la concavidad resuena el suave maretaje de las olas contra el acantilado. La mar, salvo en el sendero lunar, ondula oscura y misteriosa y su oceánico rumor es una gigantesca respiración. Ambos se sienten abrazados por el cosmos y penetrados de su fuerza. «La Gran Madre», piensa Glauka, contemplando en la hornacina la estatua, más acogedora que nunca. Y se descalza, sentándose en el borde de la roca de manera que sus pies entran en el agua. Desde ella sube la memoria a su corazón y canta.

Canta y el mundo, para Krito, se reduce a esa melodía. Canta como sirena, pero también como mujer: la melancolía, la angustia y la soledad, ignoradas por los dioses, añaden armónicos inconcebibles en gargantas divinas. Krito se disuelve en ese canto, se vuelve ciego y sordo al resto del mundo, se siente vaciado de sí mismo para llenarse de una esperanza, de un imposible.

La voz acaba declinando poco a poco y el mundo vuelve a ser el fulgor de la luna, el susurro del mar, el amparo de la roca, la propicia sonrisa de la diosa. Obediente al mensaje del instante Glauka se pone en pie, se quita su túnica, su ceñidor pectoral. Acaba de desnudarse liberando sus cabellos, que descienden magníficos en acariciantes ondas. Sumiso a su guía, osándolo todo, Krito se desnuda sin asombrarse al descubrir su erección, casi dolorosa, frenéticamente enardecida.

No sonríen, no hablan. Son puros amantes celebrando gravemente un sagrado ritual. La sacerdotisa se acerca de rodillas al varón, acaricia hacia arriba las delgadas piernas, queda con el rostro frente al sexo erguido, se incorpora rozándolo entre sus pechos, queda frente a él. Se miran y, ahora sí, ella sonríe, invitadora, a los ojos entregados bajo la frente ancha, el rubio cabello. Las manos viriles se posan en sus hombros y la empujan poco a poco hasta tenderla en el suelo. Glauka, dobla las rodillas y abre sus muslos en espera del hombre, que desciende sobre ella quietamente. Se siente besada en los ojos, en las mejillas, en la frente; nota el peso del otro cuerpo, su calor oprimiendo sus pechos, y una dureza en el vértice de sus muslos, pero ninguna presión penetrante, mientras las caricias continúan.

No se asombra, nada puede asombrarla: todo gesto es nuevo y, a la vez, pertenece a un antiquísimo rito. Recuerda una noche semejante en el mismo lugar, pero aquella hora pertenece a otro mundo y la diosa lo sabe. De pronto las caricias se interrumpen, el cuerpo del hombre se estremece en espasmos y suspira como en un llanto. La dureza viril vibra sola en el aire y una húmeda tibieza resbala lenta entre los muslos femeninos hasta el suelo. El hombre queda inmóvil, cerrados los ojos; ella espera.

Luego el hombre reanuda los besos, inclinado sobre ella de rodillas, desciende lentamente con sus labios cuello abajo, entre la seda cobriza de los cabellos. Se detiene en un pecho, lo rodea, lo asciende en espiral, enardece su cúspide, la mordisquea, la succiona y excita entre la lengua y dientes, la abandona por su gemela. Una mano de seda sobre el flanco femenino y los labios como abejas libadoras, caracoles untuosos, van dejando un rastro de placer sobre la piel abierta, expectante, entregada, absorbente. Las mejillas acarician el terso vientre, los labios beben en el pozo umbilical, se acercan a la mata rizada, que remueven a besos. Las manos concurren también allí, abren delicadamente la flor púrpura para los labios ávidos, que se posan en los pétalos y, encontrando su destino, se abren disparando el estilete vibrátil de la lengua...

No, no he soñado aunque actuara como en un sueño, sin ser dueña de mí y sin embargo tan lúcida, tan consciente, sólo proyectaba cantar, le era debido tras mi revelación, pero la diosa sonreía cuando llegué aquí, bendiciendo también este amor, todos los amores, de sirena y de hembra, solar y nocturno, todo es uno en dos, como yo misma, Ahram amor y poder, Krito amor y palabra, yo amor y vida, somos el futuro, pero Ahram obsesionado con su juguete, el poder, como un niño, Krito haciéndose hombre en el tiempo del lagarto, con sus ardores que el violento ignora, su osadía impensable para el fuerte, sus miedos ocultando las pasiones, sus triunfos al débil reservados, hombre aunque él lo dude, ahí tendido a mi lado, qué pensará, seguro consternado por derramarse fuera, ¡qué me importa!, ignora que dentro sólo a veces lo notamos, nos gustan más las caricias externas, pero él como todos, los hombres esclavos de su cetro, el dichoso pene, gimiendo cuando fláccido, fanfarrones si rígido, abrumados por los fallos, castrados por las exigentes, madres o sanguijuelas, matronas de otro poder, ¡hombres vulnerables!, a mi lado tendido, ni le siento moverse, pero... ¿dónde está?, ¡se ha ido!, ¡y no me di cuenta!, absorta en mi pensamiento, acurrucada en mi placer, le recuperaré, le convenceré, aprenderá de mí como yo aprendí de él, desventurado, prisionero de sus mitos, desde ellos me ha salvado, me ha reintegrado al mundo, colmado mi vacío, angustiada estas semanas, no padecí igual en otros trances, porque nunca amé antes a nadie como a Ahram, y ahora soy más suya que esta mañana, ahora que me siento comprendida, por eso la sonrisa de la diosa, su bendición, su gracia, ¡los dos tan diferentes! Ahram es el Vértigo, el Instante, mi piel bajo el imperio de la suya, su olor me droga y me intoxica, su mirada me pone húmeda, pero sin comprenderme, tomándome sin acompañarme, dándose sin abrirse, un amor absorbente, no el amor entregado, el de Domicia, flotar en el deleite, y ahora este otro amor de Krito, no cree que he llegado entre sus brazos, lo sabe y no lo cree, ¡si era anegarme toda, hundirme triunfalmente, no el surtidor en alto sino el vórtice al fondo!, con Ahram es morir y revivirse, con Krito continuar, hundirnos juntos, compañero como Domicia, a mi lado como ella envolviéndome en huellas, en sonidos, recuerdos, fantasías, añadiendo a mi carne la palabra, ¡y tan amando el mundo!, mientras Ahram rechaza lo distinto, lo que no acepta, niega sus tabúes, o los destruye, Krito asumiéndolo todo, lo que es y lo que no es, su desventura y su gloria, su doble naturaleza, Ahram tan seguro que da pena,

¡lo que se pierde!, escogiendo como niño el juguete más grande, el más reluciente, el plato más lleno y no el más exquisito, pero en su mundo el primero, grande como la mar como el desierto, inagotable imán, cruel también, su crueldad indiferente, ¿qué hará cuando se entere?, fulminarme como el rayo, pero vale la pena, esta cueva templo de los tres, al pie de la sonrisa de la diosa, vale la pena, todo es posible en Egipto, lo comprendí ya en la casa de esclavos, en Tanuris aquellos días, no podía adivinar que fuera tanto, doble amor como la doble hacha de la Gran Madre, el integral amor en la frontera, de fuego y miel, los dos tan verdaderos, para la sirena y la mujer, como las dos almas egipcias, *Bâ* ligada al cuerpo, *Kâ* inmortal entre los dioses, ¿nos comprenderá Ahram?, él tiene otras mujeres cuando quiere, pero ¿comprenderá?, ¿caerá sobre este Krito que ha desaparecido?, ¿dónde ha ido?, ¡qué intuitivo amante!, más aún que Domicia coartada por su credo, cómo pudo saber que mi espasmo no era el último que seguía deseando, ¿lo comprenderá Ahram?, imposible ocultárselo, bajeza indigna de su amor, del que yo le tengo, ser fiel es ser leal, ¿comprenderá que me he enriquecido también para él?, ¿que ahora tiene más en mí?, habrá de darse cuenta, mi piel se lo demostrará, el escalofrío de mis suspiros en sus brazos, esto ha sido sagrado Ahram mío, habrás de comprender la sonrisa de la diosa, tu diosa aprobándolo, me habías dejado sola, si no te importó Uruk, ¿por qué Krito? Uruk mutilado de las piernas, y Krito víctima de su cerebro, conquistándome con su valentía de cobarde, tú que nunca dudas habrás de comprenderme, pero no es explicable para ti este amante lesbiano, no ha sido el fuego de tu hoguera, sino descenso alucinante hacia la nada, sin dejar de vivir ardientemente, tú detienes el tiempo con tu fuerza, Krito me acompaña en él, me envuelve en tiempo, en esa incertidumbre que es la vida, que es preciso beber hasta su fondo... ¡Ahram mío!, déjame el compañero que comprende, el que entra en mi piel y no sólo la toma, el capaz de asumir a la sirena, como mujer también y como hombre, te amaré más por eso, te amaré de otro modo más completo, pregúntale a tu diosa si lo dudas, tú eres mi centro, él es mi compañero... pero entonces, ¿por qué no me acompaña?, ¿cuánto tiempo ha pasado de su marcha?, ¡ya no estoy en la luna, sino en sombra!, la luz muere en la boca de la cueva, he quedado en tinieblas, un terror me estremece al recordar, ¡se le escapó una vez a Krito!, «el mar arregla todas las angustias», ¿qué has hecho?, ¿acaso te desprecias?, ¿no has comprendido nada?, ¿acaso quieres evitarme el rayo de Ahram...? ¡Krito, Krito!, ¡qué largas escaleras!, si no te encuentro arriba seré yo la suicida, no es posible no lo habrás hecho, ¡oh diosa!, no es posible...

Con la angustia galopando en su pecho, por irreflexiva más violenta, Glauka llega sin aliento a lo alto de la escalerilla y sólo se detiene, ya en el borde del acantilado, al ver a Krito sentado contra un árbol en el jardincillo, su cuerpo de alabastro bañado por la luna, fantástico y real a la vez. Él a su vez contempla asombrado la aparición por encima de la roca, la blanquísima y hermosa desnudez de la mujer que en su pánico ha dejado abajo la túnica y ha subido descalza. La ve llevarse la mano al corazón al reconocerle e iniciar su retorno a la cueva para vestirse, pero se le adelanta:

—Espera, yo subiré tu ropa.

Glauka le ve desaparecer escalera abajo, como sumiéndose en la tierra, mientras se va calmando el golpeteo en su pecho y el ahogo de sus pulmones. El mundo que a la tarde le era ajeno ahora la envuelve y la penetra: la caricia del aire, el estridor de insectos, el grito aflautado de la lechuza, el susurro del ramaje, la solidez áspera de la roca que pisa... Como la noche en que dejó de ser divina, cuando se resquebrajaron los mármoles y el laberinto de sus venas se llenó de ríos innumerables. Sólo que ahora los mármoles permanecen.

Krito reaparece y mientras ella se viste él le anuda las sandalias.

—Me has dado un susto de muerte. Creí que...
Krito la mira extrañado:
—Yo sí que estaba asustado. Temía tu arrepentimiento, cuando descendieras de la nube que nos arrebató. Temía tu tristeza, no sé si tu aborrecimiento... Esperaba aquí tu rechazo.

—¡No! —casi grita Glauka. Y añade, más suave—: ¿Cómo has podido imaginarlo así? ¿Te sientes culpable? ¿Hundido?

—¡No! Jamás viví nada más hermoso. Pero mañana... ¿Y Ahram?

—Sí, lo he pensado. Eso sí.
Se sienta donde estaba Krito. Cavilan.
—No hay pleamar sin resaca —afirma Krito—. Siempre es duro retornar de lo profundo. Por eso escapé: para dejarte libre. Y por eso esperaba aquí, temiendo...

—Yo sí que temí... Que tú...
—¿Me matase? —Amplísima sonrisa—. ¡Si nunca estuve tan vivo!

—Te declaraste lesbiano. ¡Tonto!
—Al final lo he sido —murmura confuso.
—Nunca. Yo me sentía tomada por un hombre.
—Sí —yergue la cabeza—, de eso me di cuenta... Por eso ha resultado tan...

Un gesto circular de la mano, trazando la perfección de la esfera, la magnitud del mundo. Y continúa:

—Fue una libación: a la tierra y al mar, a ti. No en la tierra sino en ti; perdiéndome en ti. En tu anémona, en tu mar, en tu perfume... Esta noche he besado el mar, paladeado el mar... ¡Qué mujer eres, diosa!

—Y tú, qué hombre, ¡qué amante!

Callan, se contemplan. Krito al fin murmura:

—Pero ya estás pensando en mañana.

—No me arrepiento. Ha sido lo que soy.

—Y yo... ¿Sin sentirte culpable?

—¿Culpable por vivir? Que lo digan otros, que me lapiden ellos, no yo.

Krito recuerda que también Ahram estuvo a punto de ser lapidado. Sonríe: ¡qué encuentros trama la vida!

—¿Qué le he quitado a Ahram? —continúa Glauka—. Le amo como no te amaré a ti nunca, igual que te amo a ti como no podré amarle a él. Y ahora le daré más: estos últimos tiempos yo era una mujer hundida... ¿Cómo no voy a amarle? Es... es...

Hace un gesto de impotencia para expresarse. Callan. Krito es quien continúa, su rostro en sombra, los árboles atajando a la luna ya en lo alto. Sólo un resplandor rojizo del faro les hace verse bajo luces irreales, sintiéndose al mismo tiempo más verdaderos que nunca.

—Tú me has confiado un secreto, voy a confiarte otro. Yo también amo a Ahram. ¡Toda mi vida, sí toda mi vida! Le vi cuando yo estaba destruido, inseguro y él era un león en aquel corro de jueces y plebe que le acosaban a muerte. Le vi impávido, hermoso, y yo necesitaba asirme a alguien y le amé. Le defendí por eso; desde el primer instante hubiese dado mi vida por él... Un león que es un niño. ¿Recuerdas que te lo dije? Los dos Ahram.

—Un niño, sí, aun con todo su poder. Ahram el fuerte me necesita más que tú... ¡Se asombraría si me oyese! —concluye Glauka con una risa silenciosa.

—No debe sufrir su orgullo. No debe pensar que sus estrellas se apagan: tú y yo, ya sabes... Al menos tú has sido suya, lo eres... ¡Cómo envidié a Soferis, en los primeros tiempos, cómo quisiera tener sus recuerdos de amado por Ahram, poseído por él!... No sospechó nunca mi amor y yo no me atreví... No debe sufrir su orgullo. Debemos evitárselo como sea.

—Pero no a costa de lo que somos. Fue verdad esta noche: una mentira o un capricho no hubieran sido tan fuertes dentro de nosotros.

—Una verdad grande y hermosa.

—La aprobó la Gran Madre; lo sentí en mis entrañas. No le dañaremos; sólo se dañaría él mismo si no comprendiera. La diosa sonreía; que se lo pregunte a ella... Abajo, mientras tú estabas aquí, yo sabía que la gruta de Ahram no ha sido profanada... No le he quitado nada. Lo malo es que es prisionero de su tribu; hombre del desierto con una ley implacable. Lo descubrí en la isla cuando enterramos a Bashir, ¿recuerdas?

—Sí, no es hombre de la mar abierta y amplia, sino un nómada. De esa Arabia pétrea, mundo de vengativos... —Sonríe para continuar—. Pero no has de inquietarte: ya tiene en mí bastante chivo expiatorio para su cólera, suficiente víctima.

—Yo también sabré morir.

—¿Morir tú? Te necesita, tú lo has dicho. Y cada día más. Si muero, al menos será a sus manos —sonríe—, otra forma de ser poseído al fin, de darme a él. Entonces no podrá olvidarme nunca y habitaré sus sueños.

—Pero ¿por qué, por qué? —se angustia Glauka—. Él me necesita, pero yo también a ti. Te estaba viviendo a medias, a distancia. Te necesito para acompañarme, para ir muriendo conmigo, para vivir la otra cara de la vida, la que él ignora y tú paladeas, haciendo duradero cada instante... Su abrazo es irresistible pero tú me das la palabra, me la has enseñado, ¡sólo por ella valdría la pena ser mortal! Las sirenas nos comunicábamos sin ella, con el pensamiento. Vivíamos en el mundo del silencio perpetuo, sin las modulaciones de la voz, las inflexiones, la música de la frase... Y tú eres la frontera, la ambigüedad creadora, mientras Ahram es el centro fijo, inmóvil, decidido...

−No nos comprenderá −sentencia Krito tras su silencio−. Nunca comprende, siempre decide y obra. Al menos, tú le gozas... Yo, sólo imaginándolo, ¡tantas veces, en tantos insomnios! Cerraba los ojos en mi soledad para imaginar, sentir, el vello de su pecho en mi espalda desnuda, sus ijares contra mis nalgas, su miembro penetrándome, embistiendo, mientras su voz en mis oídos decía que me quería, su explosión llenando mis entrañas, tomando posesión... Nunca lo viviré.

Un silencio, un suspiro inaudible, la vida escapándose por una desgarradura. Y luego:

−¿Me concederá el destino volver a vivir esta noche...? Nuestra confluencia. Dos ríos predestinados a juntarse. ¿Es pedir demasiado?

−Esperemos en la vida. En la Gran Madre. En tu dios andrógino.

Dejan que les penetre la claridad lunar, la estela de plata sobre las ondas oscuras, el ritmo de las rompientes como un jadear del universo.

Krito deja escapar una suave risa, mientras apresa amorosamente la mano de Glauka:

−No se te ha ocurrido ocultarle lo nuestro a Ahram, lo de esta noche.

Gesto de asombro en Glauka:

−¿Qué dices? Ni por un momento. No le engañaré, ni tú tampoco.

−Eres extraordinaria.

Besa tiernamente la mano que acaricia. Con la luna ya alta, iniciando el descenso, los insectos han callado. El silencio está lleno de sonoridades. Lo rompe Krito:

−Tengo hambre.

−Y yo −ríe Glauka−... Ven.

Se levantan, se acercan a la torre cogidos de la mano, como niños tramando una inocente travesura.

—Nos verá Eulodia —susurra Krito.

—Nos está viendo —ríe, feliz, Glauka—. Me vio subir desnuda, nos ha estado viendo mientras hablábamos... Krito, ¿sabes que te ama...? Sí, no te sorprendas. Es fiel a su Jovino, pero es como nosotros, te ama también a ti. No me lo ha dicho nunca, pero lo sé. Por la forma en que habla de ti, por sus ojos cuando estabas con nosotras, aquellos días en el tiempo del lagarto.

Krito retiene a Glauka en la puerta de la torre:

—No entremos. Ven.

La guía. No sienten que sus plantas pisen la tierra de los senderos, en el jardín inundado de luz blanca y rojiza a la vez. Las sombras son macizas, densas; las superficies iluminadas resultan en cambio irreales. Se sienten luna, árboles, perfumes en el aire, mar al fondo. Les embriagan los aromas florales, el susurro de las palmas. Tanta plenitud se sube a la cabeza, en el aire y en el alma vacila una balanza con la melancolía en un platillo y la fuerza vital en el otro.

En la caleta las rojas antorchas de los pescadores nocturnos se balancean como luciérnagas. Los perros guardianes acuden a atajarles como espíritus de la noche, hasta que reconocen a Krito, frecuente transeúnte nocturno del jardín.

La pareja llega hasta el pabellón de Krito y mientras el hombre coge la llave de la ranura del muro donde la oculta Glauka siente la emoción de tener acceso al santuario de Krito. Y se sorprende de que esa puertecilla con goznes de hierro no haga ruido al abrirse. Como si también fuera irreal, ingrávida, en esa noche mágica.

La lámpara de aceite que Krito enciende a golpes de pedernal contra el eslabón ilumina el recinto casi desnudo, con los volúmenes en el anaquel y las vestiduras colgadas. El brocado sasánida, con sus centelleantes rojos y oros, cubre de fuego la pared encalada. Y por primera vez la mujer se da cuenta de algo insólito: un látigo colgado entre la ventanita y la puerta. Mira extrañada a Krito:

–Fue tuyo –explica él suavemente– aunque no lo recuerdes. Cayó sobre tu espalda, en Tanuris.

–¿Cómo no recordar? Pero no lo esperaba aquí.

–Lo tenía Bashir. Se lo reclamó a Amoptis al día siguiente de tu castigo y lo guardó desde entonces. Lo retuve cuando él murió... Bashir también te amaba, ¿sabes? –añade tras una pausa–. También él, también a su manera.

El recuerdo del hombre del desierto tiñe de pena la felicidad de Glauka en esta noche. En el pupitre a la cabecera de la cama advierte unos papiros escritos.

–Poemas –aclara Krito al notarla curiosa–. Venía escribiéndolos a quien tiene todo lo que yo no puedo darle.

–¿Todavía se te ocurre pensar que no me das nada? –replica simulando indignación.

–No, tienes razón.

Mientras hablan Krito ha ido disponiendo sobre la mesita sus sencillos manjares. Pan, queso, semillas de loto, aceitunas, pistachos, frutas, agua. Los saborean como refinados platos, aderezándolos con palabras, con miradas, con manos amorosas.

Nuevas confidencias, caricias... Poco a poco amanece. La abierta ventana va reflejando las tonalidades del cielo hacia la luz, hasta que un sol rojizo, recién brotado de las aguas por oriente, refleja con su esplendor el incendio de la carne vivido por ambos esa noche, revivido ahora en paz por sus cuerpos satisfechos, abiertos, libres.

24. EL LINGOTE DE LUNA

—¿Qué querrá Amoptis? —pregunta Glauka a media voz, tras un silencio en el que se escuchan los lejanos rumores del festejo popular en el Bruquio, por ser el primer día del mes Paophi.

Krito no la ha oído. Mirándola, está viendo a la sirena que aquella mágica noche, hace ya veintidós días —los cuenta cada mañana—, le llevó al amor en la caverna marina. Justo al día siguiente regresó Ahram y, apenas se vieron a solas en el despacho, antes de que el Navegante se dirigiera a la torre, Krito le confesó sus horas de pasión con Glauka, para evitar que ella lo hiciera primero y sufriese el temible peso de la reacción de Ahram. Éste, al principio, no le creyó: «¿Ella y tú? ¿Contigo?» Repitió con sarcástico asombro: «¿Contigo, el degenerado impotente?» Pero empezó a creerlo, ante aquella mirada de hombre verdadero que sostenía impávido la suya. Su mano acabó crispándose sobre el puño de la daga. «Vamos, hiere —exclamó Krito—, yo soy el único culpable.» Y entonces la carcajada rota y el abismal desprecio: «¡Toda Alejandría se reiría de mí si te matase... Te matarán mis criados, pero antes ella misma ha de decirme con su boca que nunca dejó de ser una puta... ¡Vete...! Vete y dile que esta noche no la quiero en la torre... ¡Al gineceo como todas, allí le pediré cuentas...! ¡Y tú, vete! ¡Fuera de mi vista, mujerzuela!»

Ya no pensó Ahram más que en interrogar a Glauka, pero se lo impidió la inmediata irrupción de Soferis con un mensajero agotado por el rápido viaje y desencajado por sus noticias de Campo Esmeralda. Tan graves eran –misteriosa desaparición de un científico, presencia de gentes extrañas y otros accidentes– que lo aplazó todo y embarcó en cuanto pudo, con sólo Mnehet y cuatro hombres más en un falucho distinto del *Jemsu* a fin de pasar inadvertido. No llegó a ver a Glauka. «Por eso –piensa Krito– hemos podido vivir estos veintidós prodigiosos días.» Pero ahora le preocupa la suerte de Ahram que ya debía haber regresado y del que escasean las noticias.

–¿Para qué tendrá tanta prisa en hablarme, sabiendo que no está Ahram? –pregunta a Krito, insistiendo.

Se encuentran en la azotea del lupanar de la Ursa, a la sombra del cañizo, junto a esa habitación como un palomar, permanentemente reservada a Krito. Con el pretexto de la fiesta helénica Glauka ha podido acudir a la ciudad por la tarde, acompañada de Eulodia, que la espera en el mismo Rhakotis, en casa de la madre de Jovino, y volverá a buscarla al oscurecer. La única tarde en que ha podido reunirse con Krito, pues los otros encuentros se han producido necesariamente por la mañana, fingiendo Glauka acudir a la casa de baños y belleza recientemente instalada por Fenecio, el sucesor del peluquero Lisinio, cuya puerta trasera permite escabullirse a las damas discretamente. El viento Noto llega fresco del mar y aleja los olores del lago Mareotis. «¿Será también la última esta primera tarde?», se pregunta Glauka, compartiendo sin saberlo los pensamientos de Krito. Pero vuelve al tema de Amoptis, menos angustioso:

—Querrá interceder por su hija, si le ha llegado alguna noticia de su crimen. Aunque lo hemos tratado muy secretamente.

Desde que, al enfermar Glauka, supo la extraña muerte del gato en las cocinas, Krito realizó investigaciones hasta comprobar, primero, que Glauka había bebido leche envenenada y, segundo, que los hechos apuntaban a Yazila como culpable. Al debatir la cuestión con Artabo y Soferis sólo pudieron explicárselo pensando que, al enterarse la muchacha del intento de asesinato de Ahram, decidió satisfacer contra Glauka su odio de siempre, pensando que el envenenamiento se atribuiría al mismo asesino. A no ser —pero esto eran sólo conjeturas— que ella participara también en el complot. Artabo quería aclararlo obligándola inmediatamente a confesar mediante la tortura si era preciso; Krito y Soferis prefirieron dejar la decisión pendiente hasta el retorno de Ahram, que entonces supusieron no tardaría.

—¿Habéis decidido algo acerca de Yazila? —pregunta Glauka—. ¿Qué le digo a Amoptis?

—Seguimos aguardando a Ahram.

Los dos se miran: pendientes de Ahram y su retorno. Cualquier rodeo les conduce a lo mismo. Pero sonríen: ya se han acostumbrado a vivir bajo esa espada de Damocles. Krito, incluso, casi está esperando que caiga sobre él de una vez, con tal de que no dañe a Glauka. Piensa que tanta felicidad no puede durar mucho y prefiere acabar en la cima de su delicia.

—Ya tendría que haber vuelto. A no ser que la situación le haya retenido allí más tiempo.

—Las últimas noticias son de hace diez días, ¿no?

—Sí. La última paloma anunciaba que Ahram había llegado bien al Campo.

La sombra de Ahram siempre con ellos. Pero no

sólo como amenaza inhibidora sino también como estimulante acicate. Glauka vive su amor con Krito segura de que es su deber vivirlo; como también de que debe confesárselo a Ahram apenas retorne, cualesquiera que sean las consecuencias, ya que no pudo hacerlo antes. Krito, por su parte, percibe asombrado que su muerte segura a la vuelta de Ahram aumenta deleitosamente su potencia erótica, que ahora responde al deseo de Glauka sin dificultades. Lo único que ambos lamentan es la inevitable clandestinidad de sus abrazos que, además, no han podido prodigarse. Ninguno ha querido situarlos en la torre y sólo una noche pudieron volver a la gruta propicia. En la Gran Casa o en el cubil de Krito es demasiado riesgo. Además Malki ha salido ya del gimnasio con el permiso estival y su creciente cariño a Glauka le impulsa a buscarla frecuentemente.

—Me extraña —continúa Glauka, insistiendo en el tema— que Ahram no haya avisado su salida de retorno como otras veces.

—Algunas palomas no llegan, ya lo sabes. Hay milanos y cazadores... ¿Estás inquieta?

Glauka se pregunta si la interrogación alude a temor por la suerte de Ahram o por sus decisiones cuando regrese. En cualquier caso contesta:

—No me inquieta nada porque lo asumo todo. Vivo cada hora —continúa mientras Krito asiente— como si hubiésemos llegado a una meta... Me refiero a mis horas contigo —se corrige—, pues las demás son de otro mundo. Nuestros cinco encuentros los he vivido... en la frontera, como tú dices.

—Sí. El riesgo encendiendo la sangre. Y la vida en el filo de la muerte... Perdona.

—No me asusta la palabra. Créeme, cuando la evoco sólo pienso en que Ahram y tú me necesitáis. Él más que tú, ya lo sabes.

Krito no contesta. Nunca podrá convencerla de

todo lo que ella es para él. Se levanta para regar otra vez el cañizo que les da sombra, de nuevo recalentado por el sol, mientras piensa: «De todos modos ya no necesitaré nada ni a nadie, porque para Ahram las fronteras no son para habitarlas, sino para violarlas y destruirlas.» Admira un momento el prodigio de las redondas nubes blancas, suspendidas contra la seda del cielo, y paladea su felicidad interior: «El éxtasis al borde de la muerte, ¡la más afilada frontera!»

Una muchacha delgada, de pechos adolescentes, vestida sólo con su breve delantal, remonta la escalera y les sirve refrescos de miel y menta. En su rostro una sonrisa tímida y unos curiosos ojos de gacela. Le dan las gracias y saborean la bebida.

—Es tebana —advierte Krito cuando ya ha desaparecido la sirvienta—. Acaban de traerla, aún no trabaja.

—Me recuerda mi pasado —sonríe Glauka—. En el harem de Astafernes me servía una parecida: un gracioso animalito. Su lengua sonaba como la que después oí hablar a Uruk... Y otra en Bizancio; siempre hay una chica así en estos sitios. Ahora estará en el cuarto de las muchachas contándoles en qué postura nos ha encontrado y qué aspecto teníamos...

—Tu entrada aquí fue tan desenvuelta... —comenta Krito, que la estaba esperando en el atrio cuando llegó con Eulodia—. Y fuiste hacia la puertecilla de la escalera como si conocieras ya la casa...

—Me la habías descrito muy bien. Además, todas son por el estilo.

—Te habrán tomado por una chica de Dofinia, con tu buen manto y tu discreto maquillaje.

—Otro capricho del amigo Krito, ¿verdad...? ¿Lo has hecho con frecuencia?

—No. A este nido no traje nunca a nadie... Salvo a Yarko y su flauta. Un día tendremos que oírle aquí.

Se le ha escapado el proyecto. ¡Está tan seguro de la

¡vida! Y al ver súbitamente pensativa a Glauka teme haber evocado una vez más la sombra de Ahram.

—No pienses en eso —pide a la mujer.

—¿En qué? —Comprende en el acto y sonríe—. ¿Por qué no? Forma parte de todo, juega con nosotros ahora... Pero no pensaba en eso. Había pasado por mi mente cómo hubiera sido mi hija a la edad de esa muchacha...

Continúa melancólica, y Krito bebe sus palabras:

—... Yo deseaba un niño, un continuador de su padre, un adivinador de los bancos de peces en la mar con ese portento de la virilidad capaz de erguirse como el tuyo... ¡y te decías lesbiano, embustero...! Durante el embarazo estuve segura de que sería varón, por su peso, por la fuerza de sus patadas en mi vientre. A Narso también le ilusionaba y se anticipó tallando una barquita de madera, el primer objeto que se ponía en las manos de un hijo de la aldea. Sólo la Madre, más tarde me di cuenta, esperaba una niña. Incluso la deseaba, y hasta pienso que quizás pudo provocarla con sus hierbas, que me hacía tomar para fortalecerme. Ella me consoló después del alumbramiento, al verme decepcionada, acabó convenciéndome del poderío de las hembras, de cómo en realidad poseen al hombre cuando parecen entregarse sumisas... ¡Poderío! Un golpe de acero bastó para destruir a mi pequeña Nira; el poderío de los piratas casi me destruyó a mí también...

Krito deja que pase la amargura final. «Estas horas de amor nos hacen recordar nuestra vida pasada, como dicen que ocurre en el trance del morir», piensa, antes de intervenir:

—Sin embargo, yo soy una prueba del poderío de la hembra... A mí me destruyó una, en Esmirna. Yo empezaba a lograr eso que llaman éxito, acreditándome como ganador de pleitos y recibiendo de mis ricos defendidos buenas bolsas de oro. Empecé a introducirme entre la clase social más alta, participando de su vida fácil y libre. La reina de aquella sociedad era Kalidea, tan famosa por su belleza como por sus infidelidades a su acaudalado marido que, por su lado, corría también toda clase de aventuras. ¡Me enamoré como un loco, es decir, como un niño: la hice mi diosa! Jugaba conmigo, me hizo su capricho, otro objeto nuevo para sus veleidades. Provocaba mi deseo para negarse riendo... De pronto se dio cuenta de que yo realmente la adoraba, de que no me limitaba a desearla... Aún ahora me asombra comprender que el verse idealizada le produjo repugnancia, rechazo, como si yo con eso despreciase lo que ella era realmente, como si yo le presentase un espejo en el que le obligaba a ver su mezquindad, su incapacidad de amar de verdad... Su burla se convirtió en odio; un odio insondable. Necesitó vengarse de mi adoración y con ayuda de sus cómplices del vicio y de unas cuantas amigas extrañamente asociadas a ella me puso públicamente en una situación tan ridícula para mí que me convertí en la rechifla de la ciudad. Fui el protagonista de los más hirientes murales y libelos, de los más feroces epigramas. Nadie podría ya tomar en serio ni el mejor de mis alegatos jurídicos; la primera vez que aparecí ante el tribunal los magistrados contuvieron la risa con sólo verme... Tuve que huir de Esmirna, dejar atrás mis éxitos y mi carrera...

Glauka percibe el apasionamiento de Krito. Su voz y sus palabras no son simple recuerdo, sino revivir una situación con sus mismos criterios de entonces acerca del ideal y la degradación, opuestos a los del Krito callejeante por Rhakotis con un quitón femenino... «¿O son los mismos?», se pregunta, mientras le oye concluir:

—Me destruyó, me castró. Me hizo imposible poseer como hombre a otra mujer que conocí más tarde, a la que amé y me quiso. Desde entonces sólo pude ser potente con mis amigos o con las mujeres que no me inspiraban amor... Hasta llegar a ti, mi resurrección y mi último destino.

Se inclina sobre la mano femenina y la besa:

—Hueles a fruta madura, como una granada abierta.

Glauka piensa en aquel Tulio Emiliano, aquel decurión amante de Krito, destinado a la ruta de Adriano, en el desierto... Escribía versos... Un hombre nacido lejos, donde los lagos son grises entre montañas... Se le había quedado grabado su nombre, y la confesión de Krito el mismo día en que ella le conoció en el banco de los delfines. Aquellos sus primeros tiempos en la Casa Grande, cuando aún era la esclava Irenia, sin sospechar siquiera que Ahram la convertiría en Glauka, en la hetaira, y la llevaría a ser amante de Krito. Porque ha sido Ahram quien la ha traído hasta aquí donde está ahora, aunque él lo ignore, aunque sea incapaz de comprenderlo, aunque rechazaría con toda su violencia la idea.

—¿Por qué no podríamos amarnos los tres, puesto que nos amamos? —exclama entonces—. ¿Qué mundo es éste, que levanta barreras a lo que se siente de manera inevitable? ¿Qué le robo a Ahram mientras te amo, si le amo como nunca, con más sabiduría para quererle...? Tú repites, Krito, que vienen otros dioses. ¿Por qué no han de ser más compasivos, más humanos? ¿Es que no los hubo nunca? ¿Unos dioses del amor profundo?

—Me temo que los hombres han inventado más bien dioses crueles, exigentes y juzgadores, porque los concebían casi siempre los poderosos, para invocarles cuando promulgaban las leyes que legitimaban su poder... Acaso en Creta, cuando las mujeres burlaban a los toros en la arena, ocurriría de otro modo, pero la Creta del rojizo bronce fue aniquilada por los guerreros del negro hierro... Hombres feroces, enemigos de la comprensión y la ternura.

—Opuestos a los hombres como tú, los que sois fuertes y delicados, audaces y comprensivos.

—¿Fuerte yo?

—Fuerte. En el tiempo del lagarto fuiste el piloto de la nave, tan capaz como el que más.

—Glauka, tú quieres hacer a los hombres más femeninos cuando todavía hay que alzar a las mujeres a su altura... Habrá de pasar mucho tiempo.

—Quién sabe... yo no acabé de decidirme al bautizo de las femineras, pero acaso la Mujer Divina nos lleve al reino del amor. Porfiria y Domicia lo anunciaban. Sería entonces la más perfecta emanación de la Gran Madre... Quizás dentro de cinco o diez siglos todos crean en ese Cristo mujer y los Ahram de entonces comprendan y admitan lo que ahora desprecian...

—No lo dices muy segura.

—Es que las femineras desdeñaban la carne y ¿cómo puede haber vida sin carne? Sería caer en la inmutable existencia de los dioses, la que yo abandoné.

—¿Cómo era tu mundo del mar?

—Siempre el mismo bajo la superficie. Arriba el viento y la tempestad, el juego de la espuma; abajo nada cambiaba nunca, en cuanto se amortiguaba la luz. Y silencioso: terriblemente silencioso. Al principio, en la aldea de Psyra, me aturdían los gritos y los ruidos; hoy me estremezco sólo de recordar aquel eterno silencio. Sin las risas terrestres, la gloria de la risa, la vida en la carcajada. Las sirenas no reíamos. ¿De qué íbamos a reír? Tampoco llorábamos, ¿por qué? Nunca nada nuevo, sorpresa ninguna. La gran aventura era el plenilunio; subir a su luz y salmodiar, pero también algo monótono, inmutable. Hoy comprendo que no lo hacíamos para divertirnos, sino para comprobar que conservábamos la voz... También era aquél un mundo espeso, aún recuerdo la extrañeza del aire levísimo; las corrientes marinas no acariciaban como la brisa. Y apagado el color, sobre todo cuando descendíamos, por eso lo hacíamos raras veces, más abajo de donde alcanzaba la luminosa redecilla movible del sol en las ondas. Ciertamente había peces con escamas doradas y anémonas con filamentos púrpura, y algas con esplendores verdes, pero ¡qué diferencia con la tierra! Nada como estos geranios, o como el arco iris. Hasta el rojo fuego del coral, tan reluciente al aire quedaba amortiguado bajo las aguas... Pero, sobre todo, un mundo invariable: nada nos afectaba. Luego comprendí que algunos afilados objetos duros en la arena eran espinas de peces muertos, descarnadas por los cangrejos; me di cuenta de que a veces de lo alto descendían cuerpos o navíos a desintegrarse en el fondo, pero no valorábamos esas muertes, su significado se nos escapaba... No vivíamos, sencillamente. No nos arrebataba esa vida que, a veces a los humanos nos lleva a rastras, pero no importa. Aunque al final acabe con nosotros, vale la pena.

Han bebido los refrescos, el sol se va tendiendo, no tardará Eulodia en volver a recogerla y la esperará abajo, incómoda, acorazada en su fe, pero a disgusto entre las muchachas de ese oficio pecador que quisieron imponerle a ella.

–Vale la pena vivirla –repite Glauka y se incorpora sobre el desnudo cuerpo del hombre. Se arrodilla en el suelo frente a la litera en que descansaban y su boca desciende hacia el pecho apenas velludo, se posa en el costado sobre un pezón, pequeña excrecencia de coral moreno cuya blandura se endurece bajo el beso, se yergue contra los dientes de esa boca que la absorbe como devoran las anémonas. La boca se aleja, acude a otra papila gemela, la enardece igualmente. La cabellera de rojizo ámbar, iluminada por el sol, resbala en suavísima caricia sobre el cuerpo que se ofrece yacente.

Luego esa boca desciende por el costado, aletea con un roce de mariposa sobre la piel que cubre el hígado, esa víscera asiento del alma, y la estremece. Se desplaza hasta posarse en el hoyuelo central del vientre como en un puerto tranquilo, que asciende y decae rítmicamente, según respiran las olas en la playa. Continúa su ruta hacia un bosquecillo rubio denso y encrespado, que esa boca mordisquea como algo sólido, hasta encontrar al final una sierpe soñolienta.

Una sierpe primero dócil, dejándose mover por los labios que la buscaban, reclinándose así contra un muslo u otro mientras va despertándose perezosamente. Luego comienza a resistir el beso, crece, se levanta. El corazón femenino sonríe y se estremece a la vez, contento de su poder sobre esa carne, feliz por haberle devuelto su vigor. Sabe que está dando a la carne de Krito la victoria sobre él mismo.

La caricia va y viene, la dureza disfruta prisionera, el placer la recorre en estremecimientos, los temores se olvidan. Pero ya cambia de sexo el poder. El cetro se libera, una mano prende los cabellos de ámbar e inclina la cabeza y el torso femenino sobre el lecho, al mismo tiempo que el hombre pisa el suelo y se arrodilla tras ella, acaricia las nalgas, juega con los dedos en la granada madura, descubre su más secreto centro, donde empieza a brotar una humedad untuosa.

Los sexos se encuentran. ¡Ah, el primer impulso! Luego el suave ir y venir de ondas en la playa, el ímpetu del mar contra la roca, el furioso oleaje batiendo acantilados... Un océano la envuelve, al tiempo que la invade.

¿Cuánto duró? ¿Cómo saberlo? No manda la clepsidra. Se advierte que ha durado porque cesa, pero se habitan cimas absolutas... Al cabo el pecho viril se rinde sobre la espalda femenina, pesando dulcemente. Reflujo de la pleamar, dejándola a la vez llena y vacía. El hombre da la vuelta al cuerpo poseído que acaba de poseerle, lo besa, le transmite en ese beso todas las palabras. Su pecho oprime los pezones femeninos, ambos arrodillados, enlazándose uno a otro, confundiéndose hacia lo alto.

¿Qué habrá pasado en el Campo? ¿Qué le habrá forzado a seguir hasta el país de Punt, tan al sur? Cuando esperábamos el mensaje anunciando su regreso esta paloma de hoy le aleja más aún, sin explicaciones, sin detalles, tan misteriosamente, nunca ha ocurrido esto, ya mi ansiedad no es por lo que decida a su regreso, ahora sólo me importa su vuelta, que escape a los peligros, no sé cuáles serán pero nunca le ocurrió nada en sus viajes, temo por él, también Krito, ¡si algo malo le sucediese a Ahram!, yo me mataría, ¿cómo podría seguir viviendo?, pienso si le transtornó la confesión de Krito, acaso eso le hizo ser más descuidado ante los riesgos, no quiero imaginármelo, menos mal que he recobrado el brazalete, el que me regaló Krito y arrojé al mar, el que a él le ofreció Tulio Emiliano, obsequio de su amante, me lo ofreció como prenda, menos mal que ha vuelto a mí, eso me da esperanzas, es lo único...

El mensaje de la paloma en clave, ¿me habrá leído Soferis el verdadero texto?, ¿me habrá ocultado algo referente a mí?, no me lo ha parecido, no he notado en Soferis ningún cambio, además el mensaje era corto, tenía pocas líneas, mi ansiedad por Ahram lo hace todo amenazante, además aquí se complican las cosas, Ahram es imprescindible, Soferis y Artabo desbordados, ¿qué pasa en Tanuris? Amoptis volvía de compras en Canope cuando le robaron el género, dicen que salteadores, le mataron a él y a sus siervos, ¿por qué no le recibí antes cuando quiso verme?, ahora no sabré nunca sus deseos, Soferis ha ido a Tanuris, ahora aquel capataz es el mayordomo, Neferhotep consternado, Krito encuentra esa muerte sospechosa, la relaciona con la insistencia de Amoptis por venir a verme, no cree en bandidos tan cerca de Alejandría, no se habían dado casos, sospecha de asesinos pagados, pero ¿por qué, por quién?, el Excelso rechaza esas sospechas, siempre hay bandidos y Amoptis traía ricas mercancías, algo pasa en Tanuris,

Ahram lo aclararía, otro problema sumado al de la muerte de Yazila, se despeñó por las rocas de poniente cuando paseaba sola, un accidente para todos, Krito piensa en suicidio, él la había interrogado, la instó a nombrar a sus cómplices para salvarse de la tortura de Artabo, el marino hubiera sido con ella tan cruel como el mismo Ahram, ella le juró a Krito que se decidió sola, lloraba y lloraba, fue un impulso al creer muerto a Ahram, ése fue el rumor que llegó a las cocinas, confesaba odiarme, me acusaba de haber arruinado su felicidad, odiarme así, aquella cara con ojitos de mono alegre, ¿cómo es posible?, se asustó ante la tortura, Krito seguro del suicidio, pero ¿y si también la mataron como a su padre?, ¿y si esas muertes están relacionadas?, ¿y si Krito me lo oculta para no alarmarme?, ¿qué conspiración se teje en torno a Ahram?, ¡él lo aclararía en seguida!, la destruiría de un manotazo, es urgente que vuelva, ¡si vuelve!, no quiero ni pensarlo pero es mi obsesión, con él todo se arreglará, pero ese último mensaje tan extraño, el día en que llegue Ahram, ¡qué alegría para nosotros dos!, aunque sea nuestra muerte, Krito también angustiado, ya no planeamos encuentros, nos hablamos en el banco donde siempre, eso a nadie le extraña, sólo se encuentran nuestras manos, nuestros ojos, asustados de haber causado su desgracia, ¡y ningún miedo por nosotros, es curioso!, menos mal que la mar me devolvió el brazalete, compasión de mi antiguo mundo, regalo de la diosa, gracias a eso sufro menos, si no la culpa sería intolerable, ¿qué estoy diciendo?, ¿cómo hablo de culpa?, me contagia Krito, es peor: ansiedad, miedo por Ahram, Eulodia piensa en culpa, lo leo en sus ojos, ¡pero es tan leal!, no me culpa a mí sino a los dioses que me supone, quisiera verme abrazar a su Cristo, imposible, su fe es la de las femineras, no respetaban su cuerpo, ni la vida que encierra, los torrentes de sangre, los goces de la piel, la Gran Madre nos lo da para vivirlo, cuando bajé ayer a la cueva temió por mí, sospechó una cita peligrosa, miedo a que me descubran con Krito, «¿adónde vas, señora?», lo leí en sus ojos, «no te apures, voy sola, a recordar a Ahram, a desear su vuelta», sus ojos se calmaron, la abracé y sorprendida movió la cabeza, en vez de su mejilla besé sus labios, ¡qué asustada quedó!, «somos amigas, ¿no?» tuve que decirle, «¡señora, señora, sólo quiero tu bien!», besó mi mano aunque yo lo impedía, bajé a la gruta sola pero el brazalete me esperaba, ahora sólo me preocupa él, su regreso, a todos, hasta Malki está inquieto, no se aparta de mí, busca protección, ya un cuerpo de hombre, guapo como su abuelo, ¡pero aún tan tierno!, a veces me acompaña a nuestro banco, Krito le habla, recuerdo cuando yo era la discípula, me admira cómo encaja con nosotros, no nos estorba, aunque desearíamos estar solos, otro miembro de un círculo secreto, el de nosotros dos, también entra Ahram aunque lo ignore, aunque su entrada sea mortal, cuatro seres tan distintos, trenzados por la vida en su tapiz, tejedora misteriosa, la vida incluida la muerte, ¡qué plenitud!, cada día siendo el último, lo siento como último, «es el último verano», lo repetía Vesterico lanzando su risa bárbara, risa de vientre, una oleada de risa arrollándolo todo, ni Uruk reía de ese modo, sólo sabe de la vida el moribundo, sólo de la salud el enfermo, aquellos días del lagarto recobrándome, sólo valora la libertad el prisionero, a Krito le excita nuestro riesgo tan próximo, la vida frontera de la muerte, sólo así tiene filo, el cuerpo lo sabe, tiene su fuerza propia, ¡cuántas veces decidía por mí en el burdel de Bizancio!, un cliente comprándome y tomándome, jadeando sobre mí y yo indiferente, de pronto mi cuerpo se excitaba, mi voluntad negándose a seguirle, pero mi cuerpo vencía, compartía el estallido final de su jinete, yo me sentía violada, pero nada que hacer: el cuerpo era más fuerte, no tenía nada que ver con el amor, mi amor por Ahram y Krito, vosotros me invadís toda, me arrebatáis a los dos tiempos supremos, primero el deseo, el saboreo anticipado, los tanteos amorosos, el encandilamiento demorado, negarse a la carne ya enardecida, estarse abrazando sin tocarse aún, y luego el otro tiempo, la ascensión hasta el fuego, la gloria del abismo, el oleaje, la anegación carnal, el vivir absoluto, y en medio de esos tiempos el placer, tiempos de Krito y Ahram, ¡qué diferentes y qué hermanados!, qué capaces de darme lo que esperé al nacerme, hasta encontrarles sólo amé precursores, Ahram no lo es de Krito, ambos únicos, son ramas bifurcadas, razas distintas, ambos en lo más alto y lo más hondo, y Krito enamorado de Ahram, lo inesperado que no me sorprendió, ¿cómo Ahram no adivinó?, ¿cómo no tomó ese amor?, quizás porque son únicos, porque Krito es señor en otra esfera, absurdos miedos de Krito, ¿se hubiera decidido hacia mí sin el tiempo del lagarto?, fue preciso sentirse rey a la sombra de la torre, en el jardín salvaje, ¿y yo misma, me hubiese decidido?, porque sólo entonces vi claro, comprendí mi vacío, supe ponerle un nombre, él tardó más en ver, la sabiduría del hombre está en las ideas, la de la mujer en los sentidos, en la piel, en la carne que acierta sin razones, no nos perdemos por vericuetos, no nos desorientamos en los corredores, la vida es un laberinto inmenso, mucha gente se queda donde nace en el patio, en un cuarto, pero hay miles de habitaciones, y sectores en ruinas, sótanos y azoteas, puertecitas medio ocultas, y un dios en cada estancia, muchos y todos el mismo, el anhelo del hombre, y hay que conocer lo esencial, no nos alienten esperanzas sino el esfuerzo mismo, sostener la vida que nos gasta y nos mantiene, vivir es tiempo en marcha, incluso el tiempo del lagarto, Eulodia se pregunta por qué me arreglo tanto, no puede contenerse, «¿es que vamos a salir?», la tranquilizo, voy solamente al banco de los delfines, a darle a Krito la gran sorpresa, su brazalete en mi brazo, la diosa me lo ha devuelto, es su bendición, su aprobación de todo, yo no esperaba tanto cuando bajé a la cueva, adoré la imagen, le pedí el regreso de Ahram, que no me lo quitara, de pronto la mar me atrajo, el sol de la mañana cabrilleando las aguas, recordé mis paisajes submarinos la movible red de luz que penetraba, sus jugueteos entre las algas, me desnudé y lancé a la mar, las conocidas rocas me parecieron otras, un corpulento mero se acercó a contemplarme, su ojo protuberante, su boca abriéndose y cerrándose, era viejo, algo desescamado ya, se movía despacio, se me ocurrió preguntarle si ha visto sirenas todavía, los peces no nos transmiten pensamientos, pero captan los nuestros, como en tierra el perro los del amo, solamente el delfín logra expresarse, sólo él nos hablaba a las sirenas, movió el mero la cola negando, se fue tras unos sargos, entonces me atrajo aquella luz, el sol penetraba hasta un claro arenoso, vi un cangrejo alzando algo en su pinza, un objeto redondo, me acerqué, el cangrejo dobló hacia mí sus ojos, ¡alzaba el brazalete!, el que arrojé a la mar nueve años atrás, increíble, allí estaba, se me agotaba el aire, justo cogerlo y remontar, me llevé al cangrejo prendido de su pinza, acabó abriéndola y volvió a hundirse, a flote ya aún no podía creérmelo, el brazalete en mi mano, Ahram me lo prohibió rechazando así a Krito, la diosa me lo devolvía entregándome a Krito, eso es lo que ha ocurrido, la diosa nos aprueba, ya todo está en sus manos y ahora estoy segura, imposible dudar, Ahram comprenderá o no, hará de nosotros lo que quiera, pero la verdad es la vida, la lealtad debida es a la vida.

—¿Entonces, dónde está Ahram? ¿Qué hace?
 Krito interroga a Soferis y Artabo. Ambos acaban de

examinar el nuevo mensaje llegado desde el Campo, con la firma del hombre de Artabo, dando cuenta de que no han vuelto a surgir problemas. Lo inquietante es que viene dirigido a Ahram, suponiéndole por tanto en Alejandría y añadiendo así inquietudes a la ignorancia de su paradero.

Por otra parte, y en respuesta a la petición de informes solicitados a diversos agentes de la región, el corresponsal sabeo en Maarib –un hombre importante, almacenador del incienso local para su envío a Alejandría– asegura no saber nada de Ahram pero notifica el inexplicable ataque a una de sus caravanas por agresores indudablemente palmirenos, según un superviviente. Quizás el percance no tenga nada que ver con la desaparición del Navegante pero, en todo caso, ¿qué tienen que hacer en la región unos hombres de Palmira, atacando los bienes de su aliado? Según el informe no eran forajidos irresponsables sino hombres de guerra y Odenato tiene muy controlada la seguridad de la región.

Los tres amigos reunidos en el despacho de Soferis reflexionan inquietos, temiendo tener que resignarse ya a una desgraciada pérdida en la mar, pues un hombre tan notorio como Ahram no pasaría inadvertido en esa zona. Debaten la cuestión y acaban separándose sin concluir nada. Deberían hacer algo, pero ¿qué?

Krito se aleja pesaroso en dirección al banco de los delfines cuando, ya cercano, ve correr hacia él a una Glauka descompuesta y suelta sobre sus hombros la cabellera, pegado a su cuerpo la mojada túnica. Se alarma Krito temiendo algún accidente cerca de la cueva, donde últimamente pasa Glauka las mañanas buscando el recuerdo de Ahram y el alivio al bochornoso calor del verano en su apogeo. Pero el grito de Glauka anuncia algo muy distinto:

—¡Krito, corre! ¡Vamos a la Casa! ¡Ahram naufragó y está en peligro!

Krito, estupefacto, trata de saber algo más, mientras se apresura junto a ella. La explicación va surgiendo fragmentaria y desordenada.

–Bajé a la gruta, como siempre; estaba muy inquieta, de repente apareció un delfín, me extrañó tan cerca de la roca, ya sabes que rehúyen las aguas del puerto, saltó además torpemente, parecía herido, me dio pena y quise ayudarle, me lancé al agua y me acerqué, no huyó de mí, quería decirme algo, ya sabes que transmiten como las sirenas, estaba agotado, de nadar por un estrecho muy largo, con tierra siempre a cada lado y de aguas malas, sin darse cuenta se había metido por allí, tropezaba con embarcaciones, desde una de ellas le habían lanzado un arpón, lo llevaba clavado junto a la cola, se lo desprendí, ¡si hubieras visto su mirada de agradecimiento!

–Pero Ahram, ¿qué pasa con él?

–Te he contado todo eso para que me creas... Antes, en mares más calientes, el delfín había atravesado una tempestad, un navío capeaba también el temporal, cayó un hombre al agua y quedó flotando, se sostenía sólo con las piernas, o no sabía nadar o estaba empeñado, según el delfín, en sujetar un trozo de cuerda con sus manos atrás, no las separaba de la espalda... ¿Comprendes?, ¡el hombre estaba atado, Krito!, por eso no avanzaba en el agua, el delfín se compadeció, le fue empujando hacia una tierra, le dejó en la más cercana... ¿Te das cuenta? Ahram estaba amarrado y le habían arrojado así al agua o se había tirado él...

–¿Por qué había de ser Ahram? –interrumpe Krito, incrédulo.

–Es verdad, no te lo he dicho: por fuerza era él, sólo así me explico que el delfín se sorprendiera al ver en mi cuello la medalla, ésta, le intrigaba, ¿por qué le llamó tanto la atención?, es que el hombre del agua llevaba otra igual, esta mía es idéntica, ya sabes que me la regaló

Ahram... ¡Es él!, ¿no me crees?, ¡tenemos que salvarle...! He retenido al delfín, le he pedido que no se aleje, recordará que le he librado del arpón, además le he dado carne de cangrejo, les encanta pero no pueden abrirlos, he mandado a Eulodia a traer mariscos, que arroje la carne a la mar, el delfín podrá guiarnos, he vivido con ellos...

Krito quisiera creerla pero es difícil, aún conociendo el pasado de Glauka. No duda del naufragio pero ¿por qué ha de ser Ahram?

—Cálmate, por favor. ¿Cómo puedes estar tan segura?

—Los delfines no engañan; sólo mienten los humanos... Ahram estará en un islote, por eso no ha dado noticias, si es que vive, en algún peñasco de donde no ha podido salir solo... ¡Y tiene que vivir, quiero que viva!

Mientras habla arrastra a Krito, entra en la Casa con él conduciéndole, entre los siervos y escribas atónitos, hasta el despacho de Soferis, donde todavía se encuentra Artabo. Ambos miran con asombro a la pareja, aguardando una explicación.

Lo peor es que ella no puede ofrecerles los motivos de su certeza: la información del delfín. No puede revelarles cómo su pasado de sirena le ha permitido obtenerla. Habla de una corazonada, como las que otras veces inspiraban sus anuncios de tormentas; alega haber sentido en la gruta como un mensaje de la diosa —cuya estatua allí conocen sus dos oyentes aún sin haberla visto nunca—, razona que si nadie sabe de Ahram en ninguna tierra es porque ha de buscársele por la mar... «¡Todo menos la inactividad!», acaba gritando exasperada.

Los hombres respetan su desolación, pero no se convencen, no pueden creer en tales arrebatos femeninos aunque los comprendan. Krito la apoya con razonamientos: ha pasado demasiado tiempo, no hay rastro en ninguna región posible, algo hay que hacer. Sugiere una muy discreta expedición que llegue por lo menos al reino de Kombo, último paradero conocido, y de paso costear islotes de un posible naufragio, pues ya lo más verosímil es un accidente en el mar. Esto último es lo que ellos piensan también, pero Artabo expone la dificultad de esa búsqueda pues conoce bien el mar Eritreo y su gran número de islotes y peñascos. Glauka alega además que ha visto un delfín junto a la cueva, sin duda un signo de la diosa porque nunca se acercan tanto al puerto, y en lo extraordinario del hecho han de convenir los dos hombres.

—La diosa le ha enviado a guiarnos —afirma categórica.

—¿Desde el mar Eritreo? ¿Cuándo se ha visto a un delfín en aguas dulces, por todo el canal y por el Nilo?

—Eso mismo demuestra que es un mensajero, cuando la diosa le ha hecho posible ese trayecto.

La miran incrédulos. La idea de que el dolor la vuelve loca flota en el ambiente. Glauka insiste en que el delfín les será propicio, como a tantos otros, según la creencia de las gentes de mar.

Krito la apoya con un solo argumento: serán culpables si dejan pasar más tiempo sin intentar nada. Redobla su elocuencia la ilusión de que sean Glauka y él quienes acaben salvando a Ahram a pesar de todos. Su oratoria y su hábito de persuadir le hacen muy convincente, ¿quién se negará a acudir en auxilio de Ahram…? Pero ¿cómo?, ¿adónde?, se lee en la expresión de los oyentes. Glauka acaba exigiendo:

—Bien, si no estamos de acuerdo, dadme un pequeño barco con un par de hombres. Iré yo sola a buscarle.

En ese instante aparece Malki, a quien han informado de la anormal entrada en la Casa de Glauka y Krito y acude asustado. El muchacho, sobre cuyo labio aflora ya el vello de su incipiente hombría, se alinea con Glauka apenas se entera de la situación: si ella zarpa la acompañará. Lo peor que puede pasar es que el viaje resulte inútil, pero no habrán abandonado a su abuelo. Los dos oyentes escépticos empiezan a sentirse culpables de inacción y el debate se endereza a favor desde ese momento. Se repasan los mensajes recibidos, se consideran las noticias y las posibilidades, se tiene en cuenta –aún sin valorar su significado– ese informe sobre la extraña agresión palmirena... Viendo ceder las resistencias Glauka se vuelve arrolladora y ciñe con el brazo los hombros del muchacho, que la mira como refugiándose en una esperanza, pero al mismo tiempo como el hombre dispuesto a protegerla. Desde ese momento están ya todos de acuerdo.

Empiezan a planear los detalles. Muy contra su voluntad, Soferis habrá de permanecer en Alejandría. Artabo aportará al viaje su gran experiencia marinera. Por algún tiempo se discute la presencia de Glauka, pero ésta no cede: recuerda sus adivinaciones del clima y las aguas, insiste en el delfín, y advierte que se vestirá de hombre, con un turbante cubriendo sus cabellos, cortándolos si hiciera falta. Zarparán discretamente en un navío ligero, sólo con la tripulación indispensable, más dos hombres aguerridos, y con Glauka y Artabo embarcarán también Krito y Malki. En Alejandría se dirá que ella está enferma sin salir de la torre, como una recaída de su anterior y notoria dolencia, y Eulodia se encargará de mantener la ficción.

Desechan el *Jemsu,* demasiado conocido, y Artabo propone un buen velero disponible en Antiphrae, con poco calado para bordear aguas costeras. Un barco seguro y maniobrable que él ha utilizado para viajes rápidos, aunque no lo sea tanto como el *Jemsu.*

Al terminar la reunión Glauka y Krito regresan a la torre y bajan a la cueva con Malki, que la desconocía. El delfín tarda en aparecer, sumiéndoles en la inquietud, mientras explican a Malki su creencia de que es un enviado de la diosa. Esa idea arraiga en Malki cuando, al aparecer el animal, ve a Glauka nadar junto a él y ofrecerle carne de crustáceos traídos a la torre por Eulodia. El muchacho, fascinado, se entusiasma con la esperanza de recobrar a su abuelo en la aventura.

A la tarde del día siguiente llega el velero. Embarcan en él todo lo necesario. El delfín permanece en las inmediaciones de la embarcación, fondeada frente a la gruta, desde donde suben ellos a bordo al caer la noche. En la proa Glauka contempla una luna creciente. Malki se acerca a ella, seguido por Krito, que asegura:

—Creo en ti, Glauka. Traeremos a Ahram.

Piensa, mientras tanto: «Le encontraremos, sí. Y entonces seré yo quien no vuelva.»

A sus espaldas chirrían las jarcias al izar las velas Pronto una brisa favorable le impulsa hacia levante, para entrar en el brazo Canópico del delta, en cuyas aguas dulces avanza el delfín precediéndoles para asombro de los marineros, que así se convencen de ir guiados por la diosa de Glauka. Luego remontarán el Nilo y pasarán el mar Eritreo por el canal Ptolemaico, ese «estrecho muy largo» recorrido por el delfín anteriormente.

La luna brillaba en lo alto cuando llegaron a la altura de la isla Karu, donde duerme Bashir para siempre. «¡Ayúdame a encontrar a Ahram, tú que ahora ya comprendes!», invoca Glauka con fervor recordando aquella mirada buena.

A proa, más veloz que el barco, salta un trozo de ola, un lingote de luna, un prodigio de fuerza y elegancia, un delfín agilísimo.

25. LA ROCA

¡Y no poder hacer nada, no poder hacer nada! ¡Nada...! Es peor que una cárcel esta roca. No hay guardias que burlar ni rejas que romper. Nada. Me golpeo la cabeza pensándolo. Peor que una cárcel.

Aunque esta cárcel me ha salvado. No, primero me salvó el delfín. A veces no parecía un delfín sino una voluntad, en aquel torbellino de agua y noche revueltas. Cuando nada me importaba sino respirar. Respirar y flotar, flotar y respirar. Pero a veces un empujón cuando me hundía... El delfín, sí, el delfín...

¡Sobrevivir, he de sobrevivir! Ellos se alarmarán, me buscarán, me encontrarán. Los amigos... Y los traidores también. Sobreviviré hasta sin nada. Menos mal que no es llano este islote: ese picacho me salva de quemarme al sol. Dándole la vuelta en torno sigo a la sombra. Pegado a él a mediodía. ¡Estaría ya achicharrado si hubiera soportado los rayos a todas horas!

Estaría muerto. Pero sobrevivo, gracias a las tormentas de esta época, como la que a poco me aniquila. Llenan de agua dulce las oquedades de la roca. Benditos nubarrones, no hubiese aguantado estos días sin beber. Conozco la sed. Aquel año, persiguiendo con Bashir a los kashires por el desierto de Thanuit. ¡Nuestras lenguas hinchadas, nuestra piel reseca!, pero nos rascábamos y nos reíamos. Orinábamos a la vez, para ver quién soltaba unas gotas más. Nos reíamos. Y los cogimos, a los bandidos. Recuperamos lo nuestro y nos quedamos con lo suyo.

Dos semanas ya... ¡Si me parece un mismo día! Pero están contadas, ahí en la piedra, a raya por fecha. Más el tiempo que estuviera sin sentido. La gaviota me creyó muerto y su picotazo me despertó, me puso en marcha. Pero tampoco estoy vivo: no hacer nada es estar muerto.

¡No! ¡Estás vivo, Ahram! Te veo, te oigo, me hablas... Nunca hablé tanto como aquí, yo solo. No es bueno, los locos hablan solos. Pero también son elegidos por los dioses, o por los demonios. Otros se vuelven mudos; no dicen una palabra en años. ¡Cuidado Ahram!, no puedes volverte loco. Has de ser más astuto que nunca. Ahora, sobrevivir. Luego, los traidores. Todos, los de fuera y los de dentro. ¡Los de dentro...! Mis dos luceros, quizás ahora jodiendo juntos en mi propia casa... Me rompo la cabeza... ¿Cómo no los maté cuando me lo dijo ese maricón de muelle? A él y a esa víbora calentada en mi hogar. ¿Cómo pude estar tan ciego, dejarme engañar así? Si he de abatir a Roma, he de ser más astuto. Y abatiré a Roma, ésta es otra de las ocasiones en que otros sucumben, pero Ahram no. Mis dos luceros no son ellos. No están en Alejandría sino ahí, en lo alto. Protegiéndome.

¿Y si no me engañaron? Krito, con su palabra, es capaz de cambiarlo todo. Y él sí que está loco, siempre lo estuvo. Está loco: no sabe vivir, ni aprovechar la vida como todos los hombres... ¿Hombre? ¡Un escupitajo! Y ella, si no mintió Krito, ¿puedo creer ya nada? ¿Fue siquiera sirena? ¿O es eso por lo que me castiga ahora la diosa: por poseer una sirena? Sus hombres anteriores fueron aniquilados: el de Psyra, el bárbaro, el cristiano... ¡Pero no eran Ahram! ¡No eran Ahram! Y mi diosa no me castiga: impidió que me quitasen mi amuleto. Éste, lo toco, sobreviviré.

El pescador que me recoja aquí hará su fortuna. Alguno navegará por estas aguas. Volveré, averiguaré, me vengaré. De todos los traidores; también los de fuera, los falsos aliados. Porque ya no tengo dudas; al menos descubrí la trampa. La mano palmirena actuaba en mi Campo. Pero ¿qué persiguen con eso Odenato y Zenobia? ¿Les habrá comprado Roma? ¡Si con el César no pasarán de esclavos coronados y yo les daba todo el poder sobre la tierra! No puedo comprenderlo, se me va la cabeza...

... Ni siquiera mi daga, ¡ladrones! ¿Por qué no me quitarían también la medalla...? Para identificarme; tenían orden de entregarme. Hice bien en saltar al agua cuando el barco capeaba el temporal y no me vigilaban. Más mía la muerte en la mar que la humillación antes del asesinato. Y ahora es la vida aunque sin daga siquiera. Cortar el pez con el filo del mejillón, su concha gigante mi cuchillo. Y no poder hacer nada, bajo el sol dando vueltas. Como mi cabeza: otra vez hablando solo. ¡Qué inmóvil la mar, aunque siempre agitada! Mi carcelera. Quería tragarme aquella noche. ¡Pero si soy su amigo! ¡Si me hice hombre de mar! Creí poder nadar bien con las manos atadas. Ya lo hice otra vez, en Rodas, pero la mar estaba tranquila. En la tempestad yo era un trozo de tabla. ¡Qué impotencia, zarandeado por las olas! De pronto el aire estaba debajo y la mar encima; abría la boca para respirar y entraba sal mojada... Gracias al delfín. ¡Y yo que nunca había creído las leyendas marineras! Su lomo a veces me levantaba. Un delfín mandado por Ittara seguro... Entonces, ¿por qué sólo me trajo a este islote perdido? No cacé a la gaviota picándome, pero encontré su nido. Los huevos me salvaron, mi primera comida. Y los otros, después. Pero he acabado con todos, ya sólo moluscos. Y peces, si la tormenta deja alguno boqueando en un cuenco de la roca...

... El espía que seguí era un cebo, atrayéndome a la tierra del incienso para acabar conmigo allí donde los palmirenos infiltrados. Porque eran palmirenos; y el que mandaba después el barco, cuando me capturaron la segunda vez, también; los otros a sueldo. Compraron al jefe del Campo, no lo comprendo. ¿Qué necesidad tenía de venderse a Palmira? Podía robarme de cada envío unas cuantas esmeraldas y acabar rico. Pero la gente quiere más que la riqueza. Y los tontos científicos: ¡tanta sabiduría e incapaces de defenderse! Sólo sirven para ser utilizados, con sus ideas y sus máquinas. Rodeado de traidores, y también dentro. Menos Bashir, mi hermano. Pero Bashir murió, no me acordaba. Y Malki. No estará ya pensando en heredarme: ése es de mi raza. Aunque quiere mucho a Glauka, a ésa y ya es un hombre. No, Malki es mío. Al pescador que me saque de aquí le haré rico. ¡Caeré en Alejandría como el rayo! No es posible, seguro vendrán a buscarme. Ellos: Soferis, que fue mío, Artabo que me debe la vida... ¡No todos pueden ser traidores...!

... Estas algas no son las otras, las de ayer, ¿o anteayer?, ¿o más atrás?, las finas y largas que me hicieron daño. Qué horas pasé, el vientre se me iba en agua. Siempre es un riesgo, pero los cangrejos me huyen. Han aprendido mucho en pocos días. Y sin tormenta no hay pez dejado en seco. Las comía aquel extraño remero amarillo de ojos rasgados que nos trajo la mala suerte en la expedición a Trítera... ¡Cuántos años hace! No tan mala suerte, al menos para mí; fui el único en salvarme. Era entonces el lucero de mi madre. Había perdido a Bashir, aún no había vuelto a encontrarle. Si Bashir viviera ya estaba llegando en mi busca. No soltaba la presa nunca. ¡Y cómo seguía las pistas! Pero eso era en la tierra, en su desierto...

Luceros... Ahora engañándome. Hasta a Bashir engañó Glauka. ¡Cómo hablaba de ella! Enamorado, claro. Pero no me la hubiera tratado de quitar. ¿Qué ha podido ver ella en ese desgraciado sin cojones? No puede darle nada, no tiene nada: ni riquezas, ni poder, ni hombría... Está vivo gracias a mí. En cambio Bashir en la isla al pie de la palmera. Ella le engañó. «La mujer que necesitas», me repetía. Claro, enamorado, ciego. Como yo también ciego. Tuve que haberlo sospechado antes, cuando aquel brazalete que le obligué a tirar a la mar. Me advirtió mi olfato, como me avisa frente a los enemigos, pero no quise oírle: ella me arrebataba. Me arrebataba, capaz de enamorar a cualquiera: ésas son las peores. ¡Como Zenobia, otra igual! Ha tenido que ser ella más que Odenato. Sólo deberíamos tenerlas para la cama. Para gozarlas, para servirnos. Creí que Glauka era distinta, como lo era Ittara. ¡Qué diferencia, Ittara, perdiendo su vida por mi amor, el de un chiquillo entonces! ¿Cómo pude caer en la trampa de Glauka? Y ahora en la de Zenobia. ¿Acaso ellos no están contra Roma como yo? ¿Quieren excluirme, creyendo que ya no me necesitan? ¿Creen que con la tierra les basta y no precisan mis naves? Aunque no es Zenobia, ella es diferente, piensa como un hombre aunque sea tan mujer. Me ha traicionado Odenato, es más torpe; seguro que la reina ni sabe que él me había mandado capturar. ¡Tendría celos! ¿Sospechó algo de mis intenciones cuando pasaron por Alejandría? ¡Podía habérmelo dicho como hombre cara a cara, sin estas traiciones...!

... ¡Qué sabrosas las lapas al principio! Ahora me repugnan. Cuando con la piedra las machaco, ¡qué asco! Se remueven, blancuzcas, amarillentas, terrosas... ¿Pensarán algo? ¡Cómo va a pensar una lapa! Lo malo no es hablar solo; es decir locuras. Aplastado no se piensa. Pero yo estoy pensando aunque alguien me ha aplastado. Ha roto mi cáscara, mi coraza, y estoy aquí, sin poder escapar, removiéndome. ¡Maldita gaviota, qué pez ha cogido! No hay manera de agarrar una; ni haciéndome el muerto. Sí, soy una lapa pero pienso... ¿Qué digo? ¡Me voy a volver loco! Imposible; sobreviviré. Es el no hacer nada; eso es lo peor, me trastorna. Tener fuerza, ideas, proyectos y no hacer nada, ¡qué tormento! Lo demás lo soporto bien, como otras veces. El sol, el hambre, el vendaval... Las he pasado peores. Pero ¡no hacer, no hacer! Mis barcos navegando ahora mismo, mis mercancías recibidas en un emporio, mis técnicos en sus trabajos... A lo mejor en este momento mi jardinero se preocupa por un rosal con las hojas mustias... Pero ¡qué hacéis, inútiles! ¡Estoy aquí, en un peñasco del golfo Eritreo! ¡Yo, vuestro amo el Navegante! Metido en una grieta de la roca, esperando el sueño que no llega, ¡ojalá durmiera todo el día! Aquí solo esperando, resistiendo... Ya no tan solo, al menos esa compañía: el medio muñeco que hice con una piedra sobre otra. Con mi chaqueta puesta, moviéndose al aire: si alguien navega cerca creerá ver a un ser humano. Podría yo estar al otro lado del picacho y no ser visto. Entonces mi salvación pasaría de largo. No puede ser, no puede ser. Pero nadie en estas semanas. ¿Dónde estará esta roca? ¿Tan lejos de tierra firme, de poblaciones, de aldeas? ¡Como en otro mundo, en otro mundo! ¿Estaré vivo...?

... Otras veces me perdí, me retrasé, pero no tanto tiempo. ¿Es que la última paloma, la que solté sin mensaje, cuando vi que me cogían, no les inquietó? Tenían que haber salido en mi busca hace ya tiempo. ¡No pueden ser también traidores Soferis y Artabo! Soferis, que fui su padre, su amante. ¿No soy nadie, he muerto para ellos? ¿O era una conspiración total, con los palmirenos, y yo el único ignorante? Siempre se entera uno el último, dicen. ¿Me pasó igual con Glauka? ¿Sabían todos que se entregaba a ese medio hombre? He sido demasiado bueno, pero haré justicia. Tiene que haber alguna diosa de mi parte: la prueba es el delfín. ¿Y si mintió Krito? Esa mente retorcida puede haber querido provocar así la muerte de Glauka a mis manos. Claro, sintiéndose incapaz de gozarla. Aunque muriera también él, ¿para qué quiere la vida...? Eso es, ella le rechazo y él decidió vengarse. ¡Qué claras se ven las cosas en la soledad! A fuerza de cavilar; no puedo hacer nada más. Decidió vengarse y era incapaz de matarla. Con su mentira la mataba yo y además me quedaba envenenado su recuerdo. Debí hablar con ella antes de salir; no conformarme con la palabra de Krito: ¡creer en su palabra, cuando es su mejor arma! Pero llegó el maldito mensajero...

¿Y Odenato, por qué lo ha hecho? ¿Y Zenobia, ignora mi suerte? ¿Está podrida toda mi organización? Imposible, es gente que hice yo. Lo sabré todo; éste no es mi final. Me da fuerzas el delfín y quien le mandó; no me quitaron mi amuleto. Cuando se me va la cabeza y creo ver cosas extrañas lo aprieto en mi puño y se me pasa. La medalla de Ittara, el espíritu de Ittara protegiéndome con su diosa. ¡Y pensar que hice otra igual para Glauka! ¿No le quema los pechos? Ésta es una prueba más en mi vida. La decisiva; la última del destino para merecer mi triunfo. Este peñón es mi nueva botadura, mi trampolín para saltar al futuro...

... ¿Qué hubiera hecho Bashir? ¿Hubiese matado a la esposa infiel y al canalla? La ley de su tribu, deshonrado si no mataba. Pero ahora, cavilando... ¿Lo hizo según me lo contó? Entonces, ¿por qué abandonó a su tribu y no volvió nunca? Empiezo a pensar... No hago nada, sólo cavilar, me zumba la cabeza. Debió de amar mucho a aquella mujer, pues no buscó a otra. ¿Por qué rompió con ella y con los suyos? Me lo contó a medias. ¡Y yo pensaba que no teníamos secretos! Todos tenemos secretos; Glauka los tenía conmigo, Krito también... ¡Que los tengan, pero no contra mí! Hay mucho que hacer. Lo haré, se hablará de Ahram con más respeto que nunca. Lo haré: ¡no haciendo nada estoy vivo! ¿Qué mejor prueba? La diosa reserva mi vida para lo que me queda por hacer. No me han matado los traidores, ni la tempestad, ni las algas dañinas ni el hambre. Hasta con Odenato acabaré si hace falta.

Están buscándome, por fuerza. Pero ¿cómo, por dónde? Repasaré mi viaje, situarme. El rey Mlango, en Kombo, ¿también me traicionaba? ¿Eran ciertas sus informaciones, leal su hospitalidad o trataba de retenerme? Pero la pista que me dio era verdadera; el espía se había embarcado hacia el país del incienso. ¿Y si me orientaron hacia allí a propósito? Era una trampa, allí me sorprendieron. ¿Qué habrá sido de mi barco, de mi gente? Aniquilados, claro. De lo contrario hubiera llegado alguno a Alejandría, informando a Soferis. A lo mejor ha sido así y van a encontrarme pronto. No quiero hacerme ilusiones; es la manera de derrumbarme. ¿Cuánto pueden tardar? Aquí no hay más recursos y he perdido fuerzas. Claro que me quedan muchas. Se les habrá ocurrido bordear África hasta Kombo. A la vuelta pensarán en acercarse a la costa arábiga. Es donde estoy, seguro. Amarrado en el barco pude darme cuenta de que doblábamos hacia el este el cabo de las Especias, cruzando el estrecho. Claro, camino de Palmira, para desembarcarme en Zaabram o en Yambú y luego por caravana. O en una playa desierta donde nos esperarían. Odenato preferiría que Zenobia no supiera nada... Salvo que ella esté de acuerdo. ¡No hacer y encima no saber! ¡Qué tormento! Por primera vez en mi vida no trazo yo los planes, no soy dueño de mí. Los trazará la diosa, sin duda, siempre me ha protegido. Mi madre, Ittara, las estrellas, la diosa del delfín. Glauka sin duda una víctima, engañada, traicionada por Krito... ¿Por dónde andarán buscándome...?

... Anoche las veía, como en el reino de Kombo, el país de los Hombres Oscuros. Las danzas guerreras que hube de contemplar. Las fiestas con que me obsequió el rey, no podía negarme si quería averiguar algo. Las veía como si el islote fuera una piel de tambor y los danzantes redoblaran en ella con sus pies. Y las muchachas negras que me esperaban en mi gran cabaña de huésped. Como en mi primer viaje, hace tantos años. ¿Todo para retenerme o la cortesía ritual? ¿Por qué Mlango no me dijo enseguida la dirección emprendida por el fugitivo? Y en cambio me contó tan tranquilo que mi técnico había sido asesinado allí mismo, ante sus propios ojos. Si me hubiese informado a tiempo, con mi barco hubiese alcanzado el espía antes de que llegara a la costa arábiga. Y en alta mar era mío...

Anoche las veía, las danzas y las muchachas. ¡Qué bien vive el rey Mlango! No manda en Roma, pero donde alcanza su deseo tiene poder absoluto. Si yo hubiese rechazado a la muchacha –y no pensaba más que en seguir al espía– él la hubiera mandado decapitar. Al salir de mi cabaña dos mujeres comprobaron que ya no era virgen y gritaron todas como en una fiesta.

Debí comprender que esta aventura era una prueba. Ya apenas entrados en el Nilo por el canal Tanítico, al tomar en Bubasti el canal Tumilat, que lleva al golfo, el nivel fluvial era demasiado bajo para la estación y el remo timonero de babor se rompió de un modo inexplicable. ¿Y por qué al llegar a Adulis nadie nos aguardaba con camellos? Claro que fue mejor: como no me esperaban en el Campo la sorpresa les impidió disimular. Mi técnico no había huido; había sido secuestrado. Traidores en el Campo. Kutsadis, el hombre de Artabo, había ya descubierto a dos y los había ejecutado. Veo las caras de los otros, desconcertados. Otro más confesó, le hice confesar. Me dio la primera idea de que el golpe venía de Palmira. Pero aún entonces no me lo creía. Tenía que coger al espía fugitivo. En Kombo o donde fuese.

Traidores. También mi agente del incienso en Arabia, comprado por ellos. Pero esa emboscada me acercaba más a mis orígenes, a la tierra de mi padre, a Saba. Se disfrazaron de bandidos para asaltarme los hombres de Palmira, y eso les perdió. Aquel destacamento de amazonas de la reina de Saba no estaba en el paraje por casualidad; era enviado por la diosa. Nos rodearon, nos cogieron, también a ellos. Entonces tuve la prueba, se identificaron como palmirenos, amenazaron incluso a la capitana. No se inmutó; su reina decidiría. ¿Cuál hubiera sido mi suerte? ¿Prisionero para un rescate? ¿Entregado a Odenato por el poder de Palmira sobre Saba? Lo impidió Keturah. Anoche veía a los danzantes y la virgen de Kombo; ahora veo los pechos firmes de Keturah, la amazona que me dejó escapar. ¿Sería cierto que era nativa de mi mismo oasis? ¿Sería sólo el amor? Fue la diosa, mi bendito amuleto.

Comprendo ahora tantas cosas. Las veo hasta en pleno día. Se pone como un vapor sobre la mar y se llena de figuras, de rostros, de gestos. Cierro los ojos y sigo viéndolos. Tengo que tocar la roca, talonear en el suelo para librarme. O echarme a la mar a nadar; ayer casi suicidio, con el tiburón que apareció. Pero ni un momento pensé que podía conmigo. Me alegraba jugarme la vida como en una fiesta. Todo insensato, no debo hacer esas cosas. Pero tampoco puedo dejar que me cieguen las visiones. Si esto dura mucho, si no vienen, sobreviviré pero, ¿mi razón? ¿Me voy a volver loco? ¿Yo, Ahram, volverme loco?...

Ayer no le vi en todo el día, ¿le habremos perdido? Suerte que no es la época de celo, se lo hubiese llevado entonces una hembra, pero puede atraerle un buen banco de peces, o cansarse de tanto navegar, los delfines tienen memoria pero éste no siente mi obsesión por llegar y sin delfín, ¡madre Afrodita!, estoy perdida, es mi guía, mi estrella de navegar... ¿Le habremos dejado atrás...? Krito viene hacia mí, pero no me pasa el brazo por los hombros, como tantas veces, echo de menos ese abrazo pero comprendo, se coloca sencillamente a mi lado mientras miro angustiada a babor y estribor, a proa y a popa, me reconforta... La mar no está muy picada, aunque a veces salta la espuma, «la espuma y las ondas, lo único que vemos de la mar y no su abismo, su inmensidad vertical», me dice Krito, como si adivinara mi pensamiento, sólo hay marejadilla, y a veces un lomo verdegrís hace saltar mi corazón pareciéndome la deseada cabeza, el morro como un pico sobre el labio inferior, el lomo curvado, la vertical aleta, la gracia del salto y la zambullida, una y otra vez me engaño, mi corazón también salta y vuelve a caer vencido, en la monotonía del viaje, siempre el viento en mis cabellos, el chirrido rítmico de las jarcias, el paloteo eventual de las velas al dar bordadas, ahora más frecuente porque el piloto vacila, sin delfín no hay rumbo, sé que todos me miran esperándolo, hasta Dinoh el grumetillo saca la cabeza por la escotilla, todos dependen de mí, todos, incluso Ahram, que no está pero está, que es nuestro centro, presente en todos, hasta en la madera del barco, seguro, pero, ¡ay!, yo dependo del delfín, ¿nos habrá abandonado?, me resisto a creerlo, imposible que llegase hasta aquí y ahora nos olvide, no puede fallar, le envió la diosa, lo asegura el brazalete, lo acaricio en mi muñeca para tener buena suerte, Krito me mira y adivina, yo le adivino a él, se pregunta si Ahram recordará esta pulsera cuando la vea, es lo que yo misma me pregunto, será mejor quitármela, no herirle más con ella, pero no hasta encontrarle, no me la quitaré por nada, es mi talismán, recobrarla después de tantos años, no puede ser azar, otro engaño, pero no, vuelve a saltar, no me atrevo a creérmelo, ¿has visto, Krito?, ¡sí...!

A proa, otra vez, inconfundible, verdadero, la mano de Krito se aferra inconsciente a mi brazo, su entusiasmo me oprime, en el acto me suelta como si el gesto pudiera espantar al delfín, «no le pierdas de vista», le ordeno al grumete que no esperó mi demanda, al ver mi alegría se metió bajo cubierta y ya sube a mi encuentro con el cubo de mariscos y peces, los mariscos los tenemos en un balde con agua vivos hasta abrirlos cada día, he de retenerle, oigo el grito alegre, jubiloso, de Malki, señalando con su dedo al delfín, todos admirándole, parece como si él también nos viese y se alegrase, salta repetidamente, yo me lanzo al agua con la red de su comida, al emerger oigo a Artabo la orden de arriar velas, el delfín ya me ha visto, recibo en mi mente su saludo alegre, claro, él no ha pasado angustias, pero su saludo es más jubiloso que otros días, quizás me ha echado de menos, o bien desea sus golosinas favoritas, ya está junto a mí, ya me roza su lisa piel, a veces la áspera caricia de una aleta me deja una marca rojiza, pero ¡qué alegría!, ¡está con nosotros!, mantiene inmóvil su cabeza fuera, la boca abierta los dientes blanquísimos, los ojos inteligentes, traga el manjar, se hunde y emerge, la mirada más viva cuando le doy el trozo de petrel capturado ayer, la carne de ave será para él desconocida, ¡qué saltos jubilosos!, al fin vacía la red, entonces jugamos como siempre, él a mi alrededor, yo abrazándole, sé que Malki nos mira, pensará en la magia de Glauka, no acaba de creérselo, mis aptitudes marinas, y eso que ignora el secreto, seguro que me envidia, un día le haría bajar conmigo si no fuese por los tiburones, aparece uno y se aproxima, con su aleta dorsal cortando el agua, veo su vientre blanquecino al ponerse de lado para morder, ¡qué grito de susto en Malki!, pero el delfín me rodea, el tiburón comprende, aunque más torpe también recibe mi pensamiento, sabe que soy como ellos, me respeta como otros en el pasado, se aleja, me quedo con el delfín, en la mar placentera, a la sombra de la nave que cabecea, él pasa por debajo del casco, yo también soy capaz, aunque no aguantaría mucho más tiempo se alegra al verme del otro lado, donde el sol cabrillea en las aguas, ¡qué felicidad marina!, ¿por qué me alejé de ella?, ¡como si no lo supiera!, ¡estúpida pregunta!, me la inspira el agua, la luz, la gracia del animal, el placer de mi piel, vuelvo a mi ser, a mi problema, me concentro en hablarle al delfín, en prometerle, en preguntarle adónde vamos, su respuesta: su salto hacia el sur, sin vacilar, se vuelve a mirar al barco, lo mismo un perro a ver si el amo le sigue, trepo a bordo, Artabo manda izar las velas, el timonel sonríe, con un leve respingo del barco embocamos al sur, seguimos al sur, siempre al sur por el mar Eritreo y yo, acezante por el ejercicio, me tumbo en el puente para secar mis ropas bajo el ardiente sol, Krito se acerca y me interroga con la mirada, mi sonrisa le contesta: todo va bien, nos dirige como antes, pasó el susto.

Me acuna el barco, ¿qué seremos nosotros para nuestro guía?, ¿qué será el barco?, un pez gigante, sin duda, otro animal, otro ser como él, que tiene hijos o tentáculos, yo soy uno, le gusta dar vueltas alrededor del casco en marcha, adelantarle y atrasarse, jugar con este pez gigantesco, claro está, las velas son las aletas del animal, los remos timoneros forman la cola, los ojos ahí están, bien pintados en la proa, uno a cada lado, un gigante pez benévolo que le regala golosinas, ¡ay!, se tuercen mis pensamientos, me vuelve la angustia, ¿cuánto nos durará ese guía?, además no lo digo a nadie porque estoy bien segura, pero ¿será Ahram ese náufrago al que nos lleva?, ¿vivirá todavía cuando lleguemos?, desde su partida hasta que embarcamos nueve semanas, casi dos llevamos nosotros de viaje, y todo por mi culpa, para él mi amor a Krito es una traición, no puede comprenderlo, ¡pero si no te quito nada Ahram mío!, ¡es tan diferente!, ¡si eres nuestro dios y ambos te amamos!, pero tú eres el fuego y el fuego nunca comprende, abrasa lo que encuentra, y tú abrasas, aquí me tienes ardorosa siempre, aquí donde no hay sexo el amor llena el barco, no lo comprenderás pero es así, aunque nos mates cuando te encontremos, Krito da por seguro tu puñal y yo tengo la culpa, él nunca hubiera dado el primer paso, fui yo quien le tendió la mano aquella noche, quien quiso hacerle hombre, encender su virilidad, mostrársela, ponerle a mi altura, a nuestra altura, Ahram, pero tú no comprendes, siento que tu viaje se torció porque ibas fuera de ti al recordar la afrenta, olvidaste tu astucia luchadora, rumiar lo que para ti es ofensa, desatadora de sangre, seguro que te engañaron porque pensabas en nosotros, porque no estabas alerta como siempre, por eso te pudieron derrotar, por eso estás ahí, en esa isla –¡así lo espero, lo necesito!–, hambriento, dudando de todo, de nosotros tus enamorados, yo tengo la culpa de tus desdichas, pero yo me castigaré si tú no me castigas, cuando al fin te encuentre, cuando te haga volver a ser tú...

Sí, Krito sabe que navega hacia la muerte, por eso su desasimiento, su apasionada ternura mirándome, siempre por última vez, sin hablar, envolviéndome como nunca en el banco de los delfines, los delfines de mármol anunciaban este delfín de carne, Krito vive un viaje final, saber que va a la muerte, ¡qué palabras atroces!, si Ahram no se la impone él la abrazará, ayer le pregunté cuánto puede vivir Ahram sin comida ni agua, sonrió amargamente «ya lo comprobaré, pero luego no podré decírtelo» piensa quedarse en la isla, ha decidido no volver a Alejandría, lo sé aunque no lo diga, no nublar con su presencia un posible perdón a mí de Ahram, ¡Krito adorable!, no pensar en eso, la vida decidirá, sólo sé que vamos hacia él, en el fondo no es el delfín quien nos guía, sino el propio Ahram, está tan aquí que lo noto atrayéndonos, el imán que me mostraba el técnico en el Museo, imán atrayendo el barco, su fuerza está en nosotros, no sólo en Krito y en mí la obsesión por hallarle, porque si perece perecemos también, está en Artabo, incluso en el piloto, en los hombres, no digamos en Malki, no dice una palabra, no nos muestra su angustia, pero en esa carne de catorce años la pena es permanente, también ama a Ahram, de otra manera, la otra noche le llamaba en sueños, dormidos ambos en la camareta, es otra presencia de Ahram, se desnuda volviéndome la espalda, ya con pudor de hombre, el mismo cuerpo que su abuelo, suspiro reconociendo esas largas piernas, ese culo apretado y escurrido, él también me mira al acostarme, ya no es un niño, convendría encontrarle una mujer, una que sepa recibirle, quizás aquella Dídima del banquete al prefecto, tenía clase, y me comprenderá, preguntó por mí a Krito mientras yo estaba enferma, aquel tiempo del lagarto, ¡qué lejano parece!, ella estará a la altura, seguro que Malki ya piensa en eso, como Ahram a su edad, Malki nuestro hijo, otra estrella en nuestro cielo, como la de la medalla que llevo, el lucero de la mañana o de la tarde, para Ahram eran Krito y yo, ¿qué pensará de nosotros ahora?, sí, yo he tenido la culpa, se creerá abandonado, Ahram, le oigo respirar por la noche, tendidos en nuestra camareta tras el calor diurno, pero es Malki quien respira, descubrir que no es Ahram me acongoja, me oprime el pecho, mis pechos de Ahram, acabo saliendo a cubierta, un marino al timón, arriba las estrellas, la negra mar fosforece con estallidos de espuma, marejada esta mañana, me gustaría ver al delfín, me calmaría, pero imposible ahora, al menos me siento unida en el mundo marino, yo tampoco duermo, me aletargo, ayer Krito me miraba compasivo, ya lo sé, he adelgazado, él también, superaremos esta prueba, le hallaremos, empezaremos de nuevo, no será volver al pasado, imposible, será aún más hermoso, lo que quieras Ahram, matarme, o volver a ser tu esclava, empezaremos de nuevo, triunfaremos juntos en este trance, el delfín nos lo promete, la diosa le mandó empujar al náufrago hacia tierra, nos está guiando, ¡si supiera mi ansia por llegar!, ansia desesperada, hasta Malki ha notado mis ojeras, y Artabo atónito cuando perdimos de vista al delfín, no pude más y lloré en sus brazos, yo necesitaba los de Krito pero no me atreví, Artabo me acogió, lloré como durante mis insomnios en la cámara, a él se le empañaron los ojos, lástima no tener a Soferis, con él podría hablar de amores de Ahram, él que también los ha gozado, pero su puesto allí, ¡cuánto te queremos Ahram, todos nosotros!, ¿y ese suave canto ahora?, es Likos, ese marinero extraño lanzando su melancolía al aire, qué impropio en gente de mar, siempre la conocí ruda, de madera y cordajes en vez de carne y nervios, decidió traerlo Artabo porque le vino de Arabia, como Bashir y Ahram, conoce estas costas del golfo, ¿cómo puede cantar así siendo tan joven?, ¿con pasión tan contenida?, ha dejado un amor en el puerto, seguro, me acerco, se calla, «sigue cantando, me das sosiego... ¿cómo estás aquí?, ¿cómo cantas así?»... ¡qué sorpresa, es amigo de

Eulodia!, me corrige, «no amigo sino hermano», ya comprendo: cristiano, otro refuerzo para mi ansia, otro signo, es como si me acompañara Eulodia, ella que sabe de mi amor a Krito, lo llama «pecado» pero no me acusa, se pone a mi lado, ella en este marinero, de nuevo su canto, dedicado a alguien, seguro, yo lo ofrezco a Ahram, navegamos cargados de amor, un barco hacia el amor, no hay otra fuerza en el mundo, perdurando cuando el poder está abatido, como amor contemplo mi vida, el fuego en las venas, la violencia rendida, la ternura, el vivir con Ahram hacia el morir, y ahora Krito a mi lado para encontrarle mejor, Krito la sabiduría dudante, la complejidad serena, la encarnación de lo humano, juntos le encontraremos, después será lo que él quiera, ¿y qué querrá de nosotros?, ¡ah, si nos comprendiera!, debería comprendernos, supo quiénes éramos antes que yo misma, nos adivinó hace años a Krito y a mí, por eso le irritó tanto verme el brazalete, comprendió su significado, prenda de amor de Krito, y nosotros sin saberlo aún, pero él sí, ese instinto suyo ante los riesgos, ese traspasar al oponente con los ojos, esa fuerza de trueno que le guía, lo supo sin saberlo, ¿por qué no adivinará ahora?, ¿podrán más las costumbres ancestrales?, ¡si somos las dos caras de un solo amor a ti!, como las de la medalla en tu cuello, tu medalla y la mía, ¿la llevarás aún, te la habrán robado?, ¡si Krito es tu otra Glauka, yo otro Krito…! No, pero yo me entiendo, de los dos eres vida, sol, antorcha… un dios tiene siempre muchos fieles…

Si fueses Krito comprenderías, no lo eres y por eso te quiero, él comprende y por eso le quiero, los dos únicos dueños de mi secreto, sabiéndome sirena, Krito suavizándome la angustia, para alejarme de ella preguntándome de mi tiempo entre los peces, «¿cómo es allí abajo, qué hacías, cómo vivías?», nada de vivir, ésa era la diferencia, aquello era el silencio, el color casi ausente, un espacio sin horas, los peces se morían sin saberlo nosotras, pasaban y eran otros y los mismos, las caracolas se vaciaban sin notarse, y nosotras insensibles, inútiles, decorado del mundo, nuestra carne más dura que las rocas, al final disgregadas en arena, lo pienso y es horrible, estar más allá de todo, ajenas hasta al ser nada, y Krito me comprende pero me mira inquieto, le adivino como siempre, «¿y tu angustia de ahora, tu dolor por Ahram, tu incertidumbre por nosotros?», ahora soy yo quien le comprende, sin duda ser mortal es desgarrante, andar sobre una cuerda, perder mi hija, ver morir amores, temer por los que tengo, el dolor en la carne lacerada o enferma, pero eso es también sentirla, esa carne que cae hacia la tierra, que el tiempo reblandece y adolora, todo eso es andar, vivir la rueda, acompañar a peces y delfines, ser hermana del viento y de la luna, estos pechos ya no tan arrogantes no me entristecen nada: dieron sangre, dieron carne a otro ser, no son inútiles como allá abajo, y el temor por Ahram me afila el alma, la inquietud por nosotros embellece las nubes, yo no puedo decírtelo mejor, pero tú lo comprendes, Krito, vivir es un estar indescriptible, Roteph vivía atado en aquel palo donde le desgarraban los leones, yo vivo en el cuchillo de la angustia, mi sed de Ahram y el miedo a su violencia, vivo tranquila en ese doble filo, culpada e inocente, comprendiendo la culpa y cantando victoria, como siempre he vivido, aunque sólo al oírte supe el nombre de ese estado, yo vivo en la frontera, como tú, Krito, siempre en la frontera, es decir, en la vida.

Si tuviera mi daga me degollaba. ¿Qué dices? ¡No, nunca, ni pensarlo! Esa idea es un poso del mal sueño. De anoche. O la otra noche. Todas las noches que son la misma noche. He olvidado marcar alguna raya en la roca.

¡Esos sueños! No puedo recordarlos pero me acosan todo el día. Como maleficios... Pues claro ¡maleficios! ¿Quién me haría conjuro? Ellos, ¿quién si no? Y los ensueños asediándome. Luego sólo recuerdo masas negras reventando en relámpagos, viscosas como el agua mala que me enrolló sus tentáculos en la pierna. ¿Ayer? ¿Quién sabe? Tuve que meterme hasta la cintura. ¿Para qué? Eso fue: capturar a la tortuga pero se me escapó. Se burlaba, distinguí los ojillos. Tan gorda, tan pesada y se me escapó. Entonces me cogió el agua mala: como es casi transparente... Aunque la tortuga fue otro día. Es igual, ahora en la pierna una raya de llagas y ¡qué escozor! Me arde, ¿tengo fiebre? La tortuga hizo un conjuro...

... ¡Qué alivio la tormenta! ¡Cómo te golpeaban sus goterones! Un dolor refrescante, como un masaje. ¡Qué masajistas tenía Zenobia! No las hay igual en Alejandría. ¿Y a ti qué te importa, si nunca te han gustado los masajes? Es verdad, eso se queda para los gordos ricachos como el Firmus, gente que no ha peleado nunca. Para ti la tormenta, que te regala el agua. Tienes para beber unos días, en las concavidades. Deberías taparlas; el sol evapora mucho. No digas tonterías: lo mejor es guardar esa agua en ánforas. Eso es, mañana cogeré unas ánforas y las llenaré. O se lo ordenaré a Mnehet... ¿por dónde anda ese descarado? Lo mejor de la tempestad fue la morena. Un golpe de mar la plantó en la roca y allí se retorcía. ¡Daba gusto verla morir boqueando! Quería morderme como la que me dejó la cicatriz. A lo mejor era ella, dicen que viven muchos años. No era: recuerda que te mordió en otra mar. ¡Pues al fin me vengué! Cómo me vengaré de todos. La mejor carne en los últimos días. Afilé mi mejillón contra la roca, la desollaba como un cuchillo. ¡Lástima que sin punta! Y además no entra en la vaina, es un problema. ¡Pero si no tienes vaina! Es verdad, se cayó al mar. Carne dura, pero fue un triunfo. Un signo: mis enemigos degollados también. Seguía abriendo y cerrando la boca aquella cabeza. ¿Hace seis días? Cuento las rayas y conozco el día: le hice una marca especial en mi calendario. ¿Ves cómo llevo un orden? No quiero confusiones. Pero te habrás olvidado de marcar algún día. Bueno, pero con orden. Necesito la cabeza clara...

... La mar es hoy demasiado verde. Y en lo alto un mal cielo: tardará tiempo en llover. Ese desierto verde me ha hecho al fin suyo. Más que me hizo el que nací: las adelfas del uadi, las palmas del oasis. ¿Me ha hecho como él? ¿Y cómo es él? ¿Qué dices? No lo sabes: sólo le ves la cara: ondas, espumas, color, pero, ¿y en el fondo? Su fuerza viene de abajo, los recios golpes que tumban a las naves. ¡Yo también tengo fuerza desde dentro! La necesito. Para vivir y para atacar. Desollaré a mis enemigos como a la morena. Abrirán y cerrarán la boca muerta de su cabeza cortada. Pero antes se verán sin poder, como me veo yo aquí. Tener tantos navíos, y tierras, y almacenes repletos, y gentes trabajando para mí, inventando incluso nuevas máquinas... ¡y estar aquí encerrado! ¡Encerrado al aire libre, sin puertas ni rejas, cuando bastaría el más pequeño falucho...! Tendré así a mis enemigos... ¿Estás seguro?, ¿no te has dado cuenta de cómo lo dices?: sólo con la cabeza, sin sentir el odio... No he perdido ese odio, sólo está dormido. Como mi sexo, ¿será posible? ¡Ah, cuando corría el desierto con Bashir! Llegar a unas tiendas, ver un par de ojos entre el velo, sobre un montón de ropa llevando agua del pozo, ¡y ya estábamos! Sólo dormido. Despertará en cuanto vuelva. Esta prueba no acaba con Ahram...

... Todo el día mirando la mar y no lo veo por debajo. Glauka sí lo vio. ¿Y si te mintió fingiéndose sirena? No, me dio muchas pruebas, acuérdate. Pronosticaba el viento, situaba los bancos de peces: no me engañó. Pero ahora sí. ¿Cómo es posible? ¿Me ha engañado? No puedo entenderlo. ¿Pretendes comprender? ¿Qué es eso, para qué sirve? Si comprendes al enemigo estás perdido: pierde fuerza tu brazo. Hay que odiar, odiar más que nunca... ¿Y si ella no me engañó? La palabra de Krito pudo trastornarla, esa lengua de víbora. No hay manera de saber, de comprender. No te empeñes. Lo de comprender déjaselo a Krito. Con tanto comprender, mírale cómo vive: ofreciendo su culo a los marinos y a los robamuelles de Rhakotis. Ha cambiado los papeles; no jode a los muchachos sino ellos a él. A eso lleva comprender: a rebajarse. No, no: hay que obrar. Mandar, golpear, matar. Lo que merece Glauka: volver a ser esclava. Peor que la muerte. Venderla en un burdel, tirarla al sitio de donde vino. Antes arrancarle la piel del cráneo, que no vuelva a engañar a nadie con ese pelo. Eso, un burdel... ¿Qué dices? No pierdas la cabeza, Ahram. ¿No te das cuenta? No podrías soportarlo. La estarías viendo siempre con otro encima, gozando de su carne y sus suspiros... ¡No puedo soportarlo! Basta, no pienses en ellos. No hables tanto. Es que si me callo me grita la mar. Condenada pierna, cómo pica la llaga. Pero ardo menos, ya no tengo fiebre, desde que me reventé el absceso...

... A esta hora no me sitúo. Igual puede ser el alba que anochecido. Esperaré a ver si es el sol o la luna. Mientras tanto siéntate, Ahram. No te preocupes; si pasara un pescador a poniente vería el muñeco, y su chaqueta púrpura. Siéntate, tranquilo, así, con la barbilla entre las manos. ¡No!, que así se ponía Krito cuando pensaba.

Pues eso, ahora tú vas a pensar. Necesitas la cabeza clara, lo dices siempre. No a pensar en los sueños: ésos olvídalos. ¿Cómo voy a olvidarlos si están al lado? ¿Cuáles? No lo sé, no recuerdo. ¿Lo ves?, están olvidados. No puedo pensar, me confundo. Pues repite conmigo: Soferis y Artabo son mis amigos. Mañana o pasado, cualquier día, el *Jemsu* en el horizonte. Y entonces acabará la prueba. Habrás triunfado, habrás merecido la ayuda del delfín. ¿O es que los dioses iban a enviarle en vano? Tienes razón: volveré a Alejandría y hundiré a Odenato. Sólo con que mis barcos no le lleven nada acabaré con él. Las caravanas olvidarán su ruta. Buscarán otros puertos y otras vías. Palmira se ahogará en la arena y Zenobia vendrá a enjugar con sus cabellos los pies de Glauka, ¡Pero si Glauka te ha traicionado! Cabeza clara: piensa como Krito. Recuerda esa palabra que él lanzaba en los trances difíciles, antes de decidir: Método ¿no era? Matarás a Glauka si te ha traicionado; pero antes lo comprobarás. No basta que lo dijese Krito, ya sabes cómo es cuando habla. Aunque pienso ¿por qué he de matar a Glauka? Ésa es la confusión... ¿qué hubiese hecho Bashir? ¿Por qué no viene Bashir? Él me aconsejaría mejor que tú; ¡él sí que era sabio...!

... ¿Qué le dio Krito? ¿Qué tiene que yo no tenga? Después de tantos años, ¿habré acabado jugando con malos dados? ¿O habré jugado mal con buenos dados? Aquí luchar es sencillo: evitar el sol, ahorrar el agua, coger comida, dormir en mi hendidura. ¡Si no fuera por esos ensueños! Al fin recuerdo uno. Con Bashir. Fue feliz, me lo dijo poco antes de morir. No necesitaba poder, ni lo tenía ni lo quería. Siempre me lo repitió cuando quise darle un mando. «¿Para qué? Cuando era joven me bastaban mi daga y mi tienda; ahora me bastan mi bastón y mi *Al-Lat*. No quiero más: déjame ser tu correo; ir y venir como en el desierto.» Yo creí que le seguía amargando aquella historia, la de su hembra infiel, pero es que era feliz. Por sabio. Y Krito no lo es, pero entonces no es sabio. Aunque, ¿qué es eso de sabio? ¿No sabes que a los sabios yo los compro cuando quiero? Tengo el Campo lleno de ellos y ni siquiera me roban una esmeralda, los muy imbéciles... Es igual, no quiero comprender. Lo importante es volver y triunfar. Pero deberías comprenderles, ¿no te das cuenta de que así se les vence mejor? Bashir me amaba. ¿Y tú le amabas? ¡Claro, hubiese dado mi vida por él! Pero ¿es eso amar? ¿No lo es? Lo estás pensando: no le amabas, aun cuando te hubieses dejado matar por él. Recuerda, ¿has amado a alguien? ¡Claro: a muchas, a muchos! Desde Ittara hasta... no, hasta Glauka no. ¡Sí, pero ya no! Diré hasta... Malki, ¡Malki mío! ¿Vendrá en el barco? No le habrán dejado, es demasiado niño todavía. No, ya no es tan niño. Ayer en el gimnasio se le notaba el vello. Y le cuelgan bien. Pronto habrá que enseñarle, iniciarle. ¿Ayer? Bueno, aquel día. Quiero para él una mujer que le lleve al amor, como la tuve yo. Que empiece bien. ¡Ittara! Me acuden recuerdos muy extraños, veo aquel amor de otra manera. Claro: lo que nunca has recordado, lo que nunca has sabido preguntarte. ¡Pero eso es volver a empezar! ¿Te da miedo? ¡A mí no me da miedo nada! Pero ¿por qué empezar cuando lo tengo todo? ¿De verdad lo tienes todo? ¿Dónde están tus amigos? ¿Qué harás con ellos? ¿Y con tus amores? ¡Haré lo que quiera! No pienso comprender; eso es ser débil. Krito el primero; por eso me mintió. ¿Pero cuándo me mintió? ¿Al engañarme o al confesarlo? Hay que ser fuerte, como la mar. Pero su fuerza está en la ola: arriba. ¿Y debajo? ¿Cómo eres tú por dentro? Ni lo sé ni me importa. No quiero hablar más contigo; tengo mi quehacer. ¿Quehacer? Esperar. Durar para esperar. Me paso al sol, mirar el horizonte. Tengo la vista de siempre, la de Ahram. Y Soferis y Artabo llegan ya, están llegando...

Malki fue quien lanzó el primer grito. Un clamor de gallo victorioso, porque hacía dos días que el marinero cantor, conocedor de aquellos mares, había asegurado que ya no había más islotes costeros por aquellos parajes. Por eso navegaban más afuera, sin que ninguno se atreviese a confesar el desánimo. Hasta el delfín desaparecía reiteradamente como si quisiera abandonarles, teniendo a Glauka obsesionada, toda ojos, apoyada en la proa, olvidada hasta de la sed.

Y de pronto el aviso de Malki señalando un aislado peñón a estribor, a espaldas de cuantos miraban a tierra. Un islote solitario, lejos de tierra firme, un punto apenas en el horizonte. En el mismo instante reapareció el delfín, saltando en cadena, y pusieron proa a aquella última esperanza. Cambiaron de rumbo en silencio, viendo agrandarse poco a poco la masa picuda y exigua de aquella roca. Un silencio roto de nuevo por la voz de Malki, ahora estentórea: su clarinazo al descubrir la silueta erguida en el peñasco junto a las olas. Una silueta con la chaqueta púrpura, inconfundible, que todos recuerdan de Ahram. Y Malki es consciente, al señalarla, de que ese gesto le convierte en hombre: el hombre que les saca de la angustia.

Pero ¿cómo tan inmóvil?, ¿cómo no gesticula ante el barco que se le acerca? Si temiese enemigos, al menos se ocultaría. El miedo se infiltra en todos los corazones. Nadie duda de que en ese islote se refugió Ahram, pero empiezan a temer que sólo hallarán sus huesos. La acongojada Glauka se refugia sin palabras contra el pecho de Krito. Malki, el descubridor, siente el mismo miedo y se abraza a ellos. El timonel, a una señal de Artabo que, como todos, ha perdido el habla, hace virar el barco en torno al islote. Y al cabo, tras un resalte de la peña que parece dar vueltas lentamente, en el cono de sombra del picacho, se percibe a un ser humano sentado con los brazos cruzados sobre las rodillas y la cabeza apoyada contra ellos, inmóvil, como al margen del mundo. Por unos momentos temen que la muerte le haya podido sorprender hace poco en esa postura. Pero levanta por fin la cabeza, clava la vista incrédulo en la silueta del velero como si le pareciera un espejismo, y al cabo se pone en pie difícilmente y levanta los brazos y grita...

Desde ese instante los acontecimientos se precipitan en catarata. Nadie a bordo, salvo quizás el grumetillo, podrá luego contarlos ordenadamente. Glauka se arroja al mar, nada unas brazas, llega hasta las peñas hiriéndose al escalarlas, avanza los pocos pasos que la separan del náufrago. Glauka llorando, porque los ojos del hombre están hundidos, la boca desaparece entre las barbas, en el pecho esquelético se cuentan las costillas. Glauka riendo, porque es Ahram y está vivo. Glauka volviendo a llorar, porque el cuerpo que abraza no reacciona. Entretanto Malki se arroja también al agua y los marineros atracan, amarran, desembarcan, acuden igualmente.

Alegría en las voces, lágrimas en los ojos. Menos en los de Ahram, ardientes como brasas, abiertos en una impasible mirada de estupor. Prisas generales por alejarse, por regresar, por sentirse pronto en Alejandría. Pero Ahram no se mueve. Contempla mudo el picacho que era su reloj de sol, su dispensador de sombra. Al fin da unos pasos; para acercarse lentamente a una pequeña concavidad tapada con una piedra plana. De ella saca agua en el cuenco de la mano y bebe paladeándola, mientras todos le miran con angustia, temiendo por su razón. Glauka, con lágrimas que casi le impiden ver, se quita el brazalete y lo entrega a Krito, que, rápidamente, lo desliza orgulloso en su muñeca y se sienta despacio sobre una piedra.

Todos se están mirando, indecisos, cuando Ahram parece descubrir en su entorno algo nuevo. Fija la mirada en el velero atracado; se agitan sus facciones, pone la mano como visera en su frente y al cabo pronuncia las primeras palabras. Débil, pero audiblemente:

—¿*Jemsu*...? ¡No es mi *Jemsu*!

Luego un sollozo. Y entonces sí, se mueve con propósitos claros, aunque contradictorios. Da unos pasos hacia el velero, pero se da la vuelta hacia las piedras amontonadas por él. Retira de ellas su roja chaqueta, vuelve a caminar hacia el barco y ahora sí: ahora mira a todos, les reconoce, señala con el brazo para embarcar, llama a Glauka, que se acerca y le pregunta en un susurro:

—¿Yo también?

Ahram se limita a abrazarla, después de pasar una mano vacilante sobre el dorado cabello. No habla: todas las palabras derramadas por el solitario le faltan ahora para lo que quisiera decir. Llama a Krito, todavía sentado, que le mira incrédulo y mueve negativamente la cabeza. Ahram se le acerca llevando con él a Glauka, percibe la sonrisa melancólica en el rostro del hombre y le oye decir:

—Es mejor que me quede.

—¿Tú qué sabes? —brota, ronca y rápida, por primera vez imperiosa, la palabra de Ahram.

—¿Y tú?

—Yo tampoco, todavía. Por eso.

Se miran inmóviles los tres. Glauka, interiormente temblorosa. Ellos, llenos de confusas emociones pero resueltos. Malki desembarca de nuevo —todos están ya a bordo— y corre hacia el trío.

—¡Vamos, vamos! —exclama, ordena más bien, siendo otra vez el hombre decisivo.

Le obedecen. Ahram hace embarcar a Glauka y luego a Krito. Después, suavemente, empuja al nieto delante de él por la plancha tendida a tierra. Despacio, despacio, ya sin mirar atrás.

La pisada de Ahram se hace más firme al hollar la movediza tablazón de la cubierta. Se sitúa junto al timonel y su voz, aunque débil, electriza a los hombres que retiran la plancha e izan las velas. Un obediente viento las hincha y empopa el barco hacia el alegre retorno. Nadie se interesa ya por el delfín que salta en vano. Todos miran a lo alto y hacia delante.

No todos. Hay quien mira hacia adentro, hacia la incertidumbre renacida. Glauka, viendo a Krito acariciar orgulloso la pulsera en su brazo, se niega a pensar que el hombre se ufana así del signo de su muerte. No quiere pensarlo; se entrega a la fatalidad, dolorida y serena, ahora que ya han salvado a Ahram.

Malki, sentado al pie de su abuelo con las piernas cruzadas como un escriba, percibe las diversas actitudes. No las comprende, pero advierte oscuramente –con su nueva intuición de hombre– un mar de fondo en los corazones. Ve que Krito y Glauka evitan mirarse; nota que su abuelo calla en vez de contar a todos su aventura. Artabo y los marineros respetan el silencio...

Ahram le llama y Malki se pone en pie junto a su abuelo, que apoya la diestra en el hombro del muchacho, ya casi tan alto como él. Glauka y Krito, que les observan, se preguntan si con ese gesto Ahram engrandece al muchacho o si además apoya en él sus debilitadas fuerzas.

Artabo, siempre práctico, saca una paloma de la jaula y ata un breve mensaje a su pata antes de soltarla: que Soferis sepa cuanto antes la feliz noticia. La paloma se remonta, queda suspendida un instante mientras se orienta, y pronto emprende el vuelo hacia donde sopla el Bóreas. Pronto se confunde su blancura con las nubes, pero en el corazón de todos sigue aleteando como un canto de resurrección.

26. LA PUERTA

El mar es otro mar. Como si el océano hubiera esperado a que su hijo Ahram estuviese a salvo, anoche descargó la primera tormenta del otoño, acabando con la estación navegante. A la mañana ya no llueve, pero el jardín encharcado y alguna rama tronchada son testigos de la borrascosa noche. Las olas grises, desatadas, se estrellan violentas contra las rocas de Faros y su retumbar llega hasta las ventanas de la Casa, donde se ha multiplicado la vida desde la arribada de Ahram en la tarde precedente. Mientras que en el puerto ha decaído el movimiento y en muchas embarcaciones atracadas hay hombres cubriéndolas ya para el invierno, en la Casa, aletargada durante la ausencia del amo, se ha despertado la actividad. Y en la galería, los consejeros habituales de Ahram aguardan impacientes el comienzo de la reunión, comentando entretanto alguna novedad, porque ni es Mnehet el siervo que les atiende, ni se encuentra allí Glauka, que solía recibirles. La ausencia de Krito no llama tanto la atención, porque son frecuentes sus retrasos. Con todo, la curiosidad se centra sobre todo en conocer detalles de la aventura de Ahram, comunicada sucintamente por Artabo.

Aparece Soferis y, poco después, Ahram, al que de inmediato rodean ofreciéndole parabienes. Aunque el cuerpo enflaquecido y las mejillas hundidas bajo la barba pudieran inspirar compasión, el recuperado vigor de la mirada y de la palabra, junto con el erguido porte, imponen su autoridad de siempre.

Una vez instalados todos en el semicírculo de divanes y tapices, Ahram resume las peripecias de su viaje hasta el Campo Esmeralda así como los problemas allí encontrados y las soluciones dadas. Soferis interviene para precisar que desde entonces las noticias enviadas por Kutsadis confirman la plena normalidad de la situación. Ahram continúa describiendo su estancia, involuntariamente prolongada en el reino de Kombo, donde los informes del rey Mlango le permitieron, aunque tardíamente, seguir tras el provocador introducido en el Campo, cruzando el mar desde el Punt africano hasta las tierras árabes del incienso. Los consejeros se ven luego sorprendidos al saber que los sabotajes fueron maquinados por Odenato, y que el saboteador dejó pistas, para hacerse seguir hasta las tierras de Saba, donde había sido preparada una trampa a fin de capturar al Navegante. Narbises, Filópator y Dagumpah, sin atreverse a creer lo que oyen, piden una y otra vez pruebas de acciones tan incomprensibles, pero acaban aceptando las tesis de Ahram, porque los hechos condenan claramente a Odenato. Sólo queda la posibilidad de que Zenobia sea ajena a la intriga y exista todavía un medio de ganarse a Palmira, aunque todos lo consideran difícil. Concluye Ahram contando cómo logró salvarse de la captura en tierra, gracias a las amazonas de la reina sabea, aunque luego cayese de nuevo en manos del marino cuyo barco alquiló y que obedecía secretas órdenes de Palmira. Al descubrirlo Ahram y comprender que le llevaban prisionero no vaciló en aprovechar una borrasca para arrojarse al mar, aun con las manos atadas, cuando un relámpago le permitió divisar una tierra que le pareció un promontorio. El resto es el retorno del islote, historia ya contada por Artabo. La inexplicable actitud palmirena acapara los comentarios mientras los hombres beben cerveza o hidromiel. Luego Ahram es informado de que su prolongada ausencia de Alejandría ha sido justificada por Soferis como un viaje a Hispania, para ampliar el área comercial del Navegante. Tan sólo el prefecto pidió discretamente aclaraciones, temiendo quizás que Ahram pasase por Roma e informase acerca de la administración de Egipto, pero fue pronto tranquilizado. En cuanto a los demás acontecimientos de importancia, cada consejero comenta para Ahram aquellos que le incumben y ninguna novedad es digna de un debate.

Vuelven entonces al tema candente: el ataque de Odenato. Soferis comunica que desde la corte de Palmira han seguido llegando durante esas largas semanas los informes propios de un aliado, a veces conteniendo incluso detalles vitales sobre las fuerzas armadas o los proyectos estratégicos, como si Odenato fuese ajeno a la agresión contra Ahram o como si de esa manera quisiera fingir inocencia. En consecuencia todos estiman que, mientras no se decida y prepare un eventual contraataque o una ruptura, lo mejor es continuar esa correspondencia con la misma normalidad; puesto que, según esa conducta, Odenato cree que no ha sido delatado y que Ahram le sigue conceptuando un fiel aliado. Tiempo habrá para la ruptura abierta si conviene y, entretanto, la cuestión principal, largamente debatida, es el oscuro motivo del ataque palmireno. ¿Ha decidido Odenato pasarse verdaderamente al servicio de Roma? Pero entonces se hubiera detectado algo en la actitud del prefecto hacia los asuntos de Ahram. ¿Acaso ha pensado que el futuro es Persia y ha pactado con Shapur? ¿Qué otros móviles han podido inspirar esa conducta, a primera vista poco inteligente y no sólo alevosa?

El debate continúa manejando los informes de los agentes propios en todo el Oriente, surgiendo el curioso dato de que Clea, conocida tiempo atrás en Alejandría como esposa del navarca, reside ahora sola en Palmira y visita con cierta frecuencia el palacio real, pero el hecho sólo merece un breve comentario, recordando que Krito siempre supuso en esa dama actividades políticas. Llega al cabo un momento en que los presentes creen advertir el cansancio en un Ahram que incluso llega a cerrar los ojos. Se resuelve entonces simular que Ahram desconoce a su atacante y continuar a la expectativa, aunque muy en guardia, y los consejeros van poco a poco despidiéndose. No adivinan que Ahram no está distraído sino que, sobreponiéndose a su cansancio, se concentra en analizar con ansiedad las voces de sus acompañantes, para detectar el tono delator de una traición. Su última aventura le hace desconfiar de todo y de todos, incluso de esos leales de toda la vida. Cuando han marchado suspira en secreto porque no ha logrado detectar ningún fallo, ninguna muestra de temor a ser descubierto, ningún falso entusiasmo. ¿Es que todos siguen siéndole fieles o es que su fatiga y sus años le hacen ya menos avisado?

–¿Dónde está Glauka? –pregunta por fin a Soferis, que le mira en silencio.

–¿No está en la torre…? Estará entonces en el gineceo o por el jardín.

–La quiero en la torre. Mándale aviso.

Soferis asiente, asombrado una vez más ante Ahram. ¿De qué fibra está hecho ese hombre reclamando a una mujer en su lecho después de tan graves peripecias? Recuerdos de su adolescencia le aseguran la potencia amorosa del Navegante y, pese a los años, hay en su carne como una resonancia de aquellos fuegos.

Dócil, al recibir la orden Glauka se traslada a la torre para aguardar a Ahram, que entretanto, mientras saborea algunos manjares –más exquisitos para él después de sus privaciones–, es informado por Soferis de las muertes de Amoptis y de Yazila en extrañas circunstancias. Al cruzar la puertecilla Glauka es recibida por un *Tijón* que, aun cuando achacoso ya, se incorpora con alegría. Ella le acaricia y se pregunta, melancólica, en qué actitud se va a presentar Ahram. Inquietud, más que melancolía, muestra la expresión de Eulodia, mientras Glauka sube la escalera hasta esa alcoba, donde no se ha atrevido a entrar desde que embarcó para rescatar a Ahram. «¿Acaso será la última vez que pise esta cámara de amor?» Ese repentino pensamiento rompe su corazón y humedece sus ojos, más por los sufrimientos del hombre que por el suyo propio, pues, sintiéndose inocente, acepta de antemano su destino.

En toda la navegación desde la Roca la actitud de Ahram fue impasible y deferente, compartiendo con ella la camareta de popa, donde pasó las noches rendido por el agotamiento y con sueños agitados, mientras ella cavilaba, tratando de comprenderle. «¿Será él capaz de comprendernos a nosotros?», pensó Glauka mil veces, deseándolo con toda su alma, y no tanto porque ello la salvara de la muerte sino porque mitigaría las penas de Ahram, su dolor de enamorado posesivo y la herida de su orgullo. Para los demás esas compartidas noches pasaban perfectamente por ser las de una amante pareja al fin reunida. Ni Artabo pudo sospechar las tensiones que ambos soportaban.

En cambio Malki... Malki turbó con frecuencia a Glauka, con su nueva manera de mirarla. Desde que fue el primero en percibir el islote, emergiendo en el horizonte marino, empezó a asomar en él una personalidad adulta. Sólo él, aún ignorante de los hechos, adivinó que algo extraño se interponía entre su abuelo y su compañera; por eso la miraba como para penetrar en su mente. A su vez, esas miradas le hacían verla de otro modo, descubrirla con sexo, contemplarla como hombre. Además, por coincidencia con el tiempo, durante el viaje cambió la voz del muchacho, se oscureció el bozo sobre su labio, se tornaron más ufanas y aplomadas sus actitudes. Glauka empezó a descubrir en él esa jactancia con la que el macho joven protege su inmadurez interior y se sorprendió viéndole como una réplica del abuelo en su juventud. Verse tan escudriñada por el muchacho y verle a él tan instalado ya en su virilidad añadió confusas turbaciones a sus incertidumbres.

Ahora, mientras aguarda en la torre a conocer su destino, tampoco le asusta la muerte como no la temió en los calabozos del circo, esperando el zarpazo de las fieras. Ahora, como entonces, sólo siente rechazo ante el dolor, porque perturba la dignidad de la vida. Sabiéndose mortal por su propia voluntad, sólo le entristece la idea de perder el sentirse viva, de que se apaguen las hogueras de su cuerpo y se hielen sus ríos interiores. Se resiste a creer que Ahram sea capaz de alejarla para siempre, con la muerte o la venta; le hace daño pensarlo pues significaría que ella no supo darle todo lo que él le ha dado a ella. ¿Tan poco valdrían para Ahram los años en que se han amado, el amor que aún ella siente, más vivo en este dolor que nunca?

Sus confusos pensamientos se disipan de golpe al sonar en la escalera los bien conocidos pasos. Su corazón se dispara, se desquicia. Deja de oírlos pero escucha una respiración: Ahram se ha detenido a su espalda. Glauka se vuelve, se arrodilla e inclina la frente hasta que en su mirada sólo entran los pies del hombre.

—Así que te arrepientes... Aún esperaba no tener que creerme tu vergüenza.

Glauka se pone en pie y mira de frente al hombre

que, a su pesar primero, admirado después, percibe cuánta dignidad hay en ese gesto.

—Te equivocas. Vergüenza, ninguna. Arrepentirme, tampoco. Fuimos y sentimos como hijos de la vida.

—¡Hijos de perra! —se le desata la furia por haberla admirado hace un instante. La sangre le ciega, le arrebata—. ¡Toma, para que sigas sintiendo!

La tremenda bofetada derriba sobre el cercano lecho a la mujer. La mano del hombre roza el pomo de su arma mientras ella le mira impávida; luego se vuelve hacia la alcándara donde cuelga una fusta: cambia el acero por el cuero. Pero de acero es esa mano cuando desgarra de un tirón la túnica femenina y a zarpazos deja el cuerpo desnudo, luminoso en su dulce color de miel. Ante esa carne, traspasada de ternura y de piedad por su verdugo, Ahram vomita los peores insultos, entrecortados por una obsesionada pregunta:

—¿Qué te dio él que yo no tenga? ¡Si no es hombre siquiera, esa zorra de los muelles!

Glauka calla esperando el mordisco de los latigazos, pero el cuero no cae sobre ella. En cambio las enfurecidas manos, queriendo destruir la compasión visible en la mirada femenina, dan la vuelta al cuerpo tendido y lo ponen de bruces, las rodillas en el suelo, los brazos en cruz, la espalda vulnerable. La arrebatada sangre de Ahram se enciende con esa visión y se agolpa en su sexo al contemplar las nalgas femeninas. Dos manos las apartan y Glauka siente el ariete endurecido tantear en su secreta entrada, encontrarla, y encularla brutalmente con un vaivén frenético, hiriente, ajeno a toda intención placentera, mientras la voz sigue agrediendo furiosa:

—¿Te daba esto que tragas, ese cerdo…? ¡Si no lo tiene! ¿Por qué lo hiciste con él?

«Porque no me daba esto, justamente por eso», piensa la mujer mientras soporta el dolor de las embestidas. Las ha recibido peores en otros tiempos, más torpes y más brutales aún, pero no tan despiadadas, y se angustia, sobre todo, porque ese ariete degrada a Ahram más que a ella, golpea los cimientos de su amor... «No te destruyas, Ahram; no nos destruyas», se repite mentalmente en su congoja. Estaba preparada para la muerte o para el perdón, para el látigo incluso, pero no para recibir esa prueba de odio. Cierra los ojos que le escuecen como si llorase sangre: ¡ese odio!... Es su corazón y no su cuerpo el roto, el desgarrado, el violado...

¿Odio? Tras su sacudida espalda oye otro desgarro, un gemido, un llanto de Ahram mientras la posee. Lo llama llanto porque no conoce palabra ninguna para esa desgarradura en la voz, ese quebranto de una garganta humana, ese estertor de cordero en degüello, esa erupción de sangre y no de voz, esa rajadura desde la boca a las entrañas, esa congoja ventral, ese inexpresable derrumbamiento de un hombre que, al fin, se derrama entregándose y deja desplomarse su pecho viril sobre la espalda hembra...

Sólo por un instante, pues el pecho se yergue como si le quemara esa suave piel. Ella, inmóvil, siente a Ahram dar dos pasos atrás, percibe en su carne el peso de la mirada que la escruta, registra el hondísimo dolor de la voz enternecida:

—Tú no, pero yo sí. Siento vergüenza de tu conducta, me arrepiento de mi blandura... La culpa es de la Roca; antes de aquella soledad os hubiera matado a los dos... Cargo con tu deshonra —ahora la voz es contenido sollozo—, pero no puedo verte. Vete... ¡Vete!

Glauka se levanta, se viste rápidamente otra túnica y mira un instante a Ahram. Impávida como antes, pero transida de silenciosa pena. Cuando ha llegado a la puerta oye de nuevo la voz turbada, murmurando:

—Quédate abajo. No vuelvas a subir, pero no traspases la cerca.

Glauka inclina la cabeza en silencio y baja lentamente la escalera. Al pie encuentra a una Eulodia desencajada, temblorosa:

—¡Señora! ¿Qué pasa? ¿Y el amo? ¿Ha...? Ese grito suyo...

Glauka comprende que la esclava no se ha atrevido a decir «muerto» y deniega con la cabeza. Eulodia continúa:

—Pero ese grito... ¡Nunca oí nada igual! ¿Está enfermo?

Glauka vuelve a negar, mientras piensa que algunos morimos en vida, como ella murió en aquella playa donde acabaron con su hija, y continuó muerta en el barco pirata. Pero no dice nada. Se sienta en el poyo de piedra, clava sus codos en sus rodillas mirando la pequeña llama del hogar, recordando las brasas que le quemaron los dedos en Psyra, recordando su vida. Oye la voz cariñosa:

—¡Temía tanto que te matara...! Los gentiles lo hacen pero Cristo perdonó el pecado.

Glauka hunde la frente en sus manos y, al fin, rompe en desgarradores sollozos, pensando que quizás el hombre sufriría menos si la hubiese matado. Sollozos que, sobre todo, son su parte en el dolor de Ahram, la descarga de la tensión... Eulodia, sin comprender nada no se esfuerza por calmarla; intuye que ese llanto es necesario. Solamente murmura:

—Señora, el amo es bueno... Es bueno...

Así le vi la primera vez, cuando me interpuse entre su nieto y el perro enfurecido, hace nueve años también entonces me postré de rodillas como anteayer y también mi mirada se posó en sus pies de hombre de mar, cuando aquella tarde entró en mi vida, aquel de entonces me hubiese matado, hubiese empuñado su daga sin vacilar un momento, me hubiera hecho menos daño así que oyéndole llorar, que escuchando a mi espalda, mientras me penetraba, un tigre en agonía... Aquél me hubiese matado, pero éste es otro, el de después de la Roca, él mismo lo dijo anteayer, ni siquiera ha dado importancia a la presencia de Clea en Palmira, ya sospeché siempre de esa espía, quién sabe si facilitó informes sobre la Casa Grande al asesino que intentó apuñalar a Ahram, despechada porque Ahram no le duró nada, mucho despreciar a los hombres pero ansiosa por encontrar uno de verdad, y ahora Ahram casi no la ha recordado... Es otro Ahram, quizás ahora sea más el mío pero no me atrevo a la esperanza... ¿Cómo ha vivido esas semanas? Contó los detalles, pero lo esencial no es eso. He de comprender al hombre a solas en la Roca durante semanas, he de devolverle a él, a mí. ¡Qué importan mis terribles horas últimas, estos dos días prisionera en la torre, alimentada a la fuerza por Eulodia, viéndole marchar temprano y volver tarde, sabiéndole arriba desde mi destierro aquí abajo! ¡Dos noches destrozada, en vela, peor que muerta, rechazada por él...! Aunque, claro, no me ignoraba; fui incapaz en mi dolor de sospecharlo, pero lo sé ahora. Sé que también velaba él. Aunque ¿acaso sé nada? Sólo que ahora no es el mismo, que ha pasado por la Roca, como la llama él, esa puerta en su vida... ¿Una puerta hacia dónde? Repaso sus palabras, he de retenerlas para volver a aprenderle, para llegar más adentro, para ayudarle a reconstruirse... Fatigosa y dulcísima tarea, pero sólo así llegaré hasta su centro, será más mío que el otro Ahram, el que hubiese matado.

Vergüenza... ¿de qué?, ¿de expresar la vida, de responder a ella como la flor al sol?, ¿de vivir sin robar nada a nadie...? «Manchar el nombre», ¡nefastas palabras!, ¡mentiras en un trono o en un libro sagrado!, honor, honras: siempre son fúnebres asfixiando la vida, al menos en la Roca no significaban nada, allí donde no había jueces, ni libros santos, ni otros hombres ciegos, allí donde sólo la piedra y el mar, el viento o los cangrejos, allí ha empezado a comprender, al menos eso ha hecho por él la Roca... Y mucho más ha hecho, él no lo sabe aún pero yo lo he sentido en su abrazo de esta madrugada cuando al fin me llamó, ¡qué galope mi corazón subiendo la escalera...! ¡pobrecito mío, qué acongojado estaba!, increíbles lágrimas en sus ojos ¡qué dolor verle impotente para reprimirlas!, pero no las ocultó, fue valiente al desprenderse así del antiguo Ahram, el que –estoy segura– murió al castigarme anteayer. Todavía no sé bien cómo siente ni qué futuro nos aguarda a los tres, pero en todo caso es verdad lo que me repetía: ha traspasado una puerta, un umbral de su vida. Quiere interpretar ese golpe de timón en su historia, el marino cristiano le dijo a bordo que el islote era el último de los llamados «farallones de Jiraq» y ahora necesita saber quién era Jiraq, qué dios o marinero, obsesionado por conocer el secreto sentido de la Roca, si alguien habla del islote, del peñasco, en el acto corrige: «No, la Roca, la Roca de Ahram», su puerta de segura piedra.

Su puerta, no sabe bien cuál, me lo descubrían anoche sus palabras en los descansillos del amor, yo exhausta de la tensión nerviosa más que del espasmo, pero colmada por el Vértigo revivido, hablábamos al final, refugiada yo en sus brazos como él en su Roca, Ahram mi puerta, mientras en la ventana cuajaba el gris de otro día lluvioso, su voz en la playa de mi oído como sus manos en mi cadera, «El último farallón, ¿comprendes? El final de una serie, la frontera del mundo. Mi frontera...» ¡qué noche de ardor y confidencias! «Los primeros días allí sentí sólo coraje, impotente coraje. Indignado conmigo: ¿cómo se ha dejado Ahram engañar así? Indignado con todos los traidores... Quiero decir con los palmirenos, fueron ellos aunque no sepamos por qué...» (vaciló antes de decir «traidores», pensaba también en Krito y en mí). «Después recordé el delfín, me había llevado a la Roca para probarme. También para probaros a vosotros, si me buscabais o me abandonabais. ¡Cavilé tanto en aquella soledad...! ¿Sabes?, por eso te he llamado ahora, porque los tres superamos la prueba.» ¡Cómo me ceñían sus brazos al decirlo, tiernísimos y fuertes!

¡Qué trabajo le cuesta comprender, atravesar sus nieblas!, ya es un milagro al menos que lo intente que no se niegue a ver. «Sí, fue una prueba. Como pasar la efebía, los exámenes a los muchachos en el gimnasio. Ya soy efebo, ya puedo ir a la lucha» (adiviné en la oscuridad su sonrisa y entonces fui yo quien apretó su cuerpo acariciando al efebo, al muchacho, al niño refugiado en mí, ¡qué regalo brotando de la vida cuando todo parecía destruido!). «Nunca pude ir al gimnasio. Mi escuela fue el remo, los piratas, la sangre, el oro del comercio y las caravanas. Nunca pasé por iniciaciones como Malki... Ahora ha sido mi prueba y aún no es tarde, ¿verdad que no lo es?»

¿Cómo responder sino besándole?, poniendo en sus labios con los míos el sello que él gimnasiarca estampa en la lista de los admitidos, besándole para curar su inseguridad, porque, ¡le cuesta tanto! «Me da vergüenza abrazarte. Me he vuelto blanco, lo sé» (cuchillada de angustia). «¿Será eso hacerme viejo...? Te lo advierto, me mataré antes de ser un trasto inútil, cuando ya no pueda poseerte como esta noche... ¡Ha sido como aquella vez, la primera! ¿Recuerdas?» ¡Cómo no recordar!, mi otra puerta, la que me abrió la memoria de sirena, ¡amor mío, volviendo al principio de la vida, dando los primeros pasos como un niño...! «Quiero decir, no sé explicarme: hago lo que siento pero no lo que debo. Me avergüenzo... ¿Tú ves en mí a un hombre, un hombre-hombre?» Me indignó esa necia duda, le di un cachete cariñoso, no digas tonterías... «Si volviese a mi tribu me sentiría deshonrado», la dichosa honra, «pero prefiero ser traidor antes de que tú lo seas; es decir, lo seáis vosotros, porque yo soy más fuerte, puedo cargar con eso...», calló, vaciló, se forzó a hablar: «nunca pedí perdón a nadie; ¿deseas que te lo pida?», «¡no, amor mío, ya te lo di», no comprende, no ha aprendido, ignora los mil rumbos de la vida, él mismo lo dice: «¡Qué extraño!, por primera vez obro como nunca. Sin un plan, sin saber por qué ni para qué, sólo porque lo siento... », intenté explicárselo, irritada por su obstinación con una viveza que él llama «pasión» y claro que lo es: tonto, estás comprendiendo el amor, abriéndote a la vida, era antes cuando errabas, ibas adelante y adelante sin saber hacia dónde, sin paladear el camino, calla, no me discute, me besa, ha sido tierno en la noche, tierno como no lo era, como mi corazón, que nunca tuvo miedo de ser blando, ni quiso ser de piedra..

Palabras, ternura, confesiones, caricias, silencios abismados en la paz de nuestros cuerpos juntos, tendidos, mientras el día crecía, disipada la lluvia, un anuncio de rosa y amarillo, la claridad primera deslizándose por la ventana, un amanecer líquido, fragancia de tierra mojada, de las palmeras felices, aromas del otoño, el mundo comenzando, resonancias de la mar, abajo, eterno... Es verdad, la Roca fue una puerta, hemos sido probados, ahora me embarca Ahram en otra navegación, la misma siempre...

«¡Allí cavilaba tanto...! Pensé en venderte. Y en venderle también a él, peor que matarle. Luego me sentí astuto, imbécilmente astuto. Pensé que si te enviaba al mercado para que allí te comprase un enviado mío podría tenerte en secreto. Yo seguiría siendo respetable aunque continuaras en mi poder... ¡Qué tonto es Ahram! ¿verdad?», lancé mi cabellera sobre su rostro al decir que sí, que lo más imbécil del mundo es un hombre educado para ser sólo macho, cuándo se darán cuenta ellos de lo que en verdad nos importa a las mujeres, cuándo sabrán que el centro del amor no está en su miembro, afortunadamente me confiesa que ya no lo tiene todo tan claro... «¿Sabes por qué empecé a pensar en no mataros? No fue por piedad, Ahram no ha caído tan blando como eso. Fue porque me negaba a creerlo en vosotros. No me explicaba vuestra conducta quería saber, interrogaros, enterarme... Pensé mucho en lo que sentiría cuando volviera a verte. Me suponía furioso, arrebatado y cuando te reconocí en la proa, acercándose tu barco sólo sentí estupor. Asombro de que existierais todavía, tú y el barco, y todos. De que siendo yo otro habitaba el mismo mundo, ¿qué hacer?, no lo sabía, no estaba preparado. Entonces te lanzaste al agua, y vi el delfín a tu lado, el que a mí me trajo ahora te traía. ¿Cómo no comprender? Emergiste del agua, te acercaste, la Roca era una puerta para ti también. Para que entrases tú... O no pensé todo eso entonces y lo pienso ahora. O lo pensé sin darme cuenta, no lo sé, pero nos abrazamos», y mientras me hablaba yo no recordaba el delfín a mi lado, sino sólo aquel Ahram desconocido, inmóvil sobre la piedra, vivo sólo en los ojos, ¡qué momento patético...!

De modo que entonces volví a su vida y no anteayer, cuando mis ojos se clavaron en sus pies de marinero como el otro primer día, un delfín nos ha reunido como entonces un perro... Le ha costado decírmelo pero ahora lo sé, de modo que mientras navegábamos ya me había aceptado y sin embargo me tuvo sufriendo, teniéndome en vilo, ¡maldito testarudo!, pero no, él aún no lo sabía, se enteró ahora, aquí, pero yo angustiada a bordo, Malki me miraba extraño, un día me susurró: «¿Es que el abuelo ya no te quiere?», y yo le miré asombrada, el niño era un hombre, se ha hecho un hombre, le desconozco, en cambio mi Ahram inseguro: «¿Me hago viejo? Me preocupa no odiar. Claro que a

Roma sí. Y a los traidores palmirenos, ¡a ésos sí los odio!», qué alegría, ya decía «traidores» sin reservas, no éramos Krito y yo, eran sus enemigos, ¡cómo le abracé!, ¡por fin!, le han nacido en la Roca más canas, vuelve a dolerse de los años, «¿vas a seguir queriéndome?», ¿y lo dudas, grandísimo tonto?, ¡más que nunca, viejo mío!, sí, lo eres, en la Roca ha nacido tu edad, has acabado de labrar tu cuerpo, dejarlo en lo esencial, su densidad, la plata de tus cabellos, la geografía de tus huesos, las manchas de tu piel, más arrugada en las nalgas y en los codos, pero es viejo marfil, pulido y exquisito, ¡cuánta vida acaricio en ella!, tus músculos se han hecho fibra y tendones, te descubro una nueva belleza, la del árbol añoso que venció vendavales, y has ganado paciencia en el amor, sabiduría, la reflejan tus ojos, antes tan oscuros, ahora con un velado cerco, los colorea de gris, los asemeja a los de Krito, eres más adorable que nunca, tierno y nudoso a la vez para colmarme...

Me habló de Malki, nada de niño, el pubis ya rizado, obsesión de Ahram, le ha hecho hijo suyo, el que yo no puedo darle, nunca me lo reprocha pero le duele adentro, ¡ay, no tanto como a mí no poder dárselo!, y de pronto anoche: «Has de iniciarle tú. Tienes que ser su Ittara, Malki se merece a una diosa. Yo le enseñaré la lucha, las armas, pero tú el amor»... me quedé atónita, no comprende, me sería imposible, le he llevado en mis brazos más que su madre, ¡qué idea tan de hombre!, trataré de explicárselo, pero aún me asombró más cuando añadió tras cierto silencio, venciendo sus prejuicios: «Y Krito la palabra. Que le enseñe la palabra. Así lo tendrá todo.»

No me atrevía a moverme, ahora mismo recordándolo me estremezco, y aún siguió, «¿dónde está Krito?», me derretí por dentro, ese nombre al fin en su boca, sin desprecio ni cólera, dije que por Rhakotis, que no he vuelto a verle, se levantó fue hacia la ventana, me volvía la espalda, pudoroso de su emoción, tierna silueta contra el cielo ya claro, tan delgado ahora pero los hombros anchos, cintura de muchacho, yo sin atreverme casi a respirar. «¿Cómo pudo ser capaz?», murmuró, hablé llena de miedo «porque anda otros senderos, no ha invadido los tuyos, no te ha robado nada», ¿qué más podía decirle?, «¿acaso no me sientes toda tuya?», exclamé suavemente... Silencio a dos voces, el cielo encendiéndose más, ahora la brisa húmeda me traía su olor, el de su cuerpo desnudo, envolviendo mi carne acongojada, y al fin retornó a mí, con palabras inesperadas: «Ittara se daba a todos en el templo, pero era sagrada. Más que mujer era sagrada, ¿sabes?, en aquella caverna. No un templo griego, columnas artificio de los hombres, sino en la entraña de la tierra. La Roca fue otro templo, caverna al revés: piedra hacia arriba. Recordé mucho a Ittara, a veces allí me hablaba y me hablaba de ti. Era amiga tuya, no sé cómo. Por eso estamos juntos otra vez, porque ella se daba a todos siendo mía, únicamente mía...» Las palabras más difíciles de Ahram con la luz a su espalda yo no veía sus ojos, inclinados sobre mi cuerpo tendido, tenso y disuelto a la vez, me acarició como a una niña, murmuró: «Quizás los dioses comprendan, yo no puedo. Pero Ittara era sagrada y eso me basta. Yo hubiese muerto por ella, nunca matarla.» Le repliqué en un grito: «Los dioses menos que nadie, Ahram; comprenden menos que nadie, ¡qué más quisieran los pobres!, si lo supieran, porque ni siquiera saben lo que significa "comprender", escúchame, amor mío, puedo jurarte si quieres que no iré a buscar a Krito, que no vendrá a encontrarme, que no intentaremos un encuentro..., pero no puedo jurarte que no vuelva a ocurrir, porque fue sin buscarlo, no como vosotros buscáis a las mujeres, porque fue sagrado también, como tú eres sagrado, mi Ahram»... Volvió a tenderse junto a mí, callado, subía y bajaba su pecho, ya la luz me mostraba el temblorcillo de su vello con la brisa, como delicadísimas algas en el agua, ¡qué esfuerzo le costó!, pero lo dijo, venciéndose: «Hazle saber que vuelva cuando quiera, si es que quiere», ¡ay, tontísimo niño! ¿cómo que si quiere?, ¡si lo terrible para él sería no verte!, me brotaron las lágrimas, le confesé, turbada y sincera: «Vas a hacer que me arrepienta», fue enérgico: «No quiero que te arrepientas: Ittara era sagrada.»

¿Qué puso luego en sus gestos de amor? Un sentido nuevo, de traspuesta la Roca, y sin embargo antiguo, como cuando me devolvió la memoria de sirena, mi esencia submarina..., aunque también nuevo con más sabiduría, la del dolor, la de la vergüenza y el arrepentimiento, la de cuando nos vencemos y nos lo reprochamos, esa delicadeza, la de cuando nos asusta atrevernos, puso arrebato y ternura, compasión y audacia, adoración y reproche..., lo aprecié mejor gracias a Krito, sin conocer sus palabras yo no podría recordar como ahora recuerdo, gozar como gozo y paladeo... Después, ¡qué descanso tan fácil, qué densidad tan leve, tan flotante!, acabó hablando de Odenato y de la Roca, de sus planes, pero la mayor verdad fue el beso tributado a mi pezón, todavía herido por sus uñas cuando me puso boca abajo en la cama hace dos días...

Abajo, cuando él se alejaba hacia la Casa, Eulodia no pudo callar su asombro, «¿Cómo se ha levantado el amo tan tarde, señora? ¿Está cansado todavía?» preferí mentir, «Sí, está cansado», luego abordé a Soferis, extrañado por la ausencia de Krito, le recordé otras escapadas suyas, le encargué que lo buscase y ahora le espero, aquí en nuestro banco, junto a estos delfines que nos han guiado siempre, mensajeros de dioses aunque uncidos al mármol, y ellos me lo traen, oigo esos pasos, me levanto, corro a él, su sonrisa es única, vital sabiduría, aceptación tranquila, me toma de las manos y nos sentamos, nuestro mundo como siempre, más una canción nueva, abajo en la playita reconocemos a Likos, el marino cristiano, Ahram lo ha retenido para el *Jemsu*, su canción del rescate, la nuestra, Krito se pregunta en alta voz cómo es que Ahram le ha mandado volver, «no le dirías mi amor por él», «no, le dije solamente el nuestro», se asombra, «¿y comprende ese amor?, ¡qué hombre!», no comprende aún del todo pero es verdad: ¡qué hombre!, y tú también, Krito, me arrebatan mis hombres, me enternecen, pero Krito se explica: «Me he cruzado con él en la rosaleda, me miró de otro modo que en el barco..., me vio el brazalete y no dijo nada», «es cierto, el brazalete en el brazo de Krito ya no importa, Ahram es otro –le digo–, ha franqueado la puerta de la Roca», callamos un momento y echo de menos algo, una ausencia en el cielo, nuestra gaviota, sea la misma o no la que la mar envía siempre a vernos, pero en cambio ha anidado la canción en la playa, la de Likos, y el delfín sigue con nosotros, le veo saltar entre las olas, junto a la caverna bajo la torre.

Desde siglos antes de ser erigido el santuario de Afrodita, sobre el promontorio se practicaba en Psyra un Gran Culto secreto femenino, supervivencia de la adoración a dioses más antiguos, cuando antes que Zeus reinaba sobre los humanos la Gran Diosa Madre. Las mujeres de la aldea lo celebraban con exclusión de todo hombre y hubieran despedazado como euménides al que intentara sorprenderlas cuando concurrían a una retirada caleta, en cuyos acantilados se abría una caverna consagrada a la diosa. Aunque siempre dispusieron algunas centinelas en los senderos de acceso, para evitar espionajes masculinos, nunca temieron ser observadas desde el mar y por eso, aquel año del milenario de Roma, no detectaron a la sirena que, medio sumergida junto a un escollo frente a la playita, se maravillaba al descubrir los ritos ancestrales.

A ratos danzaban las mujeres en corro mientras cantaban arcaicas salmodias, a ratos se congregaban frente a la gruta, en cuyo interior se practicaban ceremonias invisibles desde la playa. Al atardecer, cuando se mitigaban los colores del día, el azul del mar viraba a malva y el cielo cambiaba a púrpura y dorado, ellas encendían una hoguera de altísimas llamaradas, en torno a la cual giraban desmelenadas, como persiguiéndose, para abrazarse luego excitadamente, hasta que muchas se dejaban caer rendidas y algunas desaparecían emparejadas por entre los cipreses de la colina.

La sirena observaba fascinada las ignoradas costumbres, envidiando tanto fuego en el aire y en los cuerpos, tanto desatamiento, tan exasperado vivir, inimaginable bajo las olas en su acostumbrada inmortalidad submarina. A la mañana siguiente pudo observar un gran cambio en las mujeres, horas antes frenéticas. Se habían vuelto graves, silenciosas, hieráticas. Arrojaron al mar las cenizas de la hoguera, limpiaron la playa, compusieron sus túnicas y peinados. Cuando el sol ya casi caía a plomo se ordenaron en doble fila y, precedidas por la que mostraba ser su sacerdotisa, emprendieron cuesta arriba el sendero hasta la cresta del promontorio. Contorneando éste por el mar la sirena alcanzó a verlas descender por la otra pendiente, hasta el llano donde las esperaban los hombres y los niños de la aldea. Entre ellos, coronado de mirto, aguardaba un mancebo casi imberbe todavía, vestido sólo con un lienzo en torno a sus caderas y unas sandalias. Dos ancianos lo presentaron a la diaconisa que, a su vez, eligió de sus propias filas a una mujer ya de maduras formas bajo la túnica. La doble fila femenina se abrió para dejar paso a la pareja, y las manos se tendieron para rozar el torso desnudo del muchacho, que avanzó entre ellas conducido de la mano por la mujer. Ambos retornaron por el mismo sendero hacia la caleta, mientras las demás celebrantes y el resto de la aldea permanecían en el llano, entregándose de nuevo a las danzas y el júbilo, ya en compañía de los hombres.

Cuando la sirena, contorneando otra vez el promontorio, llegó hasta la caleta, el joven y la mujer se encontraban ya en la playa, ambos desnudos, contemplándose, el cuerpo joven del muchacho frente a las curvas opulentas pero aún firmes de la hembra. Ésta avanzó hacia el joven, puso las manos en sus hombros, las deslizó con sabiduría por el cuerpo adolescente... Poco después ambos se entrelazaban tendidos en la arena, en algo que la sirena se preguntó si era combate o juego y que acabó convirtiéndose en una agitación agónica, entrecortada de gemidos y jadeos. Si era lucha ninguno resultó vencedor, puesto que terminaron tendidos uno junto a otro, transmutados sus rostros en máscaras gozosas. Al cabo ella se incorporó sobre el codo y acarició los cortos cabellos del joven, dirigiéndole una inefable mirada, entre voluptuosa y maternal.

Aquella sirena acabó convirtiéndose en mujer, olvidando su origen marino hasta que, al recobrar esa memoria desde un día memorable, pudo entender la conducta de la pareja como una amorosa iniciación prescrita por los dioses, eco quizá de cópulas divinas. Y ahora, en Alejandría, Glauka revive en su alcoba, como en una iluminación, aquel pasado más presente para ella que nunca porque ante sí tiene a otra iniciadora. Dídima la escucha sonriendo y ambas se entienden perfectamente, tras una larga y honda conversación entre mujeres sobre temas vitales que los hombres suelen eludir. Días antes Glauka había ido a buscarla en casa de Dofinia, pero la joven ya no pertenecía a ella pues, con su clase y talento, se había establecido privadamente. Al ser solicitada por Glauka aceptó encantada la misión de iniciadora, que unía al interés de la experiencia el incentivo de una provechosa relación con la poderosa casa de Ahram.

Por eso luego, en la misma habitación que ocupó Zenobia durante su estancia, Dídima recibe a un Malki ya prevenido por Glauka y cuyos ojos se iluminan al contemplar a la hermosa mujer que le espera. Glauka, entretanto, aguarda en la galería, arrullado el oído por la fuentecilla que se derrama en la concha de mármol y al parecer abstraída en la contemplación del puerto y el palacio real, pero abismada realmente en lejanías más remotas, en rincones más escondidos de su memoria. Se suceden en ella evocaciones de un perro furioso amenazando a un niñito en el patio de Tanuris, de un muchacho a galope sobre un camello, de un joven navegante apuntando excitado a un islote ávidamente buscado, de un hombre mirándola en la noche, dentro de un recinto de papiro trenzado, sobre una cubierta de navío, dándole la espalda con pudor pero espiando de reojo su femenino desnudo. ¿Estaba Malki realmente durmiendo cuando ella lo creía así?

Poco a poco los recuerdos se disipan y la domina su imaginación, imponiéndole a Malki en los brazos de Dídima, representándole implacable su desnudo viril, sus gestos, sus abandonos y osadías. No puede escapar de la visión de la crisálida inexperta transformándose junto a la mujer hasta conquistar las alas del placer. Le obsesiona pensarlo: ¡ella hubiera podido ser la escultora de ese placer!, encarnando así la transgresión que arrebata hasta límites ensangrentados y fecundos de lo humano. Sí, ella podría estar ahora despidiendo a aquel niño acunado entre sus brazos con el hombre mecido entre sus muslos. La obsesión la estremece como si la rozara en realidad esa carne viril que quizás –lo sospecha, ¡lo sabe!– la deseaba precisamente a ella... Y sin embargo era imposible, su cuerpo no hubiera respondido. Pero le duele no gozar como Ittara gozó, no abrazar el cuerpo joven de Ahram, no hacerle hombre como su Ahram de ahora llegó a serlo en aquella isla.

Se levanta y entra en su alcoba, donde una pequeña arqueta de cedro guarda algunos objetos muy preciados. De entre ellos extrae un ojo de Horus, un *udjat*: el amuleto que pendía de la cintura del niño Malki, el que se perdió entre los lotos del estanque y ella logró encontrar... «muy poderoso contra las mordeduras, hay alacranes por aquí». Contempla Glauka ese objeto en su mano mientras cree estar oyendo la voz de la malograda Sinuit en aquella terraza frente al mar. Ha pasado tiempo...

Un suspiro se escapa de su pecho y su estremecida obsesión anterior se extingue como las olas, dejando al retirarse esa playa desierta de la vida: la hondura de la melancolía.

27. EL FIN DE ODENATO

Llega uno más y su semblante aparece también sombrío. Como el cielo cubierto de nubes oscuras, como el mar gris y agitado, que rompe contra las rocas de Faros con un fragor a veces siniestro. El viento sur reemplaza las neblinas del aterido jardín por la pestilencia del lago Mareotis. Se celebra hoy el Consejo, en este mes de Mechir a la entrada del invierno, como cuando, hace un año, se reunieron al día siguiente del retorno de Ahram desde la Roca, preocupados por la alarmante conducta de los palmirenos. Pero al menos entonces gozaban la alegría de haberse salvado Ahram.

Han llegado ya todos los consejeros, incluso el geógrafo Dicantro, que sólo asiste eventualmente. También participa Malki pues, desde el viaje a Punt, su abuelo le viene iniciando en los negocios y planes en marcha. Pero falta Narbises, fallecido hace meses, y en su lugar se encuentra como contable su anterior ayudante desde hacía tiempo, el sirio Botrys. La preocupación general, o acaso la turbia luz del día, acusa en el grupo el peso de los años. Hasta en Glauka se nota, aunque su cabellera todavía disimula las escasas hebras plateadas y su cuerpo, bajo la túnica, sigue sosteniendo con elegancia la madurez.

Desde aquella reunión, hace trece meses, han sido más los acontecimientos adversos que los favorables. Apenas tres semanas después del retorno de Ahram les sorprendió Odenato –sin el aviso debido a un aliado– proclamándose en Palmira «rey de reyes»; aunque no por eso rompiera el vasallaje que tributaba a Roma y sin que, por su parte, el emperador Galieno, empeñado en luchar contra los bárbaros, se atreviera a desautorizar el gesto de Palmira. La rapidez con que el hecho se produjo tras el naufragio de Ahram, obligaba a pensar que la trampa tendida al Navegante constituía otro aspecto de los planes palmirenos. La desaparición de Ahram hubiera permitido a Odenato manejar a su antojo la potencia marítima del Navegante, al quedar ésta en manos de su joven nieto y de personas menos avezadas. El fracaso de esa trampa no fue bastante para impedir la proclamación real, sin duda preparada desde hacía tiempo.

Parecía así muy clara la ruptura de Odenato y resultaba conveniente olvidar su alianza y trazar nuevos planes sin Palmira, aunque ello alejara la meta de abatir a Roma e incluso les enfrentara con la hostilidad palmirena. Pero antes de poder planear alternativas Odenato les sorprendió de nuevo, enviando como emisario a uno de sus altos oficiales para reiterar la amistad del nuevo monarca y aclarar los rumores llegados hasta él acerca de algún riesgo o contratiempo de Ahram, así como para congratularse de que tales rumores no hubieran tenido consecuencias. Ahram y sus consejeros, desconcertados por ese gesto, normal en un aliado pero incomprensible en un enemigo, volvieron a vacilar entre acelerar el distanciamiento de Palmira o continuar en una prudente espera. Se impuso finalmente este segundo criterio, más porque la primera alternativa implicaba la abierta hostilidad que por confiar en la sinceridad de Odenato. El mensajero fue por tanto agasajado y despedido con hábiles palabras, después de retenerle algún tiempo so pretexto de hospitalidad, aunque más bien para sonsacarle por todos los medios posibles. Pero ni siquiera la más seductora y astuta pupila de Dofinia logró indicio ninguno de que el palmireno fuese un mensajero de la mentira y de la intriga.

Mientras tanto, por conductos que sus consejeros no habían tenido la astucia de utilizar, Ahram logró averiguar lo que Amoptis tenía tanta prisa en comunicar a Glauka antes de su muerte. Quedó así al descubierto una intriga egipcia de gran alcance, instigadora también del asesino que trató de apuñalar a Ahram. La complicada trama, impulsada por los sacerdotes egipcios, perseguía el gran objetivo de aprovechar las repetidas sublevaciones de generales romanos aspirantes al trono (la de Aureolo contra Galieno acababa de estallar) para provocar una rebelión y restaurar en Egipto el trono de los faraones, coronando a un candidato preparado para ello en un templo cercano a las fronteras de Nubia. Parte pequeña de esos movimientos era el plan del clero de Antonino, en Canope, para recobrar el rico dominio de Tanuris, cuya administración fue prometida años atrás a Amoptis a cambio de su complicidad. Concebido luego el más amplio objetivo de la sublevación egipcia, se hizo necesario contar en Tanuris y Alejandría con alguien más importante que el mayordomo y para ello Neferhotep, con su influencia en la ciudad, resultaba el más indicado. Al enterarse Amoptis, viéndose así desplazado y con sus sueños por tierra, decidió informar del plan a Glauka, pero se le anticiparon los sacerdotes, mandando asesinarle al sospechar la proyectada delación.

Andaba Ahram, en medio de las incertidumbres relativas a Odenato, tratando de confirmar esas sospechas para atajar las ambiciones de Neferhotep, cuando ya entrado el nuevo año cayó sobre Alejandría la alarmante noticia del saqueo de Atenas por los piratas godos, que no pudo impedir la encarnizada defensa dirigida por el historiador Dexipo, revelado en tal ocasión como el único capaz de catalizar el ánimo de los atenienses. Algunos alejandrinos empezaron a temer desde entonces una invasión semejante pues, aunque desde hacía treinta años los piratas merodeaban en el Egeo, nadie les había supuesto capaces de lanzarse a un objetivo tan audaz como la propia capital de Grecia. El reino establecido en Quersoneso por los bárbaros, cuyos reyes, Ostrogoto y Kniva, aprovechaban la prolongada anarquía militar romana para enriquecerse y expansionarse, aparecía así como otro aspecto de la desintegración creciente del imperio. Ahram padecía muy directamente las consecuencias, por la inseguridad de sus representantes y mercaderías en territorios al alcance de los piratas y porque raro era el transcurso de un solo mes sin la captura de algún barco suyo, a veces relatada por aterrados supervivientes. Pero al menos la desgracia de Atenas provocó una enérgica reacción del emperador Galieno que, a pesar de encontrarse ocupado en reprimir la rebeldía del general Aureolo, consiguió infligir a los bárbaros una derrota en el río Nestos, obligándoles a replegar su piratería. En todo caso, la audacia de los godos planteó a Ahram otro problema: ¿acaso Odenato –con quien seguía manteniendo el Navegante cautelosas relaciones– se había aliado con los piratas, para disponer con ellos de una fuerza marítima frente a Roma, en sustitución de la de Ahram? Si así fuese –y ello podría explicar la repentina audacia goda– había motivos para alarmarse en Alejandría y en todo el Egeo, e incluso en Persia, pues una Palmira reforzada por unas fuerzas navales activas era mucho más peligrosa que la declinante Roma. Por eso Ahram empezó a considerar las ventajas de entablar mejores relaciones con Shapur, aprovechando para ello sus relaciones no interrumpidas con el agente secreto persa Tigram Fenesiades, muy inquieto por las campañas de Odenato que perjudicaban las aspiraciones independientes de su país así como las ambiciones personales de Tigram, cuya noble familia le hacía candidato al trono. El armenio se encargó con gusto de llevar la propuesta de amistad al monarca sasánida en Ctesifonte y de estudiar con él la posibilidad de un acuerdo, para lo cual partió en secreto por caminos desusados. La misión no tuvo éxito, pero poco importó porque, después del saqueo de Atenas, los acontecimientos experimentaron otro inesperado viraje, como si aquel año 1020 disfrutase agravando aún más la permanente inestabilidad política. Se aseguraba, en efecto, que Odenato, acompañado de su hijo mayor Herodiano, fruto de anterior matrimonio, desviaba contra los godos su campaña de Capadocia para arrojarlos al mar. Tales informes se confirmaron bien pronto pues Odenato avanzó con éxito desde Sebasteia hacia el puerto de Trapezus, bordeando la frontera armenia. Ahram recibió así por fin una buena noticia, al desvanecerse la supuesta alianza de Palmira con los godos, aunque no se aclarasen por ello las incomprensibles intenciones de Odenato, que ya se titulaba «rey de reyes».

En medio de esas dudas y entrado ya el verano dejó atónita a toda Alejandría la más inesperada de las noticias, imprimiendo un sensacional vuelco a la situación mundial: la muerte de Odenato y de su hijo mayor. Mientras llegaban detalles se multiplicaron las conjeturas en la Casa de Ahram; ¿Habían muerto en combate y eso significaba un alarmante triunfo de los godos sobre la única fuerza capaz de oponérseles en el Asia Menor? ¿Habían fallecido de la peste o alguna otra causa natural? ¿Habían sido asesinados, cosa nada sorprendente en las luchas por el poder? En la Casa Grande, como en el palacio del prefecto y en toda la ciudad, se cambiaban y discutían las noticias, soportando el sofocante ambiente de un verano en el que el Nilo se había desbordado dañosamente. Para mayor inquietud, la última de las hipótesis en cuestión quedó confirmada. Ahram envió en el acto a Zenobia un mensaje condolido, ofreciéndole su apoyo con la esperanza además de restaurar pronto la alianza de otros tiempos disipando los recelos. Incluso consideró la idea de acudir a Palmira en persona, cuando recibió de la reina una respuesta agradecida, doliéndose del desamparo en que, «como débil mujer», se encontraba frente a problemas tan formidables como los que la rodeaban. Pero las dudas de Krito acerca de la lealtad de la reina, el recuerdo de lo sufrido en tierras de Saba y en la Roca y, sobre todo, la desesperada oposición de Glauka, que intuía siniestras maquinaciones, consiguieron retenerle, dejando pendiente el viaje hasta ver más clara la situación.

Era preciso, además, moverse con prudencia pues, ¿quién era el autor del crimen? Los asesinos, precipitadamente ejecutados por la guardia de Odenato, eran mercenarios persas, sin duda comprados pero ¿quién había puesto el arma en sus manos? Una sospecha obvia apuntaba hacia Shapur, pero no era su estilo; no lo había intentado nunca ni en los momentos en que Odenato le hizo más daño. Se susurraba también, nunca de forma abierta para no ofender a los romanos, que el instigador había sido el gobernador imperial en la provincia de Arabia, Cocceo Rufino, hombre dado a la violencia y que había tenido querellas con Odenato por incidentes en los puestos fronterizos con Palmira. Otros pensaban en los mismos godos, como una manera de acabar con las derrotas que les infligía Odenato... El misterio intrigaba a todos, porque aquel asesinato llenaba de incertidumbre todo el panorama del Oriente.

Cuando declinaba el calor y cedía ya la desaforada

inundación nilótica, empezó a difundirse otro rumor, más inesperado e inquietante, pues acusaba a la propia Zenobia de haber ordenado el crimen, con el fin de asegurar la herencia del trono para su hijo Vabalato, además de satisfacer así –se añadía– una venganza por desdenes maritales, que su orgullo de mujer y princesa se negaba a tolerar. Según esa versión sería un sobrino de Odenato, llamado Menio, quien habría sobornado a los mercenarios, instigado a ello por la reina. De confirmarse el rumor las consecuencias eran decisivas para Ahram y por eso, aparte de celebrar no haber viajado a Palmira, decidió contrastarlo recurriendo a alguien capaz de investigar sobre el terreno. La afortunada presencia de Dicantro en Rodas le permitió obtener en pocos días su aquiescencia y enviarle a Palmira con esa misión.

Dos meses después regresaba el geógrafo corintio que, ante Ahram y sus consejeros, expone ahora sus impresiones. Aunque era imposible esperar pruebas materiales, los indicios eliminan desde luego a Shapur y a los godos. En cuanto a Cocceo Rufino, semejante decisión hubiera significado su desgracia ante Roma, que desde hace años sólo cuenta con Odenato para defender sus límites orientales. Además, aunque Galieno envió en seguida un cuestor a Bostra para investigar, ninguna medida se ha tomado contra el gobernador romano, presumiéndose así su inocencia. En cambio los datos relativos a la imputación a Zenobia –concluye tras una pausa vacilante– resultan más bien acusadores. Aunque se descarte el móvil de una venganza femenina, queda la protección de su hijo como factor suficiente para empujarla a aprovechar una ocasión favorable, pues era voz pública en Palmira la pertinaz hostilidad del primogénito de Odenato contra su madrastra. Dicantro exploró en Palmira con discreción todas las fuentes que pudo e incluso visitó a Clea, tan amiga de los reyes, aprovechando haberla conocido en Alejandría. Como ya temía, ningún indicio pudo obtener de ella pero en cambio una sirvienta de la dama, natural de Corinto y que la servía desde hacía mucho tiempo, dio a entender con reticencias la culpabilidad de Zenobia.

Un espeso silencio acoge la exposición del griego. Ahram recorre con la mirada los rostros de sus amigos y piensa que, como él mismo, todos comparten la opinión de Dicantro. La hipótesis de Zenobia aparece como la más justificada. Suspira hondamente.

No es el único sin embargo que se resiste a culpar a la reina. Filópator interviene, avanzando su torso delgado y nervioso.

—Pero ¿por qué matar a su esposo? Con deshacerse de Herodiano era suficiente para asegurar el trono a Vabalato.

—El riesgo sería muy grande —explica Dicantro, con el asentimiento general—. Si Odenato alguna vez se enteraba significaría el final de ella y de sus hijos.

—Además —interviene Assurgal con su voz arrogante— la reina puede haber ofrecido esas cabezas a los godos, como prenda de un pacto para futuras empresas.

¡Futuras empresas! Esas palabras suenan amenazadoras aludiendo a un acuerdo con los godos, los pertinaces rivales marítimos de Ahram.

—Ahora recuerdo algo que en su día me pareció sin importancia —dice Dagumpah, llegado hace seis meses de la India, más flaco aún que cuando partió—. Durante mi viaje, no recuerdo bien dónde, oí hablar a un colega mío sobre la existencia de tratos secretos entre Palmira y Persia. Shapur ya no es joven y se preocupa también de consolidar alianzas para su indudable sucesor, su hijo Hormizd, que ha sido un valeroso virrey en Armenia. Alianzas, se decía, de todas clases: incluso matrimoniales.

—Eso ya son simples maledicencias —ataja Ahram,

incapaz de aceptar de golpe tantas traiciones–. Atengámonos a los hechos. Lo importante ahora es lo que pueda hacer la reina. Si responde con acciones positivas, no sólo con palabras, a mis mensajes de ayuda, podemos encontrarnos mejor que antes de morir Odenato. Si, por el contrario, ella se vuelve claramente contra nosotros, actuaremos en consecuencia.

Glauka percibe la amargura en su voz. La ruptura con Palmira representaría volver a empezar los planes de tantos años. Todos son conscientes de ello.

–Yo me temo lo último –interviene con cautela Krito, para no exasperar a Ahram con otro indicio contra Zenobia–. La verdad es que Palmira viene buscando apoyos de todas clases. Me consta que en los últimos tiempos halaga también el nacionalismo cristiano: ahí tenéis al obispo Pablo de Samosata entre sus principales asesores.

–Ya estaba en tiempo de Odenato –rechaza Ahram– aunque, ciertamente, era más bien consejero de la reina. Volvamos a analizar los posibles rumbos que puede seguir Palmira, para ir previniéndonos y evitar sorpresas.

A lo largo de la sesión Dicantro añade otras noticias. En Palmira se han rendido suntuosos funerales a las dos víctimas, con un ceremonial combinando los usos romanos y los persas. Luego Vabalato ha sido ungido «rey de reyes», con una tiara persa rodeada del laurel romano. Eso refleja la voluntad ambiciosa de Zenobia que, dada la menor edad de su hijo, se ha proclamado regente.

–Estamos –interpreta Krito– ante una nueva situación mundial. Ya no se enfrentan el Este y el Oeste, los dos imperios de Roma y Persia, sino lo viejo y lo nuevo. La pugna está entre los dos colosos que declinan y los nuevos pueblos; cooperando éstos, lo sepan o no, con las nuevas fuerzas que emergen dentro de los imperios. Roma, en anarquía interior, sin creer ya en sus dioses, se desintegra y reblandece. Apenas puede rechazar con apuros a los godos, los alanos, los escitas, los marcomanos en el norte y los númidas o los getulos en África. Los bárbaros combaten a Roma con las armas mientras los cristianos atacan desde dentro nada menos que a los dioses imperiales.

–¿Los cristianos? –pregunta Botrys, entre asombrado y desdeñoso.

–Sí, los cristianos; esos que algunos llamáis terroristas. Son pocos todavía, es cierto, pero acaban de nacer y ya crecen año tras año. En cuanto a Persia, parece más sólida, pero Shapur no manda sobre un pueblo, ni lo tiene directamente a su lado aunque lo procure por todos los medios, incluida la predicación sincrética de Manes. El rey de reyes depende de los sátrapas, todos ansiosos del poder supremo, y además, dentro de su imperio estallan las disidencias nacionalistas en Armenia, Parthia, Sogdiana, Karmania. Todos quieren liberarse del yugo... Estamos viviendo el fin de un mundo y el nacimiento de otro

–¿Y Palmira es el nuevo? –pregunta Ahram.

Glauka disimula su asombro ante el ávido interés de Ahram, quien hasta ahora desdeñaba las visiones a largo plazo de Krito, aunque siempre admirase su sagacidad para los temas inmediatos.

–Zenobia podrá creerlo así, pero yo no porque los dioses de Palmira no han cambiado. Siguen siendo los de hace años: Baal-Shamin y Bel, viejos dioses de Oriente, en templos greco-romanos. ¿Y cuál es el objetivo final de Zenobia? Sin duda el mismo del césar: el poder, el imperio, también conseguidos por la fuerza, por el dinero, por la corrupción y el asesinato. Hará desde ahora cualquier cosa menos cambiar esos dioses. Por el contrario los cristianos aspiran a otro mundo, hablan de paz y de amor entre los hombres. Dudo que lo consigan, porque también son humanos, pero al menos ellos sí viven en su frontera: la frontera de los tiempos, como los germanos y los númidas viven en las fronteras del espacio romano... ¿Zenobia nueva? Me inclino a creer en ese rumor que la acusa, en la mejor tradición de alguna emperatriz romana: el de haber seducido a Menio para asesinar a Odenato, incluso prometiéndole unas bodas para reinar juntos después... si no se las ha prometido a Hormizd, presunto heredero del trono persa.

Otra sorpresa para Glauka, el apasionamiento de Krito y, sobre todo, que Ahram no lo haya rechazado sino casi compartido, a juzgar por su expresión. Desde su tremenda vivencia solitaria en la Roca Ahram ha cambiado sin duda sus criterios de valoración. Ahora resulta claro que esos cambios afectan incluso a lo que ha sido el motor de su vida: el poder y la venganza.

Por eso cuando, tras haber terminado el debate se han retirado todos, Glauka respeta, inmóvil, el largo silencio meditativo de Ahram que, finalmente, lanza un suspiro:

—Aún podría salvarse todo, pero esa mujer va a deshacerlo de un golpe... ¡Ahora que se acercaba el momento!

Glauka espera. La voz de Ahram habla más para sí mismo que para ella aunque —y eso la emociona— no sonaría si ella no estuviera presente.

—Aunque alguno lo crea, nunca pensé en enfrentarme directamente contra Roma, ni siquiera contando con el ejército de Odenato. Además no se trataba de aniquilarla, como ella hizo con Cartago, sino de convertirla en una potencia menor, reducida a Italia. Siempre conté con que se desintegraría, desde que empezaron a enfrentarse los generales unos contra otros. Mis armas nuevas, mis barcos, los recursos de Odenato eran sólo para rematarla y para crear la nueva potencia oriental y marítima: Palmira con Egipto, dominando frente al césar y al persa... Ahora llegaba el momento: Galieno atacado en varios frentes, sus generales actuando por su cuenta en las Galias y en Oriente, disturbios estallando en Roma, los cristianos y los de otras sectas multiplicándose, los dioses del Olimpo tambaleándose... Y justo ahora nos falla Palmira por la locura de Zenobia...

Guarda silencio, suspira de nuevo y se dirige a Glauka, cambiando su mirada hacia dentro por otra de intensa adoración:

—Si no estuvieras tú a mi lado, habría de pensar que Zenobia, como esas nubes, ha apagado mis luceros: hace varios días que no puedo verlos ni al amanecer ni en el ocaso...

Glauka alza sus ojos hacia unas tormentosas nubes, visibles al disiparse la neblina; mientras Ahram concluye:

—Pero te tengo a mi lado: siguen encendidos.

Y en su voz no suena el entusiasmo, la seguridad, ni la posesión sino una indecible ternura nunca hasta ahora percibida por Glauka en esos labios.

Glauka sonreía durante el Consejo. No le conocía yo esa sonrisa. ¿Acaso es nueva o yo no se la había visto? Los años la hacen aún más hermosa. Más mujer y, al mismo tiempo, más secreta, más sirena, lo que fue. No, no son sólo los años. ¿Será algo que no tenía, que yo no le daba? ¿Será posible que se lo deba a Krito? Podría preguntárselo y me contestaría. Sí, ella me diría la verdad. Pero jamás, no quiero saberlo, nunca. Seguro que se ven, que se abrazan... que la folla ¡maldita sea!, aunque sea en la casucha de él, esa casucha verde... ¿Qué digo casucha? No es más lujosa la torre donde yo la amo, donde ella es mía... ¿Es aún mía? No del todo, a medias. Mejor no pensarlo; que sea feliz. Según ella no es mía a medias sino del todo; para Krito otra Glauka. La casita y la torre se parecen: hay pocas cosas dentro. No le gusta la abundancia de cosas; en eso es como yo. La pareja y nada que distraiga, ¿para qué más...? No creo que se vean mucho; siempre sé dónde está ella. Son discretos, lo reconozco. Es que de lo contrario me vería obligado a... acabar con todo. ¡Ante la gente no podría permitirlo!

Y ante mí... ¿por qué lo consiento? A veces lo comprendo, a veces no. ¡Qué misterio, las mujeres! Esa Zenobia, implacable, cruel, jugando con todo el mundo: con el persa, con el godo, seduciendo a Menio, claro, ¿por qué no?, mintiendo a cada palabra. ¡Capaz hasta de escribirme aquella embustera carta pidiendo ayuda para una «débil mujer»! ¿Débil mujer? ¡La muy puta!, debí darme cuenta antes. No fue cosa de Odenato la trampa armada en Punt contra mí. Era buen guerrero. Mataría frente a frente, sin esas maquinaciones. Ahora me explico aquel emisario amistoso que llegó a mi regreso: Odenato era sincero... ¡Perdóname, viejo camarada! No tuviste con tu compañera la gran suerte que tuve yo. Porque Glauka conoció pronto a la reina, me advertía constantemente. Gracias a ella no he ido ahora a Palmira; a que por fin me mataran. Glauka siempre poniéndome en guardia; no se engañó ni un momento. Tampoco me ha engañado a mí, nunca. ¿Por eso la consiento...? ¿Y Clea? Cuando la supe en Palmira creí que había ido tras Odenato y que era su concubina, después de haberle entusiasmado aquí. Pero tras el crimen continúa, según Dicantro, tan amiga de Zenobia. Seguro que le ha ayudado en todos sus manejos: tal para cual.

Y ahora, ¿qué hará Zenobia? Sus primeras acciones me lo dirán. Su ejército, que venció a Shapur, estaba derrotando a los godos. Si se une con las naves piratas, ¿podré yo solo defender mis naves, con menos puertos amigos? Mis naves y mis almacenes y mis emporios...

¿Habré de acercarme a Roma como ella se arrima a Shapur? ¿Y retirarme del Quersoneso, del Ponto Euxino y hasta de Bizancio, atacada ya y reconquistada...? ¡Acercarme a Roma, después de una vida entera combatiéndola! ¿Y el odio, madre mía? El odio que tú me enseñaste, el odio eterno que juré ante tu lucero de la mañana, la solitaria estrella de diamante. ¿Y el odio, sí? Miro mi pecho y no lo encuentro... Quizás por eso no mato en mi propia casa. Por eso la beso a ella con el mismo amor, por eso me cruzo con él y no me arde la sangre... ¿Por eso...? Otro Ahram nació en la Roca, se me ha metido dentro. ¿Acaso quiero negarlo? Estaba escrito. Para eso fue todo el viaje; para eso mi diosa envió al delfín a conservarme la vida: para embarcarme en otro viaje. Un viaje dentro de mi corazón. Para descubrir a otro Ahram. ¡Entonces es posible esa otra Glauka! Esta mañana en el Consejo a ratos yo me desentendía. Como si todo eso, los godos, Zenobia, no fuese contra mí, contra mi poder acumulado en estos años, con tanto esfuerzo. Pierdo barcos, desciendo escalones. En la ciudad todos continúan sonriéndome pero son otros, y otras sonrisas. Aguardan mi decadencia. ¡Ah, no me entregaré, no cederé, aún estoy vivo! La sangre no me arde como antes, pero sigue corriendo por mis venas y nadie podrá derramarla. Pero yo me desentendía hoy como si fuese igual todo. Me resulta increíble; ciertamente soy otro. ¿Me dejo llevar porque se agrieta mi poder o acaso se agrieta porque no lo defiendo bien, porque me dejo llevar? Aún disfruto apretando las riendas, sintiendo el tirón de los caballos rebeldes, pero no me intereso como antes. ¿Son los años? Algo pesarán pero no son ellos. Es el otro Ahram, el que no les mató hace un año. Hoy miraba a mi gente y a ratos era como si un velo le quitase realidad a todo. Hasta esa otra traición, la de mi yerno, esa víbora cobarde de Neferhotep, me deja frío. Pues ya no dudo: ese imbécil aspira a ser faraón, o al menos gran ministro. El Ahram de antes le quitaría hoy mismo todo lo que le dio, pero ¿qué importa? Que siga disfrutando Tanuris; no quiero dañar al padre de Malki y, además, no me asusta el Antonino ni los sacerdotes metidos en la conspiración... Sí, todo es menos real. Excepto Glauka. Ella más viva y verdadera, más hermosa. El mundo se reduce a ella, la que se pone a Krito como un vestido, como una ajorca en su tobillo, esa ajorca de esclava que reemplazó por una cadenita de oro para recordarme que es mía aunque yo la libertase. ¡Si se supiera su fuerza, su poder sobre mí! Pero no me siento esclavo por eso; al revés, así la siento más mía, ¡qué asombroso! He necesitado llegar a los sesenta y cinco para descubrir esas complejidades de la vida. No es sólo cuestión de determinar quién manda y de mandar cuando se tiene el poder. La vida es más enrevesada. Más rica dice Glauka.

Vida, ¿cuál llevará Malki? Él también es real, es verdadero, aunque de otra manera. ¡Malki!, de toda mi raza tú eres el único al estilo de Ahram. Lo descubrí en aquel viaje de retorno. Tu sueño era profundo como el mío, pero también te alertaba el más mínimo cambio alrededor: el ruidito diferente, hasta la corriente de aire. A veces me sentía mirado por ti como por mí mismo; te dabas cuenta de todo. Olfateabas lo que ocurría entre nosotros, entre tu Glauka y tu abuelo. ¡Y eso que aún no habías vivido el amor! ¡Ahora sí, qué orgulloso estoy! Dídima le contó a Glauka tu manera de ser macho por primera vez... ¿Qué vida será la tuya? Desde Maximino, hace más de treinta años, anda todo trastornado por los emperadores militares. ¡Se matan por la púrpura, como perros por piltrafas, esos odiosos romanos...! ¡Bravo, he dicho odiosos! Sí, pero no como antes, no con las tripas... Treinta años que me vinieron bien para acumular poder contra ellos; pero para ti yo quisiera otros tiempos, como el de los Severos. Había asesinatos, siempre los habrá, pero ellos duraban más; podíamos hacer planes con la esperanza de llevarlos a cabo... ¿Qué vida será la tuya? Esta mañana Glauka también te miraba, seguro que pensaba esto mismo. No te preocupes; yo te dejaré bien preparado para pelear, para que seas como tu abuelo y sepas sobrevivir. Y me gusta esa esclavita que ahora te llevas a la cama, no creas que no me entero.

Glauka, ¿qué verá en Krito? ¿Qué otra cosa le da él? ¡Cómo le cuidó durante su enfermedad! También eso me ha hecho quien soy ahora; haciéndome ver a Krito de otro modo. Así me acostumbré otra vez a su presencia: visitándole con ella en su cubil, como él dice. No consintió en ser atendido en la Casa, con médicos más a mano. «¡Médicos!», escupía con sarcasmo. Yo tampoco creo mucho en ellos, viejo amigo... ¿Es posible, he pensado «viejo amigo»...? Sí, verle mal fue bueno para los dos. Supongo que le agotó la navegación, o le perjudicaron los alimentos durante el viaje, no está acostumbrado a vivir a bordo. Si no hubiera enfermado quizás yo no hubiese tolerado tan pronto esa relación... No lo sé, pero él estaba allí, en su yacija, al borde de la muerte día tras día, mi salvador en Samos, el amigo de siempre, el... también eso: el amado por Glauka... Imposible odiarte. Me acosaban los recuerdos, toda una vida juntos. Fuiste mi lucero de la mañana, el único hasta que vino ella. Desde entonces pensé contar con dos, pero Ittara me enseñó que son el mismo. Visitándote con Glauka lo recordaba: ¿seríais uno en mí?... Yo miraba tu cuerpo tendido y no era la carne que he despreciado tanto porque se degradaba en Rhakotis, porque se dejaba encular por los chulillos del puerto... Sé que ahora también has mudado esas costumbres, pero ya antes, visitándote, tu carne no era la misma. Has cambiado como yo. No estuviste en la Roca, pero hiciste el viaje. Y te ha cambiado ella. ¿Es ahora tu lucero? Eras otro, eres otro y yo también, nos espera igual destino: ella, llegar a ella, vivir en ella. Es curioso: estando tú allí tendido, como muerto, íbamos los dos a verte y éramos uno viéndote: ¡qué extraños compañeros...!

¿Por qué extraños? Si ella es nuestro lucero su presencia era natural. Y también es tu Ittara, aunque tú no la conocieses... Ittara... su recuerdo me asalta, la veo. ¿Era también divina, como mi Glauka, aquella mujer primera? Me marcó para siempre y no supe quererla, no supe. Ahora es cuando de verdad comprendo lo que fui para ella; comprendo su pasión. ¿Acaso porque ahora sé querer a Glauka? La hacía llorar, lo recuerdo y me pesa. En vez de consolarla me irritaba verla llorar. ¡Era yo tan joven! No sabía nada de la vida. ¿Lo sé ahora? Aquella noche me exasperó: «¿Por qué lloriqueas tanto?», y no me contestaba. Le grité: «¿No te quejabas de estar sola, sin un amor? ¡Pues ahora tienes esto, vamos, disfrútalo, túmbate!», y exhibí en mi mano el miembro endurecido... Se sometía a todo... Llegó de nuevo el plenilunio y no cumplió. Se negó a recibir a los hombres. «Me costará la vida pero no puedo.» «¿Por qué no?» ¡Imposible olvidar su dolorida mirada! «¿Qué vas a hacer entonces?» «No lo sé, pero no puedo.» «Yo lo arreglaré.» Me sentía omnipotente, jactancioso, era un necio, se me ocurrió una idea divertida. La hice ocultarse y yo me puse su túnica, su calzado alto y su brazalete de la serpiente con ojos de malaquita; con un velo y la escasa claridad lunar, imberbe todavía, podía yo pasar por otra muchacha... Fui diciendo a los hombres llegados con ofrendas que la sacerdotisa estaba enferma y me habían enviado a cuidarla. Eran rústicos, se resignaban y se iban. Sólo uno me dijo: «Pues cumple tú, reemplázala en todo.» «No puedo, aún no he sido iniciada.» ¡Cómo me divertí cuando era su condena a muerte! Los rústicos reflexionaron y acabaron sospechando algo. Seguramente la denunciaron a Heliópolis, porque vimos llegar a una abadesa del templo de Atargatis. Pude huir a nado, pero acabé sabiendo que por aquel crimen lapidaban a las sacerdotisas. Me dio pena entonces, lo lamenté, pero sólo ahora me duele de verdad. ¡Y pensar que luego en Samos fui condenado a lo mismo, pero me salvó Krito! Olvidé pronto, pero desde que Glauka me llevó a Karu me ha vuelto el recuerdo de Ittara cada vez más. Y ahora me hace daño haber sido insensible; no quiero serlo más. ¿Por qué llega ese recuerdo tan al fondo? ¡Tan al fondo que al fin rebrotan aquellas palabras olvidadas! Eso es, su oración terminaba así, después del «hazme llenar su éxtasis»:

> *Hazme Tú para servirte*
> *ofreciéndome a todos y a cualquiera.*
> *Hazme ser para ellos*
> *el Instante Infinito:*
> *La copa de la Vida*
> *donde te ofreces Tú.*

Así rezaba Ittara a la diosa... Dar recibiendo, recibir dando... ¡Mi Ittara! Yo entonces no entendí, he aprendido mucho.

¡Qué silencioso estaba el pobre mío en el Consejo! Se negó hasta el final a aceptar la traición de Zenobia, ha hecho falta el asesinato de Odenato para convencerle. ¡Pues claro que ha sido ella! Mintiendo y seduciendo desde el principio, metiéndose en su cama en Palmira aunque él me lo negara siempre, sólo para enredarle más con sus cabellos, la verdad que hermosísimos, de lo mejor que tiene esa mujer, ¡qué lista y marrullera! ¡Cómo logró hacerle creer que el atentado en el país de Punt fue cosa de Odenato a espaldas de ella! Y la famosa carta, quejándose de su desamparo a la muerte de

Odenato... ¡Pero si casi le pedía que acudiera a salvarla!... ¡Qué intrigante mujer! Al fin se ha quitado la careta, ya la tenemos enfrente, mejor como enemiga.

Por eso callaba, asombrado de haberla creído, él, Ahram el Navegante, el poderoso, menos mal que callaba por eso y no porque pesen todavía los recuerdos de su soledad en la mar. ¡Qué horrible, su estancia forzosa en la Roca! Peor que la muerte: un hombre como él reducido a no hacer nada, un hombre todo acción, arreglar el mundo, mover a la gente... Por supuesto ha cambiado, cada vez queda más claro en estos meses, ¡cómo no cambiar tras semejante experiencia!, también ha envejecido, pero menos de lo que yo temía y, desde luego, no tanto como sus compañeros, hasta Soferis, el más joven aunque ya cuarentón, se va haciendo lento de movimientos, envejece hacia la obesidad, no como Ahram, pero los años son crueles, también para él, es mi mayor miedo, que esté aguantando demasiado, que de pronto se desplome, no quiero ni pensarlo, no quiero sobrevivirle, no tendría sentido, ni Krito me salvaría, me desplomaría yo también, mi vivir le necesita, prefiero morir antes de ese vacío insoportable, acabamiento del mundo, me angustia pensarlo... ¡Qué crueles son los años! Pero peor era mi existencia bajo las aguas, fuera del tiempo, implacablemente igual... Prefiero verme viva en el espejo, mis pechos menos erguidos, mi piel menos brillante, la carne menos firme... ¡pero cuánto ha gozado esa carne, cuánto el corazón que la sostiene! Y se salva mi pelo, su envidiado color, ni siquiera la víbora de Zenobia está a mi altura, ¡cómo me lo miraba cuando estuvieron aquí!, cabellos negros como los suyos son frecuentes, aunque pocos tan hermosos... Sí, todos envejecidos, menos Malki. ¡Magnífico muchacho! Será un Ahram, si sigue así, conviene que no lo sea tanto que se contagie algo de Krito, Ahram se resiste a confiárselo como preceptor, retrasa el momento: «Cuando termine la efebía», repite... Se resigna a cederme a mí, pero no a su nieto, ¡qué equivocación!, equivocación de hombre, del hombre que es mi Ahram, y conmigo también equivocado: no puede comprender que le adoro más desde que hago el amor con Krito; que ese amor me hace quererle más...

Se ha repuesto bien, Krito, ¡qué horrible enfermedad!, llegó a estar muerto. Ni Assurgal esperaba ya curarle, ni el médico griego, ni las oraciones de Eulodia servían de nada. ¿Qué le salvó? «Me salvaste tú, aquella tarde en que estaba mi guardiana ausente y la pasaste a mi lado, dejaste que mi sudor de enfermo, ya oliendo a muerto, babeara contra tu cuerpo desnudo, cuando lo tendiste junto al mío para darme calor, cuando yo, helado ya, tiritaba en pleno verano. Y mi sudor de muerto se acobardó frente a tu fresca vida, como se repliega el mar decepcionado de su impotencia contra la roca... Me salvaste tú, con tu carne, con tu aliento, con tu proximidad, aquella tarde», y es verdad todo eso, pero yo no lo puedo creer..., aunque sí me lo creo, ¿no he vivido tantas veces la fuerza del amor de verdad, en el fuego de Ahram o en el alma de Krito? Lo salvase quien fuera, se ha repuesto bien.

¡Qué hermoso el reencuentro, el primer abrazo después, tras aquellas semanas de convalecencia! Del banco de los delfines nos acercamos a la casita verde y, ¡sorpresa!, nuestro delfín Nereo, le hemos dado el nombre de mi padre, que seguía siempre rondando la caverna, apareció entre las olas, como si adivinase que ya estábamos allí, acercándose al faro aunque le da miedo. ¿Cuál era su mensaje, a qué venía? Krito lo captó antes que yo, dulcísimas palabras. «Mírale, tu enamorado viniendo a verte aquí... Pero no es tu único enamorado...», y con su mirada me lo dijo todo. De la mano me hizo entrar en su cubil, el templo de su soledad, volvió a ser como la primera noche, en la caverna, me estremeció ser amada por el hombre rescatado a la muerte, advertí otra vez que Krito besa con la misma intuición, con la misma adivinación de mi deseo que Domicia, pero aunque él se diga andrógino es un hombre, el diferente sexo se nota hasta en el roce, en la mirada: ¡por eso la unión es tan excelsa!

Pagamos la dicha envejeciendo, ¿y qué? Yo besaba en él a la resurrección, a la vida que no muere nunca, aunque muramos nosotros, él besaba mis pechos de sirena, mis pechos de mujer, su mano en la espalda era la de los dioses, si supieran los dioses sentir algo, ciertamente es un hombre, no necesité su erección para saberlo, hombre que salva sus carencias porque las acepta, las admite, las paladea... ¡Krito, Krito! ¿Cómo no te das cuenta de que no te concedo ni regalo nada, sino que eres tú quien me da el amor, tanto como yo a ti? Habría que inventar una palabra o mejor cien mil palabras para decir «Amor»: no hay dos amores iguales y todos son sagrados; quiero decir, humanos con tal de ser verdaderos. Sabe que no sabe recibirme hasta su fondo, pero lo acepta y eso lo resuelve todo, borra el problema, abre la puerta dorada.

¡Si Ahram supiera! No me extraña que no sepa, yo tampoco sé muy bien. ¡Si yo supiera lo que él vivió en la Roca! Sigue siendo único cuando me toma, cuando me doy; sigue siendo la piel que me domina, la caricia inescapable, el reclamo al que acude todo mi cuerpo, mi sangre precipitándose por mis venas, un borbotón hacia él... Sigue siéndolo, y más que nunca, porque ahora lo veo temeroso, no de nadie, sino de él mismo. A veces como con miedo de hacerse débil, y avergonzado de Krito y de mí, como si el placer verdadero, profundo, fuera vergüenza. Miedo a ser tolerante, ¡es decir, de comprender, de ser humano hasta lo último!, le teme a la palabra, a las explicaciones... «Nunca hablé tanto como cuando estuve en la Roca, allí solo... Todo el día diciéndome cosas: era lo más horrible, mientras no hacía nada.» Eso no lo sufre Krito, el miedo a aceptar, en cambio ignora su grandeza ese hombre que lo comprende todo, que incluso se comprende a sí mismo, Krito sólo ve sus carencias, qué error masculino también, son el uno para el otro, se comprende su larga compañía... ¡Cómo les quiero! ¡Qué fuerza tiene la vida, precisamente por sus juegos con nosotros, por sus desmadres creadores!

El consejo no era el de antes, no estaba a la altura, parece ya algo pasado, pero ¡qué alegría inesperada después! Ahram como si se hubiera dado cuenta de todo; Ahram como saliendo de un torpe sueño, el de los engaños de Zenobia; Ahram como sacudido por un latigazo... ¡Qué espléndido su amor, su cuerpo sobre el mío, su frenesí, su boca dominante! Y sobre todo después, hablando como siempre, como al final, los dos solos, esa reflexión de Ahram, esa nueva ternura, yo advertía su cambio pero ahora veo que alcanza a lo más profundo de su vida, a sus proyectos de poder, comprende que su ambición contra Roma, su sueño de venganza, no es el mejor empleo de su tiempo ni de su fuerza, por eso a la tarde, ¡qué amor tan entregado!, y tras el Vértigo fuerte y dulce a la vez, enamorado y activo, recobrado como antes de la Roca, planeando sus acciones frente a la adversidad, riéndose de sí mismo por no haber calado a Zenobia, calculando la utilidad de sus técnicos, de esos inventos que ahora serán contra Zenobia, pues ya no duda de que Zenobia va a lanzarse a fondo, se cree todopoderosa con los godos en la mar, Ahram se ríe pensando en la lucha, sólo entristecido porque eso favorece a Roma, porque habrá de defender Egipto, pues Zenobia intentará dominar Alejandría, el sueño de esa mujer, someterle aquí.

Sí, la muerte de Odenato ha sido el acicate en los ijares de Ahram, esos flancos suyos, lisos, musculosos bajo mis manos y luego rítmicos entre mis muslos... Y para mañana una peregrinación nosotros solos en el falucho, iremos juntos a Karu, sólo con Likos el marinero, a visitar la tumba de Bashir, el monolito que Ahram le dedicó en la playa, al pie de las palmeras, aunque esté la mar alborotada, con él no temo nada, Ahram volviendo a sus orígenes conmigo, volviendo a mí con ellos... ¡Qué importa envejecer, así se vive!

28. ZENOBIA EN ALEJANDRÍA

–No tardarán en atacar –afirma Ahram.

El silencio que le rodea expresa la aquiescencia y, también, la inquietud de sus acompañantes. Junto a él se encuentran el epistratega, con su empenachado casco, el legado jefe de la XIV Legión Cirenaica traída desde su guarnición en Heptanomia para reforzar la ciudad, el presidente del Consejo Municipal de Alejandría y algunos oficiales superiores. Todos lamentan que el prefecto se encuentre en la mar combatiendo las naves godas encargadas de cortar los envíos desde Roma. El grupo ha subido a lo alto del faro por las rampas de doble hélice que ahora no recorren los asnos leñeros, pues no se enciende la hoguera a causa de la guerra y la ausencia de navegación mercante. Los hombres contemplan el panorama de la ciudad y de sus alrededores en esta tarde otoñal, en que comienza el mes de Tybi para los egipcios. Sólo se escucha arriba el rasguido del viento contra el coronamiento del faro y, abajo, el fragor del mar, estrellando contra las peñas sus violentas olas grises.

Las miradas se dirigen, por encima del palacio real

en el promontorio que cierra el puerto Magno, hacia las afueras orientales de las murallas. En el llano inmediato las avanzadas palmirenas han ocupado ya el campo militar romano, previamente evacuado por indefendible, y el suburbio de Nicópolis. Más al sur, hacia el lago Mareotis, se extienden también por el barrio residencial de Eleusis, donde el romano Popilio, en tiempos de los Ptolomeos, derrotó a las tropas del rey de Siria. Esta vez, sin embargo, nadie confía en la victoria, como comprende Ahram con sólo ver los semblantes de sus compañeros. Las avanzadas enemigas, desde el hipódromo y la necrópolis legionaria, se encuentran literalmente a tiro de catapulta frente a las murallas, en cuya Puerta del Sol los soberbios batientes de cedro recubierto de bronce han sido interiormente reforzados contra los arietes, que ya está montando el enemigo bajo las tortugas protectoras.

Los observadores del faro cambian breves comentarios sobre las perspectivas inmediatas y luego descienden pensativos, dejando arriba a un centurión y dos tubícines, encargados de dar los trompetazos convenidos en caso de movimientos enemigos. Ahram recuerda que, dos años y medio antes, se preguntó hasta dónde sería capaz de llevar su ambición la reina Zenobia al proclamar rey a su hijo Vabalato. «¡Cuántas cosas han ocurrido desde entonces!», piensa cuando, tras despedir al resto del grupo en el estribo isleño del Heptastadio, se dirige hacia la Casa Grande acompañado por su escolta. Poco tiempo después de aquella pregunta suya, en el verano del año de Roma 1021, el emperador Galieno murió asesinado, sucediéndole Claudio –después llamado Gótico por sus victorias sobre los germanos–, que hubo de comenzar su reinado aplastando la rebelión de Aureolo, aspirante también al trono; aunque nunca logró someter a los llamados «Emperadores del Rhin», prácticamente independientes en las Galias desde hacía diez años. Otro general, Marciano, actuaba por su cuenta en el este e incluso lograba triunfos sobre Shapur, que le animaban sin duda a desafiar a su vez a Claudio.

¿Cómo no iba a aprovechar esa anarquía romana una Zenobia cuya ambición se sentía justificada por los triunfos anteriores de sus ejércitos palmirenos? A lo largo del año siguiente la reina fue desarrollando un plan de expansión en el Asia Menor que, por el norte, le proporcionó la conquista de Ankyra y el dominio de Galatia; por el sur la ocupación de Arabia haciendo huir a Cocceo Rufino y, por el oeste, la posesión en Fenicia de Byblos, Berytus, Sidón y Tiro, alcanzadas tras un rápido avance por el valle del Eleutheros. Con la conquista de esos puertos, el generalísimo Zabdas, al mando de las fuerzas palmirenas, ofrecía magníficas bases a las embarcaciones godas aliadas, que comenzaron a estorbar seriamente las comunicaciones con Alejandría. Este último avance enlazó, en la frontera de Galilea, con las fuerzas que, desde el interior y cruzando las cordilleras del Líbano, habían ocupado Heliópolis, controlando así la ruta de caravanas apoyada en los pozos de Bostra y Philadelphia. Entonces el grueso del ejército se tomó un tiempo de respiro para reorganizarse, consolidar su dominio sobre tantos territorios y asimilar a los entusiastas aliados que, viendo ya en Palmira el nuevo poder hegemónico de Oriente, acudían a incorporarse a las tropas vencedoras como aliados y auxiliares.

Quedaba claro así el ilimitado alcance de la ambición palmirena. Ahram comprendió que Zenobia se lanzaría a la conquista de Alejandría, segunda ciudad del mundo después de Roma y llave del comercio marítimo con las tierras del incienso y de las especias. Los acontecimientos, además, seguían favoreciéndola. A poco de comenzar el año siguiente murió de peste Claudio Gótico, cuando preparaba en Panonia otra expedición contra los vándalos. El reinado de su hermano Quintilo, nombrado emperador por el Senado, sólo duró tres meses frente a los ataques de quien ya había sido bajo Galieno jefe de la nueva caballería, Lucio Domicio Aureliano, al cabo triunfador en esa lucha. Zenobia aprovechó la disputa atacando por Galilea la ciudad de Ptolemaida, muy ligada comercialmente a Alejandría, y Zabdas venció toda resistencia en los llanos de Esdraleón, abriéndose así paso a la ocupación sucesiva de Samaria, Judea e Idumea. En poco más de un mes el ejército palmireno alcanzaba al fin la frontera de Egipto.

Allí le cerró el paso otro enemigo diferente: la inundación anual. Semanas antes se había registrado la primera subida en los nilómetros de las primeras cataratas y ya en el verano el valle y toda la extensión del delta, desde la boca Pelusíaca oriental hasta la Canópica occidental, era un vasto lago donde sólo sobresalían, como islas, las ciudades y aldeas previsoramente construidas sobre las ligeras elevaciones del terreno. El ejército se detuvo porque avanzar por aquel país empantanado hubiera sido una locura.

Ese respiro de unos meses fue aprovechado por las autoridades alejandrinas para aprestarse a la defensa. Aureliano envió a un nuevo prefecto de su confianza, Tenagino Probo, con un séquito de oficiales y dignatarios que incluía a un epistratega distinguido, al mando de la caballería, durante las campañas de Mesia y Panonia. No era sin embargo esa historia personal la que más le capacitaba para la lucha urbana en un asedio y, por otra parte, el prefecto era un rico senador acreditado como avispado comerciante pero cuyo principal mérito consistía en haber sido de los pocos que se negaron a votar la fugaz investidura de Quintilo. Por eso Ahram, con sus aptitudes para la defensa por mar, y su conocimiento de la ciudad y del medio circundante, se convirtió en el asesor principal del prefecto y en uno de los organizadores capitales de la defensa. De acuerdo con el jefe de la Legión Cirenaica se decidió a utilizar esta aguerrida tropa para retrasar el avance desde el brazo oriental del delta, defendiendo una tras otra las sucesivas ramas del Nilo cuando el descenso de las aguas permitiera la lucha, apoyándose para ese despliegue en la base de Menfis, donde empezaba a dividirse el río. Sin esperanzas de victoria, porque las fuerzas imperiales eran inferiores, se pretendía con ello dar más tiempo a la llegada de socorros enviados por Aureliano, enfrentado una vez más con las tribus germánicas. Dificultaba esa defensa la actitud pasiva, cuando no hostil, de los numerosos campesinos del delta, a quienes los sacerdotes egipcios, aliados de Zenobia con la esperanza de recobrar sus anteriores riquezas y preeminencias, habían convencido de que vivirían mucho mejor como dueños de sus tierras bajo un monarca oriental que como simples colonos del emperador romano.

En cambio, dentro de la ciudad eran filorromanos el poderoso clan judío y los griegos de Bruquio, por el miedo a perder sus riquezas en un saqueo y a la ulterior opresión de Palmira, secularmente envidiosa de la prosperidad alejandrina. También los cristianos se aprestaban a la resistencia, pues poco a poco habían logrado mejorar su situación con la tolerancia creciente de los últimos emperadores, y sus numerosas conexiones con sus correligionarios de todo el Oriente les permitían prestar valiosos servicios de información sobre el enemigo. En cambio los egipcios de Rhakotis, los pescadores del puerto y del lago y, en general, la chusma siempre alborotadora era filopalmirena, por las expectativas del saqueo.

En la ciudad se dedicó el verano a reforzar las murallas, acumular víveres y medios de guerra, intensificar la producción de armas y preparar abrojos de hierro y otras trampas contra la caballería, que constituía la fuerza más temible de Palmira. Los barcos godos hostigaban a los romanos, pero la vía marítima no quedó del todo cortada, pues las naves alejandrinas, sobre todo las de Ahram, estaban hechas a afrontar la piratería. A partir del otoño, sin embargo, la navegación de ambos contendientes se vería reducida a lo más indispensable, como todos los años.

Por desgracia la defensa del delta no pudo mantenerse mucho tiempo. Zabdas desató la ofensiva en cuanto las tierras empezaron a endurecerse y, con su política de evitar los saqueos, logró que la población campesina fuera más hostil a los romanos. Zenobia continuó su implacable avance, empujando hacia Canope y luego hacia Alejandría a un tropel de refugiados, entre los que se encontraban los habitantes de Villa Tanuris, cuya defensa era imposible y donde sólo quedaron, con el sacerdote del santuario de Nuestra Señora de las Aguas, los siervos y colonos egipcios que se consideraban respetados por los invasores. Ahram imaginaba el triunfante orgullo de Zenobia cuando ocupase la propiedad del hombre que allí la había agasajado y a quien ella había querido asesinar con tanta astucia. Pero eso le atormentaba menos que pensar en el sepulcro de Bashir, aunque confiaba en que la isla no atrajese el interés de los invasores.

Mientras tanto, sin descuidar sus tareas en la ciudad, Ahram preparaba la isla de Faros como último reducto, por si en ella se podía resistir hasta la llegada de refuerzos, en caso de pérdida del centro urbano. Para ello había hecho traer con tiempo, desde el Campo Esmeralda y los astilleros de Darnis, los mejores artefactos creados por sus ingenieros, especialmente máquinas para lanzar fuego griego sobre el enemigo y, sobre todo, la mejor aplicación del espíritu de fuego: un lanzallamas que, mediante bombeo a presión, arrojaba un chorro de ardiente líquido por un tubo de bronce, mientras el operador se protegía tras una chapa de madera forrada por el incombustible tejido hecho con filamentos del nuevo mineral. «Dragón» era el nombre dado por Ahram al aterrador ingenio, con plena conciencia del mítico espanto producido al accionarlo. Además de esos recursos bélicos, Ahram acumuló vituallas en la Casa, mientras Glauka, con Soferis, le ayudaba en la organización de la resistencia. Una noche Eulodia confió a su ama que en la parte rocosa, a poniente de la isla, cerca de unas cabañas de pescadores que servían de cobertura, existían unas catacumbas cristianas donde podrían ocultarse Glauka y los suyos en caso necesario. El diácono de su comunidad la había autorizado a revelar el secreto y Glauka se conmovió ante tal prueba de confianza, esperando que no fuera preciso ocultarse allí y prometiendo a Eulodia no revelar a nadie ese refugio cristiano.

Ahora Zabdas no pierde el tiempo. Dos días después de la observación realizada desde el faro por los defensores lanza su ataque contra la Puerta del Sol y murallas orientales, desde la torre septentrional del recinto en el promontorio de Lokias, hasta la meridional, junto al canal del Nilo y el lago. Por suerte es la parte más recia de las murallas y, además, los barrios interiores contiguos están habitados por ciudadanos partidarios de la defensa: griegos del Bruquio y la Neápolis, judíos junto al Nemesion, cristianos en las faldas del Paneum y funcionarios y notables en las elegantes residencias más próximas al palacio que, debidamente reforzado, es el eje de la defensa y alberga el cuartel general.

Sin embargo, como temía Ahram, la desigualdad de fuerzas se impone. Bastan diez días de violentos asaltos para que el enemigo se abra paso e irrumpa por la vía Canópica, obligando al abandono del palacio. Zabdas lo ocupa de inmediato, mientras todavía se defiende el resto de la ciudad, en medio de la confusión creada por los filopalmirenos. Al día siguiente hace su entrada la reina con su hijo, tras unos días de espera en Villa Tanuris. Llega en una litera de campaña espléndidamente adornada, con Vabalato cabalgando a su lado, y una magnífica escolta de arqueros palmirenos a caballo, tras su séquito de oficiales y dignatarios, vestidos unos con la clámide de los jinetes romanos y otros con pantalones persas. Desde la terraza de Ahram se puede ver cómo se iza, a los sones de trompetería y címbalos, el estandarte de Palmira sobre el frontón de la residencia imperial y cómo en la explanada de los jardines se alzan suntuosas tiendas para la oficialidad. En esos momentos Glauka imagina la sonrisa de triunfo de Zenobia contemplando, como ella, la ciudad todavía en lucha y, al otro lado del puerto, la Casa Grande del Navegante, cuya posesión colmará pronto su orgullo. Pero Glauka no puede entretenerse en esas reflexiones porque su corazón sufre sabiendo que Ahram lucha todavía en las calles, si bien con el propósito de retirarse a Faros por el Heptastadio en el último momento. Glauka desea con ansia ese repliegue de Ahram a la isla, para unirse a ella y resistir o perecer juntos. En medio de su amargura no puede por menos de admirar el talento de Zenobia, reprimiendo por todos los medios los saqueos y destrucciones habituales en las luchas urbanas. Tampoco se ha producido ningún gran incendio: Alejandría es una joya espléndida y Zenobia la quiere intacta.

Por eso mismo se frustran las esperanzas de Glauka de recobrar pronto a Ahram, pues Zenobia ha encargado a Zabdas que una punta de lanza, formada por tropas muy escogidas, penetre a lo largo de los muelles para proteger los mejores edificios, situados entre el puerto y la vía Canópica. Cuando Ahram que combate en torno a la tumba de Alejandro, decide retirarse por el Heptastadio, ya no puede alcanzar su objeto porque el estribo sur del puente está en manos de los palmirenos. A pesar de ello intenta furiosamente abrirse paso con algunos hombres, pero recibe una saeta debajo de la clavícula y otra le hiere en la pierna, impidiéndole andar. Sus hombres, cercados, se niegan a abandonarle y resisten en torno suyo hasta sucumbir; sólo uno logra deslizarse entre los enemigos arrojándose al mar y llega herido a la isla, donde comunica a Glauka la tristísima pérdida de Ahram y sus compañeros. Únicamente la conciencia de sus responsabilidades hacia Malki y los demás impide matarse en el acto a la desesperada Glauka, que se fuerza a continuar frente a la adversidad como el propio Ahram hubiese hecho. Sobreponiéndose a su pena adopta con sus amigos las últimas disposiciones para sobrevivir el mayor tiempo posible bajo el dominio de los invasores, a los que mientras tanto, en pocas horas, ven avanzar a lo largo del puerto occidental, llegar a Kybotos, cruzar la muralla occidental y perseguir a los últimos fugitivos romanos y alejandrinos por entre las tumbas de la Gran Necrópolis y en torno al suntuoso centro de embalsamamientos. Cuando llega la noche no tienen la menor duda de que el asalto a Faros se producirá al amanecer.

Ayudada por Krito, Malki, Artabo y Soferis, Glauka recoge los bienes más valiosos y transportables, junto con algún recuerdo y documentos importantes. Guiados todos por Eulodia, Marsia y otras dos siervas también cristianas, alcanzan en la oscuridad nocturna la entrada secreta de las catacumbas, donde son fraternalmente recibidos. Allí se dan cuenta de que falta Krito, pero están acostumbrados a sus peculiares escapadas y suponen que no tardará en aparecer. Mientras tanto Artabo, convertido en jefe militar del grupo, propone permanecer ocultos unos días y cuando se relaje algo la vigilancia de los ocupantes escoger una ocasión para apoderarse de alguna de las pequeñas embarcaciones concentradas en el puerto y huir en ellas a Antiphrae o Darnis, donde se encuentran los astilleros de Ahram. Pero en esa noche horrible todavía cae sobre Glauka otro golpe cruel pues aunque, dada la tardanza de Krito, salen varios a buscarle, no logran hallarle. No pueden explicárselo sino temiendo que, mientras caminaba el último de la fila en el sendero al borde del mar, se haya despeñado por los riscos. En los días siguientes, aún trajeron otras malas noticias los mensajeros cristianos: Assurgal y Dagumpah quedaron muertos en el asalto al Museo por las turbas de Rhakotis, antes de que pudieran impedirlo las tropas enviadas para proteger ese centro científico.

¡Si Glauka pudiera saber que Ahram no ha muerto! Quienes le reconocieron y apresaron le llevaron inconsciente al palacio real donde, por orden de Zenobia, fue asistido por un médico y una sierva constantemente a su cabecera. Cuando recobra el conocimiento, el prisionero comprende, por el lujo de la estancia y las frondas visibles a través del ventanal que se encuentra prisionero en una habitación del palacio, llegando a sus oídos los sones reglamentarios de trompeta. Cierto día, cuando ya le han permitido levantarse, con el brazo izquierdo en cabestrillo y un apósito en el muslo herido, entran dos soldados palmirenos y le conducen, por diversos corredores y estancias, hasta una cerrada puerta que se abre para él.

La traspone venciendo la fatiga de haber caminado hasta allí y consigue dar unos pasos con aire casi marcial: ha visto al fondo del gran salón de palacio, en el trono del prefecto, bajo las talladas águilas romanas, a Zenobia llena de magnificencia, sentada a la oriental con las piernas cruzadas y junto a ella, de pie, un joven imberbe más parecido a Odenato que a su madre. Altivo, sacando fuerzas de su voluntad, Ahram permanece erguido, mirándola de hito en hito, mientras llamea la cólera en su corazón. ¡Ah, si tuviera siquiera su daga! ¡Moriría gustoso matándola!

A ambos lados del trono aparecen varios oficiales y dignatarios de alto rango. Sentada en las gradas, al lado del sitial de la reina, el indignado Ahram reconoce a una Clea sonriente, casi amable. Pero lo que más le sorprende es ver sobre la cabeza de Zenobia el tocado de las soberanas ptolemaicas: sólo más tarde se enterará de que, alegando documentos que ha presentado al Consejo Municipal, la palmirena reivindica su descendencia directa de un hijo de Ptolomeo Auletes y, por tanto, su derecho a heredar de la última Cleopatra la doble corona del Alto y Bajo Egipto. La generalizada convicción de que los documentos son falsos no ha impedido al Consejo rendirse hipócritamente a la voluntad real y acatar a Zenobia, la Pía y Augusta regente de Palmira, como soberana legítima. Pero esos detalles le llegarán más tarde a un Ahram, en ese momento preocupado tan sólo por tratar a esa hembra con toda la altivez posible en un cautivo.

Tan arrogante es su actitud que un oficial real indignado, se acerca alzando una fusta y mandándole prosternarse, pero el gesto de la reina impide el golpe mientras Ahram declara con energía:

—Sólo arrodillaréis a un muerto.

Zenobia sonríe, con una desdeñosa benevolencia más ofensiva todavía que la cólera.

—¿No aprenderás nunca, Ahram? Ya no eres el Poderoso... Bien, veamos qué quieres pedirme. Te he hecho venir para escucharte.

—¿Pedirte? Que me saquen de aquí para ahorrarme tu presencia.

Murmullos airados entre los personajes presentes. Zenobia los acalla con aire divertido:

—¿No quieres además tu casa, tus naves, tus bienes? ¿Ni siquiera tu libertad?

Ahram no contesta, limitándose a un gesto desdeñoso. El olor oriental de los pebeteros le recuerda un ambiente despreciable de alcoba, casi de burdel. Los presentes contemplan atónitos a ese hombre herido, calzado con las sandalias de papiro que le han proporcionado, con la túnica en jirones y desnuda la cabeza, que tan impasible desafía a la dueña de su destino en medio de los mármoles y la púrpura.

Zenobia suspira, falsamente compasiva:

—Te creía más sensato. Si lo fueras, todavía podrías ser Ahram el Navegante, uno de los hombres más importantes del nuevo imperio mundial.

—¿Aceptar tu favor? ¡Jamás, jamás...! Tú caerás, pero sin grandeza... ¿Suceder a Roma tú, la traidora a tus aliados, la embaucadora del persa y de Menio, la asesina de tu esposo, la barragana...?

Calla porque le ahoga la indignación al mismo tiempo que, ahora sí, el militar a su lado le cruza la cara de un fustazo. La reina esta vez no lo impide porque, descompuesta por la ira, medio se ha incorporado en el sillón. Y mientras Ahram llama «¡Cobarde!» al oficial, que echa mano de su espada ella corta esa acción y pálida de cólera, furiosos los ojos, exclama:

—Pues toma este favor mío aunque no quieras. ¡El último de tu vida!

En su mano aparece un brillante objeto redondo pendiente de una cadenita. Lo balancea un instante y lo suelta con impulso de manera que vaya a caer a los pies de Ahram, tintineando sobre el mármol.

Al ver el pequeño disco de oro el herido vacila y su rostro adquiere mortal palidez entre la barba descuidada. La voz se le ahoga y apenas percibe nada entre las lágrimas que trata de reprimir, mientras se inclina a recoger la medalla, idéntica a la suya, que él puso en un cuello adorado. Ahora la cuelga sobre su propio pecho, para reemplazar a la que perdió en la batalla por la ciudad.

—Glauka, Glauka —repite besándola, olvidada ya toda pretensión de altanería. Implora la noticia a Zenobia—. ¿Ha muerto? —Y repite, otra vez furioso—. ¿La has matado, también a ella?

Zenobia se limita a hacer un gesto y los soldados arrastran a Ahram fuera de la estancia, mientras ella reanuda las conversaciones con su corte, descartando como nimio el incidente. Es un hombre transtornado por el dolor el que los soldados se llevan escaleras abajo, pues ahora no le conducen a su cámara, sino a un cuchitril del sótano, apenas iluminado por una estrecha abertura. Ahram se deja caer sobre un montón de paja y ni siquiera oye cerrar la puerta. Sólo tiene sentidos para su dolor y hasta más tarde no se le ocurrirá una idea, convertida pronto en obsesión: la de matarse si ha muerto Glauka. Vivir ya no sirve más que para sufrir las vejaciones de Zenobia.

En ese estado, cuando el crepúsculo ha amortiguado ya la claridad de la ventanilla, se abre de pronto la puerta y penetra Clea con una lámpara encendida. Despide al carcelero mientras Ahram levanta la cabeza y pregunta lo único que le importa:

—¿La ha matado?

—No, no la han matado, pero ha desaparecido. La medalla la hallaron tus siervos, que recorrían Faros con los soldados y, reconociéndola, la hicieron llegar a la Augusta. Quizás haya podido huir, aunque es casi imposible porque los barcos godos rodeaban la isla durante la batalla. O quizás se dio muerte; podría estar su cuerpo en la parte derrumbada de tu Casa. O se arrojó al mar.

Aun siendo tan leve la esperanza, Ahram consigue pensar en algo diferente:

—¿Derrumbada mi Casa?

—Contra las órdenes de Zenobia unos bárbaros sirios le prendieron fuego y ardió casi todo el lado oeste.

—El de la servidumbre —murmura Ahram para sí mismo.

—Sí pero, por desgracia, también el de los almacenes y los archivos. ¡Con el interés que yo tenía por enterarme de muchas cosas importantes gracias a tus documentos! —suspira la dama, mientras con la mano levanta cuidadosa el borde de su túnica para que no arrastre por el sucio suelo.

Poco a poco Ahram recupera su personalidad.

—Me das asco, déjame... ¡Sirviendo a esa zorra al final!

—Nada de al final. Desde antes de conocerte trabajábamos ya juntas, éramos compañeras de «Las Amazonas», en contra de los hombres, que nos oprimen, nos desdeñan, abusan de nosotras. Una poderosa sociedad secreta extendida por todas las grandes ciudades y dirigida por Zenobia; ahora no me importa revelártelo. ¿Qué creíais, que las mujeres somos tontas y débiles? Pues ahora estás a nuestros pies, como otros muchos. Sólo Krito descubrió algo de nuestra organización.

Ahram recuerda súbitamente, con nuevo dolor esperanzado.

—¡Krito! ¿Qué ha sido de él?

—Tampoco aparece. Algunos pretenden haberle visto en tu torre poco antes del dragón. Pero nadie se ha atrevido a entrar allí. Creen que ese lugar sigue embrujado por la magia de tu mujer —añade con voz incrédula.

—¿El dragón?

—Una patrulla nuestra, al ocupar la isla, se dirigió a tu torre, acercándose por la puertecilla de la cerca. A partir de ese momento su relato resulta increíble. Dijeron que allí les atacó un espantoso dragón por cuya boca salía una llamarada de varios codos de larga, que abrasó en un instante a varios soldados. Los demás echaron a correr ante semejante monstruo nunca visto, que al mismo tiempo lanzaba rugidos espeluznantes. Más tarde un capitán indignado por la cobardía de los soldados, se atrevió a un nuevo ataque, pero sus hombres fueron rechazados por el mismo animal llameante. Esa vez, sin embargo, dispararon una nube de flechas y una acertó a entrar por el único ojo del monstruo. Aunque la bestia no volvió a echar fuego y aunque vieron caer a un hombre junto a ella no se atrevieron a acercarse por miedo a malignas influencias.

—¿Qué hombre? —pregunta Ahram pensando en Artabo o en uno de sus capitanes.

—Cuando volvieron al día siguiente, venciendo sus temores, el hombre había desaparecido; por eso siguen temiendo a la torre embrujada, aunque ya no se oye un ruido ni una voz. Sólo se trajeron a palacio una extraña máquina desconocida.

Después de unos instantes Ahram exclama, entristecido:

—Pues si no puedes decirme nada de Glauka ni de ninguno de los míos, déjame en paz.

—Escúchame, testarudo necio, pues no pienso permanecer mucho rato en este lugar hediondo. Vengo a hacerte comprender tu situación a pesar de que me desdeñaste y me despreciabas, como a todas.

—¡A Glauka no!

—Glauka... Otra mujer más, que ni siquiera supo unirse a nosotras, cuando lo intenté. El talento y los dones de media humanidad femenina siguen sin utilizarse por culpa vuestra. Y valdríamos todas más que vosotros, si se nos diese la misma educación. Tu Krito nos hacía un homenaje vistiéndose de mujer, fue el único en comprender... ¡Glauka! ¡No llegó a nada más que a conformarse con ser tu hetaira!

Ahram se contiene para no declarar el origen divino de su compañera. Clea continúa:

—Óyeme bien: es tu última oportunidad. La admirable acción de Zenobia es el fruto de nuestros planes, los nuestros. Hasta ahora los habíamos desarrollado desde la cama, la única arma que nos dejáis, pero ya habrás visto que podemos dirigir la lucha en campo abierto, derrotando incluso a Roma. Odenato, como también tu Glauka, se contentaba con poco, con ser vasallo del césar, y ni aliado contigo hubiera pretendido ser otra cosa. Sólo era un buen capitán a las órdenes de sus amos. Zenobia ha jugado con todos. Ha negociado en secreto con Shapur sin saberlo Odenato y, ante tu testarudez, decidió eliminarte en Punt, como ya adivinarías, a pesar de tu torpeza. Ahora tiene suficiente fuerza como para crear, desde una Palmira engrandecida, un gran imperio mandado por orientales, con el granero egipcio en sus manos y las costas protegidas por sus aliados godos, con base en Alejandría, el primer puerto del mundo. Ése es el plan genial que Odenato se resistió a seguir, cuando le fue comunicado. Por consiguiente tenía que morir, antes de que lo revelase a Roma...

Clea hace una pausa significativa y continúa:

—Mírate en ese espejo: todavía puedes salvarte, desgraciado. He intercedido por ti, aunque no lo creas, porque puedes ser útil, como lo fue Odenato hasta su error. La Augusta te daría el mando de las naves palmirenas y más recursos para tus astilleros; te permitiría agrandar y perfeccionar la flota con tus ingenieros hasta que limpiases de piratas el Egeo, porque esos bárbaros no sirven más que para el saqueo y ya no nos hacen falta. Serías el rey del mar y tendrías más poder que nunca. Es una oferta magnífica: no te la mereces.

Ahram la mira intensamente y recuerda que alguna vez ese rostro odioso le pareció bello:

—Voy a hacerte una súplica, ya ves... Dime, por lo que más ames, si amas a alguien...

—A Zenobia —sonríe maliciosa.

—Por ésa, pues, dime si de verdad sabéis o no algo de Glauka.

—No sabemos nada, ya te lo he dicho. Creemos que murió despeñada al intentar huir por mar, pues la medalla se encontró en el sendero rocoso de la orilla y ella no hubiera dejado de recogerla. No ha podido escapar y no aparece, aunque se ha recorrido la isla palmo a palmo.

Ahram ha escuchado atento, más alerta que nunca a detectar falsedades. Se convence de que la mujer ha sido sincera y su cabeza se derrumba sobre su pecho. Sólo dice, lentamente.

—Vete.

—¡Piénsalo bien! ¿Vas a ser más torpe que tu yerno?

Ahram alza la vista, intrigado:

—¿Neferhotep?

—Sirve a la Augusta. Ocupará un alto cargo de la administración palmirena en Egipto. No será faraón, como le habían ofrecido los sacerdotes, pero...

—¡Ese imbécil...!

—Sabe moverse entre burócratas. Y no nos traicionará —se oye una complacida risita femenina— porque le dejo a veces llegar hasta mi lecho. Come en mi mano, como un gorrión.

—Querrás decir que bebe en tu coño —exclama violento Ahram—. ¡Vete!

Clea da un puntapié en el muslo herido del hombre tendido sobre la paja y exclama, dando a la vez unas palmadas:

—El imbécil eres tú, desgraciado.

Abre el carcelero y cierra la puerta tras Clea. Ahram queda en la oscuridad. Comprende que va a morir y se alegra de dejar este mundo de traiciones y locuras. Espera firmemente que Ittara no le engañe, que sus luceros estén vivos o que en otro mundo le esperen Glauka y Krito. Krito fue el defensor de la torre, piensa Ahram: sólo él haría esa magnífica locura.

Muertos, muertos, de repente sola, no tengo ni siquiera el sentir de mi dolor, sin Ahram, sin Krito ahí yacente, en esa hornacina, como un cristiano más sin serlo, en estas catacumbas, todavía anteayer tendido a mi lado, ¡yacía lo mismo que después del amor!, su rostro más sereno aún, casi feliz. ¿Te dieron esa expresión nuestras manos? Te lavamos y ungimos nosotras dos, Eulodia quería hacerlo sola, que yo no sufriera viéndote, no lo consentí, retiré de tu muñeca mi brazalete, lo único que me queda de vosotros pues perdí la medalla de Ahram, tu cuerpo como en la gruta, en la noche de tu entrega delicado, enjuto, angélico, tus caderas escurridas, tu delicado sexo deseable, los pezones menudos tan besados, mordidos, pero sólo uno, el otro un horrible agujero, el del hierro que te traspasó, ¡horror, horror!, ¡esto me faltaba vivir!, retornar al principio, la misma mano de hielo apretándome el alma otra vez, como en aquella playa, nueva en la mortalidad, ante el cadáver de mi hija, ahora el hierro fue piadoso con tu rostro, eras tú, Krito, en las playas de la muerte, ¿vivimos para esto?, nunca me arrepentí de adentrarme en la vida pero ahora... demasiado de una vez, no puedo soportarlo, me habéis abandonado cuando yo no estaba a vuestro lado, al de ninguno, es demasiado, aunque tu me dirías que es hermoso...

Porque Ahram está muerto, acabaron con él, cómo pudo esa sierpe engañarlo tantos años, a mí ni un instante, en cuanto le vi desembarcar aquella mañana, su sonrisa engatusadora, pero los labios de crueldad sensual, Ahram acabó conociéndola, al asesinar a Odenato se desenmascaró, supo que ella lo ambicionaba todo, que trataría de llegar hasta aquí, volvió a ser nuestro jefe de siempre, gracias a él resistió más la ciudad, por qué no he muerto a su lado, sólo me retiene Malki, qué entereza tan joven un hombre ya, luchando al lado de Artabo a la entrada del Heptastadio, hubo que obligarle a retirarse un león como Ahram, cuando llegó el superviviente de la ciudad quiso ir a rescatar el cuerpo de su abuelo, costó disuadirle, claro que lo mataron, si se hubiera salvado habría llegado aquí ¿lo habrán profanado? ¡Ojalá no le reconocieran los soldados!, capaces de decapitarle y llevarle a Zenobia la... no puedo ni pensarlo, se ahoga mi corazón, ¿y para esto fuimos a buscarle a la Roca?, ¿para esto aquel viaje con la angustia en el alma?, no, no fue para esto, fue para lavarnos Krito y yo de aquella noche, de aquellos encuentros, ¡no!, ¿qué es eso de lavar culpas?, no hubo ninguna, hasta él lo comprendió, que todo era limpio, que el verdadero amor nunca es culpable, el mundo le obedece, duele, retuerce, destroza quizás pero no ofende, el Amor siempre es verdad y si no no es Amor, Ahram sabía, llegó a saberlo, ésa fue su grandeza pensando como pensaba, siendo de la raza que era, capaz de comprender, comprendiste superándote, nos abrazaste sin decirlo como nosotros te abrazábamos, no te quitábamos nada, mi piel fue siempre tuya pues era tu dominio, tu posesión exclusiva, para Krito era sólo una puerta, la entrada a mis adentros, que también eran tuyos porque los sacabas a mi piel, afloraban bajo tu mano, sacabas mi alma a mi carne, la devorabas y poseías allí, era otro Amor, tan verdad como el de Krito, tú apoderándote de mí, Krito ofreciéndose a mí, tú llevándome al Vértigo, Krito recibiéndolo de mí, tú el fuego, Krito el aire, tú perdido en el poder, Krito en la palabra, y yo trayéndoos a la vida, a la Diosa Madre, como a unos hijos, lo comprendiste en la Roca, y ahora que los tres lo teníamos todo me dejáis sola... Hasta tú, Krito, el nunca combatiente... ¿Cómo te fuiste?, ya que no estuve junto a Ahram haber estado a tu lado, lo sospechó Eulodia, oíamos por las aberturas al mar el fragor de la lucha, los gritos, los aceros chocando, de pronto aquella voz horrísona, jamás oída a hombre alguno, «¡Es Krito!», dijo ella, te reconocí entonces,

¿cómo podías clamar así?, recordé el invento de Filópator, la bocina estentórea, luego un resoplido estremecedor, y aullidos de dolor en otras voces, llegó la noche, todo había callado, y Artabo salió a explorar, Malki se empeñó en acompañarle, las nubes tapaban la luna, yo les seguí aunque se negaron, no quisimos a nadie más, era esencial no ser vistos, llegamos hasta la torre, claro, era el lanzallamas y la bocina, al lado Krito boca arriba, una flecha en el pecho, moribundo, aún me reconoció cuando tomé su mano, expiró al besarle, le trajimos aquí, Eulodia desolada, me abracé a ella ante el yacente, «no llore, señora, ya descansa», lo dijo muy bajito, su boca en mi oído, confesándose «perdóneme, señora, yo le amaba», «llámame Glauka, hermana», «le amaba sin faltar a mi Jovino, quise llevarle a Cristo, se negaba dulcemente: Sé que mis dioses mueren –me respondía– pero no me pidas que yo los mate, son los de Epicuro y son hermosos, ¿quién era Epicuro, señora, y qué decía?», yo la abracé más fuerte, ¿qué importan Epicuro ni los dioses?, «No me pidas eso –repite Eulodia palabras de Krito–, que los mate tu Cristo, que ahora nace tan fuerte, yo moriré donde he vivido, bajo esos dioses míos en los que no creo, ¡y cómo sonreía diciendo eso!, ¡era el hombre más bueno del mundo!», en tu recuerdo revivía, Eulodia, tus palabras me lo hacían presente, su sonrisa incomparable, aquella que le llenaba el semblante de desolación y de esperanza, de triunfo y de melancolía, la sonrisa del hombre viviendo a fondo pero sin interés, apasionado y despegado, su sonrisa antes de amar, que luego en el amor se hacía distinta, definitiva y celeste, sin sombra alguna, como incrédula de que el prodigio fuera tan sencillo... Ahram no sonreía en el amor, jadeaba, bramaba, mordía, besaba y callaba, cuando su boca estaba en mi piel o en mi boca, sus ojos clamaban, y yo ahora sola, sin dar ni recibir, yo sin la vida... revivo mi tiempo entre las femineras, comprendo al Cristo-Mujer crucificado, yo igual, quise vivir y he vivido, pero cuánto dolor para saber del todo, para que la carne sienta la hondura de la vida, ¿saber qué?, lo que sabe Krito muerto, lo estampado en su rostro sereno, que yo le amaba, que le amo como a Ahram, de otra manera pero la misma vida, allí los mártires igual de serenos, aunque una fiera garra hubiera abierto su pecho, pero allí al menos tuve a Domicia, aquí nada, ya ni siquiera el sentir, parece imposible sobrevivir a tanto pero ésa es la palabra: sobrevivir, quien no está a todas horas sobreviviendo no está en realidad vivo, lo humano es sobrevivir en la conciencia de la muerte, el resto sólo existe, los tigres y los montes, los peces y las sirenas, tiene razón Krito, tenía razón, allá en lo oscuro los cristianos son semillas, su dios está emergiendo bajo tierra, en estas catacumbas, sus raíces desquiciarán los cimientos de los templos, derribarán a los dioses de ahora, ¿qué mundo vendrá?, ¿será humano?, a veces me lo parece, veo a estos fieles aquí en torno, tranquilos en la catacumba bajo la tormenta, sabiendo que la muerte les ronda, refugiados en sus rezos, como cuando yo vivía con Domicia, pero también recuerdo sus disputas, sus pugnas internas por si su dios es uno o trino, sus insultos a la Mujer Divina y a Porfiria y sus fieles, por si es perdonable o no el haber sacrificado a Júpiter durante las persecuciones imperiales, cuando los recuerdo tengo miedo, temo que traigan otro mundo parecido, pienso que todos los dioses del hombre son iguales, todos acaban haciéndose inhumanos en cuanto triunfan, incapaces de comprender al hombre, insensibles a la vida porque no la viven, porque sólo el hombre, sabedor de su muerte, vive de verdad, y eso es lo que acepté al vivir, que me desgarrara la soledad, y habré de seguir por Malki y también porque sí, la vida es porque sí, la vida a pesar de todo, ¿por qué fuiste a la muerte, Krito?, ¿crees que a mí ella no me tienta?, pero es la gran blasfemia, la gran aberración, me siento rota y vacía, pero la vida es la vida hasta en el circo de Roteph, hasta en la hoguera, comprendo que no quisieras vivir sin Ahram, yo tampoco pero haciéndote matar no habrás sufrido tanto como yo haciéndome vivir, te sentirías heroico, ¿y el vivir cotidiano abandonada?, ¿y el vivir muriéndome?..., perdóname: hubo más, tu delicadeza, tus escrúpulos, siempre los sentías, te pesaban y ahora te han empujado, si Ahram ya no puede tenerme tú también renunciabas a mí, pero la vida no es tan exquisita, es demasiado fuerte para eso, no le importa nada, es porque sí, somos suyos porque sí, nos anima porque sí, a pesar de que hoy he muerto, de que nunca más seré Glauka, al menos seré la abuela, la que aún le hable a Malki de su abuelo, yo sin vosotros no volveré a ser Glauka, me retiraré a la torre si Malki me deja, o a la celda de Krito, o con mi hermana Eulodia si ella quiere, sólo pediré poder visitar la torre, la alcoba de Ahram, el espacio donde reinó el lagarto, poder bajar a la caverna marina, contemplar allí a la diosa, sentarme en el banco de los delfines, oíros a los dos en el susurro del viento, en el ritmo de las olas, veros tocados del sol entre las ramas, ¿podré soportarlo?, ¡que se acabe pronto!, me duele tanto que no estoy segura de que te equivocaras, Krito, quizá vivir exige también a veces buscar la muerte, no estoy segura de nada, salvo de que oleré a Krito en la tierra mojada, que oiré a Ahram en el viento marino, de que debo seguir, por Malki, por Ahram, por ti, Krito, para que viváis en mí los dos, aunque ya no seré Glauka, Zenobia la mató también a ella, acabó con los tres, abrázame hermana Eulodia, estoy muy sola, pero la vida es porque sí, estoy muy sola...

Acabó todo. Mejor, estoy deseando. Si me obligan a verlas una vez más vomito. ¡Esa otra víbora pervertida!

¡Queriendo sobornarme! ¿No saben quién soy? Ya sólo sonarán bien para mí unos pasos firmes de soldados. Chocar de hierro y bronce, como me es debido. Y una espada limpia o unas flechas bien disparadas. Pero sólo me llega el arrastre de pies del carcelero. O el silencioso andar de la muchacha. Me cuidó bien la herida. No sé lo que digo, la de aquí es otra. También me cuida; ya no es joven pero es dulce. Empeñada en que coma. ¿Está loca? ¿Para qué? Si mi fin es mañana. Quizás hoy. ¿A qué esperan? ¿Comer? Son capaces de envenenarme; esa arma de mujeres. ¡Soy un guerrero! Da igual.

¡Un guerrero de Roma! Jamás lo hubiera creído. Acabé defendiendo a Roma. No, Roma no; Alejandría. ¡Qué absurdo una batalla aquí! Nunca fue ciudad de guerra, sino de motines. Peleas por dinero, judíos contra griegos, la chusma de Rhakotis... Bueno, ésa al menos mata por el pan. ¡Y por carreras o luchas! Corrompida ciudad. Pero me da pena su destrucción. En cuanto forzaron la Puerta del Sol comprendí que estábamos acabados. Ya lo sabía yo; no había defensa. No, no es ciudad guerrera. Por eso me preparé la isla. Arrollaron a los legionarios: no están hechos a la lucha en las calles. ¡Y el estratega empeñado en sus tácticas! A esa Roma la hubiera vencido yo con Odenato. ¡Y que nos haya hundido esa mujer!

¿Qué quería llevándome ante su trono? ¿Humillarme? ¿No se le ocurrió que yo lucharía hasta hacerme matar? ¿Quiso ponerme el pie en el cuello? Ni ella es Shapur ni yo soy Valeriano. Soy un ingenuo. Quería hacerme daño y me lo hizo. Verme llorar la muerte de Glauka. Espero que no viese mis lágrimas. ¡Glauka, Glauka! ¿A qué esperan para acabar conmigo? Si tardan me quitaré las curas, me desangraré.

Porque Malki ya no me necesita. El único por quien viviría. ¿Se habrá podido refugiar en las catacumbas? Artabo estaba en Faros, se habrá defendido bien. Si

Malki no se ha arriesgado demasiado... ¡Es tan decidido el muchacho! Al menos el yerno sirvió para engendrarlo. No durará mucho. Cuando caiga Zenobia caerá él..., si ella no lo elimina antes. ¡Qué tonto creyéndose astuto! Para maniobras municipales, nada más. Coger trigo de impuestos, tetradracmas de sobornos. Si Malki ha logrado llegar a las catacumbas... Si aguanta en ellas sin hacer locuras... ¡Qué suerte que existieran! Se lo debemos a Eulodia. ¿Se habrá salvado ella? A Glauka no le han servido. ¡Y eran para Glauka, lo único importante! ¿Y si está viva? Estas víboras son capaces de engañarme. Valdría la pena salir de aquí sólo para descubrirlo. Me estoy haciendo ilusiones. ¿Acaso es imposible escapar? No apareció su cuerpo. ¿Y cómo lo sé?: sólo ellas lo dicen. ¡Ése sí que es tormento, no saber! ¡Qué generosa Eulodia, revelando las catacumbas! ¿Qué ocurriría? ¿No me hizo caso y no se refugió bajo tierra de inmediato? Le insistí en que cuidase de Malki; a Malki que cuidase de ella. Y Krito de los dos, ¿se habrá salvado? A lo mejor no estaba él tras el dragón; no era un hombre de lucha. Aunque por Glauka él daría la vida. ¡Qué tormento! ¡Si estuviesen vivos! ¡Qué alegría!

Me alegra, sí, pensarlo, aunque yo no tenga escapatoria. ¿Es posible?: imaginar su vida juntos no me hace daño. Me da igual. No, en realidad me alegro. Al menos que sobrevivan ellos. Lo piensa el Ahram de la Roca. ¿Y por qué no han de sobrevivir? El dragón, bien emplazado como estaba, habrá sido eficaz. Les habrá dado tiempo a esconderse. Y las catacumbas muy bien ocultas. ¿Y después? Si yo estuviera allí los sacaba. Aunque fuera en un bote. No habrán avanzado mucho hacia el oeste las tropas de Palmira. El desierto les detendrá. Al menos retrasarles. Hasta con un bote rebasaríamos sus líneas, en una noche sin luna...

Pero ¿qué estoy pensando? ¿Qué tontos planes son

éstos? Estás preso, Ahram, aguardando la muerte. Esperándola con gusto porque Glauka no vive. Si Malki se salva vivirá su vida: por lo menos recordará a su abuelo. Tuve tiempo de prepararle, de hacerle hombre. Y Krito le enseñó la palabra; el muchacho será mejor que yo. Puedo irme tranquilo. Encontrarme con Bashir dignamente. Aunque no sé si lo hice todo bien. ¡Qué razón tenía Glauka! ¡Podríamos haber vivido mucho más! Si ella estuviese viva, si yo me salvara... Sueños. Estoy débil. Pero moriré como Bashir querría.

Su sonrisa benévola era odio. Estaba envenenada. En lo alto del trono. Un culo oriental en un trono romano, con las piernas cruzadas. Hermoso culo, es verdad. Pero un saco de veneno. Odio agazapado; y cuando hay odio hay miedo. No, no: yo odié a Roma sin temor. ¿La odié; no era el gusto de tener un gran enemigo? Debería estar todo más claro y no lo está. Ella tiene miedo, le asustó mi profecía. Fue un gozo. «Caerás y sin grandeza.» ¿Cuánto van a durarle sus conquistas? Aureliano atacará por el norte. La sorprenderá por Capadocia y por Siria. Eso es lo que haría un buen general. ¡Pero no voy yo a darle ideas a Roma!... Se me olvida dónde estoy. ¿Me odió siempre esa mujer? ¿También aquella noche en Palmira? Ahora me lo creo, que esa gente usaba hierbas provocadoras de fantasías. ¡Fue tan hermosa la noche! «¡El nuevo imperio!», dijo. De cañas, de papiro. Sólo con que Artabo lograra reunir mis buques, unirse con mis hijos, poner en juego todo lo que tengo, acabaría con el poder marítimo de sus aliados. Salvaríamos a Alejandría. Pensar que he llegado a querer esta ciudad de granujas. De griegos falsos, judíos cobardes, cristianos revoltosos, mercachifles sin redaños... Claro: aquí viví con Glauka. ¡Qué bien la comprendo ahora! Cuando Ahram el Poderoso ya no tiene poder. Navíos, almacenes, emporios, hombres bajo mi mando y no puedo hacer nada. Como en la Roca. Pero aquello era una puerta; empezar de otro modo. Comprendiendo: siempre esa palabra en la boca de Glauka, en sus sabrosos labios. ¡Y qué razón tenía...! Ahora también estoy ante una puerta: pero saldré y no volveré a entrar. ¡Cuanto antes, no aguanto esta inacción, esta incertidumbre! Me ahogo. Buscar tanto el poder para acabar muriendo sin poder. Me da pena la ciudad; sobre todo Faros. El palacio donde hemos vivido. La torre, nuestro nido. ¡Pensar que esos palmirenos subirán a nuestra alcoba! ¿Bajarán a la gruta, la descubrirán? La gruta de Ittara, de Glauka... No, Ittara nunca la pisó. Ittara; todos son recuerdos. La gruta de Glauka, de su diosa, la verdadera. También la mía. Al menos estoy tranquilo. No hice nada que no aprobara Bashir. Él tampoco mató a la infiel, ahora lo comprendo: la amaba hasta perder su tribu, no pudo matarla. Sí, podré ir a encontrarle si es que Bashir está en algún sitio.

Y Clea... ¿Para quién trabaja ahora? ¿Para su nueva ama o para Roma? Quizá para las dos, es muy capaz. Por el interés trabajará para Roma, es demasiado lista para equivocarse. Pero estará liada con la reina: un buen par de putas. ¡Venir a sobornarme! ¿Yo a las órdenes de ellas? ¿Qué se han creído? Seguro que Clea ayudaría a llevar a Odenato al matadero.

Pienso en lo que ya no me importa. Pero me gustaría saber que viven los tres: Glauka, Krito y Malki. Como vivíamos últimamente. Sólo que Malki en mi lugar. No del todo, ellos haciéndole de padres. Y, esperándoles donde sea, yo con Bashir; también Bashir la amaba. Sólo faltan esos pasos de soldados. Pero ahora tampoco son: es la pisada suave. La de esa que viene a convencerme de que coma. Y la verdad es que tengo hambre. Si me envenenan, qué más da. Pero seguro que esta mujer no lo sabe. Es buena, es dulce, me compadece. No tengas pena, mujer: los luchadores estamos siempre preparados. Y no me espera quien yo quería: no me hago ilusiones.

Las suelas de papiro apenas producen sonido pero el oído siempre alerta de un Ahram a la espera de ciertos pasos las adivinan más que percibirlas. En cambio el chirrido de la puerta desmorona el silencio ahogado del cubículo donde ahora está encerrado. Como cada vez, pronuncia una palabra de gratitud a la mujer que le trae un jarro de agua, un cuenco de nabos y un trozo de pan, pero ella no se limita a depositarlo todo en el suelo, sino que se inclina sobre el prisionero.

—¿Eres tú el amo de Eulodia, una sierva de tu esposa?

El asombrado Ahram asiente.

—Entonces ven conmigo. Te van a liberar.

Ahram reprime un júbilo instintivo y no se mueve. ¿Será ésta otra manera de matar? ¿Habrán ellas maquinado algo? Prefiere las pisadas claveteadas de los soldados. Además...

—¿Para qué? Nada me importa ya.

La mujer se inclina hacia él. Su túnica se vence hacia abajo por los gruesos pechos redondos.

—Tu esposa vive.

La carne de Ahram se hace toda un súbito temblor inmóvil. Sus oídos repiten la palabra. Aturdido, insiste. La mujer lo confirma.

La alegría se le viene a la garganta en forma de ahogo, a los ojos en forma de lágrimas. Ahora sí, se ve el temblor en las manos. Alza la mirada a la mujer: ese rostro campesino y vulgar resplandece para él de veracidad. Se pone en pie, nervioso, va hacia la puerta adelantándose.

La mujer le retiene, le guía por pasillos oscuros. Pasan junto a un siervo que les dirige una mirada indiferente. Ahram susurra:

—¿Cómo podemos salir así? ¿Y mi centinela?

—¿No le viste junto a la puerta? Dormía a causa de unas hierbas que le di, para que no le castiguen. Pero él lo sabía; es otro hermano.

—¿Y ahora?

—Por el palacio se mueve mucha gente nueva. No se conocen.

«Después de todo, ¿qué importa?», piensa Ahram cuya mente no cesa de repetir el nombre de una Glauka resucitada. Llegan a una estancia donde hay herramientas de jardinería, macetas con tierra, sacos llenos, un taburete de madera, cuerdas. Una mujer espera, con un manto oscuro que tiende a Ahram. La que le ha conducido se despide:

—Que Cristo te acompañe en tu camino.

Desaparece antes de que Ahram pueda darle las gracias. Se fija entonces en la que le ha recibido y cree reconocerla. Ante la mirada interrogante ella sonríe:

—Sí, me conoces. Soy Xira y estuve en tu Consejo más de una vez. La hija de Porfiria, la feminera... Pero no perdamos tiempo. ¿Puedes cargar uno de esos sacos? Sería mejor. Sólo hasta la salida, para parecer un obrero.

Ahram lo intenta y, aunque débil, la esperanza le da fuerzas. Cruzan el jardín por la parte trasera y menos cuidada del palacio. Son vistos por un siervo que no les da importancia. Llegan a un portillo de la tapia y Xira lo abre. Salen al lado oriental del promontorio de Lokias, frente a las murallas.

—Puedes ya dejar el saco.

Era tiempo. La pierna herida se resentía. Ahram cree que ha vuelto a sangrar un poco bajo el apósito. Descienden por un sendero hacia el mar, cuya visión llena el corazón de Ahram como el aire salino llena sus pulmones. El mar, la libertad.

Un botecillo les aguarda en la orilla y, mientras Xira

queda en tierra, el pescador, con Ahram a bordo, se aleja a golpe de remo. Ahram reconoce en él a uno de los que frecuentaban la taberna de Psachys en el Kibotos. El hombre sonríe con una boca desdentada.

—Maneja redes mientras yo remo, señor; tú entiendes de esto. Y tira el manto al agua aunque tengas frío.

El cielo está cubierto y, tan pronto como rebasan el promontorio y viran al oeste les sacude bastante la marejada. Aunque no es tiempo propicio para la pesca otros botes se afanan en la boca del puerto en busca de algún sustento y ellos avanzan sin llamar la atención de los vigías en la torre del faro. Luego se mueven entre los escollos hacia la caleta septentrional de la isla. Ahram, estremecido, contempla su torre en lo alto del acantilado la poco visible escalerita en la roca y la boca de la caverna. ¡Se tiraría al agua para llegar antes, si no fuese una locura! Al fin doblan hacia el sur y varan en la pequeña playita occidental. Un hombre sentado en el suelo se levanta y corre hacia ellos. Ahram salta del bote, que torna a la mar, y abraza a Artabo apretadamente.

—¿Glauka?

—En la catacumba. Aún no sabe que vives. No quisimos darle falsas esperanzas. No nos lo creíamos, aunque Xira nos lo aseguraba. ¡Cómo funcionan esos cristianos! Se mueven por todas partes.

Mientras caminan adoptando un aire descuidado, Artabo escucha a Ahram y luego le informa de los acontecimientos. En las catacumbas, con Glauka, están también Malki y Soferis con Eulodia y dos siervas. Krito murió y de los demás no se sabe nada.

Desde las malezas que ocultan la entrada a las catacumbas Ahram puede contemplar el lado oeste de su Casa, con la techumbre derrumbada y las negras huellas del incendio. Pero todo eso no importa nada puesto que, momentos después, abraza en el subterráneo a una Glauka incrédula, estremecida, loca de alegría por el milagro. Durante un rato se abrazan en silencio, se comprueban así vivos y verdaderos, se comunican su ansia interior. Luego Ahram trae a sus brazos a Malki y los tres se confunden. Al fin se calma, sonríen, se contemplan, asombrados aún. Sólo entonces nota Ahram en su carne el tirón de la fatiga, el dolor de su pierna. Se queja, se acuesta. Al ayudarle Glauka descubre asombrada, en el pecho masculino, la medalla que ella perdió en la carrera nocturna hacia el refugio. El hombre quiere devolvérsela pero ella le hace conservarla; junto a él no necesita amuleto.

El diácono cristiano, que contempla la escena sonriente, sabe de pócimas y heridas. Levanta el apósito, declara que ya no es grave, aplica unos remedios. Ahram bebe ávidamente, come algo y, aunque desearía seguir hablando, enterarse de todo lo ocurrido, se deja vencer por el sueño, rendido al cansancio y a tantas emociones.

Despierta más repuesto y conversa con Glauka, sentados ambos junto a una de las menudas aberturas que, en la pared del risco, dejan entrar en la cueva la luz de la tarde, el olor salino, el rumor del oleaje. Sus amigos están a alguna distancia, en la sombra del subterráneo; los compañeros de refugio respetan el aislamiento de la pareja. Ahram ha narrado sus peripecias y sus encuentros con Zenobia y con Clea; ahora es ella la que le pone al corriente de los sucesos y se detiene, sobre todo, en la fabulosa muerte de Krito. Ahram contempla conmovido el tapiado hueco de la catacumba donde se encuentran los restos de su amigo. Toma entre las suyas las manos de la mujer y contempla los magníficos ojos que, a la sedosa luz crepuscular, son más oceánicos que nunca, brillantes como están ahora por la recuperación de Ahram.

—Te amó mucho ¿verdad? ¡Os he recordado tanto

en mi cárcel, mientras esperaba la muerte! No había nada más importante que vosotros.

−Y a ti también te amó, Ahram. Incluso antes de amarme a mí.

−Sí. Fuimos entrañables.

−No es eso. Te amó como un amante. Desde el día en que te vio ante los jueces de Samos. Por eso te defendió.

Ahram la mira incrédulo. Ante esos ojos se rinde a la verdad.

−Parece imposible. No sé qué pensar, no sé... Un hombre adulto ya...

Reflexiona, se extraña. Piensa en Rhakotis, no puede remediar unas sombras. Al mismo tiempo un oscuro orgullo.

Como si lo adivinara, Glauka:

−No era un amorío de Rhakotis. Su amor era como el mío y el tuyo. Todos estos años. Así era Krito. Hubiera sido feliz gozado por ti en tu lecho.

Las sombras huyen.

−¿Por qué no me habló? En aquel tiempo yo... No me hubiera costado nada. Yo también le admiraba.

−Por eso. Porque no te hubiera costado nada y porque solamente le admirabas.

El hombre piensa que el Ahram de la Roca −y, más aún, el prisionero en Alejandría− ha comprendido muchas cosas, pero aún le faltan las más hondas. Y descubre, de pronto, que él sospechó ese amor pero que jamás se le pasó por la mente. Se pregunta ahora, si su desprecio por el Krito que huía a Rhakotis no era otra cosa, no era... ¿Será posible? ¿Como una celosa envidia...? No, no, aunque la amistad fuera tan honda y antigua, no... ¡quién sabe!

−Cuando todo pase −suspira Glauka tras un silencio− le enterraremos arriba, junto a la torre.

−Yo estaba pensando en su casita.

—No. Se la daremos a Eulodia, para que la habite.

Glauka explica entonces a Ahram el amor de la muchacha por Krito, un amor tan escondido como el que el filósofo profesó a Ahram. Ella y Jovino se han dado cuenta de que entre ambos sólo había una fraternidad en la fe y la proximidad en el trato; Jovino ha comprendido además que su vocación es el diaconado. Lo que no dice Glauka es el derecho de Krito a yacer en la torre: porque fue el señor de aquel ámbito durante el tiempo del lagarto.

Tardes después, con Ahram casi repuesto, los refugiados deciden aprovechar una noche oscura con marejada suave y favorable viento Euro para poner en práctica el plan ya elaborado. Los cuatro hombres, con Glauka y Eulodia vistiendo ropas masculinas, se deslizan entre las matas hacia la playita occidental, en cuyas aguas está fondeado un pequeño velero de los godos. No habrá a bordo, si acaso, más que un guardián, pues terminadas las hostilidades en la ciudad y vigilados los accesos marítimos por naves de mayor bordo, la vigilancia es muy somera.

Artabo, Soferis y Malki se meten en el agua y nadan sigilosos hacia el falucho, mientras en la playa Ahram se consume junto a las mujeres, porque no le han permitido participar en la captura. Al cabo de un rato el chinchorro del velero se acerca a la orilla con Malki a los remos. Fue fácil acabar con el descuidado vigilante y arrojarle al agua. Poco después los hombres aparejan y emprenden la navegación hacia poniente, buscando las costas de Cirenaica no invadidas por los palmirenos.

Tres días después, cuando empezaban a escasearles las provisiones, logran llegar a Antiphrae, donde les reciben jubilosas las gentes del astillero de Ahram, con uno de sus hijos llegado del emporio de Atenas, apenas conoció la caída de Alejandría. Allí averiguan que las tropas de Zenobia se han detenido y atrincherado en

Taposiris y que Filópator se encuentra al frente del gran astillero de Darnis. Pudo escapar de Alejandría gracias al tabernero Psachys, que le puso en manos de un pescador lacustre del Mareotis.

Ahram pudo pronto recobrar la dirección de sus asuntos para preparar el retorno a Alejandría, pero la historia prolongó largo tiempo aquella provisionalidad, porque Aureliano no se arriesgó a intentar de inmediato la reconquista de la ciudad, por mucho que necesitara los cereales de Egipto. Como había previsto Ahram, el emperador inició la ofensiva por Capadocia y Siria. Durante todo el siguiente año de 1024 avanzó lentamente hacia el sur, conquistando Ankyra y entrando en Tyana gracias a la traición de su defensor Heraklammon, que arrastró en su defección hacia Aureliano a otros aliados de Palmira. Antioquía, la tercera ciudad del imperio, fue asimismo conquistada, y entonces Zenobia se replegó a su capital del desierto, estallando de inmediato en Alejandría numerosos disturbios, a lo largo de un confuso período. Con gran asombro de Ahram, informado de todo, el financiero Firmus logró hacerse con el dominio de la ciudad e incluso proclamar su aspiración al trono imperial, al parecer con aliados en el propio Senado romano; y en su persecución a los partidarios del clero egipcio resultó asesinado Neferhotep, cuyo cuerpo fue arrojado al mar quedando así privado de su anhelada tumba. Firmus, a su vez, fue pronto derrotado por otras facciones y el caos se generalizó hasta que un ataque desde Cirenaica por tropas romanas reconquistó la ciudad y restauró el orden a fines del año 1025. Veintiséis largos meses habían así transcurrido antes de que Ahram y los suyos pudieran por fin embarcar, apenas abierta la estación navegable, para retornar a Alejandría e instalarse en su Casa saqueada, como la torre, pero en pie salvo la incendiada porción occidental. Sólo la caverna había escapado a los intrusos y, por su vacía insignificancia, la casita de Krito. Ahram y Glauka vieron en esas dos inmunidades todo un símbolo.

Durante aquellos meses los jinetes dálmatas y africanos de Aureliano consumaron la derrota de Palmira, conquistando Emesa y acabando por sitiar a la reina en su capital. Zenobia llamó en su ayuda a los persas, invocando sus secretos acuerdos con Shapur, pero la fuerza enviada en su auxilio fue también derrotada. Cuando ella preparó entonces una fuga por el desierto su pequeño grupo fue capturado. Zabdas y otros personajes fueron conducidos a Emesa para ser juzgados y, algunos, decapitados. La reina y su hijo acabaron desfilando a pie en Roma, tras el carro de Aureliano en el triunfo tributado al emperador, que exhibió en la misma ocasión a Tétrico, otro de sus rivales, usurpador de las Galias.

El antiguo Ahram se hubiera regocijado con la desgracia de Zenobia y se hubiera indignado al mismo tiempo al saber que Clea brillaba entre la buena sociedad romana y que, no obstante, proseguía su amistad con Zenobia e incluso la ayudaba a mantenerse con cierto rango. El nuevo Ahram se limitó a comentarlo a Glauka, reconociendo que «Las Amazonas» sabían organizarse.

Análoga indiferencia le inspiraban los intereses a los que había dedicado toda su vida. Durante unos meses planeó y dirigió, con sus arquitectos y técnicos, la reconstrucción total de la Gran Casa y el ordenamiento de otros asuntos, pero poco a poco fue dejando las actividades administrativas en manos de Soferis, y las financieras en las de Botrys, que durante la ocupación palmirena y el caos posterior había sabido hacerse útil a los sucesivos dominadores de la ciudad, salvando al mismo tiempo con hábil lealtad casi todo el patrimonio de Ahram. Ambos, con Artabo y Malki, completaban un equipo muy capaz de dejar a Ahram libertad para el descanso.

Así fue como poco después, en otro velero, ya que el *Jemsu* resultó hundido durante la batalla en el puerto, embarcaron Ahram y Glauka, con Eulodia, rumbo a levante. Se detuvieron en la isla Karu, donde la gruta y la tumba de Bashir permanecían intactas, y llegaron a un Tanuris donde también se encontraron pocos cambios. Las mujeres de Neferhotep, el Excelso Señor, habían vuelto con sus hijos a sus respectivos hogares al morir su esposo y la casa estaba vacía. Los colonos de la aldea vieron llegar a un Ahram benévolo, que les dio una inmediata satisfacción al restaurar el deteriorado santuario de Nuestra Señora de las Aguas: la imagen le recordaba a Itnanna, a la diosa de Karu, a la de la caverna bajo la torre. A todas las representaciones de la Gran Madre.

Entra ahora el verano y Glauka y Ahram están sentados por fin en la terraza de la villa, frente al infinito verde y azul de la mar y el cielo. En lo alto la majestad de las nubes, la permanente serenidad del mundo. Envolviéndoles un aire espeso y cargado, caluroso y fecundo, el mismo que conoció Glauka el día en que llegó conducida por Amoptis, en un Egipto donde todo era posible. El recuerdo de aquellas fechas, en la inminencia de otra inundación, la mueve súbitamente a levantarse y acercarse al pretil de la terraza. Ahram, sorprendido, se alza también y llega junto a ella. Ambos miran abajo, hacia el patinillo con el pozo.

–¿Recuerdas? –pronuncia la dulce voz–. Ahí me encontraste hace dieciséis años.

–Sí. Haciendo frente a un perro furioso para salvar a Malki.

Ahram ciñe amoroso el talle de la mujer y posa la barba sobre los adorados cabellos, mientras concluye:

–Y para salvarme a mí.

III. LA VIEJA SIRENA

(274 d. J. C.)

*A donde me esperaba
quien yo bien me sabía
en parte donde nadie parecía.*

SAN JUAN DE LA CRUZ

29. EL ÚLTIMO VIAJE

¡Esplendor carmesí, media luna de sangre, chorreante el trozo de sandía alzado en la mano de Ahram contra el azul! Con el suave balanceo del barco anclado, el escarlata oscila sobre un fondo alternativo de agua más oscura y de celeste seda blanquecina. Likos volvió hace un rato de tierra y trajo la sandía: en Quíos maduran pronto.

El pescador al largo de la bahía de Elata reconoce en ese barco, que ayer no estaba, uno más de la flota verdepúrpura del Navegante, pero se asombra de su casco, largo y ligero, de su arboladura al estilo godo y de la cabina a popa, impropia de un buque pirata y hasta de un mercante. Lee el nombre escrito bajo el ojo pintado a cada lado de la proa: *Samio*, el de Samos. Pero no puede saber que es el propio Ahram quien proyectó la embarcación con Filópator y Artabo, ni que ahora está sentado sobre un tapiz a la sombra de la cabina. Ignora igualmente que ese nombre le recuerda al Navegante la isla en que se encontró con el amigo para toda su vida. Y continúa recogiendo sus redes intrigado por el propósito de ese fondeo en las aguas de la isla. Si le dijeran que ese fin es tan sólo navegar no podría comprenderlo, por su dura dedicación cotidiana a ganarse el sustento.

Tampoco lo hubiera comprendido el antiguo Ahram, pero sí este que ha pasado por la Roca, por la traición de Zenobia, por un año en Tanuris. Ha planeado el barco, relevando con él al *Jemsu* perdido en la guerra, para que lo mande Malki llevando de copiloto a Tages, el hijo de Artabo, tres años mayor que su nieto. Y recién botado se ha embarcado en él con Glauka para volver al mar, escapando en su brisa de la pesada estación del Nilo desbordado. Zarparon de Alejandría el 20 de Epeiph y vagaron unos cuantos días por las calas meridionales de Creta, donde les esperaba un regalo del mar.

Les llegó una mañana, cuando ella se sumergía como tantas veces, para vivir las ondas con su cuerpo. Tardó bastante en remontar a la superficie y Ahram, como años atrás en la isla Karu, estaba ya a punto de tirarse a buscarla. Pero ella emergió con el regalo de Poseidón: una anforilla de perfume de un navío hundido, mostrando claramente en su lacrado cierre el sello de la última Cleopatra. La abrieron y, pese al mar y a los siglos, les invadió el aroma hasta que volvieron a taparla.

Siguieron navegando, saboreando las islas como si fueran uvas de un racimo de tierras. La rocosa Kasos, Karpathos la de las liebres y el pez rumiante, luego Rodas la grande, ya con su Coloso abatido por el terremoto, pero siempre ilustre sobre los mares con su código marítimo por todos reconocido. Luego hacia el norte, serpenteando entre pequeñas islas, probando en Kos ese vino mezclado con agua marina que llaman *leukokum*, y al fin Samos la de las famosas hembras —Myrina amada por Demetrio, Polioneta, Rhodope fiel esclava de Esopo— y con el recuerdo de Krito en lugares que Ahram visita conmovido, evocando para el oído de Glauka, entre palabras adorantes, aquel encuentro de los dos hombres. Después, en la cercana península de Asia, más recuerdos de Krito: su frontera natal, entre Teos y Clazomene, entre Jonia y Eolia. Ahora, en Quíos, el crujiente frescor de la sandía deshaciéndose en la boca y, al lado, la jarra de vino de Arvisio. Artabo, que conoce todo lo curioso de las islas, ha advertido al ofrecerlo que era el preferido de Julio César, quien lo descubrió cuando le hicieron prisionero los piratas.

Y, en todas partes, Glauka. Sus blancos dedos aparecen ahora asiéndose a la amura por donde está colgada la escala, anunciando la aurora ambarina de sus cabellos, el rostro, el cuello, el torso, su cintura, sus piernas pisando una tras otra la cubierta, sus pies caminando hacia Ahram. Más que todo, el resplandor de su sonrisa... Ahram la retiene por la muñeca, la hace sentarse junto a él, venciendo una juguetona resistencia:

—¡Tonto! Estoy chorreando, voy a mojar el tapiz.

—¿Crees que no lo veo, si toda la ropa se te pega al cuerpo, a tus pechos maduros como la sandía, a tus caderas frutales, a tus piernas espigadas...? Vamos, siéntate a mi lado: harás dichoso al tapiz.

Ella le mira ahora con inquietud:

—Si te mojo puedes acatarrarte.

La recia carcajada desprecia el riesgo.

—¿Qué me traes esta vez de tus profundidades?

La diosa del mar sonríe y muestra las manos vacías.

—No encontré buques hundidos, ni tesoros, ni prodigios para mi señor.

—Tú eres el prodigio.

Callan. Hasta las palabras estorban para tocar la felicidad, para olerla y paladearla. Hacia proa, bajo un toldillo, los compañeros hablan entre sí, lanzando furtivas miradas. Felices también, porque lo es la pareja.

Ahram observa a su compañera y sabe que está

mirando a la misma persona, pensando en lo mismo:

—¡Qué hombre se ha hecho Malki! —exclama ella en ese instante, confirmando la impresión—. A sus años tú serías como él.

—No tan hermoso.

—Calla, o te beso en público como no besan las mujeres decentes.

Ríen.

—Toma —ofrece Ahram la cajita que encargó también a Likos—. El famoso mástic de Quíos. No lo necesitas para perfumar tu aliento, pero te gustará. Sabe a vida de árbol, a hierba salutífera.

Le encanta observar los amorosos labios absorbiendo la golosina.

—¿A qué día estamos? —pregunta ella, e inmediatamente ríen ante preocupación tan fuera de lugar.

El casco ha rolado poco a poco a merced de la corriente litoral. Ahora queda a babor el islote de Pelagonesos próximo a la playa, mientras a estribor se va alejando el contorno de la isla, con sus casitas a media ladera, entre parrales, cipreses y olivos, con algarrobos hacia lo alto y pinos en las playas. A lo lejos, como a ciento cincuenta estadios, se dibuja la silueta de otra isla, difuminada por la leve calima de la ya avanzada primavera.

—¿Sabes cuál es esa isla?

—Lo adivino por la forma en que lo preguntas. Es Psyra. No quiero ir, ya lo sabes.

No, Glauka no desea volver a la tierra en que emergió de las ondas. «Como Afrodita», ha pensado Ahram muchas veces en estos años. No quiere ver el escenario de la muerte de su primer hombre y de su hija, donde la capturaron los piratas y comenzó su dura peregrinación hasta Ahram. Pero allí «nació», allí está el santuario donde la diosa le otorgó el don de la mortalidad, y el Navegante sí quiere pisar esa tierra. Glauka le adivina una vez más:

—Puedes ir tú, si quieres. Yo desembarcaré en Quíos y me quedaré con alguien a esperarte.

Glauka se apodera de una raja de sandía y la muerde golosamente. El zumo rosado resbala desde su barbilla a su pecho y se pierde entre los senos. Ríe y Ahram no sabe si ha sentido cosquillas o si es al ver el aletazo de cólera de una gayareta que pasaba volando y ha dejado caer el pez que acababa de capturar y llevaba en el pico.

—¿Has visto el pájaro? ¡Qué torpe!

—Se distrajo mirándote. En cambio a ti no se te escapa nada. No te pierdes ni un instante de la vida. Eres sabia.

—Mi mayor sabiduría fue llegar hasta ti. No detenerme antes en nada ni con nadie.

—Aunque hallaste mucho.

—Si, hallé mucho. Pero más aún contigo.

La mira Ahram, advierte ella, tiernísimamente. Como sólo en estos últimos tiempos la ha mirado:

—Incluso tenías a Krito.

Glauka reflexiona un instante.

—No era distinto de ti... ¿Sabes? Decía Krito que ningún dios tiene poder para que se junten dos paralelas, pero que los humanos las hacen tocarse en el amor de dos cuerpos tendidos. Nosotros llegamos a ser tres paralelas.

El vino, la fruta, el mar y el cielo envuelven las palabras.

—¿Te dije que según las últimas noticias de Roma, recibidas por Soferis, Zenobia se ha casado allí con un senador y vive en Tibur, junto a la famosa Villa Hadriana...? ¿Quién puede comprenderlo?

—Yo, desde luego. La conocí siempre mejor que tú. A su edad se las ha arreglado para vivir su triunfo de mujer. Como Clea, que estará a su lado.

Será un triunfo, pero Glauka ha pronunciado ese «su» en tono de desprecio.

—También hemos sabido que Roma se ha aliado con el rey de Axum.

—¿Axum? ¿Dónde está?

—En África, muy al sur. Mas allá del Campo Esmeralda y más al interior que el país de Punt. —Suspira—. Ésos debieron ser mis verdaderos aliados, y no Palmira. África es nueva, está llena de fuerzas intactas mientras que Oriente es viejo... No supe elegir a mis amigos.

—¿A qué hablar de tus aliados, amor mío? Para vivir como ahora no los necesitamos.

—Tienes razón. Déjalos que sigan cuesta abajo. En Persia en pocos meses murió Hormizd, el aliado de Zenobia, que acababa de suceder a su padre Shapur, y le reemplazó Varham. En Roma ya están levantando cabeza los aspirantes a suceder a Aureliano y otros dioses ya tienen templos como el que ha erigido al Sol el propio Aureliano. Tenía razón Krito: están cambiando los dioses y el futuro es de otros. Cualquiera sabe quiénes, entre toda esa confusión de judíos, órficos, cristianos, mitraicos, isíacos...

—¿No te atrae ninguno?

—Yo ya tengo mi diosa.

—No, no, nada de diosa. Tu mujer.

El paladeo de esas dos últimas palabras les deja a ambos en silencio.

Este vino de Arvisio, preferido por Julio César; sabía vivir bien. También yo conocí a los piratas, pero no me cogieron prisionero. Le apuñalaron sus más afectos, y nadie ha logrado apuñalarme a mí. Los sublevados cayeron pronto. A un tirano lo derriba otro y si los rebeldes triunfan se convierten en tiranos. Es el trono el que hace a los tiranos y no al revés. Mirándolo bien, he triunfado al no triunfar. ¡Me asombro: así hablaría Krito, enrevesadamente diciendo la verdad! Pero no hace falta hablar. La verdad es esto: el vino, la riquísima sandía, la mar que es la libertad. Los tronos no flotan, se hunden. Ahora soy más libre que lo he sido nunca, desde que no quiero mandar. Y el mundo más luminoso, quizás porque he vuelto a él desde la orilla de la muerte. Me creía colmado en mi mansión, mandando a hombres y buques, pero me sobraban cosas. Eran tantas que no podía paladearlas despacio, como ahora esta sandía.

Libre para querer. Y para ser querido. He visto en sus ojos un chispazo de inquietud, como un relámpago sobre una mar tranquila. El miedo por mi salud. Temor de que me acatarre, ¡acatarrarse Ahram, habría que verlo! O de que la mojadura me contraiga la sangre. O... lo que está pensando siempre: que me vuelva el ataque. Más que si su vida dependiera de la mía. Pues claro, lo mismo que la mía depende de la suya. Otra riqueza que he descubierto, otra posesión que tenía sin saberlo: esta necesidad uno de otro, esta mutilación cuando nos separamos, aunque sólo sea un instante. Claro que me volverá el ataque; algún día habrá de ser. Pero no ahora, no aquí, en esta redonda perfección. Y si viene –esto te lo digo muy bajito, Ahram– ¿dónde mejor que en tu barco, en tu mar, en sus brazos? Por si acaso, este viaje.

En mi barco, que ya es el de Malki. En cuanto haya navegado un par de años con Artabo y con Tages será un buen capitán. Se ha hecho hijo nuestro, le hemos hecho hijo nuestro. ¿Ves, Glauka? No has de estar triste. Al fin me has dado un hijo. Te lo confié aquel día y tú lo enderezaste. No sería quien es de no ser por ti. Tú le hiciste, como me has hecho a mí. Tú sí que me has vencido, para mi suerte. ¡Cómo odié Alejandría después de la batalla! Creían que me fui a Tanuris a descansar, y era por no ver la ciudad desde mi terraza. Me daban asco sus gentes, saqueándose unos a otros en vez de defenderse. Acudieron inmediatamente a prosternarse ante la traidora. Hatajo de rufianes pensando tan sólo en su tripa y en sus barraganas; traicionando a sus dioses y a sus amigos. Aprovechados como Firmus, ¿por qué se metió en eso? Aferrados a sus bienes, que de todas maneras acabarán perdiendo, mientras que el ser hombre entero no se pierde nunca. Mi odio a Roma se desvió hacia Alejandría; pero ahora, como aquél, se ha desvanecido: ¿para qué? Odiar no resuelve nada; todo lo odiado y destruido renace con la fuerza que le da el haber sido odiado, replantado por el odio mismo. Las tiranías duran y se suceden a fuerza de ser odiadas. ¡Cuánto tiempo odié pudiendo haberlo vivido gozando! Hasta que tú me enderezaste, como a Malki. ¡Ah, si mandaseis las mujeres!

Tengo que aguantarme la risa, pues ella acabaría haciéndome confesar la causa. ¡Mandar las mujeres! ¡Jamás hubiera pensado tal cosa el viejo Ahram! Aquel que odiaba el poder del romano, el del persa, el de los sectarios obispos cristianos... aunque sólo aspiraba a ser como ellos. Quería hacerse odioso y no se daba cuenta. Ahora no quiero poder más que para una cosa: vivir sin pensar en nada más, como el más pequeño de los animales.

¡Qué trabajo me ha costado, aunque se haya hecho ello sólo dentro de mí! Renací, en la Roca, como Glauka en Psyra. Avancé como ella por muchos caminos, al borde de precipicios como la batalla de Alejandría o la condena por Zenobia. Y acabé madurando como ella, gracias a ella, y también a mi ataque. No sé si fue al corazón o a la cabeza; nunca entendí las jerigonzas de los médicos, pero fue la impotencia la que me ha dado mi nuevo poder. Como en la Roca, pero más apretada, atándome más fuerte. Esas semanas de este invierno sin poder mover el lado derecho, balbuceando con la boca torcida sin que me entendiera nadie más que ella, fueron el atanor donde me evaporé y condensé, como en el de mis alquimistas. Y el lento retorno, más difícil que desde la Roca, recobrando poco a poco la libertad de los dedos, de la mano, del hombro, de la pierna, cada día un punto más, el ángulo abriéndose algo, la rigidez cediendo y constantemente los tenaces ejercicios... Le aseguré al médico que ganaría yo y lo hice. ¡Ah, ésa sí que fue mi mayor batalla; eso sí que quedaba del viejo Ahram: su empeño en la lucha, no ceder! Sólo que ahora no era un combate para aplastar a nadie sino para la vida hacia mí mismo y hacia Glauka. Secar sus ojos tristísimos, borrar sus ojeras de enfermera permanente, de amante angustiada. Su rostro era un reproche al hombre equivocado a lo largo de su vida: yo tenía que escalar el duro risco donde arriba volvería a estar tan vivo como antes... La vida: no algo que se posee, sino que se es; cuando se pierde no somos.

La vida ahora: el pecho de Glauka junto al mío, con sus gemelas colinas modeladas por la túnica húmeda, alzándose y bajando a compás, respiración del mundo. Malki a proa, capitán entre los hombres mirándonos de reojo, deseando que le veamos, ufano de su joven mando. La vida: los compañeros, el barco, el viento... ¡Casi la pierdo aquella tarde, sin darme siquiera cuenta! Pasé de un salto desde la vida a la muerte, desde hablar con Soferis a sentirme tendido, viendo borrosamente, inmóvil medio cuerpo, trabada la lengua. Habían pasado para todos veinte horas, pero no para mí. ¡Entonces vi lo que perdí; entonces decidí reconquistarme! Suerte fue la ayuda de Nar-Teb, el médico nubio, y su otra medicina, aprendida en el lejano templo del sur. Suerte de que el hombre de Artabo en el Campo le conociese allí y le convenciera de instalar su consulta en Alejandría. Los galénicos y los hipocráticos me hubiesen matado. Aunque se ha equivocado en lo de este viaje; aconsejó que no me embarcara. No sabe lo que es la mar para el marino. En la cuna del barco renazco. Y sobre todo me salva Glauka, que es la vida misma siempre ante mis ojos, ante mi deseo. Sus regalos, aquella anforilla de perfume hallado en Creta, obsequio de Poseidón para ella. A veces tengo miedo, ¿será que la mar la llama, que quiere recobrarla? ¿Tendrá acaso un tiempo marcado que la obligaría a dejarme? Se acabaría mi vida, pero no puede ser; ella no es ya de la mar, es mía. No, yo soy suyo, por eso no puede abandonarme.

También eso lo hubiese pensado Krito. Acabamos siendo uno los tres, como dicen los cristianos. ¿Habrá quedado Krito en mí, en ella, en nosotros? Lo descubrí en un espejo; el más grande que conseguimos construir cuando al fin logramos aislar el hidrargirio de aquellas piedras rojas traídas del Sinaí. El mejor espejo, el que podría quemar con el sol las naves cuando lo hiciéramos aún mayor y más curvo, pero eso ya no me interesa, ¿para qué? Aquel espejo me sirvió para descubrir tu mirada secreta, tu profundo amor. Me contemplaba en él y tú estabas a mi espalda con Krito, sin advertir que yo te veía. Leí tus ojos en el espejo y aunque estabas junto a Krito, ¡cómo me contemplaba tu mirada gris malva, con qué derretimiento!, más que si yo fuera el dios de tus dioses.

La verdad es eso: la mirada en los ojos de la mujer que contempla a su hombre cuando cree no ser vista por él. Y la mirada del hombre que la ama. Ahora me aprieta la mano: ¡con qué fortísima dulzura, qué tiernísima fuerza! Compañera y amante. ¿Por qué no podrán ser compañeras las mujeres? ¡Cómo lo es ella de mí, y compañera del barco y de la mar conmigo! Mi compañera y mi mujer y mi hembra: lo fue anoche. ¿Acaso por última vez? ¡Cuánto me hizo sufrir, al salir del ataque, la idea de que el sexo se había terminado! «Me mato, si no vuelvo a hacerte mía», y su respuesta: «¡Pero si soy tuya! ¡Si me haces tuya con existir, con sólo mirarme!» Y era verdad. Yo lo comprendía pero no lo vivía.

Hasta eso le debo: haber resucitado al placer gracias a sus caricias. ¡Qué amanecer aquél en la torre! ¿Puede revivir la hombría muerta? Yo no me lo creía... «¡Has llorado, lloras!», me dijo llena de asombro. Descubrí que el júbilo de las entrañas no arranca risas sino lágrimas... Anoche ¿será la última? Me lo pregunto sin inquietud: en todo caso ha sido, la he vivido. Ni deseo ni temo nada. Recibo, acepto, existo, respiro, vivo...

—¡Si te vieras en un espejo, Ahram! ¡Qué hermosa es tu sonrisa!

Tú lo sabías, aunque pensaras que yo no me daba cuenta. ¡Y cómo lo sabías...! El palacio entero regocijado con este viaje. «El patrón vuelve a ser el mismo», «El viejo a navegar como siempre», pero en ti no era eso, todos creyendo superado lo peor de la batalla en Alejandría, tu herida y tu captura, incluso el fallo de tu corazón en el repentino ataque clavándote en tu lecho tantas semanas, decidiste zarpar y se olvidaron tus setenta y un años, pero tú lo sabías, querías decir adiós a tus viejos caminos, vivir tu abrazo final con la mar, no acabar en tierra, todo tu fuego necesitaba un océano para extinguirse, tú lo sabías, que éste sería tu último viaje.

Todos engañados menos yo, lo adiviné desde el principio, desde que me dijiste aquello, tu voz disfrazando de nimiedad lo importante, «¿por qué no embarcamos en el *Samio*?..., un viaje de descanso», lo propusiste con ojos falsamente inocentes, niñamente viejos, todas tus arruguitas alrededor, pero nunca supiste engañarme, sólo resultabas astuto con los demás, comprendí que embarcabas para un adiós y me necesitabas a tu lado... ¡qué sobresalto mi corazón; qué tristísimo gozo de servirte en tu final!, sonreí y te admiraste, «¿por qué de pronto tan hermosa?», ¡ay, yo sí que te engañé!

¡Volver a ser el mismo, curado de aquella parálisis! ¿Qué sabían ellos? Ni siquiera sospechaban tu herida más grave, la de ver arruinados tus sueños, el de tu desembarco final en Ostia mandando la doble trirreme que ya no construirás, roto por la traición de Zenobia, era la peor herida y sin embargo ya curada, ya no hablabas de eso, no te acordabas apenas de tus técnicos, los convocabas sólo para mantener su moral pensando en Malki, el poder no te importaba, valían más los momentos de tu cuerpo con el mío, te importaba la vida, ¡cómo luchaste enfermo para reconquistarla!, ¡tu máxima batalla y la ganaste!, yo sentada junto a tu lecho con mi pequeño telar, tú tendido en silencio, altísimo cedro abatido por el rayo, pero todavía unido a sus raíces, en tu sangre tenacísimas hormigas acudiendo a tus muertos dedos para agitarlos, despertarlos... Yo escuchaba esa sangre en el silencio donde los demás sólo oían el golpeteo rítmico de mi lanzadera, yo la sentía en aquel otro silencio submarino, existente sólo para ti y para mí, otro tiempo aparte como el del lagarto, y la oía llegar cada instante un poco más adelante, un poco más adelante por tus venillas, hasta que el dedo obedeció, se estremeció, se movió imperceptiblemente, ¿recuerdas como yo en ese instante mismo volví de pronto la cabeza?, captaba la sonrisa que te había nacido creyéndote solo, en mis ojos la recogía, la contestaba con otra y te hacía sentir más acompañado que nunca, sabiendo que yo también, otra hormiga, la más ardiente de tus hormigas, caminaba hacia la punta de tus dedos para ayudarte... ¡Porque los necesitaba, amor, los quería otra vez sobre mi cuerpo, rozando mi piel y reclamándola, arañando mi carne con uñas que me llegaban hasta los tuétanos del alma y los encendían de gozo!, necesitaba tus manos y tu cuerpo, lo sabías y eso te espoleaba, lanzaba tu sangre hacia tus dedos, hacia todos los rincones de tu carne, hasta que moviste la mano... ¡Qué éxtasis tu primera caricia con ella, desmañada, posándote en mi brazo que se fingió activo en el telar, simuló la sorpresa cuando su ansia llevaba siglos esperando, se enredó a tu cuello para abrazarte!, ¿dónde quedaban las viejas heridas del orgullo, el poder, los malos aprendizajes hacia el odio?, los demás te creían el mismo, yo sabía quién eras, siempre lo supe, aquella caricia fue torpe, luego me has dado las más estremecedoras, las más profundas y altas, tan sabias como las de Krito porque se iniciaban desde la inseguridad, pero tan ardientes, tan sísmicas, tan seguras, que sólo podían ser tuyas, amor, rey de mi piel y de mi carne, emperador final de mi vida, de todos los vitales orientes y occidentes, dignos de luchar por ellos, caricias que me mojaban toda, abrían ellas solas mis piernas, mis íntimas medusas, las preparaban a esperar tu advenimiento, pero que también me anegaban en melancolía, en tristeza final, en esa vivencia del tiempo que obsesionaba a Krito, el tiempo arrebatándonos la vida, caricias tuyas dándome el gozo y el dolor del humano existir para la muerte, caricias que me incorporaban a ti, me consagraban madre y también hija de tu carne, además de la mujer de tus sentidos... Me dabas en uno solo todos los amores que viví antes, además del tuyo supremo y único, carro de fuego bajando a buscarme cuando nos unió *Tijón* enfurecido, tu amor era además como el de Krito, descubridoras caricias tan de Krito como tuyas, al final aprendiste, disipadas ya las vanidades, los errores, después de recibirte, colmada ya de ti, lloraba yo mi felicidad mientras dormías: en tu virilidad había brotado la violeta de la ternura, el poderío del débil... Lo eras todo y todos, incluso eras Domicia algún momento, ofrecerme tu pasión fue entonces volar al Vértigo con un andrógino, gozar el darse y poseer al mismo tiempo.

Pensado parece un sueño pero lo vivió mi carne y me lo sigue gritando, tú lo sabes, tú que me escuchas tendido ahí en silencio, tú que aún ayer me hablaste, ¡prodigiosas palabras!, iba yo a sumergirme cuando el sol se acostaba, las aguas violeta con reflejos de oro y sangre, «anda, sirenita, busca otro barco hundido, sácame otro perfume, una moneda», sonreías feliz viendo mis juegos, no hallé lo que pedías pero se abrió una ostra para mí, me mostró su tesoro y lo llevé a tus dedos, acariciaste la perla admirando su oriente, pequeña gota sólida de tu famoso hidrargirio, aunque no reflejo metálico sino cálidamente pálido, de seno adolescente, aún oigo tus palabras, «así han sido los días que me has dado: una capa tras otra de sólida ternura, de vigor opalino, de perdurable luz», y me besaste, ¡cómo me besaste!, hablaste como Krito pero aquel beso no podía ser de nadie sino tuyo.

Ahora eres silencio, acabado para todos, vivísimo para mí, tu última pasión fue la más alta de tu vida, ahora lo sabes, descubierta cuando ya te había parecido imposible, cuando la sangre al fin llegada a tus dedos no alcanzaba a tu miembro, ¡qué tortura la tuya viéndote para siempre mutilado del sexo!, ¡qué sorpresa la tuya cuando te abrí otra puerta del amor, cuando me llevaste al Vértigo sin penetrarme!, fue tu resurrección, aceptarla del todo, aprender a gozarla plenamente, y tu hombría volvió pronto, en cuanto olvidaste haberla perdido... ¿Verdad que ahora tus huesos lo recuerdan?, y lo recordarán aunque sean polvo, aquella noche que empezaste eunuco, renunciando a la esperanza, tan pasivo que hasta dormidas tus obsesiones, sin resistirte al reino de la hembra, por eso mis caricias el milagro, te restauraron la erección perdida, y floreció el espino en tu desierto, ¡qué lágrimas doradas dio tu júbilo!, tú que nunca llorabas, cayeron en mi hombro y me quemaban... «Aunque ésta sea la última...», no pudiste seguir, pero no fue la última vez, solamente distinta la cima del prodigio, fue ternura en el fuego, Vértigo en lucidez,

Krito hermano de Ahram, hombre y niño cumplido, ¡andrógino mío!... ¡Y yo creyendo saber desde Bizancio todo lo conocible del sexo de los hombres!, no volviste a hablar nunca como antes, aún hace pocas noches desembarcando en Quíos, bajo el parral filtrándose la luna, «ahora te comprendo y comprendo la vida, junto a ti sus misterios son más hondos que nunca y más fecundos, pero los vivo transparentemente, si yo fuese griego te llamaría *Aletheia,* porque eres la Verdad», ¡creí oír a Krito con tu voz!

Aquella posada donde me dejaste para acercarte a mi isla al día siguiente, ¡cuánto me alegré de no haber ido!, «no hubieses reconocido nada», me contaste a la vuelta, la pueblan otros pescadores, construyeron nueva aldea, sí, habían oído hablar de piratas, pero eso en todas las islas, te pregunté por el santuario, «fui a donde me dijiste, la punta de poniente, sólo quedaban ruinas, un pedestal, columnas, escalones de mármol hasta la orilla, maleza y soledad, un total abandono», ¡qué tristeza!, ¿es que puede morir así la piedra?, pero ¿cómo extrañarme si aquella noche en que imploré a la diosa vi agrietarse los mármoles?, y ahora los hombres buscan otros dioses..., celebré no haber ido, ¿para qué?, ¿para llorar la ruina de aquel mundo, el primero que tuve?

En cambio no te lloro, todos pasmados de mi serenidad, piensan que el estupor por la tragedia, ¿me esperaban plañidera?, pero he llorado con los ojos de Malki, sus lágrimas sobre mi hombro al verte muerto, el capitán de buque retornado a su infancia, su devastado abrazo buscando amparo, sólo así hubo llanto, ¿cómo llorarte si tú y yo lo sabíamos?, vinimos a lo esperado, tanto que aún anoche tu cuerpo ha sido mío hasta el final, tu hermoso y viejo cuerpo, al alba el mundo vino a despedirte, era tan dulce el aire que salí de la cámara, te despertó mi ausencia y saliste a abrazarme, el barco atracado al peñasco estaba inmóvil, sobre cubierta todos en su sueño, sólo tú y yo vivientes de lo mágico, envueltos por el círculo de basaltos oscuros, la mar hecha un espejo de mercurio, en aquella gran calma universal el sol vino a encontrarte, los riscos se enjoyaron de topacio y de ágata, en las nubes un rosa transparente, el aire azul, divino, luminoso..., tú y yo sentados frente a aquel despertarse la belleza, su despliegue con suaves mutaciones desde la sombra al día, en el silencio susurrante nuestras manos uniéndose, nuestros cuerpos traspasados de embriaguez...

De pronto sentí el rayo: tu mano no era tuya, tu brazo de plomo quebraba mi cintura, tu pecho no era ritmo sino piedra, tu sonrisa detenida para siempre aunque en tus pupilas aún lucía el horizonte... Te tendí estremecida a mi costado, cuidando no hacer daño a tu carne dormida, ¡qué descansada muerte!, fuiste a ella en el momento más hermoso, cuando éramos el centro de una corola mágica, de rocas y de luz, de agua y de reflejos, pero nada podría recomponer mi corazón partido, ya sólo me quedaba el estar a tu altura, ser digna de ti hasta encontrarte de nuevo... Ya te llevó la muerte, también tu enamorada, no te voy a dejar solo con ella, a sus brazos iré para encontrarte, a esa muerte que afila nuestras vidas y así les da sentido, no tardaré en llegar donde me aguardas...

El cuerpo amado yace sobre el tapiz, tocando a través de él una tablazón de navío, como lo quiso siempre. Likos se había ofrecido para ayudar a Glauka a lavarlo y ella hubiese aceptado esa ayuda, sólo esa, porque era el marinero cristiano del viaje a la Roca, pero esa carne era sólo suya, así es que la lavó reverente, retirada en la cámara, con agua recién sacada de la mar porque él pertenecía a la mar y había salido a vivirla en aquel último viaje. Previamente Glauka había retirado del cuello de

Ahram la medalla encargada para ella, la segunda medalla de Ittara que él acabó llevando y ahora ha vuelto al pecho femenino. Luego le secó cuidadosamente y se dio cuenta, sorprendida, de que aunque sus manos siguieran transidas de amor pasaban sobre aquella carne de otra manera, con serenidad hecha de amargura y de pasión al mismo tiempo. Ungió después el cuerpo con el perfume del ánfora de Cleopatra, comprendiendo al fin para qué se la había regalado el mar de Creta.

Sólo entonces llamó a Malki y a Likos. Entre ambos sacaron el cuerpo a la toldilla, donde el mar y el aire le acariciasen mejor, a través del sudario que sólo dejaba a la vista el rostro. Ella se sentó a su lado en el tapiz y los demás se acercaron en silencio. Ahora Glauka no ve a nadie; sus ojos están fijos en el perfil de halcón del Navegante, más audaz que nunca, más sereno que jamás le haya visto. No percibe ninguna otra cosa, ni siquiera los altos acantilados negros de la isla de Thera, a la que habían llegado la víspera entrando en la oscura corona de basaltos formada por su curva de media luna, cerrada por la isla de Therasia frente a la concavidad y la más pequeña de Apronisi, junto a la cual atracaron. ¡Cuán diferente, aunque el mismo, su amado muerto de su amado vivo! Ahram sigue siendo fuerte y pétreo, pero ahora lejano; presente pero a la vez irreal. Glauka se atiranta en un potro entre dolor y serenidad: dolor de que el Ahram junto a ella sea tan inalcanzable y serenidad de que todo es como es y el dolor es la forma más intensa de sentirse vivo. Más que el placer y el arrobo, porque en el éxtasis se sale de una misma. Ahora se siente toda: sus entrañas son un mundo acongojante, su corazón un aleteo crispado, su carne un desafío frente al destino.

El sol, el calor, imponen su mandato. Glauka se levanta y habla serena. En silencio terminan de coser el sudario, escondiéndose así el rostro, y le amarran a los pies un anclote. Puesto el cuerpo sobre una tabla apoyada en la amura basta inclinarla para que Ahram resbale por última vez hacia su mar. Suena la salpicadura, saltan los círculos de ondas, puede verse aún la blancura oscilando lentamente en su descenso bajo las olas.

Glauka, inclinada sobre la borda, observa cómo se va desvaneciendo el cuerpo en las aguas sombrías, extrañada de no verle detenerse sobre un fondo de algas y madréporas, pues el barco está atracado a tierra. Y ya va a retirarse cuando, de pronto, las aguas se estremecen un momento, sin motivo aparente, dejando escapar gruesas burbujas. Quizás se desprende así el aire envuelto en el lienzo, pero a ella le parece un gesto de aceptación: el océano acogiendo a quien tanto se dio a él toda su vida.

30. DESCENSO A LAS ALTURAS

«No le vi tocar fondo –piensa Glauka–, el islote Apronisi emerge a pico. Así no le moverá el oleaje; será fácil hallarle cuando vuelva.» Ella sabe que el mar trata los cuerpos más piadosamente que el aire. No se corrompen, no se descomponen, duermen envueltos en líquido, como en el vientre materno, hasta que se deshacen. Solamente dispersa los huesos desprendidos, pero ella acudirá a evitarlo. Tomó esa decisión cuando le vio derribado en el lecho por aquella media parálisis. Cierto, había reprochado a Krito su ir al encuentro de la muerte con el «Dragón», pero junto a su enfermo le comprendió. No siempre ir a morir es rechazar la vida sino darla por hecha, culminarla. Además, ella no pretende precipitar su muerte, sino esperarla junto a Ahram, bajo las aguas. Y, sobre todo, ya se siente muerta desde ese último amanecer del universo que ambos compartieron.

Por eso desdeña el tiempo, pues ya le sobra. No zarparon inmediatamente y ella pasó la noche sobre cubierta, sin necesitar el sueño, anclando en su memoria, para reencontrarla más tarde, la corona rocosa de la bahía, que la luna fue alumbrando con progresivos ángulos, haciendo que a medianoche sólo hubiera hacia el sur un creciente de sombras al pie del farallón y que toda la mar fuera un espejo de plata luminosa. En cambio no se interesa por el alba, no quiere contemplarla sin él, y a los primeros arreboles, en un cendal de nube, despierta a los hombres y les dicta órdenes inesperadas. Dudarían en cumplirlas si no fuera porque esa mujer –tan marinera como ellos con sus secretos conocimientos, y hasta más– es la de Ahram, la Señora. Largada la amarra e izadas las velas el *Samio* coge el viento y enfila la boca norte de la bahía, una de las dos que rompen el círculo, entre la media luna de Thera y la isla complementaria de Therasia. Vuelve así la popa al sur, que era el rumbo por todos esperado, y ordena mantenerse hacia el norte, levemente al oeste para pasar entre Íos y Síkinos, que no tardan en apuntar en el horizonte, como un asomo de tierras bajo los primeros rayos de la mañana.

–¿Adónde vamos? –pregunta Malki.
–A Psyra.
–¡Si no quisiste acercarte desde Quíos!
Ella le mira bondadosamente:
–Eso era antes.

Y dispuesto así su destino deja el mando en manos del joven capitán y se repliega a popa, en la cámara donde todavía, hasta que en pocas horas el viento marino barra esa memoria, huele a la presencia de Ahram, a la intensidad de la última noche, al placer y la muerte mezclados.

Pero el viento no puede llevarse los recuerdos de Glauka. Toda su vida pasa por su mente mientras tendida donde con él se recostaba, siente en su cuerpo el balanceo de la navegación y oye los chirridos del cordaje, el chapoteo del agua contra el casco, el susurro en las velas. Así se mecía el pequeño y ligero casco de los coraleros que la salvaron y, sin saberlo, la llevaron a los brazos de Domicia. Así chascaban las velas al virar o con viento racheado en la embarcación de Vesterico, que la llevó a su vez a la pasión de Uruk. Así, sobre todo, cortaba las aguas el *Jemsu* en aquel primer viaje desde Tanuris, con un Malki infantil, juguetón, inconsciente de la vida.

A lo largo del día la nave pasa entre la marmórea Paros y la vinosa Naxos, donde Dionisos encontró a Ariadna. Luego, entrada ya la tarde, dejan a babor Mykonos y enmiendan el rumbo hacia levante para acogerse durante la noche a una playa de la abrupta y desolada Ikaria.

A media tarde del siguiente día avistan las montañas de Quíos, con su crestería rocosa. Entonces se desvían hacia el noroeste para alcanzar la meta del viaje y allí, en Psyra, fondean cerca del santuario, frente a la nueva aldea. Desde cubierta Glauka contempla unas cabañas análogas a las que ella conoció, unos fuegos de hogar como los que la calentaron y revive momentos, felices y dolorosos, alzados desde los removidos posos de su mente. Luego se vuelve a la amura de estribor y contempla enfrente, en el empinado promontorio, unas manchas blancas, verticales algunas, entre los lentiscos y los cipreses. Más blancas todavía, tras la luz declinante del ocaso, cuando luego el plenilunio llena de resplandor los mármoles en esas ruinas del santuario.

Los hombres aguardan sin comprender. Glauka llama a Malki a la cabina y le declara su propósito, aunque sin poder revelarle que regresará a Thera ella sola bajo las olas. La razón que le ofrece para quedarse en Psyra es la de retirarse del mundo volviendo a sus orígenes, a fin de acabar su vida donde la comenzó. En vano Malki trata de retenerla, insistiendo en que él la necesita, como todos en la Casa, y en que ella no conoce a las nuevas gentes de la isla... Lo más que ella concede es la posibilidad de cambiar de idea y regresar a Alejandría si, pasado algún tiempo, la decepciona su nueva vida; por ahora no quiere estar en lugares donde haya vivido con Ahram y donde todo le recuerde su pérdida. Malki se rinde al fin y la deja sola en la cámara, sintiéndose abandonado y herido en el fondo por creer que él no significa nada para ella. Deteniéndose un momento en la borda para que los compañeros no vean sus lágrimas, acude a comunicarles la decisión y, tras discutirla en vano, se entregan todos al sueño, esperando despedir a Glauka al día siguiente.

Pero Glauka rehúye las despedidas, después de haber dicho ya su adiós al que sigue siendo en su corazón el moreno muchachito de Tanuris con su amuleto a la cintura. Con todo sigilo, alta ya la luna Glauka desciende por la escala y se deja envolver por las aguas tranquilas, braceando despacio hacia el santuario. Recuerda así las veces que ha nadado para Ahram desde que se sumergió a rescatar la daga: encontrándole una concha, un encarnado coral, un pomo de perfume, una moneda... hasta que, por último, ella le ofreció una perla y él se la agradeció con las más conmovedoras palabras.

Llega a las escaleras; un peldaño está roto y la hierba crece entre las junturas. Sube por ellos, recordando cómo tuvo que arrastrar su cola en otro tiempo, y se detiene frente a las columnas ahora blanquísimas de luna, casi vibrantes bajo la plata líquida, como aquella otra noche decisiva. Un súbito temor le oprime el pecho: el visible abandono es mucho más grave de lo que había supuesto oyendo a Ahram. No sólo las plantas invaden el recinto, y hasta una higuera ha logrado nacer entre dos sillares disjuntos; no sólo faltan las flores, frescas o ya secas habitualmente ofrecidas a la imagen de la diosa, sino que, trágicamente, el pedestal se encuentra vacío: Afrodita Urania ha abandonado también el santuario. Glauka busca en vano la estatua, por si acaso yace derribada, pero alguien se la llevó, profanando el lugar y aniquilando así las esperanzas de Glauka. Su corazón acongojado se hiela: ¿a quién invocar, qué divinidad comprenderá su petición si no es la misma que la atendió entonces?

Tentada está unos instantes, en su abatimiento, de regresar al *Samio* y deshacer camino en él hasta Thera, para sumergirse en aquellas aguas definitivamente; aunque esa rápida muerte no sea el piadoso acompañamiento proyectado junto a los restos amados, para guardarlos de peces y crustáceos voraces, para deshacerse junto a ellos... Pero una sensación la retiene, algo como notar una presencia indefinible, y aguarda, expectante. De pronto descubre algo inesperado: la existencia de una cavidad capaz de dejar paso a una persona agachada. La percibe tras el desplomado murete que antes daba fondo a la estatua tras el pedestal. Glauka recuerda entonces que los pescadores de la aldea no llamaban Afrodita a la imagen sino que le daban otro nombre bárbaro, por una leyenda que ellos repetían junto al fuego, relativa a una caverna existente bajo el santuario y cegada al construirlo. Glauka comprende que se halla ante la boca de esa gruta, sin duda asiento de una arcaica divinidad sobre la que generaciones posteriores instauraron el culto a Afrodita Urania.

Penetra por la oquedad y, envuelta en tinieblas, advierte que dentro puede ponerse de pie. Le es imposible apreciar las dimensiones del lugar, pero lo supone amplio y hondo por la frescura húmeda del aire y por las resonancias que llenan el silencio, como si ella se encontrase dentro de la caja sonora de una gigante cítara.

Allí permanece inmóvil, llena de respeto, comprendiendo la presencia que afuera la retuvo: la de la Gran Madre. Evoca la caverna de la isla Karu con la estatua de Itnanna, ahora a salvo bajo la torre de Faros, y se encomienda fervorosamente a la deidad. Traspasada por esos recuerdos, envuelta en un aire sagrado que le afila los sentidos, siente agudizarse su percepción. Va siendo capaz de ver en la oscuridad y acaba por escuchar unas palabras que no suenan, que no son pronunciadas, sino que se forman dentro de ella como recibidas por su corazón. Acaso nacen en él, porque es en él, afirmaba Krito, donde en verdad residen los dioses.

–¿Qué deseas, a qué has venido?

Impetuosa, ardiente de esperanza y de fe, habla sin palabras también, como cuando era sirena y se dirigía a otras criaturas del mar. Despliega su proyecto, expone su ansia, llora su congoja.

–Quiero la gracia de estar a su lado mientras se disgrega y desmorona. Quiero ahuyentar a las morenas y a los cangrejos, desprender las pertinaces lapas y las anémonas, impedir que después en sus huesos arraigue el coral y la esponja, limpiarlo de algas invasoras... Y acabar allí tan junto a él que al cabo ya no necesitemos dos medallas, sino que baste la que cuelga de mi cuello...

–Por esa medalla te he atendido, porque es mi sello, que ambos llevasteis.

¿Es voz en el silencio, es sólo otro pensamiento llegado desde las profundidades sagradas, como nacen las aguas en el seno de la tierra antes de manar en fuentes? El caso es que esas palabras brotan y permanecen, a la vez refulgentes y oscuras, más reales y eternas que las moldeadas con aire por las gargantas humanas.

–Para durar a su lado quiero ser la sirena que fui –insiste la mujer estremecida.

El silencio ahora –¿qué significa «ahora» en ese espacio, en ese tiempo, en ese trance?– es absoluto. Esa súbita sordera de su corazón agarrota en espanto a la mujer. Pero a poco vuelve a soplar el aura impalpable, poco a poco se reanima ese espacio.

—Te transformaré otra vez en ella, pero no puedo ya salvarte del tiempo ni de la muerte. El tiempo es invencible porque él mismo se destruye a cada instante; no puede escapársele quien se prendió en él. Volverás a tu ser y volverás a Thera; no soy yo quien te lo concede, sino el heroísmo de tu amor. Acepta lo que allí encuentres.

Vuelve a ser silencio de piedra la oquedad, pero ahora un silencio natural, Glauka queda unos instantes en suspenso y al fin da un paso hacia la salida... ¡Pero ya no puede tenerse de pie! Obligada a sentarse en tierra y alcanzadas sus piernas por la luna las ve entrelazarse, confundirse, cubrirse poco a poco de escamas, terminar en la media luna de la cola. Vuelve a tener de sirena el cuerpo que tuvo... Aunque no, ya no es el mismo. Las escamas no relucen y faltan a trozos, dejando ver una epidermis de pez; los pechos han perdido aquella firmeza y cuelgan fláccidos, los sedosos cabellos rojizos se han vuelto mustios y canosos... Una vieja sirena, aunque sea imposible imaginar el envejecimiento de una inmortal. Imposible, pero así sucede: Glauka es ahora una vieja sirena que, jubilosa por la gracia recibida, se inclina con apasionado fervor, besa reverente el umbral de la gruta, eleva su agradecido corazón a la Eterna, la que pervive con diferentes nombres, la Madre de sucesivos dioses, el Gran Útero, origen sagrado de toda vida.

La vieja sirena se arrastra con las manos, tal como subió la escala aquella remota noche y se sorprende al recordar. Tiene memoria y comprende que no la ha perdido porque sigue siendo súbdita del tiempo y de la muerte. Contemplando el mundo sublunar se da cuenta de que aquella catarata que la arrebató al convertirse en mortal acaba de petrificarse. La nube se desplaza, sí, en lo alto, la punta de los cipreses se balancea, pero son movimientos de durmiente, balbuceos inexpresivos. Lo mismo ocurre en sus ríos interiores: la sangre, la linfa, sus humores siguen sin duda corriendo al impulso del tiempo, pero apenas los perciben los ahora torpes sentidos de Glauka.

Y entonces la vieja sirena tiene prisa. Prisa por volver junto a Ahram. No puede desperdiciar el tiempo que le queda de vida. Contempla el paisaje que no volverá a ver, el fondeado navío que la trajo. Sigue arrastrándose escalones abajo con la misma dificultad con que, años atrás, ensayó el uso de sus recién nacidas piernas. Al final se sumerge y nada fácilmente con su vieja cola. No necesita emerger, no le hace falta el aire. ¡Qué felicidad poder así estar constantemente junto a Ahram!

Me he dormido sin duda, ¿dormido?, ¿cuando jamás durmió una sirena?, toco asustada mis caderas sí, escamosas, y estoy reclinada en una duna submarina, sin necesitar aire, un delfín se mantiene inmóvil frente a mí moviendo sus aletas, ¿qué fue del mío, de Nereo, nuestro guía a la Roca?, me mira estupefacto, asombrado de mi sueño, ¡ah!, también de la medalla en mi garganta, el brazalete en mi muñeca, sólo conoce adornos de corales o de algas, me llega su pregunta de mente a mente, le contesto, «soy como tú, también concluirá mi vida, pero ¡oh!, cómo valió la pena, me ha besado el sol, he ardido de amor, ¡si yo te contara!, pero es demasiado largo...», y de pronto se me ocurre una idea, él podría llevarme en su lomo rápidamente hacia el sur, hasta Thera, pero cuando lo pienso ya se ha ido, son animales fugaces, no saben estar quietos, qué lástima...

Pero ya me falta poco y no, no soy como él, he estado mil veces más viva que él, he podido hablar, pude decirle aquel día, cuando nos unió *Tijón*, que me haría responsable de su nieto, y ahora voy a encontrarle otra vez, nos unirá para siempre la mar, de prisa, antes de que la penumbra submarina, con su escarceo de ópalos y sombras, confunda mi vista ya cansada, he de avanzar todo cuanto mis fuerzas me permitan, antes de que las algas me enreden, él me espera, esa tortuga más vieja que yo, cuántas cosas habrá visto, se asombra aún más que el delfín... «Sí, hermana, mis pechos están fláccidos, pero fueron arrogantes, gozaron sus ápices con la caricia del hombre, la de sus dedos y sus labios e incluso el mordisqueo de sus dientes, y la boquita dulcísima de la niña, llevándose vida de la mía con sus encías aún sólo de carne, ¡qué felicidad!, las manitas infantiles me aferraban un pecho arañándolo mientras la boquita chupaba del otro, y los redondos ojos cerrándose dichosos y la cara de nácar volviéndose de rosa, y al fin desprendiéndose como una sanguijuela benéfica, para eso fueron mis pechos, para dar vida y encender amor... Tú podrás comprenderme tú que derramas lágrimas casi humanas, yo os he visto de noche, cuando escarbas un hoyo en la arena de la playa y te abres y desgarras para depositar allí tus huevos, hermana tortuga.»

Tengo otra vez sueño, me canso, mis fibras son perecederas, me gusta seguir siendo mujer en eso, no preciso comer pero me duermo, he de llegar a él, me reconocerá enseguida a pesar de mi cambio, cuando me llamaba «sirena» los presentes sonreían, lo tomaban como expresión de cariño, sólo él sabía estar diciendo la verdad, llegar hasta él, descansar a su lado, sobre la arena ondulada por las corrientes, no serán muy fuertes en bahía tan cerrada, tan cóncava, allí dormiré tranquila abrazándole, ya no me falta mucho, nos disgregaremos juntos, por fortuna mis fibras humanas siguen teniendo memoria, ¡qué terrible hubiera sido volverme sirena olvidando!, como en mis primeros tiempos de mujer, cuando no me acordaba de la mar, quiero revivir mi vida, contársela otra vez en silencio como cuando hablábamos después del amor, quiero evocarla toda, también los dolores, tenazmente, «¡eres tan fuerte como yo!», me decía Uruk, y recordar a los demás, a todos los que me llevaron hacia él, me hicieron para él... ¿acaso me engendraría mi padre Nereo en una mortal?, ¿acaso por eso amo tanto a los humanos y quise ser como ellos?..., allá voy, amor mío, ya falta poco... ¡El primer día! Te amé antes que tú a mí, desde que descubrí que el marino de la sencilla túnica desembarcando del *Jemsu* eras tú, hasta desnudo eras un gran señor, tu porte estatuario», ¡qué grande es el hombre cuando es hombre, y tú el supremo, tú la hombría misma!, contigo llegaba mi destino, yo lo supe en el acto, ahora voy a ser el tuyo, allá voy donde estás, a acercar mi carne a tu cuerpo que me espera, con tus pies para pisar navíos, tu vello para enredar mis dedos, abriré tu sudario, ya no lo necesitas cuidándote yo, sí, dándote mi carne, mi carne que está viva porque no es inmortal...

¡Qué negra la roca incluso bajo el sol!, no cabe duda, he llegado a Thera, los farallones exteriores, ninguna otra tierra se le parece, esas islas ocres, leonadas, sepias, violáceas, amarillas, ninguna tan oscura, merecías esta tumba de basalto, es Thera, entro por la bocana norte, ya falta poco, emerjo, el islote inconfundible, Apronisi, junto a esa arista atracamos, ahí estás, bastará sumergirme, será fácil hallarte, a ti voy, desciendo, continúo, ¿cómo no toco ya fondo?, ¿cómo tan vertical la roca?, me adentro en la oscuridad, oscuridad creciente, y calor en el agua...

¿Calor en el agua...? ¡Como no comprendí, no recordé antes! El negro basalto, el acantilado en círculo, esta agua tibia... ¡El cráter de un volcán! Si ya lo había oído contar, este islote lo levantó una erupción, está escrito, y otra hizo emerger la tercera isla, Apronisi, que con Thera y Therasia cierra el círculo, ahora más claro aún, merecías esta tumba, no fue azar tu final aquí, te reclamó la Madre Subterránea, por eso me habló sibilina en Psyra, «acepta lo que allí encuentres», ¡cómo no voy a aceptarlo!, acéptame tú a mí, ¡oh Diosa Madre!, te sigo, Ahram, no esperarás en vano, ya sé que no habrá fondo, que descansas en Su seno..., ya no es oscuridad sino negrura, ya el agua se condensa, frena mis movimientos, agarrota mis brazos y mi cola, avanzo en hidrargirio tenebroso, intenta rechazarme pero no podrá conmigo, no será más poderoso que mi joven corazón, ningún corazón enamorado es viejo, no podrá rechazarme, si acaso traspasarme, qué opresión este abrazo, mis sienes estallantes, mis pechos ya no fláccidos: hundidos, una mano de hierro en mis costillas, pero avanzo, Ahram, voy hundiéndome, hacia ti a reunirnos en Su seno, de la Más Grande que dioses y hombres, gran puerta el volcán para tu llegada, a la Caverna Máxima, madre de las cavernas, la puerta a ti debida porque tú eras fuego, me aturde la idea y me exalta, no desciendo, ¡subo!, como cuando tú me privabas del sentido en el amor, cuando me alzabas al Vértigo, este abrazo de la mar me lo recuerda... Sé que es el fin, que un dios retrocedería, pero yo soy mujer enamorada, ¡soy mortal, qué milagro!, un dios renunciaría, a ellos no les es dado el heroísmo, sólo se llega a héroe en el altar de la muerte, adelante, en este sofocante abrazo del agua..., del fuego..., tus brazos ardientes llevándome contigo al surtidor altísimo... ¡Abajo, abajo! ¡Más adentro que los dioses, arrebatada a ti por ese amor en el morir que un inmortal nunca podrá gozar!

APÉNDICES

ACERCA DE LAS SIRENAS
Y SU MUNDO

Las sirenas de la Grecia clásica eran grandes aves con cabeza y pechos femeninos, pero como después nos hemos acostumbrado a la mujer-pez de la mitología nórdica, he considerado preferible configurar a mi vieja sirena de acuerdo con la visión moderna.

Aparte de esa deliberada infidelidad histórica, confío en no haber cometido muchos errores al describir las grandes líneas y los detalles del mundo antiguo en el siglo III de nuestra era. Los emperadores romanos o persas mencionados existieron realmente y también los príncipes de Palmira y sus cortesanos, así como otros personajes secundarios en el relato: el prefecto Tenagino Probo, el intrigante Antonino de Canope o el banquero Firmus, entre otros. No es segura la muerte de Odenato por Zenobia, pero algunos autores respaldan mi versión. En todo caso nunca pretendí hacer historia, sino comprender mejor el amor y el poder, esas dos grandes pasiones de todos los tiempos.

Los detalles de la vida cotidiana en aquella época se comprenden por el contexto, sin necesidad de notas eruditas. Únicamente deseo aclarar aquí las funciones de ciertos cargos públicos. El *agoránomo* se encargaba de la policía en los mercados; el *alabarca* era un dirigente de la comunidad judía; el *archidikasta* era una autoridad judicial; el *dioiketa* y el *euteniarca* administraban la tesorería pública y las cuentas; el *gimnasiarca* dirigía el gimnasio y el *cosmeta* gobernaba a los efebos que, al cumplir dieciocho años, empezaban en Grecia a adiestrarse en el ejercicio de las armas y a prepararse para la ciudadanía. El *navarca* estaba al frente de la flota y el *epistratega* era un mando militar superior, sobre los cuatro gobernadores regionales existentes en el Egipto romano. Recordaré además que la *hetaira* griega no era la esposa legítima, pero tampoco una concubina ni prostituta: era compañera y amiga, como lo fue de Pericles la famosa Aspasia.

Los grandes acontecimientos de la época están fechados a partir de la fundación de Roma, como referencia más cómoda que la basada en los años de cada olimpiada o los de la accesión al trono de los sucesivos emperadores. Se utilizan, en cambio, los meses del año egipcio, cuyo comienzo (día primero del mes Thoth) variaba en un día cada cuatro años naturales porque dependía de la aparición de la estrella Sirio (Sopdit) al amanecer, en el punto del horizonte por donde asomaba el sol. La tabla de correspondencia entre los años romanos y los de la era cristiana situará cronológicamente al lector, que además encontrará los lugares mencionados en el texto utilizando los mapas y el plano de Alejandría. En este último el emplazamiento en Faros de la imaginaria Casa Grande de Ahram se basa, por supuesto, en mi fantasía, que también ha exagerado algo los contornos rocosos de la famosa isla, para crear la caverna bajo la torre del Navegante.

He necesitado muchas apasionantes y enriquecedoras lecturas para documentarme acerca de aquel mundo, tan espiralmente paralelo al mío. Entre ellas me ha facilitado muchos detalles la deliciosa *Antología Palatina* (Biblioteca Clásica Gredos), donde se encuentra el epigrama de Alteo incluido en mi capítulo veintiuno, con pequeñas licencias que por conveniencias del relato me he atrevido a introducir en la correcta traducción de Manuel Fernández Galiano. Pero además de esas lecturas me he beneficiado mucho de los fondos y facilidades de nuestro Museo Arqueológico Nacional y he aprendido más aún escuchando a su director, José María Luzón, que tanto sabe de navegaciones clásicas, y al también arqueólogo Javier Arce, hoy director de la Academia Española en Roma. A ambos reitero aquí mi gratitud, pues los posibles errores al interpretarles son exclusivamente míos.

Tabla de correspondencia entre los años de la fundación de Roma y los de la era cristiana, con indicación de algún suceso importante.

Año de la Fundación de Roma	Era Cristiana	Acontecimientos
1010	257	El emperador Valeriano persigue a los cristianos. Ataques de los persas.
1011	258	Odenato, príncipe de Palmira, nombrado cónsul.
1012	259	Póstumo, antiemperador en Galia. Tirádates II recobra Armenia.
1013	260	Valeriano vencido y prisionero de Shapur I.
1014	261	Galieno emperador.
1015	262	Odenato rechaza a los persas.
1016	263	El Senado romano cede poder a los militares.
1017	264	Inflación en Roma. Insurrecciones en África.

1018	265	Cristianos en África contra el primado del obispo de Roma.
1019	266	Triunfos de Odenato y expansión de Palmira.
1020	267	Odenato asesinado. Los godos saquean Atenas.
1021	268	Claudio Gótico emperador. Zenobia rompe con Roma e invade Siria.
1022	269	Claudio derrota a los godos.
1023	270	Zenobia se apodera de Alejandría.
1024	271	Aureliano derrota a Zenobia y sitia Palmira.
1025	272	Muere Shapur I. Le sucede Hormizd I.
1026	273	Palmira vuelve a sublevarse y es arrasada. Muere Hormizd I y le sucede Vahram I.
1027	274	Aureliano celebra su triunfo en Roma llevando prisionera a Zenobia.

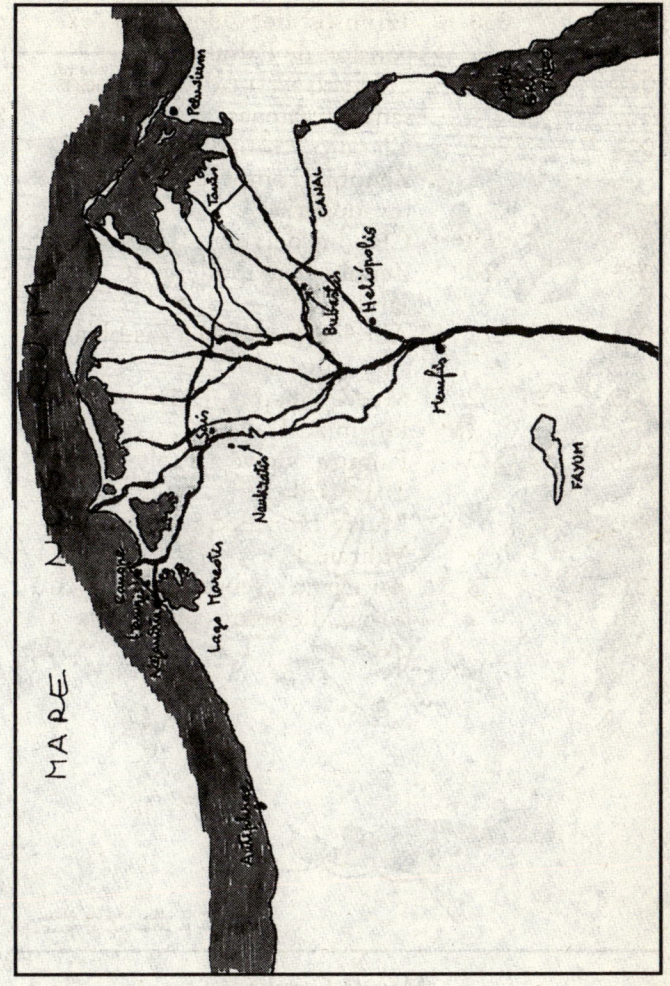

El país del Delta *

* Mapas del autor.

Mar de Glauka

Alejandría

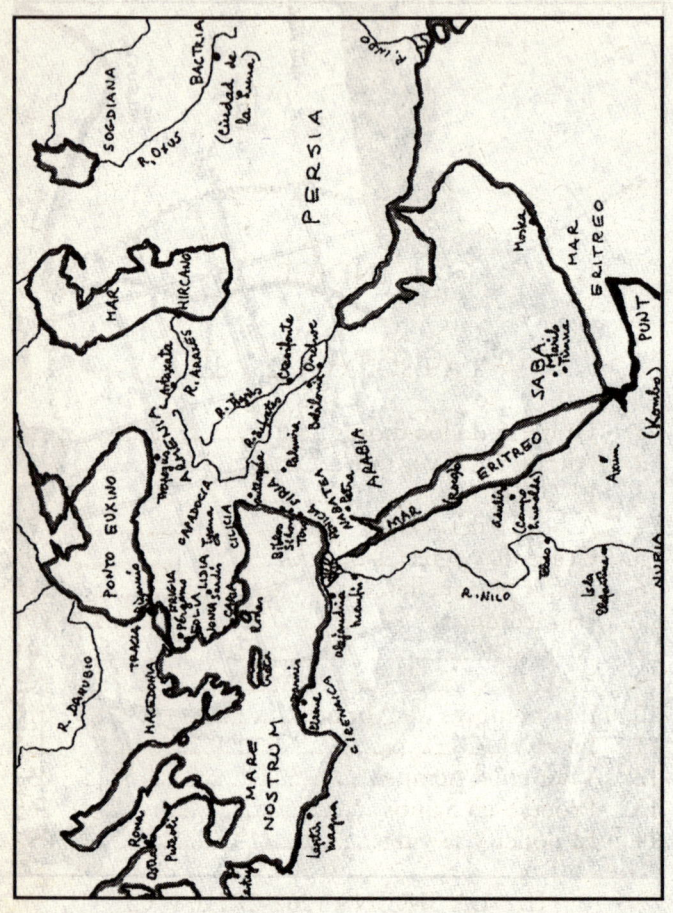

Oriente persa

ÍNDICE

I. LA ESCLAVA (257 d. J. C.)

1. La tierra de los dioses 15
2. Ahram el Navegante 33
3. El *Udjat* 51
4. A bordo del *Jemsu* 71
5. Crecen las aguas 93
6. Bashir el camellero 115
7. La sacerdotisa 131
8. Alejandría 161
9. En la *Casa de la Vida* 193
10. Los hombres de Ahram 215
11. La revelación 235
12. Vivir en el tiempo 253
13. Proceso en Samos 269
14. El poder y la vida 297

II. LA SIRENA (262-270 d. J. C.)

15. Fiesta en la Casa Grande 323
16. El pendiente de Clea 343

17.	Roma y Persia	367
18.	Adiós a Bashir	397
19.	El banco de los delfines	419
20.	Los reyes de Palmira	443
21.	El canto de la sirena	471
22.	El tiempo del lagarto	499
23.	La noche de Krito	525
24.	El lingote de luna	547
25.	La Roca	569
26.	La Puerta	597
27.	El fin de Odenato	619
28.	Zenobia en Alejandría	643

III. LA VIEJA SIRENA (274 d. J. C.)

29.	El último viaje	683
30.	Descenso a las alturas	701

Apéndices 713

También en esta colección:

Un viejo campesino calabrés llega a casa de sus hijos en Milán para someterse a una revisión médica. Allí descubre su último afecto, una criatura en la que volcar toda su ternura: su nieto, que se llama Bruno, como a él le llamaban sus camaradas partisanos. Y vive también su última pasión: el amor de una mujer que iluminará la etapa final de su vida concediéndole toda su plenitud… Una bellísima novela sobre el eterno tema del amor, con la verdad que ofrece un conocimiento profundo del alma humana.

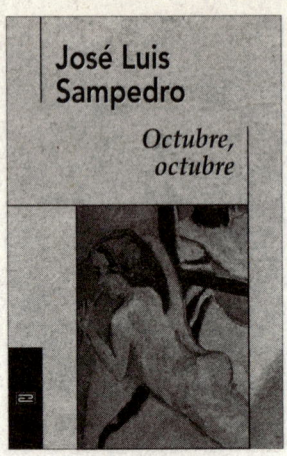

Ésta es una novela plural e imaginativa, fruto de una audaz confianza en los lectores deseosos de saborear intensidades y horizontes. La superposición de voces narrativas y la variedad de épocas y perspectivas culturales conforman un relato que sorprende por su vitalidad y realismo.
José Luis Sampedro estuvo trabajando casi veinte años en esta novela, que él considera su testamento vital.

Con los pormenores de una reunión científica como telón de fondo, *Congreso en Estocolmo* narra el encuentro amoroso de dos personas de culturas, edades y actitudes diferentes. José Luis Sampedro plasma una delicada trama de pasiones tamizadas por la tenue melancolía del paisaje nórdico y propone una fervorosa aceptación del vivir en su múltiple riqueza y en su desgarradora intensidad. Fruto de un viaje a Suecia y de su descubrimiento personal del Báltico, el autor consigue con este libro una de las novelas más interesantes de la actual narrativa española.

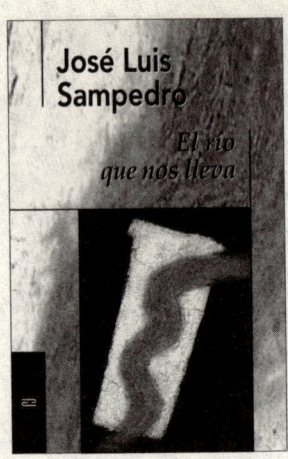

De lenguaje áspero pero sensual, el ritmo narrativo de *El río que nos lleva* parece acompasarse al fluir del propio Tajo, que sirve de fondo para la peripecia de la cuadrilla de gancheros que acompañan aguas abajo los troncos recién cortados. Novela de gran contenido simbólico, su tema último es el de la dignidad humana.

Este libro recoge, junto con algunos relatos inéditos, numerosos cuentos que el autor escribió a lo largo de más de treinta años, la mayor parte publicados en revistas y periódicos hoy inencontrables. Con su prosa rica en sensaciones y musicalidad, Sampedro alterna crónicas realistas y sobrias con fábulas tan sorprendentes como fantásticas. Pero más allá de la imaginación, la fuerza de *Mientras la tierra gira* reside en cada gesto de sus personajes, en su apasionado recorrido por las emociones y los deseos humanos.